教皇フランシスコ
キリストとともに燃えて

偉大なる改革者の人と思想

オースティン・アイヴァリー 著
Austen Ivereigh
宮崎 修二 訳
Shuji Miyazaki

THE GREAT REFORMER
Francis and the Making of a Radical Pope

明石書店

教皇フランシスコ　キリストとともに燃えて——偉大なる改革者の人と思想◉目次

【凡例】

〔　〕内は読者の理解を助けるために訳者が補った部分です。

プロローグ

PROLOGUE

この本は二〇一三年六月、サンピエトロ広場でローマ教皇フランシスコとほんの一分間の会見をしたことから生まれた。水曜日の一般謁見では教皇が人びとの傍を歩き、使節や謁見客と短く話をする。私は同僚とともに最前列にいくことのできる入手困難な入場券をあてがわれていた。そこに並んでから教皇がわれわれのところにやって来るまでには、優に二時間は経っていた。素朴なユーモアと人を驚かせるような比喩を織り交ぜた挨拶の後、永遠とも思えるような長い時間、教皇が「聖なる神の忠実な人びと」と呼んでいる人びとのところに姿を消してしまっていたからだ。教皇が優先するのは〈アナヴィーム〉すなわち「神の貧しき者たち」と呼ばれる彼らであって、最前列への入場券をもつわれわれではない。

その日は太陽が強く照りつけ、激しい運動をすれば犠牲者が出るような日だった。この時七六歳のフランシスコ教皇は、われわれのところに来る頃には暑さで汗びっしょりになり、息を切らしていた。しかし、私の心を打ったのは彼が放つエネルギーだった。聖書の登場人物を思わせるような落ち着きと陽気な喜び――。この何日か後にフランシスコ教皇に会った英国国教会カンタベリー大主教ジャスティン・ウェルビーはこのアルゼンチン出身の教皇について「驚異的な人だ。キリストとともに燃えている」と言った。もし喜びが炎であるとしたら、燃やされないように体を石綿製にしておく必要がある。

私はフランシスコ教皇が二〇一三年三月十三日の雨の夜に選ばれて以来、どんどんと彼に魅せられていった。その日、私は英国のニュースチャンネルのためにサンピエトロ広場を見渡すテレビ中継用のステージの上で分刻みの解説をしていた。白い煙が上がってから一時間ほどのあいだ、全世界のメディアがバルコニーのカーテンが揺らぐのを待っていた。ジャン＝ルイ・タウラン枢機卿が新しいローマ教皇を発表するために現れる数分前に、私は私の年老いた上司、元ウェストミンスター大司教コーマック・マーフィー＝オコナー枢機卿から内部情報を得ていた。彼はコンクラーベ事前会議には参加していたが、老齢のためコンクラーベそのものには参加していなかった。その彼が私の使いに語ったところによれば、コンクラーベが短かったから、新教皇はホルヘ・マリオ・ベルゴリオのはずだとのことだった。

ベルゴリオ――。それは私に過去を思い出させる名前だった。私は彼の故郷の国をよく知っていた。熱く湿っ気の多い熱帯多雨林に住むインコに始まり、山と海の間に広がる大草原をゆく牛と馬の巨大な群れ、海に浮かぶ氷の塊の上を歩くペンギンと、そのそばを潮を吹きながら泳ぎ過ぎるクジラで終わる国。かつては裕福な国だった。ラテンアメリカの行き止まりにあるヨーロッパの前線基地を自認していた。それが後には、果たされない約束、根の深い政治的対立が社会を麻痺させることを警告する見本になってしまった。経済崩壊についての記事を書くため、二〇〇二年にアルゼンチンを訪れた時のことを私は思い出した。人びとはよそよそしくて厳格な土地の枢機卿のことを褒めそやしていた。さらに以前、一九九〇年代前半、アルゼンチン史における教会と政治に関する博士論文執筆のための調査でブエノスアイレスに住んでいたときのことも思い出していた。何度も訪れるうち、クーデター未遂や通貨危機の中、私はその町がもつ不思議な魅力に引き寄せられていった。そして、時には数か月そこに暮らすようになると、私のスペイン語にはブエノスアイレス特有のポルテーニョ訛りが出始めた。ウイリアム・ハドソンの回想録の題名ではないが、それは私にとって「はるかな国、とおい昔」の昔話だった。ベルゴリオは私をそこへと引き戻したのだ。

私にはもうひとつ別の記憶があった。それはベネディクト十六世が選ばれた二〇〇五年四月のコンクラーベの記憶だ。その時、私はマーフィー＝オコナー枢機卿といっしょにローマにいた。ヨーゼフ・ラッツィンガーに対抗できる牧者を求め、何人かの枢機卿が教会の新しい希望であるラテンアメリカに目を向けていた。その数か月後、ある匿名の枢機卿の秘密の日記が公表され、ブエノスアイレスのベルゴリオが主たる競争相手であったことが明かされた。しかし、その後、彼の存在は完全に薄れ、二〇一三年には彼が教皇になるなどと考える者はほぼいなくなっていた。だから、私はあの内部情報をうれしく思ったのだ。アルゼンチンの枢機卿の名は私が思い描く教皇候補のリストにはなかったし、誰のリストにも載っていなかっただろう。少なくとも、バルコニーのカーテンがようやく開き、新教皇が発表されたとき、私はその人物が何者であり、その人物についてなにかしらのことを言うことができた。TV中継をしていた解説者の中でそれができたのは私だけだった。

その後、ベルゴリオは自然発生的に候補として浮上したのであって、その選出に動いた勢力はなかったというのが大方の見方となっていった。しかし、もしそうなら、私の老ボスがコンクラーベの前に彼が選ばれると確信していたのはどういうわけだろうか。ベルゴリオは候補として消え去ってなどいなかったのだ。単にヨーロッパ中心のレーダーでは捉えられなかっただけで、彼の選出に動いたグループはあったのだ。私にはそう感じられた。

しかし、私が最も好奇心をかき立てられたのはそうしたことではなかった。私が本当に知りたかったのは、ベルゴリオとは何者であり、どのように考え、どのようにイエズス会士としての彼が形づくられたのかということ、また、私がずいぶんと昔に学んだ論争のすべてについて彼がどのような立場をとっているのかということであった。フランシスコ教皇選出後、最初の一〇〇日のうちに、ベルゴリオはオムレツをひっくり返すような――彼はこの表現を好んだ――嵐でバチカンと世界を魅了した。人びとはラテンアメリカにはあてはまらない型枠に彼をはめ込もうとしていた。それはペロンによる独裁で左派右派といった分け方が吹き飛ばされてしまっているアルゼンチンにはなおさらあてはまらないものであった。この読み違いはベルゴリオについて、軍事独裁政権と馴れ合いだったスラムの司教、流れに逆らって進歩的な司教となったイエズス会士という相反する意見を生じさせることになった。その両方だという人もいた。一九九〇年代前半のコルドバ追放の間に「転向」したというのだ。彼をよく知るアルゼンチン人は、それは全く違うと口をそろえて言う。しかし、他にどんな説明があるというのだろうか。

就任直後にアルゼンチンで出版された多くの伝記本は彼のことを長く報道してきたジャーナリストたちが急いで集めた魅力的な物語や考えで溢れている。この本も多くをそうした本に負っている。しかし、そうした本はベルゴリオが枢機卿になってからの話題を中心にしている。それはもっともなことだ。枢機卿時代については新聞記事や文書、インターネットの記事、書き込みが山ほどある。しかし、イエズス会士としての三〇年にはほとんど触れられないままにされていた。その三〇年の間、彼は論争のただ中にあり、彼の精神と世界観が形成されたのはまさにその時代だった。ベルゴリオとイエズス会の間でいったい何がうまくいかなかったのだろうか。それさえ理解できれば、すべてがもっとはっきりすると私は感じていた。

あの日、熱気に満ちたサンピエトロ広場で短い間フランシスコ教皇と会ったとき、私の腕にしっかりと置かれた彼の手に私は慰めを得た。この伝記が書かれることを彼が望んでいるとは思わない。自分についての本などという考えを彼は嫌っている。彼はそれが属すところに注意が向けられることを望んでいない。しかし、しっかりと置かれた手が私を勇気づけた。私はアルゼンチンの複雑さと長く格闘してきたひとりの外国人として、また、イエズス会のことを知る部外者として、おそらくフランシスコ教皇の謎を人びとにうまく理解できるように伝えられる立場にあった。

二〇一三年十月、私は五週間の集中取材のためブエノスアイレスに向かった。彼が書いたものの大半をかき集めてくるためだったが、長く絶版になっているものが多かった。ブエノスアイレスからさらに、サンミゲル、サンタフェ、コルドバ、エントレ・リオス、アンデス山脈を越えてチリのサンティアゴへとベルゴリオの足跡を辿った。執筆中の二〇一三年七月にはワールド・ユース・デーが開催されたブラジルのリオデジャネイロにも訪れた。また、ローマには二度、二〇一四年二月の枢機卿会議と、同年四月のヨハネ二三世とヨハネ・パウロ二世の列聖式のときに滞在した。イエズス会士、元イエズス会士をはじめ、彼が司教、大司教、枢機卿として過ごした二〇年のあいだに近く接していた人びとに多くのインタビューを行い、知られていなかった物語が次第に形になっていった。そして、フランシスコ教皇についての重要な物語の多くがまだ語られていないことを私は知った。アルゼンチン、教会、イエズス会の過去を深く掘り下げて捉えないことにはフランシスコ教皇の考えとビジョンは理解できない。それゆえ、この本では必然的にベルゴリオの物語だけではなく、そうした物語も語られることになる。

伝記の多くはその人が亡くなった後に書かれるものだ。二〇一三年十二月から二〇一四年六月までの七か月間に、これからこの伝記で語られる人物は世界規模の現象になった。ベルゴリオとフランシスコ教皇の関連を見ないわけにはいかないし、ベルゴリオについて読みながら、フランシスコ教皇について考えていない振りなどできないだろう。その伝記を描くキャンバスはベルゴリオの生い立ちのためのキャンバスよりも大きくなければならないことはわかっていた。急速に広がっていくフランシスコ教皇の職務はその伝記を通して見るべきものなのだ。しかし、絶えずフランシスコ教皇に関連づけていると、物語が中断されることになるし、まるで彼の人生のすべてが教皇職に至るための準備運動であったかのように現在の視点から過去を解釈すれば、聖人伝の愚を犯すことにもなる。それを避けるために、それぞれの章をフランシスコ教皇の活動における重要なエピソード（旅行や文書）で始めることにした。それによって、物語の流れや整合性を妨げることなく興味深い関連、時には挑発的な関連が過去と繋がっていることを常に念頭に置いて読み進むことができるだろう。エピローグでは両方の流れをひとつにまとめ、フランシスコ教皇の最初の二年余りを分析し、この注目すべき教皇の活動が教会をどこへ連れて行こうとしているのかについて考えてみる。

それゆえ、この本は年代順に進んでいくが、厳密にはそうでない。ベルゴリオの物語をクローズアップすることもあれば、彼を形づくった国とその歴史を理解するために全体を鳥瞰することもある。本の前半、ベルゴリオが聖職に叙階されるまでは彼のことを「ホルヘ」と呼んだ。そこでは彼のビジョンを理解するのに非常に重要なアルゼンチンの政治史や教会史における分裂や緊張関係に話が逸れることもある。イエズス会士の物語も世界規模の話からアルゼンチン国内の話、過去の話、現在の話、そうしたもののすべてが強く現れてくる。本書の前半ではベルゴリオの考え、精神、指導力を深く形づくった聖イグナチオの〈霊操〉と、第二バチカン公会議以後の改革をめぐるイエズス会内部でのイエズス会士たちとの闘いの両方が大きな役割を果たす。また、本書全体を通して、ベルゴリオのイエズス会士としての識別の霊性を彼の意思決定の鍵として重視していく。彼の判断は情報と利害に基づいているだけでなく、神の意思がどこにあるか、その敵である「悪しき霊」の誘惑がどこにあるのかに基づいてなされてきたのである。

この本を執筆する間、私は何千ものベルゴリオの言葉を読んだ。一九六九年の最初に書かれた論文から、枢機卿としての黙想会での講話、説教の数々。彼は天性の物書きだ。その文章は鮮明にして的確だ。初期の著述の大半と説教はほぼスペイン語でなされているが、既存の訳がある場合でも、特に明記しない限り、私自身の訳を用いている。インタビューについても同様で、ほぼすべてがスペイン語で行われ、現ボストン・グローブ紙のローマ特派員イネス・サンマルティンがそれをアルゼンチンで果敢に文字に起こし、私が英訳した。注が多くなりすぎないようにしてあるので、特に明記しない限り、引用はそうしたインタビューからのものと思っていただきたい（巻末にインタビューした人たちの一覧をつけた）。資料については、著述、インタビューなど、この本が参考にしたものも巻末に一覧表にしてある。

＊＊＊＊

この本の中にはフランシスコ教皇の生涯の中で論争となった事柄や重要なエピソードに新しい光を投げかける注目すべき多くの物語が書かれている。しかし、物語には一本通った筋が必要だ。本書のタイトルがそれを示して、すべてをまとめ上げていくことになる〔本書の原題は「偉大な改革者」〕。若くして改革者になれと命じられたと感じ、そのための権威を与えられた教会の指導者――。これはひとりの男の物語であるだけでなく、彼による三つの改革、すなわち、イエズス会のアルゼンチン管区、アルゼンチン教会、そして、現在のカトリック教会全体の改革の物語なのである。彼が指針としてきたのは二人のフランス人神学者、イヴ・コンガールとアンリ・ド・リュバクであった。彼は神の民を神聖さに導く根本的な改革によってどのようにそれをまとめていくかをこの二人から学んだ。読者がこの物語の筋を知り、結果としてこの教皇による政治が理解できれば、この本の目的は達成されたことになる。

この本に記されている素晴らしい話や考えの中には、アルゼンチンやローマでの温かさと強さをもった出会いから得られたものもある。その多くは巻末の「資料」にまとめてあるが、協力してくれた人たちへの感謝の言葉をここにも記しておきたい。イエズス会士、枢機卿、ホルヘ・ベルゴリオの親友たち

——そのうちには名を出されることを好まない人もいる——をはじめ、私の調査によって緊張した複雑な領域に足を踏み入れることになってしまった人もいれば、誤った用い方をされかねない情報を私を信用して打ち明けてくれた人もいる。結論には同意できなくとも、願わくば、この本が私に示してくれた信頼に報いたものであってほしい。

＊＊＊＊

二〇一四年十一月に初版が出た後、いくつかの間違いを指摘され、増刷の際に修正した。その多くは細かな点で、フランシスコ教皇への理解やこの物語の精度に影響を与えるものではない。しかし、一点だけコメントをしておくべきことがある。フランシスコ教皇が選出されたコンクラーベのことを書いた九章で、私は不用意にベルゴリオ枢機卿が選出を画策する枢機卿のグループに同意をしていたという印象を与える描き方をしている。それは私の意図するところではないし、同意していたというのは事実ではない。しかし、言葉尻を捉えられ、別の意味が生じてしまった。それがベネディクト十六世の辞任とフランシスコ教皇の選出は無効と主張する伝統主義者のブログに取り上げられた。バチカンの報道担当官や真摯な解説者たちがはっきりとさせているように、そうした主張に根拠はない。また、バチカンや関係した枢機卿たちが出した声明、また私自身が出した声明で明らかにされているように、ベルゴリオに対してそうしたアプローチはなかったし、それは今では話からもはっきりしている。ベルゴリオは自分を教皇に選出しようとする動きに気づいていたかもしれないが、そうした動きをしていた人びとともに行動はしていなかったということである。

その他のすべての点について本書の考えと明らかにしたことはとりあえず批判に耐えるものになって

いる。それはエピローグを新しく書き換え、スペイン語訳をブエノスアイレスでのブックフェアに出品するために二〇一五年四月に再び訪れたアルゼンチンでも同じである。少しナーバスになっているのは本書がアルゼンチンでどのように受けとめられるかということである。私は結局のところ、彼らの教皇の話を書いた「よそ者《グリンゴ》」でしかない。幸いなことに、独自の調査を助けてくれた教皇に近い人たち――教皇の友人であり、今や私にとっても友人であるが――の多くはこの本を褒める側にいてくれていた。そうした友人たちのさらなる知見とコメントのお蔭で新しいエピローグをさらによいものにすることができた。それはすなわち、フランシスコ教皇という聖なるつむじ風を世界がもっとよく理解できるようになったということである。

ブエノスアイレスにて
二〇一五年五月一日、労働者聖ヨセフの日に

第1章 遙か遠く、遙か昔に

1936－1957

FAR AWAY AND LONG AGO

新大陸の移民生まれ初のローマ教皇が就任後、最初の訪問地に選んだのはイタリアの小さな島だった。その島には潮の流れで長年にわたって何千もの膨れた遺体が打ち上げられている衝撃的な海岸があった。フランシスコ教皇は二〇一三年三月十三日の就任直後、二万五〇〇〇を超える人が北アフリカからヨーロッパへの途上で命を落としていることを新聞報道で知った。その数はメキシコから砂漠を横切って米国に渡ろうとして死んだ人の数、六〇〇〇人を遙かに上回る。それを知っていた人がいただろうか。ほとんどの人がそのことに気づいておらず、気にもかけていないことに愕然とした教皇は、ヨーロッパの端、アフリカの海岸から二九〇キロのところにあるランペドゥーサ島を教皇としての最初の訪問地に選んだのだ。

教皇は七月八日にそこを訪れ、死者のために涙を流し、移住の問題を命の尊厳の問題にした。島の競技場で執り行われたミサは〈ゆるし〉を求める悔い改めの式となった。説教では創世記の「あなたの兄弟はどこにいるのか」というカインへの神の有名な問いかけが取り上げられ、教皇は「この血に責任があるのは誰だろうか」と問いかけた。風の中で白の縁なし帽《カロッタ》をつけ、転覆した船を使って作られた木の祭壇から語りかけた教皇は、アレッサンドロ・マンゾーニの小説『いいなづけ』の登場人物、名も顔もない暴君リノミナートを思い出すと言った。そして、イエスの「よきサマリア人」のたとえ話に話題を移した。

「わたしたち――教皇はそこに自分自身を含めるのが常である――は傍らを通り過ぎるだけのレビ人や祭司と同じようなものです。道の傍らで死にかけている兄弟を見て、心のうちに『かわいそうに』と言うけれども、そのまま通り過ぎるでしょう」

教皇は敢えてそう言った。しかし、突き刺そうとした真の針は「快適さの文化の中では自分のことだけを考えるようになり、他の人の叫びには無関心になる」という公然たる非難の中に仕込まれていた。人びとは今、そんな〝シャボン玉〟の中で暮らすようになっている。そして、「無関心が世界規模で広がっている」と教皇は言った。

新しい教皇は安穏と暮らす人びとを悩ませることになった。快適な暮らしをしている人びとと海の上で死んだ文無しの移住者たちを結びつけたのだ。しかし、彼は罪の意識を感じるだけでは意味がないことを知っていた。

フランシスコ教皇はイエズス会士であり、長く司教として仕え、イエズス会士としての誓いを免除されていた時期にも、自分がイエズス会士であることを示す「SJ」を名前の後につけ続けた。彼にはイエズス会の創設者、聖イグナチオ・ロヨラの霊性が深く植えつけられている。〈霊操〉の作成者である聖イグナチオは聖霊に必要とするものを求める祈り（彼の言葉では「恵みを願い求めること」）を勧めた。そうすれば、イエスを見る喜び、群衆を見て畏怖し、十字架の下での悲しみを感じることができる。今、ランペドゥーサにおいて、イエズス会士初の教皇はある種の〈霊操〉をもって世界を導こうとしていた。「恵みを求め、われわれの無関心ゆえに泣き、世界の残酷さゆえに泣きましょう。それはわれわれのうちにあり、このような事態を生む決定をする匿名の人のうちにある」という言葉にすべての人が耳を傾けるよう求めたのである。教皇は世界が感じられるようにしたのである。心が動いていなければ何も変わらない。

ランペドゥーサとそれが象徴する悲劇はニュース・キャスターたちの口に上ることが急に多くなり、人身売買業者によってたくさんの人が乗せられて不安定になった船が地中海を渡るときに転覆する様や、希望を乗せた船がどのようにして漂う死の罠に変わるかが説明された。ある種の結果が教皇訪問の三か月後に出た。ランペドゥーサ近くでボート火災のために三六六人のソマリアとエリトリアの人びとが亡くなったのである。世界も今度ばかりは姿勢を正して、それを受け止めた。その後も、海の底で身を寄せ合う遺体を残したままの難破船がダイバーに発見されると、ニュースになった。

ボート火災の次の日、アッシジに到着したフランシスコ教皇はその日を犠牲者追悼の「涙の日」とした。政治家や新聞編集者は新たに生じている不安感を受けて、入国管理の政策はどのようにして入国させないかというだけの問題ではなく、どのように入国させるかという問題でもあるのではないかと論じ始めた。一年後、欧州連合は危険にさらされている移住者を船とヘリコプターで救助する「フロンテックス」という新たな機関を設置した。フランシスコ教皇は〝シャボン玉〟のひとつを壊したのである。

その年の後半、教皇はヨーロッパの周辺部にあるもうひとつの島、サルディーニャ島を訪れ、ボナリア聖母教会の聖堂でミサを執り行った。この教会の名がアルゼンチンの首都の名のもとになっている

（ともに「よい風」を意味し、船乗りが航海の無事を祈ったことに由来するとされる）。そこで教皇は失業中の鉱夫たちと話をし、自分の両親は世界恐慌を乗り切り、その話をよく聞かされていたから経済的な危機の苦しみがどんなものかよく知っていると語りかけた。そのとき、彼は「仕事がないところには尊厳もない」ということを学んだという。そして「この悲劇を生んでいる経済システムこそが金という偶像を中心としている経済システムなのだ」と付け加えた。

移住と仕事――教皇はこの二つから教皇としての仕事を始めた。それは貧しい人びとのことを気にかけるということであった。

国を移るということがどういうことなのか、彼はよく知っていた。「根こそぎにされることの苦しさもあるが、あの不屈の精神だ」――教皇は祖母ローザについてそう話した。フランシスコ教皇は同じように故国から離れた何百万もの人が作り上げたアメリカ大陸の国に生まれたのだ。ノスタルジアという言葉はギリシャ語の「ノストス」と「アルガ」という言葉からできている。「その場所に戻りたいという願い」がその意味だ。教皇の体にはノスタルジアという血が流れていた。二〇一〇年に彼は言った。「ノスタルジアを失ったとき、年輩者は捨て去られる」。高齢者のことを気にかけるということは過去に敬意を払うこと、もといた場所に敬意を払うということなのだ。

ランペドゥーサ島で教皇はボートで沖に出て、海に献花した。島での説教で「私の心に痛みの棘《とげ》として刺さる」と言ったように、移住者たちの運命が彼の心を打ったのには理由があった。犠牲者たちの死はおそらく、彼が生まれるずっと以前に起こった事故のことを思い出させたのだろう。ブラジルの北東沖で客船が沈没し、五〇〇人の乗客が溺死した事故のことだ。亡くなった客のほとんどは最低料金で船に乗った客だった。

一九二七年十月、イタリアの客船がブエノスアイレスへの旅の途中、壊れたスクリューの軸が船体を破損させたことで沈没した。その客船プリンチペーサ・マファルダ号は当時、最も速く、最も豪華な客船のうちのひとつで、その船での旅を選ぶのはアルゼンチンのタンゴ歌手カルロス・ガルデルのような有名人たちだった。それはイタリア版タイタニック、人間の傲慢と無能がもたらした災害だった。

後の教皇ホルヘ・マリオ・ベルゴリオの祖父母ジョヴァンニ・アンジェロ・ベルゴリオとローザ・マルガリータ・ヴァサロ・ディ・ベルゴリオも、後の教皇の父マリオをつれて、その客船に最低料金の客室チケットで乗ることになっていた。しかし、役所の手続き上の問題でそのチケットは払い戻しにして、一九二九年一月二九日、ジェノヴァからジュリオ・チェザーレ号で出発したのだった。

この運のよさはベルゴリオ家の語り草となった。

＊＊＊＊

アルゼンチンに入国する際、ベルゴリオ家の人びとは何十万人ものイタリア人が通った道を辿っていった。

ラテンアメリカの古いジョークに「メキシコ人はアステカの末裔、ペルー人はインカの末裔、アルゼンチン人はボートの末裔」というのがある。一八八〇年から一九三〇年の大移民時代にはイタリアから移民を乗せて、たくさんの船がやって来た。「自分は生粋のアルゼンチン人とは言えない。なぜなら、イタリア人の血が流れていないから」――作家ホルヘ・ルイス・ボルヘスはふざけてよくそう言っていた。ブエノスアイレスの電話帳を見たときの感想は、二〇世紀にこの町の大司教となった神父のリストを見たときと同じ感想になる。スペイン人の大司教アランブルーひとりを除いて、カペッロ、カッジアーノ、クアラチーノ、ベルゴリオとすべてが「ターノ」、つまりイタリア系なのだ。イタリア人はアルゼンチンの町にトラットリア、ピッツァ、見事なジェラート、それに毎月最後の金曜日にニョッキを食べる習慣をもたらしただけではない。よく知られている一目でわかる大袈裟な身ぶり手ぶりの音楽的なしゃべり方もアルゼンチン人に伝えた。

移民の常として、新来者は親類を頼りにする。ジョヴァンニ・アンジェロ・ベルゴリオの三人の兄弟は七年早くアルゼンチンに移住し、ブエノスアイレスよりも上流にある繁栄する河港パラナですでにうまくやっていた。未来の教皇の大伯父たちは道路舗装会社の利益で小塔付きの立派な四階建ての住居を建てていた。その町でエレベータがあるのはこの建物だけだった。一族はこの建物を「ベルゴリオ宮殿」と呼んでいた。

左から祖父ジョヴァンニ・ベルゴリオ、父マリオ、祖母ローザ・マルガリータ・ヴァサッロ

ジョヴァンニ・アンジェロとローザにとって、それはその二、三年のうちで二度目の大きな引っ越しだった。彼らが結婚して、ひとり息子を育てた町ポルタカマロはイタリア北西部のピエモンテ州アスティ県の町で、ベルゴリオという名字が非常に多い。彼らは農夫だったが、当時の多くがそうであったように、子どもたちに教育

を受けさせることによって中産階級へと這い上がっていった。一九二〇年に約五五キロ西のトリノへ移り、そこで喫茶店を経営して子どもの学費を何とか工面していた。未来の教皇の父マリオは一九〇八年生まれで、イタリア銀行で会計士として働いていた。

五週間かかって大西洋を横断した後、ベルゴリオ一家が一九二八年一月にブエノスアイレスに上陸したとき、輸出主導で世界八位の経済規模に達し、ラテンアメリカ諸国よりもカナダやオーストラリアと比較されるようになっていたアルゼンチンの経済成長も終わりを迎えようとしていた。翌年、世界恐慌の引き金となったウォール街での株価大暴落が起こり、一家は文無しになり、もう一度新しいスタートを切らざるを得なくなった。その不況と一〇年後に始まる第二次世界大戦によって、世界の中でのアルゼンチンの位置は変わり、経済と政治には新しい騒乱の時代が訪れる。

しかし、ジュリオ・チェザーレ号から真夏の炎天下のブエノスアイレスに足を踏み出したとき、その新しい地平はまだ親子には見えていなかった。ローザはまるで冬であるかのようにキツネの毛皮のコートをまとっていた。その裏地にはトリノの喫茶店を売却して得た金が縫い込まれていた。ベルゴリオ一家は「南アメリカのパリ」と謳われた「よき時代《ベル・エポック》」のブエノスアイレスの大通りに立ち並ぶ堂々とした建物をほとんど見ることもなく、エントレ・リオスで新しい生活を始めるべく川の上流へと急いだ。

＊＊＊＊

アルゼンチンは一八一六年にスペインから独立したが、その後、何十年にもわたって、国家とは名ばかりの状態が続いていた。中央政府がなく、弁護士と商人がブエノスアイレスから統治する連邦制構想――いわゆる「統制派《ウニタリオス》」の野心――は国に混沌を生じさせただけだった。一八三〇年代から一八六〇年代までのアルゼンチンは「カウディージョ」と呼ばれる軍事独裁者、牛追いガウチョの武装集団を従えた牧場主が支配する自治行政区の連合であった。軍事独裁者カウディージョのうちで最大だったのはブエノスアイレスのファン・マヌエル・デ・ロサス、サンタフェのエスタニスラオ・ロペス、ラ・リオハのファクンド・キローガだった。牛と羊を飼う彼らの巨大な牧場にはヨーロッパの国と同じくらいの広さのものもあり、当時の国力と富の大部分がそこにあった。なかでも、最も成功し、最も長く続き、最も裕福だったのは「法の回復者」と呼ばれたロサスの牧場で、彼は「クレオールのナポレオン」よろしく一八三五年から一八五二年まで支配者の座にあった。厳格で規律を重んじる人物として恐れられていたが、博識で、洗練された支配者であり、実利を重んじる指導者でもあった。その政治力の源泉はガウチョとの緊密な関係にあった。彼はガウチョが必要としていること、ガウチョの文化を理解しており、いつ行動を起こすのか、その最も正しい瞬間を見極めることの重要性を知っていた。後にベルゴリオはロサスがキローガに宛てた手紙から「現実は思想に優る」などの信条を引き出すことになる。

この信条を覆す自由主義的な計画の立案は一八五二年におけるロサスの敗北を待たねばならなかった。その年、〝パンパの虎〟ロサスはあろうことか妻とともに英国サウザンプトンの館に隠居する。その後に続いたのは国についての新しい考え方、カトリックのスペイン植民地という過去を近代的で自由主義的な国、先進的で国際的な国に融合させる試みであった。

輸出主導の経済が成功し始め、権力と富は統一派の弁護士と商人が支配する都市部へと移動していった。憲法制定への合意はできたが、その後しばらくは中央政府に対する軍事独裁者たちの反乱の時代が続いた。この問題が解決されたのは一八七〇年代に隣国パラグアイとの三国同盟による戦争に促されてのことであった。国軍が戦場から凱旋すると、国家の意志を押しつけるようになったのである。

やがて学校と鉄道が建設されるようになり、移民も到着し始めた。時の大統領ドミンゴ・F・サルミエントはアルゼンチンをヨーロッパ化することに強い意欲を示していた。彼はアルゼンチンの空いている土地に北ヨーロッパのプロテスタントが移住してくることを夢見ていた。軍事独裁者とガウチョという野蛮さを過去のものにし、世界経済の中にどんどんと吸収されていくアルゼンチンに近代性と進歩という文明を求めたのである。この計画の経済的、政治的、文化的な道しるべはイギリスとフランスだった。発展への案内標識が示すその方向に向かっていく旅は植民地支配の下にあるヒスパニック系の混血文化という過去から、自由主義のアルゼンチンへと繋がっていた。

二〇世紀のアルゼンチンにおける文化戦争が始まったのは、まさに現代と過去、外国と自国、古さと新しさの衝突においてだった。

アルゼンチンの支配階級はだいたいクレオール、つまり、ラテンアメリカ生まれのスペイン人で占められ、そのメンタリティはアメリカ合衆国におけるジェファーソンやワシントンと大した違いはなかった。しかし、自由主義のエリート層の信仰は理神論やユニテリアンのものではなく、同士間の友愛関係によるものであった。それはカトリック教会に対抗する組織的な基盤となっていた。そのメンタリティは科学についての社会進化論的考えと、白人の（望ましくはプロテスタントの）文化的な優勢によって形づくられていた。サルミエントをはじめとする十九世紀後半の大統領たちは、やって来る移民の大部分がスイス人やドイツ人ではなく、イタリア人とスペイン人であることに失望した。彼らは平原の野蛮人たちの敗北を人種的な進展がもたらす当然の勝利と見なしていた。

この進んだ自由主義的見方においては、カトリック教会（およびすべての宗教）は過去のものであり、理性への侮辱、混血の信条、近代アルゼンチンが置き去りにしようとしていた田舎じみた世界であった。しかし、教会を根絶してしまおうとしたわけではなかった。ただコントロールしたかったのだ。一八五三年憲法の制定を支えた思想家ファン・アルベルディは「人びとはあまりに多くの科学的な進歩を受け入れる準備ができていなかった」と言っている。一方、宗教的な道徳心という神の支えは「アルゼンチンの人びとを道徳化し、教化する最強のメカニズム」であった。

アメリカ合衆国で開拓者としてのカウボーイの世界がロマンチックなものとされるようになったのはそれが消え去ろうとしていた時のことであったのと同じように、一八七〇年代のアルゼンチンでは、パンパでのガウチョの暮らしが人気が集め始めていた。ホセ・エルナンデスの叙事詩「エル・ガウチョ・マルティン・フィエロ」はアルゼンチンの古典としてよく知られているが、ベルゴリオのお気に入りの詩でもある。この詩は地主と軍の将校に虐待される田舎の貧しい者の抗議であり、有刺鉄線と押し寄せる移民の猛攻撃の中で消え去ろうとしていた生活への讃美である。フィエロはイタリア系の移民について不満を言う。

俺が知りたいのは、なぜ政府のやつらが
そのよそ者たちを雇うのかってことだ
それのどこがこの国にとっていいことなんだ

あいつらは馬にも乗れず、投げ縄もできやしない
誰かが助けてやらなけりゃ
あいつらは何もできない

ブエノスアイレスの神父たちによれば、ベルゴリオはこの詩「マルティン・フィエロ」をかなりの長さで諳《そら》んじていたという。彼は枢機卿として二〇〇二年の破壊的な危機の中、アルゼンチンという国が

どういう国であったのかを思い出させるためにこの詩を引用している。

一八八〇年までに連邦主義は力を使い果たし、リベラル派が画策する中央集権化、近代化、資本主義化の計画に異が唱えられることはなくなった。ブエノスアイレスが国の首都とされ、そのラプラタ川沿いの町はブエノスアイレス州の州都となった。国政選挙が行われ、大統領は六年の任期を終えれば、選挙で選ばれる後継者にその座を譲った。しかし、完璧な民主主義国というには程遠かった。選挙権は一九一二年まで、帰化している男性市民のうちで一定の資産をもつ者にしか与えられていなかった。政党も国民自治党（ＰＡＮ）という地方軍閥の連合体がひとつあるだけで、よかれ悪しかれ、自分たちの支配を長続きさせることに腐心していた。しかし、この時代は安定しており、この後五〇年、急成長の時代が続く。南ヨーロッパからの何百万もの移民とともに、資金と工業製品が流れ込み、小麦、牛肉、羊毛を中心とする輸出品が送り出されていった。この最初の国際化時代の到来は大規模なコスト削減がきっかけになっていた。蒸気機関と船のスクリューが今日のマイクロチップと同じ役割を果たしていたのだ。当時のアルゼンチンは自由市場資本主義の恩恵を受けて、今日のアジア新興国の成長、いわゆる「タイガー・エコノミー」になぞらえられるような経済発展を遂げていた。

経済学者はそれを「比較優位性」と呼ぶ。アルゼンチンが上手に安く生産したものがヨーロッパ諸国の必要としていたものであり、ヨーロッパが必要としたものをアルゼンチンがうまく低コストで生産していたのだ。アルゼンチンからの輸出品の需要が高まったことで、開拓地の戦線は押し戻された。一八七九年、いわゆる「砂漠の征服」が行われ、八〇〇万ヘクタールもの土地を先住のテウェルチェ族とアラウカン族から奪い取り、四〇〇人ほどの地主にそれが譲渡された。巨大な土地を手にしたアルゼンチンはヨーロッパの拡大していく産業と都市住民に向けて、食糧と原材料の輸出を増加させていった。そのように輸出で稼いだ外貨を使い、発展のために必要な工業製品や技術を買い込んだ。当時の世界における産業の中心であり、資本の提供者であったイギリスはアルゼンチンの主な市場であり、主要な投資元であり、工業製品の主たる供給源であった。英国の資本家は鉄道、電信、街路のガス灯、郵便事業に投資し、あるいは事業そのものを運営した。ブエノスアイレスの路面電車、また数十年後にベルゴリオ枢機卿もその最も忠実な乗客のひとりとなったラテンアメリカ初の地下鉄、ブエノスアイレス地下鉄《スブテ》A線も英国資本によるものだった。

ブエノスアイレスはニューヨークと並んで、大西洋を横断する大規模な移住の目的地であった。年によってはニューヨークを上回る数の移民が押し寄せた。一八八〇年代には一五〇万人がアルゼンチンに流入し、一八九〇年から一九一四年の間には四三〇万人という驚異的な数に達した。一〇〇万人を超えるイタリア人と約八〇万のスペイン人がアルゼンチンで新生活を始めた。ポーランドのユダヤ人、シリアのイスラム教徒、（南方のパタゴニアに入っていった）ウェールズの牧羊民、（サンタフェに住みついた）スイスのプロテスタントなども大きな共同体を形成していた。ブエノスアイレスだけを見ても、一八六九年に十八万人だった人口が一九一四年には一五〇万に達している。移民たちの多くはすでに教育を受けており、すぐに社会の中で活動できた。特に小さな事業を始めることに長けており、事業者の数はすぐに地元生まれの事業者の数を上回るようになり、一九三〇年以後に輸出入が急減したときについて特に言えることだが、以前は輸入していたものを国内で製造するようになっていった。

アルゼンチンの黄金時代の主な受益者は弁護士、大地主、土地と資本をもつ商人であった。アルゼンチンではこれをまとめて「寡頭支配者」と呼ぶ。彼らの多くは途方もなく裕福で、いわば当時の「テキサスの大富豪」であった。優雅さと浪費で知られ、フランス語には一時「アルゼンチン人のように金持ち」という表現があったほどである。彼らはブエノスアイレスの湿気が多く、蚊が発生しやすい歴史のある中心街を離れ、「バリオ・ノルテ」として知られるラプラタ川からの風で涼しい北地区に最新のフランス風の豪華な邸宅を建てて住んだ。これに対して、町の南側、悪臭を放つリアチュエーロ川（マタンサ川の下流）に沿った辺りは、内陸部からやってくる貧しい人びとが町での生活を始める地区であった。人びとは「コンベンティージョ」という安い住宅に詰め込まれるようにして暮らし、地区は犯罪と病気の温床となっていた。官能的な音楽、タンゴはこの地の発祥だ。二〇世紀後半にはアルゼンチンのスラム街（いわゆる「ビジャ・ミセリア」）の大半はこの地区にあった。

ヨーロッパ移民は内陸部から来る人びとよりも裕福だった。彼らはベルゴリオ一家のように到着したときから資本への伝手《つて》と学問を受ける機会をもち、労働者階級から小市民階級が住む町の中心部に住まいを得ることができた。こうした点から言えば、ブエノスアイレスのど真ん中、当時の中流下層階級が暮らすフローレス地区にイタリア移民の子として生まれたホルヘ・ベルゴリオは驚くほど平凡である。ヨーロッパから大量の熟練労働者が移民としてやってきたことで、アルゼンチンはアメリカ合衆国と同じように、労働力と発展に大きな蓄えがある分厚い中産階級を抱える国になった。この点でも、ベルゴリオ一家はアルゼンチンで一番多い役割を担う典型的な移民一家であった。

＊＊＊＊

ホルヘの祖父母と父親は世界恐慌が吹き荒れたちょうど二年の間、パラナにいた。家業の舗装会社を率いていた一番上の兄ジョヴァンニ・ローレンツォが白血病で死に、一九三二年には最悪の状態にあった経済危機と相俟って、事業は下向きになる。ベルゴリオ宮殿は二束三文で売られ、大理石でできた家族の墓のようになってしまった。一番下の弟はブラジルに渡り、ジョヴァンニ・アンジェロが残りの兄弟とともにブエノスアイレスで一家の先頭に立つことになった。

このとき、一家はジョヴァンニの息子、未来の教皇の父であるマリオがブエノスアイレスを訪れたときに知り合った神父に援助を求めた。そのエンリコ・ポッツォーリ神父はドン・ボスコのサレジオ会に属していた。サレジオ会はイタリアの修道会で、特にイタリアと南北アメリカ大陸の都市で働く労働者の間で活動をしていた。マリオはトリノにいた頃からサレジオ会と関わりをもっており、アルゼンチンに到着して数か月のうちにこの地のサレジオ会を訪ねていたのだ。マリオはブエノスアイレスを訪れるときにはいつでも修道会のゲストハウスを宿として使わせてもらっていた。エンリコ神父と出会ったのもそのゲストハウスでだった。それが一九二九年のことである。エンリコ神父はマリオの聴罪司祭となり、マリオは神父を相談役、精神的な支えとして信頼を寄せた。

一九三二年、ベルゴリオ一家が文無しでブエノスアイレスに辿り着くと、エンリコ神父は二〇〇〇ペソの資金が借りられるように手配してくれた。それを資金に一家は洋菓子屋を買い取り、コーヒーとケーキを出して商売を始めた。マリオは自転車でケーキの配送をして店を手伝っていたが、経済が回復し始めると、いろいろな小規模の会社でパートタイムの帳簿係としての仕事を得るようになった。このとき、マリオにとってはブエノスアイレスの教会が生命線だった。どの家族にとっても同じことだったが、教会は団結力を総動員し、相互扶助のネットワークを作り出す中心だった。それはこのときから七〇年後の二〇〇二年から二〇〇三年の苛酷な危機的状況の中でベルゴリオ枢機卿がしたことと同じことだった。

マリオはエンリコ神父の周辺にいる青年たちのグループに入っていた。神父は労働者階級の地区アルマグロにあるサレジオ会の教会、パドヴァの聖アントニオ教会でマリオと会っていた。そのグループの中にスィヴォリ・ストゥルラという二人の兄弟がいた。一九三四年のある日曜日、兄弟は教会で妹のレジーナをマリオに紹介した。彼女はジェノバからの移民の子で、アルゼンチン生まれのピエモンテ

両親の結婚当日（1935 年）

人、フランシスコとマリアのスィヴォリ・ストゥルラ夫妻の娘だった。家族は教会から二、三ブロックのところに暮らしていた。レジーナのおじのひとりがエンリコ神父の親友で、ともに写真に情熱を燃やす同好の間柄であった。カトリック労働者サークルで活発に活動するおじもいた。この力強く、徹底してイタリア的なカトリックの労働者階級の世界がホルヘの幼年期を形づくっていくことになる。それはサレジオ会の神父たちを中心に回る世界であり、神父たちはよく知られた教師であり、聴罪司祭だった。子どもたちはサレジオ会士にさようならの挨拶をするたびに、「扶助者」聖母マリアの祝福を求めることを教えられた。

一九三五年十二月十二日、マリオ・ベルゴリオはレジーナ・スィヴォリと結婚した。彼らは五人の子をもうけ、その最初の子がホルヘである。エンリコ神父は一九六一年に亡くなるまで、ベルゴリオ家とスィヴォリ家の司祭であった。「私の家族が真剣なクリスチャンとして生きてきたのだとすれば、それはエンリコ神父のおかげだ」とのちにホルヘは書いている。一九三六年十二月十七日に生まれたホルヘは八日後のクリスマスの日、エンリコ神父から「扶助者」聖母マリアのアルマグロ聖堂で洗礼を授けられた。ホルヘの父方の祖母ローザと母方の祖父フランシスコが名付け親である。エンリコ神父は次のベルゴリオ家の子の出生と洗礼には関わらなかったが、その後に続く三人の子には洗礼を授けた。

初聖体に晴着を着て、弟オスカルとともに（1940年代）

マリオはその頃にはフローレス地区のいろいろな小さな会社や事業の帳簿を任されていた。レジーナと結婚した当初は借家住まいだったが、すぐに慎ましい二階屋を買った。一階が居間とキッチンで、二階に寝室がある細長い家《カサ・チョリソ》だった。ホルヘ・マリオはメンブリジャール通り五三一番地にあったその家に移る直前に数ブロック離れた家で生まれた。すぐにオスカル、マルタ、アルベルトがその後に続き、一番下のマリア・エレーナが生まれたのが一九四八年だった。父方の祖父母ジョヴァンニとローザはフローレス地区のすぐ近くに住んでいた。母方の祖父母ジョヴァンニとマリアのスィヴォリ夫妻はホルヘの両親が出会ったアルマグロの教会から四ブロックのところに住み続けていた。

　ホルヘが子どものころには、フローレス地区にその名を与えた肥沃な土地をまだ見ることができたはずである。そこには独裁者ファン・マヌエル・デ・ロサスの週末の別荘《クインタ》があり、一八五七年にアルゼンチン初の汽車路線が開通したときには、フローレスが最初で唯一の駅であったことを土地の古老が思い出させてくれる。そのために即席で作られた駅は当時ブエノスアイレスのはずれに位置しており、ホルヘが子ども時代を過ごした一九四〇年代でも町の中心からは遠かった。今やブエノスアイレスには一〇〇〇万を超える人が暮らしており、フローレス地区は当時に比べれば、はるかに町の中心となっており、中産階級が暮らす町という感じがする。最近ではパティオを囲む飾り文字と鉄製バルコニーで飾られた綺麗な豪邸がこの辺りの通りには並んでいるが、当時は平屋か二階屋の簡素な住宅からなる町並みで、雨が降れば、埃っぽい街路はぬかるみに変わった。

ホルヘは二〇歳になるまでそのメンブリジャール通りの小さい家で過ごした。その暮らしはフローレス地区とアルマグロの地区を中心に回っていた。家を出た後も、あまり遠くへは行かなかった。その後、イエズス会士としての三三年間の大部分をフローレスから一時間ほど離れたブエノスアイレス州のサンミゲルで過ごし、五〇代になってからは補佐司教としてフローレスに戻った。六〇代に大司教になると、フローレス地区から東へバスや地下鉄で三〇分ほどのところにある五月広場近くに住むことになる。また、地上におけるキリストの代理となる前には、余生はフローレス地区コンダルコ通り五八一番地にある隠退聖職者の家に確保してあった一階十三号室で過ごすことになっていた。

ベルゴリオ家から南へ七ブロック行ったところに小教区の教会、フローレス聖ヨセフ教会の見事な大聖堂があった。ブエノスアイレスの知事マヌエル・ドレーゴの葬儀もここで行われたほどだ。ホルヘが十七歳のとき、告白の中で神の召し出しを打ち明けたのもここだった。大司教になってからは帰省すれば必ず、この教会の木製の豪華な告解室にキスをした。そこで神は彼を驚かせ、召し出したのだ。

その大聖堂は植民地時代にはブエノスアイレスとペルー北部に結ぶ「幹線道路《カミーノ・レアル》」であったリバダビア通りに面していた。この道は後にブエノスアイレスを東西に走る交通の大動脈となり、ブエノスアイレスを裕福な北側と貧しい南側に二分する境界線となった。このリバダビア通りに沿って、地下鉄が五月広場まで走っている。

メンブリジャール通りから北へ数ブロック行くと、〈いつくしみ〉の修道女会の修道院がある。ベルゴリオ一家はその小さな聖堂でミサに与かることが多かった。修道院は後にその名から名づけられたミゼリコルディア広場（〈いつくしみ〉広場）の周辺をすべて占有していた。ここの幼稚園に行っていた頃、ホルヘは教室にいることを嫌がり、いつも外に出たがっていた。今日の修道女たちはそれが今、彼がローマ教皇として教会について計画していることの最初の徴候だったのだと笑って言う。

幼年期のホルヘに重要な役割を果たした三人の女性のうちのひとりがここの修道女、シスター・ドローレス・トルトロであった。彼女が八歳のホルヘに初聖体の準備をさせたのだ（「バランスがとれており、楽観的で、喜び溢れ、責任のある要理教育《カテキシス》は彼女から受けた」と彼は振り返っている）。若き神学生として死が近くにあったときには、彼女が力の源であった。一九六九年に彼が最初にミサを執り行ったときには、彼女もその場にいた。イエズス会士として、また後に大司教として、フローレスに戻ったときには必ず修道院に彼女を訪ねた。二〇〇〇年に彼女が生涯教育で賞を受けたときには、その授賞式に出席し、子どもの頃、彼女の言葉と生き方から内面生活と兄弟愛の価値を学んだのだと語った。

晩年、彼女は精神的にはしっかりしていたが、身体が動かなくなった。すでに枢機卿となっていたホルヘは彼女を抱きかかえて部屋まで運んだことがあった。

「それで、僕はどんな子だった？　シスターたちに言ってあげてよ」

彼女を抱き上げながら、茶目っ気を出して彼は言った。

「それはもうひどくて、ひどくて、どうしようもないほどでしたよ」

10代のホルヘ（1940年代後半）

ドローレスが叫ぶと、シスターたちは笑いころげた（彼が行っしまったあと、ドローレスはシスターたちにくすくす笑いながら「嘘よ、ホルヒートはいつもいい子で、明るくて、愛情豊かだったの」と言ったという）。シスター・ドローレスが二〇〇六年に亡くなったとき、彼は修道院のチャペルの中で遺体の傍にいて、一晩中祈って過ごした。

修道女たちはホルヘに神の〈いつくしみ〉の意味を教えた。司教となったとき、彼は「ミゼランド・アトクエ・エリゲンド」というラテン語の言葉を紋章に掲げ、常にそれについて話すようになった。この句はイエスが徴税人マタイを弟子にしたことについて聖ベーダ・ヴェネラビリスが説明した言葉で、「（イエスは）彼を〈いつくしみ〉の目で見て、選んだ」と訳すことができる。ベルゴリオは〈いつくしみ〉という語をラテン語で「ミゼランド」という動詞の形で用いるのを好んでいる。そして、スペイン語でミゼリコルディアンドという言葉を造語した。神の活動、「神があなたに（何かを）してくださる」といった意味である。そして、罪の意識をもっている人や几帳面な人には「神に〝いつくしみ〟されなさい」と語りかけたりする。これは言葉を風変わりな形で用いる「ベルゴリオ流《ベルゴリスモ》」とも言えるようなスタイルの典型である[1]。

二〇一三年七月、フランシスコ教皇はリオデジャネイロから戻る飛行機の中でジャーナリストたちに、〈いつくしみ〉の新しい時代《カイロス》を宣言した。福音書の「放蕩息子」のたとえ話で、浪費した金についての説明を求めるのではなく、祝宴を開いた父親を引き合いに出し、「帰ってきた放蕩息子を父親は家の中で待っていることができず、迎えに出た。これが〈いつくしみ〉であり、新しい時代《カイロス》」と述べた。

ベルゴリオはこれまでの生涯を通じて、神が主導権をもっていることを強調して譲ることはなかった。神はわたしたち人間を見つけるためにやって来て、赦しをもってわたしたちを驚かせる。「それが宗教的経験というものであり、ずっと待っていてくれた誰かと出会うという驚き」であると、枢機卿時代の二〇一〇年に彼は言った。そして、「ディオス・テ・プリメレア」（「神はあなたを最初にする」）と続けた。ブエノスアイレスのスラングでは「プリメレアル」という動詞は文字通りには「（誰かを）最初にする」という意味である。神を主語にその語を用いたのがベルゴリオ流で、それが人びとを微笑ませる。全力で先を走っていき、これ見よがしに列の順番をとってくれる人の姿が思い浮ぶからである。

＊＊＊＊

子ども時代のホルヘ・ベルゴリオに最も大きな影響を与えたのは祖母ローザだった。彼女は深い信仰と政治的な能力をもった素晴らしい女性であった。ホルヘは生まれてから五歳になるまでのほとんどの時間を彼女と過ごした。

トリノにいた頃、ローザは「カトリック・アクション」という活動に熱心に関わっていた。これは一九二〇年代にすべてを国家に吸収しようとしていたファシストの独裁者ベニート・ムッソリーニから教会の独立を守ろうとイタリアの司教たちが生み出した国民運動である。ローザは当時のカトリック・アクションの全国的な女性リーダーたちの周辺で活動し、よく演説もしていた。彼女が話す話題は煽動的なものではなかった。ホルヘが保管している彼女の演説のパンフレットは「独身女性、未亡人、妻の生活における聖ヨセフ」と表題がつけられている。しかし、ファシストがカトリック・アクションを国家の敵と見なしていたので、演説はしばしば妨害を受け、止められたりした。こうしたことが最終的にはピウス十一世の力強い回勅〈一九三一年反全体主義教書〉（ノン・アッビアーモ・ビソーニョ「われわれは必要としない」）に繋がる。ファシストが演説会場を封鎖したとき、ローザは街頭で堂々と演説し、ファシストの手先に公然と反抗した。また、教会の説教壇に上り、公然とムッソリーニを批判したこともあったという。ムッソリーニによる独裁は彼女に移住を決心させた要因のひとつだった。
「子ども時代のことで一番よく記憶しているのは両親の家と祖父母の家で半々に暮らしていたことだね。小さい時は、もう一歳の時から祖母と過ごしていたんだよ」

ベルゴリオはそう当時を振り返る。弟のオスカルが生まれた後、ローザはホルヘを連れ出して世話を見るようになり、毎朝家へ迎えに行き、午後には家に帰した。ローザとジョヴァンニは夫婦の間ではピエモンテ方言で話していたので、ホルヘもそれがわかるようになった。
「私には祖父母が思い出を語るのに加われるという特権があったんだ」

その理解レベルは偉大なピエモンテの詩人ニーノ・コスタの恋愛詩の多くを今日でも暗唱することができるほどである。両親は国に溶け込むことを望み、それゆえ自分たちの出自については軽視していたので、ホルヘが少年時代にイタリア系アルゼンチン人という自らのアイデンティティを感じたときに鍵を握っていたのは祖父母であった。父親のマリオはそれとは対照的にスペイン語しか話さなかった。移民として受け入れられようと頑張ってきたマリオはノスタルジアをもってピエモンテを振り返ることは決してなかった。「つまり、父はノスタルジアを感じていたということです。理由があってそれを否定していたんですから」。ベルゴリオは後にそう振り返っている。

祖父母――特に祖母――は両親がしばしば無視したり拒絶したりする貴重な事柄を常に捨てずにとっておいてくれる保管者として不可欠な重要性をもっていたとベルゴリオは確信していた。二〇一一年には「四人の祖父母を知っていたのは運がよかった」として、「年長者の知恵に大いに助けられてきた。だから私は年長者を尊ぶのだ」と語っている。二〇一二年、ベルゴリオはスラムのコミュニティ・ラジオでイサスメンディ神父に次のように語った。

祖母は一家の中心だったね。祖父もそうだったが、まず祖母。彼女は貯蔵庫のようだったよ。道徳、宗教、文化、すべての貯蔵庫。話の全体像を伝えるのが祖母。母も父も外にいて働いていた。あれこれのことに関わって、たくさんのことをしてね。家に長くいるのは祖母の方だった。祖父もだがね。祖父母というのは昔のことを語るものだよ。祖母は一九一四年の戦争のことをよく話してくれた。自分たちがそれを乗り切ったんだという物語としてね。自分たちが生きた日々のことを語るんだ。本で読んだ物語じゃない。自分たちの物語、自分たちの人生を語ってくれる。ラジオを聞いているおじいさん、おばあさんに言いたいのはこのことだ。自分の人生について子どもたちに語ってください。そうすれば、子どもたちは人生がなんなのかを知るようになるから。

ローザは素晴らしい信仰伝達者であった。ホルヘに聖人たちのことを教え、ロザリオの祈りを教えたのは彼女であった。聖金曜日には孫たちを連れ、十字架につけられたキリストを見に行き、キリストがどのように死んだのか、日曜日にどのようにして復活したのかを話して聞かせた。彼女の信仰は宗教を超えたところにある人間の善を認めていた。両親とともに家にいるとき、カトリック信仰はかなり厳格であった。「家族が親しくしている人が離婚したり別居したりすると、両親はその人の家には行かなくなった。プロテスタントの信徒はみんな地獄に落ちていると思っていた」とベルゴリオは言う。ローザからはそれとは異なるメッセージを受け取っていた。彼が五歳か六歳の頃、救世軍の女性が二人、街路を通り過ぎたという。

「私は祖母に聞いたんだ。『あの人たちは修道女なの？　だって、修道女さんたちがかぶる小さな帽子をかぶっているじゃない』。すると、祖母は答えたよ。『違うわ。でも、いい人たちよ』とね」

それが「本当の宗教の知恵」であり、その時、「あの女の人たちはよいことをしているよい人たちなのだ」と彼は理解したという。

イポリト・イリゴージェン通りにある聖フランシスコ・サレジオ教会のサレジオ会小礼拝堂でのミサに連れられて来たとき、ローザはエウジェニオ・パチェッリ枢機卿が一九三四年にブエノスアイレスを訪れ、国際聖体大会を主宰したときのことを話したという。彼女はそのくらくらするような出来事についてよく話した。古い新聞の切り抜きを引っぱり出してきては、あの十月十二日という日に何百万という人がミサに与かり、その半分が男だったという話をするのである（教会に出席するのは女性の方が多かった当時としては驚くべきことだった）。何十万人もの人が街路で祈り、五月通りに悔い改めのための列ができた。ベルゴリオ一家はそのパチェッリ枢機卿が一九三九年にピウス十二世として教皇に選ばれたときには大興奮だったという。その後まもなく、ドイツがポーランドに侵攻し、第二次世界大戦が勃発する。ブエノスアイレスのイタリア移民たちは家族からの便りが途絶えたまま日々を過ごし、ホルへが九歳の時、戦争の終わりを祝った。フローレス地区の聖堂でのミサの後、人びとは親類のニュースをわれ先に伝え合ったという。

祖母はまた、イタリア文学への愛もホルへに教えた。なによりもまずアレッサンドロ・マンゾーニの名作『いいなづけ』を彼に読んで聞かせた。その有名な書き出し「コモ湖はその南で途切れることのない二つの山並みの間へと入り込んでいく」をホルへはそらで教え込まれた。一八二七年初版発行の『いいなづけ』は常にホルへの心の中で特別な場所を占めていた。それはイタリア人にとっての『戦争と平和』であり、『レ・ミゼラブル』であり、戦争と飢饉の最中に、敬虔な恋人たち、無慈悲な貴族、高潔な農夫、そして、俗っぽい田舎の神父、聖人のような修道士、厳格な枢機卿といった多くの聖職者たちが繰り広げる愛と赦しの叙事詩であった。

物語の主人公である恋人同士のレンツォとルチーアは結婚への願いを教区司祭のアボンディオ神父に

妨害される。神父はルチーアによこしまな欲望を抱く地元の貴族ドン・ロドリゴに脅されていた。レンツォとルチーアは聖人のようなカプチン修道会フランシスコ会士クリストフォロ神父に窮状を訴えた。レンツォを殺して、ルチーアを拉致すると息巻くドン・ロドリゴにクリストフォロ神父が立ち向かう。そして、ロドリゴはルチーアを掠うために残虐な男爵リノミナート（「無名な者」の意）の援助を得、クリストフォロ神父が恋人たちを別々に隠すというように、話はどんどん広がっていく。ここで厳格で気高いフェデリーゴ・ボロメーオ枢機卿が登場し、その存在の前にリノミナートは崩れ落ち、自分の罪を告白する。物語の大詰めは隔離された伝染病の病院で展開される。ミラノ郊外にある伝染病患者のための野戦病院で、犠牲者と犯人が修道士の呼びかけに応じて向かい合い、胸が引き裂かれるような赦しと和解の場面となる。

『いいなづけ』は多くの層が重なりあっている複雑な小説で、イエズス会士となり、司教となり、そしてローマ教皇となったベルゴリオには多くのテーマを含んだ大切なものになっていった。最悪の罪人にさえ与えられる神の〈いつくしみ〉、神父たちの臆病な俗っぽさと恐れを知らない厳粛さの対比、普通の人の高潔さと対照的な富と権力をもつ者の腐敗、祈りと赦しの力、戦場病院としての教会。ボロメーオ枢機卿は何ページにもわたって臆病なアボンディオ神父を非難する。「おまえは愛さなければならなかったのだ、わが子よ。愛して、祈らなければならなかったのだ。そうすれば、不正な行いに脅し、傷つける力があったとしても、命じる力はないことがわかったはずなのだ」。これはフランシスコ教皇の改革への宣言とほとんど同じである。

祖母ローザはいつまでもベルゴリオの大いなる恋人であり続けた。一九七〇年代、すでに夫に先立たれ、衰えを見せていた彼女はサンミゲルでイタリア人の修道女に世話をされるようになっていたが、ベルゴリオはしばしばそこに訪れた。

「おばあさまのことを慕っていましたね。おばあさまは彼の弱点でした」世話をしていたシスターのひとり、カタリーナは言う。

「彼女は彼が言うことにしか注意を払っていませんでした」

ローザに死が訪れつつあったとき、ホルヘはベッドのそばに夜通し付き添い、命がそこを離れるときまで、ローザの体を抱いていた。

「彼はわたしたちに『祖母はこの瞬間に彼女の存在の最も重要な点に到達しました。祖母は今、神の裁きを受けています。これが死の神秘です』と言いました。そして、その数分後、彼は立ち上がって、去って行きました。いつものように穏やかに」

ホルヘはローザと母方の祖父母を背景にもち、互いに愛し合う両親と弟妹たちが暮らす満たされて安定したイタリア人の家庭で、明るくバランスの取れた子どもとして育った。

父親のマリオは基本的に陽気な人で、怒ることはほとんどなかった。

「その点で、父と兄は似ています」

マリア・エレーナは言う。

家族の司祭であったサレジオ会のエンリコ神父は家族の支えとなる存在であり、一家全員がスィヴォリの家に集まってラビオリを食べるようなときには必ずやってくる常連の訪問客であった。

ホルヘが住む地区には多くの遊び友だちがいて、地区の広場にいつでも集まっていた。そのすぐ近くに通っていた第八コロネル・ペドロ・セルビーニョ小学校（バレーラ通り三五八番地）があった。学校では真面目で、すべての科目で合格点をとっていた。一年生のときの担任、エステラ・キローガとは生涯にわたって連絡を取り合い、自らの信仰の旅の段階が進むごとに彼女に報告をしていた。彼女は一九六九年の司祭叙階式にも出席している。

末の妹マリア・エレーナは家族からは「マレーナ」と呼ばれていた。ホルへよりも十二歳若い。

「私は小さなお人形で、兄は〝ご老体《エル・ビエホ》〟だったわ」

と彼女は笑う。毎週日曜日のことを一番よく覚えているという。家族全員で小教区の教会のミサに行き、帰ってきてからの昼食は午後も遅くなるまで続いた。物質面で言えば、家族の生活は質素であった。

「貧しかったですね。でも、尊厳がありました」

車はなく、富裕な中流家庭のようにバカンスに行くこともなかった。しかし、食卓には食べ物があった。レジーナが作るラグーのカペレッティとピエモンテ風リゾットが人気だった。そして、古着やお下がりではあったが、着るものもあった。

「母はひとつの服を作り変えて廃物利用するのが上手でした。父の服も私たち用に直していました。裂けたシャツやすり切れたズボンも繕ったり、縫い合わせたりして、私たちの服になりました。兄や私が極端に倹約家なのはこんなところから来ているのかもしれません」

　信仰は強く、伝統的なものだった。マリオは仕事から戻ると、ロザリオの祈りを唱え、家族がそれに続いた。日曜日には家族そろってミサに出席する。しかし、ホルへの父は会計士としての資格がアルゼンチンでは認められず、家計の収支を合わせるために多くの仕事を引き受けなければならず、週末には蓄音機のビクトローラでオペラやイタリアのクルーナーをかけながら、膨大な量の帳簿を家で処理した。息抜きには家族でブリスカというイタリアのホイストをした〔いずれもトランプを使う遊び〕。土曜の午後に母親や弟妹たちとオペラを聴いたことがホルへの最も気に入っている思い出のひとつである。

　レジーナは子どもたちの注意を保つため、オペラを聴きながら、実況解説をしたという。たとえば、オセローの一場面では「ここ、気をつけて聴くのよ……。ここでオセロは彼女を殺すの」と囁いた。ホルへが十歳から十二歳の間、両親はブエノスアイレスでかかるアンナ・マニャーニとオールド・ファ

小学校の行進で。前から２人目。

ブリーツィが主演のイタリア映画をすべて見せてくれたという。映画ではフェリーニの『道』とロッセリーニの『無防備都市』が彼のお気に入りだった。

そして、サッカー。ひょろっと痩せた子どもだったホルヘは友だちとボールを蹴って遊ぶのは好きだったが、それほどサッカーは上手くなかった。彼は偏平足だった。しかし、小教区の「不思議のおメダイ」教会の裏でいっしょにサッカーをしたというエルネスト・ラックによれば、ホルヘはなかなかの戦術家で、抜け目のないストライカーだったという。とはいえ、遊び仲間の意見はホルヘがサッカーよりも家で本を読んでいることの方が多かったことでほぼ一致する。勉強好きで、いつでも本に顔を近づけて読む彼の姿を誰もが記憶していた。しかし、だからといってホルヘが憑かれるようにしてサッカーを追い求めるのを止められるものはなかった。サンロレンソにかける情熱は父親から受け継いだものだった。サンロレンソはサレジオ会の宣教師ロレンソ・マッサ神父が一九〇七年に創立したチームで、地元ブエノスアイレスの三つの大きなチームの中では最も小さく、最も威勢がよかった。マッサはマリオとレジーナが出会ったパドヴァの聖アントニオ教会の教区司祭であり、クラブは聖母マリアの加護の下にある。チームが一九一五年にトップの一部リーグに入ったとき、マッサが試合用に確保したスタジアムはボエド地区のガスタンク近くにあったことから「ガソメトロ」と呼ばれるようになる〔今では移転したが、このガスタンクを意味する愛称は受け継がれている〕。マリオと息子のホルへはそこで行われる試合を見逃したことはなかった。チームの大いなる年はホルへが十歳のとき、伝説的なストライカー、レネ・〝ウエボ〟・ポントーニがいた年だ（綽名の「ウエボ」は卵の意）。ポントーニはそれまでに夢にも見なかったような高みにまでサンロレンソを引き上げたのだった。ベルゴリオは後に「偉大なるポントーニがいた一九四六年のチャンピオンチームの試合は一試合も見逃さなかった」とチームに語っている。

一九六一年十二月、ホルへがイエズス会士としての修練を始めてからまだ間がない頃、父マリオはスタジアムで試合を観戦中に心臓発作で亡くなった。まだ五一歳であった。このときホルへの一番下の弟アルベルトがマリオといっしょにいた。アルベルトはその後、スタジアムには一度も行っていないという。二〇一三年二月、ベルゴリオ枢機卿はローマに向けて出発したとき、ある大事な宝物を携えていた。今でもそれをバチカンで手許に置いている。それは旧ガソメトロ・スタジアムからとってきた木片である。そこには思い出の嵐が渦巻いている。エンリコ神父のこと、「卵《ウエボ》」のポントーニのこと、父と弟のこと、怒号をあげる観衆がひとつになって客席のベンチから跳び上がり、天に拳を突き上げるあの感覚——。彼は終生のサンロレンソ・ファンであり、フランシスコ教皇として今でも年会費を払い続けている。水曜に試合があるときにサンロレンソのチームジャージを着て、サンピエトロ広場の水曜謁見に行ってみるといい。確実にパパモビル〔教皇が一般謁見などで使う車〕の上の教皇が破顔して試合結果を指で示しながら通り過ぎるのを目にすることになるだろう。

＊＊＊＊

一九四〇年代のアルゼンチンでホルヘ・ベルゴリオが子どもとして知っていた教会は活発であり、国家主義的であり、一九四六年にファン・ドミンゴ・ペロン将軍を権力の座につけたアルゼンチン社会の中のある部分と渾然一体になっていた。

移民の洪水が押し寄せる以前の十九世紀中葉はそれとはかなり異なっていた。リーベル・プレートの地域はスペイン植民地の端に位置し、教会は独立後の内戦から生じてきた弱い組織で、国によってかなり統制されていた。一八六九年には司教が五人しかいなかった。そのすべてが国によって任命された司教で、ローマとの接触はほとんどなく、ローマが主導権を示すことなどあり得なかった。当時の偉大なカトリック信徒といえば、司教でなく、「ガウチョ司祭」として知られたホセ・ガブリエル・ブロチェロ神父（一八四〇―一九一四年）のような宣教師であった。フランシスコ教皇は選出直後、彼を列福し、聖人への道に置いた。ブロチェロ神父はポンチョを着てラバに乗り、葉巻を吸い、ヒョウタンからマテ茶を飲んだ。そして、各地を回って教会や聖堂、学校を建て、コルドバの山地に道を開き、英雄的な自己犠牲の手本のような生涯を最も乏しい人びとに捧げた神父である。

しかし、移民が都市部に押し寄せると、アルゼンチンの教会も力を強め、国から独立する方向へ進み始めた。その契機を示す年が二つある。ひとつはブエノスアイレスに大司教座が置かれ、大司教区となった一八六五年で、一八八〇年までに神父の数は八四人に達した。もうひとつはラテンアメリカの司教たちがローマに集い、広い範囲で改革を進めることに同意した一八九九年である。国が国民への支配を達成したまさにその瞬間に、アルゼンチンの教会はローマ教会の下に入ったのである。

続く数十年の間、国と教会は相並んで活発に発展していく。国が制度を構築し始め、鉄道や電信が普及し、常備軍が創設されると、教会は神学校や教区を作り、新しい修道会、特に女子修道会を創設して、病院と学校を運営させるようになっていった。活動の大部分はブエノスアイレスとコルドバをはじめとする都市部に集中していた。それとは対照的に、内陸部の巨大な教区は貧しく、人びとからは遠い存在のままだった。二〇世紀に入ってしばらくするまで、地方の貧困層がカトリック教会と接触することはほとんどなかった。ベルゴリオが常に福音宣教が行われる文化のひとつとして尊重している民衆の宗教はここに起源する。教義のことはわからないが深い信仰をもつ田舎の人びとは聖職者や教会がない中で、秘跡《サクラメント》よりも信心に目を向ける。

教会は十九世紀後半までに規模、影響力において自由主義者たちにライバル視されるまでに成長した。一八八〇年代、アルゼンチン政府はフランスに倣い、世俗主義的な熱意を示して、結婚と教育を国の管理下に移した。民事上の婚姻法は国を結婚の単なる証人としたが、教育法は啓蒙された市民を生み出すため、非宗教的道徳観を強く推し進めることを支持し、公立学校でのカトリック教育を禁止した。議会での激しい議論の中、教育大臣は「数千年におよぶ神秘的なヒステリー」に対する科学の勝利を宣言し、政府は教会の代弁者の一団を容易く押し潰した。そして、国に雇われていた司教たちを一時的に停職にし、教皇庁の教皇代理使節を追い返し、新しい法に疑問を呈したカトリック大学の教師を解雇することで教会からの異議を鎮めようとした。歴史家ジョン・リンチは「アルゼンチンはラテンアメリカの自由主義が寛容な信条であったとすることへの生きた反証である」と述べている。[2]

しかし、政府はこうした対立の最中にフリーメーソンが教会に放火し、反教会派の暴徒がイエズス会経営のサルバドール大学を攻撃するなどの混乱にはほとんど反応を示さなかった。フランス風の世俗主義は捨て去られ、教会と国の関係はほとんどイギリス的と言っていい保守的な形が採用されていく。不可知論者の統治者が社会秩序の防波堤として飼い慣らされた教会を支えることになった。一九二〇年代に国と教会が友好的に分かれた隣国チリの場合とは異なり、他の信仰をもつ自由が保証される一方で、カトリックはアルゼンチンにおいて国の公的な宗教の地位に留まった。アルゼンチン人の司教は政府から給料を受けとり、大統領は司教の任命を拒否する権限をもち、つい最近まで洗礼を受けたカトリック信者でなければならないとされていた。教会と国はきつく絡まりあったままだった。平日は毎朝九時の大聖堂でのミサが終わると、剣をもった正装の儀仗兵が祭壇の傍を通って、旗布で覆われた解放者サンマルティン将軍の墓を見張るために行進していく。そして、年に一度、教会は五月二五日の伝統行事である〈テ・デウム〉において、大統領臨席の下、政治家たちを先導し、国を改めて聖別した。それはベルゴリオ枢機卿が預言者然として疑問を呈するまで、教会が国に手なずけられていることを再確認させる行事だった。

現代資本主義の重大なる不正に遺憾の意を表明する教皇の手紙は多くあるが、その最初は一八九一年のレオ十三世による社会回勅〈レールム・ノヴァルム〉（「資本と労働の権利と義務」）であった。富裕層の自由市場信奉という偶像崇拝に対する教皇の異論に対して、当時のアルゼンチンがその明瞭な実例を示した。労働者階級の貧困とそれに対する対処といった社会的問題がアルゼンチン政治を支配するようになり、その背後で社会的な暴力が増えていったのである。一九一九年にはブエノスアイレスの警察署長が無政府主義者の爆弾によって殺害され、その後の弾圧で何百人もの人が命を落とした。政府は治安維持法を制定する一方で、市場に介入することは拒否し、議会はカトリック教会と社会主義者の代弁者たちによる穏健な社会改革導入の試みを阻止する。

教会は共産主義とも無政府主義とも関係しない労働運動を組織し、社会に関する教会の教えは左派と右派のイデオロギー両方に対するはっきりとした代案になっていた。しかし、それを支配的な自由主義政府に対する明確な政治的選択肢に変えることには失敗した。女性投票権、最低賃金、労働法制定を主張するキリスト教民主同盟は司教たちを不安にさせた。

しかし、一九二〇年前半、自由主義国における司教たちの座はローマからの打撃を受けることになる。政府がブエノスアイレスの大司教を新しく指名しようとしたとき、キリスト教民主党とイエズス会がその候補者を拒否するようローマ教皇に訴えたのである。最終的に別の候補での合意に至るまでの二年の間、ブエノスアイレス大司教の座は空位のままだった。バチカンと大統領官邸《カサ・ロサーダ》の睨み合いが続く中、アルゼンチンの教会は経済、政治の両方について自由主義を鋭く批判し、教会用語でいう教皇権至上主義、つまり国よりもローマに目を向けることを主張する預言者的な声があることに気づくようになっていく。要するに、カトリック教会は反体制となったのである。教会は当時の自由主義的な経済と政治に抵抗する力の源泉であった。そして、それは歴代ローマ教皇の社会教説とアルゼンチンに新たに生じていた国家主義的思考と結びついていた。この両方が一九四〇年代から五〇年代のペロン主義政府に影響を及ぼすことになる。

　一九三〇年代の教会は大きな動員力をもっていた。象徴的な瞬間は一九三四年のブエノスアイレスでの国際聖体大会であった。それはホルヘ・ベルゴリオが生まれる二年前の出来事で、彼はその話を祖母ローザから何度もくり返し聞かされることになる。アルゼンチンの教会史において、それはまさに画期的な出来事であった。続く数年の間に新しく十の司教区が設置されるという劇的な拡大が成し遂げられ、この時期は「カトリックの春」と呼ばれている。ミサの出席者数は受洗者数と結婚の数とともに急増した。神学校も一杯になり、聖職志願者の数は遂には人口増加と足並みをそろえるまでになった。一般の学校の数も増え、子どもの四人のうち三人が教会で教育を受けるようになった。

　それは新聞、雑誌、ラジオ局を駆使したネットワークをもつ知的で自信に満ちた教会の姿であった。当時の教会系主要出版社エディトリアル・ディフシオンは一九三〇年代に何百点もの出版物をカタログに載せ、六〇〇万冊もの本を売った。一九四〇年代から五〇年代には何十万ものカトリック信者がカトリック・アクションの研究サークルに加わった。その中には若きホルヘ・ベルゴリオもいた。自由主義的資本主義の足許で真正面から社会の悪を非難する行進と冊子と演説が展開された。その一方で、社会主義に追従することなく、社会についてのカトリックの教えを受け入れるよう労働者に訴えた。それでも、議会ではカトリックと社会主義者はまだ協力し合っており、日曜日の休息と八時間労働を導入する法案を遂には可決させる。

ホルヘ・ベルゴリオはこのように活発で、自信に満ち、少し勝ち誇ったような教会の中で育った。それはアルゼンチン特有の意味においては反自由主義的ということであった。自由主義はアルゼンチンの「よき時代《ベル・エポック》」における自由市場、国際的雰囲気、合理主義、権威主義的な展望と関係していた。一九三〇年代には、ますます国益とは相容れないようになっていった世界観だったのである。

自由主義に代わるものは国家主義の庇護の下で始まったばかりの抗議行動であった。この運動は最初は歴史と文学などの学問分野で始まったが、一九三〇年代には支配的秩序に対する社会的・政治的な批判を展開するようになっていた。アルゼンチンからの輸出に市場を閉ざした世界経済の危機はこの国の外国依存体質を露呈させた。かつての比較優位性は奴隷的な追従のように見え始めていた。いわゆる寡頭政治家たちは国全体の利益よりも自身の利益を守ろうとするようになっていた。

この自由主義体制の危機によって、国家主義の知識人たちがアルゼンチンはスペインの植民地支配の伝統をはねつけることによって進歩してきたという自由主義の神話に疑問を呈するようになった。彼らは自由主義者の外国人礼賛によって阻まれてきた、かつてのより信ずるに足る国のあり方に目を向け始めたのである。政治、経済における自由主義を拒絶する際、国家主義者たちは自由主義が見下してきたものを受け入れた。スペインとカトリックの伝統が今や「信ずるに足る」伝統として擁護されるようになり、かつての独裁者ロサスは国と民にとって身近な英雄とみなされるようになった。

カトリック信徒はこうした新しい考えに共感していた。「外国化された《エクストランヘリサンテ》」自由主義と呼ばれて窒息死寸前だったカトリック文化を国家主義者がアルゼンチンの歴史の中で重要な役割をもつものとして救出してくれたからである。貴族的な階層に属すカトリック信徒の国家主義者の中には皮肉なことに、海外の右翼的運動に目を向ける者もいた（当時はフランコとムッソリーニの時代である）。しかし、アルゼンチン教会における主流は自由主義と全体主義の間の道を進んだ。カトリック信徒が求めたのは自由主義のエリート層に権利を剥奪された都市部の新しい大衆の声に応える政府であり、フランスやイギリスの真似ではないアルゼンチンの伝統に忠実という意味での国家主義的な政府を望んだのである。また、社会についての教会の教えを経済、社会政策において採用することを求めた。それは市場経済の行き過ぎと貧富の差の拡大を抑制する国の実現ということであった。

一九三〇年の軍事クーデターまで、アルゼンチンにおける自由主義共和政党にはほとんど友人がいなかった。一九一六年、広範に男性に選挙権が付与され、「急進党」として知られた中産階級の政党、急進市民連合（ＵＣＲ）が選挙で圧倒的な勝利を収めた。急進党はその名が示すこととは違って、経済モデルの基本的な信条を疑わず、選挙での支持を確保するために国の支出を拡大させ、国民自治党（ＰＡＮ）の後継組織、国民民主党（ＰＤＮ）に結集していた保守派の反感を買っていた。一九三〇年、憲法を救うという名目で、急進党政権を倒すために軍が動く。最終的にはＰＤＮに権力は移ったが、一九三〇年代を通して急進党を選挙に参加させず、不正選挙という悪習に逆戻りしたのだった。

一九三〇年代は主としてこうした理由から「不名誉な一〇年」と呼ばれている。イギリスへの独占的な事業認可と海外取引の利権に絡む支配階級の腐敗が広範囲に見られたということもあるが、この一〇年は二つの軍事クーデターにはさまれた自由主義の最後の喘ぎとして記憶されている。二度目のクーデターは第二次世界大戦の最中、一九四三年に起こった。アルゼンチンは当時、米国のラテンアメリカに対する連合国支持の要求に逆らって、中立の伝統を貫いていたが、米国による武器と工業製品の禁輸措置によって危機に陥っていた。不正選挙への抗議と怒りの声が高まる中、軍は戦争の行方を見据えながら、権力を掌握する。連合国の勝利が確実と見られるようになったとき、ファン・ドミンゴ・ペロン大佐を中心とする一団の若い陸軍将校が実権を握った。

ペロンはアルゼンチンが革命の尖端にあり、旧体制を葬り去る際の課題は共産主義に陥ることなく新しい大衆的な政治にうまく移行することにあると理解していた。同僚の将校たちは戦争末期の状況からの回復のことばかり考えていたが、ペロンは利権と価値観という新しい強力な連合を構築するために自身の恐るべき政治手腕を使った。国がもつあらゆる手段を自由に駆使し、労働組合に利益を誘導して、権利を剥奪されている労働者階級の大多数にさまざまな形で手を差し伸べた。二年と経たないうちに、恐るべき運動体が形成された。それは移民階級のカトリック信徒の国家主義的な価値観を代弁し、貧困層に具体的な利益を提供しようとするものであった。

戦争が終わり、選挙の実施が決定されると、ペロンは逮捕されるが、一九四五年十月十七日、何万もの労働者が五月広場を一杯にして彼の釈放を要求する。その時以来、ペロン支持派はこの日を神聖視することになる。軍に自由の身とされたペロン大佐は一九四六年二月の選挙で苦もなく決定的な勝利を手中に収めた。ホルヘが十歳のときのことである。ブエノスアイレスにいた米国大使スプライル・ブラーデンの呼びかけで左派から右派まで既存の「自由主義」政党のすべてがはかない望みをかけて結成した同盟は打ち破られた。ブラーデンはペロンのことをファシストと読み誤っていた。ペロンは一九五二年に再選を果たし、その任期はさらに三年続いた。ペロン主義はアルゼンチンの政治状況を変貌させ、それが未来の教皇の青春期を支配していた。

＊＊＊＊

1948年から1949年まで在籍していたウィルフリード・バロン・デ・ロス・サントス小学校の同級生とサレジオ会の神父たちとともに。ホルへは上から3列目の左から3人目。

ベルゴリオ一家が最初の大きな危機に見舞われたのは一九四八年二月、ホルへが十二歳、ペロンが政権を握って二年目のことだった。母親のレジーナがマリア・エレーナの出産後に合併症で体にある種の麻痺が生じ、しばらくの間、寝たきりの状態になったのだ。祖母ローザが下の小さな子ども、アルベルトとマリア・エレーナの世話を引き受け、家族の司祭エンリコ・ポッツォーリ神父が上の三人の子のためにサレジオ会の全寮制学校を早急に手配してくれた。マルタはアルマグロのマリア・アウヒリアドーラ校へ送られ、ホルへとオスカルは一九四九年、ラモス・メヒア西地区にあるウィルフリード・バロン・デル・ロス・サントス・アンヘレスという申し分のない名をつけられた学校へ送られた。

六年生でその学校の寄宿舎に入ったホルへはその学校が好きだった。一九二五年にフランス移民の大富豪の未亡人が資金を提供して建てられ、学校の名には亡夫の名がつけられていた。

「光陰矢の如し。退屈している暇もなかった」

ベルゴリオは一九九〇年に地方教区で奉仕するサレジオ会のカエタノ・ブルーノ神父への手紙にそう書いている。学校にはカトリック文化が自然に行き渡っており、ミサに出ることは勉強することや遊ぶことと同じように普通のことだった。沈黙の中で学ぶことで集中力を養い、さまざまな趣味と技術を学んだ。ランブルシーニ神父には歌を教わった。アビレス神父にはゼラチンを使って文字を写す方法を学んだ。そして、ウクライナ人の司祭には東方教会の儀式におけるミサの行い方を学ぶ。若者が気晴しにすることとしては変わっていたが、ウィルフリード・バロン・デ・ロス・サントス・アンヘレスではそうではなかった。

その学校では勉強とスポーツの両方において、「キリスト教徒として」競い合い、成功のために努力するよう教えられていたが、二番になった者を軽蔑することは決してなかった。罪について学んだが、赦しについても学んだ。「(サレジオ会士たちは)イエスの十字架の言葉をもって、生徒たちに向き合うことを恐れていなかった」とベルゴリオは手紙に書いている。ホルへは就寝前に祈ること、聖母マリアの加護を願うこと、ローマ教皇(当時はピウス十二世)の肖像に敬意を表することをそこで学んだ。サレジオ会士からは愛についての貞節も学んだ。ちょうど思春期に入った頃にこの学校に入ったホルへはそれを健全なものと見るようになった。ブルーノ神父への手紙には「性的な妄想は学寮にはなかった」と書いている。「すべてをさらけ出すよう主張していた教育者や心理学者たちの方がずっと性的な妄想は強かった。彼らはフロイト流に至るところにセックスを見ていた」。

ホルへの良心はこの年に急速に発達した。「私はほとんど無意識のうちに、ものごとの意味をどう求めたらよいのかを学んだ」と手紙には書かれている。ホルへは自分自身の外側に真実があること、価値観と美徳が必要とされていること、世界に対する自分自身の責任について気づくようになった。サレジオ会士たちは貧しい人たちの窮状について話すことが多く、困っている人に与えるために自分たちはなしで済ますことを生徒たちに奨励した。

彼は死についても学んだ。一九四九年十月のある夜、サレジオ会の学監モンセニョル・ミゲル・ラスパンティがその二、三週間前に亡くなった自分の母親のことを少年たちに話したという。

「あの夜、恐れることなく、私もいつか死ぬのだと感じました。それは最も自然なことなのだと思いました」

ホルヘはブルーノ神父への手紙にそう記している。この頃から年老いたサレジオ会士たちがどのようにこの世を去っていったのか、「よき死」と言われていることのために彼らが何をしてきたのかについて話を聞くようになった。

学年末になって、ベルゴリオ兄弟が家に戻ると、母親がいた。まだ立ち上がることはできなかったが、食材をテーブルの上に並べ、椅子に座ってじゃがいもの皮を剥いていた。

「母はそのとき、どうやって料理をするのかを教えてくれました。私たちはどこから手をつけていいのかわかりませんでしたから」

ベルゴリオは思い出を語る。

「『ここで、これを鍋に入れて、こっちはフライパンに』というように母は説明するんです。そうやって料理を教わりました」

ホルヘは十二歳から十三歳の間に神の召し出しの兆しを初めて感じた。しかし、この段階では「エンジニアとか医者とか音楽家になるのと同じようなこととして」神父になることを考えていたとイサスメンディ神父の番組で話している。それをはっきりと感じていたのがわかるのは隣に住むマリア・ダモンテという同い年の少女に恋をしたときのことだ。ホルヘは思春期の情熱を爆発させて、その少女にあまりロマンチックではない申し出をする。

「君と結婚できないなら、神父になるよ」

いっしょに住む赤いタイル屋根の素敵な家まで描いて彼女に言った。少女の父親は激怒し、娘に手を上げ、ホルヘに会うことを禁じた。学校でホルヘはカンタルッティ神父と話した後、神の召し出しを見出すために熱心に祈り、「神の召し出しの漁師」として有名だったマルティネス神父とも聖職につく可能性について議論した。しかし、翌一九五〇年、高校へ進むと、その考えは心の奥の方へ押し戻された。そして、その四年後に、蠟燭が再び灯されると、今度はその炎が消えることはなかった。

＊＊＊＊

ホルヘが高校に進んだとき、ペロン大統領の任期はほぼ四年が過ぎた頃で、アルゼンチンではすべてがひっくり返されていた。それは第一次ペロン政権の絶頂であり、巨額の財政支出、労働者階級への富の分配、急速な工業化の時代として今日でも畏怖をもって記憶されている。この国家主義的計画はほとんどすべての点において、それ以前の自由主義政権のモデルを逆にしたものであった。新しい時代が来ていた。英国は戦争で疲弊し、もはや重要な取引相手ではなかった。米国は製品を海外に供給してはいたが、国内ではアルゼンチンの輸出品目を生産していた。つまり、アルゼンチンは自給自足の経済を強化する必要があったのである。ペロンは消費を増やすために賃金を上げるという考えをとり、国内の消費者の需要にあったものを生産することを奨励した。その一方で、石油産業、鉄道、路面電車など、可能なものはすべて国営化した。ペロンの政策はルーズベルトのニューディール政策と同様、経済が社会問題を解決し、国が経済の舵を取るというのが前提であった。

ペロンの政策を権威主義的な大衆迎合、左派国家主義と見る議論は、ペロンの政策が特定のイデオロギーを表したものではなく、表現手段であったというより深い点を見落としている。ペロンは特定の理念を提唱する者などという存在をはるかに越えており、より良い生活を求めて町にやってきた移民とその子孫という新しい階級の利益と希望を明瞭に表現する並外れた能力をもつ直観的な政治の天才であった。彼は移民層の希望と夢を理解していた。自身もそのうちのひとりだったからである。ハンサムな大佐と美人のラジオ女優の妻エヴィータの物語は何度も書籍、ミュージカル、映画の中で語られた。二人はともにブエノスアイレスの田舎町の庶民の出であった。社会的汚点と障害を克服して頂上へと上り詰めた二人はアルゼンチンの貧困層が共鳴する政治運動を構築していった。しかし、劇場とペロンにまつわる神話のことはともかくとして、ペロン党がその創設者の死を越えて存続できた理由は、新しいアルゼンチンの価値観と利益を明瞭に表現する際に、ペロンが自分自身よりもはるかに大きい何か、政党というよりは社会運動、利益集団というよりは文化をつくったからである。それは現代アルゼンチンを数十年にわたって支配している非常に支持され吸収力のある政治的な混成体であり、政党としては締め出された選挙にさえ、その傾向は影を落としている。

一九四六年の選挙におけるペロンの勝利によって打倒された多くの障壁のうちには、アルゼンチンの自由主義が教会に対して作っていた壁があった。ペロンの政府はカトリックの価値観とその優先事項との一致によってその正当性を得たアルゼンチンの近代史上初の政府であった。特に、それまでの十年間にカトリックと国家主義が盛りかえしたことで教会の社会についての教えが浸透していた。ペロン政権の初期は教会の絶頂期に見えた。ついにアルゼンチンのカトリックの伝統を支持する政府ができ、社会についてのカトリックの教えが実行され、教会の福音宣教の仕事が支持されたのである。

のちの第二バチカン公会議以降、教会は少なくとも公式にはもはや国を宣教の道具とは見ていない。しかし、当時のカトリック国では、教会は政府が支え、実行すべきとされる道徳的、精神的価値の守護者であり、その一方で、社会をキリスト教化する教会の自由は尊重されるという立場を司教たちは当然のこととしていた。教会から正当性を認められることには熱心であったペロンだが、その生涯の早い段階にはカトリック信仰を示すものはなく、その生涯を通じても教会との接触はあまり多くはなかった。しかし、彼は自身の運動を「カトリック国」の政治的な具現と見ており、教会は国を宣教の道具としているという考えを抱いていた。それは別のクーデターによってペロンが排除されるに至った一九五四年から五五年のペロンと教会の凄まじい対立の後にまで尾を引いた考えであった。

ペロンは労働者と労働組合に具体的な利益と実際的な収入を分配し、その見返りに彼らの忠誠を期待したが、教会にも同じことを期待していた。司教ら聖職者の給与は大幅に増額され、神学校が建設され、海外で学ぶ神学生には補助金が与えられた。祭具などの宗教上の備品の輸入は免税とされ、教会の組織には国の補助金が出された。しかし、こうしたことよりもはるかに重要であったのは、カトリックの思想をこれまでにない形で受け入れたことであった。ペロンは政府の政策をはっきりと教会の社会教説と一致させていた。それは資本を人間らしく用い、労働に威厳を与えるという教えである。また、カトリック・アクションが長く普及活動をしていた家族賃金と児童労働の規制はすぐに法制化され、そうした問題を周知させるために、カトリック・アクションのリーダーたちを採用して活動させた。また、明白にペロン主義を福音とカトリックの社会教説に結びつけ、イエズス会士エルナン・ベニテス神父をペロン家の相談役としていた。

しかし、この関係は教会が飼い慣らされることを拒否したことで崩れた。新憲法制定をめぐる交渉の中で、一八五三年憲法において教会をさまざまな形でコントロールすることを国に認めていた植民地時代からの権利を削除するようローマ教皇庁が要求してきたのをペロンは拒否したのである。ヨーロッパにおけるファシズムの時代に成立したばかりだったバチカンはカトリック国と考えられている国が教会を社会統制の道具として使う危険性に神経質であった。教会はペロン政権が終わってかなり経ったのちに、別のもっと敵対的な政府が深刻な形で教会の宣教を妨害するためにその権力を使い得ることを思い知らされることになる。ペロンの側では政治的に忠実な司教を任命する憲法上の権利を放棄するつもりは毛頭なかった。それはカトリック国の政治的な具現を標榜するペロン主義からすれば論理的に当然のことであった。

両者とも譲らなかった。教皇庁は教会の〝ペロン化〟に懸念を募らせ、新しい司教の着任承認を拒否し、ペロンは教会に対して「恩知らず」と怒りをぶちまけ、カトリック教会からキリスト教を切り離そうとし始めた。新しい国の政策「正義主義」はイエス・キリストではなくペロンと結びつけてキリスト教の価値観を訴えた（妻のエヴィータはその自叙伝の中で「ペロンは暗闇の中での神の顔」とし、「ここに二〇〇〇年前のベツレヘムがくり返されている。最初のベツレヘムを信じるのは控え目なこと」と明言している）。国はカトリック教会と競合する別の組織をつくり始め、カトリックの組織を法的に認知しないようにした。ペロン主義はもはや、教会が説いたことを行うのではなく、教会ができなかったことを説くようになった。

一九五一年、国が選挙に備えていた時期に、エヴィータは癌に罹り、翌年七月に死去する。癌に蝕まれた体で大統領官邸のバルコニーに現れ、情熱的な演説をした彼女の姿はペロン主義者の間では神話的な象徴的瞬間となった。ペロンはエヴィータへの同情の波に乗り、また自身が一九四七年に投票権を与えた女性たちの票によって、一九五二年の選挙に圧勝する。

そして、よい関係が終わるときがやってくる。経済の減速に伴い、ペロンは守りの姿勢をとるようになり、偏執的になっていった。ラテンアメリカでは左右を問わず大衆迎合的な国家主義の政府が権威主義的な狂気に悩まされてきたが、アルゼンチンもそれに陥り、国民と国家と政府が混ざり合うようになっていった。国の官吏が党員であることを要求され、異論を述べることは反対、敵対と見なされ、(急進党、社会主義者、カトリック信徒を問わず)国民の敵と決めつけられた。ペロン主義の「新しい人」という輪郭のはっきりとした特徴をもつ公認の芸術が現れ始め、「正義主義」は哲学的な陳腐さと奇怪な二重性という螺旋を下降していった。エヴィータの葬儀は英国皇太子妃ダイアナの葬儀のときと同じように、多くの人の悲しみを誘う驚異的な瞬間となったが、政府が彼女への礼賛を生み出そうとして、世俗の聖母マリアとして後光をまとった彼女の姿を学校用の自叙伝に掲載させたとき、教会と政府の関係は最低の状態になった。

一九五一年から五二年にかけて、カトリックの活動家たちは政府との根深い協力関係に幻滅し、むき出しの敵対へと立場を変えていった。カトリック・アクションは指導者の多くをペロン主義陣営に奪われていたが、それが戻ってきたことによって息を吹き返した。教会系の新聞とカトリック・アクションの集会はヨーロッパにおける新しいキリスト教民主党の動きを伝え、否定的な形でペロン政権と比較した。ペロンは自分の家の裏庭で教会の後援する政敵が誕生したのを知り、それに対する締めつけを命じる。

ペロンは一九五四年十一月の演説で政治に関与する神父たちを猛烈に非難し、多数を逮捕した。カトリック・アクションは法的に解散させられ、教会系の出版社やラジオ局は強制捜査で荒らされ、廃業させられた。メキシコ革命の影響から、公共の場での宗教活動も禁じられた。その後、教会の勢力を制限するために、その道徳的な関心を嘲笑うかのようにして、一連の法律が制定される。離婚と売春は合法化され、宗教教育は学校から締め出され、宗教団体に対する免税措置は縮小された。政府はプロテスタント諸派と心霊主義を優遇するようになり、イエスの神性を否定してカトリック教会を封じ込めようとした。

これらの措置を嘆く司教たちの手紙が各教区で読み上げられ、国が並行する礼拝を作ろうとしていることを非難し、そのとき七万人の活発なメンバーを擁していたカトリック・アクションはデモ行進を行った。各支部のネットワークはパンフレットを発行、回覧し、報道管制に対抗した。戦術的な特別部隊が組織され、教会を防護し、政府の手先がミサに入り込むのを防いだ。しかし、抵抗の主な方法は大規模な公共の宗教行為を組織することで、政府の禁止令を有名無実にすることであった。

一九五五年五月二五日、ペロンはブエノスアイレス大聖堂で年に一度、国と教会の指導者が集まって行う祈りの集い、〈テ・デウム〉をボイコットした。カトリック・アクションはそれに抗議して人びとにデモを呼びかけ、その動きは六月十一日、カトリック信徒には大きな意味をもつ「聖体行列」において頂点に達した。政府はそれを妨害しようと虚しい努力をしたが、二五万以上の人が決定的な抵抗の意思を示して教皇旗と国旗を先頭に静寂のうちに行列を行った。

ペロンはパニックに陥り、多くの神父を逮捕し、カトリック・アクション本部の強制捜索を命じた。海軍の航空隊が「キリストが征服する《クリストゥ・ヴェンス》」というスローガンを掲げた飛行機で五月広場を爆撃し、労働組合が組織した何百人もの反対デモ参加者が殺された。二〇一一年、枢機卿であったベルゴリオはその出来事を回想し、友人のユダヤ教のラビ、アブラハム・スコルカに次のように語っている。

「（あのスローガンは）不愉快でした。非常に腹が立ちました。全くの政治的な行為のためにキリストの名が用いられたことに憤慨したんです。宗教と政治と純粋な国民主義がごちゃ混ぜにされ、罪のない人びとが冷酷に殺されました」

さらなる報復として町の中心にある十二の教会が内部を破壊されて、火をかけられた。その後、二か月の間、聖職者に対する妨害があったが、軍内部ではペロンから政治的な地位を奪おうとする一連の策略が増えていった。そのうちのひとつが一九五五年九月に成功し、「解放革命」として知られるようになる。軍が再び手綱を握り、兵営から秩序と憲法の回復が呼びかけられた。

ペロンと教会の対立から、すべてのカトリック信徒が反ペロン主義者になったかというと、必ずしもそういうわけではなかった。それはある種、家族内の対立のようなもので、カトリック国という神聖なる理想の壁に囲われた中での出来事であった。スペインに追放されたペロンは時を移さず教会と和解する。教会も関係を修復したがっていた。ホルヘがイエズス会士としての訓練を受けていた一九五〇年代後期から、特に一九六〇年代において、一般の人びとは献身的なペロン主義者のままであった。カトリック信徒の多くは社会正義を求めてペロン主義に転向し、追放されたリーダーの帰国を要求した。ベルゴリオは政党に積極的に関わっておらず、イエズス会に加わった一九五八年以後、一度も投票をしていない。しかし、ペロン主義が表現している文化的、政治的伝統には当然とも言えるような親近感をもっている。

ペロン主義への迫害によって、軍はそれを殉教者にしてしまうことになり、一般の人びとの忠誠はますます追放されたリーダーに向けられるようになっていった。これに続くおよそ三〇年、一九五五年から一九八三年までの間、正義党（ペロン党）は一九七三年の選挙を除く、すべての選挙から締め出された。その間、十八人の大統領が就任し、その平均任期は一年半、軍政は十九年間に及んだ。一九六〇年代の終わりまで、アルゼンチンには地域最大のゲリラ部隊があった。それも一九七〇年代には南米大陸で最も残忍な軍事独裁政権に敗北する。アルゼンチンがなぜ西半球で最も不安定な国になったのかについて説明しようとするのであれば、一九五〇年代にカトリック教会とペロン主義が対立し合い、軍がペロン出現前の状態に国を戻そうとしていたというところから話は始まるはずである。アルゼンチンは一九五〇年代から一九七〇年代にかけて、外国人には理解し難い政治的なパラドックスの中で麻痺していた。国家主義者、ペロン主義者からなる反自由主義陣営は人びとの支持を集めて、選挙に勝つことで権力を握り、民主主義者、多元主義者からなる自由主義陣営はペロン主義者を権力から遠ざけておくために独裁政治を行っていたのである。

＊＊＊＊

ホルヘは一九五二年からの五年間、高校で化学を学びながら、自分が属すフローレス教区のカトリック・アクションのメンバーとして活動していた。カトリック・アクションはまだ教会の中で力をもっており、青年部と呼ばれた一〇〇人を超える聖職志望者たちが聖堂に集まっており、司祭養成所のようになっていた。ペロンとの対立の時代に志願者の数は急増したが、一九五〇年代の終わりには減少し始める。

ホルヘは志望者の中では静かで、礼儀正しく、博識であることで知られ、小教区の教会の入り口に書店を設立し、運営するのを手伝っていた。召命のことについては口外していなかった。一九五四年から五五年に教会と国の関係が緊張状態にあったとき、志願者たちは私的な慈善事業だけに関わっていたが、一九五六年から五七年、ホルヘは他の何千という人びとともに、教会の大学経営を支持する集会に参加した。慈善事業にも関わり、フローレス地区の貧しい人びとを訪ね、物資を提供し、生活の安心を与えるよう努めていた。

「よりよい世界のための擁護者」として知られていたカトリック・アクションでの聖職者の講演で、ホルヘは教会の社会についての教えの中心信条をじっくりと学んだ。当時はまだこの問題は「社会回勅」として知られるピウス十一世の一九三一年〈クアドラゲシモ・アンノ〉「社会経済秩序再建案」によって大まかに定義されているだけだった。当時の政治的な出来事を念頭に置いて読めば、この回勅はペロン支持派にも反ペロン派にも戦闘手段を与えるものであっただろう。自由主義の経済に遺憾を表明し、経済問題に関する団結と国による干渉を要求する一方で、社会を統制し、形づくろうとする国家の意図に制限を設けようとするものであったからである。教会と国の対立が表面化したときに十八歳だったホルへ青年にとっては、それが信仰と政治思想についての意識を呼びさます豊かな環境となっていた。

通っていた学校の校長の息子はホルへがペロン主義の記章をつけて教室にやって来たことで校長に譴責されたことを記憶している。学生はいかなる種類のシンボルも身につけてはならないとされていた。しかし、ホルへをよく知る同級生のひとり、ウーゴ・モレッリはホルへが反ペロン主義者であったと主張する。

「私はペロン主義者だったが、彼はそうじゃなかった。そのことで私たちはいつも議論していたよ」

この二つの記憶を分けているものは一九五〇年代に高まっていった教会と国の緊張関係である。親ペロンであったカトリック信徒の多くがこのとき反ペロンに変わったのだ。ホルへは一九五〇年代の中葉まで、そうした人たちのうちのひとりだった。そのときは社会主義に引きつけられていた。後の一九六〇年代から一九七〇年代には、一般の人たちの価値観を表現するものとしてペロン主義を尊重していた。

一方、学校の近所にいたオウムはその忠誠を疑いなどしなかった。ホルへの同級生たちは授業中にそのオウムが「ペロン万歳、こんちきちょう」と金切り声を上げ、教室にくすくす笑いを引き起こしていたことを鮮明に覚えている。一九五〇年から一九五五年のホルへの同級生にはモレッリに加えて、アルベルト・ダレッツォ、アベル・サラ、オスカル・クレスポ、フランシスコ・スピノザがいる。彼らは互いに親友同士であり、ベルゴリオが枢機卿であったときにはよく同窓会を開いていた。

第十二実業学校はその前年にフロレスタ地区の民家で始まった斬新な試みで、ペロン政権が強く推し進めていたアルゼンチンの産業振興策の一翼を担っていた。ホルへの父マリオはその学校の資金を集めた市民団体の会長だったので、息子のための場所をそこに確保していた。そのときはちょうど一ダース、十二名の生徒がいた。この学校では国が認めた教育必修科目には従っていたが、食品化学に特別コースを設けて、そこで学ぶ学生に研究所で働ける資格を与えていた。

当時の同級生たちはこの時代のホルへのことを心温かな普通の若者で、本ばかり読んでいたが、惹きつけられるところのある仲間だったと表現している。サンロレンソが勝てば、相手チームのファンをからかい、休憩時間にはバスケットボールをし、週末に女の子たちと踊りに行くときにもいっしょだったという。

しかし、同級生たちの話から明らかになるホルへの目立った特徴が二つある。ひとつは凄まじいほどの頭のよさである。新しい考えと情報を素早く理解できたため、努力しているようには見えないのにいつでも成績はクラスで一番だったという（同級生のモレッリによれば「その頭のよさは本当にうらやましいほどで、正直なところ、われわれをはるかに越えていた。いつでもわれわれよりずっと先のところにいた」という）。同級生たちはその後、期待通りに化学工業の分野でキャリアを積んでいったが、明らかに聡明な学生たちだった。それだけにホルへの頭脳に対する彼らの畏怖の意味は大きい。また、化学以外でも同級生たちはホルへの能力を称賛している。特に文学、心理学、宗教でトップの成績だったという。

しかし、その抜群の才能で恨みを買うようなことはなかった。その能力を同級生たちに開放していたからである。

「課題が難しいときにはいつでも助けてくれた。いつでも助けると言ってくれていたよ」

同級生のクレスポはそう語る。ここに将来の聖職者としての煌めきが見えるのではないだろうか。同級生のダレッツォは「彼には問題を解決する特別な能力があった。勉強でも、みんなの個人的な暮らしのことでもね」と語った。

もうひとつの特徴は熱烈な信仰であった。

「われわれは十四か十五だったが、彼はすでに戦闘的なほど信仰が篤かった」

ネストル・カラバホは当時よく、ホルヘを含む十五人から二〇人ほどの大きなグループで、ブエノスアイレス郊外の森と草原があるティグレ・デルタにピクニックに行ったという。ホルヘが「童顔で、常に揺るぎないカトリック信仰をもっていた」ことにはモレッツリも同意している。

モレッツリとクレスポは宗教教育のクラスのことを鮮明に覚えている。その科目は軍政時代の一九四四年に導入され、その後、ペロン政権が教会と関係がよかった時期に承認された必修科目だった。教師が履修条件である初聖体を受けていない者はいないかを尋ねると、二人の学生が手を上げた。クレスポは言う。

「先生が前もってホルヘと話していたことは明らかでしたよ。ホルヘはわたしたちに言っていましたから。『同志ベルゴリオはフローレス聖ヨセフ聖堂で諸君の代父となるつもりがあることをお伝えしておく』とね」

ホルヘはその二人の同級生に教会における聖体の秘跡について教えたあと、彼らを聖ヨセフ聖堂に連れて行き、初聖体を受けさせ、自宅で昼食を共にした。彼が十五歳のときのことである。

ホルヘはその頃、お金を稼ぐために働くようになっていた。父親が会計事務所での仕事を見つけてきたのである。最初はただの掃除係だったが、そのうち管理業務を手伝うようになった。また、父親の得意先の靴下工場での事務作業もあった。学業もあるので、一日は長く、夜八時に帰れない日も多かった。しかし、彼は仕事をするのが好きだった。その並外れた能力は彼の生涯を通じて人びとに深い印象を与えてきた。枢機卿としては、自分に価値があると思い、人間としての尊厳を保つためには仕事をもっていることが非常に重要であると熱心に説いた。長期失業を罰とする考えに彼はきっぱりと反対している。

彼は長期の休暇は取らなかったが、夏には母方の祖父母のところで寛いだ。そこでは大伯父たちが彼にきわどいジェノバ小曲を教えたりした。若者たちが夜にぶらつくところはたくさんあった。クレスポは言う。

「アベリャネダやセグローラあたりの店で会って、ビリヤードをしたりしたよ。週末には互いの家で待ち合せて、チャカリタのクラブに踊りに行った。女の子がたくさん集まる店だったんだ」

クレスポもモレッリもそれぞれホルへと一緒にくり出したときのことを覚えていた。モレッリは言う。

「もちろんガールフレンドはいたよ。でも、彼はちょっと慎重な質だったな。われわれとは踊ったよ。でも、そうだね、慎重だった。みんなで彼をけしかけたもんだよ」

内気を克服するや、ホルへは踊りが好きになった。特にミロンガを好み、アダ・ファルコンの「刃物騒ぎ《ラ・プニャラーダ》」がお気に入りのひとつだった。教区のグループの友人のひとり、アンナ・コロナは彼に一般の家で夜通し続く「押しかけ《アサルト》」パーティをよく開いていた友人グループのひとりだった。男子はスーツを着て果敢に女の子たちに踊りの相手を申し込んでいたのを覚えている。彼女は土曜日の夜ごとネクタイを締め、誰かの誕生日であれば白のジャケットを着て、飲み物をもってやってくる。食べ物は女子の担当だ。夜明けに少年たちはそれぞれ少女たちを家まで送り、あわよくばその少女とキスまでもち込もうとする。しかし、これは一九五〇年代のカトリック・アクションの十代の若者たちの話である。

「翌朝八時にはみんなミサに行ったんですよ」

コロナはそう話す。彼女が知るホルへは「とても優しくて、とても社交的」だった。彼はタンゴを音楽として非常に愛していたという。

「ホルヘはタンゴを踊るのがとても上手でした。タンゴがとても好きだったんですよ」。

二〇一〇年にベルゴリオは「タンゴはこの胸のうちの深いところからやってくるもの」と語っている。

ブエノスアイレスを象徴するその調べはバンドネオンと呼ばれるアコーディオンに似た楽器で演奏されるが、二〇世紀への変わり目あたりに、特にラ・ボカの港湾地区の安い住宅に住む荒くれ男たちの間で儀式化された争いをともなう音楽として生まれた。しかし、時が経ち、一九二〇年代には男女がカップルで踊るにふさわしい音楽に形を変え、異性の気を惹こうと競い合い、気位の高さを見せようとする踊りと音楽になった。そして、そこに歌詞がつけられるようになる。一九三〇年代から四〇年代にかけて、絹のように滑らかな声をもつ驚くほどハンサムな歌手、カルロス・ガルデルが劇場の大画面から「エル・ディア・ケ・メ・キエラス」（「あなたが私を愛する日」）を囁くように甘く歌うと、タンゴはアルゼンチンでも海外でも大流行となった。ガルデルの早すぎる悲劇的な死はアルゼンチンでは今でも、アメリカにおけるケネディ米大統領暗殺と同じくらい深く国民の心に刻み込まれており、それによって彼の名声はさらに高まった。

一九五〇年代までにタンゴはダンス音楽として親しまれるようになった。ホルヘが特に好んだのはファン・ダリエンソ・オーケストラの演奏だった。しかし、タンゴは歌詞をもつ音楽の形態でもあり、踊るためではなく聞くものという面もあった。タンゴではイタリア語と古いスペイン語を創造的に混ぜ合わせた「ルンファルド」というブエノスアイレス方言が用いられている。ベルゴリオ枢機卿はそれをしばしば引用して印象的な言葉とイメージを生み出していた。作曲家であり作詞家であったエンリケ・サントス・ディセポロや、当時最も称賛されたフリオ・ソーサとエイダ・ファルコンといった歌手の作品が模倣された。彼らにとってタンゴはある種の社会批評であり、古き価値観が廃れていくことへの嘆きでもあった。たとえば、ピンストライプのスーツを身にまとったソーサが指にタバコをはさんでバーのカウンターにもたれ掛かり、激怒しながら歌うディセポロの一九五五年の作品「カンバラーチェ」（「質屋」）では、質店のディスプレーの古ぼけた温水暖房器の横に寂しく聖書が置かれるという巧妙なイメージが用いられている。ベルゴリオ枢機卿は二〇一〇年刊の『イエズス会士《エル・ヘスイタ》』の中で「カンバラーチェ」の中で歌われている有名な一節「なんてこった、なにも変わりやしない。いずれまた会うことになるのさ」を引用して、現代の相対主義を嘆いている〔邦訳『教皇フランシスコとの対話』新教出版社刊〕。

一九七〇年代にアストル・ピアソラによって人気が再燃した時期も含めて、ベルゴリオはいつもタンゴを聞いている。最初の一流女性タンゴ歌手であり、まじめに男装して歌ったアスセナ・マイセニともイエズス会士になった後に知り合っている。一九七〇年に彼女のさいごの秘跡を与えたときには、彼女の死の床の傍らで偉大なタンゴ歌手ウーゴ・デル・カリルに会った。彼もまたフローレス地区の出身であった。

ローマ教皇に選ばれたとき、アルゼンチンのメディアではベルゴリオのタンゴ好きがサンロレンソへの愛とマテ茶への愛着とともに、彼の庶民性の証しのひとつとして取り上げられた。しかし、一九五〇年代におけるタンゴはまだとげとげしかった。微かにではあったが、ピンストライプのスーツを着たチンピラの手を逃れて暗い裏通りを行く濃い口紅を塗りたくった売春婦を連想させるものだった。聖職につこうかと考えていた十代の若者がそうしたものに魅力を感じているというのは普通のことでなかった。それはその青春期の混乱の中でさえ、周縁的な世界が彼を引き寄せていたという徴しであったのかもしれない。

＊＊＊＊

神がホルへの中に〝最初に入ってきた〟のは一九五三年九月二一日、十七歳の誕生日の六週間前、ブエノスアイレス全域でジャカランダの紫色の花が咲き誇る春の始まりのことだった。ホルへは「学生の日」を祝うためにカトリック・アクションや学校の友だちと一緒にガールフレンドに会いに行く途中だった。リバダビア通りを歩いていて、よく知っている聖ヨセフの聖堂の前を過ぎようとしたとき、彼はその聖堂の中に入りたいという衝動に駆られた。

「私は聖堂に入った。入らなければならないと感じたんだ。でも、心の中ではそう感じているんだけれども、それが何なのかはわからなかった。そんな感じだったよ」

彼はイサスメンディ神父にそう話している。

私は周りを見回しました。薄暗かった。九月の朝、おそらく九時頃のことでした。ひとりの司祭が歩いているのが見えました。知らない司祭でした。教区司祭ではなかったんです。彼は祭壇に向かって左側の一番端にある告解室に入りました。これから何が起こるのか私はよくわかっていませんでした。誰かが私の中から私をつかまえて、告解室へと連れて行っているように感じていました。もちろん、私はその司祭に自分のことを話し、悔い改めました。しかし、何が起こっていたかは今でもわからないんです。

その司祭のことを知らなかったので、告解を終えた後、どこの人なのかその司祭に尋ねました。「コリエンテスから来ました。このすぐ近くの聖職者の家に住んでいます。時々ミサのためにここで来ているんですよ」

彼は白血病に罹っていて、その翌年に亡くなりました。

まさにこのとき、自分は司祭にならなければならないのだということがわかったんです。そのことは全く確かなことでした。友人たちと出かけるのはやめて、私は家に帰りました。すっかり途方に暮れていましたよ。その後も学校には通い、すべてそれまでと同じようにしましたが、そのときにはもう自分がどこに向かっているのかがわかっていました。

ベルゴリオは神からの召命について「心のうちに意識的、あるいは無意識のうちに期待している神からの呼び出し」と説明したことがある。そうであれば、彼はその呼びかけを彼に対する神の意思としてではなく、彼がそうする前に神があらかじめ先回り《プリメレアンド》して知っていたとしても、自分の深い願いから発したものとして受け止めていたことになる。聖イグナチオの三つの選定の方法で言えば、これは明らかに第一の選定の方法、つまり、「直観的に知る」ことである。ベルゴリオはこの経験のことを一九九〇年のある手紙に「馬から振り落とされたようだった」と書いている。

その後、一年以上の間、このことを家族の誰にも話さず、その聖堂で偶然出会った聴罪司祭ドゥアルテ・イバラ神父とともに「重要な霊的方向づけ」と彼が呼ぶものを続けた。それはイバラ神父がその翌年に陸軍病院で亡くなるまで続いた。

このとき、ホルへはオスカル・クレスポとともに、サンタフェ通りとアスクナガ通りの角にあるヒケティア・バッハマン化学研究所で働いており、晩にはときどきタンゴ・バーのドアマンとしても働いていた。クレスポによれば、ある日ホルへはこう言ったという。

「みんなと一緒に学校を卒業するつもりだけど、僕は化学者にはならない。司祭になる。でも、大聖堂で暮らす司祭になるつもりはないんだ。イエズス会に入って、町に出る。スラムの人たちとともに生きるんだ」

この話はベルゴリオ自身の記憶より確かなことを示している。彼は司祭になりたいという点ではっきりしていたが、「実はどの方向に進むべきかはあまりはっきりしていなかった」と二〇一〇年に語っている。クレスポの思い出が示しているのは、進むべき方向は胸のうちに形づくられていたが、具体的な計画には欠けていたということである。彼は神学校に進むまでサレジオ会員とドミニコ会員しか知らず、イエズス会士のことはよく知らなかった。フローレス地区の中流下の家庭で育った子どもにしてみれば、当時、最高の教養をもつ者しか入れないと評判であった圧倒的な大修道会の門を叩くのは容易なことではなかった。入会者はほとんどがイエズス会が経営する私立学校出身者であった。

二〇一三年九月、フランシスコ教皇はサルディーニャ島で若者たちにこの時のことを語った。

「その招きと決断が決定的なものとなるまでに数年かかりました。それは成功と喜びの日々でしたが、失敗と脆さ、罪の日々でもありました。（中略）しかし、罪と失敗がもたらす最も暗い瞬間でさえ、私はイエス様を見ていました。イエス様は決して私をひとりにはなさいませんでした」

その年月は政治的な実験の日々でもあった。友人たちは彼が社会問題に関心を寄せていたこと、貧困層が住む地区を訪問していたことを覚えている。彼は常に共産主義の雑誌を系統的に整理し、左翼の論客で脚本家のレオニダス・バルレタの論文を見つけては貪り読んだ。マルクス主義に納得することは決してなかったが、その厳しい理論と接したことは自分の考えを研ぎ澄ますのには役立った。ローマ教皇としての最初の重要な文書の中で、経済学のトリクルダウン理論を激しく批判したときには、アメリカ合衆国の保守派からマルクス主義者と非難する声が上がった。彼はあるジャーナリストに語っている。「マルクス主義のイデオロギーは間違っている。（しかし）私は生涯の中で善人のマルクス主義者にもたくさん会ってきたから、（そうした非難も）不快には感じない」

若きホルヘが出会った「よきマルクス主義者」とは祖母ローザ、シスター・ドローレスにつづく第三の女性、エステル・バジェストリーノ・デ・カレアガである。若い頃に大きな影響を受けた人物として彼女のことが語られている。バジェストリーノは一九四九年、二九歳のときに独裁政権下の祖国を逃れ、娘とともにブエノスアイレスへ移ってきたパラグアイの共産主義者であった。エステルは三年の間、ホルへのヒケティア・バッハマン研究所における「優れた上司」であった。当時、ホルへは栄養分の化学的評価という仕事をしていたが、異なる結論が出る可能性を排除するために実験をくり返す科学上の適切な作業の重要性だけでなく、彼女の母語グアラニ語の基礎と政治について多くの価値ある教訓を彼女から学んだ。

「私は多くのことを彼女に負っています。彼女のことが大好きでしたよ」

ホルへは二〇一〇年に彼女についてそう語っている。

その後、一〇年以上経った後、ホルへはイエズス会管区長としてエステルと再会する。彼女の家族は軍事独裁政権の監視下にあった。ホルへは彼女のマルクス主義的な書籍の蔵書を秘密裡に預かり、共産主義労働者の代議員であった娘のアナ・マリアの所在を突き止めることを約束した。最終的には解放されたが、彼女は捕らえられ、行方不明になっていた。娘を探したことで、エステルは一九七〇年代の軍事独裁政権下での大量失踪に抗議する「五月広場の母たち」の創始者のひとりとなった。その彼女も一九七七年六月にフランスの修道女とともに、ホルへといつも会っていたサンタクルス御受難会の教会から軍によって拉致される。

二〇〇五年、ずいぶん経ってから彼女の遺骸が発見され、身許が確認されたとき、エステルのもうひとりの娘マーベルが当時は枢機卿となり、ブエノスアイレス大司教であったベルゴリオにサンタクルス御受難会の教会の庭に母親を埋葬する許可を願い出た。

「そこは母が自由人であった最後の場所ですから」

メイベルは言った。ベルゴリオが同意したのはもちろんのことである。このようにして枢機卿が十代のときに愛した無神論者で共産主義者のパラグアイ人女性は、殺される前に拉致された場所であるブエノスアイレスの教会の庭に葬られた。

＊＊＊＊

ホルヘは一九五六年三月、その学年のはじめにブエノスアイレス教区の神学校への入学を許可され、神学生としての勉強を開始することになっていた。前の年の十一月、化学の技師の資格を得て学校を卒業した後、司祭になることを両親に伝えた。あの告解室での体験から二年が過ぎていた。母レジーナに与えたショックは特に大きかった。レジーナは彼が勉強して医者になることをあてにした。それはホルヘが母によく言っていたことであった。レジーナに嘘をついていたと非難されたとき、彼は将来なるイエズス会士ばりの手際よさで自身を弁護した。

「かあさん、僕は嘘はついていないよ」

彼が母親にそう話していたのを妹のマリア・エレーナは思い出す。

「僕は魂の医者になる勉強をするんだ」

巣立とうとする子の妨害をする母親はなにもレジーナだけではない。

「結婚するとか、外国に行くとか告げても母は同じ反応をしただろうと思います」

マリア・エレーナはそう振り返る。父親のマリオは司祭になるという考えを支持してはいたが、学位を取ってからというレジーナの説得には同調した。ホルヘがそれを拒否すると、家の雰囲気は緊張で満ちたものに変わった。

遅かれ早かれ判断を仰ぐためにエンリコ・ポッツォーリ神父のところにこの話がもち込まれると思っ

ていたホルへは神父と会うことにした。神父は彼が受けた神の召し出しについて尋ね、彼を祝福し、祈ってから、「それを神の手に委ねるように」と言った。

案の定、家族の誰かが「ポッツォーリ神父と相談しよう」と言い出した。ホルへはまじめな面持ちでそれに同意した。機会が訪れたのはエンリコ神父が聖ヨセフ聖堂でマリオとレジーナの二〇回目の結婚記念日をミサで祝った一九五五年十二月十二日、軍がクーデターを起こし、ペロンを追放した二か月後のことであった。ミサの後、フローレス地区のカフェで朝食を取っていたとき、ホルへの召命が話題になった。ベルゴリオによれば、ポッツォーリ神父は「大学に行くのはいい考えだが、人は神が欲することをしなければならない」と言ったという。

> 神父はどちらにも味方することなく、別の召命の話を始め、ついには自分のときのことを語り始めた。ある司祭から司祭になるという考えを聞かされ、すぐに副助祭となって、助祭となり、司祭となり……。それがどんなに予期しないものであったか……。この時点で両親の心は和らいでいた。もちろん、ポッツォーリ神父は私が神学校に行くことを許すべきだと言ったりはしなかったし、両親が決めるように命じたりもしなかった。ただ両親の気持ちを和らげなければならないということを神父は理解していた。それは彼のいつものやり方だった。どこに行こうとしているのかをわからせないまま、自分だけはどこに行くのかわかっていて、それに「成功している」と自分が見えるようにはしない。望んだ状態になったと感じると、他の誰かに悟られる前に自らは身を引くのだ。そのようにして決定はそれに直接関わっている人によって円滑になされる。追い立てられて決めているようには感じさせない。心の準備をさせるのだ。彼は種を蒔くだけで、他の人がそれを収穫する満足感を得られるようにするのである。

1958 年の家族写真。ホルヘはカソックを着ており、この年に 神学校に入学した。後列で立っているのは左から、アルベルト、ホルヘ、オスカル、マルタ。座っているのがマリア・エレーナと両親レジーナとマリオ。

両親は不本意ながら同意したが、レジーナがそれを受け入れるまでには数年かかった。コルドバでイエズス会の修練生になるまで、レジーナは彼のところを訪ねることはなかった。その一九六九年、夫を亡くしてからすでに長くなり、最終的には息子の決断を誇りに思うようになっていたレジーナは、叙階式で祝福を受けるために息子の前で膝を屈めることになる。

祖母ローザはホルへがどこに向かおうとしているのか随分前から薄々わかっていたが、驚いたふりをしていたという。

「そうかい。神がおまえを召しておられるのなら祝福されるべきこと」

そういってから、さらに続けて、戻って来ると決めたときには扉は開かれている、戻ってきたからといって、誰もそれを悪くは思わないと付け加えた。ホルへにとって、この祖母の反応は人生の大きな決断を下そうとしている人とともに歩もうとするとき、どうしたらよいのかという教訓となった。

友人たちに知らせると、彼らは彼のために喜んだが、いとしい仲間を失うことは悲しんだ。互いに抱き合い、祈りの約束をした。サンロレンソの将来には大きな損失になるとからかわれた。少女たちはすすり泣く。ホルへを失う悲しみだけでなく、もしかしたら自分自身の将来について何か失望することがあったのかもしれない。

一九五六年三月、神学校の扉を叩いたとき、ホルへは二十歳。ちょうど父マリオがジュリオ・チェザーレ号の甲板の上に立った年齢であった。

第2章 使命 1958-1966

MISSION

二〇一三年七月の最終週、コパカバーナ・ビーチではいつものように新鮮なココナッツ・ジュースを飲んだり、カイピリーニャをちびちびやることはできたかもしれないが、ビキニをつけた小麦色のリオデジャネイロの美女たちを見ることはできなかった。それは季節はずれの雨と風のせいだけではなかった。フランシスコ教皇が来ていたのだ。コパカバーナの海岸は今や敬虔なる浜辺となり、その四キロあまりの海岸地区はあらゆる国から引き寄せられてきた若いカトリック信徒でいっぱいになっていた。フランシスコ教皇はワールド・ユース・デイの筆頭巡礼者として、若者たちを導くためにそこにいた。しかし、彼の胸の内には自らの教皇職を起動させるという大きな使命があった。それより前に彼はブエノスアイレスにいる友人のひとりに「教皇としての仕事はリオから始まる」と打ち明けている。

　フランシスコ教皇はベネディクト十六世が退位する前から予定されていたこのイベントを引き継いだ。ワールド・ユース・デイ（WYD）はカトリック教会最大の集会である。何十万人もの元気のよい若い巡礼者が世界中から教えと祈りの一週間を過ごすために集まり、その最後の日にローマ教皇による大規模な典礼が執り行われる。この最後の日曜日が「ワールド・ユース・デイ」と呼ばれる。一九八四年にヨハネ・パウロ二世が提唱して始まり、カトリック教会の活力ある様子が世界中に発信された。信仰に初めて感情をともなって関わったワールド・ユース・デイでの経験にカトリック信仰の発現を辿ることができる人もいるかもしれない。音楽、静寂、希望を与える教えだけでなく、そこに関わっている大勢の人の中にいるという心地よさと誇らしさをそこでは経験するのである。参加者数の最多記録は一九九五年、最後のミサに五〇〇万人が参加したフィリピンのマニラで作られた。人類史上、最大の集会と言われている。社会学における世俗化の理論では、人類、特に若者はだんだんと信仰的ではなくなっていくとされるが、それは一般論としてはいつでも疑わしい。ワールド・ユース・デイの期間中は特にそうだ。

　ワールド・ユース・デイの参加者数がマニラのときのレベルに達するのは主催国の人口が多く、教会に通う人が多いときだけである。ブラジルは最もカトリック信徒の多い大陸にある世界最大のカトリック国である。リオデジャネイロは世界有数の近代的な大都市であり、その魅力と社会的な分断の両方で知られている。その分断状態を癒やそうとしている教皇にこれ以上の舞台があるだろうか。リオはブラジルの国民聖堂があるアパレシーダからそれほど遠くない。二〇〇七年、その聖堂にラテンアメリカの司教たちが一堂に会し、大陸規模の会議が開かれた。当時、枢機卿だったベルゴリオはその会議の舵をとり、自らのビジョンを強く反映させた注目すべき合意文書を作成した。その文書はラテンアメリカ以外のカトリック信徒には無視されたが、今やラプラタ川とアマゾン川の水がテベレ川に押し寄せている。フランシスコ教皇がすぐに明らかにしたように、アパレシーダ文書は今やカトリック教会全体のためのプログラムとなったのである。

　ローマのサンピエトロ寺院に次ぐ世界二位の規模をもつアパレシーダの巨大な聖堂が旋風を巻き起す五日間の滞在の最初の訪問地となったのは当然のことだった。その後、教皇はリオにとどまり、スラム街、サッカー場、病院、大聖堂を訪れ、麻薬常用者、市民のリーダー、司教、各州の大統領たち、若い犯罪者、スラムの居住者、そしてもちろん、たくさんのブラジルの人びとと会い、天井のないパパモビルに何時間も乗り込み、人びとを抱きしめ、握手を交わした。こうしたことはすべて、コパカバーナの海岸通りでのメイン・イベントのための下準備であった。元気のよい巡礼者たちの波が徐々に引いていった後、最終日の大規模なミサの参加者は約四〇〇万に達したという。リオが元気のよい群衆で溢れかえることは珍しいことではなかったが、そのようなことはかつてなかった。寒さと雨というこの町にしては異例な荒れた天候にもかかわらず、コパカバーナはこのとき「信仰の浜辺《プレア・ダ・フェ》」となった。それは背後に控えるコルコバドの山の上に聳えるキリスト像が広げた腕に永久にうち抱かれ、信じられないほど当然とも言える舞台での出来事であった。

　フランシスコ教皇がリオに着陸したとき、まるで新しいペンテコステの風が南から吹いてきたかのようであった。コパカバーナの海岸に立った教皇は言った。

「この一週間のあいだ、リオデジャネイロは教会の中心となりました」

　数字がそれを物語っている。一九一〇年、世界のカトリック信徒の七〇パーセントは北半球、主にヨーロッパに暮らしており、南半球はわずか三〇パーセントであったが、二〇一〇年には三〇パーセントが北半球、ほぼ七〇パーセントが南半球に暮らしている。世界のカトリック人口のおよそ四〇パーセントはラテンアメリカにおり、北米大陸にすむラテンアメリカ系の人も含めれば、その割合は五〇パーセントに達する。ヒスパニック系の人びとの間ではスペイン語を「カスティーリャ語」と呼ぶことが好まれているが、今やカトリック世界で最も広く話されている言語である。しかし、最も目を引くのはその年齢構成である。ラテンアメリカ諸国では二五歳以下のカトリック信徒は七〇パーセントを超えているのだ。実にヨーロッパ、北米とは正反対の数字である。エネルギー、情熱、宣教の力強さという点で、この大陸の教会が世界の先頭に立っているのだ。

唯一の問題は神はアルゼンチン人なのか、ブラジル人なのかということであった。フランシスコ教皇はテレビ・グローボとのインタビューでこの問題を落着させた。教皇がアルゼンチン人なのだから、神はブラジル人であるにちがいない――彼は譲歩したのである。

「カリオカ」と呼ばれるリオの住人たちはすぐに彼に魅了された。愛の嵐がフランシスコ教皇へと吹きつけた。タクシー運転手からジュース・バーのウェイター、テレビの評論家、ビジネスマン、ファヴェーラと呼ばれるスラム街の貧しい人びとに到るまで、三月のローマっ子たちと同じように人びとは彼のことが好きになった。教皇のわかりやすさ、率直さ、謙遜さ、社会正義に対する情熱、倦むことなく年輩者と障害者を力強く抱きしめる包容力を人びとは愛した。話題を三つに絞り、意図がはっきりしたスピーチ、わかりやすい関連づけ、生き生きとした喩えが称賛された。ずけずけと何か企んでいるかのように若者と接していること、ユーモアと率直さも好まれた。しかし、愛される理由は何よりも彼がラテンアメリカ出身であり、人のことを優先し、最も慎ましいあばら屋の中で思いやりを示すからであった。南米流でものごとが必ずしも予定通りにいっていないときにはなおいっそう人びとは彼に惹きつけられた。

この訪問は計画の上ではよくあるお馴染みのものに見えた。アリタリア航空エアバスA330がバチカンとブラジルの国旗をコックピットに翻して空港の滑走路に着陸し、政治家と司教たちが出迎え、町の中心へ車で移動し、そこで多くの人と挨拶が交わせるようにパパモビルに乗り込むという計画である。しかし、実際はほとんどすべてのことが計画とは違っていた。この訪問の最初のニュースはフランシスコ教皇が自分のカバンを手にしていたことだった。後で教皇が記者たちに明かしたところによると、カバンの中には聖務日課とリジューの聖テレーズについてのイタリア語の本と日記が入っていたというが、これは君主教皇制を葬り去る棺に蓋をして釘を打ちつけるような行為であった。何かをもっている教皇がかつていただろうか。フランシスコ教皇は十三時間のフライトの間、その永遠のように長い時間をどこまでも精力的に使い、会議を開き、原稿を見直し、コックピットでパイロットと話をした。疲れ切った司祭のひとり、バチカンのスポークスマン、フェデリー・ロンバルディ神父は到着の晩にジャーナリストたちに「教皇のエネルギーは並外れている」と語った。

フライトに関する真の革新は教皇が搭乗する飛行機で随行する教皇庁公認のジャーナリスト、バチカニスタへの教皇の対応であった。ベネディクト十六世の訪問旅行ではあらかじめ提出しておいた質問に対して事前に準備された答えが読み上げられるだけだったが、フランシスコ教皇は自ら彼らを出迎え、ジャーナリストは一番熱心に祈りを捧げている聖人ではないとジョークを飛ばした。記者とひとりずつ話をし、家族について尋ね、携帯電話の写真のためにポーズをとる。バチカニスタたちはいつもであれば歴訪中は十把一絡げに扱われ、軽視されていると感じるものだが、すっかり心を奪われてしまった。しかし、それでも記事になるような話のひとつも必要になる。教皇は慎重にそうした話のひとつとして、ワールド・ユース・デイのちょっとした改革案を記者たちに示した。そこに年輩者を含めるというのである。教皇はこう言った。

「私は年輩者を傍に追いやっているのは不公平なことだと思っているんだ。まるで年輩者からは何も得られるものはないというかのように。でも、そんなことはないですよ。お年寄りは生活の知恵、過去からの知恵、国と家族についての知恵を与えてくれるんだ。それはわたしたちに必要なことなんだ」

帰国の機内では思いがけないプレゼントが記者団に贈られた。自然発生的な検閲なしの一問一答の会見が行われたのだ。それは驚くべきことに一時間二〇分も続き、その間ずっとフランシスコ教皇はその場におり、ローマ教皇庁内の同性愛者の問題、バチカン銀行の腐敗など、歴代教皇が答えることを懸命に避けてきたとされる問題について記者たちが質問したことに感謝を述べた。彼の答えは非常に率直なもので、記者たちはどの話題をトップ記事にしたらよいか迷うほどだった。そして、結局、同性愛者について述べた「彼らがよき信仰をもって主を求めているかどうかを裁く私とは誰なのか（同性愛者を裁く立場にはない）」がトップ記事の見出しとなり、これが教皇就任当初を特徴づけるフレーズとなった。

ガレアンのアントニオ・カルロス・ジョビン国際空港に到着すると、フランシスコ教皇はブラジルの人びとに対して「入って、あなたがたとともにこの一週間を過ごす」ために「あなたがたの大きな心」を通過することに許可を求めた。

「私は銀も金ももっていません。しかし、私は私に与えられた最も貴重なもの、イエス・キリストを携えてきました」

聖ペトロの言葉を引合いに出してそう言った。

ブラジルのジルマ・ルセフ大統領との挨拶が終わると、大統領はヘリコプターに乗り込んだが、教皇はフィアット・ハッチバックの後部座席に座ると、窓を開け、腕を外に垂らした。イグナチオ・ロヨラの早い時期の仲間のひとり、ヘロニモ・ナダルは「イエズス会士はさまざまな種類の家や住居に住むが、最も平安で心地のよい家は旅路にある。そして、このことにおいて、世界のすべてが我らの家なのだ」と言っている。

フランシスコ教皇がリオの交通渋滞に捕まるのに時間はかからなかった。ドライバーが警察の先導で道を離れると、支持者たちに取り囲まれてしまった。バチカニスタたちはすでにバスでプレスセンターに移動しており、テレビでその場面を目撃した。彼らは震え上がった。教皇が襲われるのではないか。しかし、心臓が喉から出んばかりになっている秘書を尻目に、フランシスコ教皇はそれを楽しんでいた。いずれにしても、人びとに会うためにここに来たのだ。

その後、彼はブラジルのテレビ番組で説明した。

「車の窓を開けて、窓から手を振って、みなさんに挨拶ができました。オール・オア・ナッシングです。しなければならない旅を人と触れ合いながらするか、そうでなければ旅はすべきではないんです」

こうしたことをバチカン当局とブラジルの警護チームが好まないことは知っていたので、彼はこの件について謝罪したが、「私が向こう見ずな子どもに戻りたくてそうしたのではなく、私は人びとを訪ねにここに来て、人びとと触れ合いたいからそうしたのだということを彼らはわかってくれていると思います」と述べた。しかし、それが自らを危険な状態に置くことになるのではないかとテレビ・グローボに尋ねられると、「心配されていることに気づかないんです」と教皇は答えた。

一日休息をとり、アパレシーダの聖堂を訪れた後、フランシスコ教皇はリオを沸かせ始めた。地元では競合する麻薬ギャングの撃ち合いから「ガザ地区」と呼ばれているヴァルギーニャのスラム街《ファヴェーラ》で、フランシスコ教皇は小さなブロック造りのサン・ジェロニモ・エミリアーニ聖堂の祭壇を祝福した。そこには十八の粗末な木のベンチがあり、壁は明るい色のペンキで塗られ、野良犬が忍び足で出入りしていた。まさにそれはブエノスアイレスのヌエストラ・セニョーラ・デ・カアクペ聖堂のようなところであり、ラテンアメリカのどの町のスラム街にもある聖堂だったのだ。通常、そのような場所に来たローマ教皇は別の惑星からの客のように見えるものだが、フランシスコ教皇の場合は逆だった。まるで自分の家であるかのように振る舞ったのである。そこに何かが場違いなものがあったとすれば、それは一団のジャーナリストとスマートフォンのフラッシュの雨だっただろう。

教皇は彼に触れようと待っている人びとのところへ行き、抱きしめ、握手を交わし、キスをし、冗談を言い、相手の頭を撫でて髪をくしゃくしゃにし、笑い、祝福を授けて過ごした。その中には興奮してしまって心臓が動かなくなり除細動器（AED）が必要になった初老の女性もいた。その後、彼はある部屋に入っていった。新しくレンガを作られたその家は黄色の花綱と白い風船で飾られていた。その家の住人がヴァルギーニャの全家族の代表に選ばれていたのである。報道のカメラは後に続いて入っていくことはできなかった。その家の中で教皇はその人生のうち、最初はイエズス会士として、その後は司教、大司教として多くの時間を費やしてきたことを教皇選出以来、初めてすることができた。彼は訪れた家の家族とともに座って時間を過ごし、彼らの話を聞き、子どもたちと遊び、そうすることで温められた心にわずかな希望を残していくのである。

その後、教皇はファヴェーラのサッカー場へ行き、世界に向けて「貧しい者から学び、変化すべきだ」と訴えた。

「現代社会に広まっている自分本位と個人主義の文化は、住みやすい世界を築き上げ、そこに導いていくものではありません。それを築いていくのは団結の文化です。他の人を競争相手、統計データの一部と見るのではなく、兄弟、姉妹と見るのです」

宣教師としてのフランシスコ教皇は新しいことを始めようとしている。

パウロ六世は旅をしたが、主に政治と宗教のリーダーとの関係を築く会合のためだった。ヨハネ・パウロ二世は健康を損なうまでは、民衆を組織する大いなる皇帝のように頻繁に旅をし、訪問した場所ごとに大観衆に向けて言葉を発した。ベネディクト十六世は定期的に諸国を訪れたが、あまり旅を好まなかった。人の前に立つことを避け、静かな声で語り、小さなグループに会うのを好んだ。フランシスコ教皇はこうした点でもやはり異なっている。ヨハネ・パウロ二世のように肩をそびやかせて歩くこともなく、ベネディクト十六世の博識もない。しかし、人を惹きつけているのは、群衆に会う際の焦点の移し方である。パウロ六世の場合、諸国の高官たちに注意が向けられた。ヨハネ・パウロ二世の場合は、どうしても彼自身に注目が向けられた。ベネディクト十六世の場合は、読み上げる文書が注目された。しかし、フランシスコ教皇の場合は彼が「神の聖なる忠実な人びと」と呼ぶ人たちに注目が集まる。そこにいるのは人びととの間にあって市井の人びとを主人公にするローマ教皇なのである。

最後の最後に予定に加えられたリオの大聖堂に向かうアルゼンチンの巡礼者たちとの会見でも彼はやはり人びとの間に入り、目にみえてくつろいでいた。ポルトガル語と格闘した数日間の後、ブエノスアイレスの響き渡るスペイン語で思い切り話すことができたのだ。国を同じくする人びとに親近感を覚えた彼は「バチカンでは籠に入れられていると感じることもある」と打ち明けた。

「私が言いたいのはね、ワールド・ユース・デイの結果として起こってほしいことがあるということなんだよ。混乱《リオ》が起こってほしいんだ」

話す速さを落として彼はそう言った。

たしかに、この心の内に大混乱があり、リオデジャネイロの町にも大混乱がありそうだ。しかし、私は司教区に大混乱がほしい。教区から出てきてほしいんだ。教会は街に出てほしい。世俗的なこと、快適さのこと、聖職者重視の考え方、自分から閉じこもっていくことに関するすべてのことをやめにしたい。教区、学校、団体、組織、そうしたものすべてから出てこなければ。出てこないのであれば、ＮＧＯのひとつと変わらないことになる。しかし、教会はＮＧＯであるはずがないんだ。

大混乱を意味する語「リオ」にアルゼンチンでは独特の意味がある。シチュー鍋の底をドンドンと叩いて街にくり出し、溢れんばかりの情熱で、なぜ叫んでいるのかを声の限りに訴えるのがアルゼンチンなのだ。しかし、ロサンゼルスやロンドンでは「大混乱を起こす」ことの意味は何だろうか。「混乱が起こってほしい」という表現は教会系の通信社によって誤って訳されたため、混乱はさらに大きくなった。英語圏のカトリック信徒は教皇が何を望んでいるのかを計りかね、困惑させられることになった。

しかし、アルゼンチン人に限れば、フランシスコ教皇は人びととの間に尋常ではない強い絆を生み出していた。コパカバーナ・ビーチでの大規模なイベントでは福音宣教の先導者としてその話をしたが、若い巡礼者たちをやる気にさせ、厳しい選択をさせるものであった。それは「イエス・キリストとの出会いにおいて、周縁に向けて」宣教する弟子となるよう促していた。しかし、そのときでさえ、彼のしっかりした静かな声が別の力を生み出していた。彼は群衆のエネルギーを用いるのではなく、まるでそこにいる人ひとりひとりと対話しているかのような奇妙な親密さを生み出すことによって、人びとを目ざめさせていた。

七月二六日のコパカバーナ・ビーチでの十字架の道行きほど、それをはっきりと示すものはなかった。この伝統的な信心では最終的に死で終わるイエスの屈辱と痛みの道行きを思い起こしながら人びとは祈りを捧げる。カトリックの教会では壁に道行きの十四の場面が描かれた絵などが掛けられ、伝統的には白い石膏の像がその十四の「留《ステーション》」それぞれに置かれる。ブラジルではこの考えをアレンジし、白い石膏像の代わりに役者を雇ってその場面のイエスを演じさせ、海岸通りに沿って受難のシーンを現代に甦らせた。第一〇留では打ち据えられたイエスがリオで一番のホテル群のネオンサインを背景に血で赤く染まった傾斜路の上でもがき苦しんでいた。それは富のただ中にある貧困と苦難を強烈に象徴する光景となった。この祈りの終わりに黙想を呼びかけたとき、教皇はイエズス会の小さな黙想会を導くかのように何百万もの巡礼者に語りかけた。自分をポンテオ・ピラト、キレネ人シモン、マリア、エルサレムの女性たちといった受難物語の登場人物のうちの誰かと重ね合わせるよう人びとに求め、一連の問いかけをし、長い中断に入った。

それに続く晩の祈りで教皇は教会の奉仕における宣教する弟子となるよう若者たちに呼びかけ、「ワールド・カップよりももっと大きなこと」のためにトレーニングを積む「キリストのアスリート」となるようにと促した。そのトレーニングには日々の祈り、秘跡《サクラメント》、他の人を愛すること（「人の話に耳を傾け、理解し、赦し、受け入れ、助けること。すべての人を例外なく、誰ひとり排除することなく」）が含まれる。それはもっと公正で友愛に満ちた社会の建設をそれぞれの人と始めるということであった。教皇は福音派の説教師のように、若者たちに「はい」と答えるように求めた。しかし、夜も更けると、教皇は彼らを落ちつかせ、ご聖体（ブラジルの教会で史上最大と認められたもの）の前に跪くよう促した。そして、寄せては砕ける大西洋の波に縁取られた深みと静寂の中へと三〇〇万ものの巡礼者を導いた。

教皇は巡礼者たちとの最初の典礼で歓迎の音楽パフォーマンスを見た。彼は椅子の上で座る位置をしばしば変えていた。教皇は座りっきりでいるタイプの人ではなく、座骨神経痛を患っていることもあって、長時間座っていることを嫌がった。しかし、パラグアイの熱帯多雨林からやって来たグアラニ族の聖歌隊のパフォーマンスのとき、彼は最も楽しんでいるように見えた。そのパフォーマンスでは映画『ミッション』で使われたエンニオ・モリコーネ編曲の「アベマリア」が歌われた。

ローランド・ジョフィ監督の一九八六年の映画『ミッション』は「宣教集落《レドゥクシオン》」として知られる十八世紀パラグアイにおけるイエズス会の宣教活動を描いた映画で、イエズス会士には変わらぬ人気をもつ。脚本ロバート・ボルト、音楽モリコーネで、ロバート・デ・ニーロ、ジェレミー・アイアンズ、リーアム・ニーソンら俳優陣が神父や修道士を演じた。映画はイエズス会士と土着のグアラニ族の出会いから始まる十八世紀全般にわたる文明化をめぐる心動かされる物語だが、最終的にはそれも貪欲な入植者と共謀した遠くにいる支配者の命令によって破壊されるという悲劇的な結末を迎える。「レドゥクシオン」の物語はホルヘ・ベルゴリオに重要な教訓を与えた。それは彼がイエズス会士、司教として進めることになる福音宣教のモデルとなった。その方法は贈り物の交換を基に人びとの生活の中に徹底して入り込むという考え方をしていた。イエズス会士はグアラニ族の文化をあるがままに受け入れ、グアラニ族も福音の種を受け入れることに対して自由な心をもっていた。その一方で、福音をその文化の中にどのように定着させたらいいのか、どのように貧しい人びとを擁護したらいいのかをそれは教えていた。「レドゥクシオン」が悲劇で終わったことからは、政治と歴史に対する意識を形づくる価値ある教訓が与えられた。

＊＊＊＊

ホルヘはブエノスアイレス司教区の司祭が訓練を受けるデボート地区の神学校の二年生のときにイエズス会に志願した。一九六〇年以前にはイエズス会がその神学校を運営していたので、イエズス会士とは常に接していた。校長、霊的指導者、教師の多くはイエズス会士であった。

その大司教区の神学校は分厚い壁と鉄格子で囲まれ、ホセ・クバス通りの全ブロックを占めるほど規模が大きかった。十二歳くらいで入学する場合は小神学校へ入れられ、そこから大神学校に進んで司祭になるための訓練を受ける。ホルヘのような年長の入学者は小神学校と大神学校の間に位置し、「男やもめ」《ロス・ビウドス》と通称されていた。正式には「ラテン語学習者」と呼ばれ、高校は終えているが、大神学校で哲学と神学の研鑽を積む前にラテン語とギリシャ語のしっかりした基礎を学ぶことが必要とされる段階であった。

神学校でのホルヘのニックネームは「外国人《エル・グリンゴ》」だった。ヨーロッパ風の顔立ちで背が高かったからであろう。勉強好きで、目立たないが、行儀がよく、親しみやすく、評価の高い学生として記憶されている。また、話し上手であり、他の神学生と同様、サッカーもした。フローレス地区のカトリック・アクションでの友人ホルヘ・ゴンザレス・マネント（通称「ゴマ」）は当時よく日曜日にホルヘを訪ねていたが、彼はそこで「普通に幸せに暮らしていた」という。神学生たちは週末には教区の手伝いをすることになっていた。ホルヘが手伝いに行っていたのはルロ地区の聖フランシスコ・ソラーノ教会であった。日課は共同体の祈り（朝の祈り、晩の祈り、寝る前の祈り）、ミサ、学習、沈黙の食事に分けられており、自由時間は集団での運動（主にサッカー）をして過ごした。そこで教えていた教師で、サッカーのピッチの上でも優れていたのがハンサムな上級の神父カルロス・ムヒカだった。彼は一九六〇年代後半に社会革命に関与し、スラムで活動していたすべての世代の司祭の手本といえるような存在となった。

ホルヘが神学校に入るまでに時間がかかった理由のひとつとして、結婚をあきらめられなかったことがあげられる。二〇一一年には「（人は）自分のケーキがほしいし、それを食べたいと思うものだ。聖なる生活の中でよいことを行うことを望んではいても、信徒としての生活の中でもよいことを行うことも望んでいる。神学校に入る前の私はその両方を望むことのできる道を歩いていた」と語っている。

神学校に入って最初の年、彼は再び岐路に立たされる。おじの結婚式で出会った女性の美貌と知性に惑わされたのだ。数日の間、祈ろうとすると、その女性が頭の中に現れた。彼は悩んだ。自分には独身生活は無理ということではないのか。性愛、女性との交わり、子どもを得る喜びなしに自分は生きていけるのか。まだ誓いを立てていなかったので、神学校を辞めることはできた。そうすべきなのか。

最終的には留まる決意をし、再び祈ることができるようになったわけだが、選択はしないままだった。後に枢機卿として述べたところによると、そのような機会が訪れるということは神学生として独身を貫き、聖職に携わることができないという徴であるかもしれず、そのような場合には、「私はその神学生が静かにそこを離れられるようにする」としており、「その人がよいキリスト教徒であることに変わりなく、神学校を辞めたからといって、悪い司祭になるからというわけではない」と述べている。

デボート地区での二年目にイエズス会士に加わるために、教区司祭としての訓練をあきらめる可能性について本気で考え始めていた。ホルヘはイエズス会士たちの宣教にかける精神と規律、貧しい人びととの関わり、そしてとりわけ、その霊性を賞賛していた。イエズス会士は司祭だが、教区に拠点を置かない。イエズス会の共同体の中で暮らし、司教よりもイエズス会の長上に聞き従う責任がある。また、イエズス会士となるにはカトリック教会のどの組織よりも長い訓練期間がある。司祭に叙階されるまでに少なくとも十年はかかり、最終誓願を立てるまでには十三年から十四年かかる。

その決断について考えているとき、ホルヘは病に罹り、死の淵に立たされることになる。一九五七年八月、抗生物質の効かない強烈な肋膜炎に罹ったのである。呼吸もおぼつかず、命も危険な状態に陥った彼は、神学校の近くにあるシリア系レバノン人の病院に搬送され、肺嚢胞を三つと右肺上部の一部を切除する手術を受けた。酸素吸入テントの中で五日間過ごした後、壊死した肋膜と瘢痕組織を胸部から除去するためにカテーテルで生理食塩水を流し込むという大きな痛みを伴う術後の処置が一か月続いた。

このとき二一歳だったホルヘにとって、それは生涯で初めての重大な肉体的苦しみの経験だった。彼は痛みで錯乱状態にあるとき、何が起こっているのか説明するよう見舞いに来ていた人に頼んだ。母親は苦しみを和らげるために、「すぐに収まるわ、大丈夫、知らないうちに家に帰っているからね」と声をかけ、何も考えさせないようにした。しかし、ホルヘはそれでは安心しなかった。このときの痛みと危うさは想像するよう言われた未来よりもはるかにリアルだった。

ホロコーストの生存者であるオーストリアの精神科医ビクトル・フランクルはナチスの死の収容所での記憶を思い返す中で、大きな苦しみから逃れるための秘訣は、その苦しみの終わりを想像しようとすることではなく、その苦しみがそのときにもつ意味を見出すことだと語っている。ホルへは初聖体の準備をさせてくれた修道女シスター・ドローレスが見舞いに来たとき、それができるようになった。

「痛みによってキリストに倣っているのですよ」

彼女のシンプルな言葉がホルへの頭の中で何度もくり返され、平安がもたらされた。痛みという無意味なものが今や救いとなったのだ。痛みはまだあったが、それに耐えられるようになった。

何年も経ってから、このときのことを思い返し、痛みの意味は「キリストとなった神の痛みを通して、最もよく理解できる」と彼は述べている。キリストの十字架の上での苦難は極めて孤独なものだった。肉体的なものであれ精神的なものであれ、深い苦しみにある人が必要とするのは、愛してくれる人、自分の沈黙を尊重してくれる人、「その純然たる孤独な場所に神が入ってきてくれるよう祈ってくれる」人である。ホルへの場合、この役割を担ったのはホセ・ボネット・アルコンとホセ・バービックという二人の神学生だった。彼らは病床の傍らに交替で付き添い、徹夜することもあった。輸血が必要なときには一リットル半の血液を提供した。

ペニシリンとストレプトマイシンの投与を三倍にした病棟看護婦もそこにいた天使のひとりだ。

「彼女は大胆で目端が利いていた。一日中病人といるから、何をすべきかがわかるんだ」

フランシスコ教皇はそうスパダーロ神父に話した。彼は自分が今日生きていられるのは彼女のおかげだと思っている。デアルという人のよい医者は「研究室に住んでいた」が、その病棟看護婦は「最前線に住んでいて、毎日、そこで対話をしていた」。

研究室と最前線――この二者択一は彼の心の中で形になっていた。それが教皇となった後、イエズス会士たちに「われわれは熱意を失っているのではないか」「われわれは凡庸で、研究室で立案された使徒としての計画に満足しているのではないか」と問いかけさせることになる。ホルへにとっての研究室とは頭の中で考えた工夫を意味し、最前線とは神の思いがけない業のうちにある人間の現実へ入っていくことであった。

その年の九月から十月にかけて、病状が快方へと向かう中、ホルへは家族の司祭エンリコ・ポッツォーリ神父にイエズス会士になるという決意を打ち明けた。サレジオ会員である神父はその召命について知恵に満ちた質問をいくつかした後、彼の考えを認めた。一九五七年十一月、ホルへは正式にイエズス会に志願し、翌年三月に受け入れられた。

母親との緊張関係のことを心配したエンリコ神父は長期間の帰省を避けさせるため、ブエノスアイレス州南部のタンディル山地にあるサレジオ会の黙想の家ビラ・ドン・ボスコでホルへが夏を過ごせるように手配した。ホルへは休暇でそこに滞在する司祭や宣教師とともに過ごし、体力を回復していった。そこで出会った人のうちの何人かは生涯の友人となった。

ベルゴリオがポッツォーリ神父にどれほど恩義を感じていたかは最初の著作『宗教者のための黙想』の序言での温かな謝辞から読み取れるだろう。優れた時計職人であり、才能のある写真家でもあったエンリコ神父について、「良心という心の歯車の音を聞き分ける優れた耳と、人の心に刻まれた神の愛の刻印を見極める非常に鋭い目」をもち、「神の時代に複雑な魂の通い路を受け入れ、それぞれの人の人生の中に描かれている神の目的を明らかにする方法を知っていた」人と表現している。ベルゴリオがこのサレジオ会員について最も賞賛していたのは地に足がついていることであった。一九九〇年のブルーノ神父への手紙では彼について「良識の王」と記している。

今日に到るまでベルゴリオの声は弱く、息切れしやすいという手術の後遺症は残っているが、通常の生活の妨げになることはなかった。しかし、肺の一部を切除したとき、医者は彼の翼をもいでしまった。サッカーへの情熱はもちつづけていたが、もうプレイすることはできなくなったのである。そして、イエズス会士の訓練の中で身体的な負荷の大きい活動は免除された。彼の日本行き志願の申請をイエズス会総長が却下したのは肺が原因だった。ローマでの最後の使命につくまで、ベルゴリオの最前線は常に祖国アルゼンチンの周辺であった。

＊＊＊＊

難しい手術から回復する間にホルヘがイエズス会に加わる決心をしたことは印象深い。イエズス会の物語はそのほぼ五〇〇年前に同じような苦難にあった人によって始まったからである。イニゴ――後にこの名はラテン語化してイグナチオとなった――はスペイン北部のバスク出身の三〇歳の貴族兵士であったが、フランスとの戦いで足に砲弾を受けて負傷した。怪我の痛みに苦しみながらパンプローナから山を越えて故郷ロヨラまで運ばれ、麻酔なしで三度の足の手術に耐えた。その詳細については触れないでおくのが賢明であろう。手術では足を整形するために足の骨を折って、根元から切り落としたりしたからである。彼はなんとか生き延びた。そして、一五二一年、家族で住む居城の最上階で九か月におよぶ回復のときを過ごす間、痛みの辛さは退屈と欲求不満に変わっていく。

イグナチオは闘いを好み、女遊びにふけるような家の外で活動するタイプの人だった。二色の切り込みが入った腰のくびれた流行りの胴着を身にまとい、その上から鎖かたびらと鎧をつけるといった出立ちで、髪は明るい色の帽子の下に肩まで流れ落ちていた。そんな彼に監禁状態は拷問であった。さらに悪いことに、手許には勇敢な騎士が苦しんでいる令嬢を救うという類のいつも熱心に読んでいた物語の本は一冊もなく、義理の姉の大冊の宗教書、特にルドルフ・フォン・ザクセンの『キリストの生涯』四巻本とヤコブス・デ・ヴォラギネの聖人伝『黄金伝説』しかなかった。

彼は思いもかけないことに直面した。聖人の敬虔さと苦行に嫌悪を感じながら、ひとり、またひとりと読み進めるうちに、物語のいくつかが心に訴えかけてくるようになってきたのである。なかでもアッシジの聖フランチェスコの話は特別であった。フランチェスコは回心以前、イグナチオのように虚栄のうちに人生を過ごす小貴族であった。若き兵士はそれらの物語が自分の魂を高揚させ、非常に気高い考えを自らのうちにもたらしているのを感じた。「自分も同じようにすべきではないのか」と思った。騎士の物語のことを考えているときに味気なさや不満しか感じなかったのとは違っていた。ひとり静かに何時間もかけ、強く意識を集中させて思いを巡らせると、夢と空想の中で我を忘れた。そして、夢と空想から醒めると、ある感情、霊の動きを感じるようになった。夢や空想がどう感じられるのかによって、それが自分自身の思考のうちから出てきたものなのか、自分の外からやってきたものなのかわかるようになった。また外からくるものであれば、それは神によるものなのか、彼が「悪しき霊」「人間の敵」と呼んだものによるものなのかを見分けられるようになった。彼は観想をするようになり、聖母マリアの幻を見、以前の放縦な生活に対する嫌悪とともに、何時間も幸せに満ち溢れた時間を過ごした。ある夜ついに、城の五階にある金で飾られた天蓋の下のベッドの上に、神はひとりの追従者を得た。歴史の上で注目されることのなかったその兵士は無条件降伏をしたのだ。

イグナチオはその後、十五年の間、修道院の中あるいは外、路上や船の中で貧しい暮らしをした。書物を読み、思索し、断食をし、施しを求めて過ごした。その霊的生活の中で成長していったイグナチオは霊の動きをより深く探求していった。そして、悪しき霊がときに「天使のように装って」巧妙に現れ、はじめは神のように思える感情をもって唆してくることを理解するようになった。また、悪しき霊が人を誤った方向へ連れて行くその瞬間に到るまでの人の感情の連続を遡ることによって、どのようにすれば彼が「蛇のしっぽ」と呼んだものを見つけられるかを探求した。また、霊の活動は人それぞれの性質によって異なると理解するようになった。このように、有名な霊の識別（第二週）の第七則において、霊的に何かに傾斜している魂に、よい天使は「スポンジに滲み込んでいく一滴の水のように」穏やかに触れるが、悪しき霊は石に打ちつける水のように厳しいものに感じられると記した。反対に、霊的生活において前進していない人はよき霊を音をたててやってくる何か邪魔なものとして経験するが、悪しき霊は「開いている扉から自分の家へ入るようにして」静かに入ってくるとした。

イグナチオが一五四八年に多くを弄り回した末にようやく出版した著作『霊操』は薄い本だが、そこには多くのヒントと技術が記されている。それは単に読むだけの本ではなく、雑音が多い町のただ中でも田舎の静養地でするような一か月にわたる黙想会ができる手引き書である。イグナチオはパリとローマで黙想を行っている。その柔軟性は旅と発見の時代にはぴったりであった。イエズス会が生まれた一四九一年はクリストファー・コロンブスが偶然アメリカ大陸を見つける前の年である。イエズス会の霊性は『霊操』に端を発している。すべてに神を見出すこと、黙想のために世から逃れる必要がないこと、活動において観想的であること、積極的な生活を送るが、祈りに根ざしたものであるべきこと、神と他の人びとにさらに仕えられるようにするために地位、富、権力といった偶像に影響されずにいる方法を学ぶ自由と離脱の精神――これらがイエズス会の霊性である。聖書の場面を想像力を働かせて視覚的に観想することによって直接イエス・キリストの心に触れる方法を人びとにもたらしたことで、〈霊操〉は嵐の中に蒔かれた種のように広がる宣教の新しい方法を示した。[2]

〈霊操〉の構造がもつ意味は大きい。イグナチオが自身あるいは他の人のうちに発見した霊的な道すじにならって作られた前進のための構造にそれは従っていた。ベルゴリオはかつてその構造について以下のように記している。

「原理と基礎」は重要でないことを知る知恵を確認し、「ただわれわれが創られた目的へよりよく導くものだけを望み、また選ぶ」方法を説明することで全体の土台を据えている（『霊操』二三番）。「第一週」は二つの根本的な現実を私たちに印象づける。ひとつは私たちは私たちの罪とそれがこの世の精神に根をもっていることを認めて、それを嫌っているということ、もうひとつは私たちはそのことすべてについて「十字架に架けられた」イエスと対話しているということである。私たちの罪という迷宮から逃れるのに確かな方法はひとつしかない。それはイエスの傷ついた手にしがみつくことである。「第二週」には神の国のために働く命令を耳にする。私たちは闘いの意味とどんなに危険な状態にあるのかを理解するようになる。そして、その戦いに勝つことができる唯一の武器は謙遜であると理解し始め、選定をする。「第三週」「第四週」には、過越の神秘について、またそれによって共同体と教会にどのように一体化されるのかについて黙想する。この神秘に照らして、すでにした選定を確認するのである。[3]

ここにはキリスト教への回心の構図が示されている。「第一週」は十七歳のホルヘが経験したような神のいつくしみ深い愛に始まり、われわれは神から離れているようでいても、われわれを造り、われわれに対して誠実である神との関係にあるのだという認識が兆し始める。残りのことはこの感謝すべき実感から発している。

イエズス会司祭、管区長、また枢機卿、司教を経て、今や教皇となったベルゴリオが常に主張しているのは、教会は彼が「主要な宣言」と呼んだ「神のいつくしみ深い愛の経験」を人びとに提供しなければならないということである。それは他のキリスト教の教えよりも優先度においても重要度においても上位にあるものとされる。二〇一三年九月のスパダーロ神父とのインタビューでの「教会は道徳に関する教義を気に病むべきではなく、負傷者に気を配る野戦病院のようでなければならない」という物議を醸した主張に通ずるものがそこにある。彼はこれを「宣教の鍵を握る宣言」と説明し、教会が示し、教えるすべてのことに心の準備をさせることができるのは神の愛の経験だけだと述べたのである。これはフランシスコ教皇の主要な教書『福音の喜び』《エヴァンゲリ・ガウディウム》が〈霊操〉「第四週」からの着想であるのと同様に、〈霊操〉「第一週」に発している考えである。

イグナチオはその持ち運びできる「荒野」〔『霊操』の小さな本のこと〕を男性だけでなく女性とも、既婚者だけでなく独身者とも分けあった。独身者の中で特筆すべきなのは、彼がパリでともに学んだ一団の学生たちである。彼らが最初の「イエスの伴侶」となった〔「イエズス会士」という語が用いられるようになるのはずっと後のことである。当初は敵対する者からつけられた綽名であった〕。彼らは次に他の人を導き入れ、その人たちがまたさらに他の人を導き入れた。会はインターネット時代にはお馴染みのウィルスが末端にまで滲み渡るようにして拡大していった。ローマで結成されたときの最初の一〇人——そのうちでベルゴリオが好ましく思っていたのは一番学歴に乏しいピエール・ファーヴルという優れたフランス人の農夫で、教皇に選ばれてから一年と経たないうちに彼のことを列聖している——から流星のような勢いで成長していった。一五五六年にイグナチオが亡くなったときには、十二管区に一〇〇〇人以上のイエズス会士がいるまでになった。一六一五年には三二管区、一万三一一二人で、十八世紀中頃までにそれがほぼ倍増する。一九六五年には全世界で三万六〇〇〇人となったが、二〇世紀の大部分の期間においては数ははるかに少なく、一九四五年と一九九五年には二万三〇〇〇人だった。規模こそ小さくなったが、イエズス会は今でもカトリック教会最大の男子修道会であり、六大陸一一二か国で活発に活動している。

　イグナチオとその最初の仲間たちはローマ教皇の直轄下に自らを置き、教皇が適当と考えた場所に行くことを約束していた。これが「宣教に関して」教皇に特別な従順を誓うイエズス会士の有名な第四誓願の起源である。それがフランシスコ教皇選出後のバチカンでの記者会見では愉快な瞬間を生み出した。イエズス会士である新教皇はこの誓願に縛られるのだろうか。記者たちはそれを知りたがった。バチカンの報道官ロンバルディ神父は自身もイエズス会士だが、まだ選出のニュースに動揺しており、やっとのことで笑いをこらえ、目を擦りながら、「ご自分が教皇になったのだから、この誓願はもはや適用されないと思う」と答えた。

　イグナチオは単なる霊的な師というわけではなかった。彼は聡明な青年を引きつけ、彼らを組織し、互いに繋がりを保ちながら世界の隅々に送り込む術を知っていた。彼の伝記を書いたイエズス会士フィリップ・カラマンは「きらびやかな儀杖衛士は中枢を握る管理者となり、絶えず増えていく家族の冷静な家長になった」と記している。

　彼はローマの小さな机の上からすべてのことを行った。一五四〇年にパウロ三世がイエズス会を正式に認可してからイグナチオの死までの十六年の間に、このイエズス会の創設者は驚くべきことに、激励、忠告、知らせ、心からの支持と愛の約束を記した七〇〇〇通もの手紙を書いている。[4] イグナチオは手紙を書くことをひとつの技法であり、聖職者の任務と見なしていた。ホルヘ・ベルゴリオはこの点でもイグナチオの申し子と言える。教皇になった後も返信用の住所を「郵便番号00120バチカン市国サンタマルタ館F」（F. Casa Santa Marta. 00120 Vatican City）と裏に記して、膨大な量の手紙を手書きで書いている。

　フランシスコ教皇がイグナチオと似ている点がもうひとつある。ひとりの人の中にあまり組み合わされることのない二つの性質が融合しているという点である。イグナチオには（フランシスコ教皇がそうであるように）むき出しの政治的な能力があり、ときにそれが人を惹きつけた。天性のリーダー、教師、交渉人としての並外れた技術をもって、人の心を読み、その信頼を得て、彼らに影響を与え、高い理想の実現のために彼らを組織する能力があった。その一方で、イグナチオは（フランシスコ教皇と同様）神秘主義者であった。霊の在り処を見極め、より大きな善、神のより大きな栄光のためになることを選んで日々を暮らしていた。イエズス会士はこのことをラテン語で「マジス」〔「より一層」の意〕と表現している。精神的な導き手がよい支配者になることはほとんどなく、政治権力を握る人に聖者はほぼいない。イグナチオとフランシスコ教皇はその型を破る数少ない例なのである。

　二人は常に霊の在り処に注意を払っていることでも共通している。神はどこでわれわれを呼んでいるのか、その呼び出しから注意をそらさせる誘惑や障害は何なのか。最も日常的な活動について考えるときでも、夜明けの祈りにおいてもそれに注意が向けられている。教会内であれ、また社会においてであれ、時代の習慣と規範から自由になろうとするとき、これがひとつの焦点となる。しかし、現代の世界には逆説的なことだが（カトリック信仰にとってはそうではないが）、それがこの世における神の道具としての教会への従順に根ざした急進性を生み出すのである。イグナチオにとってもフランシスコ教皇にとっても、根本的な改革とは究極的には、失われたことを回復するために積りに積った気をそらす障害物の層をはぎ取る勇気をめぐるものなのである。それは前進のための立ち帰りであり、それが二人を偉大な改革者としている。

＊＊＊＊

一般に普及しているイエズス会士のイメージは、従順で、規律を守り、よく訓練された反宗教改革のためのローマ教皇の精鋭部隊というものであろう。それには正しい面もある。イエズス会は教会を支配しようとする傾向を強める国家に対抗して、何世紀にもわたって教皇の普遍性を擁護してきた。しかし、活動的な地球規模の会社に喩えてみるともっとわかりやすいかもしれない。イエズス会ははっきりとした共通の目的と忠誠心をもちながら、それを個々人の創意への依存と組み合わせている団体なのである。その目的とは、もちろん株主の利益追求ではなく、神の国の建設である。しかし、成功した会社が開発に投資し、リーダーとなる人材を育成するように、イエズス会も近代ヨーロッパの初期において驚くべき努力と財産を育成に投入した。それゆえ、今日に到るまでどの修道会よりも長く、徹底した状態を保っていられるのである。

イエズス会士は清貧、貞潔、従順という単式の初誓願をする前に、二年の修練期間を過ごす。その期間は神がその人をイエズス会に召しているかどうか、一か月にわたる〈霊操〉によって判断するための時間である。その後、十年から十三年に及ぶ「養成」が始まり（期間はそれまでにもっている資格によって違う）、通常はそれが終わる頃に司祭に叙階される。ここには大学での勉強が含まれることもあるが、何年かは哲学と神学を勉強することになっている。また、この期間は二年間、教育に携わることで中断される。この期間は「中間期《リージェンシー》」と呼ばれる。「第三修練」と呼ばれる第二の修練期間には再び一か月の〈霊操〉を再び体験する。この後で第四誓願を含む荘厳誓願を立てるよう促されることになる。

イグナチオはこの過程を「資格を得る」ためのものとしてでなく、神が成熟した人間を形づくる機会と考えた。望まれていたのは、自信をもち、成熟した賢い霊的リーダーとして、その有能さと広い教養を携えて、大学の講堂であれ、はるか彼方の森にある小屋であれ、必要とされるところへ「派遣される」人材を育てることであった。イグナチオは会のメンバーを厳しく管理するより、イエズス会士の発達した識別能力と、「私たちの活動様式《ヌエストロ・モード・デ・プロセデル》」と呼ばれる内的な基準を信頼して、ゆるく支配した。イエズス会士は管区ごとに組織されているが、いくつかの国にまたがっている管区もあれば、会士の数によってはひとつの国の中に複数の管区がある場合もある。管区はローマにいる総長が六年ごとに任命する管区長によって率いられる。一〇年に一度、全管区長が集まって開かれる総会で大方針が決められるのを除けば、管区は総じて自治に任されている。

イエズス会士は個人主義で知られている。ひとりのイエズス会士と出会うということは、そのイエズス会士に出会ったということでしかない。その縦長の組織構造ではもちろん各段階にリーダーが置かれるが、リーダーたちは当然のこととして意見を対立させることになっている。あるイエズス会士がかつて悲しげに「(イエズス会は基本的に)第一ヴァイオリンばかりのオーケストラだ」と言った。意見の一致を達成することは難しく――イタリアでは「イエズス会士が三人いれば、四つ意見が出る」と言われる――、それゆえ従順に重きが置かれているのである。

ホルへの養成は二年間の修練、一年間の教養課程(大学の学部レベルの人文科学を学ぶ)、三年間の哲学課程、三年間の学校教職、三年間の神学課程、一年間の第三修練であった。一九五八年から一九七一年までの十三年である。このうちの二つの課程、教養課程はチリ、第三修練期はスペインで行ったが、その他はすべてアルゼンチンで過ごした。初期修練はコルドバ、学校教職の中間期はサンタフェとブエノスアイレス、教職期間をはさんだ六年間の哲学と神学の課程はブエノスアイレス管区サンミゲルの神学校で受けた。神学課程が終わった一九六九年に司祭に叙階され、一九七〇年に最終誓願を立てた。

彼の修練の期間はカトリック教会に画期的な変化があった時期と重なっている。彼が初期修練を開始して数か月後に、ヨハネ二三世がほぼ一〇〇年ぶりに世界中の司教をローマに集めて会議を開くことを発表した。この第二バチカン公会議(一九六二―一九六五年)は当初はヨハネ二三世、一九六三年からはパウロ六世が主宰し、それによってカトリック教会の世界との関係の仕方は大きく変わり、広範にわたる内部の変革に繋がる改革が発動された。この会議はベルゴリオにとって最も偉大な教師ともいうべきものとなった。そして、教皇職についてからはただひとつの大きな頼るべき源泉と言えるだろう。呼びかけられた変化のうちのひとつに、修道会は元来の特徴と創設者の活動に立ち返るべきであるというものがあった。この「源泉への回帰による刷新」を進めることが一九七〇年代にイエズス会アルゼンチン管区長であった彼の主な仕事のひとつであった。

ホルへの養成はイグナチオの霊性とイエズス会の歴史という泉から深く水を汲み上げるものだった。後に修練長、管区長として実行する養成の考え方もそこから展開された。イエズス会が危機のただ中にあった第二バチカン公会議の前夜、多くのイエズス会の神学生が会を去っていったとき、ホルへは心の内の霊的清浄とイエズス会とその中での自身の将来について独特な考えを見出していた。その考えはカトリックの神学、特にバチカン公会議の神学、ならびに初期イエズス会の霊性と思想だけでなく、アルゼンチンの歴史とその形成期にイエズス会が果たした驚異的な役割といったさまざまなことから発せられるものによって生み出されていた。

＊＊＊＊

近代アルゼンチンの土台を作ったのは植民地時代のイエズス会士たちであった。彼らは探検家であり、後に町になった居住地の創立者であった。植民地経済の中心であった肉牛の大牧場のうちで最も大きく、最もうまく運営されていたものはイエズス会の牧場であり、原住民を庇護し、移民による虐待に反対したのも彼らである。イエズス会士はまた、その時代の偉大な教育者であり、植民地の大学や単科学校の創設者でもあった。

イエズス会士たちがラプラタ川に到着したのはイグナチオの死から一世代と経っていない頃であった。征服されたが同化されていない原住民の間に彼らは入って行った。地域には大規模な定住文明と言えるようなものはなく、半遊牧民的な集団が散在するだけだった。そのうちで最も大きかったのがグアラニ族で、今日のアルゼンチン、パラグアイ、ブラジルの国境が交わる河川地域の熱帯多雨林に住んでいた。

一五八五年、イエズス会士がペルーからトゥクマンにやってきたとき、ラプラタ管区の中心は大西洋岸にはなく、当時はペルー北部の一部で、今日ではアルゼンチン北西部となっている山地部、現ボリビアのポトスィの大銀山であった。ブエノスアイレスは密輸品の集散地として現れ始めたばかりで、スペインの独占を逃れ、そこを通して銀がこっそりもち出され、外国の製品がもち込まれていた。

スペインの植民地支配の方針は原住民の奴隷化を禁止していた。原住民は服従させるべきとされ、洗礼を施されてから、仕事を割り振りする入植者に割り当てられた。しかし、このシステムはすぐに崩れた。富を得ることを望む入植者たちは預かっていた原住民を苛酷な状況で働かせて、熱帯多雨林に逃げるように仕向け、そこで捕らえては奴隷として売っていた。宣教所は資金がなく、すぐに崩壊していった。

一五八〇年代にやって来て、入植者たちの貪欲さ、原住民の惨めさ、教会の腐敗にショックを受けたイエズス会士たちは、洗礼を受けている原住民を植民地支配から保護するために新しい種類の「宣教集落」をつくろうとした。イグアスの滝の上流にある広大な深い森に住んでいたため、入植者がもたらす最悪の環境からは逃れていたグアラニ族の信頼を得て、彼らは一六〇四年にペルーから分かれてパラグアイに新しいイエズス会の管区を設立した。初代管区長ディエゴ・デ・トーレス神父は「町や征服された地区の周縁にいるアメリカ原住民への宣教を使命とする」と記している。[6]

イエズス会士たちがグアラニ族の土地、グアイラに到着したとき、ブラジルのポルトガル人入植者もプランテーションで働かせる奴隷を求めて、この地域に侵入してきたところだった。スペインとポルトガルの境界は一五九四年のトルデシリャス条約ではっきり決まっていたが、今日のブラジルの南とアルゼンチンの北を恣意的に分ける線に過ぎなかった。ポルトガルの侵略を懸念したスペインの君主は緩衝地帯を設けるのが得策と考え、原住民に税と労役を免除してほしいというイエズス会の要請に同意した。また、ポルトガルの奴隷商人であれスペインの入植者であれ、侵入者の侵入を防ぐための銃を携帯できるという同意も得た。敵に取り囲まれていることに気づいていた原住民の頭《かしら》たちはイエズス会士たちが示す知性と理解に感動して、「集落」に入り、スペインの君主の権威と庇護を受け入れることに同意した。こうした盟約と利害からなる脆いバランスの上に注目すべき事業は始められ、サン・イグナシオ・グアスに作られた最初の集落から徐々に拡大していった。

一六四〇年から一七二〇年の絶頂期には、およそ十五万人のグアラニ族が四〇を超える宣教集落《レドゥクシオン》におり、全体で二〇〇人ほどのイエズス会士が働いていた。そのほとんどは今日のアルゼンチン北部にある。それぞれの宣教集落には少数のイエズス会士がおり、そのうちのひとりが教区司祭で、グアラニ族の部族長と協力して二〇〇〇から一万の住民を監督した。ウィリアム・バンガートはその絶頂期におけるそうした集落の様子を以下のように説明している。

中央の広場は石やレンガなど地域の素材を使って造られ、そこから東西南北に向かって住居が広がっている。人口が一万人に達する集落もある。広場に隣接して、大工仕事、石造り、金属加工の道具がある作業場が立っていた。住居の背後には果樹園、牛のための牧草地、小麦、米、サトウキビ、綿を供給する農場が広がっている。最も立派な建築物であり、生活の中心である教会では、典礼の尊厳のうちに教えを受け、祭壇の美しさに霊を吹き込まれる原住民が土地の賛美歌を歌い、楽器を演奏した……。このような信仰の中心地を建設することで……イエズス会は秘跡とその恩恵だけでなく、冶金、畜牛、建築、農業、石造りの技術をもたらしていた。[7]

イエズス会士はグアラニ族に福音を説いただけでなく、彼らに近代的な国を形成させていた。宣教師たちが彼らの言語と文化に払っていた敬意は実質をともなっていた。それはグアラニ語の文法書や教理問答など、彼らが編集した書物に表れている。現地民の習慣が福音と相容れない場合にはそれを変えようとしたが、まずはその習慣の意味を理解しようとした。たとえば、グアラニ族には出生時に障害をもった子どもを殺す習慣がある。それは遊牧生活では避けられないことであったが、それも宣教集落での定住生活では不必要な習慣となっていた。また、グアラニ族は「チッチャ」というアルコール発酵飲料を愛飲していたが、その中毒がもたらす害を防ぐために、ヒョウタンからストローで吸って飲むマテ茶と呼ばれる燻製した茶を飲む習慣を勧めた。これはフランシスコ教皇も毎朝の習慣としている。

イエズス会士と原住民は入植者たちの頭から離れなかったもの、すなわち金と銀に無関心であることで一致していた。しかし、技術を恐れることはなかった。イエズス会士は鉄の道具を導入した。それによって生産力に革命的な変化が起き、宣教集落のために使うことのできる余剰と富が時とともに増加していった。マテ茶の味が植民地に広がっていくと、その原料であるエルバ・マテの葉と枝が主要な輸出品となった。

生活は規則正しかった。仕事と祈りのつり合いが上手く取れており、イエズス会士が演劇のようにして示す信仰心と土地伝来の部族の習慣が組み合わされた祝祭によって生活にアクセントがもたらされる。グアラニ族は偉大な音楽家であり、工芸職人であった。その学校と工房からは木を削って作った有名な木の道具がもたらされ、やがて、原住民のモチーフとスタイルを取り入れた地域で最も素晴らしい教会も建てられた。宣教集落には大きな聖歌隊があり、独特のジャンルに分類される宗教音楽を作る作曲家もいた。その作品のひとつがコパカバーナの海岸でフランシスコ教皇をうっとりさせた「アベマリア」である。

イエズス会のアルゼンチン到達四〇〇周年が一九八五年にメンドーサで祝われたときの談話で、ベルゴリオはこの「文化受容《インカルチュレーション》」を宣教師と牧者の手本として称賛した。宣教師はあらゆる文化がもつ固有の尊厳を認めて、それに巻き込まれる必要がある。その際には、その独自の文化のうち捨て去るべきものは捨て去らせるようにし、他の文化を引き受けさせなければならない。また、この文化受容の過程はイエズス会士が別の宣教所に呼ばれて、再び同じ過程をくり返さなければならないときは大きな犠牲をともなうとも言い添えた。

「移動していくとき、そのイエズス会士は痛みを感じる。その痛みを感じないなら、彼はイエズス会士ではない」[8]

パラグアイの宣教集落が最もよく知られ、象徴的な存在となっているが、イエズス会士がラプラタ川沿いで宣教したのはそこだけではなかった。植民地全域でイエズス会士は服従させられている原住民を擁護し、わずかでもイエズス会の友人が得られればいいというスタンスで、彼らに労働に見合った対価が支払われるよう要求した。ベルゴリオは一九七七年のサンタフェでの会合でアビポネ族とモコビ族がサンタフェにあるイエズス会の大学に集まり、イエズス会士の援助と庇護の下に「(レドゥクシオンに)集められること」の利点についてその校長と協議したときのことを語っている。入植者たちとの過去の悪しき経験から、年長の原住民は遊牧民のままでいることを望んだが、校長を信頼していた部族長は「集められること」が自分たちの利益になると納得した。イエズス会士は十七世紀にこのように貧しい者たちの間で共同体の形成者として活動していたのである。[9]

こうしたことの一方で、牧場やプランテーションの運営でイエズス会士たちが非常に成功し、交易と生産の中枢を担っていたという事実もある。それは中世ヨーロッパの修道院が担った交易網とも比較される。十八世紀には五〇〇人ほどのイエズス会士が牛の大牧場を経営していた。同じ時代の他の牧場と同様、アフリカ人の奴隷をうまく使っていたが、この点をイエズス会士は問題としていなかったようだ。

イエズス会は集中管理、大資本の支配力、課税を回避する能力によって利益を得ていた。闇市の効果的運営によって集積される富はイエズス会士の厖大な教育組織のために使われ、一七五〇年代中葉までにイエズス会はすべての町に大学を設立した。なかでもコルドバとサンタフェの大学は最も古く、最も重要だった。植民地時代のイエズス会の大学は王国と教会に奉仕する指導者を育てることを主たる目的としていた。そうした大学のひとつ、マクシモ神学院はイエズス会士の養成所に指定されていた。イエズス会の大学は単に教室が並んでいる場所ではなかった。それは学者たちのコミュニティであり、人道主義研究の場、大陸生まれ《クリオージョ》のエリート層の文化的生活の中心であった。イエズス会士は植民地における実際的知識の守護者として大学を統轄していた。彼らは神学者、法学者であっただけでなく、天文学者、植物学者、薬剤師、印刷業者、動物学者、地図製作者、建築家であり、知識と教養からだけでなく、規律と人間としての厳格さゆえに賞賛されていた。

＊＊＊＊

十八世紀中葉、社会への支配力を拡大しようとしていたヨーロッパ君主にイエズス会士はひどく嫌われていた。当時はカトリック教会が国の軛《くびき》に繋がれるようになっていた時代であった。そんな中、イエズス会士はその富とローマ教皇に対する忠誠で、足並みを乱しており、その独立独歩の姿勢は横柄と見られていた。マドリード、リスボン、パリの宮廷にいる新世代の啓蒙的な専制君主にとって特に不快であったのは、イエズス会士の神学者フランシスコ・スアレスの著述であった。「権威の民主的な起源」という彼の理論は当時のイエズス会の大学が標準とするテーマであった。

スアレスの理論は「神から直接に内政の権限を与えられている統治者はいない」「支配者はその権限を人民を通して与えられている」「その権限を与えているのは人民であり、それが統治者の正当性の源泉である」「その付与された権力は撤回されることがあり、それゆえ、その力には限界がある」という四つの基本原則にまとめられる。これらの原則はカトリック教会における権力に関する古典的な理解を言い換えたものにすぎなかったが、スペインのカルロス三世のように神から授けられた王権によって支配し、その主権に制限を一切受け入れなかった絶対君主の時代には国を転覆させるほど危険なものに見えた。

宣教集落はこうしたスアレスの思想を土台としていた時代に生み出された。グアラニ族は国に併合されていた。彼らは人民であり、文化であった。その尊厳と自治を君主は当然保護し、守らなければならない。しかし、絶対主義という新しい政治イデオロギーはそのような中世的な細部にかまっていなかった。宣教集落は遠方にいる国王のペン先によって南米に新しくスペインとポルトガルの境界が引かれた一七五〇年のマドリード条約という一撃で押し潰される。

スペインはサクラメントの港と引きかえに、新しい国境の東側にある宣教集落七つをその住民とともにポルトガルに譲り渡した。スペインとポルトガルの国王軍がグアラニ族の宣教地を分割するのに十八年を要した。住民は村を守るために激しく戦い、一万人以上の人がぞっとするような大虐殺の中で殺され、殺されなかった何千もの人びとも奴隷として捕らえられたり、森へ逃げ戻ったりした。ローマにいるイエズス会の総長は条約を甘受し、撤退するように命じたが、何人かの会士はそれを拒否し、武器をとってグアラニ族とともに戦った。映画『ミッション』の悲劇的なラストでジェレミー・アイアンズ演ずるガブリエル神父とロバート・デ・ニーロ演ずるロドリゴ神父がとった立場である。

　次の段階は時を移さずにやって来た。ポルトガル、フランス、スペインの君主たちはイエズス会士を自分たちの植民地から追い出し、その資産を没収した。数年後の一七七三年、同じ君主たちに苦しめられ、脅かされ、政治的にマドリードに捕らえられていた教皇クレメンス十四世はイエズス会への弾圧と廃止を命じる。

　スペイン植民地からのイエズス会士の撤退は精神的な傷を残すものであった。一七六七年四月二日、世界中で約五三五〇人のイエズス会士が取り囲まれて、逮捕され、スペインのカルロス三世が「自身だけのために出した」勅令に従ってカトリック諸国行きの船に乗せられた。ラプラタ川から出航した四五七名のイエズス会士のうち、一六二名がスペイン人、八一人がアルゼンチン人、その他がヨーロッパ諸国の出身者であった。その後まもなく、国王の命令により、イエズス会士はすべての教育機関における教授職から排除され、イエズス会士の著作も出版禁止となった。カルロス三世は修道会だけでなく、その煽動的な考えも除こうとしていた。[10]

　イエズス会士追放はラテンアメリカ版のボストン茶会事件であった。それは植民地社会の経済と繁栄に大きな打撃を与え、そこから回復することはなく、大陸生まれ《クリオージョ》の人びとに深い恨みを残した。その後、カルロス三世の「ブルボン改革」はさらに厳しくアメリカの領土をマドリードの支配下に置こうとしたが、ただ恨みを強めただけで、スペインとその植民地の間の感情や忠誠の上での絆を断ち切ることになった。この後、数十年のうちに、植民地は独立国家となっていく。新しいアルゼンチンの建国者たちはイエズス会の大学、特にコルドバの大学で教育を受けていた。一八一〇年の自治宣言では、植民地当局が懸命に阻止しようとしたスアレスの思想と同じ思想における宣言であることが強調された。

　ベルゴリオはパラグアイのイエズス会殉教者について述べた一九八八年のスピーチで、宣教集落にスアレスの理想、すなわち福音の具現を見ている。イエズス会士がそれをもたらし、人びとを結びつけて、グアラニ族をひとつの国にした。それを終わらせたのは一七五〇年のマドリード条約という遠方からの合理主義的で容赦のないイデオロギーであった。カルロス三世については人民のことを忘れ、裏切った君主であり、人民から乖離した啓蒙主義のイデオロギーを課した君主とベルゴリオは見ている。イエズス会のレドゥクシオン集落は保護する者のことを優しく気にかけ、その自由と幸福を求め、原住民の文化的な現実の中でそれを具現化する心の計画、その最もよい意味において家族主義的な計画であった。それを根絶したのは上から課されたイデオロギーであり、人びとを単なる道具と見なし、その考えに合致する現実を強制しようとする計画であった。

　ベルゴリオはブルボン改革について「さまざまな違いをまとめ上げ、それぞれを尊重する実りの多い普遍性が、すべてを吸い寄せる首都の支配権、最も圧制的な類の支配権に取って代わられた」と語っている。「かつての（スペイン）王国の〝属領〟が植民地に変わった。もはや心の計画の余地はなかった。今や精神の啓蒙の時代になっていた」。一九六〇年代にベルゴリオはこの分裂状態から教義に近いものを発展させる。右派であれ左派であれ、ブルボン改革であれ十九世紀自由主義経済であれ二十世紀のマルクス主義であれ、イデオロギーの破壊的な効果に対する一種のワクチンとなるのは貧しい人びと、「忠実な民《プエブロ・フィエル》」であるという原則を打ち立てたのである。[11]

　ベルゴリオが一九七〇年代における黙想会で示したことよりも完全な啓蒙計画への拒否を思い描く

ことは難しい。「人間に起こる最悪の事態は理性の〝光〟の下、自分が押し流されるに任せることだ。……それに対して、われわれの使命は人間性の中に言葉の種《ロゴ・スペルマタコイ》を見つけ出すことなのだ」とベルゴリオは言う。[12] これは教皇としてリオデジャネイロでのラテンアメリカの司教たちとの会合で語ったことと同じテーマである。市場優先の自由主義、マルクス主義、「心理的に説明しようとする類のもの」など、福音をいかなる形のイデオロギーにもしないようにと注意を呼びかけている。初期キリスト教の異端であるグノーシス主義が教会における〝最初の逸脱〟であった。それはその歴史全体を通して何度も現れてきた。「グノーシス主義の信奉者はたいてい〝啓発的な信徒〟として知られている。彼らは実際、啓蒙主義の文化に根ざしている」。教皇は司教たちにそう話した。[13]

ベルゴリオは一九七四年にイエズス会の管区長としてサルバドール大学のために書いた「原則の宣言」の中で、カトリック国という意味でのブルボン王朝の国とイエズス会の衝突について、人の姿をした文化を姿の見えないイデオロギーから守る戦いとして描写した。当初からイエズス会は文化の多様性を尊重していたと彼は言う（「キリストの真実はひとつである。しかし、人間とその歴史上の現れは多種多様である」）。

イエズス会が当然のこととして気づくべきなのは、中央集権的な国家至上主義と啓蒙的な合理主義が、創造されたこの世界の多面的な豊かさを損なうほど、この世界の歴史と人間の現実を均質化しようとする自由主義的中産階級の主張を大きなものにしているということである。イエズス会はラプラタ川流域においてだけでなく、中国でもヨーロッパの拡大に宗教的な正当性を与える役割を拒否した。宣教地の人びとに自分たちの独特の文化を自由に展開させる社会的な組織要素を認め、彼らが自分たちの信仰としている信仰の普遍性の中にその要素を統合していったのである。イエズス会はその創設時から普遍主義なのである。それゆえ、「理性」によってであれ、力ずくであれ、人びとに自分自身である権利を認めず、均質化へ進もうとする国際主義に反対する。[14]

一八一四年にピウス七世がイエズス会を再開させてから十五年後に、イエズス会士は独裁者ファン・マヌエル・デ・ロサスの招待に応じて、今やスペインから独立していたラプラタ川流域に戻ってきた。しかし、それはうまくいかなかった。祭壇に彼の肖像画を飾ることを拒否し、政敵に反対する説教をすることを拒否したため、イエズス会士は再び追放され、独裁者ロサスが退陣するまで戻らなかった。一八五〇年代には若干の教会が戻り、一八七〇年代までにはイエズス会士はさまざまな町で教育者としての地位を再び固め、サンタフェの無原罪神学院（コレジオ・デ・ラ・インマクラーダ・コンセプシオン）やブエノスアイレスのサルバドール学院のような名門校を創立、あるいは再建した。また、一九五六年にホルへ・ベルゴリオがイエズス会士と出会うことになるブエノスアイレスの首都神学校の運営も委託された。

その時までにイエズス会は再びアルゼンチンで最も大きく、最も重要な修道会となっていた。一九六一年にウルグアイの会士たちが分離して独自の管区を創設したとき、アルゼンチン管区には四〇七人の会士がおり、カルロス三世による追放以前とさほど変わらない数になっていた。しかし、十八世紀のことを振り返れば、イエズス会は様々な点で去勢された獣同然であった。近代的な世界から教会を守る要塞に人を配置することに熱心で、宣教が新しい領域に向けられることはあまりなかった。

その要塞の中では確かではないこと、新しい工夫の余地はほとんどなかった。〈霊操〉は講話と勧告をともなう集団での黙想会として行われ、個人による自分との出会いという聖イグナチオが企図した面はなくなっていた。その基本的なテクストは解説の山の中に埋もれてしまっていた。修道会の元々の精神に反して、イエズス会士がもつべきシャツの枚数や朝食に食べるべきものなどを明記した概要と手引きによって、修練生は子ども扱いされた。二〇一三年九月のスパダーロ神父とのインタビューにおいて、フランシスコ教皇は自分が「閉鎖的で厳正な考え、神秘的であるよりも教育的で禁欲的」なイエズス会士のひとりとして養成されていた環境のことをそう述懐している。

　ベルゴリオの召命はこの養成の不備の中でも保たれた。それは後に彼が改革の手本とした十六世紀における初期イエズス会の「原初のカリスマ」の層にまで入りこむことができたからであった。聖イグナチオを育てた十六世紀の沃土にまで深く根を張るまでに沈思したことで、イエズス会内部のバチカン公会議以後の混沌を生き残ることができたのである。とりわけ、彼の第二の天性となった霊を識別する力を学んだことが大きかった。

　それは善を悪からどう区別するかを知ることだけでなく、神のために大きなことをしようと励むことであり、イエズス会のモットーである「神のより大いなる光栄のために《アド・マイオレム・デイ・グロリアム》」に通ずる。それを謙虚に気づかれないように行うのである。教皇はイエズス会士として学んだのは「神に向かって開かれた大きい心で日々の小さいことを行う」能力であったとスパダーロ神父に語っている。

＊＊＊＊

　ホルへは十八歳から二六歳の若い男性たちとともにコルドバで初期修練を始めた。聖イグナチオは初期修練の期間を「実習」と呼ばれる初期のイエズス会士の生活に基づく六つの中核的な経験と考えていた。最も重要なのは一か月にわたる沈黙の黙想会、すなわち〈霊操〉であり、修練者は自分の生活の中に神の存在を見つけ、イエズス会士となるべく召し出されていること（あるいは、召し出されていないこと）を確かめる。病院で働く一か月もそのひとつで、掃除をしたり、おまるを片付けたり、激痛に苦しんでいる人とともに時間を過ごしたりする。三つ目の「実習」は一か月間の巡礼である。修練者たちは三人一組でわずかな額の現金をもっただけで送り出され、見知らぬ人たちの厚意の中で一か月間、生活をしなければならない。第四の「実習」は「卑しさと謙虚さの課題」と呼ばれ、日々の時間割の中に組み込まれる掃除、食事の給仕、洗濯などとして行われる。イグナチオの時代の貴族にとって、そうした仕事は家族からひどく卑しめられる行為と見なされていた。最後の二つの「実習」では地元の学校で子どもに信仰について教え、講話の練習をする。これは初心者がイエズス会士としての生活に備える助けになる。

　黙想会、病院、巡礼などの「実習」で外へ出ているとき以外は、毎日の日課は形式ばっており、苦行を含み、きつく統制されていた。午前六時二〇分に起床してから午後十時三〇分の消灯まで、ほとんど十五分ごとに予定が決められていた。食事、掃除、ラテン語とギリシャ語の学習、「規則」の習得を除けば、時間はすべて、単独あるいは集団での祈りに満たされていた。聖務日課《オフィス》（日に五度、詩編をくり返し読むこと）の他に、黙想、ミサ、お告げの祈り、ロザリオの祈り、霊的読書、聖人伝、聖体礼拝がある。これらのうち、イグナチオが最も重視したのは日に二度の「究明」である。そのとき修練者は自分の良心に従って生活を反省するのである。悔い改めと謙遜さを促進するために、修練長が修練者を指名して、他の人に評価させる「クルパ」〔仲間がその人の欠点を指摘する儀式〕という時間もある。

　バチカン公会議以前の他の修道会と同じように、修練者は肉体をあるやり方で打ち据えることが奨励されていた。これは聖イグナチオが「性的欲求は理性に従う。自己の下部はすべて上部により従順になる」と言っていたことによる。修練者は「シリス」という金属の棘がついた帯状のものを週に数時間、腿に巻くことと「ディシプリナ」と呼ばれる小さな鞭で自分を打つことが勧められていた。これらは貞潔を守るためのもの、人に執着することなく人を愛し、物を所有しない清貧を受け入れるという使徒的な自由のためであった。しかし、一九六〇年代前半に、この考え方は多くの規則に反映されていた性に関する過敏さが行き渡っていたことで混乱が生じ、修練者は会話では形式ばった呼びかけである「あなた《ウステード》」を用いて互いに呼び合わなければならないとされるようになり、いわゆる「特定の友情関係」を避けるため、人が集まるときには必ず少なくとも三人でなければならないとされるようになった。第二バチカン公会議以後、肉の屈辱（鞭打ち）はほとんど消え去った。これにまつわる不健全なことがあったにせよ、そこからは重要な洞察も得られた。友情関係をあまりに排除しすぎると、より広い集団での分裂と孤立の原因となることもあるということである。

ベルゴリオは初期修練について語っていないが、「ゴマ」と呼ばれている同期生のホルヘ・ゴンザレス・マネントの自伝にその様子を垣間見ることができる。フローレス地区のカトリック・アクション時代からの同僚であったゴマはベルゴリオの後に続いてイエズス会に入り、ウルグアイのモンテビデオで初期修練の最初の年を過ごした。二年目にコルドバでホルヘといっしょになったとき、彼を「兄弟ベルゴリオ」と呼ばなければならなかったことを奇妙に感じたという。ホルヘは神学校に十八か月いたので、ラテン語が誰よりもよくできた。彼の本棚にはロマーノ・グアルディーニの『主なる神』、聖イグナチオの同志ピエール・ファーヴルの伝記、リジューの聖テレーズの魂の物語、アッシジの聖フランチェスコに関する書籍が並び、その将来への情熱がそこにすでに明らかにされていたとゴマは振り返っている。ベルゴリオが本好きであったとすれば、それは彼の健康状態のためでもあっただろう。肺に問題があったため、巡礼の旅と身体的な負担の大きい掃除作業を彼は免除されていた。しかし、彼の敬虔さは明らかに何人かの修練者を悩ませていた。ゴマはベルゴリオが批判される番になる「クルパ」のことを振り返っている。「コメントの多くは、彼が聖体拝領のときや、通路で頭を一方に傾けながら歩くときに敬虔そうに浮かない顔をしていることだった」という。

一九五九年、修練者たちのところに著名な人物が訪れた。当時の日本管区長で、この六年後にイエズス会総長に選ばれたペドロ・アルペ神父であった。彼は自ら体験した広島の原爆についてのドキュメンタリー映画を見せ、フランシスコ・ザビエルとマッテオ・リッチ以来の東アジアにおけるイエズス会の驚くべき物語について話した。ベルゴリオもゴマもその話に心を奪われ、それぞれ日本への派遣を願い出た。アルペは哲学課程が終わるのを待って、ローマの総長に手紙を書くようにと答えた[15]。

＊＊＊＊

一九六〇年三月十二日、ホルヘは清貧、貞潔、従順の誓願を立て、イエズス会士となり、名前の後ろに「SJ」とつける権利を与えられる（SJはSocietas Jesuの略）。この誓願は彼の使命を理解するときの鍵となっている。清貧は財産に支配されず、キリストの清貧と自己を重ねることを意味した。それはイエズス会士に使命に向かうときの柔軟性、簡潔性、即応性をもたらし、また、イエズス会士が「富から名誉、傲慢へ」と呼んでいるものを防ぐワクチンとして作用する。栄達や富を得ることへの願望は聖イグナチオが『霊操』の中で本当の召命から人を逸脱させる悪魔と考えたものであった。第二の誓願である貞潔は使徒職の自由な身分に関するものでもあり、人を所有しようとすることなく、人を愛し、人に仕えられるような状態でいることである。第三の誓願である従順は使命に対する開かれた態度と結びつく。イエズス会士は最も必要とされるところへ果敢に赴き、自らの意志ではなく神の意思に奉仕することになる。それは上長を信頼し、時にはそれに屈服するということでもあり、肉体の苦行ではなく、自我の苦行と言える。

1960年、チリの首都サンチャゴ郊外のロヨラ館で学んでいたアルゼンチン人のイエズス会士たち。のちにこのほとんど全員が養成課程を終える前にイエズス会を離れることになる。ベルゴリオは後列右から5人目。のちにベルゴリオの後に管区長となったアンドレス・スウィネンは後列左から5人目。前列一番右が養成課程時代の思い出を執筆したホルヘ・ゴンザレス・マネント。

一九六〇年代後半までイエズス会は南米大陸の南半分の各国で養成の家を共有していた。チリ、アルゼンチン、ウルグアイ、パラグアイ、ボリビアのイエズス会の養成は修練をそれぞれの国で果たすが、教養課程はチリの首都サンティアゴで、哲学課程と神学課程はブエノスアイレス州サンミゲルのマクシモ神学院で行われた。ベルゴリオの場合、一般の高校を終えていることと神学校に在籍していたことが考慮され、教養課程はわずか一年であった。ホルヘはゴマたちとともにトラックでメンドーサまで移動し、その後、飛行機で雲を刺し通すアコンカグアの山脈を越え、アンデス山脈と太平洋の間にあり得ないほど細長く延びたチリの国に着陸した。

ロヨラ館と呼ばれた養成の家はサンティアゴの郊外二〇キロほどのところにあるマルエコスという村に建てられていた。農村風の健全な環境の中、アーモンドの木とアーティチョークが植えられた大きな庭があり、そこから洋ナシとリンゴの広大な果樹園に道が続く。その両側にはバラが植えられていた。家畜が飼育され、ワインの醸造小屋と販売所、イエズス会士が世話をする菜園もある。修練と同様、それは観想修道院のような生活であった。自給自足の、ラジオも新聞もない沈黙と祈りの生活である。建物にはベッド、戸棚、洗面器、机が備えられた一三〇の簡素な小部屋がある。長い廊下の先には共同浴室があり、週に二回、湯が使える。教養課程の神学生は建物の外やミサのときには立襟の修道服《カソック》を身に纏ったが、建物の中では普通の服を着ていた。

時間割は修練ほど細かい点まで管理されておらず、ひとりで勉強をする時間もあった。朝六時に起床し、ラテン語のミサがある七時半までが個人の祈り、八時の朝食後、建物内の掃除が行われる。午前中の授業は朝九時から昼一時までで、昼食は話すことが許されている日曜日と祭日を除いて、長いテーブルで黙ってとる。沈黙の食事の間、啓発的な本の朗読や神学生の十五分間の説教練習が皿をカチャカチャさせる音に重なる。昼食後は授業が始まる二時半までが休憩時間で、その後、授業は夜八時まで続く。午後五時に休憩があり、神学生たちは木の下に集まり、お茶を飲み、雑談をする。建前としてはラテン語で話すことになっていたが、チリではこの規則はあまり実行されていなかった。週に二回、午後に運動と庭仕事の時間があった。学生たちはバスケットボールとバレーボールをし、小径の掃除をし、リンゴを摘んだ。短いレクリエーションの時間を除いて、神学生は沈黙を保ち、常に祈り、また黙想し、懸命に勉強することが要求された。

勉強はラテン語、ギリシャ語、文学、弁論術、修辞学、芸術、文化など人文科学の基礎教育であった。点数が張り出されることはなかったので、競争よりも順応を促す雰囲気があった。誰が勉学において突出しているかはわからないようになっていた。授業は通常、五〇人ほどが収容できる大きな教室での堅苦しい講義形式で、一方通行のものであった。ロヨラ館でのホルへの同期生ファアン・ガルシア＝

ウィドブロは「当時はまだ全く保守的だったが、チリ管区では第二バチカン公会議後の数年の間に変革への考え方が広がっていた」と振り返る。同級生たちは皆、たとえばイエズス会ホセ・ドノーソ神父の双方向的な芸術の授業のことを記憶していた。「私たちが学んだのは、世界の美と神秘、それが人間的なものであり、神の深みであることを味わうことだった」と当時教養課程の神学生だったウルグアイ人のフランシスコ・ロペスは語る。ゴマもまた、ドノーソの「驚くべき博識」が開陳される授業の中で、引用やシンボルで黒板が埋め尽くされたことを記憶していた。

教養課程の神学生としてのホルヘに特に衝撃を与えたことがあった。週末に地域の貧しい人びとを訪れたときのことである。ロヨラ館は今では列聖されているアルベルト・ウルタド神父によって建てられた。ウルタド神父は「キリストの家《オガル・デル・クリスト》」のように今日でも続いている社会事業の草分け的働きをしたイエズス会士である。当時のチリ人イエズス会士の大部分がそうであったように、彼も上流階級の出身であったが、一九四〇年代に教会の社会における位置に疑問を感じ始めた。ウルタド神父にとって貧困はチリがカトリック国であるという主張を損なうスキャンダルであった。「正義が届かないところでは慈善事業を始めるのみ」という神父の言葉がよく知られている。

ウルタド神父は貧しい人びとと直接触れあうことをイエズス会士養成の必須科目にしたいと考え、マルエコス村の人びとへの宣教という使命をロヨラ館に与えた。それは一〇年以上経った後にベルゴリオが管区長としてアルゼンチンで手本にしたことであった。

マルエコス村は窮乏のギリギリのところで暮らす貧しい小作人が住む地区の中心であった。当時、アルゼンチンとウルグアイはチリよりははるかに裕福で、貧しい人びとが街路を歩き回る姿はホルヘや同僚のウルグアイ人フランシスコ・ロペスには見たことのない光景だった。ホルヘはマルエコス村の第四学校という小さな学校で宗教を教えるよう命じられる。子どもたちは汚い服で登校してきた。靴を履いていない子も多かった。一九六〇年五月に妹のマリア・エレーナに書いた手紙の中で、ホルヘはチリで見た貧困を妹の十一歳のための祈りに結びつけようとした。彼は手紙をくれたこと、熱心に勉強していることを喜んだ後、妹の霊的な成長に話を移し、「君も小さな聖者であってほしい。そうなりたいと思わないか。本当にたくさんの聖者が必要とされているんだ」と記した。

君に伝えたいことがあります。僕は三年生と四年生に宗教の授業をしました。子どもたちはみんな貧しくて、靴を履かずに裸足で来る子もいる。食べるものが何もないときもたくさんあって、冬の寒さは酷い。それがどんなことか君には想像もできないだろうと思います。君は食べ物がほしいと思ったことはないだろうし、寒ければストーブのそばに行けばいい。でも、君が幸せでいるときにも、泣いている子どもがたくさんいる。君が食卓についているとき、パンひと切れしか食べるものがない人がたくさんいる。雨が降って、寒いときも、ブリキの小屋に住んで、体を包む布も何もない人がたくさんいます。この前は背の低いおばあさんに「神父様[16]、毛布が一枚あったならどんなにいいかわかりません。神父様」と言われたよ。

でも、一番よくないことはそういう人たちがイエス様を知らないということだ。彼らがイエス様を知らないのは誰も教えなかったからだ。これでさっき「たくさんの聖者が必要とされている」と書いた理由がわかるだろうか。君にも僕が遣わされているこういう子どもたちのための仕事の手伝いをしてほしいんだ。君なら上手くできると思うよ。たとえば、毎晩ロザリオの祈りを唱えるようにするというのはどうだろう。それが大変なのはよくわかる。でも、君のお祈りは冬にゆっくりと降る霧雨のようなものなんだ。それが大地に降ると、土地は豊かになって、豊かな実りをもたらすんだ。僕が遣わされている仕事にはその実りをもたらすことが必要なんだ。だから、それを君にも手伝ってほしいんだ。
すぐにでも返事を書いてくれるのを待っているよ。僕が遣わされている仕事にどんな手伝いができるか君の計画を聞かせてください。子どもたちの幸せはその計画にかかっていることを忘れないでね。[17]

ホルへの仲間たちは彼のことを物静かな勉強好き、話上手として記憶していた。肺を患ったために運動の時間には参加していなかった（ロヨラ館での競技はバスケットボールであった）。同じ理由から夏山でのキャンプにも行かなかった。しかし、肺のために水泳をする習慣は続けることになる。

チリ人の神学生たちは上流階級に属し、サンティアゴでイエズス会が経営する授業料を払う学校の出身者がほとんどであったが、アルゼンチンの神学生の出身は社会的に様々で、政治的にも分かれていた。チリ人の同期生ラウル・バーガラは「庶民層出身の人は忠実なペロン主義者だったが、上流階級でサルバドール神学院出身の人は猛烈な反ペロン派だった。あのときアルゼンチン人には一体感というものがないのが本当によくわかった」と振り返る。

ホルへはイエズス会の私立学校という特権的な世界の出身ではなかったし、同期生たちはホルへが政治的な議論に明確な態度を打ち出していたとは記憶していないが、この頃、ホルへはますますペロン主義に共感するようになっていた。一九五六年、反ペロン派の大統領アランブール将軍に対する反乱未遂に参加した後、軍の銃殺隊によって殺された十八人の将校の中に近親者のオスカル・ロレンソ・コゴルノ中佐がいたのである。[18]

その反乱は狂信的な反ペロン主義である「ゴリリスモ」に抗議したもので、ベルゴリオもそれに反対していた。彼は軍がペロン主義に対して行使する拒否に怒りを募らせるカトリックの若い世代に属していた。軍はペロン主義者の選挙への参加を妨害し、しばしば取るに足らない理由でペロン派の自尊心を傷つけようとしていた。司教たちの中にはペロンの退陣後、ペロン政権について「神を招来して、多数の人をだまし、方向感覚を失わせ、教会を別のもので置き換えるために迫害した全体主義体制」と言って非難する者もあった。そうした司教たちはキリスト教国であることを保証してくれる軍に運命を託し、それが一般の人びとの気持ちの中にある教会をゴリリスモに結びつけることになった。ホルへは一九五八年の選挙で投票しているが、国家主義派とキリスト教民主党に近い急進党のアルトゥーロ・フロンディシに一票を投じた可能性が高い。フロンディシはペロン主義者の選挙参加禁止の解除を約束して政権を握った。

当時神学生だったウルグアイ人のフランシスコ・ロペスは言う。「あのころ、ロヨラ館の神学生は二つの時代の狭間に生きていた。一方には自分たちが理解するイエズス会士としての毎日の生活と実践があり、その一方で、そのすべてが別の形でなされ得るのではないかと感じていた」。現実とあり得べきことの間に生じていた緊張はホルへの同期生のほぼ全員を修道生活から去らせることになる。しかし、ホルへにとってその緊張は、そこに留まり、変化へと導く決意を生じさせるものだった。このときの彼を知る者たちは彼が関心をもっていることに心を打たれたという。ホルへには養成の早い段階ですでに、自分の前に続く道をはっきりと見ていた。チリ人の同期生バーガラはある午後にお茶を飲みながら休憩していたときのことをこう振り返る。

「誰かが将来の自分はどうなっていると思うかとベルゴリオに尋ねたんだ。すると彼は『僕が本当に興味をもっているのは、将来、イエズス会士の養成を担当することだ』と答えたよ。つまり、彼は自分のことを修練長あるいは管区長と見ていたということだ」

＊＊＊＊

一九六〇年三月、ホルヘはブエノスアイレス州にあるアルゼンチンの首都から車で一時間のところにあるサンミゲルのマクシモ神学院に入学する。そこがこの後の二六年のうちの二三年にわたって彼の活動の拠点となった。一二〇エーカー（〇・四九平方キロ）の地所の中には一八〇人のイエズス会士のための部屋、広々として巨大な教会と無数の小さな聖堂がある。学生以外にも司祭や修道士の大きな共同体があるので、自分たちだけで毎日のミサを行う司祭たちの聖堂もあった。学院にはゲストのための黙想の家もあり、「小神学院《ミニモ》」と呼ばれていた。その他にも地方での司牧や宣教活動の調整をする事務所などもあった。

しかし、その主要な目的は学問であった。マクシモ神学院は南米における教育と研究でこの上なく重要なカトリックの中心のひとつだった。研究者と博士課程の学生が世界に通用する巨大な図書館と文書庫を利用しにやってくる。隣にはイエズス会士が運営する国の天文台があり、三つの科学研究センターがある。また、印刷機があり、非常に尊重されている神学雑誌『ストローマタ』が印刷されていた。住んでいるのはイエズス会士だけだったが、他の修道会がマクシモ神学院を利用するためにサンミゲルの近くに養成の家をもっていたため、講義は別の修道会の学生でいっぱいだった。このイエズス会の基幹校はさまざまな修道会に属している施設の中心にあって、サンミゲル地区をアルゼンチンにおける修道生活の中枢にしていたのである。

哲学課程の最初の年が始まってから数か月後に、ホルヘは二人の父、実の父と精神上の父を数週間のうちに亡くした。父マリオが一九六一年九月二四日、移転前のガソメトロ・スタジアムで心臓発作のため五〇代前半で亡くなり、その通夜にすでに弱っていながらもやって来たエンリコ・ポッツォーリ神父がその後まもなくイタリア系の病院に入院した。

ホルヘが見舞いに行くと、神父は眠っていたので、部屋を出て、通路にいた司祭と話をしていた。するとすぐに別の司祭が出てきて、ポッツォーリ神父が目を覚まして、ホルヘが来るのを待っていたと言っていると言った。ホルヘはこのとき奇妙なことをした。すでに帰ってしまったとエンリコ神父に言ってほしいとその司祭に言ったのである。数日後、サレジオ会員ポッツォーリ神父は長年の間導いてきた若者に別れを告げることなく亡くなった。

この行動は長い間、ホルヘを苦しめた。一九九〇年にサレジオ会の長に宛てた手紙に「ブルーノ神父、請け負いますが、あの瞬間にもう一度戻ったとしても、私は同じことをいたします」と書いている。出来事から二八年経った後でも、その反応が彼自身にさえ不可解なままであったことをその手紙は示している。彼は神父に目覚めてほしくなかった。「何を言ったらいいのかわからなかったので、それが悪いことのような気がしたのです」。そして、嘘をついた。「それが内気であったせいか何なのか、何が起こったのか私にはわかりません」。明らかにこの手紙のベルゴリオは理解できない感情、表現することができない感情と格闘している。

教会にもまた、死にゆくものがあった。一九六二年十月にローマで第二バチカン公会議が開催される前に新しい時代の風が吹き込んでいた。一九五〇年代に成年に達した若い聖職者や信徒たちと一九三〇年代から四〇年代という前世代に属すアルゼンチンの司教たちの間の世代的な分裂状態がますます大きくなっていたのである。

アルゼンチンは当時ラテンアメリカで最も多く司教を抱えており、六六人の司教が四六人の司教区を代表していた。第二バチカン公会議でアルゼンチン司教団は十番目に大きいグループであった。しかし、彼らはそこで起ころうとしていたことに対して準備ができておらず、傍観者になってしまっていた。教皇ピウス十二世とは近く結びついており、イタリアとは緊密な関係にあったことから、多くが第二バチカン公会議の改革に抵抗していたローマ教皇庁に同調していた。改革に関与する新任の若い司教を除いて、古参のアルゼンチン司教の大部分は、ローマ教皇庁と同様、公会議が近代性を非難するだけの短期間の集会になると見ており、すぐに国に帰る許可が出ると思っていた。それが別の方向に向かい始めたとき、司教たちは、これまで若いカトリック信徒に決して信用されてこなかった教会の古くさいイメージに執着していたものの、自分たちが求めていなかった変革を実行するという重荷を負わされることになると気づいた。

しかし、新しい世代には大きな期待があった。彼らは才能のある若い司祭ホルヘ・メヒア神父が編集するブエノスアイレスのカトリック雑誌『クリテリオ』を読んでいた。メヒア神父は後の二〇〇一年にベルゴリオとともに枢機卿となったが、その雑誌でフランスからの思考の新しい潮流を伝える紙面を作っていた。また、同誌には後に枢機卿となり、ベルゴリオを育てた二人の神学校教授エドゥアルド・ピロニオとアントニオ・クアラチーノも寄稿していた。後にピロニオはパウロ六世の協働者となり、クアラチーノはベルゴリオを司教とし、自分の後継者としてブエノスアイレス大司教とすることをヨハネ・パウロ二世を納得させた。これらは新世代の明るい光であった。

ホルヘとともにチリに滞在した後、マクシモ神学院に学んでいたゴマは、第二バチカン公会議のことを「まるで個人的な祈りのようだった。何が起こっているのかほとんど知らない人もいれば、詳しく内容を知っている人もいたからだ」と振り返る。彼とホルヘは確実に後者だった。マクシモ神学院の入口にある掲示板に第二バチカン公会議とは何なのか、何のために開かれているのかといった問いに答える短い文章を張り出して第二バチカン公会議のことを宣伝していた。掲示は大成功で、その地域の聖堂や修道院にも掲示してほしいという要望が届くようになった。

第二バチカン公会議のことは後にチリ管区長となるフェルナンド・モンテスとも議論していた。二人は他の学生がバスケットボールに興じる間、いつも同じ木の下の同じ場所に座り、マテ茶の容器を地面に置いて話をしていた。

「彼には肺に問題があり、私はただ運動にあまり熱心ではなかったんだ。話が好きでね」

モンテスはそう当時のことをそう語った。彼らは友人関係になった。

「彼は他のポルテーニョ（ブエノスアイレス出身者）と違って、押しが強くはなかった」

ブエノスアイレス生まれに名高い厚かましさのことをモンテスは引き合いに出す。

「どちらかと言えば、サンタフェかコルドバの出身という感じだったよ。もっと洗練されているように私には見えたね」

二人はまじめな議論ばかりをしていたわけではなかった。養成の家には記憶を失った年配のイエズス会士がおり、彼の口から止めどなく流れ出るナンセンスな話のことで笑い合っていたという。

しかし、彼らの会話は日を追うごとに第二バチカン公会議のことで占められていくようになっていった。二人には「自分たちがこの世界に抵抗する教会ではなく、より開かれた教会を望む人びとの側にいる」ということがよくわかっていた。彼らは第二バチカン公会議の目的を教会が世界に向けてもっと上手く話しかけられるように、教会の存在を再定義することだと理解していた。反ペロン主義の軍部と同盟していた司教たちがそうであったように、カトリック国という神話を擁護し、貧しい者から遠く離れていた教会はその構造からして、現代世界とは絶縁したようになっており、同時代の世界などないが如くに、自身のことばかりに対処していた。教会はそれ自体が発する、ときに見事な光によって生きていた。時を超えた真理がもたらす栄光と必然、古代の典礼についての複雑な作法――。しかし、〈神の神秘の光《ミステリウム・ルネ》〉によって生きているということではなかった。

その意味において、それは当時の学生たちが学んでいた哲学とあまり変わりがなかった。誰も問うていない問題に精巧に洗練された答えを出す無味乾燥な解説にすぎなかったのだ。

「私は哲学を頽廃的な、ほとんど破綻していたトマス主義から生まれた教科書で学んでいた」

フランシスコ教皇はスパダーロ神父にそう語った。


定式化された思考が力を失うのはいつか。それはその思考が人間を見失うとき、あるいは人間を恐れたときでもあるかもしれないし、その思考自体によって欺かれたときでもあるだろう。欺かれた思考はサイレンの歌に遭遇したオデュッセウス、サテュロスとバッカスの巫女に囲まれた乱行の中のタンホイザー、あるいは、ワグナーのオペラ「パルジファル」の第二幕でクリングソールの宮殿にやって来たパルジファルを例に表現される。教会についての考え方はその精神を取り戻さなければならない。教会の教えを展開して、深めるためには、人びとが今日どのように自分たちのことを理解しているのかを教会は理解した方がいい。


より開かれ、親密な雰囲気に支配されたロヨラ館に親しんできたチリ人のイエズス会士にしてみれば、マクシモ神学院は冷たいシャワーのようだった。謙虚さと特定の友情関係についての規則——あの「決して二人でいてはいけない」という規則——がより厳しく守られ、気晴らしの間も互いにラテン語だけを話すことが推奨されていた。授業も小論文や学位論文同様、ラテン語だった。しかし、運動競技の間は——アルゼンチンの最高の伝統として、マクシモ神学院でのスポーツはサッカーであり、そのグラウンドは伝説的な素晴らしさだった——、スペイン語で叫ぶのが標準であった。

変革の兆しはいくらかあった。『現象としての人間』『神の場』などを書いたフランス人イエズス会士ピエール・テイヤール・ド・シャルダンについての講義をハシント・ルッツィが始めていた。テイヤール・ド・シャルダンは第二バチカン公会議以前には扱うのを禁じられていた神学者である。彼は信仰を自然界、科学と和解させただけでなく、楽観的、進化論的に現実世界を捉え、当時教えられていた新スコラ哲学とは衝突する思想的立場を取っていた。しかし、ホルにとって、マクシモ神学院で最も重要な教授は聖イグナチオによる識別の規則の達人であった哲学部の学部長ミゲル・フィオリートであった。彼はベルゴリオの霊的指導者であり、その成長の鍵を握る人物である。ベルゴリオの同期生フェルナンド・アルビストゥール神父は「霊的識別はフランシスコ教皇がもつ重要な特質のひとつで、その大部分をこの家でフィオリート神父から学んだ」と当時を振り返っている[19]。

しかし、こうしたことは例外であった。ホルへの同期生、ウルグアイのフランシスコ・ロペスは「時代の変化に対して、マクシモ神学院は一定の抵抗と形式主義をもって反応していた」と語る。大部分の教授は年配の外国人で、同時代の世界と関わる準備はできていなかった。一九六五年の文書『現代世界憲章』冒頭の有名な一文にあるように、第二バチカン公会議は「現代人の喜びと希望、悲しみと苦しみ、特に、貧しい人びととすべて苦しんでいる人びと」へと教会を招いていた。当時のマクシモ神学院における実際の活動は、その新しい時代におけるイエズス会士であることの意味を小さなグループに分かれて議論することであった。この自問の過程において多くの学生が去っていくことになった。ベルゴリオにとってはイエズス会の刷新についての考えを形成する過程であった。

一九六三年、ホルへの哲学課程は三年間に学んだことについての口頭弁論をもって終わった。それは二時間にわたり、少なくとも一〇人のイエズス会士の試験官を前にラテン語で行われる恐ろしい試験である。その結果に基づいて、神学生たちは羊と山羊に分けられた〔マタイ二五章三二節参照〕。知的な才能に長けた者は上のクラス、すなわち教育と研究を続ける方向へと進み、そうでない者はより実際的な仕事、たとえば実際に人と関わる仕事に割り振られる。ホルヘは上のクラスに入った。

哲学課程の終わりに、ホルヘは他の卒業生とともに、司祭職に進む小さな命令を受ける。ちょうどイエズス会総長に選出されたばかりだったアルペ神父に手紙を書き、日本宣教を申し出たが、肺疾患の問題で不適当との回答を得る。

ホルヘは中間期生《リージェント》となった。つまり、イエズス会士として二年間（彼の場合は三年）学校で教えるということである。ホルヘはゴマとともに、アルゼンチンのイエズス会の学校のうちで最も古く、最も愛されているサンタフェの無原罪神学院で文学を教えるよう命じられた。

＊＊＊＊

『漁師の靴』など、バチカンを題材に金儲け主義の作品を書いた作家モーリス・ウエストが一九九九年に死去する前に出版した最後の小説はローマ教皇に選ばれたアルゼンチン人の枢機卿の話である。その小説『猊下』の主人公ルカ・ロッシーニとホルヘ・ベルゴリオの間には姓がイタリア語であること以外に共通する点はほとんどない[20]。しかし、驚くべきことはロッシーニという人物像の中にアルゼンチン的なものがほとんど何もないことである。ウエストはおそらく、タンゴが好きで、マテ茶を飲み、サンロレンソを応援するアルゼンチン人のローマ教皇が現れるなどということは馬鹿げたことと思っていたのであろう。ましてや、その登場人物が偉大なる短編作家ホルヘ・ルイス・ボルヘスと知り合いであるなどという設定は都合がいいにも程があると思ったにちがいない。

しかし、現実は小説より奇なりである。ベルゴリオはボルヘスと知り合いだった。当時教えていた十六歳と十七歳のクラスでガウチョ文学の講義をしてもらうためにボルヘスを招いているのである。

接点はボルヘスの秘書マリア・エステル・バスケスであった。彼女はベルゴリオ家の子どもたちにピアノを教えていた。当時、彼女は国営ラジオで番組をもっており、文学を教えるイエズス会士のインタビューにホルヘを出演させたのだ[21]（ホルヘはゴマをいっしょに出演させた）。

　無原罪神学院はサンタフェの大きな広場に面した区画全体を占める。アルゼンチンで最初にして最古の高校であり、一番の名門校であり、アルゼンチンでよく知られている公人たちの多くがこの学校を母校としている。一六一〇年に植民地のエリート層の教育のために設立され、一八六二年にイエズス会に返還された。一六三六年に当時の校長がモコビ族とアビポネ族の部族長に宣教集落に集まって住むことを納得させたのはこの学校での出来事であった。また、この学校の隣にある聖堂に無原罪《インマクラーダ・コンセプシオン》の聖母を描いたイエズス会修道士の絵が掛けられ、〈いやし〉の水が出始めたのは一六三六年のことである。

　一九六四年の前半に赴任したホルヘはオレンジの木が植えられたパティオに繋がる植民地時代の大きな入口を通り抜けた。そこから右へ行くと学校があり、左へ行くとイエズス会の共同体があった。敷地の中をまっすぐ行くと映画館があり、巨大な広間では学校の集会が開催されたが、毎週日曜日には映画館「シネ・ガライ」となった。それは町で一番の映画館で、収容人数一五〇〇人、七〇ミリフィルムプロジェクタで最新の映画が上映されていた。夏にはオレンジの木の間に巨大なスクリーンが掛けられ、椅子の間で焚かれた蚊遣りの煙の中、野外で映画が上映された。

　ホルヘが無原罪神学院で教えたのは二八歳から二九歳のときで、生徒のおよそ半分は寄宿生だった。規律は守られ、毎日のミサにはジャケットとネクタイ着用という厳しい服装規定があったが、当時の英国の寄宿学校ほど厳しくはなかった。週に二日、生徒たちは社会事業に参加し、イエズス会士が運営していたアルト・ヴェルデの貧しい教区に木造の家を建てたり、スポーツをしたり、キャンプをしたりした。

教師時代のベルゴリオ（1964 年）

当時、同校にいたイエズス会士のひとりカルロス・カランサ神父はベルゴリオについて「最初の瞬間から成熟した教師に見えた。思慮深くて、のんびりしていて、穏やか。生徒たちにはたいへん人気があった」と評している。ホルへとともに文学の授業を担当したゴマも、ホルへが文学専門コースの生徒と「非常に特別な関係」にあったことを記憶している。生徒たちもホルへについて、要求が高く、授業内容も濃く、素晴らしかったが、穏やかで、遠慮がちだったと振り返っている。生徒たちは彼のユーモアと率直さにすっかり魅せられていた。彼が生徒たちのために懸命に仕事をする様に感動し、その洗練された精神に彼らも気づいていた。

後にイギリス大使になったロヘリオ・プフィルターは「黒板にはいつでも円で囲まれた事実と考えが矢印で結びつけられていた」と語る。「あらゆる種類の質問を促し、それに迅速かつ正確に答えてくれた。ためらっているのを見たことがなかった」。その弟エドゥアルドはベルゴリオの控え目な性質について「いつも地味に振る舞っていた。決して目立とうとはしなかった。当時のイエズス会士にそういう人はあまりいなかった」と振り返っている。また、多くの人が彼の話術の巧みさについてコメントしている。かつての生徒ギジェルモ・ヴェントゥーリも、彼の話は愛嬌があって、楽しい話だったと記憶していた。

「話には天賦の才がありましたが、文学に関する知識が素晴らしい説明をする力になっていたんです」

カランサ神父はそう振り返っている。[22]

しかし、どんなに人気があっても、綽名を付けられることからは免れられなかった。ホルヘ・ミリアは彼が「浮かぬ顔《カルーチャ》」と呼ばれていたことを覚えている。彼の悲しみに沈んでいるような表情のせいだ。また「可愛いイルマ」という綽名もあった。これはシャーリー・マクレーンがフランス人の売春婦役で主演した一九六三年のコメディー映画の題から来ている〔邦題『あなただけ今晩は』〕。規律担当の副学監として「天使のような顔で厳しい罰を言い渡していた」からだという。

　学生のひとりだったロベルト・ポッギオはある罰のことが忘れられないという。ポッギオはあるスポーツの試合中に年下の少年を叩いたことでベルゴリオに教室に呼び出された。教室に入ると、友人たち十人が輪になって座っており、ベルゴリオはその輪の外に座っていた。

「あったことを詳しく友だちに話しなさいと彼に言われました。それが人生の中で忘れられない出来事になったんです。友人たちは理解し、忠告してくれました。何だか重い荷物が私からもちあげられているような、そんな気がしました。友人たちから非難されているとか批判されているとは感じませんでした」

　生徒陪審員たちはポギオへの罰を決定した。二週間のスポーツへの参加禁止と年下の学生への謝罪であった[23]。

　ホルヘ・ミリアもベルゴリオの独特な罰の与え方を覚えている。ミリアは文学の課題を期限内に提出しなかったため、卒業試験の一部としてベルゴリオを含む三人のイエズス会士による口頭試験を受けさせられることになった。ミリアは全力を尽くし、結論を述べ、そして待った。長い沈黙の後、ベルゴリオが話し始めた。

　このような試験に点数がないことはわかっています。ミリア君がこの試験を受けなければならなかったわけではないこともわかっています。それを彼が受けなければならなかったとしても、それは課題を期限内に提出しなかったからであり、規則はないと彼が考えていたからであり、いかなる犠牲を払おうとも習慣通りに彼がしたいことをしているからです。したがって、彼に相応しい点は「十点」ですが、この学校で過ごした時間を最終的に思い出させる点数として「九点」を与えるべきだと私は思います。締切りを守らなかった責任を取らせるためではありません。重要なことは日々の仕事の積み重ねであり、組織的になされる仕事も決して決まり切った仕事にせず、レンガをひとつずつ積み上げるように忍耐強く作り上げていくものであること、それは彼が好む衝動的な即興作品ではないということを常に思い返せるようにするためです。

他のイエズス会士たちも「九点」に同意した。ミリアはその教師が下した決定の公正さに圧倒され、そこから得た教訓を今に到るまで忘れていない[24]。

ホルへが担当した科目は文学、心理学、芸術であった。どれも化学の専門家が当然担当するというものではないが、イエズス会では自分の専門ではない科目を教えて才能を引き出すということがよく行われていた。いずれにしてもホルへは古典文学の熱心な読者であったので、学校の由緒ある文学アカデミーの顧問になったことは理解できる。無原罪神学院のアカデミーは、種々の分野に特化された会で、この学校の特徴となる伝統であった。生徒たちは入会を申請し、入会希望の理由を説明し、顧問の教師が入会の是非を判断する。

ホルへは一年目にはスペイン文学を教え、二年目にはアルゼンチン文学を教えた。現代の作品を直接読みたいという生徒たちの要望に気づいたホルへは、授業内容を変更して、中世の古典『エル・シド』は家で読ませ、二十世紀の詩人フェデリコ・ガルシア＝ロルカで授業を始めることにした。生徒たちが文学の味に目覚めたのを見て、後に彼が「当然のこと」と言った順序に従って、セルバンテス、ケベード、ゴンゴラといったスペイン黄金時代の作家へと遡っていった。この試みは成功した。少年たちが引き込まれるようになったのを見て、ホルへは個人指導によって、少年たちにその情熱を追求するよう促した。「ベルゴリオ先生が素晴らしかったのは扉を閉ざさないことだった。スペイン語の記念碑的作品を探求したい者は誰であれ、好きなような深さで、条件なしの率直な表現で探求することができた」。

ミリアは自分の学生時代の思い出の中でそう書いている。

ミリアはホルへが中世後期の『死の舞踏』を紹介したことを記憶している。この恐ろしい話では人格化された「死」が人びとを人生のさまざまな場面で墓へと招き、そこで踊りを踊らせ、自分たちの死すべき者としての結末を詩で語り、思い出させる。ホルへは生徒たちの理解を助けるために、一九五七年のイングマール・ベルイマンの映画『第七の封印』をシネ・ガライで上映する手配をした。この映画は中世の騎士が死神とチェスをする話を軸にした物語である。その後、ミリアたち生徒は映画評を書くよう言われ、風景の使い方、登場人物、音楽などについてコメントした。

学校に作家を招くこともホルへのアイデアであった。そうすれば、生徒たちはできあがったものを読むだけでなく、創作過程も学ぶことができる。最初に招かれたのはマリア・エステル・バスケスであり、彼女がその後、ボルヘスの招聘を手配し、一九六五年八月にガウチョの詩文学についての五日間にわたる講義を実現させることになる。それは驚異的な出来事であった。ミリアによれば、地元の大学では「子どもの誕生会に〝ハッピーバースデイ〟を演奏させるためにベルリン交響楽団を呼ぶようなもの」と羨んでいたという。

詩人、随筆家、短編の名手、この後すぐに来る一九六〇年代におけるラテンアメリカ文学の国際的な隆盛の先駆者であるボルヘスはこのとき六〇代で、どこに行っても知られており、その特徴的な声が

作家ホルヘ・ルイス・ボルヘスと。サンタフェの無原罪神学院の学生たちのための講演会で（1965年）

広く模倣されたアルゼンチンにおけるアイコンであった。その名声が大きくなり始めたとき、彼は視力を急速に失っていった。このことについては「（神は私に）本と夜とを同時に与えた」と辛辣に言っている。講義では図書館司書のような記憶力を駆使して、遊びに満ちた思索的な物語を披露した。

二〇一〇年にベルゴリオは「（ボルヘスは）どんな話も知識をひけらかすことなく語るコツを知っている」と述べている。彼はボルヘスの物語をよく知っており、非常に好んでいた。それはある種、超現実の世界で起こる物語であり、登場人物は図書館や思想の中という迷宮のような世界の暗号として動いていく。さわやかで歯切れがよく、機知に富んでいて、茶目っ気があり、逆説や言葉遊びを楽しんでいるという点で、ベルゴリオ自身の話や記述のスタイルとも通じるところが多い。

ホルヘはボルヘスの全作品を短期集中で生徒たちに教え、洗礼者ヨハネのように偉人を迎える道を整えた。そして、一九六五年八月の寒気の中、バスで到着したボルヘスは少年たちが自分の作品をとてもよく知っているのに驚かされることになる。ほとんど目は見えず、杖をついて歩いていたが、その期間中、ボルヘスは祝宴によってもてなされ、鑑賞眼のある聴衆と話をし、生徒たちとイエズス会士たちのことを楽しんだ。生徒たちがベルゴリオからもらった大きなプレゼントは、取るに足らない物ごとや出来事を紡いで素晴らしい物語にすることのできる目の見えない導師とともに過ごすことができた、あの時間であったことをミリアは後から振り返って理解した。

　ホルヘはそれが実を結んだことを確実なものにした。生徒たちにボルヘスに手紙を書くことを勧め、物語を創作する課題を与えた。優秀なものはボルヘスに送って読んでもらえることになっていた。ホルヘはゴマといっしょに八つの作品を選び、「読んだことのない物語《クエントス・オリヒナーレス》」とラベルをつけたファイルの中に入れて、ボルヘスに送った。まもなく、院長のリカルド・オファーレル神父のところにボルヘスからイエズス会のもてなしと歓待に感謝するという手紙が届いた。そこには「あの本」のまえがきを書かせてほしいという申し出も添えられていた。付けられたタイトルがとても気に入ったとも書かれていた。出版できるかどうかは別として、その物語が本になるとはその時まで誰も思っていなかった。しかし、ボルヘスの申し出によって、出版元はすぐに見つかった。

　十一月、『読んだことのない物語』の発刊に際してボルヘスが再びサンタフェにやって来た。その本は彼の賞賛に支えられ、サンタフェの町にひとつの成功をもたらしていた。ベルゴリオは知り合いの詩人ソフィア・アコスタにその本を送り、感想を求めた。そして、物語への賛辞が記された彼女の手紙を手際よく近隣の町パラナの新聞の編集者を送り（パラナにある大叔父の〝宮殿〟は当時レストランになっていた）、その本を宣伝してくれるように頼んだ。

「私たちの願いはサンタフェでベストセラーになったこの作品の成功と価値に強烈な光をあてることとなのです」

　さらにホルヘは書き添えた。

「貴社の名高い新聞の力添えによって」

それは彼の政治手腕が発揮された最初の例のうちのひとつであった。

その『読んだことのない物語』の序言でボルヘスはこう書いている。

「この八人の作家たちのうちの誰かが有名になって、私が敢えて予測しないあの名前、この名前から愛書家がこの小さな本を捜し出すようなこともあるかもしれない」

この本は二〇一三年になるまで探し求められることはなかった。しかも、探し求めたのは愛書家ではなくジャーナリストであった。そして、それはそこに出てくる名前のためではなく、そこに現れていない名前のためであった。偉大なる皮肉屋ボルヘスもきっとそれを喜んでいることだろう。

その本への寄稿者のひとりがジャーナリストのホルヘ・ミリアである。この四〇年後、彼は卒業後も連絡を取り続けていたベルゴリオの勧めで学生時代の回顧録を出版した。当時、枢機卿大司教であったベルゴリオは『幸せな時間のこと』と題されて二〇〇六年に出版されたその回顧録にまえがきを書くと申し出た。最近ではフランシスコ教皇の〝ベルゴリズム〟（ベルゴリオ流）を解説するオンライン・コラムを書いているミリアは、このようなわけでアルゼンチンで最も有名な二人の人物、ホルヘ・ルイス・ボルヘスとフランシスコ教皇にまえがきを書いてもらった唯一の著述家と問題なく主張することができるわけである。

ボルヘスは自身を不可知論者と思っていたが、プロテスタントであったイギリス人の祖母に聖書を読むように躾けられ、母親に約束したという理由で毎晩「主の祈り」を唱え、司祭に看取られて死んだ。とはいえ、彼はユダヤ教の知恵文学を愛し、仏教についての著述もあり、コーランについても「そこにはラクダが一匹入っているわけではない」と言い切れるほどよく知っていた（自分の本にやたらに「地元色」を詰め込もうとする民族主義的な作家を批判するときにこの文句を使っていた）。最後の幻想小説「共謀者」では、「属す部族も様々、信じる宗教も様々、話す言葉も様々な人たち」が国を作るという奇跡違っていることには目をつむって、似ていることを強調する決断を下したのである」。これは後にベルゴリオ枢機卿が「出会いの文化」として推し進めることになるものとよく似ている。

第3章 嵐の中のパイロット

1967–1974

STORM PILOT

「我、フランシスコと名乗らん」

それは息をのむような選択であった。その名をつけた教皇はこれまでにいなかったので、ローマ数字で「〇世」と添える必要はなく、その名は強烈にして簡素、まさに絹の衣を脱いで足許に置き、織りの粗い布を纏った貧しき者《イル・ポヴェレッロ》の名であった。フランシスコと呼ばれる教皇が現れることになろうとは誰も考えていなかった。それはペトロやイエスを教皇名とするようなことであった。それほど特別な名なのである。

バチカン評論家ジョン・アレンは「この大胆さには驚かされた。フランシスコという名はまさに統治計画の縮図である」とし、「フランシスコといえば、カトリック教会の想像力の中で組織としての教会へのアンチテーゼというイメージを呼びさます象徴的な人物。（中略）まさに門を出たときから、非常にたくさんの重荷を肩に乗せていることになる。口にした通りのことを行うつもりがないのであれば、本当にトラブルになる」とボストン・ラジオに述べている[1]。

　ベルゴリオは生涯を通じて有言実行を貫いてきた。それは今や、ほとんど「ノー」と言うのと同じようなことになった。古い黒靴を履き、銀の佩用十字架をつけ（教皇は通常、〔赤い革靴を履き〕金の十字を身につける）、誠実なまでに黒いプラスチック製の腕時計をつけ続け、夕食のためにゲストハウスへ戻るときにリムジンを待たせることを拒否したのである（枢機卿たちには「あなたがたのしてきたことを神がお赦しになりますように」と冗談を言った）。選出の翌日、枢機卿たちとのミサの後、教皇はサンタ・マリア・マッジョーレ大聖堂で祈るためにフォード社の乗用車フォーカスでバチカンを出発した。護衛が乗る車の方が立派であった。帰りにはコンクラーベの前に泊まっていた司祭用のホステルに立ち寄った。残しておいたバッグを引き上げ、驚く従業員を尻目に支払いを済ませた（広くツイートされた写真には「別の名前で泊まっていたんだが……」というキャプションが付けられた）。そのあとホステルのスタッフと話をし、冗談を飛ばした。預けて置いたものは多くはなかった。服は夜のうちに自分で洗濯しておいたので、それを乾燥機で乾かすだけだった。

　二日後、サンピエトロ広場の隣にある謁見の間で行われた記者会見では、準備されていた文書を下に置き、枢機卿の中には別の名を思いついた人が何人かいたという話を記者たちに語った。たとえば、十六世紀のオランダ人教皇に因んだアドリアヌスという案（「彼は改革者でした。われわれは改革を必要としている」とコメントした）や、イエズス会を迫害したクレメンス十四世に復讐するためにクレメンス十五世となるという話があったという。八一か国から集まった六〇〇〇人のジャーナリストを魅了した謁見の終わりには、選ばれて参加した記者一人ひとりを壇上に招いて挨拶を交わした。彼は座ったままで迎えたりはせず、自ら前へ進み出て挨拶した。その中にバチカン通信事務所で働く目が不自由な男性がおり、盲導犬のハーネスにつかまってやってきた。フランシスコ教皇はその男性を抱きしめ、彼と話す間、ゴールデンレトリーバの頭に手を置いていた。

そうしたちょっとした話がたくさんある。それは単なるポーズではなく、そこには計算されたメッセージなどなかった。それは教皇が福音書のキリストと自分を一体化させていることから発せられるものであった。

その後、しばらくの間、フランシスコ教皇は教皇制の君主的な面から制約を受けないようにするために聖ペトロから受け継がれてきた権威を用いた。できる限り、教皇と普通の人びとの間を引き離すようなものは除こうとしたが、障害にならない限り、そうした権威そのものには反対しなかった。しかし、メディアが清貧主義という物語を作り上げようとし始めると、彼のすることすべてが富と特権への異議とされた。教皇は枢機卿たちがコンクラーベの間に宿泊したゲストハウスを住居とすることを選んだ。それについては使徒宮殿が贅沢であるとか（実際には贅沢ではない）、そのゲストハウス、サンタマルタ館が質素で控え目だからなどと報じられたが（建設に二五〇〇万ドルかけられ、壁には大理石が張られている）、それは正しくない。人びとが直接アクセスできるようにしたのである。取り次ぎというボトルネックをつくりたくなかったのだ。前任のベネディクト十六世は謙遜で人に接する能力に長けた人であったにもかかわらず、取り次ぎの存在が彼を遠い存在にし、孤立させてしまっていた。

フランシスコ教皇はサンタマルタ館で全く新しいコミュニケーションの形を生み出した。近代的な聖堂で毎朝七時に行われるミサでは要点が三つの短い説教が準備なしで行われる。それは夜明けにその日の聖書の観想からマテ茶を片手に得られる実りであるという。

「私たちは普通ということがどういうことであるのかを知らねばなりません」

教皇はその年の八月、イエズス会士アントニオ・スパダーロ神父のインタビューにそう答えているが、すでにそれを実行に移していた。サンタマルタ館の食堂では他の人と同じように自分で食器を片づけ、自分で電話をかけ、たくさんの面会の約束をし、日誌をつけ、ローマ周辺の教区や慈善団体を訪れるときにはいっさいの取り巻きなしで、いつでも青いフォード・フォーカスに乗って行き、年輩者や家のない人たち、外国生まれの人たちと時を過ごす。

フランシスコ教皇の個人的な親切については、確かめようがないのだが、いくつかの話が広まり始めている。たとえば、部屋を離れようとしたとき、ドアの外にスイス人の衛兵が立っているのを見つけて、彼のために椅子をもってきたというような話である。その衛兵は言った。

「しかし、猊下、私は座るわけには参りません。上官がそれを許しませんので」

「そうかい。でも私はその上官の上司だよ。その私がいいと言うんだ」

教皇は衛兵に渡す菓子を取りに部屋に戻りながら、そう言ったという。

彼は〝混乱《リオ》〟を恐れなかった。二〇一三年九月に難民センターを訪問したときには、空いた修道院はホテルにするのではなく、移民を収容するために用いるべきだと言った。

「それはキリストの体なのだから」

あるアルゼンチン女性に電話をしたときには、たとえ司祭がだめだと言ったとしても聖体を受けるべきだと示唆したらしい（その女性によれば「教皇よりも教皇至上主義の人がいる」と教皇が言ったという）。また、ラテンアメリカ・カリブ海諸国宗教者連合（ＣＬＡＲ）の代表には、教義上の違反などを非難する手紙がバチカンから届いても心配する必要はないといい、内に籠もっている教会よりも間違いをしたり、汚れたりしている教会がある方がいいと語っている。

「われわれはオムレツをひっくり返さなければならない」

CLARの代表にはそう話した。ダウ・ジョーンズの株価指数が二、三ポイント上ったり下ったりすることがなぜ世界的なニュースになるのか。老人が街路で凍死したことはなぜニュースにならないのか。「これをひっくり返さなければならない。それが福音というものだ」

日々の説教とスピーチにおいては、穏やかにではあるが、そのすべてを神学者アンリ・ド・リュバクが「霊的世俗性」と呼んだものに対する非難に繋げている。それは多くの徴候をともなう病であった。出費が多い高位聖職者、よく教区を不在にする「エアポート司教」、祭りの夕食会を渡り歩く司教、事業の利益を上げるために騎士道的な命令を発する信徒、効率に従って人間よりも計画を優先させる教区、神学や典礼に何か隠れた意図をもつエリート集団、司祭の説教の中に異説を探す私設異端審問人、職業的になりすぎて世俗の組織と区別がつかない教会の組織など、その例は枚挙にいとまがない。教皇は飽くことなく、「教会はNGOではなく、愛の物語なのだ」とくり返し指摘する。男と女はその〝愛の連鎖〟において結びついている。「もしこれが理解できないなら、それは教会が何であるのかを理解していないということだ」と教皇は言っている。

フランシスコという名を選んだことの意味はますます深くなっていった。アッシジの聖フランチェスコは「霊的世俗性」の大いなる敵だったからである。彼がキリストのために自ら物乞いになったのは一二〇五年にまで遡る出来事である。快適さと特権をともなった生活を拒否し、愛するウンブリアの地でハンセン病患者と木々と野の獣とともに彼は暮らした。彼の伝わりやすい喜びは常に優先されるもの、すなわち神とキリストとその被造物に空間を与えていることから発している。二〇一三年十月四日のアッシジ訪問前夜のインタビューで同名のローマ教皇は言った。

「彼は自然を愛し、動物を愛し、尖った芝生の葉を愛し、空を飛ぶ鳥を愛しました。しかし、彼がとりわけ愛したのは子どもや年老いた人、女性です」

自ら「貧しき者《ポヴェレッロ》」の名を名乗ると決めたとき、フランシスコ教皇は聖人と自分を重ね合わせただけでなく、歴史上、危機のときにしばしば湧き出ては、すぐに消滅してしまう底流というものを見定めていた。アッシジの聖者以来、時は移り変わっている。

「しかし、宣教の理想、貧しい教会という理想は今でも有効です。それが今でもイエスとその使徒たちが説いた教会なのです」

彼が目指すのは周縁で形づくられ、貧しい者を優先し、外から来る者を受け入れ、物質的には質素で、境界を飛び越え、宣教の甘美な喜びによって生きる教会である。コンクラーベの前に同僚の枢機卿たちに語った言葉によれば、それは自らが発す光によってではなく、〈神の神秘なる光《ミステリウム・ルネ》〉によって生きるために霊的な世俗性を拒絶する教会である。

二〇一三年十月四日の十二時間のアッシジ訪問は「貧しき者」の生涯と結びつく場所すべてを巡る中で、教皇の教会についてのこうした考えを教える機会となった。彼は予定通りにスピーチをし、訪問のスケジュールをこなしていたが、その日、彼を見ていた人びとにとって、それはあたかも神の聖なる忠実な人びとが場所から場所へと教皇を導き、地震で粉砕された町の素晴らしい丘の頂上を熱心に見せようとしているかようだった。

「あらゆる洞穴、あらゆる祭壇、あらゆる地下室に教皇は引き回されていました」

教皇に随行していたカプチン会修道士であるボストンのショーン・オマリー枢機卿はこの訪問のことを後にそう振り返った。

「どこに行っても、誰かがそこに立っていて、『ここに教皇様が来るのは初めてです』と言うんですよ。私は『今回はここに来るべきではなかった。彼は若者ではないのだ』とずっと思っていました」

フランチェスコ・ディ・ベルナルドーネは「その罪のうちに」あったとき、ハンセン病患者の病巣を恐れ、それゆえに患者たちを嫌悪さえしていたが、後には、彼らの体をきれいにし、ハンセン病療養所で傷の手当てをするようになった。「オムレツ」は裏返されたのである。尻込みしていた人が喜びを与えてくれるようになる。それは生まれ変わるということであり、癒しであった。今や神の目で世界を見ることができるということであった。フランシスコ教皇はハンセン病患者のいるセラフィクム研究所の重い障害をもった人たちの間でアッシジ訪問を始めた。一時間のあいだ、教皇は彼らのものだった。彼らは教皇の手を握り、自分の考えと気持ちを打ち明けるために彼をわきに連れて行き、彼の佩用十字架をもてあそんだ。叫ぶ者もあれば、ブツブツ言う者、悲鳴を上げる者もいた。

「わたしたちはイエスの傷の間にいます」

フランシスコ教皇は静かな声で言った。心を動かされているのが見て取れた。

「その傷は人に気づいてもらう必要がある傷です。それに耳を傾けてもらう必要があるのです」

翌月、フランシスコ教皇はヴィニチオ・リーヴァという五三歳の男性の顔の患部を撫でたことで世界に衝撃を与えた。人びとはその異様に崩れた顔を見ないようにするためにバスから降りるほどであるという。フランシスコ教皇が神経線維腫症と呼ばれる遺伝病の徴候である腫瘍にキスしたとき、リーヴァの心臓は死ぬかと思うくらいに激しく動いたという。後に彼は語っている。

「教皇様は私を抱きしめるべきかどうかということすら考えていらっしゃらなかった。私の病気は伝染性ではありませんが、教皇様はそれをご存じなかった。それでも、ただ触れてくださった。顔じゅうを撫でてくださった。そのときに感じたのは愛だけです」

フランシスコ教皇はアッシジを訪れた十九人目の教皇だが、大司教宮殿の「脱衣の間」を訪れたのは彼が初めてだった。その部屋で聖フランチェスコ、すなわちフランチェスコ・ディ・ベルナルドーネは家族の前で貴族が着る絹の服を脱ぎ、富と権力を捨てたのである。フランシスコ教皇は言った。

「世俗性は虚栄心、傲慢、誇りをもたらします。これらは偶像です。私たちは皆、自分自身のうちにある世俗性を脱ぎ捨てなければならなりません」

また、ほかのときにはこう言っている。

「私たちは洋菓子屋に並べられたキリスト教徒になっています。きれいに飾られたケーキやお菓子みたいなもので、本物のキリスト教徒ではありません」

その日の午後、屋外で聖職者や若者たちとの集会がもたれ、教皇はアルゼンチン訛りの流暢なイタリア語で話し上手であることを示した。サン・ルフィーノ大聖堂では「誰にも理解できない長ったらしい退屈な説教」をしないようにと司祭たちに言い、教区司祭が小教区民すべての名前と「それぞれの家の飼い犬の名前まで」知っていた過ぎ去りし日々の思い出を語った。

ある聖職者には別れてしまうカップルは互いに相手をどうゆるしたらいいのかをわからないのだという話をした。

「私は結婚しようとしているカップルには『好きなだけ言い合って喧嘩をしなさい』といつも言っています。皿が飛び交うよう場合でも放っておくことです。しかし、絶対にその日のうちに仲直りをしなければいけません。絶対に」

聖職者たちには社会の周縁に置かれ、顧みられていない人びとと触れ合うようにと訴えた。

「自分が偏見、習慣、精神上あるいは司牧上の厳格さから来る妨げになることを自分にゆるしてはなりません。それがあの有名な〝いつもこのようにしてきたのだから〟ということなのです。聖フランチェスコのように心の中に神の言葉を携え、教会とともに歩んでいないと、周縁に置かれている人びとのところに辿り着くことはできません」

教皇は数えきれないほどの訪問場所を訪れ、一度のミサ、五つのスピーチを終えた後でさえ、午後の終わりに天使の聖マリア教会の外で待っていた二万人の若者たちからエネルギーを引き出した。暫定的なものに支配される文化において結婚するのはどんなに大変かという話の中で、三〇歳を過ぎてガールフレンドがいるのに結婚しない息子のことで不満を言ってきたブエノスアイレスの女性のことを話した。「私はこう言ったんだ。『奥さん、息子さんのシャツにアイロンをかけてあげるのをお止めなさい』とね」

教皇訪問のニュースはイタリアのメディアで盛んに報じられた。イタリアの人びとは彼がおもしろくて、大胆な人であることを知った。しかし、それが反乱者であるとか因習を打破する者と見なすなどして、悪い方向に変わってしまうのも簡単なことだった。彼は失われたものを元に戻しつつあった。教会とその教義を拒絶するのではなく、教会と教義がもつ意味と目的を回復しようとしていた。それはキリストを顕すということであった。それは何かに反対するということであり、誰かを怒らせることでもあった。しかし、教会がもっと教会らしくあるためにそうしているのであり、教会を何か別のものにしようというわけではない。

人びとがフランシスコ教皇のことが好きなのは、アッシジの聖フランチェスコがそうであったように、まさに彼がキリストのようだからである。偽りのただ中で示される彼の確かさ、物質主義の世界の中での彼の素朴さ、はち切れるような法衣《カソック》の中から発せられる自発の精神、金持ちになるために競い合う世界の中で貧しい人びとを優先させていること——。誰もが有名になろうとしている世界の中で謙虚な姿勢をとり、誰もが自己を正当化しようとしている世界の中で罪人であり、誰もが執拗なまでに美を求める世界の中でハンセン病患者にキスをする人なのである。

不和を噂するメディアにおける物語とは一致しないが、フランシスコ教皇はこの点でベネディクト十六世の直接の後継者であると言える。フランシスコ教皇の新鮮さと正直さと率直さが何か確実で不変なものに基づいていること、彼がある意味ではすべてを変えると同時に何も変えていないことは明敏な観察者であれば見てとれることである。彼が継承したのは表明されたメッセージをその内容と一致させることなのである。謙遜、祈り、キリストへの信頼というメッセージの内容は同じだが、遠くの方で静かに公布されたベネディクト十六世の見事に研ぎ澄まされた結晶のようなテクストが、今や椅子からすぐに立ち上がって行動する人によって話され、体を触れあわせる親密さの中でぶっつけ本番の発言がなされているということなのである。ベネディクト教皇はキリストとはどういう人であり、キリストにおいて、キリストを通して生きるとはどういうことなのかを明らかにした。フランシスコ教皇はキリストを思い出させる。彼が広く人びとを惹きつけている様は、欧米で最も頑固な不可知論者たちの間にさえ「神に作られた人」という長く忘れ去られていた記憶が潜在していたことを示している。

それは修道士たちがそれ以前の七〇〇年の間に蒔いてきた種からの実りを十三世紀に刈り取ったフランシスコ会の修道士のようである。広く愛読されているG・K・チェスタトンによる聖フランチェスコの伝記は六世紀に西洋における修道院制度を創始した人物に触れながら、こう記している。

「聖ベネディクトが蓄えたものを聖フランチェスコがまき散らした。穀物のように納屋に蓄えられていたものが種を蒔くように世界中にまき散らされたのである」[2]

今、もうひとりのフランチェスコがもうひとりのベネディクトの道を行こうとしている。

＊＊＊＊

第二バチカン公会議が終わった一九六五年、ホルヘ・マリオ・ベルゴリオはブエノスアイレスのサルバドール神学院で教えていた。第二バチカン公会議は彼の出発点となった。彼は一九六〇年代後半から七〇年代前半にかけて、カトリック教会がバラバラになったときに、新しく育ってきたイエズス会士であり、その若き管区長であった。それはイエズス会をはじめとする修道会が改革をされていく時期であった。第二バチカン公会議はそうした修道会に原点《アド・フォンテス》に立ち返ることの意味について議論するように命じていた。公会議の世界規模での実施を先導していたイエズス会では特に動揺が大きく、なかでもラテンアメリカ諸国では深刻であった。ラテンアメリカでは公会議後の変化がヨーロッパや北米と同じように文化の爆発的な変化の時代と重なっていただけでなく、政治的な革命と同時期に起こっていたからである。

そのとき、同僚のイエズス会士たちがホルヘ・ベルゴリオを管区長にするようローマの上長に強く訴えたのは、彼が断絶よりも改革、革命よりも改革という考えに執着していたからである。それは彼が管区の前衛的な知識人に評判が悪くなった理由でもある。その後、ベルゴリオは保守派であるという虚偽や、イエズス会士たちを第二バチカン公会議以前に連れ戻そうとしているという作り話を広めたのはそうした知識人たちであった。彼が決定したこと、著述で示したことはそれとは逆のことを物語っている。

第二バチカン公会議は堰を壊し、長い間先延ばしにされていた刷新という封じ込められた流れを解放した。信者たちはそれぞれの言語で祈ることができるようになり、聖書に直接係わってもよいことになった。ユダヤ教徒をはじめとして他の集団との架け橋も架けられた。ユダヤ人は今や頑固な敵ではなく、年長の兄弟と見なされるようになった。聖職者を通してローマ教皇と司教が大群衆を支配するという君主制的な社会は終わり、地位ではなく、役割によって互いを区別する神の民が中心になった。新しい音色が響いた。その音色は対話と参加、約束と希望という音色であった。カトリック教会はもはや現代的なものに怯むようなことはなく、より人間的な世界を生み出すのを助ける助産婦となる。三年にわたる司教たちの巨大な集会で同意された文書を通して、新しい、ほぼ聖フランチェスコのものといっていい流れが再び流れ始めた。第二バチカン公会議はそれに参加した司教たちと聖職者たちにより大きな命の素朴さに関与させた。それはパウロ六世が述べたように、「教会はその言葉と態度において、貧しく、質素に、謙虚で、愛される者であれ」ということであった。

第二バチカン公会議が制定した十六の文書は現代カトリックの大憲章《マグナカルタ》であり続けている。それは聖書についての洞察に富み、初期の教会の活力と約束を取り戻そうとするものである。この諸文書がきちんと受け入れられれば、世俗性のもたらす不純物は取り除かれ、教会はより宣教的なものに――より信頼でき、より説得力のあるものに――なる。権力と名声を求める姿勢は聖霊に対する信頼を新たにすることによって捨て去られ、世界への宣教に向けた新しいエネルギーが解き放たれることになる。

しかし、この諸文書は必ずしもうまく受け入れられなかった。第二バチカン公会議の目的は教会を宣教のために外に向かせ、現代の世界を変える準備をさせることであった。しかし、教会では変わりゆく「世界」という考え方が非常に長い間、妨げられていただけに、変わりゆく教会というその概念そのものが動揺の元になった。公会議は時代の必要を満たすために教会を近代化し、更新する過程であった。しかし、それが革新派にも復古派にも近代化への指令と誤って受け止められることが多かった。つまり、教会を現代の世界のようにして現代の世界に適応せよという命令と受け止められたのである。

問題は二〇一三年二月にベネディクト十六世がローマ教皇としての最後の演説で指摘したように、「人びとに伝えられた第二バチカン公会議はメディアを通じて伝えられたものであって、神父たちによって伝えられたものではなかった」という点であった。公会議がもたらそうとした変化は政治的な見方をするレンズに通され、決裂を望んでいると受け止められていた勢力の立場を取ったメディアによって種々の派閥の争いとして伝えられた。公会議前には教会に関係する多くの人は、重要で不変なこと――イエスが教会に保つように委ねたこと――と特定の時代に付随する単なる伝統を混同していた。

公会議の後、この危うさは逆のことをもたらした。重要なことが無駄な習慣と見なされ、新しいことが新しいというだけでよいものと見なされるようになった。当然、対立が起こる。ある人は変えすぎたと言って公会議の結果を非難し、ある人はほとんど何も変わっていないといって苛立ちを募らせた。教会が分裂すれば、教皇の権限は小さくなる。カトリック教会内の各陣営はそれぞれに自分たちの賢者の石を擁して、他の陣営を批判した。

この危機は一九六〇年代後半に産児制限の問題をめぐって具体的なものになった。教皇パウロ六世が自ら設置した専門家委員会の調査結果を無視し、人工避妊の禁止を支持したとき、回勅〈フマネ・ヴィーテ〉〔「人間の命」の意〕に対して反乱の火の手があがり、権限と個人の良心をめぐる凄まじい議論が起こった。そして、西欧の中産階級を中心とする脱出が始まった。膨大な数の人が拡大しつつあった新しい立場、いわゆる「非開業カトリック信徒」〔「教会に関与しないカトリック信徒」〕の立場をとるようになった。

教会への出席者数の減少だけでなく、聖職者と信仰生活にもその危機は感じられた。すでに公会議以前からその傾向は明らかであったが、結婚のために修道会を去る人の数が男女ともに急増すると、第二バチカン公会議の乱流から受けたダメージは新加入者数の急減という形で現れ始めた。

第二バチカン公会議の開催を当初から変わらずに推進していたイエズス会も会士数の減少という深刻な打撃を受けた。一九六五年にはイエズス会士は世界に三万六〇〇〇人おり、最大にして最もよく組織化され、最も専門化された司祭の集団を形成していた。ほぼ五〇〇〇の小中学校、高校、専門学校、大学を世界中で運営し、司祭の三分の一はそうした教育機関で一〇〇万を超える学生を教えていた。一九七〇年代までにイエズス会士の数は三分の一にまで減少する。新しく召し出される者――イエズス会への入会者――が全くいなくなった地域も出てきた。

入会者を失ったのは少なくとも部分的にはイエズス会に自分たちの新しい使命について不確実な点が

あったためであろう。他の修道会と同様、イエズス会も創設者が穿った水源に立ち返って、そこから水を飲むよう促されていた。この過程は「源泉への回帰《リソースメント》」と呼ばれた。しかし、それが意味することについては重大な意見の相違があった。

イエズス会の世界規模での刷新は一九六五年の第三一バチカン公会議終了時にローマで開かれた総会（代表団と管区長が参加）で終身総長に選出されたペドロ・アルペ神父を中心に進められた。この第三一総会は「イエズス会の全組織は現代において必須とされるもの、現代における生き方に適したものでなければならない」とし、イエズス会の霊的な伝統は「現代において必要とされていることにしたがって、純化され、新たに豊かに」されなければならないという点に同意した。情熱的で夢想家のアルペ神父はイグナチオに似たかぎ鼻と温かい笑顔をもつバスク人の元医学生だが、広島に原子爆弾が投下されたのを実際に目にしており、危機というものを知らない人というわけではなかった。

第二バチカン公会議が終わったとき、アルペ神父は管区長たちに現代の世界におけるイエズス会の目的について慎重な調査をするよう依頼した。三年にわたり、四〇〇〇もの反応があった。その使命は明白だった。公正と平和を求め、貧しい者とともに行くということであった。

続く数年の間、世界中を巡り、特にスペインで起きた離脱と分裂の兆しの中でイエズス会の結束を求めながら、アルペは同朋たちにイグナチオの霊性という源泉に戻るよう訴えた。〈霊操〉は通り抜けるだけの関門ではなく、祈りの学校として新たに再発見され、イグナチオの『自伝』が信頼のおけるテクストで初めて公にされた。そして、十九世紀の規則集は元来の『会憲』に場所を譲り、最終的に棚上げされることになった。識別はもはやイエズス会士が読み取る何かではなく、彼ら自身について行うものになった。

ホルヘ・ベルゴリオは一九六七年から一九七〇年にかけて、マクシモ神学院の神学課程で学びなが

200の部屋をもつマクシモ神学院の庭。ホルヘ・ベルゴリオは哲学課程の神学生として（1966-1971）、司牧神学の講師、養成課程の修練長として（1971-1972）、管区長として（1973-1979）、校長として（1980-1986）、イエズス会士としての暮らしの大半をここで過ごした。

ら、この刷新に密接に関わっていた。そこでベルゴリオはアルゼンチン管区におけるイエズス会の精神的な刷新の先駆となったミゲル・アンヘル・フィオリート神父と強い絆で結ばれることになる。フィオリート神父は個人同伴の黙想会という〈霊操〉の元来の形を回復させた人である。哲学課程の学部長であり、内向的な白髪の形而上学者はこのとき四〇代後半で、聖イグナチオが示した霊の識別についての規則に関するアルゼンチンの権威となっていた。最近ではローマで教えているイエズス会士ミゲル・ヤニェス神父は「ある意味、彼はアルゼンチン管区の霊的指導者であったと言っていい」と語っている。

情けに流されず、厳格で、当惑させられるほど口数が少なかったフィオリートは、将来のアルゼンチン管区長とチリ管区長を含め、彼に何とか近づくことができた人には非常に愛された。のちにチリ管区長となったフェルナンド・モンテスは「イグナチオが示した識別の源泉に私たちを戻らせた」のは霊的指導者としての彼であり、「すべてに火をつけたのはフィオリート神父だった」と振り返っている。ホルヘ・ベルゴリオ、アンドレス・スウィネン、エルネスト・ロペス・ロサスをはじめとして、一九七〇年代から八〇年代にかけてアルゼンチン管区で修練長、マクシモ神学院院長、管区長などの指導者となった者は皆、フィオリートのまわりにグループを形成し、大学の出版部から新しく刊行され始めた学術誌『霊性会報』〔『ボレティン・デ・エスプリトゥアリダード』〕の制作を手伝っていた。

一九六八年、その雑誌の第三号にベルゴリオは「選びの神学上の意味」という論文を寄稿し、神の選びと選ばれた者の間の葛藤について論じている。この論文は彼が書いた多くの論文のうちの最初のものである。そこには彼がイエズス会の養成だけでなく、聖イグナチオの識別の規則にどれほど深く関心をもっていたかが表れている。ホルへはフィオリートに非常に深く関わった教え子であり、彼と密接な関係で結ばれていた。ウルグアイ人の同期生、フランシスコ・ロペスはベルゴリオが修練長となるためにフィオリートと準備をしていると話していたことを記憶している。一九六八年から六九年にかけて、今や入会志願者は一人か二人といった状態だったが、修練のための施設がコルドバからサンミゲルに移され、バリラリ地区の賃貸の建物に設置されていた。ベルゴリオはそこで新しい修練長アルフレード・エストレージャ神父の補佐役となった。

フィオリートの一派は「源泉への回帰」を真剣に受け止めていた。それは最初のイエズス会士たちという「原初のカリスマ」への回帰を引き起こさせ、それを現代に適応させる刷新ということであった。伝統を時代遅れのものとして拒否し、無批判に現代的な考えを受け入れようとする刷新ではなかった。この二つを異なるものとするベルゴリオの理解は、第二バチカン公会議の召集というヨハネ二三世の決断に影響を与えたフランスの神学者イヴ・コンガールによって形づくられた。コンガールは一九五〇年の古典的論文「教会の真の改革と虚偽の改革」の中で教会の歴史を振り返り、虐待や腐敗をなくし、聖性と熱意の回復を目指すなどのよい目的をもって始まった改革がなぜ分裂と不一致に陥ることもあれば、聖性を新たにし、統一をもたらすこともあるのかについて考えた。その違いとは何だったのだろうか。

コンガールは真の改革が常に平凡な信者に対する司牧的関心に根差していることに気づいた。真の改革は中心ではなく、周縁を向いたものであり、周縁によって形づくられていた。言い換えると、真の改革は伝統、すなわち聖体礼拝、教導権、聖人への信心などカトリックに受け継がれているものを尊重しているということであり、その伝統とは先進的なエリート集団ではなく、平凡な信者たちが尊重しているものであった。真の改革とは教会それ自体を本当の教会にしようとするものであり、十六世紀宗教改革期のナショナリズムや二〇世紀のマルクス主義のような同時代の世俗的な運動と同列に扱おうとする試みを警戒している。その改革の成果は統一だけでなく、より大きい熱意と忠誠であった。真の改革は教会がキリストのように見えることと、キリストのように振る舞うことを止めさせる霊的な世俗性を非難する。ベルゴリオの解釈では、そうした改革とは初期のイエズス会の物語そのものであった。それは清貧、聖性、宣教への関心、ローマ教皇への従順と団結を回復することによって、教会を生き返らせた改革であった。そして、三〇歳になってからのベルゴリオは教会指導者として、それに身を捧げたのである。

それは真の改革とは逆の虚偽の改革、その変わらぬ誘惑と戦うことを意味した。虚偽の改革は平凡な信者たちから遠く離れた自己閉鎖的な集団がもつ思想によって進められていく。それは人びととの繋がりと伝統を拒絶し、その時代のイデオロギーから影響を受けやすく、それと同列に並べられることで生じる反動から分裂に陥り、そこから別の教派が生まれることもあった。つまり、前衛的な思想運動なのである。それは自分たちには特定の思想、イデオロギーによって改革を課したり導いたりする権利があると自認する啓蒙的なエリート集団が行う改革であり、それに対して他の思想や現状を擁護する者たちからの反動が常に生じる。虚偽の改革によって、教会は対立するエリートたちの計画の戦場になり、そのあとに続くのは分離とアイデンティティの喪失であった。

その姿は一九六〇年代後半から七〇年代前半にかけてのアルゼンチンのイエズス会士たちに似ていた。「進歩的な」神学者のグループが拠点となる共同体に暮らし、マルクス主義的な「解放の神学」に関与したその活動と見解が管区の（概して年長で保守的な）他のメンバーを怖がらせていた。この分裂はイエズス会のアイデンティティについてのより広い議論を反映したものだった。しかし、それは第二バチカン公会議以後、大きくなっていた政治的な分裂によって激化したアルゼンチンの教会の亀裂を映し出すものでもあった。

＊＊＊

一九六八年、コロンビアのメデジンで開催された司教たちの会議によって第二バチカン公会議での合意がラテンアメリカに適用された。このこともベルゴリオの発想の源となった。そのラテンアメリカ・カリブ司教協議会（ＣＥＬＡＭ）による宣言は南米大陸の教会に独自の声を与えた。それは何よりも貧しい者を優先せよという声であった。

メデジンでの合意文書はキリスト教における解放の理解を罪からの自由という意味だけでなく、大多数の人を貧しいままにしておく罪ある社会構造からの解放という意味に拡大した。これは「解放の神学」の大本にある考えである。二〇一〇年にこのことについて問われたベルゴリオは以下のように説明している。

貧しい者の優先という考えはキリスト教の最初の世紀に起源します。それは福音そのものなのです。二世紀や三世紀の神父たちの説教を読むと、貧しい者とどのように接すべきかが書かれています。それは毛沢東主義やトロツキー主義でも同じでしょう。教会は常にこの貧しい者の優先という考えに敬意を払ってきました。貧しい者を常に教会の宝と考えてきました。(三世紀に)迫害が起こったとき、(ローマ)司教区の管理者であったローレンス助祭は教会の財宝すべてをもってくるように言われました。数日後、彼は貧しい人びとの群れとともに現れて、「この人たちが教会の宝だ」と言いました。第二バチカン公会議で教会は神の民と再定義されました。この考えがメデジンでの二回目のラテンアメリカ・カリブ司教協議会において実際に始められたのです。[3]

この新しい立場をとったことには政治的な意味があった。教会はもはや政治的には社会、経済のエリート集団と同列に並ぶものとは見られていなかったのである。しかし、組織的な暴力と不当な社会構造を非難する一方で、メデジン文書はマルクス主義と自由主義の両方を人間の威厳とは相容れないものとしており、武力革命には断固として反対し、それは「新しい不公平を産むもの」と警告している。また、人工的産児制限については回勅〈フマネ・ヴィーテ〉と同様、貧しい者の数を抑制しようとする金持ちによる新マルサス主義の試みと見なして、それに反対する強い姿勢をとった。

アルゼンチンの司教たちはメデジン綱領を受け、一九六九年のサンミゲル宣言において、それをアルゼンチンに適用した。宣言では聖職者の使命感の崩壊、権威に対する疑問、社会に対する抗議の増加を嘆いているが、教会がしばしば「裕福に見える」ことの「罪を認め」、メデジン文書が示した新しい方向、「貧しい人びとに敬意を払い、彼らを愛し、擁護し、貧困の原因に取り組む」教会になるという呼びかけを受け入れている。

ルシオ・ヘラ神父が書いたその文書の一部は、メデジン以後の時代に独特なアルゼンチンの神学の起源となるもので、ベルゴリオとその周辺のイエズス会士たちに強い影響を与えた。その文書は正義を要求し、抑圧と搾取を非難し、労働者の権利を擁護する一方で、マルクス主義を「キリスト教にだけでなく、人びとの精神にも異質」として拒否している。これは公会議以前の保守派の見解とは全く違っていたし、当時の解放の神学のように社会学やマルクス主義における「人民」を構想してもいない。サンミゲル宣言は人びとを彼ら自身の歴史の活発な動因と見なしていた。そして、驚いたことに「教会の活動は人びとへと向けられるだけでなく、主に人びとに由来するものでなければならない」と主張していた。サンミゲル宣言が思い描く未来は、明確に貧しい人びとを優先する教会だが、普通の人びとを階級闘争に関わるひとつの階級として理解するのではなく、自身の歴史の主体とする根源的な存在として理解する。ベルゴリオはこのサンミゲル宣言の考え方を共有していたのである。

しかし、一九六〇年代後半から七〇年代後半にかけて、別の形の解放の神学が公会議以後のカトリック信徒の多くを惹きつけるようになった。マルクス主義的な依存関係の理論はアルゼンチンなどの国がなぜ外国からの投資と輸出にもかかわらず貧しいままなのか、その理由をはっきりと説明する。一九七一年に出版され、無暗に人気を博したエドゥアルド・ガレアーノの反植民地主義的な大作『収奪された大地ラテンアメリカ五百年』によれば、第三世界の経済は外国資本との関係が密になればなるほど、依存度は高くなり、貧しくなっていく。当時のラテンアメリカ諸国の政府が進めた輸出主導、開発優先の成長戦略に代わる方策はキューバ型の社会主義であり、理論上は開発途上の経済を国際的な資本主義の厳しいうねりから隔離し、貧しい人びとに富を分配するというものであった。

この物語はアルゼンチンでは、新しいペロン党（正義党）左派によって採用され、このマルクス主義的分析が幅広い労働者のペロン主義支持層に広められた。ペロン党は依然として最大の政党であったが、まだ選挙からは排除されていた。党の指導者ファン・ドミンゴ・ペロンは政治の風向きが変化したのを素早く見て取り、亡命先のスペインから反植民地主義の革命的闘争として自らの政党を立て直した。彼は実際には決して革命主義を支持することはなかったが、アルゼンチンにおけるペロン派〝レジスタンス〟の指導者ジョン・ウィリアム・クックのような活動家たちがペロン党をキューバ型の社会主義のアルゼンチン版に変えようとする試みを妨げることはなかった。

この形の社会主義とペロン主義が互いに手を結んだのと同じ時期に、教会ではマルクス主義に引きつけられる人の数が増えていた。発展途上国の司教たちによる一九六七年の声明はカトリック教会に市場経済の拒否を訴え、賃金労働を奴隷制度とし、社会主義はキリストの愛と表現した。この「第三世界司教の宣言」はアルゼンチンではすぐに取り上げられ、九名のイエズス会士を含む三二〇人の司祭がそれに署名した。その動きの中から「第三世界司祭運動」（ＭＳＴＭ）が結成され、一九七〇年代前半のピーク時にはアルゼンチンの聖職者のおよそ一〇パーセント、若い司祭の四分の一がその会員となり、加入しない者も多くがそれに共鳴していた。

そのメンバーで最も有名だったのがカルロス・ムヒカ神父であった。裕福な保守的家柄の出身で、テニスをする司祭であったが、カリスマ的な支持があり、ブエノスアイレスの中心部レティーロ駅周辺のスラム街を活動の場としていた。当時の裕福なカトリック信者の多くと同じように、ムヒカも一九五五年以後の反ペロン主義体制と教会の関係に対する強い罪悪感からペロン主義を受け入れていた。多くの労働者階級のアルゼンチン人はその過去における関係ゆえに教会を嫌っていた。

「われわれ司祭の多くは人びとから社会的に無視されていると感じてきたが、人びとと共に歩み、『人びとから、人びとと共に』行動することを決意した。私たちの行動はそのようにして、スラム街の司祭たちと共に、人びとと直に接する司祭とともに始まったのである」と彼は記している。[4]

ムヒカから「第三世界司祭運動」の司祭たちは政治については社会主義者的な見方をしていたが、民衆を解放する力としてペロン主義に救世主運動的なものを見ていた。「第三世界司祭運動」にとって、人びととはペロン支持者のことであり、それゆえ教会も人びとと共にあるためにはペロン主義でなければならなかった。それでも、政治課題はペロンによるものよりもキューバの指導者カストロによるものの方が多かった。一九六九年には「第三世界司祭運動」の狙いは「生産手段の社会化、政治的、経済的権力の社会化、そして、文化の社会化」であると明言された。二年後の一九七一年にはペロン主義はそれを達成する手段であるとし、「革命主義的なペロン党の運動はラテンアメリカにおける独自の社会主義を可能にする革命に必然的に繋がっていく」と宣言した。[5]

「第三世界司祭運動」はこの社会主義者的な話法と、聖職者の独身義務などの教会の教義と実践への変更要求を混ぜ合わせていた。どちらの点についても大半の司教たちとは対立した。一九六〇年代の教会の階級構造はどちらかと言えば、以前よりも軍隊の階級制度に近いものになっており、それぞれが他方を共通の利益の守護者とみなしていた。社会でも教会でも異議に直面した彼らは結束を固める傾向にあった。

アルゼンチンの教会ではこうした国内のより広い政治的な分裂がすぐに集団内部で再現された。カトリック教会内部において、社会革命を援護する者と軍事政権を共産主義に対する防壁と見る者の間の対立はますます酷くなっていった。この対立は一九七〇年代中盤には、西洋キリスト教文明を守るためにゲリラを捕らえて拷問する者の心を安心させる司祭のグループと、革命のために人を殺したゲリラの良心を落ち着かせている司祭のグループの分裂に繋がっていった。

一九六九年、コルドバでの抗議行動で学生と労働者が軍によって殺され、アルゼンチンの暴力の十年が始まった。「コルドバソ」（コルドバ暴動）として知られるようになるこの事件は、その二年前にキューバのハバナでの会合から始まっていたアルゼンチンのゲリラ組織の活動を活発化させた。ハバナではカストロの社会主義政権が南米大陸全域の「人民解放軍」の逃亡者に避難場所を提供するだけでなく、ゲリラへの資金、武器の供給、軍事教練、諜報活動の支援を約束していた。アルゼンチンでは四つの勢力がそれぞれにゲリラの中核グループを組織していたが、最終的には合併して、一九七〇年代の大部分の騒乱の原因となった二つの組織、トロツキー主義のＥＲＰ人民革命軍と「モントネーロス」として知られるようになるモントネーロ・ペロン主義運動（ＭＰＭ）となった。彼らは一九七〇年代中盤にはおよそ六〇〇〇人の実質的な活動家を抱えるようになり、その都市テロリズムの戦略は時とともに凄まじいものになっていった。一九六九年から七九年の間に、ゲリラによって殺された人の数は八〇〇人以上、誘拐された人は一七四八人、何百もの爆弾が町の中心部で爆発し、軍と警察の拠点への攻撃も多数実行された。

モントネーロスの大部分は上流から中流階級の男子学生と大卒者で、マルクス主義によって急進化しており、「第三世界司祭運動」の司祭たちから教育を受けていた。その三人の創設者はかつてカトリック・アクションの活動家だったが、ムヒカ神父にスラム街での活動へ連れて行かれ、解放の神学に触れ、徐々に革命主義的ペロン主義へと導かれていった。

ムヒカ自身は暴力の行使を避けたが、若者たちは上流階級出身の元神学生ファン・ガルシア・エロリオによって、次の段階へと進んでいく。エロリオは一九六七年にキューバに行ったアルゼンチン代表のひとりであった。彼の雑誌『キリスト教主義と革命』は「軍がペロン支持派を排除するのは寡頭政治で特権の独占状態を維持するため」というマルクス主義的な権力分析を二度目の独立戦争（国際資本とその国内の従僕、すなわち「寡頭政治」からの独立）という国粋主義的思想と混ぜ合わせた議論を展開していた。しかし、急進化の鍵となる要因は信仰であった。一九六六年にライフルを手に死んだカミーロ・トーレスというゲリラ活動をしたコロンビアの元司祭を救世主的な自己犠牲の愛のモデルとして示していた。

ムヒカ神父と「第三世界司祭運動」の司祭たちはゲリラ活動を支援しなかったし、暴力行為を積極的に支持したわけではなかったが、ゲリラの行動を正当で避けられないものと考えていた。モントネーロスは一九七〇年、コルドバソから一周年の記念日に一九五五年のペロン主義への粛清を指揮した元大統領アランブールー将軍を誘拐の上、処刑するという容赦のなさを見せつけた。初期のモントネーロスたちが殺されたとき、ムヒカはその葬儀の司式をすることによって上司である司教に背いた。元イエズス会士でエヴァ・ペロンの聴罪司祭であったエルナン・ベニテス神父は『キリスト教主義と革命』でモントネーロスを称賛し、暴力そのものはよいものでも神聖なものでもなく、聖書的なものでもないとしながら、「たとえ暴力という罪を背負うことになろうとも抑圧された人びとの解放のために戦わなければならない」と書いている。

続く三年の間、誘拐と殺人の頻度と酷さがエスカレートしていったため、軍はペロンと複雑な交渉を行い、ペロン党排斥の解除と民政移管への準備が合意された。モントネーロスでの養成に登録していたカトリック・アクション系グループとペロン主義青年団の何百という活動家たちは自分たちの時代が来たと確信し、それ以外の何千もの人が彼らへの支援を誓った。

軍が政権を握り、ペロン主義が排除されている間は、ゲリラ活動による暴力は民主的な選挙を確保する手段として正当化されていたかもしれない。しかし、一九七三年、ついにその民主的な選挙が行われると、政治的暴力はもはや正当化を必要としなくなった。それは暴走する電車に乗ったようなものだった。

＊＊＊＊

コルドバソの後、しばらく経って、ゲリラと「第三世界司祭運動」が戦闘状態に入っていた頃、ホルヘ・ベルゴリオはマクシモ神学院の聖堂で、ある引退した司教によって司祭に叙階された。一九六九年十二月十三日、三三歳の誕生日の五日前のことである。

いっしょに叙階された人はほんの少しだった。一〇年前にコルドバで共に忙しく修練をした者はほとんど全員いなくなっていた。一九六九年だけでも多くが結婚や社会的闘争のために司祭になることをやめ、その次の年にはさらに多くがやめていき、管区に新規志願者はいなくなった。

その日、白い祭服に身を包み、石敷きの聖堂の床の上に手足を伸ばしてうつ伏せで横たわる彼のことを見ていたのは弟のアルベルト（彼もイエズス会士になろうとしたが、やめてしまった）とオスカル、妹のマリア・エレーナ、小学一年のときの先生エステラ・キローガ、それに母親のレジーナであった。レジーナはミサの最後に息子の前に進み出て、祝福を求めてひざまずき、息子を大いに驚かせた。

祖母ローザも出席していた。そのころにはすっかり痩せ衰えていた。彼女はもしものことがあって、この瞬間が迎えられないことに備えて書いておいた手紙をホルヘに手渡した。その手紙は今日でもフランシスコ教皇の聖務日課にはさんである。手紙にはこう書かれていた。

「この素晴らしい日に、あなたはその聖化された手で私たちの救い主キリストを抱くことができるようになり、より深い使徒の務めのための広い道があなたの前に開かれます。このつつましい贈り物をあなたに残しておきます。物としての価値はほとんどないけれど、霊的にはとても大きな価値があるものです」

それはスペイン語とピエモンテ方言を交ぜて書かれた彼女の「遺言」だった。少し引用しておこう。

私が心から最良のものを与えた孫たちが長く幸せな人生を送れますように。もし孫たちが痛みや病気で苦しんだり、愛する人を亡くした喪失感で悩まされたりするようなときには、殉教者の中で最も偉大で最も尊敬すべき方が納められている聖櫃の前でのため息ひとつ、十字架の下の聖母マリアへの一瞥が、最も深く最も痛んだ傷にも、ひと滴《しずく》の香油を落とすものだということを思い起こすことをお赦し下さい[7]。

ベルゴリオは叙階に備えて八日間の黙想を続けていた。それはこれまでの人生を振り返り、そのすべてに隠されていた神に出会い、享受した恵みに感謝を捧げ、受け入れを拒んだ恵みに〈ゆるし〉を請う機会であった。のちに「大いなる霊的な強さ」であったと思い起こしているその祈りの時間に、彼は以下の個人的な信条《クレドー》を書いている（「クレドー」はラテン語で「私は信じる」という意味）。

私は信じたい。私を子のように愛する父なる神を。私の人生に聖霊を吹き込み、私を微笑ませ、人生の永遠の王国へと運んでいく主イエスを。

私は教会を信じる。

私は人生の物語を信じる。神の愛情こもった視線に貫き通された九月二一日の春の日、神は私に会いに来られ、従うようにと私を招いた。

私は痛みを信じる。それは私が利己主義に逃げ込めば実を結ばなくさせる。

私はしみったれの私の魂を信じる。それは与えることなく得ようとする。

私は他人の善意を信じる。恐れることなく彼らを愛さなければならない。彼らを裏切ることなく、決して私自身の安全を確保しようとせずに愛さなければならない。

私は信仰生活を信じる。

私はたくさん愛せればと思っている。

私は日ごとの燃え尽くすような死を信じる。そこから私は逃れようとするけれども、死は私に微笑みかけ、死を受け入れるよう促している。

私は神の忍耐を信じる。夏のひと夜のようにそれは素晴らしく、居心地がよい。

私は父が天国で主とともにいることを信じる。

私は司祭職へ執り成してくれたドゥアルテ神父もそこにいることを信じる。

私は聖母マリアを信じる。マリア様は私を愛し、決して私をひとりになさらない。

そして、私は日ごとの驚きを信じる。そこに愛、強さ、裏切り、罪が明らかにされるだろう。私が知らないその素晴らしい御顔と決定的な出会いを果たすまで、その驚きは常に私と共にあるだろう。その御顔はいつでも私から逃れていくけれども、それを知り、愛せればと願う。

アーメン[8]。


この奇抜な信条《クレドー》はこの時までに、自分はイエズス会士であるという感覚が彼のうちにどんなに深く浸み込んでいたかを示している。イエズス会で言われるように、それは「罪人でありながら、呼ばれている」という感覚である。司祭叙階の前晩にベルゴリオには人が勝ちとるべきとされる三つのもの、愛されているという認識、意味がある活動、期待される将来があった。神の存在を心で直接認識し、この世界の本質的な善の感覚をもって、聖イグナチオが「慰め」と呼んだ状態にあった。

自分の罪深さ、核心にある自己中心としみったれなところを認識していたことがホルヘを自己嫌悪ではなく、神の優しい保護に対する深い信頼に導いていた。そして、出来事から十五年の歳月が過ぎても、彼が一九五三年の春の日に選ばれたという気持ちにはいかなる疑いもなかったのである。父親と聴罪司祭を失ったが、彼は孤独とは思わなかった。一〇年にわたる毎日の祈り、ミサへの出席、聖書への没頭、良心の究明、聖体訪問によって、もはや見たり触れたりすることができないものに支えられているという意識が深まっていった。そして、カトリック世界の乱流の中、聖霊が教会を通して働き、自分を家へと、また究極的には神の許に連れて行ってくれると信じ、教会と修道生活を信頼することを学んだのである。

翌一九七〇年の終わりに神学課程を卒業した後、ホルヘはイエズス会士としての最終誓願に向けた最後の段階である第三修練のためにスペインに渡った。ベルゴリオはその課程期間をマドリードの東の小塔のある町アルカラ・デ・エナーレスで過ごした。この町は一五二〇年代にイグナチオが勉強し、〈霊操〉を人びとに授けた町である。一九七〇年九月から一九七一年四月の六か月の間、ベルゴリオはスペイン、ラテンアメリカ、アメリカ合衆国、日本から集まってきた司祭に叙階されたばかりのイエズス会士たち一〇名あまりと初期イエズス会の至宝といわれる学院でともに暮らした。そこで新たに再発見された会憲を学び、人生で二度目の一か月にわたる〈霊操〉に入った。修練の時以来、十二年ぶりだった。しかし、今度は、彼もイエズス会全体としても〈霊操〉のあり方について、より多くのことを理解していた。黙想会のほかには、かつて聖イグナチオが料理人、看護人として働いたアンテサナの小さな病院と「ラ・ガレラ」として知られる女性刑務所を訪ねた。

それはホルヘにとって初めてのヨーロッパであり、書物ではよく知っていた場所と直に出会える機会であった。聖イグナチオや初期イエズス会士ゆかりの地だけでなく、石敷きの街路が今でもかつての黄金時代の神秘主義者、聖人、劇作家について語っているカスティーリャの町と出会うこともできた。

同僚の第三修練生のひとり、ヘスス・マリア・アレマニーはホルへといっしょにマドリードやサラマンカ、セゴビア、アビラなどへの旅の多くを共にした。スペイン人のアレマニーはこのアルゼンチン人のわかりやすさ、サッカーへの愛、霊性の深さに心打たれ、ホルへのことを堅い信念のもち主であり、控え目で、愛想がよく、禁欲的だが、社交的な人物として記憶していた。

その年のクリスマスは別のスペイン人第三修練生ホセ・エンリケ・ルイス・デ・ガラレタの家族とともにパンプローナで過ごした。ルイスはホルへのことを並外れて賢く、愛敬がある仲間と記憶していた。彼らはパンプローナからフランス国境に近いピレネー山脈のロンカルの谷に出かけ、誕生の地ロヨラとバルセロナ近くのモンセラートのベネディクト修道院という聖イグナチオの遍歴における重要な二つの場所への巡礼に数週間が費やされた。

アルゼンチンに戻ると、ベルゴリオは今や「イエズス会士となるに適していると見なされていた」が、二年後の一九七三年四月二二日まで最終誓願を行わなかった。その日、マクシモ神学院の礼拝堂で総長代理の管区長リカルド・オファーレル神父の臨席の下、十三年前に修練の終わりにした清貧、貞潔、従順の誓願を新たにし、「イエズス会の使徒的書簡において確立された生き方に従って」イエズス会士として永遠に留まることを約束した。続けて、「宣教に関するローマ教皇への特別な従順」を誓う最終誓願を行った。その後さらに、付属聖堂へ移り、聖イグナチオによって加えられた私的誓願を立て、教会での出世第一主義と霊的世俗性を予め断念することを誓った。ベルゴリオは清貧に関する会憲の箇所について、それをさらに厳しくすることを除いて決して改変しないこと、教会やイエズス会における高い職務を決して「野心のために求めない」ことを約束した。そして、最後に、たとえ司教になったとしてもイエズス会総長のアドバイスを受けると約束した。こうした誓願は十六世紀に作られたもので、その後の世紀に司教になるイエズス会士が出ることも想定していたのであろう。しかし、いかに先見の明があるイグナチオでも、ローマ教皇になる者が出ようとは思いもよらなかったわけである。

＊＊＊＊

その二年前、スペインからアルゼンチンに戻った直後、ベルゴリオは管区での鍵となる役割である修練長となった。一九七〇年の志願者数ゼロという大旱魃の後、一九七一年には三人、一九七二年には四人と、育てるべき滴りがあった。かつての修練長補佐役としての経験とフィオリートとともに果たした管区の霊的刷新での働きからすれば、彼の就任は当然のことであった。しかし、三五歳の会士が修練者の世話を任されるということはやはり尋常なことではなかった。

ベルゴリオの新しい修練課程は自らが行った第二バチカン公会議以前のものとは違っていた。修練者たちは貧しい人びとの間での使徒的な務めを多くもちながら、自己の内的な霊的動きに気づくだけの余地を与えられた。ベルゴリオはイエズス会のフランス人神秘主義者たちの影響を受けていた。特に十七世紀のルイ・ラルマンだが、彼はベルゴリオと同様、霊的指導と養成に才能を与えられていた。一九六〇年代後半のフィオリートとベルゴリオがそうであったように、ラルマンはイグナチオの死後一世紀の間に用いられていた養成の規格化された負担の中から「内的な精神」を取り戻そうとした。当時は美徳を深めるためには規則への従順と人間的努力が強調されていたが、ラルマンはそれを聖イグナチオの考えを歪曲していると見ていた。一六六五年に『霊的生活指針』〔邦訳・中央出版社、一九四八年〕を書いたとき、彼は「会憲項目や外面的な規則よりも聖霊が心に記す内的法則により大きな強調を置いた」。ベルゴリオはラルマンと同様、「霊的生活は自分の魂の中で働く神の霊の動きを観察し、それに従うことを決意する意志を強化することからなる」と考えた。

ベルゴリオが奨励した内的自由は禁欲的で慎ましい環境に支えられていた。定期的な「究明」と祈りで区切られる時間割と並んで、修道服《カソック》を着ること、庭での仕事、病人の世話、貧しい人たちの間での使徒的活動が日課であった。アンヘル・ロッシ神父はその愛情に溢れた修練期のことを覚えていた。それは禁欲的で、祈りに満ち、目的をもった修練期で、「非常に真面目なものだったが、いかなる点においても閉鎖的ではなく、規律はあったが、全く保守的なものではなかった」と彼は言う。

ベルゴリオは一九七三年七月に管区長に指名されるまでバリラリ地区の修練院で修練者とともに暮らした。そこはマクシモ神学院から離れていなかった。当時、彼はその院長補佐を務め、司牧神学の教授でもあった。彼の司牧神学は非常に実践的なもので、司祭たちがその職務に備えられるように考えられており、秘跡の執行や説教学、司牧的ケア、倫理学などの話題が取り上げられた。彼は今や、チリで過ごした数年の間ずっと予感していたように、若い魂の「養成者」となった。それは理想的なイエズス会士を生み出すという厳粛な仕事であった。

一九七一年、ベルゴリオはイエズス会の同僚で神学者のハシント・ルッツィ神父と共に、イエズス会が運営するサルバドール大学（USAL）で、「鉄の番人」（グアルディア・デ・イエロ）という名のペロン主義者の運動指導者たちへの精神的な支援を始めた。教皇に選出された後、この繋がりが明るみに出たとき、この組織はルーマニアの同名のファシスト組織〔「鉄衛団」〕に影響を受けていたのではないかと決めつけられた。しかし実際には、ペロンが亡命生活を送っていたマドリードの北東にある「鉄の門」（プエルタ・デ・イエロ）に因んでつけられた名であった。この組織は右派からはほど遠く、労働者を中心に、社会正義を基盤とする一九四〇年代の元来のペロン主義の命脈を嗣《つ》ぐグループである。

「鉄の番人」グアルディアは当初、一九六〇年代の軍によるペロン主義者追放に反対した人びとが協同して結成したペロン主義者の抵抗運動に参加していたが、ジョン・ウィリアム・クックの下で抵抗運動が左へ傾斜していったことに反対した。指導者たちは一九六七年と六八年にマドリードでペロンに会い、その政治歩兵になることを確約し、地区を組織し、ペロン主義の政策原理を教えることで幹部と指導者を養成していった。一九七三年までにグアルディアは約四〇〇〇人の正規メンバー、一万五〇〇〇の活動家を擁するようになり、ブエノスアイレスとロサリオで最大のグループになった。一九七〇年頃から当時のペロン主義に対する若者たちの支持が高まり、グアルディアはサルバドール大学で多くの支持者を得るようになっていたのである。

グアルディアは一九六〇年代後半にペロンの帰国を求めて「ペロン主義青年団《ユーベントゥード・ペロニスタ》」という巨大な活動家のネットワークを形成した約二〇の組織のうちのひとつであった。「ペロン主義青年団」内には多数派の左翼革命主義のグループ（一九七〇年代にはモントネーロスが主導）と小さな右翼のグループ、それに中間派というべき「正統派」がおり、グアルディアはその中でも最大にして最も重要な集団だった。

上流と中流階級からなるモントネーロスとは異なり、グアルディアは労働者階級と中産階級およびその下に位置するアルゼンチン人という有機的なペロン主義的環境から生じた集団であった。それゆえ、ゲリラとは違って、本物の民衆運動であったと言うことができるだろう。グアルディアはモントネーロスが真正のペロン主義からマルクス主義的で暴力的な逸脱をしていることに非常に批判的であった。それが目的もなく命を犠牲にしていることを倫理的な意味においてだけでなく、戦略的な意味においても政治的な間違いと見ていた。しかし、一九七一年にベルゴリオが彼らのことを知るようになったとき、彼らは若者のモントネーロスに対する熱狂的な支持がペロンの戦略的な成功の結果であったという痛みを伴う真実を甘受するようになっていた。

サルバドール大学には三つの政治的なグループがあり、それぞれにイエズス会士のチャプレン（担当司祭）がついていた。保守派はオンガニアによる軍事独裁政権を支持し、共産主義に対する砦とみなされていたが、アルフレド・サエンス神父に近かった。二つ目のグループはアルベルト・シリー神父と結びつくモントネーロスのグループで、武力革命を支持していた。第三のグループはベルゴリオとルッツィに支援を求めるグアルディアからなり、伝統的正統的なペロン主義の活動家と知識人がペロンの帰国の地ならしをしていた。

サルバドール大学のグアルディアの指導者のひとりで、のちにペロン党の議員となったフリオ・バルバロはベルゴリオとルッツィがグアルディアのことを理解し、その真正の、非暴力的な、民衆を指向する本物のペロン主義への関与を支持した数少ない司祭であったと記憶していた。

「ベルゴリオ神父は第三世界司祭運動の司祭たちとは全く違っていました。彼らが信仰不足を補うために政治の世界に入ったのに対して、ベルゴリオ神父は信仰のそばにとどまり、そこから政治を豊かにしようとしていました。重要なことはイデオロギーではなく、目撃証言だと言っていました」

知的な関心をグアルディアと共有する一方で、彼は常に牧者であったとバルバロは付け加える。

「ペロン主義者として接すれば、支援をしてくれて、教理問答を授け、信仰を深めようとしてくれました。それは政治的な関与というようなものではありませんでした。ペロン主義的な司祭というより、司祭が偶然ペロン派だったということですよ」

グアルディアはベルゴリオにとって政治、知性についての当然属すべき本拠地となった。ベルゴリオは彼らに影響を与えたが、彼もまたグアルディアに影響されていたのである。たとえば、フランスの小説家で急進的な著述家であったレオン・ブロワを彼らに紹介した。教皇になって最初の説教でもこの作家の文章を引用しており（「主に祈らない者は悪魔に祈っているのです」）、その潔癖で、急進的な、正統的カトリック信仰はグアルディアのペロン主義とよく合っていた。グアルディアへの推奨本一覧にはその他に、いわゆる「間接アプローチ戦略」を提唱した英国の軍事理論家バジル・リデル・ハートのものなど、イギリスの政治、軍事戦略の古典的な書籍があった。その「間接アプローチ戦略」の原則の中にはベルゴリオ自身がとってきた戦術を説明してくれるものもある。たとえば、直接の対立を避け、徐々に間接的なやり方で敵の抵抗力を弱めていき、その後、最も予期されていないときに突然、行動を起こすことなどである。

　サルバドール大学のグアルディアで最も影響力をもっていた知識人はアメリア・ポデッティであった。ベルゴリオは一九七〇年に彼女と出会い、アルテューロ・ハウレチェやラウル・スコラブリーニ・オルティスら国粋主義の思想家を紹介された。彼女はサルバドール大学で思想を教え、後にはマクシモ神学院でも教えたが、その一方で、ベルゴリオが愛読していたペロン主義者の政治雑誌『事実と思想』を編集していた。一九八一年の早すぎる死のときまで、彼女は一群の思想家のひとりであった。そこにはウルグアイの哲学者アルベルト・メトール・フェレも含まれる。彼はカトリック教会をラテンアメリカの新しい大陸意識（「大いなる祖国《ラ・パトリア・グランデ》」）を出現させる鍵と見ており、その意識が現代の世界において場所を占め、重要な影響力を発揮するようになるとしていた。これがベルゴリオの知の系譜であり、国家ではなく民衆《プエブロ》の方を向き、アルゼンチンを越えてラテンアメリカに目を向け、メデジンを教会と世界のための航路標識となっている南米大陸への旅の始まりと見るカトリック的なナショナリズム、民衆主義であった。

＊＊＊＊

　一九七二年、ベルゴリオはもうひとつ大きな責務を与えられる。イエズス会管区長リカルド・オファーレルに助言する五人の顧問のうちのひとりに任命されたのである。この一年後、オファーレルがある危機の最中に管区長から身を引かざるを得なくなり、ベルゴリオは後任の管区長となる。この危機は多くの局面をもつが、非常にはっきりした徴候もあった。一九六〇年代前半、アルゼンチン管区には併せて四〇〇人以上のイエズス会士がおり、養成課程にある会士は一〇〇人を超え、そのうちの二五人が修練者であった。一九七三年までに全体の数は二四三人にまで減り、養成課程は九名、そのうち修練者はたったの二名であった。こうした数は他の管区と比較しても悪かった。

アルゼンチン管区は自分たちのアイデンティティが不確かになり、分裂の度を強めていた。オファーレルの下で進められていた進歩的な実験と改革は、一九六五年のローマでのイエズス会第三一総会で呼びかけられた刷新の実行方法をめぐって、アルゼンチンのイエズス会に分裂の危機をもたらした。オルランド・ヨリオ神父は一九六九年から七二年の間に多くの管区集会に参加した。「そこでは互いに対立する意見と予測から生じる解決できない大きな問題が現れていた」と振り返っている。ヨリオはムヒカ神父の友人で、「第三世界司祭運動」派のイエズス会士の非公式のリーダーであった。オファーレルはヨリオが「第三世界司教の宣言」の最初の署名者のひとりであったフランツ・ヤリクスと共に、六人の神学生が始めたイトゥサインゴ地区の新しい種類の〝切り込み《インサーション》〟共同体に住むことを許可していた。

管区長オファーレルの「第三世界司祭運動」派への肩入れはアルゼンチン社会の主流派の中に確たる位置を占める修道会であるイエズス会としてはとんでもないことであった。イエズス会はアルゼンチンの名門大学のうちの二つを運営し、その卒業生は社会の指導的役割をもつ地位を占めていた。自らイエズス会士になる者もあり、血縁によって当然生じる親密な関係によって判事、将軍、財界の指導者と結びついていた。イエズス会士には軍人家庭の出身者も多く、四人のイエズス会士が軍付きの神父としてマクシモ神学院の裏にある測候所に住んでいた。彼らはイエズス会が「貧困地区」におけるゲリラ活動を奨励したり、神学的に正当化するという考えを快く思わず、「第三世界司祭運動」による教会の位階制度に対する批判を許容しがたいものと考えていた。

論争のもうひとつのポイントはイエズス会が一九五六年に創立したブエノスアイレスのサルバドール大学であった。オファーレルはサルバドール大学の運営を改善するために五人のイエズス会士からなる委員会を設置したが、成果はほとんどあがらなかった。貧しい人びとが勉強できるように気前よく補助金を出す計画は出席率の低下という結果に終わり、教授陣は乏しい給与で教えていた。社会的公正のジレンマがさらに生み出されていたのである。また、大学は大量の出費だけでなく、米ドルにして二〇〇万ドルもの負債を抱え、制御不能に陥っていた。イエズス会士の多くが結婚のために会を去るという緩んだ状態に対する不平がある一方で、学生はマルクス主義者とペロン主義左派に支配され、座り込みとストライキがくり返し組織されていた。解放運動家のイエズス会士アルベルト・シリーとオルランド・ヨリオの二人を含め、教授陣は「第三世界司祭運動」とゲリラに近く、モントネーロスの従軍神父として活動する二人の司祭、ムヒカとアルベルト・カルボーネ（モントネーロスの最初のコミュニケは彼のタイプライターで書かれた）が大学で教えていた。

オファーレルがイエズス会士養成課程の改革をヨリオを中心とするグループに委託したことが多くの人にとって転換点となった。ヨリオは一九六九年にマクシモ神学院神学部の副学部長に任命されていた。ヨリオが示した哲学と神学の履修課目は社会学とヘーゲル哲学の弁証法に偏重したもので、教養課程での人文科学の勉強はブルジョワ的であるとして廃止された。ベルゴリオをはじめとするヨリオへの批判者の多くは、この改革をイグナチオという源泉への回帰ではなく、それに対するイデオロギー的な攻撃とみなした。

一九七二年、アルゼンチン管区の古参イエズス会士の一団がイエズス会総長アルペ神父にオファーレル管区長解任を請願し、同意を得る。オファーレルは六年の任期のうち四年を務めた後、一九七三年で退いた。管区顧問たちは〈テルナ〉と呼ばれる三人の後任候補のリストを作成しなければならなかった。ベルゴリオが十五以上のイエズス会の共同体を訪れ、一八四人の司祭、四六人の修道士と議論した。彼らの多くはその若き管区顧問自身が後継者となるべきという結論に達していた。当然の後継者と目されていたホアキン・ルイス・エスクリバーノ神父はコルドバからの帰りに交通事故で亡くなっていた。ベルゴリオのすぐ上の世代は対立が酷すぎたため、その世代は飛ばすことが望まれた。減少傾向にあった若いイエズス会士の中で、ベルゴリオはリーダーとして際立った存在だった。

管区の賢人フィオリート神父はベルゴリオを推していた。フィオリートは〈霊操〉の研究の中で、新たな試みによって分裂している管区をまとめ上げ、新しい志願者を引き寄せることができるイエズス会本来のカリスマに相応しい刷新を奨励していた。フィオリート自身は天性の指導者というわけではなかったが、誰が指導者となるべきかは知っていた。彼はイエズス会の主要な資料に関するベルゴリオの知識、霊を識別する能力だけでなく、彼の天性の賜物である知恵、機敏さ、勇気を直接見ていた。

管区はベルゴリオに目を向けた。イグナシオ・ペレス・デル・ビソ神父によれば、「社会正義を求める傾向があまりに強くなり、宗教的な側面が置き去りにされており」、「彼がその霊性もしっかりとした根をもっていることでバランスがとれる」と認められたためだった。それはベルゴリオが受け取った最初の改革への指令書であった。しかし、ベルゴリオの経験のなさを心配したのはペレス・デル・ビソだけではなかった。若いからというだけでない。これまでイエズス会の修道院の院長に就いたことがなかったからである。院長に就いたことがない会士が管区長になれるのは宣教地域の場合だけだった。ベルゴリオは修練の責任者ではあったが、ノイローゼの人、病人、アルコール中毒者、人間関係の葛藤などについて彼にどんな経験があるというのか。それはあまりに多くのことを無経験な若者に担わせるということだった。しかし、「われわれはベルゴリオのように若くて決断力のある舵取りを必要とする特別な機会に直面している」と人びとは主張した。ペレス・デル・ビソ神父は当時をそう振り返る。

「ベルゴリオはわれわれを導く〝嵐の中のパイロット〟だった」[10]

別のイエズス会士フェルナンド・アルビストゥール神父は言う。

「私はまだ三六歳でした。あれは無茶苦茶だった」

後にフランシスコ教皇はスパダーロ神父とのインタビューでそう答えている。

＊＊＊＊

一九七三年六月、管区顧問たちは〈テルナ〉を作成するために、ラ・リオハで管区司教エンリケ・アンヘレッリが導く黙想会に参加していた。

その数週間前の五月二五日、ペロン党が三月の選挙で過半数を獲得したのをうけて、軍事政権は民政移管を行った。今や、六月のペロン帰国、十月の選挙の圧倒多数での勝利に繋がる道が敷かれたのである。軍が政権を放棄すると、テロの罪で勾留されていた三七〇人の囚人が解放されたが、激化するゲリラによる暴力を強調する実りのない試みでしかなかった。

ペロンの帰国でモントネーロスは一時的に武力闘争を放棄したが、ＥＲＰ人民革命軍はその活動を活発化させる一方だった。イエズス会士たちがラ・リオハで黙想を行っていたのと同じ月、ＥＲＰ人民革命軍は革命の機が熟したと見て、三件の殺人、五件のビジネスマン誘拐を決行、多くの重火器の押収を実行した。六月二〇日のペロンの帰国は当座のところ、彼の支持派がいかに激しく分裂しているかを示しただけだった。ペロン党右派はエセイサ空港でペロン党左派に発砲し、死者十六名、負傷者四三三名が出た。それはその後に起こることに比べれば、まだおとなしい衝突であった。一九七四年前半までに「トリプルA」（アルゼンチン反共同盟 Argentine Anticommunist Alliance）と呼ばれた暗殺部隊が活動を始め、独自に騒乱を起こしながら、ゲリラの暴力に対処するペロン党政府によるひそかな試みが進んでいく。

多くのイエズス会宣教師がいたラ・リオハでも緊張が高まっていた。イエズス会士たちはアンヘレッリ司教の立場に近く、土地をもたない労働者への支援をますます強める彼を支持しようとしていた。管区顧問たちの黙想会の前日、司教は担当小教区のひとつアニジャコにおいて宣教師と人びとのためにミサを行った。司教はアニジャコで地元の地主が送り込んだ農場労動者の集団リンチに遭ったことがあった。司教はイタリアに戻ったある家族が明け渡した土地にある貯水池を買収する組合の試みを支援したところ、地主たちから共産主義者と非難されたのだった。アンヘレッリ司教はこのときには難を逃れたが、要注意人物とされてしまい、一九七六年のクーデターからまもなくして軍によって殺害されている。

この殺害から三〇年後の二〇〇六年、枢機卿となっていたベルゴリオは管区顧問として黙想会に行ったときのことを思い返して、こう書いている。

「あの忘れ難い日々の中、私たちは自分の教区の人びとと対話をした牧者の知恵を受け取りました。（その間に学んだことは）人びとと牧者がただ福音に従ったために石を投げつけられていたということです」

この年、一九七三年、ベルゴリオはある講座を受けるためにローマを訪れていたとき、イスラエル政府から十月上旬の聖地巡礼の招待を受け、それに応じた。しかし、エルサレムのアラブ人地区にあるアメリカン・コロニー・ホテルに到着するとすぐにヨム・キプール戦争が勃発、エジプトとシリアがイスラエルに侵攻するという事態が生じた。彼は一日半、エルサレム旧市街の聖墳墓教会や、エン・カレム、ベツレヘムを訪問して過ごしたが、その後はホテルに閉じこもった。空が飛行機とサイレンの音でいっぱいになる中、西エルサレムのイエズス会聖書研究所の図書館から借りて来た聖パウロのコリントの信徒への手紙を読んで、六日間を過ごした。当時の研究所所長は後のミラノ大司教カルロ・マリア・マルティーニ枢機卿であった。ベルゴリオはこのとき、この人物に会っていたかもしれない。[11]

＊＊＊

一九七〇年代初頭、ベルゴリオは彼の思考の基調となり、その後長く保ち続けている考えを表す表現を使い始めた。二〇一二年のラジオでのイサスメンディ神父によるインタビューで、当時、枢機卿であった彼は一九七〇年と一九七一年の出来事について、こう振り返っている。

当時は「民衆《プエブロ》」について多くが語られていました。しかし、この単語が何を意味しているのかはわかっていなかった。政治家が民衆について語り、知識人が民衆のこと、民衆が求めていることについて語り……。しかし、それは何を意味していたんでしょうか。わたしたち司祭は「人びと」に語りかけるわけですが、それは非常に特別な人びとです。私たちは聖書では「聖なる人びと」として現れます。聖ペトロは「キリストの血によって救われる聖なる人びと」について語り、私たちをその召命に誠実であるように勧めています。……イエスに従う人びとはいつでもイエスと聖母マリアに目を向け、その方向に基本的な忠誠を捧げ、少しずつ神の聖なる民、忠実な人びとのことを語り始めました。私は本当に好きなんですよ、この「神に忠実な聖なる人びと《サント・プエブロ・フィール・デ・ディオス》」という表現が。

教会の伝統的な解説書として広く用いられているデンツィンガーの「小教理問答《エンキリディオン》」を読むうち、ベルゴリオは初期の教会で用いられていた「忠実な人びとは信じることにおいて絶対に誤りがない」という定式文に心を打たれた。第二バチカン公会議が発布した『教会憲章』は教会を組織ではなく、ひとつの民衆、「神の民」として鋳直した。デンツィンガーの手引書から彼は「民衆／人びと」が信仰の宝庫でもあることを把握したのである。ベルゴリオはのちにこう書いている。

「教会が何を教えるのか知りたいときには教導職のところへ行きなさい。……しかし、教会がどのように教えるのかを知りたいときには〝忠実な人びと〟のところへ行きなさい。教導職はマリア様について教えますが、〝忠実な人びと〟はどのようにマリア様を愛するかを教えてくれます」[12]

管区長としての最初の講話ではイデオロギーを拒絶するためにこの概念を用いた。それ以後、この考えは著述の中にしばしば現れる。「忠実な人びと」はワクチンであり、解毒剤なのである。これは真の改革とは何かを理解するときの鍵である。

これはベルゴリオ自身の考えであったが、「民衆の神学」として知られている解放の神学からの圧力があったことも暗示している。それは特にアルゼンチンでは公会議以後に顕著なことであった。この「民衆の神学」は長い間、アルゼンチン以外ではほとんど知られておらず、解放の神学のひとつとは見なされていなかったが、アルゼンチンでは特にルシオ・ヘラ、ラファエル・テーヨ、イエズス会士フアン・カルロス・スカンノーネという三人の司祭と関連づけられている。

先駆者はヘラであった。ブエノスアイレスのビジャ・デボート神学校の教師であった彼はメデジン会議に公式に招待された神学者のひとりで、一九六九年の司教たちによるサンミゲル宣言で重要な役割を担っていた。彼とテーヨは当初「第三世界司祭運動」に繋がる議論に参加していたが、そのマルクス主義容認を受け入れがたいものと見なして、その議論からは離れた。

一九七二年から七三年にかけて、管区長になる前のベルゴリオはスカンノーネとともにイエズス会士に広く敬意を払われていた神学雑誌『ストローマタ』の編集委員を務めていた。この雑誌は一九七〇年代初頭に依存、社会（主義）化、解放という当時の大きなテーマを論じるためにマクシモ神学院で開催されていた一連の重要なシンポジウムのことを掲載していた。ベルゴリオは神学よりも霊性を専門としていたので、雑誌に寄稿したり、発表された論文に関する議論に参加したりはしなかったが、解放の神学の二つの流れは彼の周辺に渦巻いていたのである。両方の流れはともにメデジンでの解放への歴史的な探求に関する教会の所見に端を発しているが、当時の解放の神学が現実を分析、変革するためにマルクス主義の枠組みを用いていたのに対し、ヘラ周辺のアルゼンチンの民衆の神学は「民衆」の文化と信仰心を出発点としていた。それは当然マルクス主義や自由主義のイデオロギーとは相容れないものであった。

「民衆」とは誰のことか。ヘラは翌一九七三年に『ストローマタ』に掲載された論文で、この「民衆」という語を公正と平和の願いがそこに由来する、蔑まれ、周縁に追いやられた大多数の人びととの関連で定義している。ヘラにとって「民衆」とは歴史に自ら積極的に働きかける動因であり、自由主義者やマルクス主義者が見るような、気づかれるべき受身の大衆ではないのである。「民衆には理がある」とヘラは書いた。「民衆には計画がある。それは与えられたものではない」。神学者の役割は分類を課すことではない。民衆の計画をその救済の歴史に照らして解釈することだ。彼はそう主張した。「神学とは神の民を表現するものである。そうでなければ、何の意味もない」。ヘラははっきりとそう述べている。[13]

スカンノーネはマルクス主義に影響された解放の神学と「民衆の神学」の間にある重要な違いについて別の形で説明している。それによれば、マルクス主義的な解放の神学は支配階級すなわちブルジョアに対立する本質的に社会経済的すなわち階級的な分類（プロレタリアート、土地をもたない農民）として民衆（人民）を見ているが、「民衆の神学」は歴史的、文化的で、象徴的でさえあるものとして民衆を見ており、そこにはいかなる地位をもつ者であれ、解放という計画を共有する者が含まれる。マルクス主義的な解放の神学は社会主義革命が舞台に現れるまでのラテンアメリカの民衆の歴史を「抑圧の歴史」と見ているが、「民衆の神学」では解放の過程をその文化と歴史の中でそれが完全に表現されるのを待っていたとしても、すでに古くから始まっていた過程と捉えている。この「民衆の文化」における「知恵ある合理性」とは啓蒙主義の合理性ではなく、「近代の技術や道具に論拠をもつ基準に対応したものでもない」とスカンノーネは主張するが、「しかし、それは人間的、合理的、論理的という点で劣るわけではなく、神学のために用いにくいものというわけではない」としている。

スカンノーネとヘラの神学は自分たちのイデオロギーを通して歴史を見ている啓蒙的エリートのことを疑っているだけでなく、あらゆるエリート意識を警戒したものであった。ヘラは自由主義、マルクス主義、教権重視のいかなる立場であれ、「民衆」がどのように考え、どのように行動するかを決定する力を横取りするエリートたちの企み、つまり、キリスト教徒がキリストに属することでもつ「預言者的カリスマ」の否定をそこに見るのである。「所有物と所有権についてエリート意識を捨てることだけでは十分でない。左派、右派両方の啓蒙エリートに今見られる知識についてのエリート意識も捨てなければならない」とスカンノーネは書いている。[14]

ベルゴリオはこうした議論に直接参加してはいない。彼は神学者ではなく、レッテルを貼られて罠にかけられることを警戒していた。しかし、彼の歴史に対する見方は国についてもキリスト教についても同じ方向を示していた。「神の忠実な聖なる人びと」という考えについては神学者が「解釈の基準」と呼ぶようなものをベルゴリオはもっていた。それがあったから、彼はイデオロギーを越え、貧しい人びとに非常に直接的に焦点を当てることで管区をまとめ上げ、刷新することができたのである。それは保守的な立場でもなく、オンガニアの軍事独裁政権を支持する司教たちがとった親エリートのカトリック国という姿勢も共有しておらず、教権至上主義でもなかった。彼は聖職者、司教あるいはローマ教皇庁が下に向けて広める真理をもっているとは信じておらず、忠実な人びとと普遍教会の間の対話を通して聖霊が明かされると考えていた。それは急進的な立場であり、二〇〇〇年前にイエス・キリストにおいて神が自らを顕した漁師や羊飼いといった普通の人びとが選んだであろう選択肢であった。

理論的には、非ペロン主義であっても民衆の神学を支持することはあり得るが、その信奉者は当然の如くペロン主義者であった。彼らは自分たちを大衆的なカトリックの国家主義的な伝統の中に重ね合わせ、自由主義や、保守的な視点、社会主義的な視点とは対立しながら、民衆の表現としてペロン主義者とともに歩むことを自分たちの責務と見なしていた。エルネスト・ロペス・ロサスは典型的な民衆の神学のイエズス会士で、ペロン主義のキリスト教的価値についての重要な著作を書いている。[15]

ベルゴリオはグアルディアに近かっただけでなく、一九七四年二月から三月にかけて、ペロンの側近だった友人のビセンテ・ダマスコ大佐の仲介で、ペロンの政治的な遺言である「国民の手本《モデロ・ナシオナル》」の草案作成に意見を述べる一〇名あまりの専門家のひとりとして招かれている。ペロンはこの文書を自分の死後アルゼンチンの国民を結びつける手段と考えていた[16]（文書はペロンが死ぬ前に完成したが、ペロンの死後、未亡人イザベルはダマスコ大佐を失脚させ、これを無視した）。ペロンは同年七月に死に、ベルゴリオはミサを執り行って、将軍を悼む手紙を管区に送った。そこにはペロンが三度、民主的に大統領に選ばれ、それゆえ人びとにとって彼は「油を注がれた者」〔「メシア」「救世主」の意味〕であったと指摘されている。しかし、ベルゴリオのペロン主義に対する重視と共感は「忠実な人びと」という民衆的な価値の表現であったので、彼が党の活動家になることはなかった。「忠実な人びと」がペロンよりも上にあり、まさにそれがペロンとその政治運動を形づくり、政権運営という課題をペロンに委託していたということなのである。つまり、「忠実な人びと」は中産階級のゲリラがペロン主義から生み出した革命主義的な変形であれ、後年における実際の政権であれ、ペロン主義を批判するひとつの見地でもあったのである。

しかし、一九七〇年代前半の非常に政治化した教会においては、親ペロン派で民衆の神学を信奉するイエズス会士は必然的にイエズス会内の自由主義者と急進派、またヨリオのようなマルクス主義の解放運動家と衝突することになった。ヨリオは雑誌『ストローマタ』での一九七四年の論文で、社会主義は福音書の政治的な表現であり、マルクス主義はそれを生み出す協力者であるのは当然のことであるとし、その一方で、中産階級の学生や卒業生からなり、この時点では大規模なテロ活動に関わっていたERP人民革命軍とモントネーロスを「貧しい者」が不当な抑圧から自分自身を守る手段と見ていた。「マルクス主義に影響を受けたペロン主義者の特別な層とその他の武装集団は人民社会主義の現実性を保証する武力の必要に応じた試み」とヨリオは満足そうに強調している。[17]

皮肉なことに、ヨリオのような中産階級のカトリック信徒による革命戦争の容認あるいは正当化はエリート主義に他ならなかった。リチャード・ギルスピーがモントネーロスの古典的な研究『ペロンの兵士たち』で指摘しているように、「都市ゲリラの発動は〝上からの〟主導権によるもの、つまり一部の活動家の決定でなされたものであり、広範な民衆の要求に応えたものではなかった」。一九七〇年代前半には多くの加入者を惹きつけ、成功していたが、ゲリラ活動は決してその「特殊編成」を大衆運動に近いものに変形させることはなかった。その一方で、イタリアの「赤い旅団」やドイツの「ドイツ赤軍《バーダー・マインホフ》」もはるかに及ばないほど、アルゼンチンの社会の平和と安定に対する大きな脅威になっていた。振り返ってみれば、テロ活動とそれに対処する軍の大量虐殺政策は一九七六年以後、中産階級の二つの党派間で争われた内戦のように見える。貧しい人びとと平凡な民衆、つまり、ヘラが言う「無視された大多数の人びと」、ベルゴリオが言う「忠実な人びと」は蚊帳の外の傍観者として、それを見ていただけだった。

ベルゴリオは新しい管区長として、ブエノスアイレスの歴史的な中心街のボゴタ通りにあるイエズス会本部へ引っ越してすぐに、イエズス会総長アルペ神父の訪問を受けた。一九七三年八月、二人はラ・リオハにイエズス会の宣教師たちを訪ねた。ベルゴリオはつい四か月前にそこを訪れたばかりであった。そこでは四つの小教区が運営され、遠隔地にいる困窮者たちに仕えていた。しかし、この訪問には付随的な任務があった。それは教皇パウロ六世からの委託を受け、アンヘレッリ司教への支持を公に示すことであった。到着は記者団によって告げられたが、それは簡単なことではなかった。コルドバから飛行機で到着すると、パイロットと乗客は滑走路の上に留まっているように言われた。永遠とも思われるような時間が過ぎた後、司教がようやく車で到着し、一行を飛行機から出し、空港の裏口から連れ出した。アニジャコでアンヘレッリに投石するために雇われたのと同じ暴徒がアルペをからかうために空港に送り込まれているのが明らかになっていたのだった[18]。

二〇一三年九月、アルペ神父の墓前で長く祈りの時を過ごしたフランシスコ教皇はスパダーロ神父のインタビューでは「ドン・ペドロ（アルペ神父）がとった態度は正しく、彼は正しい判断をした」と述べている。一九七三年の訪問のときに過ごした多くの時間の中で、彼らは親密な絆を育み、その関係はこの後やってくる困難な時期にも続いた。アルペはベルゴリオにイエズス会養成の刷新を成し遂げ、資産が減っている時代に優先すべきことに集中し、入会志願者が増えるよう管区に団結と一体感の感覚をもたらすようにと激励した。

当時、無原罪神学院の若い教師であったカルロス・パウリは一九七四年のある週末に、ベルゴリオが大学附属の農場で行われた職員たちの黙想会に来たときのことを覚えていた。彼らはベルゴリオの若さに驚いたが、その溌剌とした講話にも驚かされた。イデオロギーとキリスト教の希望の間にある違いを説明し、いかにしてキリスト教の希望が平凡な「啓蒙されていない」アルゼンチンの「忠実な人びと」

の間で実現されるかを語ったという。

「イデオロギーが貧しい者を手段として利用し、現実の世界を全体として説明しようとしているのに対し、キリスト教の希望はすべてのイデオロギーを越えている。そこには神が働く余地があるからだと話していました。当時は政治的に非常に緊迫していて、上位の聖職者からそんな話を聞かされたのは驚きでした」

パウリはそう振り返る。

それは一九七四年二月に管区での最初の演説で語ったことでもあった。ベルゴリオはイエズス会士たちに向けて「使徒としての真の戦略」に着手するために「教会内部の不毛な矛盾」を克服するよう呼びかけた。それは司教たちとの無益な紛争、「革新」陣営と「反動」陣営の間の気力を奪いあう紛争、そして、神の計画よりも自らの考えを追求しているイエズス会士について警告する力強い演説であった。そこでは神の意思は人間がもつ計画や善人の展望と同じではないと教える〈霊操〉第二週の繊細な識別が用いられている。

「唯一の真の敵とは、神の計画に敵する者です」

彼はそうイエズス会士たちに語りかけた。

「本当の問題は神の計画を妨げるために敵がもち出してくる問題です。これが副次的なことから本質的なことを区別し、間違っていることから真正なことを区別するときに重要な点なのです。これは私たちの団結と使徒職としての規律が拠って立つ礎です」

ベルゴリオは続けて、イエズス会士たちを誘惑しているのは「現実に合わない抽象的なイデオロギーへの魅力」だけでなく、ある種の「前衛主義」と「エリート意識」であると見定める。また、ヘラとスカンノーネの「民衆の神学」を不明瞭な形で引用しながら、「国民の現実から出たものではない理論」

に対してアルゼンチンのイエズス会士たちの間で発症しつつある「健全なアレルギー」を歓迎した。そして、流行のイデオロギーと政治的暴力に対するワクチンとして「神に忠実な聖なる人びと」という彼の解釈を説明し、イエズス会士が民衆を第一とするということに誠実であれば、その価値観において一直線に並べるようになると考えるよう会士たちに求めた。

この信じる人びとは宗教上の信仰と歴史に対する願いを別のものとはしていませんし、この二つを革命をもたらすメシア信仰のうちに混同してもいません。この人たちは復活、そして生活を信じているのです。それは救済であり、仕事であり、生計のことであり、それぞれの家族が日々理解し合うということです。国について彼らが信じるのは平和です。それが革命的に達成されるものではないと考えている人もいます。しかし、この平和を求めている人びとも、平和は正義がもたらす果実であるということもよくわかっています。[19]

ベルゴリオの最初の改革のポイントは人と資産を統合し、強固にすること、イエズス会士を周縁に移動させること、養成を刷新しながら新しい召命を促すことの三つであった。こうしたそれぞれの目的はそれぞれに、管区を非政治化し、イエズス会士を司牧的使命に再び集中させるという全体的な目的を達成するためのものであった。

ひとつめの優先事項は分散し、統一性を失っていた管区を統合することであった。メンドーサとコルドバにあった高価な資産は負債返済のため、自身が初期修練生として過ごした建物を含め、サルバドール大学を譲渡する前に売られた。サルバドール大学を譲渡するという決断はアルペ神父の勧めによるものであった。アルペ神父は人員が減っている時に、カトリック教会がコルドバとサルタにある大学に加えて、ブエノスアイレスに二つの大学をもっているのは理に適っていないと考えていた（イエズス会もカトリック大学UCAを運営していた）。

管区長がサルバドール大学を移譲した先は「鉄の番人」グアルディア・デ・イエロの元指導者たちであった。グアルディアはペロンの帰国と選挙の後、一九七三年十月に解散し、一九七四年七月、ペロンの死去にともない、公式に消滅していた。ベルゴリオは彼らに任せきりにしたわけではなく、イエズス会の原則に従い、アルゼンチンの民衆の価値観に合った大学を創り出すことを要求していたが、彼らとの親しい関係が移譲を滑らかなものにしていたと言える。それは「創造的な勇気」と「真の敵とその計画を見極める方法を知る知恵」が必要とされる時であった。一九七五年五月の移譲に際し、サルバドール大学に新たに設立された世俗の組織に向けて「サルバドール大学のアイデンティティを保持することのできる唯一の保証人」と賛辞を送る前に、ベルゴリオはそう語った。

移譲は一九七五年三月までに完了した。イエズス会は聖職者としての支援は提供し続けたが、会士がサルバドール大学で教えることはなくなり、経営にも参加しないことになった。しかし、イエズス会は大学に展望を与えていた。大学の新しい責任者たちの要望により、ベルゴリオは大学が拠って立つ三つの使命を記した憲章「歴史と変化」を起草した。それは紛れもなく彼の手になるものである。その憲章は言う。変化の原動力は「啓蒙された者の傲慢が軽信、疎外と呼んで蔑んできた」人びとの信仰であるはずである。その一方で、未来は「すでに歩んできた道を深めること」によってもたらされるものであり、「外国のやり方をそのまま模倣したり、自分たちのやってきたことを放棄すること」によってもたらされることはない。

しかし、ベルゴリオがサルバドール大学の非政治化と見たものを異なるやり方による政治化と見る者もいた。ヨリオやシリーのような左派のイエズス会士とフェルナンド・ストルニ神父のように自由主義支持層の出身で急進党に共鳴するイエズス会士は、ベルゴリオが「グアルディアの友人たち」にサルバドール大学を移譲したことを決して許すことのできない裏切りと見なした。

対立を引き起こしたもうひとつの決断はオファーレル管区長の時代に生まれたイエズス会の〝切り込み〟共同体の閉鎖であった。ベルゴリオは既存の居住地の強化を目指していたが、若い世代と古い世代が混じり合うことの効用を信じていた。小共同体を解散させることで、既存の修道院の生活を強固なものにし、人数が減少する中でイエズス会士の帰属意識を強めようとしたのである。それは司教たちを批判し、ゲリラ活動を煽っていた「第三世界司祭運動」派など、司祭職と修道生活を危うくしていたはぐれ者たちを再び群れの中に迎え入れることでもあった。一九七四年が終わるころには、そうした共同体はほぼすべて解体され、残るはベルゴリオの決定に異議を申し立てていたヨリオの率いる共同体だけになっていた。

第二の優先事項はメデジン文書のビジョンに沿って、貧しい人びととの間で宣教するために、アルゼンチンの辺境にイエズス会士を展開することであった。いくつかの点において、これは切り込み共同体の閉鎖と対《つい》になる試みであった。修道院の中であまりに快適に育ってきた会士たちを周縁に送り込むということになる。ベルゴリオはラ・リオハの五小教区のような絶望的に貧しい地域に宣教地を拡大し、十八世紀に追放される前には宣教師がいたサン・ホセ・デル・ボクエロンやサンティアゴ・デル・エステロにも宣教所を開いた。また、ボリビア国境に近い最北部サルタ州にある原住民の村サンタ・ビクトリアや、フフイ州やトゥクマン州といった遠方の宣教地へも人を派遣した。いずれの場合も最貧層のために働くのである。より多くの場所に手を伸ばすために、ひとつの場所で数か月ともに「宣教」し、次の場所に移っていく十二人からなる非常駐の司祭チームが作られた。修練者が増え始めると、彼らが「実習」のためにそうした宣教に派遣された。

一九七〇年代後半には若いイエズス会士をエクアドルでの宣教支援に送り込んだ。アルビストゥール神父によれば、アルゼンチン管区も人員不足であるという異議が出ると、ベルゴリオは「イエズス会は人を抱えるのではなく、一番必要とされている場所での宣教に人を送り込むためにある」と応じたという[20]。

本拠地に近いところでは、マクシモ神学院周辺の労働者地区に新しい使徒職を作り出した。一九七〇年代後半、召命が増え始めると、その仕事は拡大していった。また、ブエノスアイレスの「貧困地区」で働くイエズス会士のことも支援した。二〇一〇年に質問に応えて言っているように、「当時は貧しい人のために働く司祭は〝左利き〟(「共産主義者」)と見なされていた」にもかかわらず、レティーロ駅近くの第三一地区でムヒカとともに働いていた「ピチ」・マイセガイアー神父だけでなく、下《バホ》フローレス地区のヨリオのことも支援した。トリプルA暗殺部隊がスラム街の司祭を狙い撃ちにし始めたときでさえ、ベルゴリオは彼らを引き上げさせなかった。しかし、一九七四年五月、ムヒカが自分の教会の外で撃ち殺された後には、単独で歩き回らず、日が暮れてからは屋内に留まるように言った。

第三の優先事項は召命であった。ベルゴリオは若者のための識別の黙想会を企画する特別チームをホルへ・カマルゴ神父の下に結成し、学校から学校へと回らせた。結果はすぐに現れた。一九七〇年代は若者が政治に背を向けていたので、アルゼンチンの教会一般に召命は増えていたが、イエズス会は特に好まれていた。一九七五年に五人だった修練者は毎年増え続け、一九七八年には十四名となった。その後、二八人から三四人の間を増減したが、平均すると一九六〇年代前半さえ上回るようになった。後方の供給経路が一杯になると、カマルゴ神父はローマのイエズス会本部からアルゼンチン管区の秘密を教えてほしいと頼まれるようになったという。

少なくとも処方箋の一部はイエズス会の宣教初期の時代に基づいてイエズス会士の生活を刷新すると

いう展望を述べたベルゴリオの発言に見ることができるだろう。彼は新しい志願者を引きつけただけでなく、それを留まらせた。一九七〇年代後半から八〇年代にかけて、一年あたりの退会者数はほんの少しだった。修練長にはともにフィオリートに協力したアンドレス・スウィンネン神父を指名し、週に少なくとも一度は修練者たちを訪問した。そして、彼らに召命のための祈りを勧めた。それはベルグリオが全管区で力説していたことであった。また、彼は当時、消滅寸前だったイエズス会修道士の召命のために、カトリックの伝統的な祈りの環である「ノヴェナ」を行うことを修練者たちに求めた。修道士の数は大半は三〇名ほどだったが（しかもほとんどが七〇歳代）、一九八〇年代には新たに二三名が加わった。

ベルゴリオは自身の戦略的な努力にだけ頼っていたのではなく、サルタの民間信心の対象だった「奇跡の主」に願をかけ、新しい召命者が年に三五人に達したときにはその聖堂への巡礼に送り出すと誓っていた。ちょうどベルゴリオの管区長としての時代が終わりを迎えた一九七九年九月、その数は達成され、彼は晴やかな新しい修練者の小隊をサルタへと送り出した。[21]

＊＊＊＊

イエズス会第三二総会が召集され、ベルゴリオは五大陸九〇管区からローマに集まった、二三七人の代表のうちのひとりとなった。この第三二総会はこれに先立つほぼすべての総会と異なり、新しい総長を選任するために召集されたのではなく、公会議以後のイエズス会刷新を強固なものとするために、一九七四年十二月から翌七五年三月まで十三週にわたって開催された。

総長であるアルペ神父はこの総会でスペインにおける反乱を鎮めるつもりでいた。スペインでは万民救済論者が直接ローマに働きかけ、十九世紀におけるイエズス会のような教皇庁直轄の新しい自治管区を作り出そうとしていた。教皇パウロ六世はその申請を却下したが、特にローマでは急進論者《ウルトラス》が活発に活動を続けていた。彼らは教皇庁の上級官僚にコネがあり、イエズス会が運営するグレゴリアン大学にも一定の存在感をもっていた。彼らは総会の直前に新しいネットワーク「忠誠のイエズス会士」を結成し、第三二総会とアルペに反対するロビー活動を展開した。

アルペは彼らの活動を阻止するためにベルゴリオを選んだ。彼らの指導者ニコラス・プジャダスは一九六〇年代中頃にアルゼンチン管区に加わったスペイン人イエズス会士で、教会法上ベルゴリオが上司だったからである。ベルゴリオは万民救済論にはマルクス主義と同じくらいに忍耐がなく、管区長になるとすぐにプジャダスをヨーロッパに送還した。すると彼は一九七四年初頭に反アルペの小冊子を公にした。第三二総会の準備期間中、「忠誠のイエズス会士」は計画された抗議に備え、本を配布した。ベルゴリオは二人の証人の面前でプジャダスにローマを去ることを命じた。従わなければ従順の掟に反することになるので、プジャダスはイエズス会士のままでいるためには従わなければならなかった。ベルゴリオは古くからのマクシモ神学院の同僚で今やチリの管区長となっていたフェルナンド・モンテス神父とともに、ローマのテルミニ駅に向かい、そこでスペインから到着していた他の急進論者たちにうまく帰国を納得させた。

一九七四年十二月三日、教皇パウロ六世は第三二総会の開会に際し、代表たちに講演をし、さらに重要な問いかけをした。それは本質的にはきっぱりとした警告をともなうラブレターであった。パウロ六世はイエズス会と親密で、それを賞賛しており、第二バチカン公会議の決定を実行する鍵と見なしていた。その情熱的な演説は随所にイエズス会士のカリスマを思わせるものであった。

「教会の中のどこにあろうと、それが最も極限にある困難な地域であれ、イデオロギーの交差するところであれ、社会の深い溝の中であれ、教会の中で人間の最も深い願望と福音の永続的なメッセージの間の対話があるところには、過去においても現在においても必ずイエズス会士がいる」

パウロ六世はそうイエズス会士たちに語りかけた。後にベルゴリオはこれを「これまでにローマ教皇がイエズス会に向けて語った演説のうちで最も美しいもののひとつ」と表現している。[22]

しかし、この演説はイエズス会士に対して、教皇への従順の下にある司祭として、その中核にある使命を捨てないようにという緊急の訴えを含んでいた。イエズス会士は懐疑論、個人主義、合理主義、目新しさに対する愛などの誘惑にも屈せず、また自分たちのアイデンティティを失うことなく、時代に適応しなければならないと教皇は言った。そして、イエズス会の刷新は多くの場所で脱線しているという形で警告を表現しながら、未来に直面してなされた決断の重要性と緊急性を情熱的に強調し、あるべき道に戻るよう訴えかけた。[23]

代表たちの中にはこの演説によって煙に巻かれた者もいれば、自分たちは貧困と公正について論じるためにローマに来たのに、教皇は規律と教義を気に病んでいたようだと困惑する者もいた。しかし、ベルゴリオを含め、それはそこにいる者たちの琴線に触れた。ベルゴリオは教皇の分析の中に、他の管区と同様、アルゼンチン管区でもうまくいっていないことが的確に認識されていることを認めた。コンガールの言葉を借りれば、パウロ六世は真の改革への展望を描いていたが、その改革が間違った形になれば袋小路に陥るだけだと警戒していたのである。当時の修練長スウィンネン神父はこの時のパウロ六世の教皇訓示演説について「様々な点でベルゴリオのイエズス会への見方を形づくった」と言っている。

教皇の警告は預言的なものだった。第三二総会はイエズス会刷新を強固なものにしたが、この総会を最もよく思い出させるのは、そこでなされた合意であり、それが不和を生じさせる新たな路線にイエズス会を進ませることになった。第四教令によって社会正義の追求がイエズス会士の関わるすべてのことの重要な部分として取り入れられたのである。十六世紀のイエズス会の元来の目的は「信仰の擁護と普及」であった。それが第三二総会では「正義の促進が絶対的に必要とされる信仰への奉仕」となった。

この教令についてはラテンアメリカの代表たちが主導したものと想像されるかもしれないが、実際にはヨーロッパのフランス語圏の国とカナダの代表が主導したものだった。彼らにとっては正義を求める闘争は宗教の外にある何かではなく、宗教に必要なものと見ることが重要であった。少なくともメデジンでの合意があった一九六八年からそうした考えをもって生きてきたラテンアメリカの代表たちにしてみれば、その意味においてこの教令はあまり新しいものではなかった。しかし、メデジンの場合とは異なり、第四教令はイデオロギーに変えられることに対する予防手段がほとんどないように思われた。この教令は土壇場になって二つの文書をひとつにまとめてできたものであったため、選択的な解釈の影響を受けやすかったのである。ベルゴリオはそこに二つの問題を見ている。ひとつはイエズス会が正義を求める政治運動に（何か他の手段や方法が取り組むべき「不当な構造」とされることによって）同調せざるを得なくなるという点であった。もうひとつはパウロ六世が警告していたアイデンティティの喪失の問題であった。福音宣教と司祭職はその中のどこに嵌め込まれるのか。優先されるのはどちらなのか。イエズス会士が単なる政治運動員や社会活動家になるのを止められるのか。

他のラテンアメリカの代表がどう解釈していたにせよ、「ベルゴリオ神父は第四教令にあまり共感していなかった。修練生に話をするときにそれを引用することはなかった」とスウィンネン神父は振り返っている。

イエズス会はこの後の二〇年、ラテンアメリカの右翼独裁政権によるイエズス会士の死においても、特にスペインとメキシコにおける「特権的な」学校の突然の閉鎖においても、この曖昧な教令を苦労して守っていくことになる。イエズス会士は反逆者と見なされるようになり、教会内では「忠実な野党」

と見なされ、政治的には左派を支持し、しばしば教皇ヨハネ・パウロ二世に反対する反逆者であった。それは常に正義の名においてなされたことであった。

ヨハネ・パウロ二世は教皇に選ばれてから三年後、劇的な形でイエズス会に介入し、その会憲を一時的に停止した。一九八三年の第三三総会では第四教令の解釈がしばしば「正義の概念を人間の次元に縮小している」と認め、一九九五年の第三四総会では、教令の目的を再び修正し、「信仰の奨励のない正義の奨励はあり得ない」ということを明確に示した。その頃までにベルゴリオは司教となっていた。

一九七八年の管区長演説でベルゴリオは第三二総会について多く述べたが、第四教令には全く触れなかった。引用したのは第三二総会終了の数か月後の一九七五年十二月に刊行されたパウロ六世の歴史的勧告『福音宣教』であった。その中でパウロ六世はメデジン合意に沿った形で「具体的な不公平の状況」から人びとを解放することに関与しない福音の宣教はありえないことを明確にしている。しかし、教会がその使命を「単なる現世の計画」に矮小化し、それが「イデオロギー上の体制や政党による操作」に使われることについて警告もしている。これは第四教令から読み取れるニュアンスであったが、教令が適用される多くの場合においてはそれが欠けていた。[24]『福音宣教』はベルゴリオが好んだ教会文書で、管区長、神学院長、その後の司教と、それぞれの時代を通じて引用している。教皇に選出されて間もない頃には「これまでに書かれたものの中で最も偉大な司牧文書」と表現している。その大いなる目的は、永遠の教会の教えを文化の多様性と和解させることであった。

その起草に関わったいくつかの隠れた力のことを考えれば、ベルゴリオが一九七五年以降、なぜその文書にかくも親密に自己を重ね合わせていたかを容易に理解できる。文書の中で一般の人びとの信仰生活を尊重するとしている部分だけでなく、ある民に具体化されている信仰（パウロ六世は「文化」と呼ぶことを好んだ）に関する部分は事実上、ヘラ神父が起草したアルゼンチンからの寄稿と言える。また、そこにはもうひとり別のアルゼンチン人、マル・デル・プラタの元司教エドゥアルド・ピロニオを通した洞察が反映されている。彼は一九六七年から六八年にラテンアメリカ・カリブ司教協議会の事務総長を務め、メデジン宣言の原動力となった人物である。パウロ六世の協力者、聴罪司祭である彼はその頃、『福音宣教』が生み出されたローマでの〈世界代表司教会議《シノドス》〉の議長を務めていた。

　その会議はラテンアメリカの教会にとっては、もうひとつ新しい時代の到来を示す瞬間であった。ベルゴリオの将来の協力者であるグスマン・カリキリ教授が書いているように、この会議は第二バチカン公会議以後の「北大西洋諸国の権威の危機、ゲバラ主義革命の失敗、知識人の方向感覚の喪失」に支配された「偶像破壊的」局面の終わりを画すものであった。[25] その舞台は一九七九年、メキシコのプエブロで開かれたラテンアメリカ・カリブ司教協議会の第二回会議において準備されていた。その会議を先導する光はヘラ神父であった。民衆の神学、サルバドール大学、グアルディアを通じてベルゴリオと考えを共にしてきた同僚たちの見方では、イデオロギーと知識人の失敗が歴史に「忠実な人びと」の出現を準備したことになる。

　ピロニオ枢機卿はいくつかの点でベルゴリオの先駆者と見ることができる。彼の使命はラテンアメリカで第二バチカン公会議の決定を実行することにあった。彼は貧しい者の優先をはっきりと選択していたが、イデオロギーについての慎重さももっており、福音が資本主義か共産主義かという議論を越えた新しい社会の基礎となると信じていた。後のベルゴリオと同様、ピロニオは社会正義への傾倒ゆえに保守派を遠ざけ、マルクス主義的な解放の神学への支持という失敗ゆえに左派を遠ざけた。少しも革命志向ではなく、それよりも深い何か、貧しい人たちを優先する聖職者としての戦略を根本にもつひとつの福音書のようなものであった点でも彼はベルゴリオのようであった。ベルゴリオは一九八〇年以降、マクシモ神学院の院長として、後には司教、大司教として、ピロニオと『福音宣教』の展望と同じ戦略の下、町に出て行ったのである。
　ピロニオの死後一〇年経った二〇〇八年、ベルゴリオは彼のことを思い起こして「共にありたい開かれた扉の人」と表現した。「(彼に会いに行けば) どこでもどんなに忙しくても、自分は彼にとって唯ひとりの重要な人なのだと感じさせてくれた」。それは多くの人がベルゴリオについて言っていることでもある。[26]
　他にも共通点がある。一九七八年にパウロ六世が亡くなったとき、イタリア系のアルゼンチン人で、聖フランチェスコの霊性をもつピロニオが次の教皇ではないかという噂があったのだ。彼のことを実質的にほとんどイタリア人と見なしている人もあったので、枢機卿たちが発展途上諸国に目を向けようと思っていれば、「このアルゼンチン人はどうだろうか」という話になっていたはずである。

第4章 対立の坩堝《るつぼ》 1975-1979

CRUCIBLE

評論家の多くはバチカンが聖職者による性的虐待の件で国連に引きずり出された日をフランシスコ教皇に訪れた最初の大きな試練と見ていた。選出から一年になろうとしていた二〇一四年一月中旬、それまで教皇はメディアから素晴らしい評価ばかりを受けていた。しかし、スイスのジュネーブにある国連・子どもの権利委員会の前に教皇庁の面々が現れるまでの数週間、日に日にまるでバチカンが虐待を受けているかのような様相を呈すようになっていった。

公聴会の日、フランシスコ教皇は毎朝七時に行われるサンタマルタ館の聖堂でのミサで「不正な司祭」について「命のパンを与えるのではなく、神の神聖な民に毒入りの食事を与えている」と述べた。彼は言葉を切り、信じられないという様子で首を横に振った。「私たちは恥じているでしょうか。スキャンダルはこんなにもたくさんある。膨大な額のお金がそのために支払われることになります」と述べ、さらに続けた。「それはいいでしょう。そうあるべきなのでしょう。しかし、教会の恥です」。教皇はその「司祭、司教、信徒が犯している間違い」を神との関係の欠如とその世俗性に結びつけた。「彼らは教会の中で地位をもっています。権力をもち、快適に過ごしています。しかし、彼らは神の言葉をもっているでしょうか。もっていません」

ジュネーブにやってきた教皇庁代表団のシルヴァーノ・トマシ大司教とバチカンの虐待担当の前検事長チャールズ・シクルーナ司教は十八人からなる国連の強力な委員会からの厳しい尋問にも動じなかった。シクルーナはバチカンが虐待という現実を直視するのが遅かったとしても、今日それは大いに「改善されている」と述べた。何時間もの質疑の中で代表団は世界中にあるカトリック教会と教皇庁の複雑な司法上の関係を非常に詳しく説明し、教区レベルでも、バチカンにおいても、この十年の説明責任と透明性の重視という潮流の変化の中、著しい変化があると解説した。

この分野でカトリック教会ほどその歴史上の失態ゆえに批判され、訴訟を起こされた組織は他になく、これほど大きく、また迅速に、その失態をくり返さないことを確実にするための変化を遂げた組織もない。その失態はよく知られて、また文書化されており、アメリカ合衆国だけで何百万ドルもの賠償金が支払われるに至った多くの主張の基になってきた。一九六〇年代から八〇年代にかけて、カトリック教会には他の組織と同じように、虐待を理解し、適切に対処する仕組みをもたなかった。犠牲者は泣き寝入りするか、沈黙させられていた。虐待者は当時の科学的な見解にしたがって、治療のためにその職を退き、「治療は済んだ」と申告すれば、新しい教区や宣教地に送られたが、そこで再び虐待を行う場合も多かった。一九九〇年代、成人した犠牲者たちがセラピストと弁護士を伴って訴訟を起こし始めた。しかし、その時は補償による和解に守秘条項が含まれていたので、問題は表面化することはなかった。二〇〇一年、教区への訴えが法廷にもち込まれたマサチューセッツ州ボストンにおける重大な事件まで、センセーショナルな新聞の見出しが共謀と隠蔽と道徳的な無分別という悲しい歴史の全体像を明らかにすることはなかったのである。

あとに続いたのは、隠蔽の再発を防ぐ厳しいガイドラインを伴う外部監視《モニタリング》制度、被害者への巨額の賠償金の支払い、何十年も遡っての事例の再調査、多数の司祭の追放と聖職資格の剥奪といった総取り替えの変化であった。変化は完全ではなく、全般に及ぶものではなかった。アフリカとアジアにはまだ変化が及ばない司教区があり、急いで進めるべき手続きや、誤った行いがあっても辞任を免れていた司教が残っていた。問題は決して終わっていなかったのである。何十年も遡って虐待の被害を訴え出る者は現れ続け、若者を冒瀆するために自らの霊的な権威を用いた男たちによって負わされた深い傷が癒えるまでに何十年もの歳月が必要になる。しかし、この問題への対処において、少なくとも西洋諸国においては、その手順が他の組織の手本となるほどカトリック教会は変化していった。

バチカンはまた、一九九〇年代後半における保身と拒否の姿勢を変化させつつあった。ローマ教皇庁が直接管理している聖職者はバチカン市国で働く一〇〇〇人あまりだけで、世界中の四一万に及ぶ司祭のほぼすべては各地の司教や修道会の管理下にあった。しかし、バチカンは行動を起こすように司教に命じることができる。のちにベネディクト十六世となるヨーゼフ・ラッツィンガー枢機卿は二〇〇一年から各地の司教にそれぞれの状況の詳細を報告するよう命じたので、隠蔽がされていないことを確認し、警察や社会福祉機関に通報することもあった。二〇〇五年に教皇に選出されると、過去と現在についての申し立てへの対処を確実なものとする厳正なガイドラインを導入するよう全世界の司教協議会に求めた。その規則の核心は地域の法律への服従であり、申し立てがなされればすぐに警察と公的な機関が介入するということ、未成年者の安全と福祉が最も重要であることが確認された。また、バチカンから付与されている力である聖職者としての資格を剥奪する還俗の手続きを迅速かつ障害なく行えるように規則が改正された。二〇〇四年から一一年までに各地の司教区から三四〇〇件の事例がバチカンに報告され、八四八人の司祭が資格を剥奪され、二五七二人が処罰を受けた。年老いた司祭の場合、多くはその罪のために牢獄に入れられ、バチカンからは残りの人生を祈りと苦行に費やすようにと言い渡された。

しかし、二月五日、国連はバチカンの代表があたかもこれまでジュネーブに来たことがなく、なにも行われなかったかのような内容の報告書を出した。調査委員会は教皇庁を地域の法を覆す多国籍企業の総本部であるとし、カトリック教会は時代に逆行する組織であるかのように描写された。報告書はバチカンに虐待司祭を「直ちに除去」するよう求め、問題の聖職者たちが警察に連行されないように「箝口令」を敷き、教区の中で配置換えをしたことで教皇庁を非難し、バチカンの「加害者による虐待の継続に繋がる方針と実践」を非難した。驚いたことに、報告書には他の分野についてのバチカンの方針についても講釈があり、カトリックの学校教育におけるステレオタイプな性別分けを止めるように言い、その性的関心に関する教えは同性愛者への嫌悪であると断言し、男女の性は互いに補い合うものという考えは現代におけるジェンダー論と相容れないと宣言していた。また、妊娠中絶についてもカトリック教会にその教えを変えることを求めた。これについては子どもの権利をほとんど前進させることはないと指摘する人がカトリック信徒の中にもいる。

バチカンの報道官フェデリー・ロンバルディ神父は驚きを隠さず、「（報告書は）公聴会の前に実質的にすでに書かれていたか、少なくとも大部分は予めアウトラインができていた（ように見える）」と述べた。実際、それはロンドンに拠点を置くほとんど知られていない「子どもの権利インターナショナル・ネットワーク」（ＣＲＩＮ）というＮＧＯが公聴会の数週間前に報道関係者に送付していた文書と非常に似ていた。この組織は国連の調査委員会との密接な関係の下で活動しており、この組織の代表者はメディアに対して「児童虐待は他の閉鎖的な組織でも起こっているが、カトリック教会の場合が独特であるのは、教皇庁が国連の子どもの権利条約に自発的に署名している国であるということだ」と述べた（「閉鎖的な組織」であれば、自身のことを国連委員会で説明するなどということはほぼあり得ないということをこの代表者は気にしていないようだった）。ウェブサイトを見てみれば、ＣＲＩＮがどのような背景をもっているかは明らかで、宗教団体のことを「根強い権力構造」をもつ「不可解」なものと表現していた。この報告書は想像上の話を連ねた『ダヴィンチ・コード』のような作り話を焼き直したものだった。世界中で何十万もの司祭がバチカン、地域の司教、またその代理人のために雇われており、虐待で告発された司祭はバチカンによって法の執行機関の手の届かないところに匿われるとされたのである。こうした作り話は二〇一四年の時点で教会は改革されない組織としてあり続けており、虐待に対して一九九〇年代どころか、ほとんどの虐待が起こった一九六〇年代から七〇年代とも変わらない対処の仕方を続け、正義よりも評判を優先し、バチカンが設定した方針に従って、無垢な命を犠牲にしているという、ひとつの大きな考えに基づいていた。[2] ひとつの観念的な物語に国連の委員会が捕われ、理性と証拠が作用しなくなっていたのである。

フランシスコ教皇は沈黙を守っていたが、一か月後、誰も反応を期待しなくなっていたときに、名称を挙げず、静かに国連の攻撃的な姿勢に異議を申し立てた。統計は虐待の大部分が家庭内で起こっており、それが深い傷を残していることをはっきりと示していると彼は述べた。カトリック教会はこの問題について「透明性と責任をもって対処した、おそらく唯ひとつの公共機関」であるとし、「これ以上のことをしている機関はない。しかし、教会だけが攻撃されている」と続けた。彼はまた、教会の虐待スキャンダルを直視し、「改革に道を開いた」ことにおいて「非常に勇敢」であったベネディクト十六世のことを称賛した。

教皇は教会がスケープゴートにされていることをやんわりと露わにさせたのである。そう指摘することで人気を失うことを恐れていなかった。多くの凄まじい反応の中で際立っていたのは、国連の報告を喜んでいた「司祭による虐待の生存者ネットワーク」（ＳＮＡＰ）の反応で、教皇のコメントは彼が「子どもたちに安全をもたらさない、古めかしくて、守り重視の思考法」の持ち主であることを示したとしていた。

教皇はこの時までに、様々な方針と特に虐待被害者への司牧上のケアを確かなものとするために、教皇に助言する委員会を任命していた。そのメンバーにはこの問題の教会による対処の根本的な改革の先頭に立った米国の司教、ボストンのショーン・オマリー枢機卿をはじめ、虐待の被害者であり、アイルランドの存命者たちの権利擁護の運動をするマリー・コリンズも含まれていた。五人の一般信徒の委員のうち、元ポーランド首相とイギリスとフランスの有力な心理学者など四人は女性であった。

二〇一四年四月、教皇は準備なしでフランスの児童保護団体に対して穏やかにスペイン語でコメントし、「多くの司祭たち、全体の中での割合としては多くはないが、数としては非常に多くの司祭たち」が起こした悪事について、自分が個人的に責任をもち、制裁を科すときには「断固とした姿勢で」望むと約束した。ここで「多く……多く……」とくり返したことは重要だった。バチカンのコメントは虐待者の数が全体から見るとわずかであることを強調する傾向にあったが、全体で見ると仰天するほど多くの数の最も平凡な人びとが打ちのめされたという事実があったからである。また、「制裁」という言葉を使ったことで、間違った行いをした司教たちが罰せられずにいる日々が終わったということも伝わった。五月末、教皇はテル・アヴィヴから戻る教皇専用機の中での記者会見で虐待を行った司祭のことを悪魔のミサを執り行う者のようだとし、「非寛容方式《ゼロ・トレランス》で進まなければならない」と述べた。

七月はじめ、教皇はバチカンで六人の虐待被害者とそれぞれ一対一で対面した。被害者団体はこの面会を意味のない宣伝行為としていたが、それはフランシスコ教皇に会った被害者たちがそこでどのような経験をしたかを表現したものではない。

「自分が耳にしてきたことについて、本当にがっかりしていたようでした。教皇様は誠実に耳を傾けてくださったと思います」

アイルランド人の被害者マリー・ケインは言った。

「たくさん共感してくださって、腕時計に目をやることもありませんでした。私が言いたかったことをすべて言い終わってから、面会は終わりになりました」

存命者たちはサンタマルタ館に宿泊しており、夕食の時に略式でフランシスコ教皇に対面した。朝になって、彼らは聖堂でのミサに出席し、そこで教皇は激しい説教の中で彼らの赦しを請うた。

「神の御前で、神の民の前で、私はあなたがたに対して聖職者たちが犯した性的虐待の罪とその重大な犯罪行為に悲しみを表明します。そして、私は謙虚に赦しを求めねばなりません」

教皇は彼らにこの問題に対する教会の対応の改善への助力を求める前にそう語った。

面会者のうちのひとりはイエズス会司祭による虐待を受けたイギリス人で、犠牲者のための悩み相談サービス、全国幼児虐待被害者協会（NAPAC）の創始者ピーター・ソーンダースであった。熱心な自転車愛好家のソーンダースはサイクルキャップを教皇にプレゼントし、ツール・ド・フランスでロンドンを離れるか、教皇に会いに来るためにロンドンを離れるか、どちらかを選ぶのは難しかったと冗談を飛ばした。ソーンダースはオマリー枢機卿が通訳する間も教皇と話を続け、世界の中の教会が現在のイギリスとアメリカの水準での手順を導入し、犠牲者の支援と治癒により多くの手段を提供しなければならないと語った。ソーンダースは少なくとも三〇分の間フランシスコ教皇とともにいて、必要なだけ話をすることができた。その間、教皇は絶えず頷いていた。ソーンダースは言った。

「聞いてもらえているということがよくわかります。こちらに注意をすべて向けてくれていて、目を見ながら話をしました。私は広報活動の一部になるつもりはないと言ってきましたが、あの面会がそういうものではないことは明白でした」

ソーンダースは教皇の純粋さに心打たれたのである。

イギリスでの性的虐待の被害者ピーター・ソーンダースは教皇にサイクリング・キャップを贈った。

「彼からは狡猾さが感じられないんです」

面会の後、ソーンダースは教皇と会ったことに怒る犠牲者たちからメール攻撃を受けた。多くはフランシスコ教皇をアルゼンチンの独裁者と混同し、隠蔽に加担していたと考えていた。「そのようなものを読むのは辛い」とソーンダースは言う。[3]

＊＊＊＊

一九八〇年代中頃、ベルゴリオは少数のアルゼンチンの人権保護活動家から一九七六年から八三年に軍事独裁政権と共謀したとして告発された。その告発内容は広く賞賛されたアルゼンチン人のカトリックの弁護士エミリオ・ミニョーネによる一九八六年の本に書かれていた。彼はペロン党政権の元官僚で、「社会・法律研究センター」（CELS）という人権保護団体の創設者であった。その本『教会と独裁政権』には二人のイエズス会士がブエノスアイレスのスラム街から拉致されたのは、ベルゴリオが彼らの逮捕について治安部隊に「ゴーサイン」を出した後だったと書かれていた。それは衝撃的な主張であった。

ミニョーネが一九九八年に死去した後、社会・法律研究センターの同僚オラシオ・ベルビッツキは拉致された二人のイエズス会士のうちのひとりにインタビューをした。そのイエズス会士オルランド・ヨリオ神父が二〇〇〇年に死去する前のことである。ベルビッツキはモントネーロスの情報部長として活動していたマルクス主義者のジャーナリストだった。ヨリオ神父は一九七六年にイエズス会を去っていた。インタビューの後、ベルビッツキはベルゴリオが一九九八年に大司教になった後に新聞の見出しを飾った一連の記事でミニョーネの告発を詳しく調べていった。その申し立ては長寿命電池を入れたタイコを叩くおもちゃのように繰り返された。二〇〇五年のベルビッツキによる本、その年のコンクラーベに出席した枢機卿たちに送られた調査資料、ベルゴリオが二〇一〇年に枢機卿として証拠を提出した司法審理——。そして、ベルゴリオが教皇に選ばれると、その主張はウィルスのように急速に広まっていった。

二〇一三年三月十三日の晩、選出されたばかりのフランシスコ教皇がサンピエトロ広場を見渡すバルコニーからの演説を終える前に英国の日刊紙ガーディアンがツイッターでこうつぶやいた。

「フランシスコ教皇は殺人と偽りの禁固の共犯だったのか」

それは二〇一一年の記事の再発を伝えたもので、そこにはいくつかの虚偽があり、同新聞はそのうちの二つを撤回したが、その時にはすでに申し立ては翼を得たようにして広まっていた。ジャーナリストたちがベルビツキのオンライン・アーカイブに蓄えられていた夥しい量の文書をクリックすると、今や七一歳になっていたベルビッツキは地球規模で注目を浴びたことに得意になり、新しいローマ教皇に対して自ら判決を下し、フランシスコ教皇は「困窮した母親が飢えた子どもを騙すために使う小麦粉を混ぜた水のような代用品」だとし、「独裁の教皇」という綽名を付けようとした。[4]

　バチカンの報道官フェデリコ・ロンバルディ神父は記者たちに対し、この告発は「反教権的な左翼勢力」から出たものと語った。ベルビッツキの背景ということであれば、確かにそうだが、そこには自己防衛の響きがある。拉致されたもうひとりのイエズス会士フランツ・ヤリクス神父による最初の声明も同じように決定的なものではなかった。ヤリクスはまだイエズス会士であったが、元管区長とはずっと以前にすでに和解しており、この問題は解決済みで、「これらの出来事におけるベルゴリオ神父の役割についてコメントすることはできない」とドイツの黙想の家で語った。しかし、これは問題をはぐらかしているだけである。ヤリクスがベルゴリオをゆるしているのだとすれば、何をゆるしたというのだろうか。なぜ元管区長の役割についてコメントすることができないのだろうか。数日後、ヤリクスは「オルランド・ヨリオと私はベルゴリオ神父によって密告されたのではない」という二つ目の声明を出した。

　このように、フランシスコ教皇選出後の一週間、メディアは「スラム街の教皇」対「独裁の教皇」という二つの矛盾する物語の間で身動きがとれなくなっていた。この二つの物語は相容れないものだったので、「一九九〇年代前半に〝保守的な〟イエズス会管区長ベルゴリオは転向して〝進歩的な〟ベルゴリオ枢機卿となった」という話がまことしやかに語られ始める。この作り話によって、かなり疑わしい過去があるとして右派からの非難は続くことになったが、自由主義のカトリック信者からは溢れんばかりの称賛を受けることになった。[5]

＊＊＊＊

ヨリオとヤリクスの申し立てについての報道は、そのほとんどが一九七〇年代中盤のアルゼンチンでは民衆に支持された民主的政府を軍が排除し、人びとの要望に反する恐ろしい体制が敷かれていたと見なしていた。しかし、真実はかなり異なる。退陣したペロン党政府はその時までに全く支持を失っており、軍のクーデターはおおむね歓迎されていたのである。軍にアルゼンチンの手綱をとることがはっきりと委任されていた時代があったとすれば、それはアルゼンチン人が五年にわたって殺し合う暴力の応酬の中で暮らしていた一九七六年三月のことであろう。

当時の暴力的な様相は一九七四年五月にモントネーロスがペロンと決別し、武装闘争を再開したことに始まる。その二か月後、ペロン将軍は、この後、壊滅的なものとなる残りの大統領任期を三人目の妻マリア・エステラ（イサベル・ペロン。通称イサベリータ）に残して死ぬ。モントネーロスはペロンの前妻エヴィータの名においてその政府を非難した。「エヴィータが生きていれば、モントネーロスに入ったはず」は当時、人心を摑むスローガンとなった。

爆破と誘拐が横行する事態に直面したイサベリータは包囲戦の状態にあることを宣言し、ゲリラと戦うために隠密の暗殺部隊を放った。一九七五年の最初の七か月で、暗殺部隊「トリプルA」と呼ばれた暗殺部隊が四五〇の暗殺と二〇〇〇もの「失踪」を実行したが、その活動はゲリラ活動を正当化するものにしかならず、ゲリラの指導者は今や自分たちが国を奪取すべきであると確信していた。ＥＲＰ人民革命軍とモントネーロスは軍の基地と連隊本部に対して、ビジネスマン誘拐で得た何百万ドルもの資金を使って調達した大型兵器を配備し始めた。外国資本は逃げ出し、インフレ率は六〇〇パーセントに達し、失業率は急上昇した。一九七五年までに政治はペロン党の二つの派閥間の兄弟殺しに成り下がり、暴力はエスカレートするばかりであった。メディアはクーデターが不可避であり、必然であると結論し、すべての主要な新聞が戦車は兵営から出よと呼びかけた。

軍は一九七六年三月まで大統領官邸を制圧することはなかったが、その前年にイサベリータが北東部のトゥクマン州鎮圧のために軍に行動の自由を与えたとき、いわゆる「汚い戦争」が始まった。ERP人民革命軍に属す三〇〇から四〇〇のトロツキー主義のゲリラがそこで一連の大きな攻撃を行っていた。山岳部では軍と戦い、警察署を破壊し、この州に解放区を創設することを目論んでいた。ベルゴリオは二〇一〇年にこの攻撃のことを振り返り、「多くの人を怖がらせ、方向感覚を失わせた」と述べている。イザベルはトゥクマン州での「転覆行為を根絶するために」あらゆる手段を行使するよう治安部隊に命令し、その後、一九七五年十月のフォルモーサでのモントネーロスの大攻勢に応じて第二の命令を出した。その命令が誘拐、拷問、即時の処刑といった手段を全国に広める法的な根拠となった。一年後のクーデターの後、そうした手段はあまりによく知られたものになっていく。

そうした手段を認めていたこの命令は民主的に選択された政府に承認されたものであり、すべての主要政党がそれを支持していた。急進党、社会主義党、保守党がそうした政党だが、その同じ政党がこの後に起こるクーデターを強く支持することになる。政治家たちはゲリラとの戦いには特別な手段が必要とされるとした軍の分析を受け入れた。そうするだけの理由が彼らにはあった。一九七〇年代中盤、ERP人民革命軍とモントネーロスには約六〇〇〇人の訓練されたメンバーがおり、積極的な支援者はおそらく十五万人はいたとされる。人口比からすれば、それは大した数ではなかったが、彼らは組織され、装備をもち、技術的な能力があった。豊富な資金をもち、冷酷で、ハバナのキューバ政府に支えられて、権力奪取を目指していた。彼らは当時、西半球最大のゲリラ部隊であった。

トゥクマン州でのERP人民革命軍の攻撃とフォルモーサ州でのモントネーロスの攻撃は、「チェ」として知られ、キューバの革命家となったアルゼンチン人の医者、エルネスト・ゲバラの手引き書に直接由来する反乱戦略の一部であった。彼の理論によれば、社会が客観的に見て革命をもたらす状況に達しているのであれば、ゲリラは地域を制圧してよいのであり、徐々に人びとから支持されるようになるとされる。時が経つにつれ、解放区は広がり、勢力のバランスが変わる。ペロンの死後、ゲリラたちはその時が来たと信じ、将軍たちの回顧録によれば、彼らはそれが本当に実現可能だと信じていた。クーデターの後、国が十分な手順を踏まずに戦争を行うことができたときでさえ、ゲリラを打ち破るのには二年を要した。一九七六年から七八年の間に、ゲリラは七四八人を殺害し、モントネーロスだけで二〇〇〇を超える数の「作戦」を行った。

革命がすぐそこの角を曲がったところにまで迫っていると信じていた点ではゲリラも軍も勘違いをしていた。しかし、それは後から振り返ってみるから言えることである。どれくらいその状態に近づいていると感じていたかを理解すれば、政党、労働組合、教会からなるアルゼンチンの市民社会が軍事介入を支持し、警察国家を許容し、軍が展開した特別な手段を自ら、あるいは互いに正当化した理由に納得がいくだろう。そうした手段が何を引き起こすのか、ほとんどの人ははっきりと把握していなかった。軍事政権は非常に効果的にその方法を隠していたからだ。実際、秘密が軍事戦略の重要な部分を占めていた。アルゼンチン軍の作戦参謀は一九七三年にアンデス山脈の向こう側のチリでアウグスト・ピノチェト将軍がクーデターを起こした際、左翼活動家とされた何百もの人を銃殺し、国際的な怒りをかったことから学んでいたのである。

ホルヘ・ビデラ将軍が率いるアルゼンチンの軍事政権は、ゲリラを根絶やしにするには五〇〇〇人を抹殺する必要があり、この規模で民間人を殺害することはキリスト教社会にも、国際世論にも受け入れがたいことであると考えていた。また、ゲリラの非常に効果的な細胞構造を破壊するのに必要な「衝撃と畏怖」をもたらす即時性は秘密作戦でなければ達成できない。つまり、軍事政権の方針は軍の秘密の主要施設の中で拷問と尋問を行い、秘密裡に拘束者を処置するということであった。その人の情報はすべて否認され、彼らは「消される」のである。軍は非常に素早く行動することができたので、ゲリラは進むべき道を見失い、再編成もできず、民間人の中へと消えて行った。一方、軍事政権は、平和と繁栄がもたらされれば、時が経つにつれ、人びとは軍を救世主と思うようになると期待しつつ、国と経済全体の改革を行った。

抑圧は大規模かつ急激に、また秘密裡に行われていた。大部分のアルゼンチン人は何も知らなかったわけではない。ほとんど毎日のように誘拐の報道がされていたのだ。しかし、殺人部隊のトリプルAとゲリラによる暴力とともに何年も暮らしていると、何か新しく組織的なものが進行中であることを把握するのには時間がかかる。

「私は重要な何かが起こっており、多くの人が囚われているということは知っていたが、それがそんな生易しいものではなかったと知ったのは後になってからだった」

ベルゴリオは二〇一〇年にそう振り返っている。

「社会は（一九八〇年代に行われた）軍の指揮官の裁判まで、その全貌を十分に知ることはなかった。（中略）実のところ、私のところに人が連れて来られ、その人を匿《かくま》うということが起こるまで、実際に何が起こっているのかを理解するのは難しかった」

アルゼンチン人が独裁政権の名の下に行われていたことの全貌を知ったのは、それが崩壊した一九八三年以後のことだった。三四〇の秘密拘置施設で電気牛追い棒を使った拷問が日々行われ、囚人は薬物を投与されたり、ヘリコプターから海に落とされたりして殺害された。また、銃殺された遺体は墓標も何もない墓に葬られていた。当時の最も確かな推計によれば、一九七六年から八三年の独裁政権時代に国によって殺害された人の数は七二〇一人、そのうちの七五四人は「失踪」したとされる。独裁政権以前の七年間の一一六七人（半分が失踪、半分が処刑）を加えれば、一九六九年から八三年の間に併せて八三六八人の人が国によって殺されたことになる。活発なゲリラを行っていた者はそのうちの半分より少し多かったが、あとは武器をもたない民間人であった。一番多かったのは十五歳から三五歳の若者であった。[6]

一九七六年から七七年に死亡者数が増えると、「行方不明者《デサパレシードス》」――外国のメディアがスペイン語に残していった何とも気味の悪い言葉――の親族たちは悲しみ、また当惑するなか、警察が発見を妨害していることに気づき、その多くが教会に関心を向けた。司教たちは当初、軍事政権との関係を維持しようとしたが、ごくわずかしか影響力を行使できないことがわかっただけだった。何人かの囚人を解放させることはできたが、国と自らを重ね合わせた数十年の間に生まれた国との関係を維持しようとする教会の方針は軍事政権に正当性を与え、司教たちには臆病者という評判を与えた。この二五年後、アルゼンチンの司教たちはヨハネ・パウロ二世のミレニアム告解のとき、「全体主義体制を受け入れ」、殺害を阻止できなかったことについて率先して赦しを求めた。[7]

後になって考えれば、そう認めたことは正しかったと思えるだろう。しかし、当時は複雑な選択を強いられていたのである。司教たちは拷問が用いられていると聞いて、一九七六年五月にそれを非難する声明を出しているが、その同じ声明がそれを例外的な手段であるとして軍を大目に見る必要を認めていた。当時ラ・ラファエラの若き司教であったホルヘ・カサレットは「(体制側は) 行き過ぎたことが行われていることを人びとに受け入れさせていたが、拷問と失踪という装置が生み出されていたことは決して教えなかった」と語る。一九七七年五月、司教たちはさらに大胆かつ明確に、強い調子で残虐行為を非難する声明を出したが、その声明の翌日にゲリラが壮観な自動車爆弾攻撃で海軍提督を殺害した。「この時、軍の言い草はこうでした。『非難声明を出すときには、今何が起こっているかをよく見なければならない』。これにはひどく精神的な打撃を受けました」

カサレットはそう当時を振り返る。

司教たちも分裂しており、協調した反応はできないままでいた。五七名からなる司教協議会は右派、穏健派、革新派に分裂していた。右派は六人と数としては少なかったが、ラプラタ州とロサリオ州のような比較的大きな司教区をもつ司教たちで構成されていた。また、より重要であったのは、彼らの中に二〇〇人以上の軍付きの神父を管理下に置き、独立した教会裁判権をもつ軍に属す神父がいたことである。軍内の司教であったアドルフォ・トルトロとビクトリオ・ボナミンは独裁政権を民主主義の恐怖からの救いと見なし、それによる抑圧はアルゼンチンを共産主義から救う聖戦と見なしていた。彼らは何が起こっているかを知っていて、それを正当化していたのである。

正反対の陣営には十数人からなる革新派の司教たちがおり、当初から主流派の司教たちに人権を擁護するより強固な民衆寄りの路線をとらせるべく突き上げを行っていた。彼らが率いるのは周縁部の司教区で、その聖職者には「第三世界司祭運動」に属す者が多かったので、多くの同僚たちの前に立ち、抑圧が何を引き起こしているのかを教え、それに反対する意見を述べていたため、その対価を払わされることになる。一九八三年までにそうした司教のうちの三人が不可解な交通事故で死んでいる。どの場合も司教たちは治安部隊からの敵意が高まった状況に直面しており、このうちの二件では携えていたはずの行方不明者についての資料が事故現場から消えていた。

三分の二を占める主流派の司教たちは秩序と平和の回復という点で軍事政権と目的を共有していた。

「〝無機的な〟暴力には〝有機的な〟暴力で対処するしかないと考えていたのです」

カサレット司教はそう振り返る。それが大部分のアルゼンチン人と同様、彼らを軍事政権支持に傾かせ、その手段がもつ残忍性に気づくのを遅らせたのだった。司教たちは当初から拷問を非難していたが、一九七六年から七七年にかけてはその体制と公的には決別しておらず、非難もしていない。この意味において、司教たちは共謀者というよりは傍観者であった。一九八〇年までに独裁政権支持派の司教は教会の要職から外され、司教協議会は積極的に民主主義の回復のために活動するようになっていく。

しかし、一九七〇年代中盤における教会はそれ自体が戦場であった。ベルゴリオがアルペ総長と訪れたこともある北西部ラ・リオハ州の貧しい司教区はその最も明白な例であった。クーデターの直後、ラ・リオハ州の空軍司令はエンリケ・アンヘレッリ司教が政治についての説教をしたと非難し、彼が任命したチャプレンがチャミカル空軍基地に入るのを許可しなかった。アンヘレッリが抗議して基地でのミサを禁止すると、軍の司教ビクトリオ・ボナミンが越権行為で独自に別のチャプレンを就任させた。ボナミンはアンヘレッリ配下の司祭二人の誘拐を手配した軍の上層部と親しかった。数日後、拷問を受け、銃弾で穴だらけにされた遺体が発見された。現場には「不穏分子」の司祭を列挙するリストが添えられ、次の対象であると警告された。

スラム街で貧しい人びととともに働く者は誰でも「左利き《ズルド》」（「共産主義者」）と見なされていたので、クーデター以前にもまして、そうした司祭と修道女が標的になった。「汚い戦争」の間に司祭と修道会のメンバーが約二〇人殺され、八四人が行方不明、七七人が追放され、何百もの一般信徒の活動家が運命を共にした。二〇一〇年、ベルゴリオは司法審理で以下のように述べている。

（当時は）教皇庁が認めていないマルクス主義による解釈（すなわち、マルクス主義のレンズを通した解釈）で神学を構成した者がいました。その一方で、そうでない者もおり、福音の解釈を用いて貧しい人びとの間に聖職者としてあろうとしていました。独裁政権の指導者たちは解放の神学のすべてを悪の根源と決めつけ、アルゼンチンでは他の国に比べてかなり少ないマルクス主義の解釈をする司祭も、貧しい人びとの間で聖職者としての使命のうちに暮らしていた司祭も同じひとつの範の中に入れてしまったのです。[8]

そうした死者のうちの何人かはベルゴリオと関係があった。一九七六年六月四日、聖母被昇天修道会に属すマクシモ神学院の学生の二人がラ・マヌエリータのヘスス・オブレロ教区で制服を着た警備員によって拉致された。この警備員はモントネーロス付きのチャプレンをしていたことのある「第三世界司祭運動」の司祭ホルヘ・アドゥール神父を探していたという。一か月後、パロッティ会アイルランド支部のメンバー五人がブエノスアイレスの聖パトリシオ教会で惨殺された。そのうち、神学生のエミリオ・バルレッティはマクシモ神学院の学生であり、アルフレード・ケリー神父はベルゴリオの霊的指導を受けていた。

イエズス会はラ・リオハ州では大きな存在であったので、七月、アンヘレッリ司教配下の司祭二人の拷問の痕のある遺体が線路のそばに仰向けに横たわっていたことはすぐにベルゴリオに知らされた。また、同じ頃、カトリック信徒の労働者が子どもの目前で射殺されている。アンヘレッリは多くの人から次は危ないと言われていた。一九七六年八月四日、殺された二人の司祭のために開いたミサからの帰りにアンヘレッリ司教が道に放り出されたとき、ベルゴリオは国外にいた。車の後部座席には二人の司祭を殺した犯人の名前を挙げた証拠資料があったが、現場からはもち去られていた。アンヘレッリが撲殺されたことは明らかだったが、その死は不測の事故によるものと報じられた。ベルゴリオはすぐに帰国の途についたが、報道が事実ではないことはわかっていた。

教皇となってのち、彼はアンヘレッリ司教殺害の容疑で二人の上級将校を告発する助けとなった文書を提供している。[9]

＊＊＊＊

「汚い戦争」の間、ベルゴリオには管区長として二つの目的があった。それはともにローマにいるイエズス会総長が命じたことだったが、ひとつはイエズス会士を守ること、もうひとつは抑圧された犠牲者を助けることだった。この二つの目的は明らかに相反するものだった。国が捜索する危険分子をイエズス会管区長が支援しているとなれば、イエズス会すべてが疑われることになる。それは綱渡りであったが、ベルゴリオはうまくやってのけた。アルゼンチンのイエズス会士はひとりとして「汚い戦争」で命を失うことはなく、ベルゴリオは多数の人の命を救うことができた。彼がしなかったことは公然と体制に反対意見を述べることであった。しかし、目的を犠牲にすることなく、やっとのことでそれをやってのけたが、はっきりと得たものは何もなかった。

うまくできた理由は主として二つあった。

ひとつは彼が広く深い人脈をもっていたことであった。人脈の中心は免職させられていたペロン主義者たちだったが、軍だけでなくモントネーロスとも接触をもち、海軍司令のエミリオ・マッセラ提督にも伝手《つて》があった。より重要だったのはアルゼンチンの軍人たちに影響力をもつ上級イエズス会士エンリケ・ラーへ神父や、マクシモ神学院に住む三人のイエズス会士の軍のチャプレンから信頼を得ていたことである。また、穏健派と進歩派に属す司教たちや、アルゼンチンでのバチカンの代理人であるピオ・ラギ教皇使節ともよい関係を保っていた。そして、アルペ総長に親しい管区長として、イエズス会本部を通して教皇庁と連絡をとることもできたのである。

もうひとつの理由は、手のうちを隠して勝負をする彼の才能である。独裁国家から逃げている人を多数、マクシモ神学院という軍付きのチャプレンや周辺にいる兵士の鼻先で匿うなどという驚異的な芸当をうまくやってのけることができるのはベルゴリオのように語り草になるような不可解さをもつ者だけだ（チャプレンたちはそうした逃亡者の存在に全く気づいていなかった）。彼らは「学生」あるいは「黙想者」としか思われておらず、この逃亡者たちの多くを空港や駅に車で送っていたベルゴリオの秘書でさえ、彼らが何者なのか知らなかった。そのため、誰の逃亡を助け、その数は何人だったのかを厳密に言うことができるのはフランシスコ教皇だけなのである。裁判での証言における曖昧な言及と二〇一〇年に『イエズス会士』としてまとめられたインタビューの中で、マクシモ神学院に人を匿ったと発言したことを除いて、彼はその詳細をほとんど明かしていない。

ベルゴリオが教皇に選出されるまで、彼に助けられた人のほとんどが自らも沈黙することで彼の沈黙を尊重していた。しかし、二〇一三年三月、ベルビツキによる告発の不公平さに憤り、彼らのうちの多くが名乗りでなければならないと感じ、あるいはジャーナリストに嗅ぎつけられるなどして過去を明かした。この話に最も驚かされたのは当のアルゼンチンのイエズス会士たち、特に当時マクシモ神学院に住んでいた者たちだった。ベルゴリオは何も明かしていなかったのだ。イエズス会士たちがなぜ謎めいた表情で知られるダ・ヴィンチの「モナリザ」の絵に付けられた題である「ラ・ジョコンダ」を彼の綽名としたのかはこうしたことから容易にわかるだろう。

すべての物語が知られているわけではないとしても、特に一九七六年から七八年の間にベルゴリオがどのようにして多くの人を救ったのかをはっきり描き出すのに十分なだけの元逃亡者たちの証言はある。彼らはマクシモ神学院に匿われ、イエズス会が取り仕切っている国際的なネットワークを通して海外に脱出した。そのほとんどはまず隣国ブラジルまたはウルグアイへ行き、そこからヨーロッパへ渡っている。ベルゴリオは逃亡者たちの多くを自ら迎えに行き、ときには数週間から数か月マクシモ神学院に住まわせ、偽造の身分証明書を手配して、空港に送り、飛行機に乗るまでを見届けたという。

二〇一〇年のインタビューでベルゴリオは「かなり私に似ていたから」ある青年に自分の身分証明書と祭服を与えて、ブラジル国境の町フォス・ド・イグアスから密出国させたこともあったと語っている。[10]

ベルゴリオは何人かを船でウルグアイに出国させたが、一番よく使ったのは古きイエズス会の宣教地グアラニ族が住むブラジルとの国境地帯を越えさせるルートだった。逃亡者たちはアルゼンチン北部のミシオネスまで行き、そこで宣教師たちがプエルト・イグアスからパラナ川を船で渡らせる。向こう側ではブラジルのイエズス会士が待っており、リオデジャネイロで匿われる。ヨーロッパ行きのための資金と航空券が手配され、安全なときを見計らって飛行機に乗せられた。この行程のそれぞれの段階に関わる人はそれぞれ、バスの行程、宿の手配、書類の準備など、自分が責任をもつ部分のことしか知らなかった。それは捕まったときに備えてのことだった。

この精巧にして大胆なネットワークは、当時南米大陸の南半分にあったアルゼンチン、ウルグアイ、ブラジル、パラグアイ、チリのすべての軍事独裁政権が相互に近隣諸国から逃げてきた「危険分子」を捕らえて引き渡すという、いわゆるコンドル条約に合意していたことを考えれば、なおのこと注目されるべきである。南米のイエズス会士たちが対ゲリラ活動での協力関係を国境を越えた難民脱出ネットワークにどのように反映させていたかはこの時代の語られていない大いなる物語のひとつなのである。

＊＊＊＊

軍がイザベル・ペロンを退陣させた一九七六年三月二四日、ベルゴリオは管区本部をボゴタ通り三二七番からマクシモ神学院に移動させているところだった。召命者の数は増えており、ベルゴリオはこれについて「管区長が養成の家の近くにいるのが正しいことのように思えた」とアルゼンチンのサレジオ会院長カエタノ・ブルーノ神父への一九九〇年の手紙で説明している。会士養成はベルゴリオの主要な優先事項であることに変わりなく、彼は学生たちの近くにいる必要があった。

クーデターは長く予想されていたことだったとしても、イエズス会ではその日にそれが起こるとは思っていなかった。頭上でヘリコプターが鈍い音をたて、戦車が道を封鎖し、兵士たちが街路を駆け足で移動している中、会士たちは家具や書類のファイルをバンに運び込んでいたというわけである。

新しい軍政府は「国家再編プロセス」と呼ばれるものを発表した。アルゼンチンでは単に「プロセス《エル・プロセーソ》」として知られていた。そこで謳われていることのいくつかは馴染みのあるものだった。議会と裁判所は閉鎖され、政治活動は停止され、ストライキは禁止された。しかし、新たなことも多かった。今回の軍事政権は陸海空三軍の長がそれぞれを代表して指揮をとり、閣僚ポストが各軍の間で分配された。軍最高司令官ホルへ・ビデラ将軍が大統領であったが、海軍司令エミリオ・マッセラ提督と空軍の長オルランド・アゴスティ准将に相談することなく、重要な決定を下せないことになっていた。また、社会統制の度合いも違っていた。新聞編集者は言われたことだけを発表し、テレビ局はすべて国の管理下に置かれた。

新しい政府が目指したことは「国家統合の基礎となる重要な価値観を回復すること」であり、その日のうちに発表された声明によれば「破壊活動を根絶し、経済発展を促進すること」であった。経済計画は貨幣供給量を操作することによるショック療法で、緊縮財政を敷き、賃金は凍結、市場を解放して外国との競争に入ったが、機能しなかった。当初の高成長と投資の激増の後、アルゼンチンは再び経済危機に陥った。今度は失業者の急増に見舞われる。

しかし、その時までにアルゼンチンの国は不気味な政治的な沈黙の中に埋葬されてしまっていた。その墓の中からいくらかのアルゼンチン人が這い出てくるのはようやく一九七八年になってからであった。その前年に大統領官邸の前で悲しみの通夜を開始した行方不明者《デサパレシードス》の親族たちに勇気づけられてのことだった。白いスカーフを被り、いなくなってしまった自分の子の写真をもつ「五月広場の母」が兵士たちの無愛想な視線の中で絶えることなく広場を回る姿が世界の注目を集めた。その時までに軍事政権はその指導者を変え、新しい指導者は一九八二年、アルゼンチン南岸沖のイギリスが支配する島に侵攻することによって国民の注意をそらそうとした。その後のフォークランド紛争（マルビーナス戦争）での敗北は一九八三年の独裁政権崩壊と民主国家の回復をもたらした。

＊＊＊＊

一九七六年、マクシモ神学院に腰を据えるや、ベルゴリオはイエズス会士の学生養成プログラムを改革し始めた。それは長年の混沌と実験と分裂の時期を経て、管区を再建するというより広い戦略の重要な要素であった。

その年、喜ばしいことに新入生の数が好転した。ベルゴリオはこのとき、新入生がこの管区において、魂の交わり、相互信頼、使徒としての熱意、従順の結果として慰めの精神を見出すことが極めて重要であると語った。イエズス会の庭にいる蛇は「ある種の前衛主義運動」であり、悪魔の最も巧妙な手口は、教会それ自体が（イエズス会士による）救いを必要としていると彼らに信じさせることであった。この誘惑の背後には、教会に存在する神の力に対する信頼の欠如があった。ベルゴリオは「誘惑されるイエズス会士がいれば、誘惑される共同体もある」と指摘し、紛争が結束よりも重要とされているとき、部分が全体よりも重要とされるとき、現実よりも個人の考えが重要とされるときを注意すべき徴候として挙げた。

ベルゴリオにはこれらの誘惑と戦う三つの戦略があった。ひとつは学習プログラムの見直しである。教養課程（一年から二年、芸術と人文科学についての基礎を学ぶ）を再導入し、ブルーノ神父への一九九〇年の手紙に「ヘーゲルを研究することから始める（原文のまま）〝カリキュラム〟と呼ばれている哲学と神学のごたまぜ」と表現されていた課程を置き換え、哲学と神学の課程を以前のように別のものにした。ベルゴリオの新しい教養課程は学生たちを外国のやり方ではなく、イエズス会とアルゼンチンの伝統に根づかせる機会だった。そこでの勉強にはヨーロッパの古典だけでなく、「エル・ガウチョ・マルティン・フィエロ」からボルヘスまで、アルゼンチン文学の講座も含まれる。歴史の学習は修正主義的なもので、自由主義的な歴史は無視あるいは軽蔑の対象とされ、アルゼンチンの過去におけるカトリック教会、スペイン、初期のイエズス会といった要素を再び学ぶようになった。ベルゴリオはイエズス会士が高尚な文化だけでなく、民衆の宗教伝統を尊重するようになってほしいと思っていた。鉄道と電信のことと同じように、ガウチョや軍事独裁者《カウディージョ》のことを知ってほしかったのである。

　二つ目のポイントは地元の人びとの間での奉仕活動であった。この計画はこの後、マクシモ神学院が学生で一杯になっていくにつれ、一〇年以上にわたって目覚ましい発展を続けていくことになるが、同時にイエズス会内に彼への反発を引き起こすことにもなった。その対立は一九八〇年代に頂点に達した。ベルゴリオはブルーノ神父への手紙でこの時のことを以下のように振り返っている。

> 　サンミゲルに移ったとき、私は周辺の地区に司牧的なケアが欠けていることに気づきました。私はそれが気になって仕方なかったので、みんなで子どもたちの世話を始めました。土曜日の午後、子どもたちに教理問答を教え、その後、彼らはそのままそこで遊ぶというようなことでした。私は気づかされました。イエズス会士であると明言している私たちは子どもたちと教育を受けられな

かった人たちにキリスト教の教えを教えるために誓願をしたのだということに。そして、私も学生たちといっしょに子どもたちに教え始めました。それは大ごとになっていきました。私たちは地域に五つの教会を建て、土曜日の午後と日曜日の朝に地域の子どもたちの教育を非常に組織的な形で整えていったのです。これはすぐさま、非難されるようになりました。イエズス会本来の使徒としての務めではない、会士養成を「サレジオ化」（原文のまま）していると言われたのです〔サレジオ会は青少年の教育を活動の中心としている〕。

周辺地域での週末宣教における貧しい人びとへの具体的な奉仕活動はイエズス会士の学生を「神の聖なる忠実な人びと」と結びつけ、彼らを現実から離れさせないようにした。ベルゴリオは当時、ある講話で「忠実な人びとは具体的なことを私たちに頼んで、私たちをくたびれさせる。人間というものは自分の気持ちの中では自分が王であり、支配者だ。自分の空想世界を育てるばかりの者は皆、今ここで急を要するものが何なのかを感じられるようには決してならない。しかし、教区での聖職者として仕える私たちの務めはそれとは逆のことなのだ」と説明している[11]。

養成改革の第三のポイントはイグナチオの霊性を深めることであった。それはかつてフィオリート神父の指導の下で行われたことであった。フィオリート神父は修練者たちとともにバリラリ地区に住み、イエズス会士であるなしを問わず、大学の多くの学生の霊的指導者となっていた。当時、雑誌『霊性会報』に発表されていたベルゴリオの講話や著述の多くは、イグナチオの識別の上級クラスの講義であった。その多くはイエズス会の中における教会の権威の拒否と分裂に導く巧妙な誘惑を関心としている。彼は特にパウロ六世の『福音宣教』を用い、教会の権威を拒否して、観念的になっている「基礎共同体」の出現を嘆く（「牧者としての務めの中でこの地域で罪を犯してきた時のことに赦しを請いながら、しばし主の御前で苦しむことはよいことなのかもしれない」とベルゴリオは言っている)[12]。しかし、引用の大部分はイエズス会を分断しようとする悪魔の多くの巧妙な試みと戦っている聖イグナチオ自身の著作、特に『霊操』からのものである。

ベルゴリオが管区長としてイエズス会士たちに語った講話の中で、管区の課題とみなしたことは国と教会全般においてうまくいっていなかったことに対する彼の見解と混ざり合っていた。アルゼンチンのキリスト教は暴力を伴う観念論の人質にされていた。この時代はゲリラたちの革命志向のメシア待望論の誘惑とカーキ色の制服を着た男たちの反共聖戦運動に圧倒されていたのである。そして、その結果は悪魔的だった。キリストの体である教会は世俗の方針に沿って分割され、イエズス会などの修道会はメンバーの減少あるいは解散の憂き目を見た。アルゼンチンでイエズス会を改革するに際して、ベルゴリオはイエズス会士が世俗的な枠組みのすべてを放棄することを望んだ。「周縁の人びと」によって、貧しい人びとが聖職者に求めることによって形づくられるものになってほしいと思っていたのである。

このとき、ベルゴリオはイヴ・コンガールによる一九五〇年の文章「教会における真の改革、偽の改革」の英知に倣った。そこでは真の改革は中心を形づくることを許された周辺から生まれるとされていた。「教会内の成功した改革は、神聖さを求めつつ、司牧的観点において魂の具体的な必要への関心をもってなされたものであった」とフランス人ドミニコ会員コンガールは記している。改革を台無しにし、分裂と分立へ導くのはイデオロギーであり、一部の価値が絶賛され、それ以外を悪者にする部分的な解釈であった。第二バチカン公会議以後のイエズス会における変化は「偽の」改革の徴候すべてを示していた。それは少なからず、(右派も左派も)世俗的なイデオロギーとの連帯の強さを競っていたからと言える。真の改革とは源泉に戻ること、カトリックの基本的な伝統を再確認することであった。

このベルゴリオの講話は彼がイデオロギーという誘惑を防ぐ二つの有力な予防薬を開発していたこ

とを示している。ひとつは「神の聖なる忠実な人びと」という考えである。コンガールによれば、神の権威が識別されるのはエリートの機構の中ではなく、平凡な信仰篤い貧しい人びとの中ということになっている。もうひとつは統治についての「キリスト教における原則」、すなわち、一連の識別の基準によって捉えられる一種の知恵ある英知である。一九七四年の管区会議での演説では「対立より一致」「部分より全体」「空間より時間」という三つの原則が示されていた。一九八〇年までに反イデオロギーの第四の原則として「思想より現実」がそれに加えられた。こうした原則は聖イグナチオの初期の仲間、パラグアイの宣教師、さらには十九世紀の軍事独裁者《カウディージョ》ロサスといった様々な理想の人物や、彼が「われわれが信仰篤い人、神の民である人びとと呼んでいる人びとの特別な知恵」と呼んでいるひとつの大きな源泉から紡ぎ出されたものであった。[13]

ベルゴリオはこの四つの原則のことを「和解がそのまわりを回る軸」と言っている。これ以降、この原則は彼の著述とスピーチの中にしばしば現れるようになり、教皇フランシスコとしての初めての著作『福音の喜び』が二〇一三年十一月に刊行されると世界中の人びとと共有されるようになった。

一九八〇年の講話ではエリートの計画は「自分たちの兄弟姉妹の決断を下す力、ものごとを前に進める力、自らを律する力、つまり自分たちで制度を作り上げる権利を認めない」と主張している。エリートたちは「何か実態のある組織を作ろうとするのではなく」、「自分たちの特権的な力を保とうとする」。その権力は神の力と違って、分裂する。そして、神の統一させる力はエリート集団の枠組みの外、すなわち神の忠実な人びとのうちにあるとされている。

復古主義者と理想主義者、保守派と革命家は常に権威を得るために戦い、支配するために戦い、制度を運営するために戦っています。そのまま議論を続ければ、結末は二つしかなくなります。私たちのもつ機関は復古のための研修会か、人間味のない実験場になるしかなくなるでしょう。一方、そうした議論で時間を無駄にしているとき、私たちは神の忠実な人びとが本当の運動を続けていることを見ていません。効果的権力、知恵、本当の問題、深刻な苦難といったものすべてはこの人びとと共に進んでいくのです。そして、そこにも救済の運動はあります。それゆえ、復古主義的で理想主義的なイデオロギーを唱導する者はいつものように、本当の前進の汗の匂いを嗅ぐことができず、取り残されるのです。彼らはエリート意識の中で孤立し、陳腐な灰色の漫画本の物語にしがみつく。このように彼らは神が私たちを救い、私たちのために体や機関をつくる歴史の進展に加わることができないのです。神の力は人間をひとつの体とするために歴史に介入するのです。[14]

＊＊＊＊

聖イグナチオ・ロヨラの金言「愛は言葉よりも行為において示される」は「汚い戦争」の間のベルゴリオのことを特によく言い表している。彼の沈黙はただ用心のためにそうしていたわけではなく、単なる彼の性格ゆえというわけでもなかった。彼の目的には沈黙が重要な鍵となっていたのである。イエズス会士たちは監視されていた。電話は盗聴され、郵便物は調べられた。そして、管区は教会と国にある対立をそのまま映し出していた。ゲリラに共感するイエズス会士もいれば、軍に自らを重ね合わせる会士もいる。この二つの間に位置する多数の会士はそれぞれ急進党、自由主義、ペロン党に共鳴していた。

マクシモ神学院の中、あるいは近所に住んでいた三人のイエズス会士の軍付き神父は管区長であるベルゴリオには従順でいなければならず、彼のことを信頼していた。彼らからもたらされる内部情報と彼らのもつ兵士たちへの影響力によって、計略を用いる余地が生まれていた。標的にされる危険がある人に警告を与え、連れ去られた人びとについての情報を得ることができた。たとえば、ユース・センターのトタン屋根の部屋で暮らしていた同僚のイエズス会士フリオ・メレディスには空軍の危険分子リストに載っていると伝えた。

「マクシモ神学院の中に住むようにと彼に言われました。私は学院へ行って隠れました。それで死なずに済んだのです」

メレディス神父はそう振り返る。

ベルゴリオはかなりの危険を冒すこともあった。たとえば、一九七七年には、科学研究所で働いていたときの上司、エステル・バレストリーノ・デ・カレアガの家にトラックで行き、マルクス主義関連の本を書斎から学院に移して隠した。当時、その娘アナ・マリアは監視を受けていた。そして、もうひとりの親しい友人である人権派の判事アリシア・オリベイラを定期的に隠れ場所に迎えに行き、ブエノスアイレスのサルバドール学院で彼女の幼い子どもたちに会わせていた。

オリベイラは当時、ベルゴリオの考えと行動に貴重な窓口を提供していた。彼女は反聖職者の左派ペロン主義者で、三児の未婚の母であり、アルゼンチン初の刑事訴訟担当の女性判事であった。ベルゴリオとは一九七二年、彼が管区長として法的なことで相談に訪れたときに出会った。互いに波長が合うと感じ、二人は友人同士となった。オリベイラはベルゴリオを最初に告発したエミリオ・ミニョーネとともに「社会・法律研究センター」を創設した人物でもあった。この組織は一九七五年には人権問題監視組織として治安部隊をますます苛立たせるようになっていた。クーデターの噂が広まり、彼女の安全を懸念したベルゴリオは彼女に学院内で暮らすことを提案すると、彼女は笑ってその申し出を断わり、「司祭たちと暮らすくらいなら牢獄の方がまし」と言ったという。

クーデターの後、彼女はイデオロギー的に不適当と見なされ、裁判所での職を失った（このときベルゴリオは匿名で彼女の判事としての資質を称えるメッセージを添えて花を贈った。彼女は手書きのカードから贈り主がわかったという)。その後まもなく、社会・法律研究センター事務所が急襲され、彼女は友人の家に下宿して隠れるが、子どもたちは他の人のところに預けた。ベルゴリオは週に二回、学院に彼女を連れて来て、子どもたちに会わせていた。そこで彼らは軍隊が敵味方を見分けるときに用いる恐るべき論理について話し合い、軍事政権には政治的関与、社会的関与、宗教的関与の間を区別する能力がないこと、また、解放の神学の中に様々な種類があることなどわかりようがないなどといったことを論じ合った。

オリベイラはまた、ベルゴリオの直接の不安がイエズス会士たち、特にゲリラとその前線基地がある貧困地区にいる会士たちの安全であることを理解していた。ベルゴリオはヨリオとヤリクスが拉致された一九七六年五月の前にも後にも抑留者を見つけ出すために努力していたことを彼女に打ち明け、サンミゲルのイエズス会の黙想の家や五月広場の近くにあるイエズス会の聖イグナチオ・ロヨラ館で開かれる逃亡出国者たちの送別昼食会にも彼女を招待している。

「誰かが国から出なければならなかったときには必ず昼食会がありました。彼はそれを決して忘れることはありませんでした」

オリベイラはそう振り返る。

一度捕まってしまった人を軍の魔手から救い出すことはほとんど不可能だったが、ベルゴリオは幾度かそれに成功している。そのうちのひとりはファン・カルロス・スカンノーネ神父の学生であった。彼が拘束されている場所を突き止めたベルゴリオはそこの指揮官に彼が無実であることを納得させた。しかし、そのアルバネシという姓の青年は拷問を受けており、さらに悪いことに、拷問した者の顔を見てしまっていた。指揮官はそれが意味することをベルゴリオに伝え、解放はできないと告げた。スカンノーネは振り返る。

「ベルゴリオは罪のない人を殺すことは重大な罪であると彼に語りかけ、『地獄があると信じているなら、あなたはある重大な罪で地獄に送られることになると知っておかなければならない』と言って、その青年の命を救ったんです」

もうひとつの救出例は一九六〇年代後半にマクシモ神学院で信徒として神学を学んでいたセルヒオ・グロブリンであった。ベルゴリオは一九七五年に彼の結婚式の司式をし、妻のアナとともに教師をしていた貧困地区を一度ならず訪れていた。セルヒオが一九七六年十月に拉致されたあと、ベルゴリオはアナのために隠れ家を見つけ、精力的に解放のために活動した。十八日後、解放に成功したが、その時までにセルヒオはひどく殴られており、一か月ほど入院する必要があった。

ベルゴリオはセルヒオを病院に見舞い、出国するよう夫妻に話し、イタリアの副領事が助けてくれると告げた。

「私を解放し、無実であることを示すためにしたいろいろなことについて話してくれました。そのために軍の上層部のいろいろな人とも会う必要があったのだそうです」

セルヒオ・グロブリンは振り返る。

「神父が出国を言い続けたのはそういうわけがあったのです。彼は軍の他のグループが私を探しているということがわかっていたんです」

夫妻はイタリアのフリウリに移り住んだ。ベルゴリオはローマを訪問した一九七七年に彼らを訪ねている。

当時マクシモ神学院の神学生だったミゲル・ラ・シビータはグロブリン解放のための会談のひとつにおいてベルゴリオ管区長が果たした効果について証言している。

モロン空軍基地から来た軍の将校と（ベルゴリオが）会ったとき、私もそこにいました。オフィスに何か食べ物をもってくるようにと言われたんです。（ベルゴリオは）「あの子を出してくれ」と将校に話していました。会談が終わると、ベルが鳴り、盆を下げるために呼ばれました。私が入っていくと、神父は私に将校を見送るように言いました。これはただならぬことだと私は思いました。神父はいつでもお客さんのことはご自分で見送られていたからです。将校を見送った後、盆を下げるためにオフィスに戻ると、神父は吐いていました。「あの種の人と話し終わると、吐きたくなるものだね」と言ってから、こう言いました。「これはチェスをしているようなものだ。ひとつ間違えば、だめになってしまう」。そして三日後に、本当にひどく殴られたセルヒオが現れたんです。

ラ・シビータは〝キケ〟・マルティィネス・オッソラとカルロス・ゴンザレスと並んで、ラ・リオハ州から来てマクシモ神学院で勉強していたアンヘレッリ司教の神学生の三人のうちのひとりだった。一九七五年、ベルゴリオは彼らが軍部から疑いをかけられるようになったので、学院で勉強を終わらせるようアンヘレッリと話をつけたのである。

アンヘレッリの不審な死のニュースを聞いたベルゴリオは、中央アメリカでの管区長会議を途中で切り上げ、数日後の夜遅くに学院に戻った。彼がその三人の神学生のところに真っ直ぐ向かうと、彼らは取り乱し、怯えていた。

「足音を聞いたときには恐怖で死ぬかと思いましたよ」

ラ・シビータは振り返る。

「私たちはどうしたら逃げられるかをすでに考え始めていました。そこに、彼がドアをノックして『ホルへだ。怖がらなくても大丈夫だ』と言ったんです」

ベルゴリオは彼らを元気づけてから一連の指図を与えた。常にいっしょに移動すること、大階段は使わず、エレベータを使うこと、そして、知らない人を見かけたら、指定しておいた部屋へ行き、自分に電話で知らせること――。

彼らの安全のために、ベルゴリオはサンミゲル地区での使徒職の務めに加わらせないことにし、別の仕事への協力を求めた。彼らはそれが逃亡者を隠すための活動だとすぐにわかった。

「私たちは学生か黙想中の若者としてそこにいた人たちの世話をする手伝いをしていましたが、その人たちは迫害から逃げている人だと思っていました」

キケはそう語る。三〇人ほどが隠れていたこともあると彼は記憶していた。ベルゴリオに質問してはいけないと言われていたので、その人たちについて多くのことはわからなかったが、リオハの若者たちはうまく対処した。ラ・シビータは言う。

「学院内のどこどこにいる誰々のところへ食事をもっていけと言われれば、それをもっていくというだけでした。その場所は沈黙の黙想をしている人が泊まるところで、ふつう人が入ってはいけないとされている場所でした。ひとつの階全体がその部屋になっていました。実際に黙想のためにいる人たちが片側にいて、もう片側が隠れている人たちでした」

逃亡者のうちの多くはパラグアイ人とウルグアイ人であった。ゴンサーロ・モスカはウルグアイの独裁政権から逃走中の過激派で、ブエノスアイレスに逃げてきたが、彼を逮捕するよう命令を受けていた警察に発見された。彼にはアルゼンチン管区にイエズス会士の兄弟がおり、その兄弟に電話をし、そこから管区長のベルゴリオのところに連絡が来た。ベルゴリオはブエノスアイレスの中心地区でモスカを拾い、車でマクシモ神学院に連れて来た。モスカには「止められたら、黙想会に行くところだと言いなさい」と言い含めておいた。モスカは四日間、学院にいた。ベルゴリオは毎日午後に彼の部屋にやって来た。手にはいつもラジオとボルヘスの物語をもっていた。プエルト・イグアスへの飛行機が手配され、「ホルヘ神父は空港まで一緒に行ってくれただけでなく、実際に飛行機に乗るところまで見届けてくれた」とモスカは語る。プエルト・イグアスでパラナ川を渡り、その後は彼のために書類やヨーロッパ行きの飛行機を手配して待っているブラジルのイエズス会士が彼の面倒を見た。モスカはこの時のことを振り返ると、彼の勇気に驚くばかりだという。

「もしいっしょに捕まっていたら、おしまいだったでしょう」[16]

ラ・シビータはパロッティ会の神父たちを殺したことを批判する説教をして「伝統と家族と財産」という右翼団体に脅かされていた司祭を管区長が連れて来たときのことを忘れていない。

「ある日、昼食前にホルヘ（ベルゴリオ）がやって来て、ビセンテを逮捕せよと言う命令が出ているから、彼を国外に出さなければならないと私たちに言いました。その命令を受けた者は四八時間はそれを実行しないが、その後は命令を執行するというのです。そして、ビセンテをウルグアイに出国させなければならないと言いました」

　こうした活動は軍付きの神父の鼻先というだけでなく、軍そのものの鼻先で実行されていた。マクシモ神学院の近くにも軍の基地はあった。一九七七年から空軍が大学の敷地内に測候所を置いていたのである。そして、鉄門の外にはパトロールする兵士がいた。兵士たちが近くに宿営したり、この地区で作戦が行われることもあった。当時イエズス会の修練者であったアンヘル・ロッシは、一九七七年に銃声を聞いたと言う兵士たちが修練院を急襲してきたときのことを覚えていた。施設はマクシモ神学院から二つ、三つ通りを隔てたところにあった。部屋が引っかき回される間、修練者たちは銃を突きつけられて壁を向かされていた。

マクシモ神学院そのものは決して急襲されなかったが、ある夜、非常に近くまで迫ってきたことがあった。一九七七年の年末、二〇人ほどの兵士が鉄門を通り抜け、トラックで学院を取り囲んだのである。「解放の神学」の神学者と見られ、それゆえ容疑をかけられていたスカンノーネ神父は、外の回廊に軍靴の音が聞こえたとき、生きた心地がしなかったという。しかし、兵士は部屋には入ってこなかった。ベルゴリオは穏やかに、しかし強い印象を与える確かさで、学内にいる権利はないのだから兵営に戻るようにと兵士たちに言ったのである。そして、彼らは去っていった。

学内には軍付きの神父を含む三〇人ほどの司祭の集団があり、独裁政権に共感する保守的なイエズス会士と見られていた。「第三世界司祭運動」の司祭たちと繋がっていたヨリオのような教授たちは排除され、教職員は一九七六年までにしっかりとヘラ神父とスカンノーネ神父による反マルクス主義の「民衆の神学」の陣営に組み込まれていた。しかし、政治的緊張は未だに強く、用心する雰囲気が教室にも広がっていた。ラ・シビータはあるとき、ヨハネの福音書のマルクス主義気味の箇所に神学の授業で言及した後、呼び出され、その教授にこう言われたという。

「いいか、ミゲル。それについて話したいときは私の部屋に来なさい。私も君と同じ考えだが、教室では気をつけなければいけない。密告者《ボトーネス》がいるからね」

ラ・シビータはベルゴリオのことを「ウナギ」と表現した。「あの状況をうまく操作する驚くべき能力があったから」だという。

ベルゴリオが二〇一〇年の司法審理でした証言によれば、「ことを起こすかもしれない人たち」のところへ行っていたが、「人権保護団体と繋がりのある人もいれば、ない人もいた」という。そして、「警察と軍に繋がっているだろうと思っていた司祭」のところにも行っていたという。それが誰であったか言うよう何度も要求されたが、当時枢機卿だったベルゴリオは名を挙げることは避け、「友人」、「知人」と答え、その後に「イエズス会士」「一般の信徒」「イエズス会士の友人」などと付け加えた。

ベルゴリオがエミリオ・マッセラ提督と接触できたのはサルバドール大学（USAL）にいた元「鉄の番人《グアルディア》」のリーダーを通してのことだった。マッセラはペロン将軍が死ぬ前に海軍司令に任命されていたが、ペロン党の指導者としてペロンの後継者になるという政治的な野心をもっていた。一九七六年から七七年にかけて、彼は政治的な基盤を固めるためにペロン党のかつての指導者たちを取り込もうとした。その中にサルバドール大学の学長フランシスコ・〝カチョ〟・ピニョンがいた。ピニョンはその試みを利用して、大学とその人員を守るための合意をマッセラから取り付けたのである。代償はサルバドール大学からの演説要請で、マッセラは一九七七年十一月二五日には同大学から名誉学位を授与された。その席にイエズス会の代表としてマクシモ神学院院長のビクトル・ソルシン神父が出席していた。

元グアルディアの指導者たちの中には後にマッセラ側に引き込まれてしまった者もいたが、ピニョンはそうではなかった。彼はその日の講義で詳しく聞かされた提督の退屈な政治理論にベルゴリオと同じように共鳴することはなかった。名誉学位は純粋にサルバドール大学を守るためのものであった。「ベルゴリオは大学を独裁政権の〝干渉〟から守ることがママゴト遊びではないということをよく理解していた」と元グアルディアのフリオ・バルバロは言う。ベルゴリオはイエズス会のためにも同じことをした。一九七〇年代にマクシモ神学院で学び、時折ベルゴリオの運転手をしていたイエズス会の神学生ミゲル・モム・デブッシーによれば、学院のそばの測候所は財政上の出費が嵩むので売却したいとベルゴリオがマッセラにもちかけたという。結局、この取引は成立せず、測候所は空軍が買い取るという結果になったが、その会談をきっかけに繋がりは活発になった。「学生と修練生を守るためだった」と後にイエズス会を離れたデブッシーは語った。

マッセラは独裁政権の崩壊後、「汚い戦争」で担った役割ゆえに終身刑という末路を辿る。ベルゴリオが彼と会っていたという事実は左派によって元管区長が「協力者」であった証拠とされた。しかし、アリシア・オリベイラなど彼と当時親しかった人びとが指摘しているように、ベルゴリオは独裁政権の国家安全保障イデオロギーにもモントネーロスのマルクス主義的国家主義イデオロギーにも、それぞれカトリックという衣服をまとっていたが、同じくらい呆れていた。しかし、その一方で、ベルゴリオは人の命を救うものであれば、何とでも関係をもっていた。

そうした関係なしにはいかなる目的も達成することができなかっただろう。教皇使節がビデラ将軍と昼食をともにしたのも、司教評議会の議長がマッセラ提督のために一九七七年にパウロ六世との謁見を手配したのも同じ理由からだった。後になって、多くの人が「司教たちはそうするよりも、はっきりと意見を述べるべきだった」と非難した。司教たちはそうした関係を保つことで「より多くの命を救えたのだ」と言った。どちらにも言い分はあるのだろうが、一九七六年から七七年において、独裁政権はまだ民衆の支持という正当性を保っており、人びとが最も気にしていたのは「ゲリラと関われば逮捕される」ということだった。当時は司教たちに体制を批判する声明を出すよう要求する人など誰もおらず、何百という人が個人的な伝手を使って当局に助命嘆願をしてほしいと司教たちに頼んでいたのである。体制側は表向きそれを拒否していたので、そうした主張は表立ってはできなかった。

救われた命はすべて貴重であるにはちがいないが、全体として見れば、結果は不十分だった。一九七七年、教皇使節ピオ・ラギは軍の各部門が問い合わせをたらい回しにしていること、失踪事件の犯人を特定するのはほぼ不可能であることを米国の外交官に嘆いている。司教たちは何千ものケースについて説明を求めたが、情報が得られたのはほんの二、三〇のケースだけだったとラギは述べている。行方不明者《デサパレシードス》を探し出すことも簡単な作業ではなかった。囚われて二週間は警察署か軍の基地におり、嫌疑をかけられた容疑にしたがって「分類」されたが、その間に所在が確認できれば、救い出すチャンスがあった。しかし、秘密の勾留施設に送られてしまうと、救い出す見込みはほぼなくなる。最大の勾留施設であった「エスマ」（ＥＳＭＡ）と呼ばれる海軍工科学校に五〇〇〇人の囚人が送られたとされ、そのうちで生き残ったのは（ヨリオとヤリクスを含む）数百人だけだった。後に生存者がそこで起きていたことを語ったとき、軍がなぜ彼らを生かしておくつもりがなかったのかが明らかになった。

グロブリン、アルバネシ、ヨリオとヤリクス、それにあと二人くらいの人を別にすれば、ベルゴリオはこの虐殺の被害者を救出することに成功していない。古い友人のエステル・バレストリーノ・デ・カレアガが二人の息子を拉致されたという女性を彼のところへ連れてきた。二人ともエステルの子どもたちと同様、共産主義の活動家でＥＲＰ人民革命軍に関わっていたという。

「彼女は未亡人でした。息子たちは彼女に残されたすべてでした。泣き叫んでいましたよ。あの時のことは決して忘れられないでしょう。私はいくつか質問をしましたが、手掛かりはありませんでした。これ以上何もできないのかと自分を責めましたよ」

二〇一〇年にベルゴリオはそう振り返っている。

そして、エステル自身のことも彼は助けることができなかった。彼女は「五月広場の母たち」の三人の創始者のうちのひとりだった。その最初の集会は一九七七年四月に大統領官邸の前で開かれている。その六月、娘のアナ・マリアが行方不明になったが、驚いたことに十月に生きて戻ってきた。エステルはアナ・マリアともう二人の娘をつれ、スウェーデンに引っ越した。しかし、「五月広場の母たち」を見捨てることに気が咎めた彼女は「全員が戻るまで続ける」と言って、ブエノスアイレスに戻ってきた。「母たち」は毎週サンタクルスの教会で集会をもっていた。グループは二人のフランス人修道女と行方不明者の親族を加えて拡大していった。そこにグスタボ・ニーニョという青年も参加していた。

十二月、彼らは八〇〇人の行方不明者の最初のリストを公表する予定になっていた。

ニーニョの本名はアルフレード・アスティス中佐といった。彼は行方不明者の兄弟を装ってグループに潜入していたマッセラの殺し屋のひとりだった。彼は広場で「母たち」に加わり、教会で何度も集会に出席した後、彼らを連れ去る暗殺部隊を手配した。一九七七年十二月八日からの一〇日間に彼らは軍の攻撃を四度受け、そのうちの一度では「母たち」のもう二人の創設者アズケナ・ビジャフロールとマリア・ポンセが拉致された。

ベルゴリオは打ちのめされた。エステルの親族に連絡をとろうとしたが果たせず、必死に人権保護団体や大司教管区からの援助を求めたが、情報は得られなかった。彼は拉致された修道女たちの修道会のメンバーとともにフランス大使館に行き、軍事政権に対して強い抗議をしてもらった。

情報を求めて続けたが、サンタクルスの人びとの拷問を受けた遺骸が南大西洋に浮いているという知らせを受けたのは事件から何年も経った後のことであった。

＊＊＊＊

オルランド・ヨリオは〝パンチョ〟・ヤリクスとは異なり、モンテビデオで二〇〇〇年冬に心臓発作で死ぬまで、平安と赦しの境地に達することはなかった。ジャーナリストのオルガ・ウォルナトが死のほんの数週間前にウルグアイの首都で六五歳の元イエズス会士にインタビューしたとき、まだ痛みで顔は歪み、健康状態の悪い男性と対面することになった。

「私にはベルゴリオが私たちを解放させるために何かをしたとは思えません。むしろ反対のことをしたと思っています」

ヨリオは一九九九年にオラシオ・ベルビツキにそう話していたが、ウォルナトにはさらに仰天させられるような告発をした。

「彼が海兵隊に私たちの名前のリストを渡したに違いないんだ」[17]

ヨリオは未だに傷ついていた。その二五年前に独房に鎖で繋がれ、目隠しをされ、いつまでそれが続くのか知らされることなく過ごした五か月によってだけでなく、このインタビューの前年に元管区長がブエノスアイレス大司教となったのを生きて目にしたことで、いつまでも続く苦々しさに傷ついていた。フォルトゥナート・マジマーシ教授ら左派の人権擁護のグループに属すカトリック信徒の友人たちには最後まで、ベルゴリオが不正を行っており、権力に取り憑かれた二枚舌だと主張していた。それはミニョーネとベルビツキから刺激を受け、二〇年にわたって自ら作り上げてきた物語であり、「無実の犠牲者ヨリオ」と「裏表のある行動をとる危険極まりない反動主義者ベルゴリオ」という大前提の周りを彼はいつまでも回り続けていた。

ヨリオの死後、ベルビツキによって面白おかしく宣伝されたヨリオの不平の具体的な原因は、クーデター後にベルゴリオがヤリクスと彼を数か月にわたって故意に、あるいは少なくとも知っていて「無防備な」状態のままに放置していたことにあった。今では、ヨリオがオルガ・ウォルナトに主張したような形で、ベルゴリオが積極的に二人の司祭に対する背信行為をしたと主張する人は誰もいない。ヤリクスは理解するようになったが、証拠が示しているのは、元カテキスト〔要理教育担当者〕だったゲリラが拷問を受け、かつていっしょに働いたことがある人物として彼らの名を挙げたため、二人は一九七六年五月二三日に逮捕されたということであった。しかし、ヨリオの親族やベルビツキによれば、ベルゴリオの罪は誘拐以前の怠慢であった。一連の行動を通して、ベルゴリオはイエズス会士の二人をＥＳＭＡの部隊のされるがままに放置していたと彼らは主張する。その部隊がその日ブエノスアイレスの下フローレス地区にある彼らの家を急襲したというのだ。その主張によれば、その行動のうちには、ゲリラとの関係についての虚偽の告発から彼らを守れなかったこと、彼らが最も人目にさらされているときにイエズス会からの離脱を準備していたことが含まれている。「二人を危険な職務に置いて、それを避けようとしなかった」とオルランド・ヨリオの兄弟ロドルフォ・ヨリオは主張する。[18]

外国人からしてみれば、これは最悪でも過失でしかないように見えるかもしれないが、アルゼンチンではこの申し立てには暗い響きがある。ヨリオの申し立てを公表した一九八六年のエミリオ・ミニョーネの本『教会と独裁政権』は社会・法律研究センターでのミニョーネの非常に評価の高い仕事をもとに書かれ、彼自身、娘が拉致された経験があることと相俟って権威あるものとされている。娘のモニカ・ミニョーネは当時ヨリオとヤリクスと同じ貧困地区でカテキストをしており、二人が拉致されるほんの一週間前に拉致されていた。彼女を捜す間、父親であるミニョーネは自分がカトリック・アクションに参加していた時代からよく知っている司教たちの多くが娘の解放を確保してくれなかったことで取り乱していた。そして、彼の本では犠牲者のために体制側に反対意見を述べることができなかった教会の失態に対する怒りの非難が展開されている。ミニョーネは教会が長年にわたり築いてきた軍との馴れ合いから事態を黙認したのがその失態の理由と見ている。つまり、二人のイエズス会士に対するベルゴリオの振る舞いについての嫌疑は「高位聖職者の黙認の下、軍が教会の内庭を掃除するという汚れ役を担った」という彼の主張の核心部を強化するためにミニョーネが用いた教会の愛想の良さ、あるいは黙認の罪に関する長い説明の一部だったのである。[19]

司教たちが解放の神学を根絶するためにその唱道者たちの死を黙認するという形で「汚い戦争」を利用したのだというこの告発は、アルゼンチンの左派に司教たちがなぜ軍事政権にもっと断固とした立場をとらなかったのか、その理由を説明するに十分なものであった。それによって、左翼たちの考える物語の多くと同じように、教会は（アンヘレッリのような「善良な」司教を除いて）民衆の側ではなく、体制の側に置かれた。

しかし、証拠はそれを支持していない。トルトロ司教が所管する軍付きの聖職者の陣営がボナミン司教や、後に殺人と誘拐で告発された左翼クリスチャン・フォン・ウェルニヒのような特定の軍付きの神父と並んで、メデジン合意支持の神学の根絶をより広い意味での転覆活動撲滅の一部と見て、それに加担していたことは確かである。しかし、大部分の司教や教会指導者にはそれは当てはまらず、それゆえ、彼らが当初、体制と決別しようとしなかったという言い方は正しくない。証拠が示しているのはむしろ、一九七〇年代後半に司教たちが徐々に軍事政権のイデオロギーと方法に気づき始め、その後は一貫した反対の立場をとるようになっていったという過程である。

ベルゴリオの場合、ミニョーネあるいはベルビッキによる具体的な告発は、彼がヨリオとヤリクスの拉致について海兵隊に「ゴーサイン」を出したというもので、直接口に出して言ったことではなかったとしても、自身が彼らの神学に同意していなかったから彼らの死を望んだのだとされていた。この主張が基にしている証拠は、ミニョーネの社会・法律研究センターの同僚オリベイラや、アドルフォ・ペレス・エスキベルのような人権保護派の多くの人によって一貫して不十分なものとされているが、二〇一〇年の司法審理でも念入りに調べられ、フランシスコ教皇選出後にはジャーナリストやアルゼンチンの伝記作家たちが詳しく取り上げている。そのすべては逆の結論に達している。ベルゴリオの行動はヨリオとヤリクスの逮捕に影響を及ぼしておらず、彼らがベルゴリオの嘆願と庇護の申し出にもかかわらず、自ら承知の上で相当な危険の前に自分たちをさらしていたこと、彼らの逮捕の後、ベルゴリオが（他の多くの人の中でも特に）異例の長さで彼らを解放させる活動をしていたことが明らかにされた。この件に関連するすべての文書と口頭の証言の再検討に当たって類似した結論に達した者のリストには、優れた判事、法学者、アムネスティ・インターナショナルなどの人権保護団体が名を連ねている。

それでは、なぜヨリオはベルゴリオが彼らに対して背信行為をしたと思い、それを信じたまま死んでいったのだろうか。

＊＊＊＊

ベルゴリオは一九六〇年代初頭からオルランド・ヨリオとフランツ・ヤリクスのことを知っていた。ブダペスト生まれでアルゼンチンに帰化したヤリクスはチリ管区に属していた。一九六〇年代後半にはベルゴリオに基礎神学を教えて、しばらくの間、ベルゴリオの霊的指導者であった。そのことについてベルゴリオは彼には特別な賜物があったと後に語っている。ヨリオはブエノスアイレス出身であった。一九五五年にイエズス会に入り、一九六六年、三四歳のとき、ベルゴリオよりも三年早く叙階された。聖アウグスティヌスの「三位一体論」を彼に教えている。二〇一〇年の司法審理でベルゴリオはヨリオのことを「平均以上の知性に結びついた洗練された感性」をもっていると評し、彼の神学の授業を活発《サブロサス》で楽しいものだったと振り返っている。また、二人についてはバランスがとれており、解放の神学について教皇庁が設定した正統的な立場に立つ「よき修道士」とも表現している。

それは全体としてみると、真実というわけではなかった。ヨリオは政治的には「第三世界司祭運動」に積極的に関わっていた神学者であり、カルロス・ムヒカ神父の友人であり、モントネーロの大義を信じる革命派のペロン主義者であった。また、ベルゴリオはヨリオが前任の管区長リカルド・オファーレルの側近グループのひとりであったことにも言及していない。このグループは平等主義を夢見る実験を奨励し、イエズス会士養成課程を改変して「ブルジョワ的な」人文科学の勉強をこれ以上行わないようにした直接の当事者であった。要するに、ヨリオはベルゴリオを管区長に選任することで収束していったバチカン公会議以後のイエズス会の混沌状態を代表する人物だったのである。

一九七〇年、ヨリオとヤリクスに率いられた神学生と教授たちはブエノスアイレスの貧しい地域の基礎共同体で暮らし始めた。イトゥサインゴ共同体は階層のない、政治的な〝関与《アンガージュ》〟において暮らす前衛的な実験であった。これについて当時のアルゼンチン管区では議論になることがきわめて多く、独身誓願について主観的な解釈をする者もあれば、ゲリラ活動に巻き込まれていると言われている者もいた。ヨリオは一九七七年に二七頁に及ぶ書簡をローマのイエズス会本部に送り、拉致に到るまでの年月の説明をしている。そこでは「多くの神学者が（イトゥサインゴの実験によって）自分たちの召命について考え直し、イエズス会を去ることになった」と認めているが、それは常に相応な省察を経てのことであり、管区長との合意の上であったと述べている。

管区長のオファーレルは共同体の閉鎖を命じ、ヨリオに神学と政治を研究する役割を与えた。ヨリオはブエノスアイレスのベルグラーノ地区にあるイエズス会の共同体へ移った。そこにはイエズス会の研究所である社会調査活動センター（CIAS）が入っており、ヨリオはそこで修道会向けに解放の神学の講演をしばしば求められた。しかし、イエズス会修道院の生活に不満を抱いたヨリオは一九七二年の終わりに、ヤリクス、ドゥーロン、ラステジーニ、カサロットと共に、今度はロンドー通りにあるアパートの一室に別の基礎共同体を設立することをオファーレルに認めさせる。

そこでもまた、ゲリラとの繋がりや誓願を破っているという噂が起こった。一九七三年の中頃に管区長に選出されたベルゴリオは、しばらくの間、この特殊任務を認め、噂については心配しないようにと彼らに言った。一九七四年十一月、イトゥサインゴ共同体でヨリオとともにいたイエズス会の神学生フアン・ルイス・モヤーノがアルゼンチン西部のメンドーサにある地区《ビジャ》から「行方不明」になった後、ゲリラとの関与の容疑で逮捕され、拷問を受けた。ベルゴリオは彼を何とか助け出し、国外へ留学させた。

一九七四年の終わりに、ベルゴリオはその四人のイエズス会士たち（カサロットは教区司祭となってグループを離れていた）と何度か会合をもった。そこには二日間の黙想会も含まれ、これについてヨリオは「非常に実りが多かった」と書簡に書いている。ベルゴリオは管区の再構築の一環として彼らの共同体の閉鎖を決めており、彼らに従順に受け入れるかどうか尋ねた。会士たちは「応じられます」と答えた。この言葉はイエズス会では派遣の内示への同意という特別な意味をもち、従順を試す重要な手段のひとつである。しかし、共同体の解体については使徒職の奉仕として成功であったとして決定に異議申立てをしたいと述べた。そして、ベルゴリオがラステジーニをフフイへ派遣すること、ヨリオが共同体の解散という決定に反論するためにローマへ説明に行くこと（アルペ総長から評決を得るのに一年以上かかった）、その間、三人の会士は別の共同体へ移ることが同意された。このとき、ヨリオはベルゴリオの勧めを受け入れ、延期していた最終誓願を一九七六年中頃にするという決断も下している。

一九七五年初頭、ヨリオ、ヤリクス、ドゥーロンの三人はヨリオがすでに働き始めていた下フローレス地区の「十一の十四区《クラス・ビジェロス》」のそばにあるリバダビア地区の家へ移った。そこでヤリクスは黙想の家を運営し、他の二人はスラム地区の司祭として働き、カテキストたちの活動を管理した。そのカテキストたちの中に後にゲリラに加わった女性がいた。その頃、モントネーロの武装団と軍の暗殺部隊はそれぞれ活動を強化し、ゲリラの基盤であった貧困地区《ビジャ・ミセリア》は非常に緊迫した場所になっていた。

一九七五年二月、アルゼンチンの司教たちは解放運動家の教授たちにデボート地区などの神学校で教えるのをやめるよう命じた。マクシモ神学院も後に続き、三月にヨリオは院長からの手紙で教職を解かれた。これについて彼は一九七七年に、そっけなく、礼を欠いたものだったと表現している。

マクシモ神学院には政治的に右派の年上のイエズス会士のグループがあり、ヨリオと彼の同僚たちに対して批判的な態度を取り続けていた。ヨリオは「マクシモ神学院には私がモントネーロの長で、女性たちと関係をもっていると噂する者がいた。フランシスコ・ヤリクスは様々な機会を捉えては私たちがいかなる状況にさらされているかを会士たちに文書で伝えていた」とウォルナトに語っている。ベルゴリオは噂が偽りであることを知っていたが、年上のイエズス会士たちは司教たちやローマのイエズス会本部に伝手があり、ヨリオも書簡で認めているように、ベルゴリオは多くの方面から圧力をかけられ、共同体を解体し、会士たちを貧困地区から引き上げさせることにしていた。

しかし、ベルゴリオはリバダビア地区のイエズス会士たちを支援し続けていた。問題はヨリオの最終誓願のときに頂点に達する。イエズス会士が最終誓願に招かれるのは、管区長からの推薦をローマの本部が受理した後ということになっている。その際、管区長はそのイエズス会士のことをよく知る会士たちから彼の適性について好意的に書かれた評価書《インフォルマチオ》を受け取り、顧問の賛同が必要になる。一九七五年七月、ベルゴリオはヨリオのための「評価書」の内容が否定的なもので、問題の核心にはイトゥサインゴ共同体の時に行われていたことについて多くの人が誤った印象をもっていることがあるようだとヨリオに話す。彼は他のイエズス会士たちに新しく「評価書」を書くよう依頼したが、またも否定的なものが提出された。顧問たちはヨリオを推薦することに同意できなかったということになる。

これは大きな打撃であった。ヨリオが最終誓願を行えば、彼と共同体を猛烈な批判から守るのははるかに楽になるはずだった。ヨリオの一九七七年の手紙は、当時の管区長であるベルゴリオが非常に大きな圧力の下にあり、次に何をすべきかについて不確かであったことを示している。

ベルゴリオ神父は私たちにこう言いました。（中略）圧力が非常に大きかったため、それに抵抗できなかった。（中略）彼は私たちに祈り、考えるよう求め、彼も同じようにすると言い、話し合いを続けるべきだと言いました。私たちは二、三回、話し合いの場をもちました。彼は共同体の解体のことを話しました。彼はどうすべきかわからなかったと言い、不公平なことをしてしまうことを恐れていると言いました。（中略）管区は非常に微妙な状況にあるので、管区の他のイエズス会士と（特に顧問と）話さないよう求め、これは分裂の問題に繋がりかねないと言いました。（中略）彼は辛抱するよう私たちに求め、管区のためにこのことは内密にし、ともに解決法を探さなければならないと言いました。

ヨリオ、ヤリクス、ドゥーロンの三人は基礎共同体とイエズス会の両方に留まることは難しいと考えるようになっていった。彼らはラプラタの元大司教で、この時はバチカンの奉献生活省長官だったエドゥアルド・ピロニオ司教（この後すぐに枢機卿となる）に手紙を書き、自分たちの共同体について説明し、ヨリオが「イエズス会では続けることができなかった修道生活の構造のスケッチ」と表現したことを提案した。彼が提案したのは修道会の長上への従順という考えをはっきりと拒否した新しい種類の前衛的なイグナチオ派の組織といったものであった。二〇一〇年のベルゴリオの宣誓証言によると、このうちの二人のイエズス会士は共感してくれるかもしれないと思った三人の司教にこの組織の会憲草案を送ったという。

一九七五年十二月、「極右の部隊（トリプルA）が機関銃で司祭のひとりを撃ち殺し、もうひとりを拉致し、拷問して殺した。二人はともに貧困地区に住んでいた。私たちはこれを注意せよという警告と受け止めていた」とヨリオは振り返る。そして、ヤリクスがベルゴリオに会いに行くと、「軍の人に私たちが無実であると話す」と約束したとヨリオは語る。

ヨリオはまた、多くが解放運動について意見を共にしていたベルグラーノの社会調査活動センターにいる元同僚にイエズス会内での自分の立場への支持を求めた。これはまさにベルゴリオが避けたかったこと、つまり、国が大きな政治的緊張にある時にイエズス会で左右の対立が表面化するということだった。一九七六年二月、ベルゴリオは緊迫した状況の中、彼らに会い、アルペ総長が解決を求めており、イエズス会を去るか、従うかの決断をするよう彼らに求めた。従うということはその共同体を解体し、イエズス会の修道院に住むということであった。後に何人かの人が主張しているように、問題は彼らのこの地区における活動の内容ではなかった。ベルゴリオはレティーロ駅近くの三一地区でムヒカ神父の後に活動していた〝ピキ〟・マイセガイアー神父を支援していたのと同様に、貧しい人びとの中での彼らの活動を支持していた。ベルゴリオはヨリオとヤリクスにスラム街での活動を断念せよというのではなく、ピキ神父と同様、イエズス会の修道院にいてほしかったのである[20]。

ヨリオは適切な識別のために時間が必要だと言い、ベルゴリオはローマに休暇願を出してはどうかと提案した。彼らはそれに同意し、アルペ神父に直接手渡してもらうべく文書をベルゴリオに託した。そして、数日後ベルゴリオはローマに発つ。

この会合の十日後、ベルゴリオはアルペからの手紙を携えてローマから帰国した。その手紙は共同体を十五日以内に解散すること、三人の会士はアルゼンチンから出国させ、ヤリクスは米国へ、ヨリオとドゥーロンは別の管区へ移動させることを命じていた。それは劇的な命令であった。アルペは彼らがゲリラに関与しているという噂を信じているということがそこからは窺われる。ヨリオによれば、ベルゴリオは総長に「この命令ではイエズス会からの追放に等しい」と言ったが、「問題について総長の気持ちは固まっていた」と彼に語ったという。

機嫌を損ねた三人は三日後にイエズス会を去る決断を下し、独自の修道会を始めようとした。彼らの退会が承認されたのは三月十九日のことである。クーデターが近いという噂が流れる中、ベルゴリオはもう一度、安全のために貧困地区を離れるよう彼らに強く勧めた。「魔女狩りに遭っているという被害妄想があまりに強かった」と何年も経ってから言っているが、それでも引き取ってくれる司教が見つかるまでボゴタ通りの管区本部の部屋に住んでいいと彼らに提案した。彼らはその申し出に感謝を述べたが、受け入れなかった。

「ベルゴリオ神父は彼らに出国すべきだ、非常に危険だと言いましたが、彼らは譲歩しようとはしませんでした。彼らは留まりたかったんです」

アリシア・オリベイラはそう振り返る。彼らに警告を与えたのはベルゴリオだけでなく、彼らを十一の十四地区に配置したロドルフォ・リシアルデジ神父もであった。彼も同じくクーデターの噂を聞き、社会奉仕や司牧活動をしているすべての人に貧困地区から出るように求めた。それは彼らのためであると同時に、そこに住む人たちのためでもあった。しかし、ヨリオ、ヤリクス、ドゥーロンと一団のカテキストたちは残る方を選んだのである。

三人の司祭は今や自分たちが熱いジャガイモのように司教たちの間でやりとりされていることに気づいた。ヨリオは新しい修道会についての考えを古くからの友人でイエズス会士のサンタフェ大司教ビセンテ・サスペにすでに示していたが、彼は関与することを望まなかった。そして、他の司教たちも同じ考えであることはすぐにわかった。ベルゴリオは友人のサレジオ会員の司教、モロンのミゲル・ラスパンティに彼らの引き受けを要請したが、引き受けてもらえたのはドゥーロンだけだった。

この時点で彼らは他の人たちが明白と思っていることに気づき始めた。自分たちは軍のクーデター前夜に管区長に背き、スラム街で新しく階層のない共同体を創設しようとしている三人の元イエズス会士であり、ゲリラとの関係を（間違いであるにせよ）疑われ、司教たちが先を争って自分の司教区に受け入れてくれる見込みはなさそうだということだった。ヨリオ自身の言葉で言えば、「秘密の告発という問題が明らかにされない限り、抱えてくれる司教を見つけることはできないし、その間、私たちの司祭職と生命は大きな危険の中にあった」ということであった。

それでも、彼らは貧困地区に留まり続けた。エミリオ・ミニョーネの娘モニカを含む四人の女性カテキストが五月中旬にそこで拉致され、再び戻ってくることはないという事態になっても留まった。大司教アランブールーが枢機卿叙階でローマに向かう途中で三人がイエズス会を離れたことを聞き、自分の司教区で司祭として活動する資格を剥奪しても、彼らは留まった（ベルゴリオはその知らせを受けると、彼が認めた施設において私的ミサを執り行うことはまだできると彼らに伝えた）。一週間後の五月二三日、多くの海兵隊員が貧困地区を急襲し、ヨリオとヤリクスを八人のカテキストとともに逮捕した。ドゥーロンは自転車に乗っていて、逮捕を免れた。

＊＊＊＊

尋問後、カテキストたちは解放された。しかし、ヨリオとヤリクスは人目につかないＥＳＭＡの施設に連行された。その後、何日もの間、彼らは頭にフードをかぶせられ、手は後ろ手に縛られ、足は砲弾付きの鎖に繋がれて、独房の中に勾留された。食べ物も水も与えられず、排泄物はそのままにされ、侮辱を受け、電気牛追い棒で脅され、自白剤を注射された後に取り調べを受けた。

外ではベルゴリオが素早く動いていた。彼はトルトロ司教、アランブールー枢機卿、教皇使節、そしてローマにいる総長に通知し、自分に近い軍付きの神父から情報を得て、ヨリオとヤリクスが勾留されている場所を割り出した。ベルゴリオは軍が自分たちの間違いを認め、彼らを解放すると確信していた。「私たちは即座に行動を始めたが、それがこれほど長く続くとは思っていなかった」。二〇一〇年に彼はそう振り返っている。

ＥＳＭＡ内部では、尋問の後、軍がまさに自分たちの間違いを認め、責任者の将校が司祭たちにそれを告げに来た。ヨリオはその話を以下のように記憶している。

「私たちに対して重要な告発があったということ、私たちを収監したことに対して、教会と国内各所から非常に大きな反発があり、彼らにとって大きな問題となっているということ、私はよい司祭であるということ、しかし、貧しい者たちと暮らすという間違いを犯したということ、これが福音の唯物論的解釈であったということ、キリストが貧しい者について語ったとき、それは霊的な貧しさであるということ」

ヤリクスの回顧録では、「不可解な理由で五か月にわたって目隠しをされて、手錠をかけられたまま勾留されていたにもかかわらず」、すぐに解放されると告げられたとされている。彼らの逮捕をめぐる情報からすれば、「行方不明」とすることはできず、かといって解放することもできなかった。ヨリオとヤリクスはドン・トルクアート地区にある家に移され、そこに十月まで留まった。そこでは拷問はされず、さらなる尋問もなかった。彼らは洗面所に行くことができ、食事を与えられていた。しかし、目隠しと足の鎖は五か月を通してそのままで、自分たちの運命に対して無力なままであった。

彼らがすぐに解放されそうにないことがはっきりするや、ベルゴリオは彼らが「行方不明」ではないということを確実なものとするために多くの異なる方向から圧力をかけしようとした。当時、彼が彼らのことを心配し、彼らのために奮闘していたことについては多くの人がそれを証言するだろう。九月十五日にはヤリクスの家族に手紙を書き、希望を捨てないようにと励まし、ヤリクスとの意見の相違についいて触れ、「あなたがたのご兄弟と私の間には修道生活に関する難問がありますが、それは現在の状況とは何の関係もありません」と伝えて彼らを安心させた。その手紙にはドイツ語で「フランツは私にとっては兄弟です」と付け加えられていた。

ヨリオとヤリクスが解放されることになった経緯については不明なままである。ミニョーネはパウロ六世が軍最高司令ホルヘ・ビデラ将軍に直接呼びかけた結果だと主張した。あるいは、当時大統領選挙の最中にあったジミー・カーターと個人的に接触があった米国にいるヤリクスの兄弟がビデラに電話したからとも考えられている。また、ベルゴリオが誘拐後すぐに連絡をとったイエズス会総長アルペ神父がバチカンのアルゼンチン大使館に圧力をかけたためかもしれないし、ビデラと三度話しているアランブールー枢機卿からの圧力かもしれない。おそらくはこれらすべての組み合せの結果であろう。二〇一〇年の司法審理では、彼らの解放は「犠牲者が属す修道会がとった手段と、カトリック教会の指導者層が彼らに示している関心の結果」であると結論づけられた。

ベルゴリオが司祭たちの解放のためにとった労苦は相当なもので、海軍司令のエミリオ・マッセラ提督およびビデラ将軍とそれぞれ二度の面会をなんとか手配している。証拠のいろいろな断片をつなぎ合わせ、海軍が彼らを勾留していることを確信していたベルゴリオは「私は司祭たちが見知らぬ何かに巻き込まれているわけではないと（マッセラ提督に）言った」と二〇一〇年の審理で陳述している。しかし、この時、海軍司令は全く譲歩せず、調査すると約束しただけだった。その後、何の音沙汰もなかったが、二か月後、ベルゴリオはもう一度マッセラ提督と面会することに成功した。それは一〇分にも満たないもので、「非常に酷いものだった」と彼は振り返る。その時にはもうマッセラが司祭たちの勾留を知っており、彼が嘘をついていることは確実で、不快な気持ちを募らせたベルゴリオは彼に言う。

「いいですか、マッセラ提督。私は彼らを解放してほしいんです」

するとマッセラは立ち上がり、その場から立ち去った。ビデラとの面会はましな方だった。

正確な日付は覚えていないが、最初の会見は誘拐から二か月ほどのことだったと思う。彼は非常に礼儀正しく、メモをとりながら、「調べてみよう」と言った。私は海軍が拘束していると言われていると彼に伝えた。二回目の面会は軍付きの神父が彼の家、最高司令官官邸でミサを執り行うことになっていたときのことだった。私は（その神父に）病気に罹ったから私が代理を務めると（ビデルに）言うよう頼んだ。その土曜日、ミサの後、私はビデルとの会談を申し入れた。そのときの彼は前よりも心配しており、真剣に取り組もうとしているという印象だった。マッセラのような乱暴な感じではなかった。

ヨリオとヤリクスは最終的には一九七六年十月に解放された。麻酔をかけられてヘリコプターに乗せられ、ブエノスアイレス郊外の遠くにある土地に眠らされたまま置き去りにされていた。

「海軍が拉致しているという共通の認識があったから、解放せざるを得なかったんだ」

ヤリクスはそう振り返る。

ベルゴリオはヨリオからの電話に出るときには、電話が盗聴されていることに備えて予防措置をとった。また、自分がどこにいるかは言わず、居場所を知っている人を送ってくるようにと言った。

「しかし、自由になってみると、私たちが話さないように街路で私たちを殺すこともできたと思う」

ヤリクスは米国にいる母親のところに送られた。一方、ベルゴリオはヨリオを教区司祭とすることに同意したキルメスの司教ホルヘ・ノバクをつれ、彼の母親のアパートにヨリオを訪れた。ベルゴリオはローマにあるイエズス会が経営するグレゴリアン大学で講座をとるための費用をヨリオに渡した。そのすべてを管区長は「細心の配慮と注意をもってしてくれた」し、「司教には感謝している」とヨリオは振り返る。

しかし、ヨリオはこう続けるのである。

「(私の逮捕の)前に起こったことについて彼は説明することはできなかった。その瞬間、非常に当惑して、何を言ったらいいかわからない様子で、急いでそのことについてはどうか尋ねないでほしいと私に頼むのだ。私は何も言わなかった。何が言えるというんだ」

＊＊＊＊

ヨリオの内面の危機がなければ、物語はここで終わっていたかもしれない。歳月が流れるにつれてそれが悪化していったのは、彼が心的外傷後の悲しみとストレスの螺旋に陥ったからではなかった。長期の監禁状態は自己の感覚が段階的に剥がれ落ちていく最後の段階だった。彼はイエズス会士であり神学者であるというアイデンティティを失い、神学上の理想を具体化した共同体を失った。ローマにいる総長が信じているように見えた偽りの噂ゆえに、自分でそう思っていたように、イエズス会を去ることを強いられた。ヨリオは何か月もの間、囚われの身となり、独房の中で人間としての尊厳と自由を失う前に、司教たちからは相手にされなくなり、司祭として資格を奪われていたのである。実存上の置換が起こったとき、それは過激な形で現れた。

「彼が経験しなければならなかった苦難がそうさせたのではないかと思います」

二〇一〇年の審理で、ヨリオが裏切られたと確信していることについて尋ねられたとき、ベルゴリオはそう答えている。

ローマでヨリオはあの出来事を理解しようとして、それを再構成した。そして、時が経つにつれ、自分の怒りを管区長のせいにするようになった。それでも、ローマのイエズス会本部にいるモーラ神父に送られた一九七七年の長い書簡における彼のベルゴリオ批判は、後のミニョーネによる告発からは程遠いものであった。当時ヨリオを失望させていたのは、顔の見えない敵による偽りの告発によってイエズス会から追放されたという不公正であり、申し開きをするチャンスを与えられることもないまま最終的に総長によって下された命令であった。そのすべてにおいて、ヨリオは「管区長が私たちを守るために何もしなかったから、彼の誠実さに疑問を感じるようになり、管区のことには飽き飽きし、全く当てにならないと感じていた」。「(ベルゴリオは)圧力があったと言うが、それが何であったのかは語らなかった。そして、実際に何かで私たちを告発したとも言わなかったし、具体的な脱出法も示さなかった」ことに彼らは動揺した。これらはその書簡においてヨリオがしているベルゴリオへの非難の中でも最悪のもので、何が起こったのかを理解しようとしてほしいという一連の訴えで終わっている。ヨリオは当惑し、この段階では自分のことを無力な犠牲者と見ている。

やがて、この当惑は人権擁護団体が出してきた筋書きによって、怒りに変わっていった。一九八〇年代中頃、ラウル・アルフォンシン大統領が命じた行方不明者の調査は何人かの司教と軍付きの神父たちが共謀していたことを明らかにし、安易な二元論が左派の論説の中に入り込むようになった。その論法によって、教会とアルゼンチン社会は羊と狼、天使と悪魔に分けられた。「善」の側にはアンヘレッリのような勇敢な殉教者と批判的な意見を述べた司教たちがおり、他の司教はすべて、程度の差はあれ、会衆を裏切った罪、黙認と協力の罪といった汚名を着せられた。この図式の中にいるのは敵と罪ある傍観者だけだった。

この説によれば、反動勢力により挫折した人民革命という幻想を抱き続けることを元ゲリラ支持者に許すことになり、混沌と虐殺の中で彼らが演じた役割の責任を逃れさせることになる。それはまた、独裁政権に共感するわけではなく、静かに活動し、時には英雄的に人の命を救っていたベルゴリオや大部分の司教たちのような人びとには受け入れる余地などない説明であった。アルゼンチンの独裁政権崩壊後、モンテビデオで住んでいたヨリオは自身の物語をミニョーネによる裏切りへの怒りの物語と重ね合わせるようになっていた。

「自分の羊を守り、救い出すどころか、敵に渡した羊飼いのことを歴史は何と言うだろうか」

ミニョーネはそう問いかけていた。ヨリオは今やベルゴリオのことを「裏切り者《エントレガドール》」と見ていた。後に続くベルビツキと同様、ミニョーネはその主張の中でヨリオの証言を決して疑うことはなかった。そして、ベルゴリオはこの時には決して自分のことを弁護しようとはしていなかった。

ミニョーネによる説明がベルゴリオを反動主義者と見ていたイエズス会内の解放運動家たちに取り上げられるようになった。二〇〇六年に亡くなったファン・ルイス・モヤーノは一九七二年のヨリオのイトゥサインゴ基礎共同体にいたイエズス会の神学生で、一九七四年にはメンドーサで拷問され、収監された。ベルゴリオは彼をドイツに留学させたが、その後、モヤーノはペルーへ移り、そこに長く留まり、管区長に対する恨みを募らせていた。彼はヨリオと接触を保ち、ベルゴリオについてのヨリオの説明を当然のものと見なすようになった。一九九一年にアルゼンチンへ戻ると、ベルゴリオを中傷するようになり、その言葉はマッセラ提督との会合をベルゴリオの独裁政権への共感の証拠としてあげることでヨリオの告発を支持する「匿名のイエズス会士」の言葉としてベルビツキに引用された。一九九〇年代後半、ベルゴリオの悪魔化はヨリオがきわめて荒唐無稽なことを信じるようなレベルにまで達していた。管区長であるベルゴリオが拷問者に渡したリストにヨリオの名を書き込んでいたというのである。

それはヨリオが事件当時に信じていたことではないのは確かである。しかし、一九九七年の書簡においてはそうした考えが形を取り始めていた。その手紙は同情を誘うものだが、苦難が誘発する自己陶酔を露わにしたものでもある。自分の基礎共同体と貧しい人びとの間での仕事は正しいのだという頑ななまでの確信によって、自分が管区長の頭痛の種となっているという現実が見えなくなっていたようだ。手紙は彼らに対するイエズス会士、司教、そして、ローマの本部からの大きな反対にもかかわらず、ベルゴリオが彼らのために正しいことをしようと努力していたことに理解を示してはいない。管区長に従うという選択肢が当初からあった上で、「具体的な脱出法」を示さなかった管区長を非難するというのは贅沢な話であるように思われる。つまり、自分は従順の義務があるイエズス会士であるという認識はありながら、同じ考えを分かち合っていない会士たちといっしょに住んでいるということであった。しかし、彼らは貧困地区での奉仕を続けることはできていた。彼らがイエズス会を去ることを選び、その具体的な選択肢がもはや有効ではなくなり、受け入れてくれる司教がまだ見つかっていなかったときでさえ、ベルゴリオは彼らに安全な避難場所を提供していたのである。

しかし、ベルゴリオを天使のような存在として描くことは図式を逆にすることになるだろう。ヨリオの勾留前も解放後もベルゴリオが混乱していたことは、彼が相剋する巨大な圧力によって自信を喪失し、押し潰されていたことを示している。彼は彼自身が思い描く権威と決断力のある人物には程遠かった。管区における忠誠と恭順が矛盾する状態にあったあの時、縺れに縺れた混乱状態をひとつの間違いも犯さずにうまく乗り切れたとしたら、それは驚くべきことだっただろう。しかし、その間違いが何であったにせよ、ベルゴリオはその二人のイエズス会士を裏切ったりはしておらず、彼らの逮捕を促すようなこともしなかった。ヨリオによる説明でも、ベルゴリオのことは勤勉で、人の自由を尊重しながら、その人を最もよい方向に動かそうと気を配る管区長と言われている。そして、彼らが逮捕された後には解放を確実なものにするまで全力を尽くした。

ヤリクスはヨリオとは異なる道をとった。彼にも裏切られたと確信し、守ってもらえなかったことでベルゴリオを非難していた時期があった。その怒りの感情にもかかわらず、彼は熱心に祈り、裏切られたと思っていたイエズス会士を赦そうとしたのだった。米国に移った彼は最終的にはイエズス会に留まることを決心した。一九七八年の始めにドイツのヴィルヘルムスタールにある黙想の家に移り、それ以来そこで〈霊操〉を授けている。一九八〇年、三〇日間の黙想会の中で、彼は自分の癒しが復讐心に妨げられていることを悟り、あの時からずっと保管していた文書の束を燃やした。それは重要な一歩であった。八年後、ローマでベルゴリオに会い、その前で彼はすすり泣いた。ついに過去から解放され、苦しみのすべてが彼のもとから去っていった。

そして、さらなる実感がこみ上げてきた。誰も裏切ったりしていなかったのだ。一九九〇年代後半に黙想会のためブエノスアイレスを訪れたときには数回ベルゴリオと会った。その時までに、彼とヨリオがあの日に拉致されたのは、ゲリラになったカテキストが拷問の末に彼らの名前を口にしたからであったことは明らかになっていた。

二〇〇〇年、ヤリクス神父とベルゴリオ大司教はともに公的にミサを執り行った。出席者が伝えるところによれば、胸が張り裂けそうになるような和解の場面の中、彼らは互いに抱き合ったという。その十三年後、世界中のメディアがヴィルヘルムスタールに押しかけ、八六歳の白髪のイエズス会士にほぼ四〇年前にはるか遠い国で起こった出来事についてコメントを求めた。それから数か月後の十月、ヤリクスはサンタマルタ館でフランシスコ教皇と対面している。

第5章 追放された指導者

1980－1992

Expelled Leader

フランシスコ教皇選出から二日目の朝一〇時十五分のこと、サンピエトロ大聖堂から数百メートルのところにあるボルゴ・サント・スピリトのイエズス会総本部の受付で、ひとりの青年がいたずら電話と思われる電話にまた対処していた。

「おはよう。フランシスコ教皇です。総長と話がしたいんですが」

受付のアンドレアは「相わかった。余はナポレオンである」とはさすがに答えず、そっけなく尋ねた。

「どちら様がおかけか、お聞きしてよろしいでしょうか」

同僚のイエズス会士からのメールでこのエピソードを知ったクラウディオ・バリガ神父によれば、フランシスコ教皇選出以来、電話は絶え間なく鳴っており、その相手のうちにわずかにおかしな人がいたのだという。

「もちろんだよ」

その発信者はアンドレアに請け負った。

「本当にフランシスコだよ。あなたはどなたかな」

青年が名を名乗ると、教皇は彼の今朝の調子を尋ねた。アンドレアは息を詰まらせながら言った。

「元気にしております。元気にしておりますが、少し混乱しておりまして……」

彼は発信者が自分はそうであると言った人物その人であることに気づき始めた。

「総長にきれいな手紙を送っていただいたので、そのお礼を言おうと思ってね」

教皇が穏やかにもう一度、総長への取り次ぎを頼むと、アンドレアはへたり込んだ。

「失礼いたしました、猊下。すぐにお繋ぎいたします」

次にアルドルフォ・ニコラス神父のブラジル人秘書アルフォンソ修道士が電話に出て、言った。

「教皇様、ご選出おめでとうございます。私たちは皆、あなたのために祈っております」

電話のもう片方の端でフランシスコ教皇は笑っていた。

「何を祈っているんだね。私が居続けることとかい、それとも家に帰ることとかい」

「もちろん、いらっしゃり続けることです」

アルフォンソ修道士は答えると、ニコラス総長のオフィスに入り、声をひそめて「教皇様です」と言いながら総長に受話器を渡した。教皇が手紙の礼を言うと、総長は階下のアンドレアとほとんど同じくらいにあたふたしており、どうしようもなくなって「教皇様」「聖上」「モンセニョル」と呼び方を換えたが、教皇は会う機会を楽しみにしていると言い、その日時を決めるために再び電話すると約束した。

約束通り日時を決める電話があり、その日曜日の午後五時三〇分、史上初めてイエズス会士のローマ教皇に対面することになったイエズス会総長はサンタマルタ館の扉のところでフランシスコ教皇を見つけた。教皇はニコラスと友愛の抱擁を交わし、スペイン語では同等の二人称を使うことを強く主張した。「他のイエズス会士」と同じように扱ってほしいという要求はあり得ないことであったとしても、その場は愛情溢れる場となった。その後、イエズス会内での公式会見で、ニコラス総長は「落ちつきとユーモアの中でお会いした。現在、過去、未来について互いに理解し合えた」と述べ、さらに「サンタマルタ館を離れるとき、主のぶどう園で教皇に全力で協力して働く価値があると確信した」と語った。[1]

癒しはすでに始まっていた。

一週間後に世界中のイエズス会士一万七二〇〇人に送られた手紙で、ニコラス総長はフランシスコ教皇が「イエズス会士であることを深く感じた」と伝えた。それは教皇の紋章とニコラス総長に送った手紙に明らかだった。ニコラス総長は手紙の中で、イエズス会は教皇を支え、あらゆる援助を提供する必要があると確認した後、以下のような興味深い文章を記している。

> われわれの努力には限界があり、われわれは皆、全人類とともに罪の歴史という重荷を担っているということを知っている（第三五総会、教令一の一五）。しかし、われわれはイグナチオがマンレサで経験したように、すべてのことを考慮し、新たなやり方で将来に目を向けようという神の根本的な召命を経験している。今はフランシスコ教皇が確信をもってくり返す恵みと善なる言葉を用いる時である。過去から来る注意をそらすものがわれわれの心を麻痺させ、福音による霊を受けていない価値をもって現実を解釈させるかもしれないが、それによって押し流されている時ではない。[2]

「過去から来る注意をそらすもの」とは何だろうか。ニコラスはその傷がどれほど深いか知っていた。

ベルゴリオは司教、大司教、枢機卿として何度もローマに来ていたが、他のイエズス会士の司教と違って、ボルゴ・サント・スピリトに宿泊することはなく、近寄りさえしなかった。また、ニコラスの前任総長ペーター・ハンス・コルベンバッハに話しかけることもなかった。ニコラスはアルゼンチン国内だけでなく他の国にもベルゴリオに不信を抱き、彼のことを時代に逆行し、不和を生じさせる人物と見なす古参のイエズス会士がいることを知っていた。また、その毒性がジャーナリストの格好の材料となり、新しい教皇とイエズス会士の関係に打撃を与えるものになりかねないこともわかっていた。フランシスコ教皇とはよい関係を築き、傷を癒やす必要があった。その手始めとして、まずは着任初日に手許に届くことを確認した上で、感情を露わにした温かな手紙を送ることから始めたのだ。ニコラスがはっきりと喜びを示したことに対して、教皇は即座に自ら電話をかけ、手紙を書き、三月十七日に面会した。それは教皇も同じことを望んでいるということだった。

フランシスコ教皇にとってのイエズス会との和解の機会は二〇一三年七月三一日、聖イグナチオ・ロヨラ記念日の時に訪れた。この日、教皇はローマの荘厳なバロック様式の教会、ジェズ教会で二〇〇人のイエズス会士を前にミサを執り行った。ニコラスは後にこの出来事によって呼びさまされたのは、「私たちが兄弟として、〝主における友〟として集ったという単純な現実」であると語った。教皇は聖イグナチオに奉献の蠟燭を灯し、偉大なる宣教師、聖フランシスコ・ザビエルの祭壇の前で立ち止まった。イエズス会士の守護者である「道の聖母」の聖堂も訪れた。「道の聖母」とは聖イグナチオと彼の初期の仲間たちが愛したフレスコ画につけられた題である。しかし、そこにいた者たちの心を真に動かしたのは、ミサの後にアルペ神父の墓を訪れたことだった。イエズス会総長であったアルペ神父は一九九一年に亡くなる一〇年前に、脳卒中の後遺症による麻痺で、話すことができなくなっていた。ヨハネ・パウロ二世がイエズス会に介入したのはその機会を捉えてのことで、フランシスコ教皇はアルペがそれに続く歳月をどれほどの苦しみの中で過ごしていたかを知っている者のうちのひとりだった。ニコラスはイエズス会士たちへの手紙に「それは深い祈りと感謝に満ちた瞬間であった。教皇がもっとそこに留まっていたいと思っていたのは明らかであった」と記している[3]。

しかし、このときの教皇の説教が悔い改めの調子であったことにはニコラスも大部分の記者たちも触れていない。教皇は自分とそこにいるすべての者がその過ちゆえの「恥辱の恵み」を受け入れられるようにと祈った。そして、イエズス会士は十字架のキリストに目を向けるよう教えられており、「御心に適っていないことを恥とする非常に人間的で、非常に高貴な感情をもっている」と続けた。それは個人的な省察であると同時に、すべてのイエズス会士に向けた普遍的なメッセージであった。しかし、彼には特にその言葉を届けたいと思っていた年老いた人びとがいただろう。そのうちの何人かはアルゼンチンにおり、何人かはローマにいた。その他の土地にも二、三人いた。すでに亡くなっている人もいる。

八月になり、バチカンが旅行者の大波に先立って空になったとき、フランシスコ教皇は高名なイエズス会の雑誌『チビルタ・カトリカ』の四七歳の編集者アントニオ・スパダーロ神父はスパダーロ神父で三回に分けて六時間にわたるインタビューを受けた。スパダーロ神父はエレベーターに乗せられ、二〇一号室に案内されると、そこは教皇の小さな寝室の脇に接する机と椅子のある居間で、教皇が手招きをしていた。

「ここでも普通にするようにね。人生とは普通なものなんだから」

教皇は微笑みながら言った。

スパダーロは記録は録音機に任せて、メモ用のノートは下に置かざるを得なかった。イタリア語とスペイン語が継ぎ目なく交互に使われ、話題は多岐にわたり、教皇はまるで思想と概念と議論への言及を噴き上げる火山のようだったが、穏やかでどっしりと落ち着いていた。スパダーロにしてみれば、彼に関することのすべて、「話し方、実効性、開放性、率直さ、深み、礼儀正しさといったすべて」が何もかも思いもかけないものばかりであった。ある日のインタビューでは、教皇の答えを段落ごとに順々に声に出して読んで検討していると、教皇がアプリコット・ジュースをもってきて、手づから注いでくれたという。スパダーロは決してアプリコット・ジュースが好きというわけではなかったが、「あの瞬間からは大好きな飲み物になった」[4]。

「神に向かって開かれた大きな心」と題された一万二〇〇〇語に及ぶインタビューは二〇一三年九月に世界中の十五のイエズス会の雑誌に同時に発表された。これはこれまでにローマ教皇が受けたインタビューの中でも最も重要なものである。これに匹敵するものは一冊の本にまとめられたベネディクト十六世のインタビュー『世の光』だけで、二〇一二年十一月に出版されたときには、コンドームの使用が「ある種の道徳化に向けた第一歩、責任の最初の前提」となり得ると語ったことが短期間だがニュースで大きく取り上げられた。このときすでに身体的に教皇の職務を続けられないと感じたときには退位するとはっきりと述べていたにもかかわらず、その他のことについては、ありきたりな話題として無視された。メディアはそのように彼のことを見ていたということである。一方、イエズス会士によるフランシスコ教皇のインタビューは爆弾であった。それはメディアが彼の言うことなすことすべてが変化なのだと決めていたからでもある。この本の見本版を入手したニューヨーク・タイムズ紙は、フランシスコ教皇が教会は「あまりにわずかなこと」――避妊、同性愛、人工中絶――をあまりに「気に病む」ようになっていると語ったということだけに焦点を絞った記事を載せ、それが数分のうちにウイルスのように広がった。「多くの人が教会はそうしたことばかりを気にしていると感じていたが、教皇が非常にきっぱりと率直に発言したのを聞いて人びとは本当のショックだったのだ」とアメリカの雑誌にインタビューを掲載したイエズス会士ジェームズ・マーティン神父は語る。

教皇は教会を厳しい裁判官としてではなく、優しい母親として作り直そうとしている。そのインタビューで最もよく引用される部分では「今日、教会に最も必要とされていることは傷を癒やし、熱心な信者たちの心を温める力であるとはっきりと思っている。人びとに近く接することが必要だ」と語っている。このとき、彼は驚くべきイメージを使った。

私は教会を戦争の後の野戦病院と考えています。ひどく傷ついている人にコレステロール値が高いとか、血糖値が高いとか、そういうことは意味がないのです。その人の傷を癒やさなければならないのです。他のことはその後に話せばいいのです。傷を癒やしなさい。傷を癒やすのです。(中略)そして、根本的なことから始めなければなりません。

教会は時に狭量な規則、小さな事柄の中に閉じこもってしまうことがあります。最も重要なのは「イエス・キリストはあなたがたを救った」という最初の宣言なのです。そして、教会に仕える者はとりわけ、慈しみをもって仕えなければなりません。(中略)聖職者の務めは人びとともにあること、人びとの傷を癒すことなのです。

私たちはどのように神の民を扱っているでしょうか。私が夢見る教会は母親のような教会、女の羊飼いのような教会です。教会に仕える者は慈しみ深く、人びとについて責任をもち、隣人の体を洗って、きれいにし、起き上がらせたよきサマリア人のように人びととともにあらねばなりません。それが純粋な福音なのです。神は罪よりも偉大です。構造改革や組織改革は二の次でいいのです。それは後からついてきます。最初の改革は態度の改革です。福音に仕える者は人びとの心を温かくすることができる人でなければなりません。人びととともに暗い夜を歩く人でなければなりません。そして、どう対話したらいいのか、その夜の闇に、その暗闇の中にどうすれば道を見失うことなく下りていけるかを知っている人でなければならないのです。

「野戦病院」という教会の比喩は、意識しているかどうかは別として、ほぼ間違いなく、祖母ローザに子どもの時に読んで聞かされたイタリアの叙事詩的大作、マンゾーニの『いいなづけ』に登場する伝染病の隔離病院から来たものだろう。スパダーロがインタビューしたときには、その本が教皇の机の上にあったという。

その隔離病院はミラノの城壁の外にある間に合わせの地獄のような場所とされている。戦争が誘発した飢饉の後、伝染病にやられた何千もの患者が治療のため、あるいはほとんど助からないような状態で連れてこられた。その病院はそうしたぞっとするような状況の中で病人たちの世話をする勇敢で無私の修道士によって運営されており、マンゾーニの小説の中ではそれが胸を引き裂かれるような場面の背景として使われ、大きな効果をあげている。恋人たちが再会する場面、聖フランチェスコのように慎ましく、優しい、恐れ知らずのクリストフォロ神父が小説の結末に現れる場面、彼が伝染病で弱りながらも力を振り絞って他の人に奉仕する場面がこの病院なのである。教会を監視官や規則の制定者としてではなく、〈いつくしみ〉を取りもつ者に喩えていることはこの上なく力強い[5]。

インタビューの内容はニュースの大きな話題となったが、それはそうなるように仕向けられたからでもあった。しかし、フランシスコ教皇は広く素朴な形で人びとと交流する力に秀でている一方で、心のうちだけに用いられる暗号化された言葉も用いることができた。それがわかるイエズス会の雑誌の読者のためにインタビューの一部は特別に構成されていた。

ベルゴリオはスパダーロとのインタビューで「今までにもまして多くの」イエズス会士が教会全体のためにしっかりと働くよう呼びかけられていると指摘し、「誤解されているときや誤解や中傷の対象となっているときには特に、多くの謙遜と犠牲と勇気」が必要とされると語った。さらに実例を挙げ、「過去数百年の歴史の中に見られる緊張関係について考えれば、中国での典礼論争、〔南インドでの〕マラバール典礼問題、パラグアイのレドゥクシオンなどの例があった」と続けている。

イエズス会士たちには教皇が何を言っているかがわかっていた。挙げられていたのはインカルチュレーション、すなわち宣教が「文化内で開花した」歴史的な例であった。そこではローマの考えとは相容れない典礼が採用されていたが、本来はどうあるべきなのかは歴史が明らかにしている。フランシスコ教皇はその緊張の中で生きることが「最も実りの多い態度」を生み出すと強調しながら、イエズス会士としては教会への従順が時に要求されるのがその対価であることも理解していると示したのである。

インタビューでは彼を疑い続けてきたアルゼンチンのイエズス会士たちとの和解も話題となっていた。彼は十分な協議をせず、権威によってアルゼンチン管区を統治していたことを認めた。しかし、多くのイエズス会士による「右翼」という不当な非難ははっきりと退け、「権威を用いて素早く判断を下すという私のやり方が問題にされ、〝超保守〟と非難されたが、右派であったことなど一度もない」とスパダーロに語っている。

イエズス会士であることとの関連では、何が教皇政治を形づくるのかと尋ねられたときに、教皇は躊躇なく、「識別」と答えている。よき霊と悪しき霊を区別するイエズス会のその手段を教皇は「主を知り、さらに近くで主に従うための戦いの道具」とし、「（識別は）私の統治の道を先導してくれる」と表現した。判断することには議論と協議も含まれるが、「兆しや徴を見て、起こっていること、人びとの感情、特に貧しい人たちの感情に耳を傾けること」とも関係している。行動の方針に決めるに当たっては、時機を待つこともあれば、価値を評価することもあり、必要な時間をかけることもある。あるいは、後でするつもりだったことを今すぐにするという場合もあるだろう。教皇としてサンタマルタ館に住み、慎ましい車に乗るという彼の選択は「ものごとを見て、人びとを見ること、時の徴を読みとること」に従った識別の結果であった。通常、判断を下すのは、聖イグナチオの〈霊操〉における「第二の時機」、すなわち「慰めと荒《すさ》みの経験を通して、また、さまざまに異なる霊の識別の経験を通して、十分な光と知識を受け取れたとき」のこととされる。

スパダーロはフランシスコ教皇が手本としているイエズス会士は聖イグナチオの初期の仲間で、サヴォア出身のフランス人ピエール・ファーヴル（一五〇六―一五四六年）であることに気づいた。ファーヴルはイグナチオやザビエルと違って、出自は農夫である。ベルゴリオはフローレス地区の中流やや下の階層出身だが、仲間のほとんどはイエズス会系の名門私立学校の出身であった。それがファーヴルに自らを重ね合わせる理由なのかもしれない。しかし、二人は他の点でも似通っていた。ファーヴルは穏やかで心が広く、対話の才能があった。彼にはカルヴァン主義者との対話という使命が与えられていたが、決断力のある指導者であり、改革者であった。二〇一三年十二月十七日、つまり、その年の自分の誕生日に、教皇はサンタマルタ館でホームレスの男性四人と彼らの犬と一緒に朝食をとった後、午前中にファーヴルを「列聖相当」として列聖し、ファーヴルの名は式典なしで聖人暦に入れられることになった。教皇はイエズス会総長のニコラスに電話をして、「今、教令に署名したところだ」と告げた。

年が明けると、教皇はジェズー教会でイエズス会士三五〇人とともにファーヴルの列聖を祝った。説教では新たに列聖された聖人について「慎ましく、繊細で、深い内面生活を送った人であり、あらゆる種類の人と友人となる賜物を与えられていた人」、「弛まぬ精神をもち、決めつけをせず、決して満足しない人」と表現した。二〇一四年七月三一日の聖イグナチオ・ロヨラ記念日にはイエズス会士たちと昼食をともにし、その様子を写した写真は後にイエズス会本部のウェブサイトに掲載された。そこには再

2014年7月31日、ロヨラ記念日のイエズス会総本部での昼食の様子。写真左の教皇の隣に座っているのがイエズス会総長アルフレード・ニコラス神父。立っているのが教皇庁の長官アッティリオ・スキオルティー神父、写真右の座っているのが教皇庁南ヨーロッパ地域顧問のホアキン・バレーロ神父。

び兄弟たちとくつろぎ、賑やかに笑い合う教皇の姿が捉えられている。[6]

フランシスコ教皇がイエズス会士の教皇と見られたいという願いは、イエズス会との関係を回復するということだけでなく、彼がもたらす人気にイエズス会が包まれるようにということでもあった。パウロ六世時代の一九七四年以来、イエズス会はローマから冷たい風が吹いているのを感じていた。フランシスコ教皇は就任一年を経ないうちに、イエズス会を仲間に引き入れ、ヨハネ・パウロ二世のときとはほとんど正反対の、全く新しい関係をイエズス会とローマ教皇の間に作り出した。その一方で、彼は自分に批判的なアルゼンチンのイエズス会士たちと関係を築くために親密な手書きの手紙を送った。その手紙を目に涙を浮かべながら読んだ者もいたという。[7]

＊＊＊＊

一九七九年十二月、イエズス会管区長を辞して間もなく、ベルゴリオは二度目の命の危機を経験する。当時三七歳だったファン・カルロス・パローディ医師はあるイエズス会士の司祭の診察のためにブエノスアイレスのサン・カミーロ診療所に呼び出された。それがベルゴリオであると彼が知ったのは数年後のことであった。患者は壊疽性胆嚢炎という胆嚢への血液供給が滞るひどい炎症に苦しんでいた。治療しなければ命に関わる。パローディ博士はその患者については「非常に悪かった」ということしか覚えていなかったが、胆嚢を摘出し、患部を切除した。その患者、ベルゴリオは二、三日のうちに回復し、医師が代金の受け取りを拒むと、同じく壊疽性胆嚢炎を患っていた聖イグナチオに関する本を渡した。[8]

ベルゴリオはその時、マクシモ神学院の院長となっていた。それはローマの総長がその時に行った三つの人事のうちのひとつで、他の二つは管区長と修練長であった。後継の管区長はアンドレス・スウィンネン神父で、その代わりにエルネスト・ロペス・ロサス神父が修練長に就任した。この三人はともに一九六〇年代後半における管区の霊的な導師、ミゲル・アンヘル・フィオリート神父の側近で、将来についての展望を共有していた。それゆえ、移行は円滑に進んだ。スウィンネンは新しい召命者を抱える費用を賄うための資金を集めつつ、移動宣教グループ、召命グループ、識別の黙想会の拡大というベルゴリオの新機軸を引き継いだ。

院長としてのベルゴリオは哲学・神学課程を取り仕切り、一〇〇人近いイエズス会の神学生たちの養成責任者であった。学生の数は一九八六年に院長を退くまでに倍増した。一九七六年に管区長として大学へ移動してから、彼は事実上の養成責任者の役割を果たしていたが、それが四三歳になった今、チリで初めて認めた自らの召命である仕事にすべてをかけることができるようになったのである。多くの新しいイエズス会士、育てる必要のある青年たちで学院は一杯になっていた。ベルゴリオには宣教する司祭という魅力的な手本を授けられるイグナチオの霊性が備わっていた。スウィンネンはベルゴリオの優先事項を継承し、養成課程を改革するために、優秀な学生を国外の大学に留学させず、マクシモ神学院に留まらせ、教えさせた。それは一九六〇年代から七〇年代初頭に行われていたことだった。

ベルゴリオによって再編された哲学・神学課程はマクシモ神学院における学業の中心にあった。履修課目はアルゼンチン中心、民衆中心で、教養課程の学生はアルゼンチンの歴史と文学をしっかりと学ぶ。哲学・神学課程の学生は民衆の信仰心が強調された「民衆の神学」を受け入れていた。それは当時、アルゼンチン教区の神学校と同様、マクシモ神学院でも支配的な「民衆の神学」の捉え方だった。しかし、マクシモ神学院は内向きというわけではなかった。一九八五年には文化の宣教と文化受容に関する四日間の国際会議を主催し、また、アルペ総長の四人の主任顧問のうちのひとりで、マルクス研究の専門家であったフランス人イエズス会士ジャン＝イブ・カルヴェを招聘し、毎年講座を開設していた。霊性は重要であり続けた。再発見された〈霊操〉とイグナチオの識別が学生生活の主要な部分を占め、フィオリート編集の霊性に関する雑誌『霊性会報』に掲載された論文（その多くはベルゴリオ自身の手になる）が管区の刷新を引き続き主導していた。

しかし、ベルゴリオの養成プログラムには当時のイエズス会士養成課程にはあまり見られなかった特別な根本的要素が付け加えられていた。それは彼が大きく影響された初期の宣教から取られたもので、肉体労働、現場における聖職者としての世話、また、巡礼、礼拝堂、祈りに対する信仰心といった民衆の文化と価値観への深い敬意において表される貧しい人びとのための活動であった。すなわち、それは神の忠実な聖なる人びとの生活の根本へ「文化受容」することであった。

時を経て、この養成課程の構成に対しては、アルゼンチンや他のラテンアメリカ諸国の年長のイエズス会士、最終的にはローマのイエズス会本部の会士からの反対がどんどん増えていった。アルゼンチン国内では「社会調査活動センター」（CIAS）のイエズス会士の年上の知識人からの反対があった。一九八三年にローマで総長の交代があったことを利用して院長のベルゴリオとその支持者に反対するロビー活動を展開したのだ。彼らはベルゴリオの手法は時代遅れで、ラテンアメリカ内のイエズス会の歩調を乱していると主張した。一九八六年、新総長コルベンバッハ神父が管区長に社会調査活動センターが推す候補を任命すると、この動きをベルゴリオの使徒職としての奉仕を解体するものと見て腹を立てた若いイエズス会士たちが反対行動に出た。アルゼンチンのイエズス会は最終的には管区の分裂とベルゴリオの国内追放に繋がることになる緊張の時代に突入していった。

実際のところ、この緊張関係は一九七〇年代の三人の教皇すべてを苛立たせていたイエズス会士のアイデンティティと使命に関する未解決の問題を反映したものだった。一九七八年八月、教皇ヨハネ・パウロ一世は選出されるとすぐに、イエズス会士たちに向けた演説をする予定を組んだが、五週間後の急死により、それは行われなかった。後を継いで同年十月にヨハネ・パウロ二世となったクラクフのカロル・ヴォイティワ枢機卿は前任者が準備していた叱責をアルペ総長に対して行い、自分も同じ考えだと述べた。それに対してアルペは部分的には同意見であるとし、十五年の探究と試みを経た今、これまでの変遷の中で放棄されてしまった伝統的な価値を回復する時が来ているとローマのイエズス会の指導者たちに語った。しかし、自分は高齢であり、病を抱えてもいたので、別の人がその舵を取るべきだと彼は考えていた。一九八〇年、アルペは総長を辞し、新しく総会を召集する許可をヨハネ・パウロ二世に求めた。

教皇はそれに対して、待つようにと命じた。後継者を選ぶ前に、イエズス会を改革することを望んだのである。しかし、一九八一年、教皇はサンピエトロ広場で狙撃され、八月にはアルペが脳血栓症に倒れて半身不随となり、ますます演説は遠ざかる。イエズス会の会憲によれば、こうした場合、総長の権限は臨時の管理者に移され、その手で後継者を選ぶ総会が召集されるはずであった。しかし、回復しつつあったヨハネ・パウロ二世は会憲を覆し、八〇歳を超えていたイタリア人イエズス会士パオロ・デッツェを自身の代理人に任命する。彼はパウロ六世の聴罪司祭であった。

教皇による十八か月間の干渉はイエズス会全体に衝撃波として伝わり、その後、多くのイエズス会士が生涯にわたってヨハネ・パウロ二世に反対の立場を取るようになった。その一方で、これを新しい試みと革新に明け暮れた激動のアルペ時代のことをじっくり検討する機会と見る者もいた。一九八二年二月、スウィンネンはローマに行き、他の八五人の管区長とともに、ヨハネ・パウロ二世の演説を聞いた。その内容はベルゴリオも同意するようなことで、第二バチカン公会議は権威にしたがって解釈される必要があり、イエズス会士は厳格な養成と同様に正義の追求においても明確に「司祭的な」関わりが要求されるということであった。それは霊的で、教義に則し、規律があり、司牧的な関わりである。教皇は会士たちに教会の一致《エキュメニズム》、宗教間の対話、無神論者との対話、正義の促進という四つの務めに取り組むよう求め、この演説の後、アルペの後継者を選ぶ許可をイエズス会に与えた。

翌年九月、ベルゴリオはロペス・ロサスとともにローマでのイエズス会第三三総会への代表として管区長スウィンネンに同行した。イエズス会総長の選出方法は教皇選出のコンクラーベと似ており、投票の前にイエズス会の状況についての報告と将来の総長に必要とされる条件についての議論がある。「ムルムラチオネス」(「つぶやきの時」)という祈りに満ちた時間があり、その間およそ二〇〇名の代表たちは慎重に話し合い、候補者について知ろうとする。コンクラーベで投票権をもつ枢機卿と同じように、代表たちは候補の信仰の深さ、指導力、組織力、その時その時の問題に取り組む能力などを評価する。

野心を示す徴候が見つかれば、それがどんなものであれ、自動的に失格となる。聖霊への祈りと秘密の誓いの後、投票は無記名投票で行われた。

一九八三年九月十三日、ペーター・ハンス・コルベンバッハ神父が最初の投票で選出された。山羊のようなあごひげを蓄え、教皇庁との関係を修復する外交手腕をもった用心深く、穏やかな語り口のオランダ人神父である。第三三総会の主要な目的は総長選出だったが、第四教令について「本質的に正義の概念をあまりに人間的な局面に還元する傾向と繋がっている（中略）という不備」を嘆きつつ、それを保留する立場（それにはベルゴリオも同意していた）を反映させた声明が出された。教令は再確認されたのだが、この声明によって正義は信仰の奉仕に統合されたものである必要が強調された。

アルゼンチンに戻ると、そこでも政権交代があった。一九八二年四月、アルゼンチンが十九世紀から領有を主張していたが、イギリスに占領され続けている南大西洋の不毛の島に破滅的な侵攻を行ったことによって軍事政権が瓦解したのである。六週間におよぶフォークランド紛争は人の命を犠牲にしただけの悲惨なものだった。人口一八〇〇人の島をめぐる戦いで、六四九人のアルゼンチン人と二五五人のイギリス人が死んだのだ。それはアルゼンチン人にとっては二重のトラウマとなった。引き起こされる感情は絡み合い、屈曲していた。島の回復は正義の問題であると情熱をもって信じる一方で、軍事政権はこの侵攻を「汚い戦争」の犯罪性への説明責任から逃れるために利用していると人びとは見ていた。

家族に軍人がいるイエズス会士も多く、攻囲されている軍隊のための祈りとミサがマクシモ神学院で行われた。戦争中の五月、ヨハネ・パウロ二世は以前から計画されていた通りにイギリスを訪問した。教皇はバランスをとるために、六月十一日から二日間、アルゼンチンを訪問したが、ちょうどその時には一万人のアルゼンチン兵がポートスタンリーで絶望的な戦いを続けていた（数日後に降伏した）。ブエノスアイレスのスペイン記念碑近くで大規模な屋外ミサが行われ、ヨハネ・パウロ二世が戦争の早期終結を祈願した。ベルゴリオはマクシモ神学院の職員や学生と一緒に出かけていき、ブエノスアイレス大聖堂で教皇が修道士や司祭たちに語りかけるのを聞いた。

　ベルゴリオも入り混じった感情を同胞たちと共有していた。同胞たちと同じように島はアルゼンチン領の一部と思っていたし、イギリスの占領を植民地時代からの不公正と思っていた。彼が戦争について語った当時の言葉は記録されていないが、枢機卿大司教のときには、島の居住者の自決権を焦点とするイギリスの主張を揺るがすアルゼンチンのナショナリズムから、ある意味、神秘主義的な言葉を散りばめながら、参戦した兵士たちについてミサで話すことは多かった。たとえば、二〇〇九年十月にはダーウィン墓地に記念碑を建立するために島を訪れる戦死兵士の遺族に祝福を授けながら、「私たちのものであり、はるか遠く離れているように見えるあの土地に行き、大地にキスをしてきなさい」と彼らに言い、戦死した息子、夫、父親は「あたかも信仰を示すように、自らの血で祖国の土に口づけて、彼の地に倒れたのだ」と語った。また、二〇一二年の紛争三〇周年の記念日には戦死者を「母を守るため、祖国を守るため、祖国に属し、それが奪われたのだと主張するために彼の地に行った祖国の子」と呼んでいる。

　もちろん彼はこの戦争に愕然としていたし、二〇〇八年にはその無謀な侵攻について「悲しい物語、アルゼンチン史の暗部」と述べている。しかし、帰還兵とその家族に国の恥を背負わせるべきではないという点を明確にさせ、彼らは栄誉が与えられた上で記憶されるべきであり、その犠牲、献身に感謝すべきと一貫して要求している。その年の説教では「社会は彼らに大きな借りがある」と述べ、彼らの肉体的な傷だけでなく、心理的な傷のことにも触れ、トラウマをもつ帰還兵が職探しや人間関係を築こうとするときに直面する困難について指摘している。その日のミサには政府に帰還兵と認めてもらえない人びとが出席しており、ベルゴリオは戦争に巻き込まれた者はすべて、戦闘地域に立ったか否かにかかわらず、その傷跡に耐えているのであり、その存在は認められるに値するとして、彼らの主張を支持した[9]。

フォークランドでの敗北と、その後に暴露された無能さと腐敗は、アルゼンチン人が軍に対して寄せていた国の救い主としての歴史的な信頼を永久に葬り去った。独裁政権の瓦解は軍が戻る前にすでに始まっていた。ジャーナリストたちが行方不明者の集団埋葬が行われた場所を初めて見つけたとき、軍事政権は選挙実施に向けた交渉を諸政党と始めていた。一九八三年十月の大統領選挙における急進党候補ラウル・アルフォンシンの勝利は過去との決定的な決別の徴となった。その最初の動きのひとつは作家エルネスト・サーバトを委員長として、独裁政権時代の人権侵害を徹底調査する委員会の設置であった。「もう二度と《ヌンカ・マス》」と題された報告書は画期的な裁判と軍事政権の指導者たちの投獄に繋がる驚異的な成功をもたらした。しかし、その裁判の対象範囲が広がると、軍に不穏な動きが生じてきたため、アルフォンシンは民政を強固なものにするために裁判にストップをかけた。この後、二〇年の間、アルゼンチンは正義と和解の両方を求める必要と願いの中を揺れ動くことになる。

経済の回復は民主主義の回復よりも難しかった。アルフォンシン政権は独裁政権から受け継いだ財政赤字の急拡大、莫大な対外債務、経済の縮小に対処できず、新しい通貨を導入したにもかかわらず、アルゼンチンは一九八〇年代末までにハイパーインフレという大きな危機に陥った。神学院周辺のサンミゲル地区に住む労働者階級の人びとにとって、一九八〇年代という時代は物価と失業率の上昇が何千もの家族を窮乏に陥れた大きな困難の時代であった。

＊＊＊＊

「四年か五年の間、学院にいる二〇〇人はすべてがイエズス会士、すべてがアルゼンチン人でした」

元神学生のアンヘル・ロッシはそう振り返った。別の元神学生レオナルド・ナルディンによれば、ベルゴリオが院長であった時期のマクシモ神学院は「エネルギーの真の発生源」であった。その発展具合は建物の建設にも見ることができる。大きな新しい修練院がバリラリ館に代わるものとして建てられ、一九八一年十月にはラテンアメリカで最も多く神学関連の書籍を収蔵する新しい図書館がオープンした。

新しい教会の建設も一九八〇年に始まった。一九七〇年代初頭から学院のイエズス会士は五つの聖堂、三つの学校と成人教育施設と共に「絶えざる御助けの聖母」教会の小教区に奉仕してきた。ベルゴリオは院長となってから、新しい小教区の教会、保護者聖ヨセフ教会を学院が寄付する土地に建設する許可をサンミゲルの司教からもらっていた。この小教区は雨が降ると泥濘《ぬかるみ》になってしまう未舗装の道沿いに建てられた簡素な住居群が並ぶ三つの地区をカバーしていた。ベルゴリオがこの教会で初めての洗礼をグリゼルダという名の赤ん坊に授けたのが一九八〇年二月二四日であった。三月十九日の聖ヨセフの祭日に行われた小教区の献堂式の一か月前、そのちょうど三三年後にベルゴリオは教皇フランシスコとしての職務を開始する。一九八〇年当時、この教会は小屋のようなものにすぎなかったが、神学生と小教区民の努力ですぐに煉瓦造りになり、しっかりとした屋根もできた。二年としないうちに、この教会は子どもたちのための給食施設、マクシモ神学院の隣の職業技術研修と成人教育を提供する二つの学校を含む司牧活動が忙しく行われる施設の中心となった。最終的に、この「保護者聖ヨセフ」小教区は三つの地区をカバーする四つの新しい大きな聖堂を生み出した[10]。

ある日のこと、ベルゴリオは牛を四頭、豚を四匹、それに羊を六匹連れて現れた。物価が上昇しているときには養うべき人は増え、寄付ができる人にはたくさん出してもらった。そして、大学のまわりには何も植えられていない一〇ヘクタールの肥沃な土地があった。学院の裏に生えていた木は小屋と納屋を作るために引き抜かれ、土地は仕切られ、野菜を植えるために耕された。家畜のための小屋も建てられた。学生のひとりが残した記録によれば、最終的に家畜は豚一二〇匹、羊五〇匹、ウサギ一八〇匹、牛二〇頭にまで増え、その他、蜂蜜をとるための蜂の巣箱もたくさんあった。[11] イエズス会の修道士たちは毎日午後におんぼろ車で市場へ出かけ、賞味期限が過ぎた品物を集めて回った。彼らが戻ると、神学生たちはそれを人が食べられるものと豚に回すものに仕分けした。

必要から生まれた農場は予想を上回る結果をもたらした。中産階級出身の神学生たちに労働者の生活を経験させることになったのだ。彼らは清貧の誓願を立てており、貧しい人びとも働ける。ベルゴリオは彼らに「これは万物の法であり、それがわれわれを他の人と等しくする」と語りかけた。貧しい人びとと生活を共にすることによってのみ、「命を与えることのない抽象的な正義」の対極にある「この世の正義の真の可能性」を発見することができるのだ。[12] 神学生たちは日に六時間の授業と勉強に加えて、平日はほとんど毎日、肉体労働をした。建物の中では台所、洗濯場、果てしなく長い通路、トイレを掃除しなければならない。外では、日々農場を運営するイエズス会の修道士の管理の下、作業をした。蜂蜜を集め、牛の乳を絞る。そして、豚小屋をきれいに掃除していると、たびたびゴムの長靴を履いた院長に会った。

「汚い仕事だったから、みんな嫌がっていましたよ」

今はバチカン放送のスペイン語部門を運営しているギジェルモ・オルティスは当時を振り返る。

「でも、ベルゴリオ神父に不満は言えませんでした。彼も長靴を履いて、わたしたちといっしょに豚の機嫌を取っていたんですから」

司祭養成のための仕事をして過ごす時間はベルゴリオ院長には非常に重要だったとグスタボ・アンティーコは言う。

「彼はわれわれにさせていた仕事のことをひとつひとつよく調べていて、本当に自然にわれわれのことを手伝ってくれました」

肉体労働は神学生たちが「最も大きいものによっても限定されないが、最も小さきもののうちに含まれるもの。それが神である」という聖イグナチオの基本原則を体得するのに役立った[13]。何年もしてからフランシスコ教皇はスパダーロ神父にその意味を「日々の些細なことを神や他の人びとに対して開かれた大きな心でできるということ」、「神の王国という大きな視野をもって、小さなことを評価できるということ」と説明している。それは腰の引けた強迫観念ゆえに些細なことや大袈裟で非現実的な計画に囚われることのないようにということであった[14]。

この農場は地域におけるイエズス会の使徒職としての奉仕にも重要であった。学院だけでなく、周辺地区の貧しい人びとを養うことにもなっていたのである。一九八〇年代、景気の失速により地元の人びとの仕事や給与が蝕まれるようになり、ベルゴリオ院長がイエズス会の神学生たちを地域の住宅訪問に派遣すると、多くの家庭で日に一度の食事がやっとであるという報告がもたらされた。

「ベルゴリオ院長は『人びとが空腹でいるのに、座して腕組みしているわけにはいかないじゃないか。われわれには不足しているものなどないのだし』と言っていました」

アレハンドロ・ガウフィンは振り返る[15]。イエズス会の神学生たちは巨大な料理鍋を調達し、ボランティアを組織し、防水シートの屋根の下で炊き出しを始めた。それはやがてニーニョ館にも拡大し、日に四〇〇人の子どもたちを養うようになり、隣のサン・アロンゾでも同規模の活動が行われた。食材の大部分は学内の農場で作られたもので、マクシモ神学院の食堂で出されていたのと同じものだった。

「たくさん作っていましたから飢えるようなことは決してありませんでした。でも、作るのはいつも同じで、たいていは庶民が食べる〝ギーソ〟(雑炊の類)のようなものでした」

そう思い出を語るミゲル・ヤニェスはこの活動を貧しい人びとのためにイエズス会士がとる選択と全く一致していると見ていた。しかし、不平を言う教授たちもいた。「彼らには別の基準があったのでしょう」。

農場はまた、観想を助けるものにもなった。ベルゴリオの霊的指導を受け、後に修道女となったマリア・ソレダード・アルビスは当時のことをこう振り返る。

「私は外に連れ出され、羊と豚を飼っているところに連れて行かれました。ベルゴリオ神父は『ここは祈りにはいい場所だ、神は最も粗末なものの中におられる』とおっしゃいました」[16]

動物と土地とともに働くことは、忍耐、粘り強さ、謙遜を教え、豚の群れや羊の群れが登場する多くの聖書の物語に対する視野を広げる。その一方で、多くはイエズス会の名門学校の卒業生であった修練者や哲学の教師たちにとっては、豚の糞に膝まで埋まることで『霊操』冒頭の「原理と基礎」で聖イグナチオが記している「われわれの方では、病気よりも健康を求めるべきではなく、貧しさではなく富を、不名誉ではなく名声を、短命ではなく長生きを求めるべきではない。……われわれが作られた目的に導いてくれるものだけをただ求め、選ぶべきである」というはっとさせるような黙想が生き生きとしたものになった。

授業と肉体労働の日々は祈りによって区切られていた。早朝には個人の観想のために往来が禁じられ、その後で朝のミサが行われ、夕方には共同の祈りがあった。一日に二度、正午と夕方に鐘が鳴らされ、全員が、一日の恵みと罪を振り返る十五分の沈黙の究明のため聖堂に集められた。その時、神が一日のうちどこにおられたかを見つめ、感謝を捧げ、罪を悔い改めたのである。聖イグナチオのようにベルゴリオも究明に非常に重きを置き、それを「神の御前に自分自身についての真実を求める方法」と呼んだ。[17]〈霊操〉の霊性はベルゴリオやフィオリートらが主宰する講話と黙想会、また定期的な霊的指導者との面談においてもイエズス会士たちの生活の中に浸透していった。

「われわれは皆、祈りには大きな力があり、またイエズス会士として〈霊操〉を通して他の人びとを助けることができるという確信において形づくられました」

オルティスはそう振り返る。また、当時イエズス会の哲学の教師であったフェルナンド・セルベラも「あらゆる決定や選択において祈らねばならず、識別しなければならなかった。あらゆる決定には結果が伴い、それは重いものだということを教えられた」と同様の意見を述べている。

それは宣教的霊性であった。祈りのスケジュールはしばしば人びとの具体的な必要によって変更になった。ある年のこと、ロッシは年に一度の八日間の黙想を行っていたとき、その四日目にベルゴリオから呼び出された。

「彼は私にこう言いました。『君は今、非常に快適に祈り、食事をし、眠っている。しかし、学院の外には四人の子どもを抱えて家がない女性がいる。だから黙想を中断して、彼女の頭の上に屋根をかけてあげよう。彼らの家ができてから、黙想に戻ればいい』」

ロッシはどうすべきかわからなくなったが、その後の数日間にベルゴリオの助けを得て、それを学んだ。

「彼はどの扉を叩けばいいかわかっていたんですね。私はその〝使命〟を完了させてから黙想に戻りました」

ロッシはその時に受けた教訓を決して忘れることはなかった。

＊＊＊＊

多くの神学生が土曜日の午後と日曜日の朝に町の各地区にくり出して、サンミゲル地区の家から家を巡って、子どもたちをミサに集め、イエズス会の運営する十五の聖堂で要理教育《カテキズム》の時間をもった。ヤニェスは当時のいつもの週末のことを次のように振り返った。

土曜日の朝の私の担当は蜜蜂でしたが、菜園で働く人もいれば、羊や豚の世話をする人もいて、全くそれぞれでした。それが午前中。昼食をとって、午後には子どもたちを要理教育に集めるために地区を回ります。組織的に行うことはたくさんありました。たとえば、サマーキャンプや子どもの日のお祝いなどのときに、集まった三〇〇〇人の子どもたちひとりひとりにおもちゃを配ります。たいていは新品でした。私たちの人数は多かったですが、よく組織されていて、みんな意欲的でした。たとえば、一年のうちには誰かもうひとりといっしょにおもちゃのメーカーに寄付をお願いに行ったりしましたよ。先方ではわたしたちがしていることを見ていて、援助をしたいと申し出てくれました。サマーキャンプにはおよそ五〇〇人の若者たちを男女の時期をずらしてマル・デル・プラタの海岸へ連れて行きました。その時には魚屋さんたちが無料で必要な食糧すべてを提供してくれました。日曜日の午前中にはいろいろな会衆ごとのミサがあり、その後には要理教育の時間があって、家を訪問したりしました。その後、学院に戻れば自由時間でした。長めの昼寝をとったり、スポーツをしたり、勉強をしたり。夕方にはギターを手にする人もいれば、カードに興じる人もいました。ベルゴリオ神父も他の人と何の変わりもなく、そこに加わっていました。こんな具合に、とても熱心で、非常に組織された一週間を過ごしていたんです。素晴らしい時間でした。

保護者聖ヨセフ教会《パトリアルカ・サン・ホセ》は、社会の周縁にいる人びとのための根本的な使徒職というベルゴリオの展望を具体化したものであった。ベルゴリオはミサの時間割を教会の外に張り出して、人びとが来るのを待つのではなく、地域を地区に区分し、イエズス会の神学生の多くにそのそれぞれの地区を任せ、埃まみれ、泥まみれの街路を通って、それぞれの家庭を訪問させた（ロッシによれば、「手をつけなかった一角などなかった」）。当時の神学生のひとり、レンゾ・デ・ルカは言う。

「まさにコペルニクス的転換でした。わたしたちは出かけていって、実際にドアをノックして、『要理教育の会があります。子どもたちを参加させてください』と言うのです。食べるのがやっとなのが明らかな人びとを教会に招くにはよほど神経が太くなければなりません。それでも、人びとは呼びかけに応じてくれました[18]」

ベルゴリオは「地区に入って、そこを歩く」ように神学生たちに言った。まず若者たちに声を掛ければ、他の人は時間があるときにいっしょに来るようになるということだった。そして、年輩者や病気の人と過ごす時間をとり、最も貧しい人たちが何を必要としているのか、食物なのか、医療なのか、毛布なのかに細かな注意を払う。イエズス会士たちはベルゴリオ院長の忠告の多くを今でも記憶していた。

「わたしたちの使命は大きな群れの羊飼いとなることであって、少数のお気に入りの羊を飼うことではない」

「主の審判の日には、戦いの背後でぶくぶく太って青白い顔をしている人とではなく、戦争の前線に送られて傷ついた人といっしょにいる方がよい[19]」

日曜日ごとにベルゴリオは教会の外で人びとを出迎え、ミサの前に人びととの告解に耳を傾けた。説教は簡潔で、直接的で、面白く、魅力的だった。決して長くならず、要点を三つ示し、何気ない冗談でアクセントをつけて会衆の気を引いた。

マヌエリータ、コンスタンティーニ、ドン・アルフォンソの各地区では、そこに住む人びととの生活を向上させるための施設を建設した。ニーニョ館には寄付によって、二〇〇人の子どもが一度に食事できる食堂が設けられ、五〇人の子どもを預かれる保育所も建てられた。そこでは食事と医療が提供され、毎日四〇〇人の子どもが教育を受けることができた。その他に、高校を終えられなかった大人のための夜間学校や、商取引などの実業を学ぶ学校が建てられ、大学進学を可能にする奨学金もあった。

「私たちは実際に変化を生じさせていました。今、あの頃の子どもたちが教師になり、医者になっています。大学で学位を取って、社会で本当にうまくやっています」

ヤニェスはそう当時を振り返る。マル・デル・プラタの海岸に行った子どものためのサマーキャンプはイエズス会士が一年かけて集めた寄付ですべてを賄っていた。

「海を見たことがなかった子どもたち、休暇に出かけたことなどなかった子どもたちをキャンプに連れて行ったことで、人間として扱われるという尊厳を彼らに与えることができたのです。あの時の若者たちが結婚をして子どもをもうけ、小教区で出会うと、今でも言うんですよ。『本当に感謝しています。あの日、海を見て、海岸を見て……。あんな休暇は生涯であの時だけです』って」

フェルナンド・アルビストゥール神父はそう思い出を語った。[20]

貧しい人びとの具体的な必要に応えようとするとき、キリストがいかに重要なことを教えてくれるかをベルゴリオは学生たちに語った。彼はそのことをマルタという女性から学んだという。彼女は文無しで、大家族を抱え、施しを受けてなんとか生き延びている人であった。彼女の要求は人をすぐにうんざりさせていた。ある日曜日の夕方、彼女がベルゴリオに近づいてきて、家で家族が腹をすかせて凍えていると言う。ベルゴリオは何がしてあげられるか考えるから翌日にもう一度来るようにと言うと、マルタは「でも神父様、私たちは今、お腹をすかせているんです。今、凍えてるんです」と応えた。彼は部屋に行って、自分のベッドから毛布をとり、食べ物を探した。ベルゴリオがこの時に学んだのは、キリストは貧しい人びとを通して語るということであった。その必要に応ずることは自分の都合で後回しにできるようなことではないということであった。

神学生たちが学院に戻ってくると、ベルゴリオがプラスチック製の腕時計をこつこつと軽く叩きながら遅れている者がいないか待ち構えていた。彼は時間厳守を重視していた。そして、学生たちの靴底をチェックし、地区の土埃がついていることを確認した。学生たちは人びとが必要としていることを報告し、彼が援助の仕方を考える。

「ベルゴリオ神父は私たちを〝橋〟として使っていたんです。私たちは人びとが必要としていることをもち帰りますが、たいていの場合、彼らはその背後に彼がいることを知りませんでした」

ロッシはそう振り返る。

ベルゴリオは司牧神学の授業と黙想の時間に、その週の自分の経験を省みることを学生たちに要求した。そして、自分たちは「忠実な人びと」を教えているのではなく、彼らに教えられつつあるのだと力説した。イエズス会士が宣教のために派遣される土地の文化に自分自身を入り込ませる能力は、その信仰の「決定的な試金石」であった。

「その土地の言語、注意事項、価値観を自分の神学を研く方法としてではなく、自分を変化させる新しいあり方として、その土地の人びとから学ばなければならないということを思い知らされるとき、それは非常に難しく、非常に孤独なことに感じられるでしょう」

ベルゴリオは神学生たちにそう語っていた[21]。そうした学びの中で重要なことは、聖人に執り成しを頼むこと、ロザリオの祈りを唱えること、聖堂への巡礼に行くこと、恭しく聖像に触れることなど、人びとがもつ敬虔さの形を尊重し、理解することであった。ベルゴリオは彼らと同じようにするよう神学生たちに勧めた。ロッシによれば、彼の考えは「私たちはここで貧しい人びととともにいて、彼らは貧しいので、信仰に頼り、信仰があるから私たちの中心なのだということなんです。彼らの信仰、彼らの文化、彼らの信仰の表現の仕方――それを私たちは尊重しなければならないということなのです」。

一九八五年の十月から十一月にかけて、「保護者聖ヨセフ」小教区に新しく二つの聖堂が落成した。ひとつはサン・アロンゾ地区に、もうひとつは学院からそう離れていないところに建てられていた。二つ目の聖堂はイエズス会のパラグアイ人殉教者の名がつけられたコロニアル様式の大きな聖堂であった。その聖堂についての記事を書くために送り込まれたある女性記者は、花で飾られた木像と旗を担ぎ、傘の下でスピーチを聞く人びとが大喜びで行進している様を伝えている。彼女はかつては貧困とストリートギャングと育児放棄で有名だったこの地区の変化に驚いていた。もはや新参者に石が投げつけられることはなかった。子どもたちは養われ、学校に通っている。年輩者と病人は介護を受けている。小教区の聖堂には人が溢れていた。すべてが清潔で、整頓されていた。教会周辺では「ゴミがいっぱいの排水溝ではなく、花が植えられ、芝生は刈られ、ペンキが塗られた玄関のドア、ゴミ袋が据え付けられた屑籠を目にすることもあり、壊れた壁などひとつもなく、攻撃的なものは何もない。ただ友愛に満ちた人間の家族がそれ自体を誇りにし、寿いでいた」。その記者が心打たれたのは「知的で真剣な」イエズス会の神学生たちがこの変化の立役者であったということだった。彼らは彼女がその十年前に知っていた学生たち、チェ・ゲバラを偶像として崇め、教会の過去をブルジョワ的と見下していた学生たちとは全く違っていた。その記事には「ベルゴリオ神父の奇跡」と見出しがつけられている[22]。

ベルゴリオは一九八〇年に発表した長い論文の中で、著述としては初めて第三二総会の第四教令に言及し、イエズス会が進める正義を目指すときの「使徒職としての行動基準」を説明している。その行動とは「忠実な人びと」の文化と価値観だけでなく、具体的な必要に根ざしたものでなければならず、(自由主義であれ、左翼であれ、保守であれ）啓蒙された階級の人びとによる「人びとのためではあっても、人びとともにでは決してない」やり方は避けなければならないと彼は書いた。その行動はイエズス会の歴史と霊性に適していなければならない。そして、それは貧しい人びととの直接の触れ合いから始まり、具体的な〈いつくしみ〉の活動を正義の活動と見て、その出会いを反省しながら、進められなければならない。

結果として生じる新しい意識によって、抽象的に正義を追い続ける不毛な「あるべき主義[23]」が回避でき、最終的には構造の変化がもたらされるとベルゴリオは言う。具体的なイエズス会士の務めとしては〈霊操〉を通して一般の信徒を養成し、元気づけることであり、帰属する組織を創り出すこととされる。計画に活気があるかどうかの徴は、それにコミットする一般信徒といっしょに活動する包容力であった。イエズス会士はとりわけ、文化受容を通して変化を生み出さなければならないとベルゴリオは言った。それは観念論をふりまわすエリート集団がしたような貧しい人びとに影響を与えるということでは決してない。心と構造を転換させるときには、人びとの文化、正当な価値観や念願を裏切るような不公正に関わってはならないのである。

わたしたちの主が示した例がわたしたちを救ってくれる。主は人びとのうちに受肉したのである。人びとは簡単には分類できない習慣、価値観、文化上の注意事項をもっている。(中略)彼らが望む変化への願いを聞くために耳の感度を調整するには謙遜さ、愛情、文化受容の習慣が必要であり、特に、彼らには意見などないだろうと忖度して、人びとの代わりに「声」をあげたいという道理に合わない野心はいかなるものであれ拒絶する必要がある。(中略)構造を改革しようとする聖職者が問わなければならない最初の問いは、「私はここで何をすることが望まれているのか」であり、「何をするために呼ばれたのか」である。そして、耳を傾けることから始めなければならない。[24]

＊＊＊＊

文化受容《インカルチュレーション》についてのベルゴリオの考え方はラテンアメリカの神学の中でも新しいテーマを反映するものであった。彼は一九七九年にメキシコのプエブラで開かれた南米大陸規模の第三回ラテンアメリカ・カリブ司教協議会総会の準備に参加していた。この会議の終わりに出された声明文書は、解放の神学のうちでマルクス主義に影響されたものについては決定的な拒否を表明しているが、「貧しい人びとの優先」は確認された。当時の報道にはプエブラ会議はローマ主導の保守派（ヨハネ・パウロ二世とその盟友であるラテンアメリカ・カリブ司教協議会の事務総長、コロンビア大司教アルフォンソ・ロペス・トルヒージョ）がメデジン文書を堅持したいラテンアメリカの司教たちに支えられた解放の神学を締めつける試みに過ぎないと見ているものがあるが、それはプエブラでの物語の重要な側面を見落としている。貧しい人びとの優先を認めたということは、彼らに特有の民衆の文化と信仰心の優先を認めたということなのである。

ベルゴリオはプエブラ会議を大きな前進と見ていた。ラテンアメリカをそれ自身の文化的伝統を通して見ることができるようになったのだ。なによりその文化的伝統は輸入されたエリートのイデオロギーを通してではなく、普通の忠実な人びとの信仰における霊的な手段によって守られてきたものであった。そうした手段が解放されれば、ラテンアメリカは通貨経済の帝国主義からだけでなく、そうしたエリート主義のイデオロギーからも解放される。そのどちらもが「民の多くがその信仰のわかりやすさの中で生きているイエス・キリストとの出会いというキリスト教の独創性」を破壊することによってラテンアメリカを抑えつけてきたものであった。ベルゴリオはそう考えていた[25]。

プエブラの物語はその後、アルゼンチンにおける「ポスト・メデジン神学」の高まりへと繫がっていく。プエブラ文書のうち、文化への福音宣教と民衆の信仰心に関して多く書かれている部分の草案は「民衆の神学」の先駆者であるルシオ・ヘラ神父および同じ思想をもつチリの神学者ホアキン・アジェンデ神父によるものであった。プエブラではヘラの影響を受けているパウロ六世の『福音宣教』が取り上げられ、最終文書ではラテンアメリカに適用された形で九七か所で引用された。

プエブラ文書の作成にあたってはもうひとり重要な貢献をした者がいた。ウルグアイの思想家アルベルト・メトール・フェレである。彼はラテンアメリカ・カリブ司教協議会のスタッフであり、ラテンアメリカの教会がもつ歴史的運命についてのベルゴリオの考えに大きな影響を与えていた。ベルゴリオがメトール・フェレに初めて会ったのは、一九七八年にサルバドール大学学長フランシスコ・ピニョンと昼食をともにしたときのことだった。その場にいたラプラタ川両岸の神学者と知識人の中にはバチカンのラテンアメリカ委員会の現次官であるウルグアイ人のグスマン・カリキリも含まれ、彼らがファン・ディエゴ・デ・グアダルーペと呼ばれた短期的なグループを形成し、プエブラ会議の前段階の会合を定期的にアルゼンチンで開いていた。カリキリによれば、ベルゴリオはこの会合には「出たり出なかったり」だったが、議論の内容はしっかりとフォローしていたという。

当時、解放の神学はまだ、中米とアンデス山地で優勢であったマルクス主義的な神学と同じものと見られていた。つまり、基礎共同体の「人民の教会」は「制度化された教会」とは対立していると見られていたということである。しかし、メデジン会議以後の解放の神学には少なくとも二つの流れがあり、その両方が人民の解放にも貧しい人びとの優先にも関わっていたが、それぞれ出発点が異なっていた。一方は啓蒙主義以後の自由主義とマルクス主義から発展したもので、ヨーロッパに留学していたラテンアメリカの神学者たちによってもち込まれたものであった。もう一方は国民的かつ民衆的なカトリックの伝統から発したものであった。一九七一年に解放の神学の始まりとなる本を書いたペルーの司祭グスタボ・グティエレスは後者から影響を受けて自らの考えを修正し、一九九〇年代までには、貧しい人びとの「歴史上の力」は単なる政治的な闘争よりも、むしろ文化と信仰を通して発揮されるという考えを受け入れるようになっている。

　一九八〇年、ヨハネ・パウロ二世によって教義のお目付け役であるバチカンの教理省長官に任命されたドイツ人の神学者がこうした展開と二つの流れの区別に強い関心を示した。一九八二年、その神学者ヨーゼフ・ラッツィンガー枢機卿〔のちのベネディクト十六世〕はバチカンでラテンアメリカの神学者たちの会合を主催し、解放の神学の何がよく、何が正しいのか、キリスト教理解の核心部分と相容れない部分は何なのかを検討した。一九八四年に教理省が出した「指針」では、解放の神学の中でマルクス主義的な解釈を用いているもの、聖書の中に多く見られる解放の概念を政治的なものとしてのみ解釈することは非難された。教理省は解放の神学に様々な形があることを慎重に認め、一部に過誤があるとした。二年後に、教理省は解放の神学を称賛する第二の「指針」を出す。そこでは特に民衆の敬虔さと貧しい人びとの優先が肯定されていた。これこそがヨハネ・パウロ二世が高く評価していたラテンアメリカの神学の重要な洞察であった[26]。メディアでは最初の「指針」が解放の神学への全面的な非難と報じられたため、その筋書きと相容れない第二の「指針」は無視された。こうして二つの神話が作り上げられることになった。解放の神学はすべてマルクス主義的であるという神話と、バチカンはすべての解放の神学を非難しているという神話である。アルゼンチンの「民衆の神学」はその二つの神話への反証であった。

　二つの「指針」が出される間の一九八五年九月、ベルゴリオはマクシモ神学院に二三か国一二〇人の神学者を集め、「文化の福音宣教と福音の文化受容」をテーマに、イエズス会のアルゼンチン宣教四〇〇周年を記念した大きな学会を主催した。彼の開会講演はまさにプエブラ文書そのもので、信仰と文化を「神の英知が明らかにされる特権的な場所」と見ている。この場合の「信仰」とはイエス・キリストという目に見えるイメージを通して神の救済計画を明らかにしている福音のことであり、「文化」の方は「創造的であり、完成をもたらす神の〈知恵〉」を反映する「諸民族の英知の成果である様々な文化」のことであった。この開会講演の最後にベルゴリオはアルペ神父が「一九七四年の福音宣教に関する〈世界代表司教会議〉で、当時は目新しい言葉であった〝文化受容〟とは何であるかを言い表した」ことに「子としての敬意」を表している[27]。

この学会の開会宣言をしたのはラテンアメリカ・カリブ司教協議会の議長として任期を終えつつあったアルゼンチン人の司教アントニオ・クアラチーノであった。ベルゴリオとは一九七〇年代中盤に出会い、それ以来、彼のことを知り、高く評価していたクアラチーノは、この後すぐラプラタ大司教に任命された。一九九〇年にはブエノスアイレス大司教となり、ベルゴリオの補佐司教任命を画策することになる。

＊＊＊＊

この学会の他に公の場で多くの人の前に現れた機会はなかったので、五〇歳に近づいていたホルヘ・ベルゴリオについてのイエズス会の神学生たちの記憶には特別な価値がある。ベルゴリオ院長時代のことを後で批判した人でさえ、彼が厳しいけれども、愛情溢れる父親のような存在であり、素晴らしい教師であり、霊的な師であり、魅力ある指導者であったことには同意している。彼は日に二、三時間、祈りの時間をとり、二〇〇人の寮住まいの神学生と数百の通学生を抱える学院を運営していた。その上、広大な教区もあった。また、司牧神学を教え、黙想会を行い、学会を組織し、学院の資金を集め、多くのイエズス会士にとってはよき助言者、霊的指導者であった。しかし、当時の神学生たちが覚えているのは、いつでも神学生たちといる彼の姿である。

「霊的指導を与え、誰か司教と電話で話すことから始まって、台所と豚小屋に行く前に衣服を洗濯場で洗い、その後で教室へ戻ってくるという感じでした。とにかく神学生ひとりひとりのすべてに彼は関わっていました」

セルベラはそう振り返っている。

ベルゴリオの現場主義は台所にも及んでおり、スタッフが休みの日曜日には彼が責任を引き受けていた。母親の仕込みがよかったのだ。彼は料理上手だった（妹のマリア・エレーナによれば、得意料理はイカの詰物であるという）。友人のひとりの記憶では、あるときマクシモ神学院で三〇人ほどの神学生の会合を開いたとき、到着の時間が迫っているのに彼らに出す食事が準備されていないことがあったという。ベルゴリオは慌てなかった。

「サンミゲルの市街に行って、串刺しの鶏の丸焼きを四羽、ラード・パンを四つ、生クリームの缶を四つ買っておいで」

そう言われた神学生が買い物に出かけ、戻ってくると、ベルゴリオが指揮して、ジャガイモの皮をむいて、茹でる算段を進めていた。ベルゴリオはその学生に言った。

「これはうちの母親のレシピなんだよ。パンを半分に切ってくれないか。その片方で鶏の上を覆うようにしておいて、もう片方は中に詰めるんだ。四羽全部、同じようにね。そうしたら、熱しておいたオーブンに一〇分入れて、取り出してクリームをかけて、オーブンを消す。ジャガイモを添えて皿に盛れば、できあがり。これでみんな幸せだ」（実際、彼らは幸せになった）[28]。

ベルゴリオは多くを期待し、そして、多くを与えていた。彼はいつでも最前線《プリメレアンド》にいた。聖イグナチオの「アジェ・クォド・アジス」（「すべきことをなせ」「今を生きよ」）というラテン語の言葉を引用して、卓越を求めた。この言葉は「なすべく命じられたことをなし、他のことは惹かれるものであっても放っておけ。悪魔はそのようにしてそれを吹き込むから」と要約されるだろう。彼は神学生たちに必要とされる様々なことを気にかけていた。当時修練者であったトマス・ブラドリーは農学を学び、屋外での活動を好んでいたが、夏の間、学院の受付を管理する仕事を与えられた。それによって事務仕事の退屈さと静寂の中に神を見出すよう仕向けられたのである。[29]ベルゴリオは生涯にわたって禁欲的な習慣を保ち、休暇はとっていないが、一月の熱い最中には二週間、神学生たちをコルドバの山中に送り込んだ。古い学校の寮に最初は修練者、のちには神学生たちが寝泊りした。

彼は厳しく、要求が多かったが、決して苛酷なことはしなかった。ナルディンが年に一度の八日間の黙想を始めるために子どもたちのサマーキャンプから戻ると、「私が疲れ切っているのを見て、『五時まで昼寝しなさい。今日は四回の祈りは三回でいいでしょう』と言ってくれました。そういう風に場合に応じた対応をしていました」。セルベラは大変な仕事が終わったときには「彼がワインを一本と何か食べるものをもって現れ、それを家族のような雰囲気の中で、みんなで一緒に食べたものだ」と思い出を語った。

ベルゴリオは神学生たちが自我の誘惑を心得た成熟したイエズス会士として育つことを望んでいた。オルティスは何週間かにわたり必死になってサンホセ教会での日曜ミサにこれまでにないほど多くの子どもを集めてベルゴリオに感銘を与えようとしたことを記憶している。しかし、院長は毎週「少ないな。全然多くない《ポコス・ムイ・ポコス》」としか言わなかった。三週目にオルティスは五〇人もの騒がしい子どもたちを自慢げに連れて来たが、ベルゴリオはやはり「全然少ない」としか言わないので、若いイエズス会士は怒りを爆発させて、院長に向かって悪態をついた。ベルゴリオ院長は彼を教会の側へ連れて行き、彼に抱きしめ、「問題は君が連れて来る数じゃない。重要なのは子どもたち自身だ。君は自惚れて、それが見えなくなっていたんだ。今、それがわかったはずだ」と言ったという。

オルティスはこの時、自分の感情と欲求不満を表明するときにはベルゴリオに対して率直でいなければならないと学んだが、院長が与える試練や徹底調査に憤慨する者もいた。オルティスによれば、「父親のように神学生を扱うから、神学生の方も父親に対するように打ち解けてしまう」のだ。ロッシの場合はこうだった。

彼に厳しい叱責を受けるような人は、人に自分がどんなに優れていて完全であるかを知ってほしいと思っている人か、規則を偏重する人でした。逆に言うと、彼は独特の感性をもって人の脆さに反応するんです。ああいう感性をもった人を私は見たことがない。数学的な法則をベルゴリオ神父に適用してみるとすれば、「その人が脆ければ脆いほど、彼の反応は大きくなる」といったところでしょうか。私はいつもこう言っていました――「どん底まで落ちたと思ったときには、ベルゴリオ神父のことを最大の敵だと思っていたとしても、とにかく彼に会いに行ってみるといい。彼はいつでも待っている。しかも、ただ待っているだけではない。必要なものを何でもそろえて待っている。家でも、食物でも、就職先でも何でも」とね。人間の脆さが彼の中では最もよいものをもたらすんです。教皇としての彼から最も恩恵を受けているのが抽象的な意味での貧しい人ではなく、彼が助けた膨大な数の貧しい人びとだと言われるのはこのためなんです。彼らは彼が何者なのか知っているんです。一方ではこの〈いつくしみ〉と〈ゆるし〉を、もう一方では絶妙な慈愛を彼らは見ています。福音書が惜しみなく注ぎ込むことと表現している「与えること」とは、こういうことなんでしょう。

神学生たちはベルゴリオが抱く大望に強く惹かれていた。彼が示す手本は初期のイエズス会に見られることに基づいた二〇世紀のイエズス会士ということだった。彼らはベルゴリオがイグナチオの霊性を深く把握していることを称賛した。生まれながらの教師である彼がもつ人と交流する能力にそれは繋がっていた。博識で、洞察力に富み、体系的な知識をもっていたが、それは心から出るものであると同時に腹から出るものでもあった。ロッシが「荒野の禁欲主義者と素晴らしい経営者の半々でできている人」と表現したことをナルディンは「非常に目先がきく聖人。非常に有能で、世慣れている。あり得ない組み合わせの人」と言った。その権威は生得のものであった。ゴメスは「彼は先頭に立つために生まれてきたのだ。彼の考えはすべてが指導者のそれ」と言って例を示した。ある仕事に必要とされる質をその時にその仕事を頼める人の能力に合わせて手直しする技術が彼にはあるという。どのようにすれば必要とされることに全体としてその人がもつ異なる性質と気性を付け加えることができるかを考えて活路を見出すのだ。

「ことを治める人というのはそういうときにどうすればいいかを知っているんですよ」

イエズス会のアルゼンチン管区長であったゴメスは言った。

その優しさにもかかわらず、ベルゴリオには不可解で、当惑させられる面もあった。何かを知ることについては直観的で、知恵の類に近い力、修道士たちが「こころの知恵」（cardiognosis）と呼ぶ人の心を読む力が彼にはあるという。ロッシは思い起こす。

「彼はただ話す相手のことを知っているんです。相手が言っていないことを聞いているんです。混乱することなどあり得ない、直観的に識別をする人で、相手が考え始める前にどう決心したらいいかを二分で考えてくれる。絶対に誤りがないというわけではないが、たいていはうまくいく」

彼は決まった分類の外に踏み出すことを好んだ。ゴメスによれば、ベルゴリオは両極のちょうど中間か、両極の外側に立ち位置を求め、共有できることを確保するという確実性に重きを置いたという。マクシモ神学院で開かれたある学会が上手くいったのは彼が「左派」と「右派」に等しく異議を述べたからであったことをゴメスは思い起こす。彼のことを不遜で災いをなすと評す人もおり、教会の伝統からはみ出ていないか常にチェックされているが、彼がそこから逸脱したことは一度もない。

ベルゴリオはイエズス会士の養成を気にかけ、神学生の方は彼に傾倒していた。それゆえ、ベルゴリオは神学生に対して巨大な影響力をもつことになった。これはカリスマ的で人格に基づいたタイプの指導者で、ラテン系の人、特にアルゼンチン人はそれに自然に対応できるが、アングロサクソン系には息苦しく、煽動的と見なされることもある。ナルディンはベルゴリオがカリスマ的で権威主義的な指導力を発揮した例を挙げた。あるとき、喫煙する神学生に対して、煙草を買うことができないサンミゲルの労働者たちと連帯するために、喫煙をやめようと呼びかけたことがあったという（ベルゴリオは肺が弱いので、煙草を吸ったことがない）。

「そのとき、彼は『できない人は私のところに来なさい』と言ったんです。呼びかけでも提案でもありませんでしたね。『こうすることになった』と言っているわけです。そして、私たちはそうしたんです」

ナルディンはそう振り返る。

ベルゴリオには決断力があった。セルベラによれば、「多くのことを識別し、意見を聞き、総意を見出そうとすること」もあったが、「自分で決めなければならないとき、自分の基準に従って決断をしていた」という。彼はたいてい、何をする必要があるかを知っていたが、一九七〇年代から八〇年代を振り返ってみると、他の人も同じようにわかるようになるまで時間をかけることができなかった。教皇になってからのスパダーロ神父とのインタビューでは、管区長、院長として「必要な協議を必ずしもしていなかった」と振り返り、「その権威主義的で迅速な意志決定が深刻な問題を生じさせた」と述べている。

管区長、院長としてのベルゴリオの素晴らしい成功は彼の弱点でもあった。イエズス会とサンミゲルの人びととの生活の変化を急速に推し進めたことは問題を生み出してもいたのだ。その圧倒的なペースの速さと変化の範囲が遺恨を引き起こしていた。彼は深くアルゼンチンの文化と貧しい人びととの生活に根差した施設をほんの二、三年の間に作り出し、盛んなものにした。それは初期のイエズス会の宣教がもっていた根本的で説得力のある展望とカリスマ的で人に訴えかける指導力に基づいたものであった。召命者の数は多いまま、周辺地区は変貌を遂げ、若いイエズス会士たちは真摯な献身を捧げる——それは一方から見た場合の言い分ということもできる。問題は普通の管区長や院長は任期が終われば身を引き、背後へ退くことになっているということだった。しかし、院長としてのベルゴリオは「無任所の管区長」となっていた。個人的な権威が公的な権威を越えてしまい、その任期は後継者を指名することによって、事実上、終わらなかったのである。ベルゴリオが管区長から退いた後も、スウィンネンとロペス・ロサスは彼の展望の実行者を自認していた。そして、ベルゴリオは院長を辞めるまでに多くの点で管区長であったときよりも大きな影響力をもつまでになっていた。

今日、アルゼンチンのイエズス会士たちは皮肉っぽく冗談を言う。

「あの時はベルゴリオをローマ教皇にするという手は思いつかなかった」

＊＊＊＊

イグナシオ・ペレス・デル・ビソ神父が一九七八年にヨーロッパ留学を終えて帰国したとき、ベルゴリオの管区長としての統治と、後の院長としての役割にアルゼンチン管区のほぼすべての人が満足しているように見えた。大きな例外はブエノスアイレスでも裕福な北部、ペレス・デル・ビソ自身が属す共同体であるベルグラーノ地区であった。イエズス会士たちはそこでは一九八〇年代に反ベルゴリオの活動拠点になった管区の社会科学研究施設「社会調査活動センター」で活動していた。

アルゼンチンの社会調査活動センターは、構造的な不公平に光をあて、分析するために、各管区に新進の社会科学の研究センターを設立せよというローマのイエズス会本部の要請をうけて、一九六〇年に創立された。ラテンアメリカ諸国のイエズス会管区長たちは一九六八年の手紙で社会調査活動センターの設立という使命を「意識の向上を助け、研究、出版、教育、助言を通して、考え方と活動を刺激し、導くもの」と定義している。[30]

一九六〇年代後半から七〇年代後半にかけての動乱の間、アルゼンチンの社会調査活動センターに属すイエズス会士の多くは、ムヒカ神父周辺に集まっていた「第三世界司祭運動」の元々の署名者たちだった。社会調査活動センターの職員では、少なくともひとりがゲリラ活動に巻き込まれ、後に軍によって殺害されている。この機関のイエズス会士の多くはベルゴリオの前の管区長リカルド・オファーレルに近く、下フローレス地区の共同体をめぐる紛争ではベルゴリオに対抗したヨリオとヤリクスを支援していた。また、同センター創設メンバーのひとりで、アルフォンシン大統領の宗教的なアドバイザーであったフェルナンド・ストルニ神父をはじめ、サルバドール大学の移譲を裏切りと見て、それを忘れていない人びともいた。他にもエドゥアルド・ファッブリ神父のように、性と結婚について前衛的な見方をとり、ベルゴリオを悩ませる人たちもいた。

このような意見の相違は、特に明晰で教育を受けたイエズス会士の間では通常のことで、それ自体はベルゴリオに対する社会調査活動センター周辺の敵意を説明してはいない。また、政治的な立場の違いからそれを見ることも十分ではないだろう。たとえば、エミリオ・ミニョーネは一九八六年の著書『教会と独裁政権』で社会調査活動センターについて「ホルヘ・ベルゴリオ神父とイエズス会内の彼の派閥が担った支配的な役割がセンターの活気を削いでいた」と記している。これは当時、左派がとっていた見解を反映したもので、ベルゴリオは「汚い戦争」の時期に何らかの方法で社会調査活動センターの口を封じており、それがなければ、同センターは人権擁護において預言者的な役割を担えたはずだと考えている。この見解はたとえば、英国イエズス会の解放の神学派で、総長に代わってラテンアメリカ全域で社会調査活動センターの連絡役となっていたマイケル・キャンベル＝ジョンストン神父がとっていたものであった。彼は「ブエノスアイレスのセンターが円滑に機能しているのは政府を非難したり反対の立場をとったりしていないから」であることに愕然とし、一九七七年にベルゴリオについて「南米大陸の他の社会センターとの歩調を乱している」と非難した。「アルゼンチンはペルーやエルサルバドールではない」というベルゴリオの説明もキャンベル＝ジョンストンには説得力があるものには感じられなかった。[31]

しかし、ペレス・デル・ビソによれば、それはアルゼンチンの社会調査活動センターのイエズス会士の見方ではなかったという。ひとつには彼らは管区長がイエズス会の出版物を検閲する義務があることを認めていたし、独裁政権下の当時はすべてのメディアが言論を封殺されており、社会調査活動センターの雑誌が人権侵害を批判すること自体で役割を担うことができないことは彼らにもわかっていた。たとえば、拷問に批判的な記事を掲載した一九七六年十二月号で、雑誌は軍事政権によって発禁寸前まで追いつめられ、その記事を書いたビセンテ・ペジェグリーニ神父が出国することで、ようやく事態は収拾された。しかし、ブエノスアイレスの新聞「ラ・オピニオン」が社会調査活動センターの論文を再掲載すると、政府は同紙を閉鎖した。独裁政権下である意味、表現の自由をもっていたのは英語の新聞「ブエノスアイレス・ヘラルド」だけであった。同紙は編集主幹と報道主任が追放されたが、大胆にも毎日「失踪者」の記録を印刷していた[32]。

ベルゴリオ—スウィンネン体制に対して解放運動派からの具体的な告発はあった。それは貧しい人びとに食物を与えることに関心を向けすぎで、自分たちがなぜ貧しいのかを十分で考えさせていないというものだった。この見地においては、ベルゴリオの展望はイエズス会士ファン・ルイス・モヤーノが後にオラシオ・ベルビツキーに説明したように「秘跡重視、無批判、援助依存」と見なされる。貧しさの原因ではなく、その症状を非難し、貧しい人びとを助けているが、彼らを貧しくしていることに政治的に直面させていないという見地である。しかし、社会調査活動センターのイエズス会士の大部分は解放運動家ではなく、同センターの批評は左派だけのものではなかった。

ベルゴリオと社会調査活動センターのイエズス会士たちの間の緊張関係はどんどんと高まっていき、感情的なものになっていった。ベルゴリオが聖イグナチオとイエズス会士のアイデンティティについて主張していることを押しつけようとしていると見たセンターの会士たちがそれに憤慨するというようなことだった。彼らはベルゴリオが自分たちの「進歩的な」モデルではない別の形でイエズス会を刷新していると感じていた。その点で彼らは間違っていたわけではないが、偏見からそれを「逆行」と見ていたのである。雑誌『クリテリオ』の編集長ホセ・マリア・ポアリエが言うように、「彼はイグナチオの遺産について非常に個人的な見解を述べたために非難されたが、その遺産を歪めていると非難した人がかなりいた[33]」。ベルゴリオはどこからともなく現れた若造の管区長、中流やや下の階層出身で、神学の博士号さえもっておらず、すべてをひっくり返そうとしていると見られていた。社会調査活動センターのイエズス会士はほとんどがベルゴリオよりも年長で、学究的な上流階級出身者であり、少なからずべルゴリオが膨大な数の召命者を育てるという成功を収め、それによって管区全体の将来を作り変えてしまう恐れがあることから、彼のことを快く思っていなかったのである。

イエズス会士たちはマクシモ神学院と社会調査活動センターの間に当時、同族的な争いがあったと思っている。その背後には「聖イグナチオの子」の意味をめぐる二つの相反する物語があった。マクシモ神学院の若いイエズス会士たちにとって、社会調査活動センターの人びとはウィスキー片手の左翼、貧しさについて説くが、貧しい人びととは触れ合おうとはしない現場知らずの社会主義者であった。彼らはそれを「すべては人民のため、しかし、人民とは何も共にしない」とベルゴリオのスローガンをパロディにして批判していた。ベルゴリオは管区長を退く前に、貧しい人びとの現実と生活経験に接することの重要性について語っている一九七七年のアルペ神父のメッセージを引用して社会調査活動センターに手紙を送っている。アルペは「もしそれが伴わないのであれば、抽象的な観念論者や原理主義者となる危険を冒すことになる。それは健全でない」と書いていた[34]。

逆に、社会調査活動センターから見れば、ベルゴリオのマクシモ神学院は教区司祭養成のための時代遅れの新兵訓練所のようだった。そこにはペロン主義の「サンダルを履け、本はいらない」という下賤なスローガンのような反知性主義のにおいがついて回った。ベルゴリオ批判が進歩と後退といった啓蒙主義的な言葉を用いてくり返し表現されていたことは驚きである。たとえば、ブエノスアイレスの社会調査活動センターの元所長で、後に管区長となった人物は、ベルゴリオの下にあるマクシモ神学院を恐怖をもって表現している。

それは非常に閉鎖的な体制であった。信じがたいことに、彼（ベルゴリオ）は民衆の信仰心の中にアルゼンチンのイエズス会士を導入した。会士全員を地区へ連れて行き、近くにすでに小教区があるのにマクシモ神学院をひとつの小教区にしてしまった。マクシモ神学院の院長として、彼は研究者であったが、あたかも教区司祭のようにふるまっていた。非常に多くの聖堂を建設してきた。そして、学生たちには民衆の信仰心というスタイルを勧め、学生たちは夜になってから聖堂へ行き、聖像に触れるのだ。それは貧しい人びと、村落の人びとがしていることだ。世界中どこを見てもイエズス会士はそういうことはしない。聖像に触れる……。それが何だというのか。そして、老いた者たちは庭で一緒にロザリオの祈りを唱える。それに反対するわけではない。しかし、賛成もしない。それはただ普通のイエズス会士がすることではないのだ。しかし、あの頃はそれが普通になった。

ペルーに拠点を置くアメリカのあるイエズス会士はラテンアメリカにおけるイエズス会の歴史についての著作の中で、ベルゴリオがアルゼンチン管区を「第二バチカン公会議以前の価値観と生活様式に引き戻した」と主張している。ベルゴリオに対するこうした見方は自身もペルーで長く過ごしていたファン・ルイス・モヤーノやオルランド・ヨリオといった社会調査活動センターの左翼イエズス会士によって知らされていた。その結果、その本の著者ジェフリー・クライバー神父は「アルゼンチン管区は他のラテンアメリカ諸国のイエズス会と歩調を合わせて進んでいなかった」としたが、社会調査活動センターのことを引用して、「すべてのイエズス会士がベルゴリオの保守的な見解を共有していたわけではなかった」と続けている。この言葉はベルゴリオが司教になってしばらくした後も、一部のイエズス会士たちの間では管区も管区長も救いようがないほど保守的で、それに対抗していたのは啓蒙と進歩を勇敢に要求した社会調査活動センターだけだったという見方が相変わらずであったことを明らかにしている。[35]

アルゼンチン管区は当時、世界中のイエズス会士ともラテンアメリカのイエズス会士とも歩調を同じにはしていなかった。「他の国のイエズス会士たちの暮らしとは違っていることはよくわかっていた。私たちは他の国の会士より政治的だった」とヤニェスはふり返る。当時、ベルゴリオは会士を国外に派遣しており、たとえば、レンゾ・デ・ルカは日本に派遣され、長崎を訪問していたが、養成中の会士はサンミゲルに留められ、優秀者は国外に出さず、サンミゲルで教えさせていた。また、一九六〇年代にマクシモ神学院でベルゴリオとともに学んだチリ管区長フェルナンド・モンテス神父が組織した南ラテンアメリカ・イエズス会の会合にアルゼンチン人の教養課程の神学生は参加させていなかった。モンテスの意見は当時のラテンアメリカの管区長たちがアルゼンチンのイエズス会士をどう見ていたかを示す典型である。「(院長としての)ベルゴリオは社会調査活動センターをはじめとする研究センターを軽視し、民衆の信仰心と小教区における若者たちの活動を特別視していた。(中略)それは人びとに、特に貧しい人たちに非常に近い民衆の信仰心で、ラテンアメリカ的ではあったけれども、近代的というよりはペロン主義的だった」とモンテスは語っている。

明確な意図があってのことだったのかどうかはともかく、ベルゴリオ―スウィンネンの管区長時代はイエズス会第三二総会の第四教令の乱流からアルゼンチンを遮断するという結果をもたらした。この教令はラテンアメリカにおいてはイエズス会が社会主義運動を支援し、富裕層の利害を守る独裁政権に反対意見を述べることを正当化するのに用いられていた。たとえば、サルバドール・アジェンデの社会主義政党が保守的な軍事独裁政権によって排除されたことがあるチリでは、イエズス会は人権を擁護し、アウグスト・ピノチェト将軍の体制に反対するチリ司教管区連合の例に倣った。このスタンスが取れたのは憲法上、教会が国から分離されていたためである。軍事政権が地主の利益を保護していた中央アメリカでは、第四教令は軍事政権を倒し、場合によってはその過程で命を賭ける革命闘争にイエズス会が共鳴しているということを意味する。しかし、一九七〇年代のアルゼンチンはエルサルバドルでもチリでもなかった。その時代のアルゼンチンでは「民衆」はゲリラによって代表され、軍事独裁政権は恐ろしい事件を起こしており、広範な民衆の支持を得ていないなどと言えたのは独断的な傍観者だけだったのである。

しかし、そうした文脈は軍事政権の崩壊とサーバト委員会による告発後の一九八〇年代中盤にはいとも簡単に忘れ去られていた。アルゼンチンの人権保護団体と国際メディアは短絡的に、軍事政権が何千もの罪のない人を殺し、教会はそれを傍観していただけで、それを助長することもあったと宣伝していた。独裁政権時代のアルゼンチン教会の役割についてカトリック信者の間に強い恥の意識があったとしても、社会正義や人権問題の預言者的な前衛を自認するラテンアメリカや他の地域のイエズス会士にとって、アルゼンチンの同僚たちが大量虐殺の体制と「共謀」していたという考えは屈辱的なものであった。それゆえ、ミニョーネの『教会と独裁政権』でベルゴリオが特定的に非難されたことは非常に大きな打撃であったのである。「ベルゴリオについてのミニョーネの主張は非常にインパクトが大きかった」ことにはペレス・デル・ビソも同意している。

この本が強烈だったのはミニョーネ個人に対する信頼性とその高潔さに疑いがなかったからである。彼は熱心なカトリックの人権保護活動家で、米国をはじめ国際的な繋がりをもち、娘はスラム街のカテキストとして働いている間に行方不明になっていた。しかし、カトリック教会一般と特定の個人を狙ったミニョーネの糾弾はその極悪さを示せなかったため、教会はやろうと思ってさえいれば、拷問や誘拐は防げたはずだという想定に立っていただけだった。それはその時のことを語る物語としては簡潔で魅力的であった。しかし、本そのものはその残忍度の弱さと詰めの甘さゆえに徐々に力を失っていった。ミニョーネの姿勢は歴史家というより半分の真実と事実を半分ずつ混ぜ合わせる法廷弁護士のそれであり、共謀したのか英雄的だったのかという単純な形で世界を分けていた。その結果、その本は傍聴席ではよい役割を果たしたが、ミニョーネが実現しようとしていた教会と国の間の繋がりについて広く議論を引き起こすことには失敗した。[36]

それにもかかわらず、アルゼンチンの教会一般とベルゴリオ個人に向けられる悪評を大きくするのにその本は効果的だった。社会調査活動センターによる批判が当時なぜローマやラテンアメリカの他の国々であれほど無批判に受け入れられたかをこうした状況が説明してくれるだろう。アルゼンチンの〝違い〟はイエズス会士、特に当時、総長のラテンアメリカ地域担当顧問で、一九七〇年代にはペルー管区長だったスペイン生まれのイエズス会士ホセ・ルイス・フェルナンデス・カスタニェーダ神父にとっての問題だった。そうしたコルベンバッハ総長の顧問たちが一九八〇年代にマクシモ神学院を訪問したとき、そこに偏見があるのは明白だった。「アルゼンチンのやり方を理解しようとするときの本当の問題はアルゼンチン国外にあった。彼らは『この者たちは右翼だ』と言い、私たちが全員、修道服《カソック》を着て、ラテン語でミサを行うと思っていた」とベラスコは振り返る。

ベルゴリオ―スウィンネン体制に対するローマの見方は社会調査活動センターのイエズス会士たちが伝える恒常的な不満によって形づくられていた。たとえば、ファッブリ神父などはしばしばローマにそうした手紙を送っていた。それはマクシモ神学院の体制が「非イエズス会的」で、「スウィンネンはベルゴリオの傀儡」といった内容であった。一九八三年三月、スウィンネンは社会調査活動センターを議会の近くにあるイエズス会の建物に移動させようとした。それによっては政治家への働きかけという役割をもたせようとしたのだが、社会調査活動センターの会士たちは事前に相談を受けていないとしてローマに訴え出た。新しく選出された総長はフェルナンデス・カスタニェーダを顧問としており、管区長に反対する社会調査活動センターの方を支援していた。それは次に起こることの前触れであった。

スウィンネン管区長の任期が終わりに近づいてきたとき、コルベンバッハ総長は新しい方向性を示すためにアルゼンチン管区への介入を決断する。三人の次期管区長候補を列挙する〈テルナ〉を作成する諮問過程を監督する監視役を派遣してきたのである。顧問たちの〈テルナ〉がコルベンバッハの手許に届くと、彼はその三人すべてを拒否した。そして、スウィンネン管区長と当時アルゼンチン修道会会議の議長であったビクトール・ソルシン神父をローマに呼び出した。ソルシンの名は〈テルナ〉にはなかったが、社会調査活動センターのイエズス会士たちがローマに提案していた候補は彼だった。彼らがボルゴ・サント・スピリトの本部に着くと、コルベンバッハはそれぞれと別々に面談し、ソルシンが管区長となるとスウィンネンに申し渡した。「この訪問のときに議論された問題は他にはなかった」とスウィンネンは当時を振り返っている。

ソルシンはベルゴリオの前の管区長オファーレル神父の補佐役《ソシウス》であった。その彼が管区長補佐に指名したイグナシオ・ガルシア＝マタ神父はスウィンネンによって降ろされるまで社会調査活動センター所長の地位にあり、ベルゴリオ批判の急先鋒のひとりであった。ローマの総本部は以前の体制を課してきたのである。

最近までコルドバにあるイエズス会が運営するカトリック大学の学長であったラファエル・ベラスコ神父は次のように語っている。

「めちゃくちゃなことのように聞こえるかもしれませんが、ペロン主義者対反ペロン主義者の争いと見ればいいんです。社会調査活動センターには〝ゴリラ〟たち（狂信的な反ペロン主義者）がいて、民衆はベルゴリオたちとともにあったということなんです」

この並行関係は興味深い。一九五五年のペロン追放は自由主義者、保守派、左派が入り交じった進歩的なエリート集団が進歩と近代性の名の下に、煽動家と見なされていたカリスマ的指導者を打倒したということであった。ソルシンの就任後と一九五〇年代後半の軍事〝ゴリラ〟政権の間にも類似点がひとつある。退陣した体制と関連したものすべてを逆にするという〝浄化〟が行われたのである。ナルディンは「それは断固とした変化で、自分たちの未熟さから、自分たちの主張を通すために、以前にあったものはすべて破壊しようとしていた」と振り返る。当時を知る別のイエズス会士は「新たな方針とは、いかにしてすべてを以前と逆にするかだった」と言い、マクシモ神学院周辺の地区への司牧活動がいかにして徐々に解体されていったかを説明してくれた。

私たちが上から受け取ったメッセージは、私たちがそれまでマクシモ神学院で暮らし、行ってきたこととは正反対のことでした。規則正しい規律はもはやなく、肉体労働もなく……。混乱はすぐに小教区にも広がりました。子どもを探しに行くこともなくなり、使徒職としての地平は失われました。そして、養成課程のイエズス会士の中にはカテキストたちとつきあい始める者も出始めました。少しずつ使徒職の務めは放棄され、ほんの二、三年で教会はあからさまに最少限の数にまで減っていきました。これにはベルゴリオ派のイエズス会士を〝浄化〟する方針があったということが大いに関わっていたでしょう。そして、そうしたイエズス会士がもはやいなくなると、彼らはベルゴリオの計画に誠実でありつづけた一般信徒を見捨てました。これほど痛みを伴う恥ずべき行為はありませんでした。

この嘆かわしい場面は二世紀ほど前の同様に聞くに堪えない似たような事例のことを思い出させる。その時も文化受容を伴ったイエズス会士の使徒職の務めがアルゼンチンの貧しい人びとの間で活発に行われ、命の尊厳への意識は高まり、大きな成果を上げていた。しかし、その独立性が恨みを買い、最終的には遙か彼方ローマにいる総長の命令によってその活動は禁じられた〔「レドゥクシオン集落」の事例〕。

＊＊＊＊

新しい管区長の体制下に居場所を見出すために、一九八六年五月、ベルゴリオはロマーノ・グアルディーニについての博士論文のための調査を目的にドイツで研究休暇を取ることでソルシンと合意する。最初の二か月の間、ベルゴリオはライン川沿いの町ボッパルトで老夫婦の家に下宿し、ゲーテ・インスティトゥートでドイツ語を学んで過ごした。その後はフランクフルト近くにあるイエズス会の神学大学で、グアルディーニに関する優れた収蔵品を誇るザンクト・ゲオルゲンに移った。そこの教授たちとともに、博士論文の問題を探究する予定だった。

グアルディーニ（一八八五―一九六八年）は二〇世紀で最も創造的なカトリックの知性のひとつであり、ドイツ人司祭にして、第二バチカン公会議に影響力をもった哲学者であった。ベルゴリオは初期修練のときに彼の著書『主なる神』を読んで以来、近代性に関する彼の深い思想に魅了されていた。グアルディーニは一九五〇年代における巨人であった。修道士詩人トーマス・マートンや小説家フラナリー・オコナーといった米国カトリックの先覚者だけでなく、ハンス・ウルス・フォン・バルタザール、カール・ラーナー、バルター・カスパーなど二〇世紀におけるドイツ語圏の偉大な神学者たちにも影響を与えている。また、パウロ六世、ヨハネ・パウロ二世、後にベネディクト十六世となるラッツィンガー枢機卿も彼のことを広く引用し、称賛している。パウロ六世は彼を枢機卿に任命しようとしていたし、同国人であるラッツィンガー枢機卿は彼のことを個人的に知っていた。

グアルディーニは現代における劇的な出来事を「他律性」と「自律性」の間を揺れ動く振り子と見て

いる。他律性とは、権威を自分の外側、つまり別の人や組織におくということで、自律性は権威を自分の内側におくということである。そして、神を人の命の権威と認め、それぞれの人間を解放し、すべての人を〈我―汝〉の関係に入らせる「神律性」だけが真の幸福と自由を可能にすると考えた。

ベルゴリオと彼の間にはいくつかの類似点がある。グアルディーニもイタリアからの移民の子で、化学を勉強し、ナチスからの小さからぬ圧力にもかかわらず、自身の「内なる権威」への信仰を保ち続けた。ベルゴリオが具体的に興味をもったのはグアルディーニの初期の著作『対照』（一九二五年刊 *Der Gegensatz*）におけるマルクス主義とヘーゲルの弁証法への批判であった。ベルゴリオは意見の相違に作用する力を概念化することにそれが役立つと考えていた。グアルディーニの議論は十九世紀テュービンゲンの神学者ヨハン・アダム・メーラーの研究を参考にしたものだった。メーラーは教会において対立点を対照させることは実りが多く、創造的であるが、それが全体の調和から逸脱し、教会に反するものとして展開されると矛盾になると主張した。それはまさにイヴ・コンガールが教会における真の改革と偽の改革に関する議論で論じた区別であり、ベルゴリオはそこから大きな影響を受けていた。言い換えると、グアルディーニの『対照』を探究するという希望は政治と組織の改革に対する彼の関心の核心と一致し、彼が枢機卿として推進することになる「出会いの文化」の形成を助けるものだったのである。

三か月の間、ベルゴリオはザンクト・ゲオルゲン大学のイエズス会の修道院で暮らし、深く広く書籍を読んだ。それは学生の時以来のことであった。さらにその後の四か月、後に成果を生むことになる研究に根気強く取り組んだ。しかし、彼はつらい思いをしていた。五〇歳にして博士論文の研究に着手するという展開は行動家の彼にしてみれば、いずれにしても考えられないものだったのだが、さらに大きな問題はベルゴリオが人との繋がりを非常に求め、共同体を必要とする人であるということだった。寂しさとホームシックで、夕方になると、フランクフルト国際空港が見える墓地をぶらつき、アルゼンチン行きの飛行機に手を振った。彼は「望郷の念」でいっぱいになっていた。求めていたのはブエノスアイレスという地理的な故郷だけでなく、それまでの十五年を過ごしたイエズス会の指導者、改革者として自分の場所であった。この気持ちのずれは大きく、その年の十二月には帰国することになった。[37]

祈りの中でのある深い経験が彼に帰国を勧めていた。彼はバイエルンの町アウクスブルクを訪れ、イエズス会の聖ペトロ教会で、地元の祈りの対象であった一七〇〇年代前半のバロック時代の絵画「結び目を解くマリア」を見た。この絵の背後には反目し合い、離婚寸前の危機にあった夫婦の物語があった。夫のヴォルフガンク・ランゲンマンテルは地元のイエズス会の司祭ヤコプ・レム神父に対して助けを求め、司祭がランゲンマンテルの家で「すべての結び目を解く」聖母マリアに祈った。すると、平和が回復され、離婚は回避されたという。この奇跡に感謝を捧げるために、彼の孫がその絵の作成を依頼し、教会に寄付した。

一見したところ、その絵に並外れたところがあるわけではない。天使に囲まれ、聖霊の光に守られた聖母マリアが蛇を踏みつけている。印象的なのは絵の中央である。マリアの左にいる天使が結び目でいっぱいの絹の紐をマリアに渡し、マリアが結び目を解いた紐を右にいる天使が受け取っている。

レム神父の聖母マリアへの祈りは聖エイレナイオスの古くからの式文「エバの不従順という結び目はマリアの従順によって解かれる」に霊感を受けたものであった。従順はまさにベルゴリオの結び目であった。それはイエズス会士としての誓願の中心にあり、彼が強く信じていることだった。宣教と団結が可能なのは従順があればこそなのである。しかし、彼に与えられたものは宣教の使命ではなかった。それは邪魔者をアルゼンチンから放逐するための方便として与えられた使命でしかなかった。それに従順である義務があるだろうか。

従順（obedience）という語は「聞く」「耳を傾ける」という意味のラテン語オバウディーレに由来す

る。この誓願はなにより、神の声に耳を傾けるために心を自我から自由にし、神の意思に自らを惜しみなく従わせるという意味とされる。聖母マリアはそうした従順の完璧な手本なのである。今、人生のただ中にあるベルゴリオにとっての神の意思とは何なのか。それが三年の間、図書館に座り、論文の脚注を整えることではないのはわかっていた。彼は指導者であり、改革者であり、牧者であり、宣教師で

「紐ほどき」のマリア（マリア・デサタヌドス）
ベルゴリオがドイツからもってきた絵を司教叙階のときの祈りのカードに用いたことで、アルゼンチンで複製され、民間信仰の対象として広まった

あった。しかし、その使命と上司の両方に同時に従うにはどうしたらいいだろうか。グアルディーニの言葉でいえば、イエズス会に最高の権威を置く他律性と、神を「至高の上司」とする神律性の間の葛藤である。この問いかけはいつものように、ベルゴリオ自身の自我——一九六九年に支配を求め、執着しようとする「壊れた、しみったれの部分」と名づけた自意識——と、従順において真の自由が得られる神とは何なのかを識別することを要した〔一六三頁参照〕。

始まりつつあるバイエルンの冬に冷された剥き出し石の教会で過ごしたその時、ベルゴリオは祈りのうちに結び目のついた自分の紐を天使に渡し、天使はそれを聖母マリアに渡した。マリアはその結び目を穏やかに解き、もう一方の天使に渡し、この天使がそれをブエノスアイレスへと運び、その後をベルゴリオは追うことになった。

それは緊張を引き起こすことになるが、彼は帰らなければならなかった。その時の呼びかける声はイエズス会士となれという召命の時よりも深く、原初の従順を呼びかけるものだった。神はいつものように、アーモンドの木に葉に先立って咲く花のように、彼の前を進んで《プリメレアンド》いく。

帰国に際して、彼は「結び目を解くマリア」の祈りのカードをたくさんもち帰った。一九九〇年代、この絵がアルゼンチン国内で複製され、ブエノスアイレスのある教会に掛けられ、「マリア・デサタヌードス」として知られるようになると、異例な形で広まった。後にベルゴリオをして、このときほど神の手に導かれていると感じたことはなかったと言わしめたほどであった。

＊＊＊＊

「どのような興味を（グアルディーニに）もっていたにせよ、心の底では別のやり方で仕えなければならないということはわかっていたんでしょう」

十二月、ベルゴリオがコピーした紙をたくさん抱えて、突然帰国した時、サルバドール学院にいたゴメス神父はそう語る。管区長補佐のひとり、イグナシオ・ガルシア＝マタは帰国するという電話をすでに受けていた。驚いた管区長ビクトール・ソルシンはベルゴリオにサルバドール学院の一室を与えた。この名門校はブエノスアイレスの騒がしい中心部にあるカジャオ通りの一角すべてを占めており、ベルゴリオは無原罪神学院で二年間教えた後にこの学校で一年間教えたことがあった。彼は博士論文の研究を進める傍ら、いくつかの授業を受けもった。初期修練の時に子どもを集める能力でベルゴリオを驚かせようとしたギジェルモ・オルティスはこの時、サルバドール学院で自身の中間期《リージェンシー》の課程を行っており、元院長と同じ階で手洗いを共用する間柄となったのだった。

「彼は元気でした。少なくともそう見えました。でも、私には何かの理由で罰せられているように感じられました」

彼はそう当時を振り返る。

ソルシンはイエズス会本部をマクシモ神学院から町に移動させていた。フィオリート・グループのひとりで、スウィンネン管区長時代には修練長を務め、この時にはマクシモ神学院の院長であったロペス・ロサスはベルゴリオに月曜日の司牧神学の授業を担当してもらうことにした。ベルゴリオは前の日曜日から泊まりがけでやってきて、夜には学生たちと食事をした。学生たちにしてみれば、彼は畏怖すべき人物である。当時、学生だったラファエル・ベラスコはベルゴリオに対する彼らの「大きな賞賛」を思い出す。彼の二冊の著作集を学生たちは重要な書籍と見なし、彼が訪れてくるのを毎週楽しみにしていたという。

この時期はベルゴリオにとって知的な活動という点で最も豊かな時代であった。院長時代には一九六八年に創刊を手伝った雑誌『霊性会報』に年一本の論文を発表していたが、一九八六年に院長を退いた後の三年間にはそれが年平均三本になった。また、イエズス会の神学雑誌『ストローマタ』にも散発的に文章を寄せていた。一九八二年の最初の著作・講話集『修道者のための黙想』(*Meditaciones para Religiosos*)に続いて、一九八七年には『霊的省察』(*Reflexiones Espirituales*)、一九九二年には『希望の中での省察』(*Reflexiones en Esperanza*)が出された〔邦訳については巻末参照〕。

管区の中でベルゴリオほど深く広く人と関係している人はいなかったし、彼に及ぶ権威をもつ人もいなかった。一九九二年に出版された三冊目の著作・講演集『希望の中での省察』は、ベルゴリオが一九八〇年代後半にも管区の大きなイベントで話すことを依頼されていたことを示している。たとえば、一九八八年五月にはパラグアイのイエズス会殉教者の列聖式で、感動的な長い演説をしている。[38] 公式には管区における権威のある職務からすべて降されていた時でも、大部分のイエズス会士にとって彼は手本であり続けていたのである。

＊＊＊＊

一九八七年四月十一日、教皇庁に務めるアルゼンチン人枢機卿エドゥアルド・ピロニオの呼びかけで、ローマ以外では初めてのワールド・ユース・デイがブエノスアイレスで開かれることになった。ポンチョをまとったヨハネ・パウロ二世が騒然とした群衆によって歓迎され、「汚い戦争」をめぐる告発合戦と非難の嵐の中、和解を説く説教が語られた。この時、ベルゴリオは教皇使節が組織した異なる教派のキリスト教徒が集まる会合で、初めてローマ教皇に対面した。二〇〇五年にこの時のことを「ローマ教皇と少しだけ言葉を交わしましたが、特にその視線に感動しました。あれは優れた人の視線です」

と振り返っている[39]。ベルゴリオは五月通り《アベニーダ・デ・マジョ》で人びとの告解を聞き、聖体を配った何百人もの司祭のうちのひとりであった。このようなことはベルゴリオが祖母ローザから何度も聞かされた伝説的な国際聖体大会以来、ブエノスアイレスで行われたことはなかった。

しかし、一九八〇年代後半のアルゼンチンは一九三四年より扱いにくく、不隠だった。この年の復活祭の時期には若い陸軍士官たちが裁判所の軍への扱いに抗議して一連の反乱を起こし、その十八か月後にはERP人民革命軍の元活動家が軍の兵営を攻撃し、多数の死者が出た。一九八九年五月の選挙に向けてアルフォンシン大統領が急速に力を失っていたことは明白だった。ハイパーインフレは給料を消し去り、暴徒がスーパーマーケットを襲った。その年の選挙に出馬したペロン党大統領候補カルロス・メネムはラ・リオハ州の貧困地区出身のシリア移民の子であった。もみ上げを長く伸ばし、ものごとはすべてうまくいくという曖昧な約束をしながら、馬に乗って町を練り歩いた。一九八九年五月の選挙でメネムが勝利すると、面目を失ったアルフォンシンはさらなる混沌を避けることを願って任期を数か月残して辞任した。

この選挙前夜、ベルゴリオは一九八九年のサルバドール大学の新学期講演で、新しい「政治人間学」の必要性に関する講義をした。それは書くはずであった博士論文の骨子であり、聖職者でなければ理解できないものかもしれないが、グアルディーニと聖イグナチオについての洗練された研究だった。枢機卿になった後、五月二五日の革命記念日に大聖堂で行われる〈テ・デウム〉でのスピーチで述べた新しい市民文化を構築するという考えの基礎をこの講義の中に見出すことができる〔四〇六—四〇七頁参照〕。

講義ではアルゼンチンについて、非常に政治化されているが、政治が何のためにあるのかを語る物語に欠けていると論じた。それはユートピア的理想主義とノスタルジアの誘惑を避けながら、公共財を組み上げていく奉仕の力を用いて、生活を向上させ、様々な展望と関心を調和させる物語である。グアルディーニの著作、特に『対照と近代世界の終わり』（*Contrast and The End of the Modern World*）を深く読み込むことで明らかな成果が生み出されていた。講義では「現実の相互交流」と彼が呼ぶものによって、正反対のものと衝突するヘーゲルの弁証法にとって代わるものを示そうとした。最後は「神を信じない者は神の民も信じない。……神の民とその未来における精神的な力だけが自分の土地から切り離された今日の無神論者たちを転向させる」というフョードル・ドストエフスキーの『カラマーゾフの兄弟』からの引用で終わった[40]。

この講義の時までに、管区をベルゴリオから引き離そうとするコルベンバッハの試みをめぐる緊張は高まっていた。問題は二重になっていた。ひとつはベルゴリオがイエズス会の若い世代全体にとって基準点であり続けていたことだった。もうひとつは、新しい方向を示すやり方が若いイエズス会士たちの反発を引き起こしていたことだったが、それが一層ベルゴリオへの支持を高めていた。それは一九五〇年代に「ゴリリズモ」と呼ばれた狂信的な反ペロン主義がペロンに対する支持を強めたのと似ていた。ラファエル・ベラスコによれば、管区の問題は「ほとんどすべてが自分たちは何なのかという問題になっており、それを何か特定のモデルではなく、特定の人、つまりベルゴリオに見出したということ」であった。アルゼンチンの政治がペロン主義と反ペロン主義に二分されるように、イエズス会アルゼンチン管区も二つの展望をめぐる論争で麻痺しており、その一方をひとりの個人が体現していたのである。

管区長ソルシンがコルベンバッハの評判の悪い方針を実行する際に直面した難問はベルゴリオがドイツから帰国するとすぐに明らかになった。

一九八七年九月にローマでイエズス会代議員会議が開かれることになっていた。各管区から具体的な任務をもった代議員がひとり選ばれて派遣される。代議員は管区の状態を報告し、他の代議員たちとイエズス会のことを話し合い、総会を召集すべきかどうかについて投票を行う。代議員の選出はイエズス会内部での地位とは無関係に行われ、(不適当と見られるだろうが) 自らの立候補することもできる。代議員は単純に管区での投票で三分の二の票を得ることで選ばれる。

管区本部の激怒をよそに、ベルゴリオは三月にその代議員に選ばれた。社会調査活動センター派のイエズス会士たちは彼が予定を繰り上げて帰国したのはこの投票のためだったのではないかと疑った。その真偽はともかく、この投票によってベルゴリオが管区内での人気と評価を保ち続けていることが示され、その一方で、コルベンバッハの介入と新しい管区の方針への評価が低いことが明らかになった。ベルゴリオの代議員選出は「ローマに対するはっきりとした抗議だった」とベラスコは言う。「つまり、ローマに対して『あなたがたは自分たちが望む人を立て、私たちは自分たちのすべきことを続ける』と言ったのだ。それは非常にはっきりしたメッセージだった」。ベルゴリオは代議員として管区の状態について代議員会議に報告書を書くことになった。それは敵を批判する舞台を与えられたということであった。ローマで一度、報告書のことを議論するために総長と会うことになり、それがアルゼンチンのイエズス会が自分たちの管区の方向を変える絶好の機会となるはずだったが、ローマは屈しなかった。

＊＊＊＊

外国の養成課程、特にスペインのイエズス会のテクストと方法を突然導入したことが不幸の始まりであった。「原住民などほとんどいなくなっているのに、原住民主義のことを書いた多くの言葉を与えられた」とナルディンはふり返る。

「それは私たちアルゼンチンのドラマではありませんでした。私たちのドラマは内陸部からやってくる移民を取り込むことだったんです」

原住民主義は当時、原住民に適用されていた解放の神学の新しい波であった。ベルゴリオはイエズス会士の殉教者について語った一九八八年の講話においてそれに言及し、「原住民主義のマルクス主義は文化を戦場に限定し、民族の文化という超越的な意味における信仰の重要性を否定している」と批判した[41]。

スペイン式の方法がマクシモ神学院に課されるようになり、「民衆の神学」つまり民衆の信仰心に使える時間はなくなっていた。それは異質で、合理主義的で、マルクス主義的であり、プエブラ文書が表現するものとは正反対であった。そうした材料がアルゼンチンの上に守護者然としてあり、アルゼンチンを誤解させるという事実は、共感のないイデオロギーに対するベルゴリオによる警告を若いイエズス会士のために説明することにしかならなかった。

新しい正統が定められたが、管区の運営には一貫性がなく、目的と明瞭さに欠けていた。アルゼンチンのイエズス会士たちが言うには、ベルゴリオにいかなる欠点があるにせよ、彼には少なくとも馳せ参じることができる展望があったが、それに続いたものには一貫性がなく、退屈である上に、十分に実行されなかった。ベラスコは「管区には神話があったが、それがなくなり、計画があったが、それも突然なくなった。……必要だったのは自分たちの地平を知るためのアイデンティティであり、計画だった」と振り返る。

一九八八年九月、イエズス会総長コルベンバッハ神父はアルゼンチンを訪れ、一週間滞在し、サンミゲルでラテンアメリカの管区長たちと会議を行った。訪問の最後には社会調査活動センターの人びとと昼食をとってイエズス会入会四〇周年を祝った。次の朝にはローマに戻ることになっていたが、晩には学院の隣にあるサルバドール教会でミサを共同で執り行った。注目すべきことに、ベルゴリオとは偶然に出会うことさえなかった。この前年の代議員会議で両者の間に何があったにせよ、これが歩み寄りの機会とはならなかった。

この後の二年間、一九八八年から一九九〇年の間に管区はますます分極化し、孤立化した。新しい養成と使徒職の放棄をめぐって緊張が高まると、失望した管区の指導者層は不満を反対意見の表明として見るようになっていった。ベルゴリオはほとんど何もせず、何も言わなかったが、煽動しているとして、ますます非難されるようになった。支持者たちは管区長が彼を蔓延する不幸のスケープゴートにしようとしていたと言う。この解釈はその時に顧問会の記録を取っていた社会調査活動センターのイエズス会士によって支持される。彼によれば、「顧問全員がベルゴリオについて話していた。あの人をどうしたらいいものか、絶えず心配していた」。苦しい時代であった。家族の中で起こるような断絶が修道生活の中でも引き起こされていたのだった。コルベンバッハの重要な顧問のひとりであったチリのイエズス会士フアン・オチャガビアによれば、当時のアルゼンチン管区には「多くの傷を負った記憶があった」という。

最終的には、ベルゴリオとその忠実な支持者の追放が緊張状態の打開策と見られるようになっていった。一九九〇年四月、ベルゴリオのかつての協力者であったマクシモ神学院院長エルネスト・ロペス・ロサスが――おそらく上からの命令に従って――突然、ベルゴリオの許を訪れ、教師としての地位から彼を外した。人気を集めていたベルゴリオの司牧神学の授業を受けていた学生たちは彼がもうこの授業を担当しないことを告げられた。ベルゴリオはマクシモ神学院の部屋の鍵を放棄するよう言われ、この後、それまでの二五年間の大半で拠点としていた学院に戻ることはなかった。

彼に最も親しいとされた支持者たちも国外に送られた。「その時々にベルゴリオと強い関係があったイエズス会士には非常に有能な人が多かったが、可能であれば、学位や博士号を取るためにヨーロッパに行かせられた」とソルシン管区長の側近ガルシア＝マタは振り返る。〝捕囚民〟には、最近ではローマのグレゴリアン大学で倫理神学を教え、フランシスコ教皇の性的虐待委員会の一員となったミゲル・ヤニェスも含まれる。

ベルゴリオ自身はコルドバ中部にあるイエズス会の修道院に送られた。支持者たちは彼と連絡をとらないように言われていた。管区の指導者たちは彼を排斥することによって管区を結束させようとしていたが、そうはならなかった。一九九〇年代、入会者は再び一桁にまで急落し、退会者も一九七〇年代前半の危機の時のように二桁に達する年が出るという状況に戻ってしまった[42]。ガルシア＝マタ管区長の時代（一九九一―一九九七年）に管区の分裂はさらに深まった。ベルゴリオは一九九二年に司教となったが、もはや彼のせいにすることはできなかった。ガルシア＝マタの任期が終わると、分裂を和らげるためにコロンビアから管区長を迎えることになった。この時に管区長となったイエズス会士アルヴァーロ・レストレポ神父は後年、何がうまくいっていなかったのかと尋ねられたとき、大いに外交辞令を交えながら、しかし、正確にこう述べた。

「指導者層が問題だった。アルゼンチン人は非常に愛情豊かで、自らを捧げることを好み、指導者を必要とする。そして、時によって様々な指導者がいたということだ[43]」

＊＊＊＊

ベルゴリオは一九九〇年六月から一九九二年五月までの二年間をコルドバの植民地時代からある山あいの町の中心にあるイエズス会修道院本館五号室で過ごした。そこで彼はミサを執り行い、告解を聞き、黙想会を指導し、本を読み、手紙を書いた。その手紙の中にはサレジオ会員ドン・カエタノ・ブルーノ神父に宛てて書いた長い回想も含まれる。また、多くの黙想も行い、一九九二年にはそれをまとめ、『希望の中の省察』として刊行した。彼が日々携わっていた主要な役割は聴罪司祭であった。大学生や教授だけでなく、郊外から町にやってくる人びとの苦しみや恥を聞くことに多くの時間を費やした。彼らは地元の司祭が日曜日のミサで忙しく、告解を聞いてもらえなかったのだった。ベルゴリオはこれまで、赦しと〈いつくしみ〉の執り成しをすることにこれほどの時間をかけたことはなかった。それが彼の気持ちを和らげ、「忠実な人びと」に寄り添わせるようになり、自身が抱える問題を広い視野から見ることができるようにさせた。

それでも、それは「内部の大きな危機」をめぐる身を切るような時間であり、浄化の時であったとスパダーロ神父に語っている。それは自分の存在があからさまな岐路に立たされ、剥き出しになるという中年期の苦しみであった。カール・ユングであれば、自我が油の中で揚げられており、それが終わるまで待たなければないと言ったかもしれない。聖イグナチオはそれを「荒《すさ》み」と呼んでいる。神の現存が微かにしか感じられず、『霊操』で言っているように、「自分が全く熱意を失って、なまぬるい哀れな状態にいることに気づいたとき、また創造者である主から切り離されているかのように感じられるとき」の放棄の悲しみである。ベルゴリオはしばらくの間、よく眠れず、ほとんど食事がとれなかった。動揺しやすく不安定になって、窓からじっと外を見つめていることが多くなった。カルロス・カランサ神父は「病気に罹っていると思っていた」とその頃のことを振り返る。イエズス会士の診察をしていたセルバ・ティッセラ医師が心配して、メキシコシティーの聖堂からグアダルーペの聖母マリアのおメダイを彼のためにもってきた。

「それを差し上げると、ベルゴリオ神父は目に涙を溢れさせるくらいに感情を昂らせ、それを首に掛けました[44]」

ベルゴリオのような指導者など強い人たちにおいては、荒みは『霊操』で「真の認識と理解」と言われていること、すなわち人間は自分の力では何もすることができず、「すべては我らの主である神からの賜物と恵みによる」ということを教えるものであった。聖イグナチオは「(荒みが訪れてきたなら) 自分が属す場所ではないところに巣を作らないことである」と言っている。[45] ベルゴリオはこうした規則を誰よりもよく知っていたが、耐えていたものの霊的な目的がわかっていても、その痛みから逃れることには全く役に立たなかった。彼は自分の愛した管区が解体され、派閥によって分断されていくのを黙って見ていることしかできず、彼が育て導いた次世代の指導者たちは四方に散らされていた。彼は人生においてこれほどの無力感を感じたことはなく、それは彼に最も貧しい者の視点をもたらすことになった。

彼らと同じように、彼は耐えることしかできず、主を信頼し、いつの日か実を結ぶことを信じて、自分を型にはめ、くり返される日々をただくり返されるままに過ごすしかなかった。二〇〇三年、身を引く必要があったが、それを決断することを恐れていた政治家に彼は「マヌエル、追放された者として一度、生きてみてはどうか。私はそうした。その後で帰ってくるのだ。帰ってきたときには、前よりも慈しみ深く、優しくなっているはずだ。そして、人びとに今以上に仕えたいと思うようになる」と言ったという。[46]

コルドバで六か月過ごした後、「難しい状況を乗り切ろうとしている修道院の識別」を助けるために、彼は一連のメモを書き留めた。それは後に『沈黙と言葉』と題されて刊行されたが、その共同体とは明らかにイエズス会のアルゼンチン管区を指しており、その識別を二重の意味で魅力的なものにしているのは、その危機の中で彼が働いていると見た霊的な力が後にフランシスコ教皇として教会全体と戦うときに求めることになる力と同じであるということである。

ベルゴリオは危機の中には人間の力では解決できないものもあるという認識から、「心の底からの無力」には「沈黙という恵み」を課すという方法をとり始めていた。彼は聖イグナチオが野心と清貧の欠如という誘惑をイエズス会内部の分裂の主な原因と見ていることに注目した。その誘惑とは人の予め定められている枠組みと方法によって神の計画を濾過しようとすることである。野心と清貧の欠如は次に不信と疑いの態度をもたらし、勝利主義と霊的世俗性へと陥る。ベルゴリオは勝利主義について、「発展（あるいは見た目上の発展）、聖霊の技術化、修道生活の〝コカコーラ化〟」への撞着によって十字架を避ける道であるとしている。これと結びついているのが神学者アンリ・ド・リュバクが「霊的世俗性」と呼んだ誘惑であり、修道生活を送る人びとに最も強く潜んでいる誘惑であった（ド・リュバクはこの誘惑を「放蕩のローマ教皇の時代に心から愛された花嫁の外観を損なった悪名高いハンセン病よりもより壊滅的」と書いている）。霊的世俗性はそれ自体を中心に置こうとする。それはイエスが自らに栄光を帰すファリサイ派の行いに見ていたものであった。

ベルゴリオはその論考の後半では、悪い霊が天使を装うことで「天使の光の下に《スブ・アンゲロ・ルキス》」あるように見える誘惑にどう対処すべきかを考えている。悪しき天使の正体を暴き、神の光を差し込ませることができるのはイエスだけである。そのための手段は「沈黙を保ち、祈って、謙虚であること」であるとベルゴリオは示した。それは〈霊操〉第三週に基づく省察であった。そこではキリストの受難、特に「いかにして神としての性質が隠されたのか、すなわち、神としてのキリストは敵を滅ぼせたけれども滅ぼさず、その神聖なる人性において最も苛酷な苦しみを受けた」ことを観想するのである[47]。

ベルゴリオは考える。告発する者の罪と不備がスケープゴートに移されるとき、弱いと理解されている者たちに対して発せられる「原初的な怒り」に耐えることが何を意味するのか、また、イエスのように十字架を自発的に受け入れ、人びとの罪を認め、犠牲となることに伴う自己憐憫と傲慢に陥ることなくそれを担うこととの意味とはどのようなものなのか。十字架は結局、悪魔に自らを明らかにさせることを強いる。悪魔は穏やかさを弱さと間違えるからである。ベルゴリオはこう記している。

「暗闇と大きな苦難のとき、〝縺れ〟と〝結び目〟を解くことができず、一切がはっきりしていないときには何も言ってはならない。沈黙がもつ穏やかさは人をさらに弱く見せる。それに勢いづいて、自分自身とその本当の意図を明らかにするのは、もはや光の天使を装ってはいない大胆で恥知らずな悪魔である」

論考の最後の部分は「神の戦い」と題されている。神が人類の敵との戦いに入ったことがしばしばあったが、それに巻き込まれたことは間違いであったとベルゴリオは見ている。こうした時には、「十字架という状況の静けさにおいて、小麦を守ることだけが求められているのであり、毒麦を除くことは求められていない」。そして、「あなた自身が母であることを示せ」(Monstra te esse matrem)という銘が入ったマリアの外套に守られた修練者を描いたコルドバのイエズス会修道院の天井画に彼は言及する。神が戦いに入るときにはそれに干渉したり、党派に関与したり、世界を善悪に分けたりはせず、「神の聖なる母の外套の下に」入り、「十字架の記憶と復活の希望の間で聖なる緊張の中を生きていく」ことが重要なのだと彼は記している[48]。

苦難の僕《しもべ》としての役割を与えられているという認識はベルゴリオの痛みを和らげることはなかったが、その苦悶の道を示したことは次なる攻撃に彼を備えさせることにはなっただろう。一九九一年八月、ソルシンの補佐役でベルゴリオの猛烈な批判者であった元社会調査活動センター所長ガルシア＝マタが管区長となった。彼はその頃ペルーから戻ったばかりだった社会調査活動センターの幹部フアン・ルイス・モヤーノを補佐役に任命した。モヤーノはジャーナリストに荒々しい言葉を提供して、ヨリオとヤリクスをめぐるオラシオ・ベルビツキのベルゴリオ告発運動の重要な情報源のひとつとなった。アメリカ人イエズス会士ジェフリー・クライバーによれば、「貧しい人びとのために働き、軍によって追放されたモヤーノをその職に任命したことは、総長が管区に変化を求めたことのはっきりした徴候」であった。[49]そして、それはベルゴリオにとってはイエズス会士との関係にもはや将来はないということをはっきりと示す徴候であった。

一九九一年十二月、ベルゴリオは最後の晩餐から十字架、埋葬までのイエスを辿る〈霊操〉第三週の黙想を行い、イエスの遺骸について観想した。そして、過去にあったことやそうであってほしかったことを霊的な逃げ場所にしたり、即座の復活を求めたり、遺骸がただの遺骸であることをいろいろと否定してみることがいかに簡単な逃避であることかと記している。

しかし、それは遺骸ではあるが、神性がその中に隠されており、それが復活するのである。このことは歴史を通して、教会の真の改革、その中の死んでしまっている部分に命を吹き込む改革は、外側からではなく、教会自体の内部から生まれるものであるということを示している。神の改革はまさに、すべての希望に反することを希望すること以外に解決方法がないところで行われるのである。[50]

第6章 羊の匂いがする司教 1993-2000

A BISHOP WHO SMELLED OF SHEEP

ベルゴリオが二〇一二年にカリタスの黙想会で語ったことは、まさに宝石のような言葉であった。

手を差し伸べなさい。そうすれば、誰かをあなたに引き寄せられます。
誰かにものを投げつければ、それは怪我の元。

二〇一三年十一月に出されたフランシスコ教皇の『福音の喜び』は決して甘い言葉で丸め込んだり、威張り散らしたりすることなく、圧倒し、魅了する珠玉の書である。しかし、この本は宣教の愛のエネルギーによって暮らすことを教会に学ぶよう勧めながら、あらゆる形の世俗性と腐敗を激しく非難する、厳しく、容赦のない本である。福音宣教は十字軍ではなく、販売促進キャンペーンでもない。転向や改宗を迫ることでもない。教会は神の愛の〈いつくしみ〉を表すことで成長する。フランシスコ教皇はそう語りかける。

　教皇の宣言がこのような長さで信仰について説明するのは初めてのことだった。フランシスコ教皇は人びとが長い文書を読まないということ、細かすぎると思う人もいるだろうということはわかっていると言う。確かに二〇〇頁〔邦訳では本文はA5判で約二五〇頁〕はパウロ六世が一九七五年に出した大いなる勧告『キリスト教の喜びに関して』や、この『福音の喜び』がそのタイトルに敬意を払っている同教皇の『福音宣教』よりもはるかに長い。しかし、この最初の教書――少なくともフランシスコ教皇が主な著者として書いた最初の本――には、あたかもこの本が最後の本になるとでも言うかのように、驚くほど広い範囲に及ぶ話題が詰め込まれている。

　この本はその前年にベネディクト十六世が開いた「新しい福音宣教に関する〈世界代表司教会議《シノドス》〉」に対する教皇からの答えとなる予定だったが、フランシスコ教皇はその会議の内容については形ばかり触れただけで、全段を通じて福音宣教とは何かを示している。その〈世界代表司教会議〉がヨーロッパ教会の退屈で腰の引けた内向きの精神に支配されていたとすれば、『福音の喜び』はラテンアメリカからのエネルギーと洞察の大放出であった。そして、そこには二〇〇七年のアパレシーダ文書への言及が詰め込まれている。第二バチカン公会議に根差す「貧しい人びとの、貧しい人びとのための教会」とは、宣教に力を注ぎ、周縁の人びとに集中し、神の忠実な聖なる人びとを中心とする教会であり、土地の文化とは自信をもって対話をし、貧しい人びとに害をなすことを非難するときには大胆でなければならない。それは優しい母のような教会であり、境界のない〈いやし〉と愛の大きな隔離病院であった。

　フランシスコ教皇はリオデジャネイロから帰国する飛行機の中で「それについて判断する私とは誰な

のか」と語り、就任当初を象徴する話題となった同性愛の問題で世界に身を乗り出させ、イエズス会士とのインタビューでの野戦病院発言、教義の中に「頭から離れない」ものがあることに不満を述べたことで、またしても世界を浮き足立たせた。多くの人はこうした発言はインタビューでの思いつきのコメントであって、教皇の文書は適度な場所に収められるのだろうと思っていた。しかし、その機上での発言は神経にさわる問題、特にいわゆる「骨盤問題」〔同性愛や妊娠中絶、産児制限などの問題〕にニュースメディアが注目してきたことで、モラルや審判といった次元が長年にわたって教会の教えにおいて過度に強調されるようになったという深い思索から出たものであった。『福音の喜び』はそれをはっきりと示していた。教皇は『福音の喜び』の中で「最大の問題はわたしたちが説くメッセージが、それ自体は重要だが、キリストのメッセージの心を伝えていない副次的な側面と同一視されていることである」と述べ、神の救いのいつくしみ深い愛についてのニュースを埋もれさせることなく、旗竿の上に掲げるように教会に呼びかけている。

『福音の喜び』は最近の歴代教皇たちへの敬意を表している。時に喜びに溢れ、霊に満たされたヨハネ二三世の改革精神を反響させることもあれば、時にパウロ六世の慎重な識別の響きを見せる。また、ヨハネ・パウロ二世の預言者的な熱意やベネディクト十六世の穏やかな叙情詩的な清らかさも映し出している。それでも、フランシスコ教皇の言葉によく親しんでいる者にしてみれば、そこに書かれているのは紛れもなく「ベルゴリオ語《ベルゴリアーノ》」であり、「忠実な聖なる人びと」を中心とする解釈や霊的な世俗性の危機といった彼の好むテーマがふんだんに扱われている。また、「時間は空間に優る」「一致は対立に優る」「現実は理念に優る」「全体は部分に優る」という四原則もうまく組み込まれている。こうしたことを初めてはっきりと福音と結びつけたのが『福音の喜び』であるということは、もしかしたら知恵ある英知はこれまでの教皇の文書には適していると見なされていなかったからなのかもしれない。

また、「ベルゴリオ語」は徹底して、膨大な複雑さをもった言葉をすべての人が理解できる直接の言葉と組み合わせる方法でもある。また、彼の言葉には叙情感もある。古典文学を何度も再読しているフランシスコ教皇は、いくつかの思想を結びつけ、それ自体を超えた境地にまで到達させる小説家としての才能も与えられている。『福音の喜び』では「私たちの体に感謝しよう。神が私たちをまわりの世界にとても密に結びつけたので、私たちは土地の砂漠化をほとんど自分たちの肉体的な病として、種の絶滅を痛みに満ちた体の変形として感じることができる」と記している（二〇一四年一月、この一節はプレートに記され、サンピエトロ広場で差し伸べた指にオウムを載せたフランシスコ教皇の写真とともに、ローマのビオパルク動物園に掲げられた）。また、「復活」については「この世界には毎日、美は新たに生まれ、歴史の嵐を通して形を変えて蘇る」と記している。

この文書は個人間の直接の触れあいによって癒しがもたらされる教会という彼のビジョンを捉えたとき、その最も力強い地点に到達する。その教会を彼は「サマリア人の教会」と呼ぶ。「イエス様はわたしたちが人間の悲惨に触れ、他の人の肉の苦しみに触れることを望まれており」、「私たちがそうするときにはいつでも、私たちの暮らしは素晴らしく複雑なものになり、私たちがひとつの民であること、ひとつの民に属していることを強く感じることになる」と彼は記している。霊的生活において成長するということは、宣教する者となり、他の人に会いに出向いていくことであるという。そのとき「私たちは神について新しい何かを学ぶ。目が開かれ、他の人を認めるとき、常に私たちは信仰と神の認識という光の中で成長している」。いつものように、招きには選択肢についての警告が伴う。「逃げたり、隠れたり、分け合うことを拒否したり、与えるのを止めて、自分自身の快適さの中に閉じこもったりしている時にはうまくいかない。そのような生活は緩慢な自殺以外のなにものでもない」。そして、宣教とは時間を決めて行う活動ではなく、新しい存在のあり方、魂を満たす他者中心のあり方に身を委ねることを要求すると警告している。

私にとって人びととの中での宣教は、私の人生の単なる一部というわけではなく、取り外しのできるバッジでもありません。それは人生に「付け加えられたもの」でも、人生の中のもうひとつの瞬間でもないのです。それは私自身を破壊せずに私という存在から取り除くことができないものなのです。私はこの地球の上にある使命そのものなのです。それが私がここに、この世にいる理由なのです。光をもたらし、祝福し、活気づけ、起き上がらせ、いやし、解放するというこの使命に定められて封印され、焼印を押されたと考えなければなりません。そうすれば、まわりの人が皆、魂をもった看護士、魂をもった教師、魂をもった政治家、心の底で他の人とともに、他の人のためにあることを選んでいる人に見えてきます。

この文書の中でメディアの目を最も引き、新聞などの見出しになった部分は、最も独創的でない部分であった。フランシスコ教皇は市場が設定する賃金と条件を信頼するという自由市場の「トリクルダウン理論」を批判したが、それは近代の十九世紀後半のレオ十三世にまで遡る歴代教皇の長い伝統に従ったものである。レオ教皇も一八九一年の〈レールム・ノヴァルム〉で、大衆を犠牲にして少数の者が豊かになること、それを正当化する市場という偶像を崇拝することを非難し、その犠牲者を守るために国が介入することを要求した。ごく最近にも二〇〇七年にベネディクト十六世が洗練された社会回勅〈真理に根ざした愛〉（Caritas in Veritate）で同じ伝統を継続させている。

しかし、フランシスコ教皇が『福音の喜び』でトリクルダウン理論は機能しなかった（「排除されている人びとは未だ待っているだけ」）と言い、「強力をもつ者が力のない者を喰い物にする競争原理と最適者生存」を非難したとき、社会の各方面で多くの人がショックを受けた。資本主義があり得べき最善の世界を生み出したことに誰もが同意しているときに、ローマ教皇があたかも社会主義の復活を提唱しているかのようだったからである。アメリカ共和党の元大統領候補サラ・ペイリンはローマ教皇の言葉が「リベラルに聞こえる」と苛立ち、アメリカのラジオトーク番組の司会者ラッシュ・リンボーは「純粋なマルクス主義だ」と言い、FOXニュースのスチュアート・ヴァーニーは、フランシスコ教皇は宗教と政治を混ぜて合わせており、教会には経済問題について意見を述べる能力はないとし、いずれにしても自由市場が世界中で巨大な繁栄を実現しているではないかと不平を述べた。逆に左派では多くの人が歓迎し、フランシスコ教皇を反資本主義の新しい表看板にした。

しかし、フランシスコ教皇は商品とサービスの自由な交換、世の初めから富を実際に生み出してきた通常の経済活動という意味での市場を批判しているわけではない。ましてや集産主義などの別の「体制」を提案などしていようはずもない。彼は妨げられずに機能するよう放置されることを要求している「隠れた神」、すなわち「機械仕掛けの神《デウス・エクス・マーキナー》」に人間の主権を明け渡した偶像崇拝的な思考がどういうものであるかを暴露したのである。フランシスコ教皇が非難したのは「市場の絶対的な自治を擁護するイデオロギー」であり、不平等と貧困は市場の通常の機能から生じる必然であり、許容できる副産物であるとして、それを正当化し容認する態度であった。それが「一方的に容赦なく法と規則を課してくる新しい専制政治」を生み出したと言っているのだ。

フランシスコ教皇は他の経済理論の視点からではなく、貧しい人びとと彼らの必要という視点から語っている。社会が素晴らしい富をもつと同時に、すり潰されるような惨めさ（長期失業、家族を養うには不十分な賃金、栄養失調）を抱えていることを市場が正常に機能しているがゆえの避けられない副産物と考えることができるのであれば、それは人間の魂と気持ちの中で何かが腐っているということなのだ。

十戒が「殺してはならない」という戒めをもって、生命の価値を保護するための制限をはっきりと設定しているように、今日においても排除と不平等の経済に「それをしてはならない」と言わなければならないのです。そのような経済は人に死をもたらします。年老いたホームレスが路上で死んだことがニュースにならず、株式市場が二ポイント下げたことがニュースになるというのはどういうことでしょうか。これは排除なのです。飢えた人がいるのに食物が捨てられるのを傍観し続けることができるでしょうか。これは不平等なのです。今日はすべてのことが競争原理と最適者生存の下にあります。そこでは力をもつ者が力のない者を喰い物にしています。結果として、多くの群衆が排除され、仕事もなく、可能性もなく、そこから脱出する手段もなく取り残されるのです。

雑誌『フォーブス』のウェブサイトで、あるカトリックのコラムニストがフランシスコ教皇の意見に対して「怒りをもって唾を吐きかけている」と言いつつ、教皇が見極めた思考設定を完璧に解説していた。そのコラムニスト、ティム・ウォーストールは二〇世紀の間に何百万もの農民が〝ブルジョワ化〟したことを図表で示した後、「たとえ思ったほどすばらしく早くというわけではないとしても、すべては正しい方向に動いている。（中略）教皇が不満を述べる市場経済システムは、まさに彼が特定した問題を解決する過程にある経済システムなのだ」と書いている。[1] これは現時点における怠慢を貧困の問題は市場によっていつか魔法のように解決されると空想することによって正当化する態度である。計量経済学の理論において貧困層について読んでいる人ではなく、貧しい人びとを直接知っている人はフランシスコ教皇が言っている意味をすぐに理解する。貧しい人びとにとって、市場が繁栄を行き渡らせるのを待つということは富裕層がそれを待つのと同じではないのである。

フランシスコ教皇はこうした心理の背景に「倫理の拒絶と神の拒絶」を見る。すべての偶像崇拝と同様、祭壇には人間の命（貧困にある人、失業者）を恒常的に捧げる必要があり、法と国の規制に妨げられずに活動し続ける自治が主張される一方で、消費至上主義という中毒を起こさせ、人の心と気持ちを摑んで放さない。国は市場の働きにできるだけ介入しないという考えに異議を唱えるフランシスコ教皇は「経済と金融に人間的な倫理的取り組みを取り戻す」ために「政治指導者たちのアプローチに大きな変更」を要求した。

この文書の中で最も驚くべき独特な部分はマスメディアではほとんど取り上げられなかった。それは教会に対するローマ教皇自身による先例のない攻撃である。近代以降で同じカトリックの信徒にこのように厳しい叱責をした教皇はいない。文書前半にある「霊的世俗性はいらない」と題されたセクションで、教皇は敬虔なカトリック信徒がキリストよりも自身のことを称賛し、エリートを自認する集団が教会で普通の人びとの上に君臨しているのを「混ぜ物をされたキリスト教」と名づけて、恥ずべきこととし、（リベラルなカトリック信徒の）逆行性と（保守派の）教義上の純粋さの欠如を嘆いた。また、「心配ばかりで自己中心的な信頼の欠如の結果」である「敗北主義という悪しき霊」に悩む「不満げで幻滅した悲観論者」と同様、「あらゆる脅威と逸脱を除去することに夢中になっている気難しい判事」を非難し、第二バチカン公会議の始まりに「常に災難を予測する災いの預言者」を批判したヨハネ二三世の有名な言葉を引用して、宣教よりも「調査と確認」に時間を費やす自称正統の守護者たちの「自分のことばかりに夢中になっているプロメテウス的新ペラギウス主義」と「自己陶酔の権威主義的エリート意識」を激しく叱った。さらには「典礼や教義、教会の威信を保つことにこれ見よがしに没頭していながら、福音が神の忠実な人びとに本当の影響を及ぼしていることにはいかなる関心も示さない」人や、典礼を全くわかっていない人が教会を「ひと握りの選ばれた人のための美術館の展示物かなにか」にしていることを非難した。

これはローマ教皇としての初の復活祭の期間中、聖木曜日にフランシスコ教皇がローマの若年犯罪者施設であるカサール・デル・マルモで十二人の若い抑留者の足を洗ったことを非難した人びとへの反応と見ないわけにはいかない。その若者のうちのひとりはセルビア出身の少女だったが、彼女はローマ教皇に足を洗ってもらった初のイスラム教徒となり、初の女性となった。厳密に解釈すれば、その中に女性が含まれていたことは教皇庁典礼秘蹟省が一九八八年に発した教令への違反であった。洗足の儀式はイエスが使徒の足を洗ったことを再現するものなので、男性だけが参加すべきものとされているのである。しかし、（ブエノスアイレスを含む）世界の大部分の司教区は長い間その条項を無視してきた。フランシスコ教皇は大司教として常にそうしていたように、司教たちが貧しい人びとの足を洗っていた初期教会の行いを回復させたのである〔二〇一六年一月、女性も洗足に参加できるよう規則が改められた〕。

霊的世俗性への攻撃は相手の名を特定したわけではなかったが、司教など教会の主要な地位にある人びとの思考にも及んでいる。「社会的、政治的な利益の魅力」と「自助と自己実現のプログラムへの執着」（おそらく、霊性センターで時に見られる自己中心的ないやしのワークショップを意味する）を非難し、「外見を気にかけること」や「外出、会合、夕食会やレセプションでいっぱいの社交生活」、また「主たる受益者を神の民ではなく、施設としての教会としている運営、統計、計画、評価にまつわるビジネス心理」をも批判した。

このように今やフランシスコ教皇は聖なる忠実な人びとを中心に置く解釈をアルゼンチンの〝書斎派〟革命家への攻撃のためではなく、自己完結的な教会指導者への攻撃のために展開している。相手の症状は同じで、「普通の人びとの実生活と困難との接点を失い」、「終わりのない空想に耽り」、「上の方から指示を与える霊的指導者や司牧の専門家」が相手であった。かつてアルゼンチンでカトリック左派の論客を激しく批判したイエズス会管区長は今や、その時とほぼ同じ言葉で司教たちや目立った一般信徒を非難している。

この世俗性に陥った人びとは上から、そして遠くからものごとを観察します。兄弟姉妹の預言は拒絶し、異議を唱える人を信用しません。常に人の間違いを指摘し、外見を気にかけています。その心は自分の内在と関心という限られた範囲にだけ向けられており、その結果、自分の罪から学ぶことはなく、本当の意味での〈ゆるし〉には開かれていません。これは善を装ったとてつもない腐敗です。教会は自身から外に向けて出て行くことによって、これを避ける必要があります。そして、その宣教をイエス・キリストに集中させ、貧しい人たちに関わらせるようにする必要があるのです。[2]

＊＊＊＊

ベルゴリオが司教になるまでの話は、教皇ヨハネ・パウロ二世が一九八七年に定年となるブエノスアイレスのフアン・カルロス・アランブールー枢機卿の後任にラプラタ大司教アントニオ・クアラチーノをつけようとしたことに始まる。クアラチーノは第二バチカン公会議のいくつかのセッションに参加したあと、アルゼンチンと南米大陸全体の教会で大きな役割を担い続けた才能のある聖職者であり、「ラテンアメリカ・カリブ司教協議会」の議長としてポーランド人の教皇と誼《よしみ》を結んできた。

クアラチーノはヨハネ・パウロ二世が好むタイプの司教であった。労働者に近く、教義については堅実な態度をとり、妊娠中絶合法化には反対、社会正義の問題には積極的な支持を表明していた。皮肉がきつい明晰な論客である彼は、清廉さを備え、一般の人びとと接するペロン主義者としての包容力をもっていた。しかし、粗野と見られることもあった。直情的に行動を起こす傾向があったため、実際よりも反動的に見られていた。アルフォンシン大統領が教会と国家を切り離し、離婚を導入し、学校での宗教教育を禁止しようとしていたのを激しく批判していたクアラチーノは一九八七年、ヨハネ・パウロ二世のアルゼンチン駐バチカン大使への挨拶の言葉は急進党政府の政策を非難したものだと主張した。アルフォンシンがその真偽をバチカンに照会したところ、「ノー」という回答を得たため、これ以降、急進党大統領はこれを後ろ盾として、クアラチーノのブエノスアイレス大司教指名を拒否する大統領権限を行使する完璧な建前を得た。アランブールー枢機卿は当分、その地位に留まるよう要請され、一九八九年末にカルロス・メネムが大統領になるまで、クアラチーノはアルゼンチンの母教区の司教に指名されることはなかった。彼がブエノスアイレス大司教に就任したのはベルゴリオがコルドバへ移された直後の一九九〇年七月で、その翌年、枢機卿となった。

クアラチーノはメネム大統領と親しかった。独裁政権時代、まだラ・リオハ州の知事であったメネムが収監されたときからの知り合いだった。メネムは就任直後、クアラチーノが強要に近いほどに勧めたので、アルフォンシン政権下で裁判にかけられて収監された「汚い戦争」の戦犯への特赦を出し、軍事政権の元指導者を含む約二二〇名の将校がゲリラの元指導者を含む七〇名の一般人とともに釈放された。アルフォンシンは「汚い戦争」に対する刑事上の責任が及ぶ範囲を制限する法律を成立させており、懲役刑を受けたのは命令権者か、大きく見てそれ以上の権限をもっていた者に限られていた。しかし、メネムはヨハネ・パウロ二世が一九八七年に訪問したときに求めた国民再融和の時であるとして、そうした囚人たちを解放したのである。この動きは工業、農業輸出部門ならびに司教たちによって支持されたが、「五月広場の母たち」には非難された。アルフォンシンはその日のことを人生で最も悲しい日と呼んだ。

一九八九年から一九九九年までの二期にわたるメネム政権は、その十五年前のペロン将軍とその未亡人による政権以来のペロン党政権であった。伝統的なペロン党支持者である中小企業や労働組合が利害集団としてそれを支持し、急進的な新自由主義の経済・外交政策が掲げられた。メネムはアルゼンチン社会の中で常にペロン主義と争っていた財政および農業輸出部門との間に予想外の絆を作り上げていた。優秀な人材がメネム政権のために働き、経済政策を巧みに立案して改革を断行し、国家依存で肥大したアルゼンチン経済に必要とされるショック療法を行うことができる政治的な正当性をもつのはペロン党政府だけであると人びとを納得させた。

衝撃は大規模な国有企業売却と、通貨を新しくペソとし、米ドルとの交換比率を一対一に固定する「兌換法」という形でもたらされた。それはハイパーインフレを根絶し、経済成長を誘発する過激な試みであった。政府は通貨の供給をドル積立金の量までに制限し、紙幣を印刷する権利を事実上、放棄した。それによって、通貨への信頼度が急激に高まり、外国からの投資は急増、インフレ率はほぼゼロ近くにまで縮小した。アルゼンチンはついにハイパーインフレによる荒廃を脱し、一定の安定を手にしたのである。一九九〇年代前半、経済規模は三〇パーセント以上拡大し、中産階級ははっきりとわかる空前の好景気を享受した。

しかし、政府が自由市場に伴う社会保障のネットワーク構築を怠ったため、貧しい人びとは無防備なまま残された。統計によれば、経済の安定と成長にもかかわらず貧困層と失業者が急激に増加していた。ドミンゴ・カバロ経済大臣を中心とする政策の立案者たちは、市場の働きを信頼しており、投資と経済成長で貧しい人びとも最終的には恩恵を浴すと信じていた。しかし、メネムの十年の任期が終わりになっても、貧しい人びとはまだ待っているだけだった。コップが水でいっぱいになっても、そこから溢れ出るのではなく、ただコップが大きくなるだけだったのだ。金持ちはより豊かになり、貧しい人びとは貧しいまま、さらに貧しくなった。一九九八年の危機ですべてが崩壊し始めたとき、アルゼンチンの人びとを特に怒らせたのは、泣きたくなるほどの規模で汚職が暴露されたことであった。国と市場と司法の癒着によって、途方もないほどの富を得て、〝メネム長者〟と呼ばれた新富裕層への免責が明らかになった。

「国から距離をとる」という新しい方針を貫いたアルゼンチンの司教たちは政府の新自由主義の政策とその社会的影響、特に腐敗と免責を一貫して批判していた。しかし、メネムは妊娠中絶合法化には反対し、世界の舞台では精力的に教会を守った（たとえば、一九九四年のカイロでの人口会議で教皇庁が孤立したとき、アルゼンチンは公然とそれに味方した）。メネムは直接間接に財政的な援助を受けつつ、クアラチーノと教皇庁との良好な関係を通して、司教たちの批判を相殺することができたのである。

一九九一年二月、クアラチーノは枢機卿になると、教皇との関係を利用して、ベルゴリオを大司教区の首座司教を助ける補佐司教に任命した。彼は遅くともイエズス会総長コルベンバッハ神父に「アルゼンチン教会はベルゴリオ神父に大きな期待を寄せている」と語った一九八八年以来、それを望んでいた。このことはアルゼンチン教皇使節ウバルド・カラブレイジ大司教が一九九〇年の中頃に、この時点でベルゴリオをコルドバに送ることに決めていたソルシン管区長に対し、教会は元管区長ベルゴリオに与える使命があると警告したことでも確認される。ソルシン神父は「その使命を与えられたときには、行くべきところに行けばよいでしょう」とカラブレイジに苛立たしげに応じたという。

クアラチーノ大司教は一九九〇年の一月と四月にラプラタで多数の聖職者のための黙想会にベルゴリオを招いた。ベルゴリオはまず初めに、「祈りにおける私たちの肉体」と題して、山賊に襲われた旅人を助ける外国人の話である「よきサマリア人のたとえ」について力強い省察を展開した。イエスの話では司祭とレビ人で表現される道の向こう側を通り過ぎる人は、事態から距離をとるために一連の技術を使っているのだということをベルゴリオは示した。つまり、目にした苦難に遭っている人のことを頭の中だけで解釈し、これが人生だと自身を納得させて、それに対する責任を避けたということで、それはすべて誘惑なのだ。それに対して、サマリア人は自ら手を差し伸べ、犠牲者に近づいて跪き、心を開いて、その人の傷に包帯をして、宿屋まで連れていき、彼のために自分の金を使った。ベルゴリオは司祭たちに「私たちが裁かれるのはこの点においてだ」と話し、その近さが神の顕現の中心にあると付け加えた。イエスは決して「向こう側を通り過ぎる」ことはなく、苦しむ人のために自分の肉体を犠牲にして最終的な代価を払った。神が人間の近くまでやってくることで、なぜ「祈りがまさしくその核心において私たちの肉体に触れ、私たちの心に触れる」のかが示される。

ベルゴリオは「祈りとは変化の可能性に耐えることだ」と司祭たちに語りかけた。それは苦難を進んで受け入れるということであった。人が祈るのを止め、不満を言い始めるとき、「その人は福音に仕えるのを止め、犠牲者になる。彼は自身を聖人の列に加えている」。キリストではなく、自分を犠牲とすることは冒瀆である。「冒瀆に使われた肉体は、自分が受けた傷と罪についてどのように助けを求めたらいいのかを知らず、他の人が受けた傷を助けることはできない」。たとえ一生を神に捧げていたとしても、その人は自分自身に近づくことができるだけである。ベルゴリオは「それはファリサイ派の無関心だ。ウイルスでもビタミンでもない」と警告した。[3]

ベルゴリオはラプラタの司祭たちに後の司教、枢機卿としての自分の教えとリーダーシップの鍵となる教会のモデルを印象づけていた。そのひとつは身体的に近く、親密であるということで、貧しい人びとと実際に会い、心に語りかけるということだった。彼はカトリック信仰とは肉体的な仕事であることを示した。それは神がどう人間を救うのかということであった。つまり、近くに来て、ありのままの現実を受け止めることなのである。しかし、教会は官僚主義、イデオロギー、合理性を理由に、その現実を避けようとすることがあまりに多かった。救済は一時にひとりだけ、直接の個人的な関与を通してのみ起こるものであることを彼は示したのである。愛は具体化されない限り、愛ではない。貧しい人がその貧困状態から抜け出すことができるのは、ひとりの人間として扱われ、愛されるときだけなのだ。

この黙想会は教区の教会をベルゴリオに任せるというクアラチーノの気持ちをますます固めさせるものとなった。クアラチーノはベルゴリオの司牧活動がどのようにサンミゲルを変えたのかを知り、またイエズス会士たちがいかにして彼を追放したかを知ってショックを受けた。気質としてはイエズス会士ベルゴリオとクアラチーノ司教は全く似ていなかった。ベルゴリオはもの静かで、慎重で、禁欲的だが、クアラチーノは自分の職務を飾るスポットライトと装飾を楽しみ、冗漫で外向型の性格であった。しかし、共通する背景と政治的、文化的傾向からすれば当然とも言える類似点が両者の間にはあった。二人はともに一九二〇年代にイタリアから来た移民の子であり、メデジン合意を支持し、反マルクス主義であった。つまり「民衆の神学」の中でも「国と民衆」を重視するペロン主義的伝統という点で類似した神学的展望をもっていたのである。ラテンアメリカ・カリブ司教協議会に関わり、ラテンアメリカの国を越えたカトリックの団結という考えをもっていることでも共通する。また、ともにウルグアイの哲学者アルベルト・メトール・フェレの崇拝者であった。しかし、クアラチーノはベルゴリオのことをもっと深いレベルで自らと教会が必要とするものとして見ていた。クアラチーノはその荒っぽさにもかかわらず、謙虚に自身の欠点を認めていたのである。彼はベルゴリオにまさに自分には欠けている思慮分別と識別の力があることを認め、その霊的な深みと指導者としての資質に畏怖をもっていた。クアラチーノはベルゴリオのことを愛情こめて「エル・サンティート」（「小さな聖人」）と呼んでいたほどである。

二回目の黙想会が終わるとすぐ、ベルゴリオはコルドバへと出発し、クアラチーノは彼を司教に任命すべく行動を起こした。それには十八か月の時間を要した。カトリックの司教を任命するには教皇使節が組織する地元の教会の中での長い協議の後、ローマ教皇庁の司教省に三人の候補者の名を書いた〈テルナ〉というリストが送られ、そこで任命するか、拒否するか、さらなる詳しい情報が来るまで判断を保留するかが決定される。ベルゴリオの場合、ひとつ障害があった。新しいイエズス会の管区長イグナシオ・ガルシア＝マタとその補佐役ファン・ルイス・モヤーノが彼の任命に否定的だったのである。しかし、クアラチーノは司教省をうまく回避し、ヨハネ・パウロ二世に直接話すことで、一九九二年五月二〇日、任命書に教皇の署名を得た。

そのほんの一週間前のこと、ベルゴリオはメンドーサからブエノスアイレスに戻る途中の教皇使節カラブレイジからコルドバ空港での面会を求められた。カラブレイジ大司教もクアラチーノ同様、ベルゴリオを高く評価しており、彼を司教候補とすべくクアラチーノと電話での協議をくり返していた。しかし、このとき教皇使節は一対一の面会を求めてきた。後でベルゴリオが振り返るところによれば、「重要な問題」についての話は空港で教皇使節の搭乗時間まで続いた。そして、カラブレイジは立ち去る直前にこう言ったという。

「ああ、最後にもうひとつ。君はブエノスアイレスの補佐司教に任命されたよ。二〇日に公表されるから」

＊＊＊＊

「気持ちは真っ白になりましたよ。何か本当に予想外のことが起こったときはいつでも、よいことにせよ悪いことにせよ、私は気持ちが真っ白になるんです」

ベルゴリオは二〇一〇年に刊行された一冊まるごとのインタビュー本『イエズス会士』で当時のことをそう語っている。[4]

司教に就任することを求められた司祭には、尋ねられれば、それを拒否する権利がないわけではない（叙階は秘跡であり、強制ではない）。盛式誓願を立てているイエズス会士には、それを受け入れない理由がある。教会での高位を求めないという特別な誓願をしているからである。しかし、ローマ教皇自身がイエズス会士に要請すれば通常は同意する。司教叙階をローマ教皇が必要とする場合はいつでも（いかにしてでも）その任務に就くということを第四誓願の実行と見なすからである。ミラノ大司教カルロ・マリア・マルティーニ枢機卿をはじめとする当時の他のイエズス会士の司教と同様、叙階を受け入れる際、ベルゴリオはイエズス会士のままであった。そして、マティーニ枢機卿と同様、イエズス会士であることを示す「SJ」をいつでも名の後につけている。しかし、それは名目上の所属であった。司教になるということはイエズス会士としての従順と清貧の誓願から解放されるということである。第一に、イエズス会総長の命令下にないことになるからであり、第二に、教会法上、司教は財産を所有しなければならないからである。言い換えると、すべての実際的な意味において、イエズス会士であることをやめることになる。

この指名は教会ウォッチャーを驚かせた。これまでにアルゼンチンで司教になったイエズス会士は一九八六年にミシオネス州プエルト・イグアスの小さな司教区を任されたスペイン人宣教師ホアキン・ピーニャだけだったからである。また、クアラチーノがこれまでは四人であった補佐司教を六人にしたことも驚きをもたらした。しかし、一番の驚きは二、三の小さなグループを除くと、アルゼンチン人のほとんどがベルゴリオを知らなかったことであった。周囲の驚きのただ中で、一見どこからともなくやって来て高位聖職者の職務に就いたように見えることは、これが初めてのことではなく、最後ということにもならなかった。

一九九二年六月二七日、五五歳のベルゴリオは司教冠を受けた他の二〇名と共に、教皇使節のルーハン大司教のエミリオ・オグニェノヴィッチを伴ったクアラチーノ枢機卿によって、ブエノスアイレス大司教座聖堂で司教に叙階された。会衆に向かって短く話をするよう求められたベルゴリオ司教はラプラタでの黙想会のことを話した。

「どうか向こう側へ行かず、自分たちの傷の中にイエス様ご自身の傷を発見してくださいと命をかけて求めている兄弟姉妹がいます」

ベルゴリオは二つの点で他の司教たちから突出していた。後にベルゴリオの最も親しい協力者のひとりになるカルロス・アカプート神父はこの新しい補佐司教について否定的なことを耳にしていた。しかし、司教叙階式のことをこう語っている。

「式が終わったとき、私は心を打たれました。たくさんの非常に貧しい人たちが彼のところにお祝いを言いに来たんです。その人たちはみんな社会の周縁にいる人たちでした。そのとき、私は『ははあ。ここには何か調べてみなくちゃいけないことがあるな』と思いましたよ」

彼が好奇心をそそられたもうひとつの点はベルゴリオ司教が支持者に渡す祈りのカードであった。他の司教のカードには好む聖人の絵が描かれているが、彼のカードは絹の紐を解く聖母マリアを描いたドイツの絵であった（出席していた別の司祭ギジェルモ・マルコ神父は「それが何なのか全く知らなかった」と振り返っている）。

新任の司教はすべて自分の紋章を決める。ベルゴリオの紋章は青い盾で、そこに燃え盛る太陽を背景にイエズス会のシンボルである合わせ文字ＩＨＳ（ギリシャ語でのイエスの名の最初の三文字をとったもの）が書かれており、その下にキリスト降誕を表す星、その傍には聖ヨセフを表現する甘松《かんしょう》（ナルド）が描かれている。盾の下には彼が選んだモットー「ミセランド・アトケ・エリゲンド」（Miserando atque eligendo）が記されている。この句は聖マタイを召し出したイエスのことを述べた聖ベーダ・ヴェネラビリスの説教で用いられたもので、「そして、彼は恵みをもって彼を見て、彼を選んだ」という意味である〔マタイ福音書9章9節〕。その説教は聖マタイの祝日である九月二一日の教会の日々の祈りの中のもので、その日こそ一九五三年の春、若きホルヘ・マリオがフローレス地区の大聖堂の告解室の中で神から「恵みを得た」日であった。

その大聖堂はクアラチーノがベルゴリオに任せた地域にあった。この地区はブエノスアイレスの巨大な大司教区を形成する四地区のうちのひとつで、定住人口は三〇〇万、日中の人口はその倍にはなる地区であった。北のベルグラーノ地区、町の東に位置する中央地区、西のデボート地区といった他の地区に比べると、南のフローレス地区の所管区域ははるかに貧しい。中流下の階層と労働者階級が暮らす五地区の中に四五の小教区があり、ブエノスアイレスで最も大きなスラム街のほとんどがヨリオとヤリクスが拉致されたスラムも含めてそこにあり、人が多く集まる教会もほぼすべてがそこにある。何よりクアラチーノはベルゴリオに一〇人編成の強力なスラム司祭のチームを率い、彼がサンミゲルで成し遂げたことをフローレス地区でもしてほしかったのである。

ベルゴリオはフローレス地区の大聖堂から二、三ブロック離れたコンダルコ通りにある隠退司祭の家に事務所と住居を割り当てられた。彼の幼少期と同じように役割を担う「神のいつくしみ」の修道女たちはまだ近くにおり、シスター・ドローレスも健在だった。しかし、彼が育ったメンブリジャール通りの家は一九八一年に彼の母親が亡くなった後に売られ、弟妹たちはすでにかなり以前に結婚し、それぞれに家庭をもっていた。

コンダルコ通りの部屋が準備できるまでの間、ベルゴリオはほぼ三か月、町の中心街にあるイエズス会本部の建物、レヒーナ・マルティルムで過ごし、毎日そこから事務所に通っていた。新しいイエズス会管区長ガルシア＝マタ神父はコルベンバッハ神父からベルゴリオ司教を助けるように言われていたので、五月に指名が発表された後、そこに住むようにと申し出たのだ。しかし、それは気楽な関係というわけにはいかなかった。ベルゴリオはガルシア＝マタが彼を中傷する報告書をローマに送っていたことで管区長を非難し（この報告書は非公開であったが、顧問のひとりがベルゴリオに知らせたのである）、ガルシア＝マタは若いイエズス会士の間でベルゴリオの人気が高いことに脅威を感じていた。何週間か経った後、管区長は〝妨げ〟になるベルゴリオの存在感にいらいらし始めた。一九九二年七月末、聖イグナチオの祝日にガルシア＝マタがベルゴリオに「いつ出て行くのか」と尋ねたとき、問題は頂点に達した。

「しかし、ここは非常に快適なんですよ」

ベルゴリオは言った。

「ホルヘ、ブエノスアイレスの補佐司教がイエズス会の共同体で暮らしているのは正しいことではないのです。そんな管区はありません」

管区長は答えた。

ベルゴリオは「出て行ってほしいのなら、正式に通知すべきだ」と言った。そこで、ガルシア＝マタは管区長を支援するコルベンバッハ神父に手紙を書き、ベルゴリオの部屋に総長からの手紙を残した。ガルシア＝マタが受け取った返書には、ベルゴリオの退出の日付が書かれていた。[5]

このようにして、ベルゴリオは痛みを感じながらイエズス会の生活を離れたのである。

司教になったイエズス会士はほとんどがイエズス会とは強い繋がりを保っており、移動の際にはイエズス会の修道院に宿泊し、ローマにいけば、ボルゴ・サント・スピリトの総本部に顔を出す。しかし、ベルゴリオはこの後、二〇年の間、何度もローマを訪問したが、決してイエズス会本部には入らなかったし、コルベンバッハ神父と話すこともなかった。一九九七年にガルシア＝マタの後任としてアルゼンチン管区長となったコロンビア人のアルヴァーロ・レストレポ神父とは良好な関係を築いたが、ローマ教皇に選出されるまでアルゼンチンのイエズス会士の大部分とは絶縁していた。

＊＊＊＊

ベルゴリオは聖職者らしからぬ司教であった。彼は普通の聖職者のようではなく、率直で、慎ましく、禁欲的で、効果を追求する。熱心な信者や司牧者には必要なだけ時間をとり、いつでも会うことができるようにしていた。秘書は使わず、朝の祈りの後には自ら電話に出る（彼は朝四時に起き、六時には電話に出る）。もし電話に出なかったとしても、一二時間もすればかけ返してくる。問題は素早く解決される。彼が直接対処することも多い。

「あの方は司教として、私たちよりもずっと身体的に近いところにいらっしゃいました。それがあの方のやり方でした」

マタデロスのいつくしみの聖母教会の教区司祭フェルナンド・ジャンネッティ神父はそう振り返る。その小教区はかつて町の屠畜場からの廃棄物で悪臭が立ちこめる地区であった。

「あの方は会いに来て、話を聞いてくれます。それが熱心な信者や地域の司祭との間に非常に親しい絆を創り出すんです」

司祭たちはベルゴリオの個人的なアプローチを好んだ。その人と話したいときには訪問する手間を惜しまない。その上、決断力があり、優れた決断をするのだが、コルドバでの苦悶は彼を軟化させた。対話を多くするようになり、相談することも多くなった。小教区から小教区へと飛び回っては、司祭たちと時間を過ごし、マテ茶を飲み、祈りの時間を尋ね、彼らが必要としていることを見つける。病気の司祭のためにその枕許まで訪れてミサを行ったり、告解を聞くだけでなく、料理をしたり、洗濯をしたりすることもあった。司祭が休暇の間の代わりを見つけられないときには、その代わりを務め、それが数週間に及ぶこともあった。彼自身は休暇を取ったことはない。誓願や嗜癖、またただ司牧上の課題で悩んでいる司祭に彼が救いの手を差し延べたという話は多い。

司教の多くは教師であり、管理者なので、当然のこととして自分の机が本拠地となる。しかし、ベルゴリオは現場を重視する牧者であった。彼は大司教となり、枢機卿となってからも続けることになることをこの時から始めていた。運転手や助手をもたず、自分で日誌をつけ、自分で電話をかける。そして、バスと地下鉄、自らの足を使って町を回るのである。彼は多くの時間を貧困地区で過ごした。スラム司祭のチームを作り上げ、その計画のための資金と物資を調達した。ジャンネッティによれば、司祭たちは彼が堅信を受ける十代の若者を優しく根気よく導いているのを見て、彼が小教区の生活をよく知っているのを目の当たりにしていたという。

「誤ったことをしていると指摘するのではなく、引き入れて神と出会えるようにするという司牧上の奉仕のスタイルを我々に教えてくれました」

そうジャンネッティは振り返る。ベルゴリオが教会は取り締まるのではなく、手助けをするのだと言ったのはこうした意味であった。

就任してまだ間もない頃、ベルゴリオは当時フローレス地区の若い助任司祭であったギジェルモ・マルコ神父に町の状況視察に同行するよう求めた。プロテスタントの母と無神論者の父をもつマルコは異教間の対話と交流に関心をもっており、民間の商用放送局でラジオ番組をもっていた。ベルゴリオは彼に興味をそそられ、数年後、広報担当者として彼を雇った。マルコの方でも新任の司教に心を動かされており、「そのあり方、そのわかりやすさ。全く心を奪われました」と語っている。

　将来、重要な側近となるもうひとりの若い司祭がアカプート神父であった。彼は当時、フローレスの小教区でカトリックの社会教育の講座をもっていた。感銘を受けたベルゴリオは彼にフローレス地区にあるカトリック教会の慈善団体であるカリタスで働くよう求めた。しかし、アカプートは司教にまず自分の意見を知ってほしいと思った。アカプートは自分について、保守派でも進歩派でもなく、正統派であると述べ、革新派は信仰が空《から》になるほどその意味を語り、保守派は箱の中に信仰をしまっておきたがると表現した。そして、普遍的なことについての彼の考え、また地元アルゼンチン教会について、クアラチーノ枢機卿の考えと一致しない考えも含めて、意見を述べた。

「話し終わると、ベルゴリオ神父は『素晴らしい。問題ないよ。いっしょにやろう』と言いました。教会内で権威をもつ人で、一対一で対等に話ができる人に初めて出会ったと思いました」

　アカプートはそう振り返る[6]。

　就任から十八か月後、一九九三年のクリスマスにクアラチーノ枢機卿はベルゴリオを大司教区の運営管理の担当者とした。フローレス地区の補佐司教の上に司教総代理ともなれば、責務が大幅に増え、大司教区の聖職者すべてと定期的に連絡を取り合うことになる。

　ベルゴリオは枢機卿の右腕となり、その代役を務め、多くの演説、説教の背後で働くことになった。クアラチーノは一九九六年までアルゼンチン司教協議会の議長を務め、公にはアルゼンチンのカトリック教会の顔であったが、ますます司教総代理の助言と勤勉さに依存するようになっていった。しかし、ベルゴリオはクアラチーノ自身が引き起こす問題からいつでも彼を救い出すことができたわけではない。クアラチーノ枢機卿はユダヤ教との対話の先駆的存在であり、多くの点で革新的ではあったが、本能的に同性愛者を嫌っており、一九九四年に定期的に出演していたテレビ番組の生放送で、「社会の汚れ」を避けられるように、同性愛者は独自のメディアと法をもつ「大きな区域」の中で暮らすようにすべきだという提案をしてしまった。この発言は彼の任期中の一連の発言の中で最もひどいもので、訴訟を起こされる危険があったため、弁護士の特別チームを編成して彼を守る必要があった。ベルゴリオはそれを恐れ、大司教となった後、その償いを試みることになる。[7]

ベルゴリオはクアラチーノがメネム大統領と親密であったことと、教会を政府の庇護のネットワークの中に吸収させようとしていたことも嫌っていた。クアラチーノが一九九六年に司教協議会議長の座から身を引いたとき、ベルゴリオは後継者のパラナ大司教エスタニスラオ・カルリックが教会と政府の間にはっきりとした隔たりをつくろうとしたことを支持した。ベルゴリオはそこに直に接していて、その関係が腐敗していきやすいものであることに気づいていた。何百万ペソ（当時は米ドルと等価）もの資金が忠誠と引きかえに教会の計画に供給され、そのうちの多くは途中で流用されていた。

この頃、二人の官僚が「熱心なカトリック信徒だ」と言って、フローレス地区のベルゴリオのところへやってきて、スラム街での教会の計画に公的資金を用いることを提案してきた。ベルゴリオは不審に思い、四〇万ペソの資金があることを認めさせると、受け取るときには半分を渡し、残りを手許に残すという合意書への署名を求められた。そっけなく拒絶するのではなく、いくらか手付け金を教区本部の銀行口座に入金させ、その受領書にサインをするともちかけると、その時点で男たちは姿を消したという。しかし、彼が後に語ったように、こうした者たちがそういう計画をもってきたという事実は「教会の誰かが以前そのような活動に手を染めていた」ということを意味していた。[8]

司教がちょっとした贈り物を受け取り、仲間を優遇し、段々と富裕層の利害を優先させるようになっていくのはあまりに容易なことだった。そして、そこから霊的世俗性へとすべり落ちていく。ベルゴリオは聖イグナチオの〈アジェレ・コントラ〉という手法を用いることで、この脅威に対処した。イエズス会の創始者は「誘惑に直面したときには逆の方向へ進むために倍の努力をしなければならない」と言っている。つまり、強欲と戦うには断食をし、祈りへの関心の喪失と戦うには祈りの時間を倍にせよというのである。この時のベルゴリオの場合で言えば、若者や貧しい人びととより多くの時間を過ごし、夕食会への招待や無料でもらえる物をすべて断り、聖イグナチオ教会で売春婦たちのためにミサを行い、土曜日にはスラムで過ごすことであった。教皇となった後、『福音の喜び』の中で言っているように、貧しい人びとを優先するということは聖書の中で常に言われている明確な命令であり、「異教の自己中心的な快楽主義という主流の文化に対する預言者のような抵抗運動」を創造した初期の教会が命じていることであった。

彼は政治的にも貧しい人びとの側に立ち、一九九六年一月にスラム司祭のチームがハンガーストライキを行ったときには彼らを支援した。大きな新しい高速道路の建設再開で、それが第三一地区の上を通り、その出口のひとつのためにはスラム街の数ブロックを取り壊す必要があったことから抗議運動が起こった。選挙が近く、再選を狙う市長のホルヘ・ドミンゲスは「一〇〇日間での一〇〇の公共事業」という公約を掲げて選挙戦を展開していた。そのひとつが「アルトゥーロ・イリア高速道路建設」だったのである。予定していた住民との補償合意に失敗すると、メネム大統領の忠実な同盟者であるドミンゲスは警察とブルドーザーの出動を命じたが、その行く手にはスラム司祭の全チームがカメラとマイクを手に押し合いながら群がるリポーターの一群と共に並んでいたのだった。

一〇人のスラム司祭はその劇的な十四日の間、ブエノスアイレスの夏の息の詰まるような湿った熱気の中でテントに横たわり、液体しか口にしなかった。報道は激しさを増していき、新聞記者は毎日やって来て、司祭が救急車で連れて行かれる最初の瞬間を捉えようと待ち構えていた。激怒したメネム大統領は司祭たちを一九七〇年代前半の社会主義支持の聖職者たちの運動に重ねて、「この、第三世界司祭運動派《テルセルムンディスタス》め」とわめき散らした。

　この攻撃的姿勢は大統領が現状に疎いことを示していた。時代は変わっており、スラム司祭も変わっていることに気づいていなかったのである。それはもはや階級構造に対抗する「貧しい者たちの教会」を打ち出す社会主義者ではなかった。その若い司祭たちは政治的にはどの陣営にも属さず、貧しい人びとに代わって現状の維持を求めていたのである。ベルゴリオはその推移を側面から支援していた。論争の始まりから、彼は司祭たちとしっかりと連絡をとっており、定期的に地区を訪れ、彼らの健康状態をチェックし、何が必要かを調べていた。決定的だったのは、その時まで体調が悪かったクアラチーノを説得し、司祭たちへの支持を表すために公の場に登場させたことだった。それによって、司祭たちを反体制派と決めつける政府の戦略は失敗したのである。舞台裏ではベルゴリオが取引をまとめており、当局が高速道路の出口を別のところにすることにテレビで同意すると、司祭たちはストライキの中止を宣言した。

　この出来事の象徴性はさらに大きなものだった。第三一地区はレティーロ駅に近く、ムヒカ神父の地盤であったからだ。一九七四年に「トリプルA」によって撃ち殺されたムヒカ神父はアルゼンチン教会のチェ・ゲバラであり、彼の写真はスラムのあちこちに貼られている。彼の殉教者としての死と貧しい人びとへの愛が彼を強力な象徴的存在にしていた。マルクス主義とゲリラが死に絶えたことによって、今やベルゴリオが彼に対して敬意を表することは安全で、正しいことになっていた。一九九九年十月、大司教になっていたベルゴリオはムヒカの遺体をラ・レコレータの貴族墓地から彼がかつて仕えた「労働者キリスト」の小教区にある聖堂に移して再葬するというスラム司祭《クラス・ビジェロス》のチームによる提案に同意した。その聖堂はその時には新しい高速道路の下になっていた。ベルゴリオはバチカンの許可などの事務手続きの一切を引き受け、ミサを執り行い、「カルロス（ムヒカ）神父暗殺の実行犯のため、また殺人をイデオロギー的に正当化した者たちのため、そして、沈黙の共犯者であった社会の大半と教会のために」祈った。そして、「説教と行動によってキリスト教徒として貧しい人びとに関わったことを讃える」と記されたムヒカ神父の記念銘の除幕をした。

予想されたことだったが、すでに聖職を離れていた元スラム司祭《クラス・ビジェロス》を含む左派の中には、これをムヒカを取り込もうとする教会の皮相的な試みと見る者たちも当然いた。しかし、スラム司祭自体は深く感銘を受けていた。ベルゴリオの貧しい人びとの優先は現実のことであり、言葉だけでなく、行動によっても評価されるものであった。それは少なからず、彼が人びとと共にあるためにスラムを何度も訪れ、司祭たちを支援したことに示されていた。

今やその評判はブエノスアイレスの聖職者たちの間に広まっていった。後に神学上の協力者となるカルロス・ガジ神父は一九九一年、マクシモ神学院での司牧神学の教師としてベルゴリオの後任に就いた。ヨリオらのグループと交友関係があり、特にイエズス会士に聞かせる者があったので、ベルゴリオについての悪い話には事欠かなかったが、若いイエズス会士たちが彼について全く異なる話をしていることにも気づいていた。それは当時彼が聞いていたことと同じであった。ベルゴリオが変わったということではなかった。彼がフローレス地区でしていることは、かつてマクシモ神学院周辺でしていたこととほとんど同じであり、若者を動員して貧しい人びとを中心にした司牧をしていた。しかし、貧しい人びとを優先するという選択はもはやマルクス主義と同一視されてはおらず、ベルゴリオの貧しい人の優先は貧困地区と伝統的な聖域の両方で焦点となっていく可能性が以前よりも大きくなっていた。ガジは以下のように当時を振り返っている。

彼（ベルゴリオ）についての論争に関わっていなかった人たちから聞く話では、彼はすばらしい牧者であり、人びとの方を向いた司祭であり、神父であるということだった。そして、私は考え始めた。私が何人かのイエズス会士から聞かされていたベルゴリオとそれが同じ人物であるなどということがあり得るだろうか。あの時、ブエノスアイレスのすべての人が彼の計り知れない司牧的な慈愛を見出しつつあったのだと私は思う。私はいたるところで話を耳にするようになった。ある修道女の母親が亡くなったとき、彼は通夜に突然現れ、そこでミサを行うのではなく、ただそこに座ってロザリオの祈りを唱えたという。地区の司祭が代役が見つからずに困っていると、夏の間じゅう彼が代理を務めたという。また、私には司祭職を離れた従兄弟がいるのだが、司祭職を去るという識別の際に彼に助けられ、ローマでの手続きを早め、ある学校で職を得させ、三年分の家賃にあたる金を与えてくれたという。このような彼の計り知れない司牧的な慈愛についての話はたくさんあるのだが、この先もそうした話を彼の口から聞くことはないだろう。

この頃、ベルゴリオは「結び目を解く聖母マリア」の祈りのカードを配り、問題を抱えて会いに来る人すべてにその執り成しを提案していた。そんな人たちの中に一九九〇年代にサルバドール大学の管理部門で働いていたアナ・マリア・ベタ・デ・ベルティがいた。この絵と恋に落ちた彼女はそれを油絵で摸写をして大学の聖堂に掛けた。ドイツの「マリア・クノーテンリューゼリン」は今やアルゼンチンの移民となり、移民として「マリア・デサタヌードス」というクレオール名がつけられた。人びとはその絵を見せてほしいと言って、大学を訪れるようになり、その絵の祈りのカードをもち帰った。そして、彼女の授けた恩寵の物語、ちょっとした癒しや和解といった奇跡の話が語られるようになった。

ロドルフォ・アロジョ神父は教区司祭になってすぐ、この絵の三人の帰依者から小教区に絵の写しを掛けてよいか尋ねられた。アグロノミア地区のサン・ホセ・デル・タラル教会の後ろの壁には何も掛けられていない大きなスペースがあり、神父には許可しない理由はなかったのだが、聖画について何も知らなかったので、大司教と相談してみると言っておいた。クアラチーノはアロジョに自分はアルゼンチンの国民聖堂であるルーハン聖堂の聖母マリアの帰依者であると言い、「デサタヌードスはベルゴリオのものだ。彼と相談なさい」と答えた。しかし、アロジョがベルゴリオに電話すると、答えはこうだった。

「おいおい、私を巻き込んじゃだめだよ。私はただ祈りのカードをもってきただけだ。でも、クアラチーノ司教がいいと言ったのなら、やるといいでしょう。あれは美しい絵ですよ」

枢機卿から許可を得たアロジョ神父は聖画を掛けるための儀式について研究を始めた。一九九六年十二月八日、無原罪の祭日にその絵を正式に掛けることにしたが、その日が来たとき、アロジョ神父は衝撃を受けた。その日、五〇〇〇人もの人びとがその絵を拝みにやって来たのだ。いつもは静かなアグロノミア地区の通りに長々とした列ができた。しかし、それは始まりに過ぎなかった。その後、毎月八日には一万人、毎年十二月八日には何万という人が押し寄せるのをアロジョ神父は目の当たりにすることになる。十二月八日に訪れた人の数は一九九八年には七万、二〇一一年には十一万に達した。ほぼすべての人が祈りのカードを受け取ったので、訪問者の数を数えるのは簡単だった。

二〇一二年、すでに枢機卿となっていたベルゴリオはサン・ホセ・デル・タラル教会で十二月八日のミサを執り行った。彼は大群衆に向けて、聖母マリアの恵みは原罪ゆえの結び目を解いてくださると話しかけた。

「個人としての暮らし、あるいは家庭生活の中にある結び目、近隣や職場での結び目、すべての結び目は罪によるもので、それが信仰を弱め、神の恵みが人生という絹糸を通してスムーズに流れ込んでこなくなるようになってしまいます」

こう説明してから、さらに続けた。

「マリア様の優しい手がその結び目をひとつひとつ解いてくださる。天使たちはその糸が解かれたことを見せてくれます。それは『祈りは聞き届けられます。信頼して祈っていいのだ』と私たちに語りかけてくるかのようです」[9]

＊＊＊＊

「私はこの町の生まれですし、ブエノスアイレスの外では役に立たちません」

補佐司教は通常、何年かすると司教区を移動することになっているが、ベルゴリオはクアラチーノ枢機卿に、できれば首都で補佐司教として残れないかと申し出たという。

一九九六年初頭の司祭たちのハンガーストライキのときあたりから、クアラチーノは心臓の血管に問題が生じていた。その年七月の聖体祭は車椅子に座って司式をしていた。こうした健康状態から、翌年、七五歳になり、辞任を申し出れば受け入れられるであろうことは彼にはわかっていた。クアラチーノはベルゴリオを継承権のある協働大司教に任命することを密かに計画していた。そうすれば、自分が死ぬか、身を引いたときにはベルゴリオがローマからの形式上の指名を必要とせずにブエノスアイレス大司教になる。ローマからの指名を経れば、アルゼンチン政府の妨害が入る可能性があった。

クアラチーノの計画はメネム大統領の有力な側近エステバン・〝カチョ〟・カセッリからの強力な反対に直面することになる。彼はバチカンの上層部と密な繋がりをもつことから〝司教〟とも呼ばれていた。バチカンとメネムの間を繋いでいたのがカセッリであり、ローマは政治的影響力と引き換えにアルゼンチンからの財政的、政治的支援を得ていた。教会側の不快の原因は主に一九九〇年代半ばにアルゼンチンの司教たちがローマを訪問した際、カセッリがバチカンを説得して、司教たちへのスピーチでアルゼンチンの社会状況に対する教皇ヨハネ・パウロ二世の批判を和らげさせたことであった。

カセッリは特に二人の人物と結びついていた。ひとりは全権を有するバチカンの国務長官アンジェロ・ソダーノで、時に〝副教皇〟と呼ばれることもある人物である。もうひとりは二〇〇〇年からソダーノの代理も務めていたアルゼンチン人の外交官レオナルド・サンドリ大司教であった。サンドリとカセッリはマルタ騎士団騎士修道会の会員であることを含め、多くの結びつきにおいて、補佐司教エクトル・アグエルと結びついていた。彼らがクアラチーノの後継と考えていたのはそのアグエルであった。

ベルゴリオに継承させようとするクアラチーノの案はこの強力な結びつきに直面することになった。ベルゴリオを協働大司教に指名するためにバチカン司教省の説得に向かったクアラチーノ枢機卿はローマへ飛ぶと、自分が妨害を受けていることに気づいた。それは大きな結び目であった。しかし、もう一度ローマに行った時、クアラチーノは教皇に直接当たってみることにした。教皇は自分に好意をもっており、教会が政治権力と結びつくことを嫌悪している。一説によると、クアラチーノは教皇の署名をもらうべく任命の文書を書き、アルゼンチン駐バチカン大使フランシスコ・ハビエル・トルッソにその手紙を次の謁見のときにヨハネ・パウロ二世に渡すように頼んだのだという。トルッソが教皇に手紙を渡すと、教皇はその場でそれに署名して大使に返し、それがクアラチーノに回送された[10]。

ヨハネ・パウロ二世がなぜ同意したのか、その理由ははっきりしない。しかし、理に適っているように思われる仮説はある。クアラチーノはその時までに、アルゼンチンの教会が自分ゆえにメネム大統領とその取り巻きとあまりに近く結びついてしまっていることに気づいていた。そして、早晩、汚職が発覚し、教会も世間の注目を浴びることになる。そこでクアラチーノは禁欲的なベルゴリオへの継承によって教会のゴミをきれいに取り除き、それを軌道に乗せる絶好の機会となると教皇を説得していたはずだというのである。

指名のニュースは再び、いたずら好きなアルゼンチン教皇使節ウバルド・カラブレイジによってベルゴリオに伝えられた。一九九七年五月十七日の朝、カラブレイジはベルゴリオに電話して、昼食に誘った。食事が終わって、あとはコーヒーという段になったとき、ウェイターが突然ケーキとスパークリング・ワインを手に現れる。ベルゴリオは教皇使節に「今日、誕生日ですか」と尋ねると、カラブレイジは「いいや」と答えて、笑みを見せた。

「君がブエノスアイレスの新しい協働大司教に決まったお祝いだよ」

六月に指名が公表されると、再び驚きが起こった。六〇歳のベルゴリオに公的なイメージがほとんどなかったからである。この時、教会の一番の顔は司教協議会議長のカルリック大司教であったし、メディアになじみがある他の司教がクアラチーノの後継者として宣伝されていた。ラ・ナシオン紙はベルゴリオの抜擢を「クアラチーノ枢機卿が自身の健康問題から司牧上の義務を和らげられるよう教皇へ直接の要請したことへの応え」と報じた。

ジャーナリストが綴る記事の多くはベルゴリオが目立たないでいたことと高位の職に就いたことの間にあるギャップを扱ったものであった。ラ・ナシオン紙の宗教関係のベテラン解説者バルトロメ・デ・ベディアは「ベルゴリオ大司教は語らないことによって、熱心に目立たないままのイメージを保とうとしている」とし、「ジャーナリストの注意を引かないことに全力を注ぎ、大司教区に着任してから培ってきた低姿勢を維持しつづけるだろう」と付け加えた。人物像に関することでは、聖職者たちの間で享受してきた「よき指導者」として高い評価のことが取り上げられた。聖職者たちは彼のことを接しやすく、よく話を聞いてくれて、知的であり、また祈りに満ちていると表現し、口数は少ないが、非常に明快で謙虚な人物と評価していた。「若い聖職者たちの間では一番愛されている補佐司教」とデ・ベディアは記している。[11] その他では、主要な日刊紙クラリンの宗教記者セルヒオ・ルービンがこの人事について、神学上の正統主義、社会的な関心、地元政権との距離というヨハネ・パウロ二世の優先事項を確認させるものと見て、「控え目で愛想のよいイエズス会士であり、メネム派が求める権力の回廊に引き込まれるかという点では、そこからは非常にかけ離れた人物」と評した。[12]

教会を取り込もうとしていたメネム－カセッリの戦略にとって、ベルゴリオの登用はカルリック大司教の配下にある司教協議会から吹き始めた冷風に続く大きな妨げであった。一九九〇年代前半にアルゼンチンは世界の金融市場の寵児であったが、今や慢性的な汚職事件によって叩かれ、支出がコントロールできず、一〇年の間に負債は六七〇億ドルから一二七〇億ドルにまで急増していた。司教協議会は貧困の拡大、失業、著しい社会的な不平等に政府が取り組んでいないということだけでなく、政府と司法が分離されていないことでメネム派の富豪たちを見逃すという恥ずべき状態が生み出されてきたという非難を展開していた。主要な司教たちの支持を失ったことで、政府はバチカンを自分たちの側に保つ努力を倍増させるという戦法に出る。ベルゴリオの指名が公表されてからほどなくして、メネムのバチカンとのパイプ役であるカセッリが教皇庁の大使としてトルッソにとって代わったのである。

クアラチーノは規則においては司教区の責任者のままであったが、協働大司教が指名されたということは、その任務が次々に引き継がれていくようになるということであった。一九九七年八月、ベルゴリオはリニエルス地区にあるパンと仕事の守護聖人、聖カエタノ聖堂までの六〇万人という大規模な行列の先頭に初めて立った。この歴史的な規模の参加者数は急上昇する失業率と家計の逼迫した何百万もの労働者たちの痛みを反映していた。このような大勢の群衆の前で初めて行った説教で、大司教ベルゴリオは「仕事は食物のように分け合わなければならない」と声を上げげた。

「すべての人が何かしらの仕事をもつべきなのです。仕事は神聖なものです。仕事をすることで私たちは形づくられていきます。仕事が教え、教育してくれるのです。仕事は文化です。神が私たちにパンという賜物と人生という賜物を与えてくれているのですから、仕事を通してお金を稼ぐという賜物が奪われていいはずはありません」[13]

その月の後半にはパラグアイの人びとが崇拝するカアクペの聖母マリア像の入来を歓迎して大聖堂で大きなミサを執り行った。このマリア像はその召命の危機の時にベルゴリオが救いの手を差し延べた若きカリスマ的司祭ペペ・ディ・パオラ神父によってブエノスアイレスにもたらされた。ベルゴリオはこの年、ペペ神父を最も貧しく、最も暴力が蔓延するスラムのひとつである第二一地区に責任者として送り込んだ。そこに住む四万五〇〇〇人の居住者のうち半数以上がパラグアイからの移民であり、地区は麻薬マフィアに牛耳られていた。

パラグアイからマリア像をもってくることはペペ神父の発案であった。ミサの後、何千もの人が大聖堂に押し寄せ、マリア像をスラム街へと連れて行った。

「私たちはマリア様とともに歩いて町に戻りました。ベルゴリオ神父は私たちの後ろを祈りながら歩いてくださいました」

ペペ神父はその日のことをそう振り返る。それは第二一地区の住人たちがその後十五年以上にわたって親しく目にすることになる光景であった。ベルゴリオはしばしばその地区を訪れた。二〇〇八年にペペ神父を支援するために派遣されたファン・イサスメンディ神父は少なくとも地区住民の半分にあたる二万五〇〇〇人が彼と直接会い、いっしょに写真を撮ったのではないかと推計している。それはこのひとつの地区だけでの数である。ベルゴリオはいつでも路線バスでやって来た。五月広場からは二つ乗り継がなければならない。大きな祝祭には必ずそこを訪れ、自ら堅信式を執り行った。それが丸一日かかることもあった。イサスメンディ神父は言う。

「ここは大司教にとって教会を率いていくのに必要な酸素を胸一杯に吸い込みに来る場所だったのです」[14]

＊＊＊＊

一九九〇年代の中盤から後半にかけて、ベルゴリオは一九七〇年代後半に初めて会った知の精神的支柱、アルベルト・メトール・フェレと密に交流していた。メトール・フェレはウルグアイの知識人でカトリックの一般信徒であり、「ラテンアメリカ・カリブ司教協議会」の神学委員会で活動し、プエブラ文書に大きな影響を与えていた。

メトール・フェレはおそらく、二〇世紀後半において最も重要な生粋のラテンアメリカのカトリック知識人であった。作家、歴史家、ジャーナリスト、神学者であり、また自身を「神学校や大学で学ばなかった野生のトマス主義者」と呼んだ独学者である彼は、モンテビデオの港湾管理事務所で働いているときにG・K・チェスタートンの著述によってカトリック信仰に転向した。エティエンヌ・ジルソンとペロンの支持者であり、その情熱は教会とラテンアメリカ大陸の統合という二つのことに向けられていた。その二つが一九七二年から一九九二年の二〇年の間、ラテンアメリカ・カリブ司教協議会での仕事に結びついていた。ベルゴリオと仲間であったのは当然とも言える。二人はともにペロン主義における国と民衆の伝統を信じ、メデジン文書に胸を熱くしたが、それに続くマルクス主義とは対立し、南米大陸の団結には深くコミットしていた。二〇〇九年、メトール・フェレが死去したとき、ベルゴリオは彼のことを「愛しい友人」と呼び、「教会の良心のため、ラテンアメリカのために多くのよいことをした偉大な人」と呼んだ。

ベルゴリオはフェレの著作には精通していたが、イエズス会の管区長であった一九七八年にサルバドール大学の学長フランシスコ・ピニョンが計画したマクシモ神学院での昼食会で会うまで直接に会ったことはなかった。その昼食での会談はラテンアメリカ教会の歴史的な瞬間であり、それがプエブラ文書において重要な部分を担った文化の役割だったのだとピニョンは振り返る。メトール・フェレとヘラを中心とするカトリックの知識人グループは、南米諸国によって特徴づけられる地球規模の未来の中で、ラテンアメリカの教会がラテンアメリカに共通する運命――〈大いなる祖国《ラ・パトリア・グランデ》〉――の触媒になると見ていた。北大西洋諸国での経済成長モデルもキューバ式の社会主義もうまくいかなくなった後、今こそ「神の民」の出番であると彼らは確信していた。一九八〇年代、メトール・フェレの雑誌『ネクソ』(「きずな」の意)はそうした考えの源泉であった。ベルゴリオはその雑誌の熱心な読者であり、その洞察を深く胸に刻みつけていた。

メトール・フェレはキリスト教史を振り返り、どの時代でも世界のある一部の地域の教会が「源泉」となり、他の地域の教会はそれを反映させてきたと見ている。アレキサンドリアとシリアは最初のキリスト教時代の教会の源泉であったし、十六世紀のトリエント公会議のときのスペインとイタリア、第二バチカン公会議のフランスとドイツがそれにあたる。ラテンアメリカの教会は植民地時代、初期国家の時代を通して「反映させる」側であったが、ピウス十二世がラテンアメリカ全体をまとめて統合するという使命をもった地域的教会組織「ラテンアメリカ・カリブ司教協議会」の創設を促進した一九五〇年代に「源泉」となる方向に動き始めた。ラテンアメリカ・カリブ司教協議会は現代の教会において初めてそれぞれの国が平等の権限を有する大陸規模での組織であった。そこではラテンアメリカのカトリック信仰の特殊性を表明することができ、それ自身の司牧方針を決定することもできた。メトール・フェレはラテンアメリカ・カリブ司教協議会の一九六八年のメデジン総会において生み出された特有の神学がひとつの「源泉」としての教会を特徴づけると考えていた。マルクス主義はそこからの逸脱であったが、一九七九年のプエブラ総会がそれを救出した。

しかし、その後、その自信は消え去ってしまった。低調の原因は一九八〇年代における解放の神学の終焉のせいもあったが、ヨハネ・パウロ二世が集権的な教皇政治を行ったことが大きかった。教皇の関心はなによりも一九七〇年代の弱体化を招いた教会の分裂を終わらせ、教会を結びつけることであった。それは世界を歴訪して世界という舞台で教皇の存在を示し、教化の巨大な組織、教会に対するバチカンの力を急激に強めるという権威主義的なスタイルを取るということだけでなく、司教協議会などの協働関係において表明されることが増えるのに歯止めをかけるということでもあった。これはラテンアメリカにおいては教皇の中央集権的な見方を支持し、ラテンアメリカ・カリブ司教協議会に楔を打ち込むような一団の保守派司教を司教協議会の重要なポストにつけるということを意味していた。特に三人の司教がそうしたものと目されていた。そのうちの二人はコロンビア人で、ひとりはヨハネ・パウロ二世によって一九八三年に非常に若くして枢機卿となったアルフォンソ・ロペス・トルヒージョ、もうひとりがクアラチーノの後にラテンアメリカ・カリブ司教協議会の議長となったダリオ・カストリジョン・オヨスであった。三人目はチリ人のバルパライソ大司教ホルヘ・メディナ・エステベスである。この保守派三人組がラテンアメリカにおけるヨハネ・パウロ二世の中央権力の執行者であった。

ラテンアメリカ・カリブ司教協議会は協働組織のシンボルとなった。それが最も大きく最も古い司教協議会であったからではなく、そこでは意識的に神学上の考え、集権主義者にとっては異端的な考えである「ラテンアメリカの教導権」についてさえ話し合われていたからである。緊張が頂点に達したのは一九九二年、バチカンがラテンアメリカ・カリブ司教協議会の第四回総会をドミニカ共和国の首都サントドミンゴで開催したときだった。ローマ側は司教協議会の作成した作業文書を拒否し、ヨハネ・パウロ二世の言葉を多く引用したテクストと入れ替えた。その後、司教協議会が二〇人の神学者をアドバイザーに任命すると、そのうちの十八人がローマによって解任され、バチカン側の候補に交代させられた。教皇の権力を臆面もなく誇示したヨハネ・パウロ二世は会議の開会を宣言しただけでなく、国務長官アンジェロ・ソダーノを送り込むまでの三日間、滞在した。ピノチェト将軍の時代に教皇使節として仕えたソダーノはメディナ・エステベス司教に補佐されて会議の舵をとった。メキシコの保守的な修道会「キリスト軍団」が会議場に事務所を設置して、ローマ直通の連絡回線を確保し、ソダーノがいつでもヨハネ・パウロ二世に情報を送れるようにしていた。ラテンアメリカの教会の集会はこのようにローマによって細かく管理され、司教協議会が表明したことはすべて反対されたのだった。

　総会の終わりに向けて、司教協議会側は反撃に出る。バチカン側が最終宣言を起草する五人のメンバーを任命した後、協議会側の司教たちは六人目のメンバーとしてブラジルの司教協議会議長ルチアーノ・メンデス・デ・アルメイダを送り込むことに成功した。会議が終わりに近づいたので、協議会側の司教たちはメンデス大司教を通してローマの草案に対抗しようとしたが、ことごとくソダーノによって妨害された。最終的にメンデスは協議会の司教たちとともに、徹夜で対案を起草した。これはラテンアメリカの司教たちがプエブラとメデジンで取った防御法であった。そして、翌日、メンデスはまっすぐマイクに向かい、その草案を読み上げた。

「ソダーノは何もすることができなかった。万雷の拍手喝采の中、彼はただ力なくそこに座っているだけだった。終わり間際に何とか聖霊が勝利を収めたといったところだった」

　当時ラテンアメリカ・カリブ司教協議会で活躍していたある司教はそう会議を振り返った。今では彼はフランシスコ教皇の下で重要な役割を担う枢機卿となっている。[15]

その地元の教会によって救出された最終宣言にはクアラチーノ、メトール・フェレ、ベルゴリオにとって重要な〈大いなる祖国〉、ラテンアメリカの統合を促進し、その努力を支援しよう」という呼びかけが含まれていた。しかし、総じてサントドミンゴはくすぶった花火であった。事前会議での争いとローマの干渉が参加意識を弱め、得られた成果には乏しかった。多くの歳月が流れた後、メトール・フェレはこの時のことを振り返り、「ベルリンの壁が倒壊してからまだ三年しか経っておらず、もはや二極対立はなく、『新自由主義』――メトールは束縛のない自由市場に対する信頼の意味でこの語を用いる――が誇らしげに見えた世界に対して必要とされていた観点が会議には欠如していたのだ」と指摘した。[16]

この会議の後、メトール・フェレはラテンアメリカ・カリブ司教協議会を去り、モンテビデオへ戻った。そこから彼はラプラタ川を渡ってブエノスアイレスにいるベルゴリオを定期的に訪れるようになった。彼らは世界の状況やその中でのラテンアメリカの位置について議論し、解放の神学の退潮と新自由主義の興隆が貧しい人びとへの教会の関与を損なうのではないかと懸念していた。メトール・フェレはその関与を邪魔するのは今や相対主義と消費至上主義であり、ラテンアメリカの教会が貧しい人びとの優先を取り戻す必要があると確信し、真の団結には犠牲が必要だと主張していた。

一九九八年一月、ベルゴリオはクアラチーノが体調不良であったため、ヨハネ・パウロ二世の歴史的なキューバ訪問にラテンアメリカ教会の使節として同行することを求められた。訪問は準備されてはキャンセルされ、教皇庁とハバナのキューバ政府は長いこと互いの回りをぐるぐる回り続けていた。教皇は民主主義と自由について話すことを望み、長い間耐えているキューバの教会を元気づけたかった。依然として腹黒い宣伝術が巧みなフィデル・カストロはその訪問を好ましい評判を得るちょっとした機会と見て、四〇年続く禁輸措置の解除に向けたアメリカへの圧力になると考えていた。バチカンは禁輸措置には古くから反対を表明していた。この訪問がメディアを引きつける力は凄まじいものであった。それぞれ地球規模の信条を象徴する二人のベテラン俳優が二、三日の間、同じ舞台を踏むのだ。

ヨハネ・パウロ二世は社会主義体制の面目を失わせることなく訪問を成功裡に終わらせることができた。教皇はキューバ人にキリスト教と民主主義というルーツにキューバが戻る新しい革命への展望を抱かせ、二度と味わうことはないと思われていた自由を経験させた。表向きには弁証法的な敵対と衝突の言説をくり返した歳月の後、キューバの人びとは新しい言葉、平和、自由、連帯、和解という新しい言語を聞き、真の自己を思い出させる長い間失われていた調べを耳にしたのである。[17]

ベルゴリオ大司教は滞在ビザも取り、使節団の公式なリストにもその名は記されていたが、間際になって渡航をキャンセルした。おそらく、クアラシーノの容態が悪くなっていたためと考えられる。しかし、この年の後半に、このヨハネ・パウロ二世のキューバ訪問について小さな本を書いている。教皇とカストロの演説がその半分を占めるが、残りの半分には彼の考えが記されている。その『ヨハネ・パウロ二世とフィデル・カストロの対話』の主たる関心は、キューバの民衆《プエブロ》の魂は自分たちとは異質なマルクス主義と新自由主義を拒否する決然とした独立の道をいかにして舵をとってきたのかということにあった。その魂はラテンアメリカ全体に繋がるものであった。

キューバの体制は社会主義の「人類学的なエラー」、観光客がもたらすドル経済の富とともに居座る欠乏状態と並んで、全体主義国家における信教の自由、政治的自由の制限ゆえに重大な批判を受けている。それはキューバの司教たちが表明するのと非常に似た批判である。政治犯の強制移動と拘禁は言うまでもなく、妊娠中絶と離婚が非常に高い率で行われているために家族が解体してしまっていること、アルコール中毒と乱雑さなど、世代から世代へと価値観と美徳を受け継いできた民衆の文化を共産主義がいかに破壊してしまったかを知って、ベルゴリオは特に打ちのめされた。

しかし、この本は新自由主義にも強く反対している。教会は生産性を大きくする資本の蓄積――ベルゴリオはそれを「純粋な経済システムとしての資本主義」と呼んだ――に異議はないが、「資本主義が人びとを抑圧し、従わせるために資本を利用し、労働者の人間としての尊厳と経済の社会における目的を無視し、社会正義と公共の利益の価値を歪めていること、そして、その資本主義を駆りたてる精神」については問題視しているとベルゴリオは指摘した。さらに、新自由主義は宗教的な価値観を尊重してはいるが、それは個人の領域に限った場合の話であり、「新自由主義の指針を受け入れられる者などいないし、それをキリスト教的なものだと考えている者などいない」と述べている。キリスト教的な考えの中心には連帯がある。それは神が豊かに与え給うものをいかに共にするかという考え方である。新自由主義はその対極にある。それは「不要な人を冷たく傍に追いやり、失業を生み出し」、人間の中身をすべて経済成長のために明け渡させ、「数を増すことだけをいつでも気にかけ」、「平等と社会正義の価値を遠ざけることで民主主義の価値を損なう」ものである[18]。

＊＊＊＊

この訪問直後の一月二五日、ベルゴリオの許にエドゥアルド・ピロニオ枢機卿の訃報が届いた。何か月かの骨肉腫との闘病生活の末の死であった。ピロニオの遺骸はローマからブエノスアイレスに運ばれ、自身も闘病中のクアラチーノ枢機卿の司式による厳粛な葬儀には四〇人の司教、ほぼ一五〇人におよぶ司祭が参列し、数千もの人が弔意を表した。ピロニオはパウロ六世とヨハネ・パウロ二世に近く仕えたアルゼンチンで最も知られた聖職者で、一九七八年のコンクラーベでは教皇候補のひとりにも数えられた。しかし、彼の最も大きな功績は一九六八年のメデジンにおけるラテンアメリカ・カリブ司教協議会の総会においてラテンアメリカの教会に声を上げさせたことであった。ラテンアメリカの教会がプエブラ以来、その声を失ってきたことを痛切に象徴することがピロニオの葬儀の直後にあった。ヨハネ・パウロ二世が任命した二〇人の新しい枢機卿のうち、ラテンアメリカ出身者はたったの四人で、そのうちの二人がサントドミンゴでのローマの介入の陣頭指揮をとったメディナ・エステベスとカストリジョン・オヨスであったことである。

その数日後、アルゼンチンはもうひとりの枢機卿も失った。腸閉塞のため、人工呼吸器をつけての闘病生活を送った後、クアラチーノ枢機卿は二月二八日に死去した。友人であるメネム大統領は国が彼に敬意を表すことができるように遺体を大聖堂ではなく、大統領官邸のカサ・ロサーダに安置することをベルゴリオに求めたが、ベルゴリオはそれを認めず、通夜は大聖堂で行われた。カセッリは激怒し、葬儀でのメネムの弔辞を拒否したため、ベルゴリオだけが弔辞を述べることになった。

ベルゴリオは三日間、静かに黙想の時を過ごし、今自らの目前に始まろうとしていることに備えた。葬儀にはアルゼンチンの宗教界、政界の中心人物たちをはじめ、三〇〇〇人の会衆が大聖堂いっぱいに詰めかけた。弔辞では、クアラチーノのぶっきらぼうな人物像の裏に寛大な心があったと見ていた人は少ないが、神の忠実な民はそれを知っていたと述べ、最上の敬意をもって、真の牧者であったと言葉を贈った。

ベルゴリオは今やブエノスアイレスの大司教となった。しかし、その事実を示すものはほとんどなかった。就任式やレセプションなどの儀式は一切拒否し、インタビューも受けなかった。新しい祭服さえ望まず、クアラチーノが着ていた紫の縁取りがある黒いチュニックを自分のサイズに合わせて直すよう(クアラチーノは大柄であった)本部で炊事をする修道女たちに頼んだという。最初の公式行事は三月十八日に大統領官邸の白の間でメネム大統領が開いた教皇使節ウバルド・カラブレイジの司祭叙階五〇周年の祝賀会であった。ベルゴリオは簡素な聖職者のスーツを着て、気さくな雰囲気のただ中に幽霊のように立っていた。高官たちの多くは彼が何者であるか全くわからなかったという。

この新しい使命を受けるにあたって、ベルゴリオは自身のライフスタイルをできるだけ変えないようにしていた。大司教公邸は町の中心から二四キロほどの緑の多い郊外の地オリボスにあり、大統領公邸に近く、公用リムジンとお抱え運転手つきという封建時代さながらの代物であったが、彼はそこに住むことを辞退し、五月広場の北に面する大聖堂の隣にあり、「宮廷」と呼ばれる近代的な大司教区本部の建物に引っ越した（オリバスの公邸は聖職者のためのホステルとなり、運転手には別の仕事があてがわれた）。

本部の中では優雅でゆったりとした大司教執務室を使うことを拒否し、机と椅子が三つある同じ階の小さな事務室を使うことにした。机の上には聖ヨセフとリジューの聖テレーズと「結び目を解く聖母マリア」の絵を置いた。建物の三階にある小さな部屋を寝室とし、簡潔な木のベッドを置き、祖父母ジョヴァンニとローザの形見である十字架像を枕許に掛けた。附属するスペースに衣服を掛けるための戸棚と本や個人的な書類のための本棚があった。寝室には暖房機があった。冬、職員たちが帰った後や週末には建物全体の暖房を切り、この暖房機のスイッチを入れるのである。

台所ではレンジでマテ茶のための湯を沸かし、パスタを茹でた。ルーハンの聖母マリア像がおかれた聖堂がそばにあり、朝四時半に一日の始まりをそこで過ごす。その日の聖書の箇所を観想し、霊の識別によって決定を下す。朝七時には本部の聖堂（他の時間には二階にある私的聖堂）でミサを行った。朝食をとり、机の上の新聞を八時半まで読んだ後、その日の最初の面会が始まる。昼は本部の修道女たちが準備する軽い昼食を食べ、四五分間の昼寝の時間をとった後、午後の仕事に戻る。時には夕方の早い時間から小教区で過ごしたり、外出することもあった。夜一〇時、ポルテーニョ〔ブエノスアイレス生まれの人びと〕の多くが晩飯を食べている頃にはすでに床に入っていた。

そのうち渉外のために二人の秘書を使うようになったが、自身で日誌をつけ、通常は自分で直接電話をした。たいていの大司教と違って、ベルゴリオは常に付き従う「私設」秘書――たいていは司祭が務める――をもたなかった。町中の移動には公共の交通機関を使うか、徒歩で行くことを常とし、伴は連れず、簡素な司祭のスーツ姿で現れた。

権力をもつということは行動する能力をもつということであり、何かを起こすことができるということである。しかし、それには多くの誘惑が伴う。特に効率という名の神の誘惑は大きく、それに負けると、信徒たちの群れと距離を置き、貧しい人を自分から遠ざけることになるので、牧者にとって致命的なことだった。イエスは死ぬ前の「最後の晩餐」の夜にその誘惑に抗する方法を弟子たちに教えた。ヨハネによる福音書が語るように、イエスはその時、弟子たちの足をきれいにするために、自ら跪き、自らの手で彼らの足を洗ったのである〔ヨハネ福音書十三章〕。

大司教となってから最初の復活祭《イースター》が近づいてきたとき、ベルゴリオは国の感染症治療の中心であるブエノスアイレスのムニス病院付き司祭に電話をかけ、「洗足の聖木曜日」のミサをそこで行うことができるかと尋ねた。

「そこに行きたいんだが、いいだろうかね」

彼はそう尋ねた。その日、大司教が到着すると、アンドレス・テージョ神父は患者十人のうち八人はエイズに感染していると説明した。平均年齢は二八歳、多くは麻薬中毒または売春婦で、性転換をしている人もいた。

「私は大司教様に『福音書には十二人の男の使徒のことが語られていますが、ここには男性と女性、それに女装の男性もいます』と話しました。すると、大司教様は『君が選んだ人の足を私は洗います』とおっしゃいました」

司祭はそう振り返る。
　ミサは非常に感動的だった。誰もが泣いていた。大司教はそこにいたすべての人に聖体を授け、それが終わると「寝たきりで、ここに来ることのできない人たちのためにも聖体を授けましょう」と言われた。
　患者たちは自分たちにキスをし、抱きしめてくれる司教がいることにすっかり圧倒されていた。大司教はいつでも、司祭というのはすべての人の司祭なのだ、秘跡を与えるときには気前のよい基準に従うべきだと力説しておられる。[19]
　この年以降、ベルゴリオは毎年、聖木曜日には刑務所や老人ホーム、病院を訪れ、貧しい人びとの足を洗っている。

＊＊＊＊

　神学者アンリ・ド・リュバクの著書『教会についての黙想』の最終頁に書いてあることがいつも頭から離れないベルゴリオにとって、教会に起こる最悪のことは「霊的世俗性」であった。

「『自分に栄光を帰す者たちよ、人間相互に栄光を与え合う者がどこにあろうか』。これはイエスがファリサイ派に見ていたことです」

　一九九九年、ベルゴリオはド・リュバクが霊的世俗性について「純粋に道徳的な規則の世俗性よりも限りなく壊滅的なもの」と記した部分を引用する前に司祭たちにそう言った。それは宗教における人間中心主義のひとつの形であり、教会を一時的な目的、政治的、個人的な利得のために用いている。教会は人間操作の道具となり、教会が啓示するはずのキリストの顔は隠される[20]。

クアラチーノの死後、ベルゴリオはブエノスアイレスの教会から大統領官邸を通してバチカンに続いている霊的世俗性の精巧なネットワークを暴露した。

クアラチーノは自身の基金への資金を含め、政府から多くの好意を受け入れており、ベルゴリオも同じくすることが期待されていた。その年の六月、ベルゴリオがヨハネ・パウロ二世からパリウム（教皇と主要な司教区の繋がりを象徴する黒い十字の縫い取りがある羊毛製の細い帯）を受け取るためにローマを訪れようとしていたとき、大統領官邸がファーストクラスの航空券を送ってきたが、ベルゴリオはそれを送り返した（この件についてカセッリは「ベルゴリオのことはわからない。助けようとすると、顔に向かって投げ返される」と述べたとされる）。メネム大統領も三選を可能にする憲法変更の大統領提案についてベルゴリオの意見を探るために部下を二人送り込んだときに同じような経験をした。彼らは大司教を見つけ出すことができなかった。大司教はそれについて議論する気がなかったからである。しかし、それは彼の意見を雄弁に語るものと考えられる。

カセッリ―サンドリ―ソダーノのラインはメネム政権に対するアルゼンチン国内の司教たちの批判の冷気をバチカンからの暖気で相殺させるものであった。この三人は密に絡まる利害で結びついていた。メネム政権の実力者カセッリは広く事業関係のことを扱っており、サンドリの甥に国の諜報機関の仕事を与え、ソダーノの兄弟が従事する建設業に便宜を図っていた。立法府選挙を二週間後に控えた一九九七年十月には、ソダーノを通じてメネム大統領とヨハネ・パウロ二世の会談の手筈を整え、一九九八年五月二五日の五月革命記念日にはバチカンの国務長官によるミサを計画し、「アルゼンチンとローマ教皇の変らない友好関係」をソダーノに語らせ、メネム政権の約束は教皇に支持されていると広く報じられた（その後、司教たちは簡潔な声明を出し、宗教を政治目的で用い、特にローマ教皇がメネム政権を支持していると示そうとしたことを非難した[21]。

ベルゴリオにとってのもうひとつの難問は、大司教管区が名門のカトリックの一家、トルッソ家との間で培われてきた繋がりが強くなっていたことと関係していた。クアラチーノはかつてのラプラタ司教時代からトルッソ家のことをよく知っていた。一族には第二バチカン公会議以後の典礼改革の先駆者で、民間で用いられる聖書のアルゼンチン訳を生み出したアルフレード・トルッソ神父も含まれている。その兄弟フランシスコ・〝パコ〟・トルッソはクアラチーノがメネムを説得して一九九二年から一九九七年までバチカン大使に任命されていた。パコの息子、フランシスコ・ハビエルとパブロはラプラタに拠点を置く地域信用銀行《バンコ・デ・クレディト・プロビンシャル》（BCP）の頭取であり、大株主であった。三人目の兄弟フアン・ミゲル・トルッソはその銀行の法律顧問で、教区の福祉団体カリタスの副会長でもあった。トルッソ家は教会に莫大な寄付をしており、また資金調達の協力者として、寄付や寄贈物を教会に向けさせ、基金や教区の計画の資金を教会に贈与したり貸し付けたりしていた。大司教管区は他の七つの銀行と並んで、トルッソ家の銀行にも多くの口座をもっていた。

クアラチーノは特にBCPの頭取フランシスコ・ハビエル・トルッソと近く、ほとんど父子のような関係であった。枢機卿は彼に専門的な助言と助力を求めただけでなく、BCPの融資限度枠についても便宜供与を受けていた。それはたとえば、カトリック系の小さな組織も司教区経由で融資を受けられるということであった。後に裁判所の資料書類が明らかにしたところによると、クアラチーノと二人の助手ロバート・トレド神父《モンシニョール》とノルベルト・シルバが海外訪問時に利用したホテルの宿泊費や航空券への支払いという形でトルッソから現金が投入されるという流れがあった。また、クアラチーノが自らの権威と交友関係を用いてトルッソ家の事業を助けていたことも明らかにされた。

たとえば、一九九六年にクアラチーノは軍の主要な年金基金を扱うソシエダ・ミリタール・セグーロ・デ・ヴィーダ（ＳＭＳＶ）という大口の顧客をＢＣＰが確保するのを助けていた。フランシスコ・ハビエルとクアラチーノの個人秘書トレド神父も同席した管区本部での会合の席上、枢機卿はＳＭＳＶの会長エドゥアルド・トレーホ・レマ大佐にトルッソ家のことを教会が全幅の信頼を置いている高貴で信仰心の篤い一族であると保証した。トレーホ・レマはＢＣＰに口座を開いた後、ローマで駐バチカン・アルゼンチン大使トルッソ神父の祝宴に招かれ、彼の手配でヨハネ・パウロ二世によるミサに与《あずか》り、教皇に謁見した。また、クアラチーノ枢機卿の差配により、世評の高いマルタ騎士団騎士修道会への入会も認められた。

その後、トレーホ・レマはＢＣＰの副頭取フランシスコ・ハビエル・トルッソから大司教管区への六か月一〇〇〇万ドルの融資話をもちかけられる。トルッソの説明によれば、ＢＣＰはその時点では資金が提供できないが、貸付は引き受けられるということだった。大佐は同意し、一九九七年六月末に資金は教区のＢＣＰの口座に移された。後にこの口座は大司教管区が振り出した手形により九〇〇万ドル近い赤字状態であることが発覚する。その手形には本来その権限がないトレド神父が管区を代表して署名していた。

数週間後、ＢＣＰに大きな負債があり、流動性資産に巨額のズレがあることがテレビのドキュメンタリー番組で明らかにされた。中央銀行が救済措置を拒否すると、ＢＣＰは倒産し、少なくとも二万におよぶ激怒する顧客が残された。ＳＭＳＶの一〇〇〇万ドルは司教区への貸付なので、返金されるものと考えられたが、枢機卿の事務所に問い合わせると、署名が認証されたものではなく、返金すべき金もないとトレドは答えた。クアラチーノは仰天し、資金の借受けに関する書類に署名した覚えはないと主張した。このときのストレスと評判の悪化が彼の病気を誘発し、その後まもなくの死に繋がったと考えられている。

警察の捜査はラプラタから開始された。フランシスコ・ハビエル・トルッソはブラジルへ逃亡し、そこで逮捕され、収監されたが、脱獄した。パブロ・トルッソは刑務所で六か月を過ごし、釈放された。ファン・ミゲル・トルッソは三週間、勾留されたが、いかなる告発もなく放免され、トレド神父は三日間、収監された。

一九九八年二月、ベルゴリオは大司教になると、国際的な会計事務所に教区の財政事情について徹底的な監査を依頼した。その結果、大司教管区は支払いの監視および認可について教会法もアルゼンチンにおける司教のためのガイドラインも当然のように無視してきたことが明らかになった。その報告を受けて、ベルゴリオは根本的な浄化整理に着手した。不適切な関係を断ち切るため、大司教管区がもっている他の銀行の株式を売却し、会計責任の厳密化と透明性の確保を図った。

一方、ＳＭＳＶは一〇〇〇万ドルの返済を求め、司教区を訴えていた。一九九八年十二月、警察は教区本部を捜査し、裁判所の司法宣誓に基づいてファイルの箱を運び去った。担当判事は司教区を困惑させるために報道陣に情報を漏らしていた。ベルゴリオが補佐司教になってすぐに知り合った若き司祭マルコ神父はその時に大司教からの電話を受けた。

「彼は非常に落ち着いていましたが、報道陣が扉に群がっているので一分ほど降りて来てくれないかと言うんです」

こうしてマルコは新任の大司教の最初の記者会見を仕切ることになったのであった。

その後に続く審理の結果、ＳＭＳＶは司教区に対する訴訟を取り下げ、詐欺を働かれたという共同声明を発表した。ベルゴリオに委嘱を受けた会計監査の報告は非常に徹底したものだったので、未解決の問題が残されるというようなことは全くなく、この事件への対処によって、大司教の評判は高まった

――これ以前に何らか評判があったとすればの話だが。

このスキャンダルはクアラチーノから職務を引き継いだ後にベルゴリオが発見したその他の疑わしい行いとともに、就任後最初の年の演説に多くの影響を及ぼした。それはまた、聖職者たちから個人の利益のために教会を利用するという考えを取り除くという彼の決意を反映したものでもあった。たとえば、一九九九年の聖職者に向けた講話では、司祭たちに自分は媒介者なのか仲介者なのかを自問するように求めている。媒介者であれば、他の人たちとともに自分も負担を負う橋となるということだが、それに対して、仲介者は他の人の費用で利益を得るということであった。どちらの場合も、司祭が何かと何かの間に立っていることには変わりがないが、そこには雲泥の差がある。媒介者はキリストとの出会いによって生まれる宣教への情熱をもつ牧者であり、神の忠実な聖なる人びとのうちに属しながら成長していくが、仲介者は〝国の聖職者〟であり、とっくの昔に熱情は消え去り、自身のために生きている役人であると彼は言った[22]。

ベルゴリオは一九九一年に書いたが、長く発表されなかった論文の中で、罪と腐敗を区別するためにド・リュバクによる説明を用いている。罪は常に赦される可能性があるが、腐敗はそうではない。腐敗した魂には赦されたいという願いがないからである。腐敗は大きくなり、他の人を感染させて、自己を正当化する。腐敗した人は権力をもつと、常に他の人を巻き込み、自分のレベルまで人を落して共犯者にする。しかし、その人はファリサイ派のように勤勉な規範と規則の信奉者でもある。腐敗は本質的に人を転向させる。それは他の人を見下すために道徳を語り、自己を正当化する文化を生み出す。その論文の中でベルゴリオはそう言っている[23]。

BCP破綻の調査は十七年経った今でも続いているが、関係したほとんどすべての人が放免されたか、罪を問われていないという当時出回っていた不気味な疑惑については立証されていない。フランシスコ・ハビエル・トルッソは二年間の逃亡後に逮捕されたとき、バチカンのアルゼンチン人官僚レオナルド・サンドリ大司教の姉が所有するピナマールの家に隠れていた。トルッソは懲役八年を言い渡されたが、一九九八年にラプラタの大司教になったブエノスアイレスの補佐司教ヘクトル・アグエルを身許引受人として釈放された。

二〇〇〇年、サンドリはソダーノの代理、つまりバチカンの国務省ナンバー2になった。無暗に人を楽しませようとするカセッリはその後まもなくイタリアで上院議員としてキャリアを始めることになるが、アグエルとともに、ベルゴリオが道徳問題よりも社会的な問題に熱心だと嘆いている。[24]

＊＊＊＊

一九九八年十月、ベルゴリオは警察が教区本部を家宅捜索する直前に、一日に二つの大規模な屋外ミサを執り行うことによって司教区をひとつにまとめていた。パレルモの動物園近くで行われてミサには一〇万近い人びとが出席し、非常に多くの人が堅信を受けた。五〇〇〇人もの司祭が午前中に八〇〇〇人の子どもの頭に按手し、午後には一万二〇〇〇人の若者と大人に祝福を授けた。ベルゴリオ自身も多くの障害者に授堅した。説教では「福音宣教の成否は教会が示す団結の証言にかかっています。堅信を受けた人は今、イエス様のことを証言することができ、また、証言しなければならないのです」と語っている。[25]

ベルゴリオは七五歳まで体力を保っていれば、十二年ないし十三年は大司教の座にあることになっていた。一九九九年から二〇〇〇年に戦略的な優先事項を設定したとき、彼は――マルコ神父の助けを借りて――目立たない場所から公的生活へと現れ始めた。しかし、相変わらず表には出たがらず、公的な生活からは距離を保つ人と思われていた。この時期はアルゼンチンにおいては経済的、政治的な危機が深まっていく時期でもあった。一九九九年十月、急進党およびそれと意見を異にするペロン党からなる新しい政府が権力を握る（いわゆる「連盟」政権）。新大統領となった急進党保守派のフェルナンド・デラルアはメネムとほぼ同じ新自由主義の経済政策をとったが、政府を浄化し、財政の均衡を達成することを約束していた。しかし、それは幻想であった。経済は引き続き縮小していき、デラルアにはそれを変えるだけの展望も政治力もなかった。二〇〇一年十二月、危機が襲うと、怒った群衆から逃れるためにデラルアはヘリコプターで大統領官邸から退去せざるを得ない事態に陥る。

ベルゴリオの全般的な優先事項は霊的世俗性が見出されれば、いかなる場所であれ、それと戦うということであったが、貧しい人びと、政治、教育、そして他の教派、他の宗教との対話という四つの領域を中心に展開させていくことを望むようになっていった。

貧しい人の優先は彼の聖職者としての方針であり、教育、政治における方針でもあり、彼自身の選択と証言の中心であった。しかし、それはそれ自体として優先事項でもあり、恵まれない地域に資源と労力を集中させるということであった。彼はスラム司祭の数を八人から二六人に増やし、自らも少なくとも週に一度は午後を貧困地区で過ごした。しかし、特に二〇〇一年以後、経済危機が特に中流下層の生活に影響を及ぼすようになったとき、彼はカトリック信徒を動員して、炊き出しをはじめとする物質的な支援を通した具体的な援助を提供し始めた。国の活動が縮小していく一方であったこの時期、ブエノスアイレスの教会はその活動を大いに拡大し、学校や診療所、麻薬リハビリ・センターなどを建設していった。貧しい人優先という方針は、保護がなく周囲の状況から影響を受けやすい人びと、ごみ収集人、売春婦、人身売買によって働かされている人、不法入国した移住者などの組織化を助けるために教会の権威を利用してもらうこと、また公共政策に影響を与えるために教会の権威やマスメディアへの近さを利用することでもあった。たとえば、二〇〇〇年には不法入国の移住者が市民権を得る道を開くよう呼びかけた。年に一度の聖カエタノ聖堂でのミサは労働者と失業者にメッセージを送る場になり、憲法広場でのミサは人身売買で働かされている人と売春婦に語りかけ、彼らについて話す時間となり、年ごとの「主の晩餐」のミサは囚人、年輩者、障害者、中毒患者、病人など、状況から影響を受けやすい人びとのことを考える機会となった。

第二の優先事項は権力への批判であり、公的生活の刷新であった。司教協議会の新しい方針に合わせて、ベルゴリオは教会と政府の間にはっきりした境界を作り、五月二五日のアルゼンチンの国民の日（五月革命記念日）にカトリック教会が感謝の祈りを捧げる伝統的な〈テ・デウム〉を政治指導者に対して、民衆に代わって問いかけ、教える機会に変えた。また、教会を政治的な刷新のための環境において。二〇〇〇年、信頼をとり戻すために政治的立場の違いを超えて公的な指導者たちの会合を組織し、制度を強化して、政治家が公共の利益に集中できるようにした。それは「出会いの文化」という環境の中に入れるという目的をもったものであった。カトリックの社会教説を引用し、自らのリーダーシップを生み出す助けとして発展させてきた四つの原則、グアルディーニの「対照」の概念についての彼の深い思想と同様に、アルゼンチンが多元主義と対話し、公共の利益への関心に基づいた新しい政治文化を構築できるようにしたのである。そして、二〇〇一年のメルトダウンの後、教会は実質的に国の復興の中心地となった。

第三の優先事項は教会が運営する学校が提供する教育を改善し、教育を受ける機会を増やすことであった。そこには「要理教育《カテキシス》」というカトリック信仰の教えも含まれた。一九九八年、ベルゴリオは教育を受ける機会の拡張を統合するために「教育担当司教代理」を設置した。十年と経たないうちに司教区の学校は四四校から六六校に増え、学生の数はおよそ八〇パーセント増の四万人に達した。これは同時期の私立、公立の学校の四倍以上である。ベルゴリオは教師とカテキストの発想と教育を大いに優先し、自身の注意深く組み立てられた年に一度のスピーチは神の民の文化を発展させる機会となっていた。

これらの三つの優先事項はイエズス会管区長あるいはマクシモ神学院の院長として以前からもっていた関心事あるいは情熱が発展した結果と見ることができるが、第四の優先事項は全く新しいものでありながら、大司教時代に達成した最も際立った成功のひとつになった。二〇〇〇年に他の教派と宗教のメンバーが集った初期の控え目な集会で、五月広場にオリーブの木の植樹をしたときから、ユダヤ教徒、イスラム教徒、また福音派のキリスト教徒との関係に、これまで宗教間の対話、教会一致の対話と呼ばれていたものをはるかに超える強いインパクトをもったネットワークが生み出されていったのである。

ＢＣＰスキャンダルが示していたように、ベルゴリオはメディアとの連絡手段を必要としていた。クアラチーノのメディア対策の失敗を回避する方法が十分ではなかったのである。彼はマルコ神父と情報伝達の若い専門家ロベルト・ダ・ブスティの提案に同意し、専門的な報道担当局を設立した。それは報道媒体との信頼関係を構築することを目的とした戦略的な活動であり、話題を求める需要に応えつつ、話題づくりを助けるものでもあった。ベルゴリオはこの戦略を支持していたが、自分は表舞台に立たないままでいたかった。ダ・ブスティは言う。

「彼は交流を望んでいたんですが、それを自分でしたくはなかったんです。私たちは彼のことを〝お猫様《エル・ガート》〟と呼んでいました。いつも抜け出してどこかへいなくなってしまうので」

ベルゴリオは話はするが、質問への対応はマルコに任せていた。カトリック系月刊誌『クリテリオ』の編集長マリア・ポアリエは冗談めかして「マルコ神父の仕事は上司の長い沈黙を通訳すること」と書いている[26]。

大司教がマルコと同意した戦略は、ベルゴリオ自身が説教や公的な声明の発表だけでなく、行動と身ぶりを通して語るということを意味しており、徐々に彼のメディアへの露出は増えていった。最初は抵抗していたベルゴリオも毎年の洗足の儀式へのカメラマンたちの同行を許可し、それが新聞の一面を飾る写真を生み出すようになっていく。報道側も聖カエタノの祝日とベルゴリオの刑務所と病院の訪問を特集するようになった。マルコは「前代未聞だった。メディアが本当に宗教の話題に関心をもつようになっていった」と振り返る。

　マルコは年に一度、クリスマスの時期に教区本部でジャーナリストのための交流会を開催した。そこでは非公式にベルゴリオに会うことができた。一九九九年十二月二三日に開かれた第一回目の交流会は前日に出回った大司教死去の誤報がさらに興味を添えていた。誤ったところにファイルされていた死亡記事に基づいた話が止められる前に多くのラジオ局の手に渡ってしまっていた。

「それを本当に望んでいる人がもう待ちきれなかったってことだね」

　ベルゴリオはジャーナリストたちに冗談を飛ばした[27]。

　マルコは後で何かを頼むことができるような関係を醸成するために重要な記者を一人ひとり上司に紹介した。そのうちのひとりがその年にヨリオにインタビューをしたゲリラあがりのジャーナリスト、オラシオ・ベルビツキであった。一九九九年四月、彼はベルゴリオのことを「この数十年のうちで、最も圧倒的で、最も対立点の多い教会人であり、ある人たちには愛され、またある人たちには嫌われている人物」と表現し、嫌われている部分についての証拠として同じ左派のイエズス会士からの情報を引用していた。しかし、この時は目新しい主張はしていない。ベルゴリオはマルコが連れてきたベルビツキに会い、教区本部の書庫に入れ、インタビューを受け、イエズス会士解放の際の労苦について話をした。ベルビツキは当座、大司教への支持には肯定的な材料があることは認めていたが、自らの主張を撤回することはなかった。ベルゴリオはクレリア・ポデスタ〔旧姓ルーロ〕になぜ周辺の聖職者や広報担当者は誤解を正さないのかと尋ねられると、こう答えている。

「そのことは無視するよう言っているからです。巻き込まれないようにしないと。このことは放っておけば消えていきます」

こうして、二〇〇五年にベルビツキが攻撃を再開するまで、この話は放置されたのである[28]。

一九六七年、六人の子どもを抱えて夫と別居中であったクレリア・ルーロは進歩的な司教との関係が暴露され、教会の大きなスキャンダルのただ中にいた。アベジャネダの司教ジェロニモ・ポデスタは職を辞し、後には聖職も離れ、彼女と結婚した。クレリアとジェロニモはともに（他の自由主義的な主張の中でも特に）聖職者の結婚を支持する運動家として知られるようになった。聖職者の結婚については教義上の障害はなく、元英国国教会の司祭でカトリックに移った司祭はいたし〔英国国教会（聖公会）は司祭の妻帯を認めている〕、東方教会にも結婚している司祭はいる。しかし、ヨハネ・パウロ二世はこれに強く反対しており、この話題が出ると、いつでもテーブルを叩いて話を打ち切らせた。二〇〇〇年、大聖堂に二〇年以上入っていなかったポデスタがベルゴリオに会いに来たとき、彼らは二時間にわたって話をした。そして、その数か月後、ポデスタが死を迎えようとしていたとき、大司教は彼に終油の秘跡を与えたのだ。ベルゴリオとクレリアはその後も連絡をとり合っていた（彼女は二〇一三年に死去した）。クレリアはほとんど毎週、彼に手紙を書き、ベルゴリオは常に電話で返事をしていた。

「ポデスタが死を迎えつつあったときに、病院に訪ねて来たカトリックの聖職者はベルゴリオだけでした。ポデスタが死んだときにそのアルゼンチンの教会に対する大きな貢献を公に認めたのもベルゴリオです」

クレリア・ルーロの知人マーガレット・ヘブルスウェイトはそう語っている[29]。

メディアにおいては、スポットライトにアレルギーがあったにもかかわらず、新任の大司教は公的な生活において教会の新しい領域を切り開いていると見られるようになっていった。政府に対して敬意を表さない姿勢はまだ政府からの分離には程遠かった。新任の大司教がいかに「政治的」であるかが明らかになったのは一九九九年五月二五日の〈テ・デウム〉においてであろう。この伝統的な感謝の儀式は教会と国の機関がともにアルゼンチンのために厳粛な祈りを捧げる場とされていた。そこでの大司教の仕事は何も言わず、その時の政府を国を代表して祝福することであった。しかし、ベルゴリオはその伝統をひっくり返し、〈テ・デウム〉を教会が人びとに代わって政府に課題を突きつける場にしたのである。神の祝福をもって、説明責任が政府に課せられることになった。

ベルゴリオは現職のメネム大統領と次期大統領のデラルア、またアルゼンチン政界のエリートたちからほんの数歩のところに立って、旧約聖書の預言を米国大統領就任演説の高揚したレトリックと組み合わせたような長く痛烈な演説を発した。

「すべての人が必要とすることとはかけ離れた多様な利害が操作される」中で間近に迫る社会の崩壊を警告しつつ、彼はアルゼンチンという国がもつ特質と創造力だけでなく、兄弟殺しの傾向をもつことも思い出させ、「汚い戦争」を引き合いに出して言った。

「多くの死者の静かな声が同じ間違いをくり返さないでくれと天から叫んでいます。その声を聞かなければ、彼らの悲劇的な運命は無意味になるのです」

ヨハネ・パウロ二世による自由市場への偶像崇拝という批判、すなわち、すべての人に繁栄をもたらすことができるのは市場の力だけという新自由主義の神話への批判を展開しつつ、ベルゴリオは政治家たちに周辺で生じている社会の非常事態に目をやること、国を市民社会に向けて前進させることを要求した。市民であるということはよいことに向かって、何かの目的に向かって進むよう求められることと、上に向かって進むことであると彼は語った。しかし、「わずかな人びとだけではなく、すべての人がテーブルにつかない」限り、社会の亀裂は広がり、人びとは国の建設に参加するのではなく、互いに敵意を抱くようになるだろう。今は「我々の国ではあまり見られない参加の嵐」、つまり共同体の爆発と友好的な独創性に留意すべき時である。それは人びとの連帯のことを指していた。再び立ち上がれるかどうかはそれにかかっていた。

一九七四年にイエズス会士たちに向けて言ったのとほぼ同じ言葉で、彼は「忠実な人びと」という考えについての話を続けた。

「アルゼンチン人には魂があります。私たちは魂について話すことができるだから、解釈について、ものの見方について、気づいたことについて話すことができます」

イデオロギーを捨てて、「忠実な人びと」という価値を受け入れるようイエズス会士たちに訴えたのと同じように、今ベルゴリオは政治家たちに「現実から思想を抽出せよと主張する者、才能のない知識人、不親切な道徳論者」を相手にせず、普通の人びとの英知という文化的な蓄積から価値を吸収するように求めた。それが「真の革命」なのだと彼は言った。アルゼンチンを偉大なものとしている価値を取り戻すこと――それは生を愛し、しかし死を受け入れ、痛みと貧困に直面しても連帯を保ち、自らのやり方で祝い、そして祈るアルゼンチンをとり戻すことであった。特に政治家たちに向けて求めたことは、自分たちの個人的な党派心からの利害を捨て、市民生活へのさらなる参加を人びとに呼びかける叫びを聞くということだった。

「私たちは皆、この動乱を認め、共有するという経験へと誘《いざな》われているのです。それは新しいことではあるけれども、犠牲を伴う連帯、自由のための社会統合と闘争という私たちの最も偉大な歴史を甦えらせる記憶でもあるのです」

ベルゴリオはそう話を結び、演説は彼の四つの原則をもう一度くり返して終わった。[30]

これはもはや司教は言うに及ばず、アルゼンチンの政治家からも聞くことのなくなった高度なレトリックを駆使した演説であった。「ベルゴリオは世俗的なことに干渉し、カエサルに属すものを横取りしている」——そうした批判が届くまでに時間はかからなかった。しかし、ベルゴリオのように、その思想がアルゼンチンの国民性と民主主義の土台を強化した十七世紀のイエズス会士の神学者フランシスコ・スアレスに親しんでいる者たちは異なる見方をしていた。そこには社会の道徳的な良心を示すことを本来の役割とする教会があり、その社会のための統治をする政府を承認してきた（そして、その承認を取り下げることもある）。ベルゴリオが国に要求していたのは、教会という機関に従うことではなく、福音が滲み込んだ文化、教会がその価値の守護者であり、保護者である文化の中を生きる普通の人びとに従うことであった。

「大聖年」であった翌二〇〇〇年の〈テ・デウム〉では、前年よりは短かく、新しい千年紀においてアルゼンチンに求められている「新しい国を創るという冒険心」を取り戻し、「祖国を創った先駆者たちの約束の中で生まれ変わる」ことを呼びかけた。それが意味するのは、社会の絆と連帯を回復し、若者、失業者、移住者、年輩者に手を差し伸べることだと彼は言った。また、社会組織の増大を再び希望の徴として示し、政治家たちに「社会を主人公にする」よう呼びかけた。しかし、彼が示したのは——それが預言者的なものであることは明らかだが——自分の視線でしか物事を見ることができず、民主主義が機能するのに必要とされる連帯を生み出すことができない政治家たちに深く幻滅している民という手厳しいイメージであった。

私たちは謙虚に、制度が大きな影の谷底に、不信に満ちた暗い土地の中に落ち込んでしまったのだと認める必要があります。そこでは約束と声明の多くがまるで葬列のように続いています。遺族を慰めることは誰にでもできますが、遺骸を蘇らせることはできません。「立ち上がりなさい」。これは大聖年におけるイエスの呼び出しです。「立ち上がれ、アルゼンチンよ」。ローマ教皇がアルゼンチンにいらした時に言われたように、先駆者たち、建国者たちが夢見たように。しかし、私たちがもつ動機の二面性に正面から立ち向かうまで、信頼も平和も生まれることはないでしょう。私たちがそれに目覚めないうちは、幸せや喜びを感じることはないでしょう。権力、金、人望――何であれ、抑えのない野心というものは内面の大きな空しさを明らかにするものでしかないからです。そして、内面に何もない人は平和、喜び、希望を生み出すこともありません。生み出すのは疑いだけです。その者たちが絆を生み出すことはありません[31]。

そうした絆を生み出すのを助ける任務はアカプート神父の社会司牧局に与えられた。それはこの後、何年にもわたって大司教が行う広報活動の構築を支援する役割を果たした。そのより広い目的は大司教が大いに賞賛したフランスの司教たちの一九九九年の文書の影響の下、公共の生活を立て直すことであった[32]。狙いは友好関係と信頼の絆を構築することであり、公共の資源の利用権で競争するというのではなく、公共の利益という地平に集中できる人材を育てていくことにあった。アルゼンチンという国の崩壊の少なくとも一年前に、ベルゴリオの「出会いの文化」は政治家たちに国を再建する方法を示していたのである。

最初のそのような会合は二〇〇〇年十二月に開かれた。議員や上級職の公務員を含め、ブエノスアイレス市に勤める一五〇人の官僚が集まり、将来に向けての政治的な使命と課題について話し合った。ブエノスアイレス市長のアニバル・イバラは自称不可知論者ではあったが、アカプートを通して大司教と近い関係をもっていたので、この出来事はニュースになった。その日、ベルゴリオの存在感と演説は出席者にインパクトを与えていた。

「ベルゴリオは独特だ」

ある議員が記者に語った。

「あの人は政治がわかっている。権力の論理というものをわかっている。あの人とは本当の話ができる」[33]

まさにベルゴリオの逆説であった。霊的世俗性との戦いの最中にある禁欲的で清廉潔白な神秘主義者は、羊の匂いがする羊飼いのような司教でありながら、ペロン亡き後、最も明敏で政治的なアルゼンチン人でもあったのである。

第7章 ガウチョ枢機卿 2001-2007

GAUCHO CARDINAL

ブエノスアイレスの福音派の牧師たちは毎月ともに祈っていた古くからの友人ホルヘ・ベルゴリオがローマ教皇に選ばれてから約一〇週間後にバチカンで彼に会うことになった。中央バプティスト教会のカルロス・ムライダ牧師、ペンテコステ福音派教会のノルベルト・サラッコ牧師、キリスト共同体のアンヘル・ネグロ牧師、未来の幻教会のオマール・カブレラ牧師らは偶然、その時期にヨーロッパにいた。そして、キリスト教共同体のホルヘ・イミティアン牧師はちょうどそれに間に合うように渡航資金を調達できたのだから、神は明らかに彼も加わることを望んでおられたということであろう。

牧師たちはサンタマルタ館の外でフランシスコ教皇とアルゼンチン・スタイルの抱擁とキスで挨拶を交した。フランシスコ教皇はイミティアン牧師の「結局われわれをバチカンに連れてきたってわけですね」という挨拶に破顔した。一行は建物の中に入ると、教皇選出でアルゼンチンがどれほど素晴らしいことになっているかを教皇に話して聞かせた。イエス・キリストを電波に乗せるには資金を集めなければいけなかったのが、今やすべての大きなショーに神を無料で出演させてくれるフランシスコ教皇がいる。アルゼンチンのメディアには今、新しい可能性が開かれている。ジャーナリストたちも自分は無神論者だ、不可知論者だと言っていたのがカトリック信徒、キリスト教徒であることの意味について語るようになり、キリスト教的な価値観を語ることが突然おかしなことではなくなった。彼らはそうしたことを話した。

教皇は昔と同じホルへだったが、それでもやはり「同じではなかった」とイミティアンは言う。「私たちの黙想会の中で説教するときには、とても愛情豊かに喜ぶ面も見せていましたから、ホルへにそうした面があることはもちろん知っていましたが、それ以外の時は彼は非常にまじめでした。しかし、教皇になった今は、いつでも私たちといるときのように高揚していました」

彼らは五月末のサンタマルタ館の中でブエノスアイレスでしていたのと同じように共に祈った。イミティアンによれば、その時にサラッコ牧師が教皇にこう話したという。

「ホルへ、話を聞いてくれますか。昨日の晩、私はこの会合のことで『主よ、ホルへへの〝御言葉〟があるなら、私にお与えください』と祈ったんです。福音派のカリスマの伝統では、祈りで誰かへ〝御言葉〟を求めるということは、そのときにその人に特別な意味のある聖書の章節に関心を吹き込むよう聖霊にお願いするということなんです」

そして、サラッコはｉＰａｄを取り出し、エレミヤ書一章を読み始めた。

わたしはあなたを母の胎内に造る前から

あなたを知っていた。
母の胎から生まれる前に
わたしはあなたを聖別し
諸国民の預言者として立てた。

見よ、今日、あなたに
諸国民、諸王国に対する権威をゆだねる。
抜き、壊し、滅ぼし、破壊し
あるいは建て、植えるために。

ブエノスアイレスから米国経由でローマにやって来たサラッコがエレミヤ書を読み始めると、ムライダとイミティアンは互いに肘で合図し合った。驚いたことに、イミティアンはブエノスアイレスから出発するときに、同じ言葉を示され、全く同じ聖書箇所を紙にプリントしてきたとムライダに話していたのである。サラッコが読み終わると、イミティアンは教皇にその紙を手渡して言った。

「ホルへ、私は彼のことを知らなかったし、彼も私たちのことを知らない。でも、御言葉は同じでしたよ」

教皇は笑った。

「じゃあ、今度は私に何が起こったかを話そうかな」

ローマにいる枢機卿たちとともにコンクラーベに参加するためにブエノスアイレスを出発する二日前、大司教区の本部で働いているある男性がベルゴリオのところにやって来た。その男性マリオ・メディナは福音派の人で、よく大司教と共に祈りを捧げていた。彼はこう言ったという。

「神父様、ちょっとよろしいですか。実は昨日、私はあなたのために祈っておりました。すると、神から御言葉をいただきました。エレミヤ書の第一章です」

イミティアンはその日のことを振り返って語った。

「私たちは神がこのことをどんなに確かなこととしていたかを知って驚かされました。なぜなら、当時ブエノスアイレスに預言者的な声があがっていたとすれば、それはまさに彼の声だったからです」

＊＊＊＊

ホルヘ・マリオ・ベルゴリオがどのようにして二〇〇五年のコンクラーベで有力な教皇候補となり、二〇一三年には教皇に選出されることになったかについて語るには、アルゼンチンから遠く離れたスイス北東部のきれいに雪化粧された町の話から始めなければならない。ヨーロッパのちょうど中心に位置し、七万五〇〇〇人の複数の言語を話す人びとが暮らすその町、ザンクト・ガレンに「ヨーロッパ司教協議会」（CCEE）の本部が置かれているのは誠にふさわしいことであった。四五か国三三名の司教をメンバーとするヨーロッパ司教協議会は第二バチカン公会議の後、ラテンアメリカ・カリブ司教協議会に刺激を受けた教皇パウロ六世が地域ごとの教会の活力とアイデンティティを回復するために同様の大陸規模の連携の構築を奨励したことで結成された。それゆえ、ヨーロッパ司教協議会にはその使命について「〈教皇とともに、教皇の下に〉位階的な交わりにおいて団体制を実践する」という威圧的な宣言がある。

〈教皇とともに、教皇の下に〉――これは古代の初期教会の時代に立ち返ったフレーズである。地域の司教会議や教会会議が規範を示し、異なる場所にある教会にはそれぞれに強いアイデンティティがあり、独自の決まりと慣習があったけれども、一二世紀の定式文に言われているように、他の教会を〝愛において統べる〟ローマ教会を常に団結の中心とする教会像がそこには示されている。最初の数世紀におけるカトリック教会についての理解は〝多にして一〟つまり、教会は複数あるが、統一の下にある、地域的なものであり普遍的なものであるということであった。教会は全体として、各部分の総和以上の存在であり、ローマに錨を下した普遍的な組織であった。しかし、それでも各地の司教区は単なる世界教会の支部や属領といったものではなく、全体としては、ひとりの司教の下にあるその土地の教会なのである。

これは単によい神学——厳密に言えば、教会論——というだけでなく、教会を統御するということの意味を示すものでもあった。歴代の教皇たちは中世を通して各地の司教区をコントロールして、手出しする君侯たちからの自由を得たり、改革を推し進めようとしたりしてきた。しかし、平時にその支配力を使おうとしても押し戻されるだけだった。教皇の権威を強調する「教皇首位権」と、司教たちとの協力関係において行使されることが要求されている「司教制度」の間には常に健全な緊張関係があった。しかし、その均衡関係は十八世紀、十九世紀において各国の絶対主義的な体制——王政であれ議会制であれ——が教会を国ごとのものにしようとしたことによって決定的に変化した。今や教皇の力は実際のところ文書によって主張されるものとなった。第一バチカン公会議（一八六九—一八七〇年）は最初の数世紀における教会の見方とは大幅に異なり「、教会のすべての主権は教皇首位権に由来するという大胆な主張を展開していた。この考えは一九一七年の教会法で法制化され、教皇が教会において完全にして、至高、普遍の権威をもつとされることになった。

これが問題にされていなかったわけではない。二〇世紀前半、ヨーロッパでは全体主義的な独裁政権が互いに争う間、神学者たちは教会の交わりの概念を階層的な交わりとして再発見していた。教皇の権力は絶対君主のようなものと見られるようになり、その飾りつけはすべて完了したように見えたが、一九六〇年代の第二バチカン公会議によって、教皇の力は再び初期の教会のようなものとして捉え直されることになった。その最も重要な文書のひとつである『教会憲章《ルーメン・ゲンティウム》』（ラテン語では「国々の光」の意）では、教会は「ペトロ（教皇）とともに、ペトロの下で」司祭たちによって統治されるとされている。司教たちは普遍教会を統治する同僚の使徒たちからなる「団体」（collegium）を形成する。「団体制」（collegiality）という語はここに由来する。この考えは一九五〇年代にイブ・コンガールがキリストは二つの「継承制」を設定したと主張していたことで捉え直され、発展してきた。教皇が使徒ペトロを継承し、司教たちは使徒の団体制を継承するとしたのである。

公会議の後、一九六四年十一月に彼らは『教会憲章』を仕上げ、同意を得るためにそれを教皇に提出した。文書では教皇は教会の上に完全なる至高で普遍の権威をもつという教義が再び述べられていたが、そこには「司教の団体」もそのような権威を行使するという団体制の教義が加えられていた。慎重なパウロ六世はこの二つの宣言が将来の誤解、あるいは、ことによると競合する主張に繋がるのではないかと危惧した。そこで神学者の助けを借りて、「予備解説的な覚え書き」を起草し、キリストの代理である教皇は君主として支配する権利を有すが、司教団体の長でもあり、それゆえ司教団体制を統括するとした。要するに、司教団体制の実現は教皇から付与されるものとされたのである。

パウロ六世はバチカンの古き衛兵の一部が示した反対を押し切って、司教団体制について二つの重要な改革を行った。ひとつは一九六七年以来、二年または三年おきにローマで〈世界代表司教会議《シノドス》〉を開催することであった。そこには世界各地の教会から約二五〇名もの代表が集まり、三週間にわたって、特定の地域が直面している問題や教会全体に影響を及ぼしている問題を考える。もうひとつは司教団体制の組織を国レベル（米国カトリック司教協議会USCCBなど）と大陸レベルで創設することであった。ラテンアメリカのラテンアメリカ・カリブ司教協議会（CELAM）は大陸レベルの司教団体制組織の草分け的存在であり、一九七〇年代以降、それに刺激を受けて、ヨーロッパ（ヨーロッパ司教協議会CCEE）、アフリカ（アフリカおよびマダガスカル監督会議協議会SECAM）、アジア（アジア司教協議会連盟FABC）に同じような会議ができた。しかし、これらのうちで強いアイデンティティをもっていたのはラテンアメリカ・カリブ司教協議会だけであった。それは一九八〇年代から一九九〇年代にかけてのヨハネ・パウロ二世による教皇への再集権化以前に、メデジン（一九六八年）とプエブラ（一九七九年）において大きな会議をすでに開催していたからである。

ヨハネ・パウロ二世は君主的に支配する方を選んだ。その二七年の在位期間中、司教団体制はバチカンによって解釈し直され、普遍教会の統轄に参加している各地の教会というよりも、「ペトロの座」である教皇と司教の間の信頼と親交の絆を意味するものとされた。単なる心のつながりの団体制が実質的な団体制にとって代わることになったわけである。〈世界代表司教会議〉は統治の手段ではなく、議論のみで行動に繋がらない三週間の会議になり、教皇庁が慎重に設定した議題とその結論が話し合われるようになった。同時に、ラテンアメリカ・カリブ司教協議会の他、新たに設置された大陸レベルの司教協議会は独自に神学をつくらないよう警告されていた。教会における教えの権威、「教導権」はひとつだけとされたのである。一九九二年、サントドミンゴでラテンアメリカ・カリブ司教協議会がバチカンに制圧された同じ年に、まるで第二バチカン公会議以前に戻ったかのように、教義上のお目付け役が批判者たちに目を光らせる地位についた。その教皇庁教理省長官ヨーゼフ・ラッツィンガーは、普遍教会は各地の教会よりも「存在論的に重要である」と主張した。[2] これは単なる神学上の主張ではなかった。一九九〇年代、ローマを訪問した司教たちはバチカンに見下され、自分たちがますます教皇庁の単なる代理人に過ぎない存在であるかのように感じるようになっていった。

大きくなった懸念がザンクト・ガレンの会合を誘発した。ザンクト・ガレンの司教イーヴォ・フューラーは一九九〇年代後半に同じ懸念を抱くヨーロッパの枢機卿と大司教を集めて自らの司教館で年に一度、私的な会合を始めた。これ自体が司教団体制の表現であった。出席者のうちで最有力であったのはイエズス会士で二〇〇二年までミラノ大司教であったカルロ・マリア・マルティーニ枢機卿であった。有力な枢機卿としてはブリュッセル大司教ゴッドフリード・ダンニールスもこの会合の主要な発言者であった。この会合は二晩にわたって開催され、通常その他に中欧、東欧からやって来る六人から七人の人がテーブルを囲んだ。二〇〇一年、その年の二月にベルゴリオとともに枢機卿になった三人の大司教がこの会合に加わる。ひとりはロッテンブルク—シュトゥットガルト司教ヴァルター・カスパーであった。彼は一九九九年にバチカンのユダヤ教との関係を扱う部門の担当者に任命されていた。あとの二人はドイツ司教協議会議長でマインツ司教のカール・レーマンと、イングランド・ウェールズ司教協議会議長で、ウエストミンスター司教コーマック・マーフィー＝オコナーである。その他、フランスと中央ヨーロッパからも人は集まっていたが、これらの人びとが「ザンクト・ガレン・グループ」の中心を形成していた。

マルティーニとダンニールスはジャーナリストたちに「リベラル派」「進歩派」などと呼ばれることも多かったが、より厳密にはヨハネ・パウロ二世の教皇庁を支配する「保守派《リゴリスティ》」と対立する「改革派《リフォルミスティ》」であった。そこでは教会のあり方について、二つの異なる強調点が問題とされていた。保守派はなによりも教会の教えをはっきりとした明白なものにしたいと願い、改革派は多元的社会において信頼される教会であることを望んだ。この二つの傾向の背後には二つの異なる教会論が潜在している。保守派は教義と規律の問題に対するバチカンの支配力を強めたいと考えており、改革派は教会規範を各地の状況に合わせて適用する活動により大きな自由を求めていた。保守派は議論を終了させることを好み、規範は明快で変わることがないということを明らかにしようとする。一方、改革派は物事を変更可能なままにしておくことを好み、教会の規律の問題では、信仰とモラルについて不変の教義を定めておくことより、各地の教会が普遍教会を助けて、司牧活動において生じる変更の必要を識別すべきとしている。

ヨーロッパのますます世俗化が進む多元主義的な社会の最前線にある主要な大司教管区を率いている高位の聖職者や神学者である改革派の司教たちは、教会の規範と人びとの生活の現実の間の隔たりが大きくなっていることがわかっていた。ザンクト・ガレン・グループにとってみれば、司教団体制の欠如は単なる神学上の問題ではなかった。それは教会が福音を説くことをより難しくしていたのである。このグループにはもうひとつ、他の教会教派との対話の最前線にいる高位の聖職者を含んでいるという側面があり、やはり司教団体制の欠如がキリスト教の団結を模索するのを非常に困難にしていた。他の教派の指導者は改革派であれ正統派であれ、宗教改革以後の時代における教皇の権力をキリスト教の団結に向けた道の上に置かれた大きな障害物として挙げていた。ヨハネ・パウロ二世は一九九五年、自らの首位権を行使する新しい方法を見出すために他の教派に協力を求めた。しかし、教皇の集権傾向を強化しているときだったので、そうした申し出は真剣に受けとめ難く、ほとんど何も起こらなかった。[3]

一九九〇年代後半にザンクト・ガレン・グループの会合が始まったのは、ヨハネ・パウロ二世の健康状態が急激に悪化し始めていた時期であった。グループの表看板であるマルティーニ枢機卿は一九九九年の〈世界代表司教会議〉でヨーロッパの話題について語り、司教団体制を実現するために世界中の司教が集まる会合がもうひとつ必要であり、それは第二バチカン公会議で呼びかけられたが、ヨハネ・パウロ二世の教皇庁によって妨げられてきたと訴えた。外見上、いかなる意味での皮肉でもなく、教皇庁の〈世界代表司教会議〉運営主体はこの演説の公表を阻止し、記者たちはそれをリークによってのみ知ることができたのだった。

マルティーニ以外にも、当時の司教協働の再興ないし実施を論じる重大な声を発した人が二人いた。ひとりは一九九九年に刊行された著書『教皇政治の改革』がベストセラーとなったサンフランシスコ大司教ジョン・R・クインである。もうひとりはザンクト・ガレン・グループのメンバーであるドイツの神学者ヴァルター・カスパー司教である。彼は普遍教会と地域の教会の首位権の問題について、一対一でラッツィンガー枢機卿と友好的な神学上の論争を行ったことで知られている。ラッツィンガー枢機卿の一九九二年文書に反論した論文が二〇〇〇年十二月に広く刊行され、その中でカスパーはラッツィンガー枢機卿の議論を「ローマ中心主義復活の試み」と表現し、「普遍教会がローマ教会のことを指し、事実上、教皇とローマ教皇庁を指すのであれば、本当に問題となる」と論じた。さらに続けて、離婚した人や再婚した人が「聖体拝領《コミュニオン》」を受けることへの許可や、他の教派との一致運動でカトリック側からの招待に信頼が得られるようにすることなど、司牧上の問題を解決するのに司教団体制が極めて重要であると論じた。一致運動の進展は地域の教会の価値を認識できるかどうかにかかっているとし、「究極の目的は均一に統合された教会でなく、和解を経た多様性においてひとつの教会となることである」とカスパーは主張した。「和解を経た多様性」という言葉はベルゴリオがブエノスアイレスで他の教派や宗教との関係を議論する際に採用した言葉のひとつであった。[4]

ザンクト・ガレン・グループはヨハネ・パウロ二世の在位期間中の冬の時代（一九九九―二〇〇五年）においては、バチカンが衰弱した教皇では回避できないほど劣化していることに懸念を抱いた。国務長官ソダーノ枢機卿の下、教皇庁は非妥協的であるだけでなく、傲慢で無責任な状態になっていった。その破綻状態は実際の腐敗と繋がっていることもあった。最も評判が悪かったのは、メキシコの保守的な司祭の修道会「キリストの軍団」の長、マルシャル・マシエル神父の事件である。マシエルが小児への性的虐待をくり返す麻薬中毒であるという証拠は上がっていた。マシエルからソダーノ経由で教会への定期的な寄付があった時期はその修道会の九人の元メンバーがマシエルを公に告発した時期と一致する。彼らはバチカンの怠慢に不満を述べる手紙を長期にわたってローマ教皇に書いていた。ソダーノはラテンアメリカでの教皇使節を務めていた時期以来、マシエルの支持者であり、ソダーノの甥アンドレアは彼と事業取引をしていた。[5]

事態はしばしば、愚かしく、硬直した状態になって表れた。エイズの文脈でコンドームを用いる倫理についての問題で枢機卿たちの意見が公然と分かれたときなどには、明快さの上に構築されたヨハネ・パウロ二世式の中央からの統治では新しく生じてくる難問に対処できないことが明らかとなった。保守派でさえ、〈世界代表司教会議〉を扱いにくく、非生産的と批判するようになっていた。新たに明るみに出た聖職者の性的虐待という危機に対するバチカンの反応にはっきりと見られたように、状況が発する音を聞き分けられず、井の中の蛙の状態で守勢一方となった。ザンクト・ガレン・グループはそれを過度の中央集権化の末路、地域の教会の現実と必要を切り捨てたことで自ら陥ったバチカンの孤立の兆しと見ていた。

問題はヨハネ・パウロ二世の最後の数年において深刻なものとなっていった。彼は非常に魅力的な福音宣教者ではあったが、健康なときでさえ、よい統括者とは言えず、教皇庁内の仕事にはあまり興味を示さなかった。パーキンソン病であるという診断が二〇〇〇年に下され、もはや力強さを失った彼は、今や弱さと脆さを公に示すことを通して強力な証言を与えながら、教会の福音宣教の最高責任者に留まっていたのである。しかし、教皇庁はその証言を徐々に損ないながら、勝手放題を続けていった。教皇の病状悪化で、教皇庁を改革する機会はますます遠退いていく。

ザンクト・ガレン・グループは統治組織の徹底的な改革、真の司教団体制に向けた地域の教会と普遍教会のバランスの回復が必要と考えていた。こうした見立てと対処法に同意していた高位の教会指導者は彼らだけではなかった。特にラテンアメリカの大司教たちの間に反響が見られた。それは少なからずラテンアメリカ・カリブ司教協議会が司教協働を行ってきた長い経験があったためであり、また、サントドミンゴでバチカン中央集権主義を経験していたからでもあった。ラテンアメリカの教会指導者からは全く新しい世代が枢機卿になろうとしていた。中でもブエノスアイレス大司教はマルティーニの薫陶を受けているだけでなく、ザンクト・ガレン・グループの懸念を自らのものとする理由を多くもっていた。

＊＊＊＊

日の照りつけるサンピエトロ広場に金の祭服を煌めかせて決然と現れたヨハネ・パウロ二世が気にしていたのは自身の身体的な障害のことであったのかもしれない。歳は八〇となり、歩くこと、話すことが困難になり、片方の耳は聴力を失い、顔はパーキンソン病のためにこわばっている。それでも、彼は聖書の族長のように、以前と変わらず威を示していた。この行事を「普遍教会にとっての大きな祝祭」と宣言した説教の後、彼は四四人の新しい枢機卿を生み出した。これによって、彼の後任を選ぶ選挙に投票する八〇歳以下の枢機卿の数は一三五名に達した。教皇は新枢機卿それぞれに緋色のビレッタ帽と、名目上ローマの司教区内の教会を任せるという「名義書」が添えられた巻物を手渡した。ベルゴリオが十七世紀の有名なイエズス会士の枢機卿、聖ロバート・ベラルミーノの教会を与えられたのは、間違いなく彼がイエズス会士であったからであろう。

二〇〇一年二月のこの枢機卿会議で進み出た人の中には、その翌年に亡くなった小柄な七二歳のベト

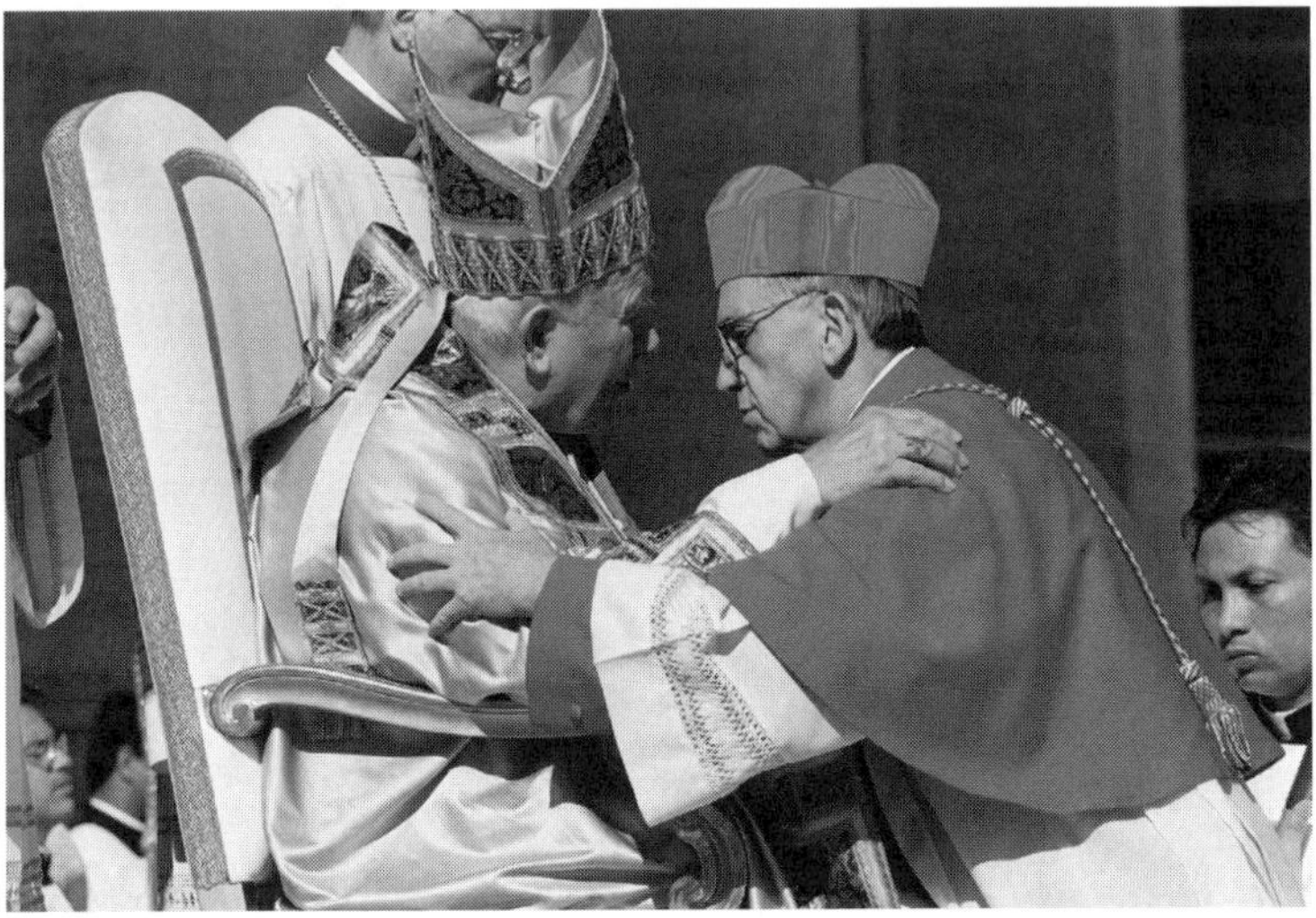

2001年2月、ヨハネ・パウロ2世によって多くのラテンアメリカの大司教たちとともに枢機卿に任命される。

ナム人司教の姿もあった。一九七五年、パウロ六世によってサイゴンの協働大司教に任命されたフランシスコ・ザビエル・ヴァン・トゥアン師はその後、共産主義政権によりジャングルへ送られ、そこで九年、独房で監禁生活を送った。枢機卿会議の日のサンピエトロ広場に溢れた緋色はそれが殉教者たちの血を象徴していることを改めて痛切に思い出させた。小さな紙片にこっそりと書かれたヴァン・トゥアン枢機卿の黙想集『五つのパンと二匹の魚』はベルゴリオが好む霊的な本のうちの一冊である（教皇となった後、同枢機卿を列聖の過程に入らせている）。

枢機卿たちは自分たちの最も厳粛な責務がヨハネ・パウロ二世の後継者をある意味ですぐに指名することであるとわかっていた。それは地球規模の史上最大の枢機卿団であった。ヨーロッパの枢機卿はイタリアの二四名を筆頭に六五名で依然として最大の大陸グループであったが、数の上では初めて非ヨーロッパの枢機卿に上回られた。ラテンアメリカは今や二七名の枢機卿を擁し、北米、アフリカ、アジアがそれぞれ十三名、オセアニアが四名であった。

その日に新しく任命された枢機卿の中にはもうひとりアルゼンチン人がいた。バチカン図書館長ホルヘ・メヒアである。ベルゴリオはローマ訪問の際に彼と親しく付き合うようになった。その他、ラテンアメリカで司教区を運営する一〇人の大司教が枢機卿に任命された。そのうち、ラテンアメリカ・カリブ司教協議会の議長を退いたばかりのホンジュラスのテグシガルパ大司教オスカル・ロドリゲス・マラディアガ、その後任議長のチリのサンティアゴ大司教フランシスコ・エラスリス、そしてサンパウロ大司教クラウジオ・ウメスと、バイア大司教ジェラルド・マジェラ・アグネーラの二人のブラジル人の四人がこの後、ベルゴリオの親しい協力者となっていく。なかでも、マラディアガ枢機卿は一九九二年のサントドミンゴでソダーノに抵抗する反乱の指揮をとった人物である。[6]

　サンピエトロ広場の群衆はまるでラテンアメリカの時代がすでに来たかのような賑やかさであった。しかし、そこにはほとんどアルゼンチン人はいなかった。ベルゴリオがローマ巡礼の資金を集める運動を止めさせ、集めた資金は貧しい人びとに分けるようにその主催者に命じたからであった。枢機卿会議の間、彼は厳粛さと目立たないことを選んだ。他の新任枢機卿が同僚や親族の主催する大きなホテルでの祝賀会に出席する中、ベルゴリオはいつものローマ滞在と同じようにナヴォーナ広場からさほど遠くないところにあるスクロファ通り七〇番地の簡素な司祭のゲストハウスに泊まり、朝四時半に聖堂でのミサの前に祈った。他の人が司祭秘書が運転する車でバチカンにやって来る中、彼は毎日テベレ川を歩いて渡った。他の人が緋色の祭服をローマの教会御用達の仕立て屋ガマレッリに注文する中、ベルゴリオはクアラチーノのお下がりを修道女に直させたものを着た。そして、自ら飛行機の操縦免許をもち、ピアノ演奏もうまく、精力的でコミュニケーションに長けたロドリゲス・マラディアガ枢機卿が記者会見や披露宴を開く中、ベルゴリオはいつものように気配を消す外套を身に纏っていたのである。

　しかし、彼は珍しくラ・ナシオン紙のインタビューに応じ、二つの赤い帽子〔枢機卿の帽子のこと〕はアルゼンチンの名誉であり、アルゼンチンの人びとと同じように、それを誇りに思っていると語った。

「私はアルゼンチンを信仰において生きているのです」

インタビューをしたエリザベッタ・ピケは内気と明敏さが綯い交ぜになった当時のベルゴリオのことを思い起こしながら、彼が語ったことを振り返った。

「私はアルゼンチンについて祈り、アルゼンチンについて主に話し、司教区に代わって嘆願するのです」

昇進したとは感じていないと彼は言った。

「福音書によれば、上ることとは下ることです。よりよく仕えるためには遜らなければならない」

そして、教義においては保守派、社会問題においては進歩的と言われていることに同意するかと尋ねられると、そのような定義がいつでも人を単純化してきたと彼は応えた。

「わたしは保守的であろうとはしていませんが、教会に誠実でありつつ、常に対話に対して開かれているようにしています[7]」

ヨハネ・パウロ二世は枢機卿たちに五月下旬に三日間、ローマへ戻ってくるようにと呼びかけた。臨時枢機卿会議として非公開の会合が計画されていた。テーマは神学用語で統一の絆を意味する教会における「交わり」をどのように促進するかであった。ザンクト・ガレン派の枢機卿たちにしてみれば、交わりは効果的な司教団体制を通して作り上げ、表明される必要があった。彼らはメディアを通じてそう訴えた。レーマンは「国レベルの司教協議会が教会の決定において役割を果たすべき」と述べ、ダンニールスは「司教団体制というテーマは、疑いなく三〇〇〇年紀の重大な課題のひとつ」とジャーナリストたちに語った。ロドリゲス・マラディアガはその呼びかけにラテンアメリカから反応し、「われわれは皆、司教団体制の強化が必然と確信している」と記者団に話した。しかし、報道関係者のリークによれば、マルティーニ、ダンニールス、レーマン、マーフィー＝オコナーらの枢機卿は枢機卿会議の内部で同じような要求をしたが、問題はほとんど議論されなかったという。事務局は教皇の最近の書簡からとった二一点を議題として詰め込んだ。教皇庁は押し戻しつつあった。[8]

ベルゴリオはこの機会を同僚の枢機卿たちの話を聞き、絆をつくるために使った。一九七四年のイエズス会総会で共に代議員を務めて以来の知り合いであり、その著書をよく引用してきたマルティーニ枢機卿との旧交を温め、ザンクト・ガレン派の面々に紹介された。これがこの後、何年にもわたりベルゴリオのローマ滞在のわずかな時間を使って育まれていった関係の始まりであった。

十月、ベルゴリオは〈世界代表司教会議〉の副議長としてローマに戻った。その年、三度目のローマ渡航であった。彼の役割は「九・一一」の恐怖に打ちのめされたばかりのニューヨークのエドワード・イーガン枢機卿による演説「報告」を助けることであった。皮肉にも、話題は司教の役割であった。もちろんバチカンと教区の関係の問題にも話は及ぶ。しかし、司教団体制という語は四万語におよぶ作業文書で、二回しか言及されていなかった。六月に〈世界代表司教会議〉担当の教皇庁の官僚、ベルギーのヨン・ショッテ枢機卿は、真の司教団体制とは第二バチカン公会議のような全教会会議に他ならないと力説し、それ以外はその〝表現〟に過ぎないとした。これは現状を防衛、維持しようとする教皇庁の標準的な反応であった。

問題の核心は出席者からは失われていなかった。それは司教団体制の話題を排除して司教について議論する〈世界代表司教会議〉であった。教皇庁が送付した高尚で抽象的な作業文書についてコメントを送り返したのは司教協議会の半分だけで、これは〈世界代表司教会議〉の歴史上、最低の回答率であった。会合が始まると、直前のアゼルバイジャン訪問で疲れ切っていたヨハネ・パウロ二世は椅子に座り込み、居眠りするか文書を読むかのどちらかであった。報道関係者のホールではジャーナリストたちが教皇は〈世界代表司教会議〉の結論を熟読しているのだと冗談を言っていた。

ベルゴリオの演説はいつものように短く、人びとを監督し、監視する司教と、人びとを見守る司教の違いについて熱のこもった観想を示した。

「監督する」ということは、教義と習慣のことを心配することで、「見守る」ということは人びとの心の中に塩と光があることを確かにすることに気を配ること。「監視する」ということは差し迫った危険に気を配ることであり、「見守る」ということは神が人びとを救う過程を根気よく生み出していくこと。「監視する」には目を覚まし、鋭敏で、素早くあれば十分である。「見守る」ためには、従順に、忍耐強く、証明済みの慈愛を保ち続けている必要もある。「監督し、監視する」ということにはある程度の統制が必要とされる。その一方で、「見守る」ことは希望を示す。それは子らの心のうちにある過程を見守る慈悲深い父なる神の希望である。[9]

演説が行われた最初の週が終わると、イーガン枢機卿が「九・一一」の犠牲者の追悼式のため急遽ニューヨークに戻さなければならなくなり、ベルゴリオは二四七人の司教の演説の要点を抽出してひとつの報告書にまとめ上げる「まとめ役」という役割に任命された。この「まとめ」（報告書）にしたがってグループ議論と結論が形づくられる。彼がまとめた報告書は簡潔で洗練されており、各所で賞賛を受けた。それは司教という存在についてのベルゴリオ自身の考えだけでなく、その重要なテーマを捉えたものであった。司教とは貧しい人を優先し、宣教的なアプローチをする人であり、「誤ったイデオロギーによって損なわれた価値観を解放する」人であり、「正義の預言者」となるべく神に召し出され、社会から取り残され、指導者に失望した人びとが信頼を置く人とされた。不和を引き起こすことなく司教たちの関心を反映した報告をまとめたことで、ベルゴリオは会場から高い賞賛を受けた。

「人びとが賞賛したのは彼が〈世界代表司教会議〉における議論の最善の部分をその構成と方法に制限があったにもかかわらず、うまくすくい上げることができたからです」

ローマにおけるベルゴリオの長年の友人であるグスマン・カリキリ教授はそう振り返った。代議員の五人にひとりはバチカン中央集権主義の問題に直接、間接に触れていたが、ショッテ枢機卿はその議論を「まとめ」から削除することを望んでいた。バチカンでの初めての記者会見に臨んだベルゴリオはショッテの隣に座って、イタリア語は明らかに流暢であったにもかかわらず、「うまく伝わるように」と断わってから、穏やかなスペイン語で控え目に話した。司教団体制について尋ねられた彼は「そのテーマに関する徹底的な議論はこの〈世界代表司教会議〉が設定していた範囲を超えていた」とし、「別の機会に、十分な準備をして」取り組むべき必要があると述べた。それはその問題が教皇庁の統制下にある〈世界代表司教会議〉ではないところで扱われるべきものということを明確にしたうまい返答であった。彼は記者たちに改革者としての徴を与えることなく、確実な守備要員と見なされたが、ジャーナリストたちにはその明瞭さと簡潔さを印象づけた。[10]

振り返ってみれば、ベルゴリオを普遍教会に多くの称賛者を得させてデビューさせたのはこの〈世界代表司教会議〉であったことは明らかである。イーガン枢機卿が二〇〇九年に引退した後にニューヨーク大司教となったティモシー・ドーラン枢機卿は前任者が「しばしば熱烈にブエノスアイレスの大司教について話していた」と振り返っている。[11]

この後、ベルゴリオはすぐにアルゼンチンに戻ることができなかった。国が非常事態に陥っていたからというだけではなく、枢機卿として、典礼、聖職者、奉献生活、家族、ラテンアメリカなどの問題を扱う様々なバチカンの部門での仕事に任命されたからである。しかし、彼はその多くの会合を欠席した。「彼はローマに来るのを好んでいませんでしたし、そこで起こっていること、教皇庁が運営しているやり方も好んでいませんでした。彼がローマに来たのは考えられているよりはるかに少なかったんです」

カリキリはそう振り返る。ベルゴリオはローマには、可能であれば年に一度だけ二月に来るようにしていた。周囲の職員たちはそれを「四旬節の罪の償い」とからかった。そして、来たとしても必要とされる期間以上に長く滞在することは絶対になかった。ローマ教皇になった後、「ローマのことはほとんど知らない」と言ったのは誇張ではなかったのである。二〇〇七年以来、ベルゴリオの広報担当を務めるフェデリコ・ワルスによれば、ベルゴリオにとってローマとは「教会がそうあるべきではないと彼が信じていること、贅沢、虚飾、偽善、官僚主義といった『自己顕示』的なものすべての中心」であり、それゆえ、ローマに行くのを嫌っていたという。

それでも「ヨハネ・パウロ二世以後」を見据える者たちが彼を忘れることはなかった。二〇〇二年、ある優れたバチカン評論家がこの〈世界代表司教会議〉以後のベルゴリオについて以下のように書いている。

彼をペトロの後継者としてローマに連れ戻すという考えはますます大きくなって広がっている。ラテンアメリカの枢機卿たちの間ではヨーゼフ・ラッツィンガー枢機卿と並んで、彼を後継候補の中心と見なす傾向は強まっている。教皇庁でその名を聞いて躊躇する重要人物といえば、ラテンアメリカ出身のローマ教皇という考えを支持していることで知られる国務長官アンジェロ・ソダーノ枢機卿その人だけである。[12]

＊＊＊＊

ベルゴリオは地の底に滑り堕ちようとしている祖国に帰ったのは二〇〇一年の終わりのことだった。アルゼンチン経済は不況に入り、銀行は倒産間近であった。国の資金が尽きてしまったので、公務員の給与は役に立たない商品券で支払われていた。国際通貨基金（ＩＭＦ）が融資計画の変更を保留すると、銀行では取り付け騒ぎが発生し、フェルナンド・デラルア大統領は十二月はじめに預金口座を凍結、引き出し額を週二五〇ドルに制限した。この「コラリート」と呼ばれた「預金囲い込み政策」は突然、経済から現金を吸い上げることになり、国中の事業が窮地に陥った。あらゆる町で教会の炊き出し所の列の長さが普段の三倍になった。

司教たちは十二月十九日、国連開発計画（ＵＮＤＰ）と協力して五月広場近くの教会のチャリティー団体カリタスの本部で国の指導者との会合を計画した。ベルゴリオ枢機卿と司教協議会議長エスタニスラオ・カルリック大司教は社会援助の緊急措置をとらないと国は自ら崩壊していくと述べ、状況の重大さを説明した。説得の末に出席したデラルア大統領はその警告を大袈裟として放置したが、その場を離れる際には石と卵を投げつけられた。怒った群衆が広場に集まり、大規模な民衆の抗議が始まった。「カセロラソ」という名で記憶されることになるこの「鍋暴動」はその後、何日にもわたって何十万もの人が通りを占拠し、鍋やフライパンを叩いて、政府の退陣を要求した。それをうけ、デラルア大統領は非常事態を宣言した。

自室のある三階の窓から五月広場での警察の残虐行為を目にしたベルゴリオは激怒し、平和的な抗議を認めるよう内務省に申し入れた。そして、このデモが人びとの本物の反乱であるという事実を称賛し――アルゼンチンでのデモは大半が組織的なものであった――、その背景には腐敗を終わらせるという単純明快な要求があるという声明を出した。

翌日、全国で多くの抗議デモがあり、五月広場での七人をはじめ全国で多くの死者が出て、負傷者は何百人にも及んだと報じられた。群衆が大統領官邸周辺に押し寄せたので、デラルア大統領はヘリコプターでその場を逃れ、翌日に正式に辞任した。つづく二週間の間に大統領が四人替り、主権国家による史上最大の債務不履行が生じた。九五〇億ドルの対外債務は三七〇〇万のアルゼンチン国民を途方に暮れさせ、公的資金の浪費と腐敗に対する告発の一〇年が始まった。

国と経済が荒廃状態にあったクリスマス・イブに、ベルゴリオ枢機卿は真夜中のミサへと人びとを誘《いざな》い、ベツレヘムで暗闇を包まれた中で光を放つまぐさ桶を見つめることを人びとに求めた。

「今夜、説明できない多くのことがあり、これから何が起こるのかもわかりません」

彼は柔らかに語った。

「希望をもちましょう。今夜、私が言いたいのはそれだけです。それしかないのです」

年が明けると、政党間の合意の下、ペロン党のエドゥアルド・ドゥアルデが二〇〇三年九月までデラルアの大統領任期の残りの期間、大統領を務めることに同意し、選挙は行われないことになった。長い間無謀な支出とドル準備金の不足によって徐々に蝕まれてきた兌換法はついに放棄され、ペソはその四〇パーセントの価値を失った。海外の口座にドルをもっていた富裕層はさらに豊かになり、給料で暮らす中産階級と貧困層は戦争のない時代としてはワイマール時代のドイツ以来、最悪の危機の時代に耐えていくことになった。

その後の二年の間、経済不況は続いた。企業や工場は倒産するか、ブラジルやチリに移っていき、失業率は五〇パーセント近くにまで達した。九〇〇万人が一ドル以下で一日を暮らす貧困状態に陥り、およそ一八〇〇万人が貧困層に分類されるようになった。この新たな絶望を象徴するのは「カルトネーロス」の出現だった。町のゴミの中からボール紙や段ボールなどの紙を集め、それを二束三文で買い取ってもらう人びとのことである。かつては世界に食糧を供給していた国で今や子どもが栄養失調で死にかけていた。移民の夢から生まれた国で今や何十万もの若者がスペイン領事館やイタリア領事館の外でパスポートを求めて列を作り、かつて祖父母がした旅を逆方向にすることを望んだ。

小教区の炊き出し所で列をつくっていた人の中には高い教育を受けた人も多かった。会社が倒産し、多くは結婚生活も破綻し、家を失ったのである。この危機は様々な点において、かつてラテンアメリカ最大であった中産階級に破壊をもたらした。より年配の世代にとって、それは抑鬱と絶望に直結していた。頼るべき社会保障をもたず、長く貧しい暮らしをしてきた人びとには立ち直る力もなく、何十万人もの貧しいアルゼンチン人にとって、教区のチャリティーのネットワークは文字通り、生命線となった。

国のあらゆる教区にカリタスの事務所があったので、主たる救援活動を展開する基盤はすでにあった。教会は野戦病院となった。ベルゴリオ枢機卿はブエノスアイレスの一八六小教区、八〇〇人の司祭と一五〇〇人の修道会のメンバーを動員し、一〇〇万人に及ぶ活動的なカトリック信徒に町へ出て困っている人を見つけるよう呼びかけた。配ることのできるちょっとした余分な食べ物をミサに来る人がもち寄ることは普通のことになった。教会は夜、増加するホームレスを収容するために解放された。パンを焼くためにガスシリンダー式のオーブンが橋の下に設置され、看護ステーションが開設されて、薬が提供された。カリタスも海外からの寄付が届き始めると、市全体に支援計画を拡大し、特にホームレスの収容施設を建設し、仕事を求める何千もの人のために職業訓練プログラムをつくった。

ベルゴリオにとって、これは人びとを見守り、危機が過ぎ去るまで食物を与え、避難場所を提供する時であった。カリタスのスタッフやボランティアには、しきたりや法律上の微細な点に囚われることなく、素早く、直接に、困っている人に供給できる計画を立てるように言った。しかし、効率を求めるあまり人を見失うようなことになってはならないとして、人の尊厳は時間と注意を必要とするものだと語った。ブエノスアイレスのカリタスの所長ダニエル・ガスマンによれば、二〇〇二年三月、以前かみそりの刃の工場であった建物で新しい支援計画を開始したときには、援助は「工場のようであってはならず、職人がするようでなければならない」と語っていたという。ベルゴリオにとっては、そこに何人いるかは問題ではなく、人がそこにいるということが問題であった。カリタスのスタッフが寄付を求めるとき、それはベッドのための寄付ではなく、そこで寝る人のための寄付なのである。その寄付はサマリア人が与えるようなものでなければならないと彼は言った。その人を目で見て、傷に触れ、抱きかかえるような寄付でなければならない。

当時の教会への信頼度は政治家への信頼度の低さとは対照的に高かった。一九八三年にまで遡れば、教会は独裁者と結託し、普通の人のことより自身の利害を考える権力のブローカーと見られていた。それが今や、ギャラップ社による世論調査で、政治家と裁判官が下位に沈む中、教会はアルゼンチン人が最も信頼する機関という結果が示されるまでになっていた。他の南米諸国での傾向に反して、自身をカトリック信徒と思っているアルゼンチン人の割合はそれまでの一〇年の間に八三パーセントから八九パーセントに上昇した。カルリック－ベルゴリオ体制が批判的な態度をもって政府から距離を保ち、危機に陥った新自由主義の借金しては支出する方針に対して、司教たちが一貫して公然と非難してきたことが教会への支持が集まった理由のひとつであった。また、人びとへの援助によって示された包容力も強い印象を与えていた。しかし、大きかったのは教会が言行一致を貫いていたことであった。教会は人びとのためにあり、教会自体のためにあるのではない。特に、ベルゴリオ枢機卿は奉仕の力を象徴していた。彼のことをよそよそしいと見ていた人も彼の威厳と清貧生活を称賛した。それが政治指導者の強欲との違いをさらにくっきりと際立たせていた。

＊＊＊＊

しかし、エドゥアルド・ドゥアルデ大統領は例外であった。実践を伴うカトリック信徒であり、司教たちの展望とあまり離れていない考えをもつ彼は私欲を捨ててアルゼンチンが危機の中で存続していく道を模索し、国の資産を用いて貧しい人びとに対する緊急支援を行おうとした。ベルゴリオ枢機卿とカルリック大司教は二〇〇二年一月のはじめ、就任三日後の彼を大統領官邸に訪れ、十二月のあの日に始まったことを正式なものにすることで合意した。それは国連の技術的な支援を受け、ドゥアルデが政府を参加させる会合を教会が主催するということであった。「アルゼンチンの対話」はこのようにして誕生した。七か月にわたり市民が集中的に関わり、社会を完全崩壊から遠ざけるだけでなく、新しい種類の政治への可能性を創造しようという試みであった。ドゥアルデが後に記したところによれば、ベルゴリオはこの時、市民社会を支え、アルゼンチンを災難から救うために舞台裏で働いた〝巨人〟のひとりであった[13]。

この「対話」の大きな強みは拡大してきていた市民社会に発言させたということであった。市民社会において教会は主要メンバーであったが、唯一のメンバーというわけではなかった。輸送、食糧、子どもの世話、健康管理などの基礎的なことを人びとが団結して組織的に行い、物々交換で商品や労力をやりとりした。地域のネットワークと地区グループは結びつきを強め、発言権を要求し、破産状態の国が残した空白を埋め始めた。全体で約二〇〇〇の組織が自分たちの意見を発したこの「対話」は、差し迫った問題、長期的な難問を扱い、短期的な工夫に対する全体の合意を生み出し、組織の長期的な改革についての考えを作り出していった。

「誰もが話をしにやってきました。それによって人びとの心配事を知ることができたのです。人びとは物事を尋ね、要求しにやってきました。しかし、それは非常に重要なことでした。それが国の戦略を定める助けになったのです」

教会を代表して「対話」を統括していたホルヘ・カサレット司教はそう振り返る。[14]

ベルゴリオは「対話」を呼びかけたが、先頭に立つのはドゥアルデであって、教会ではないという点では譲らなかった。

「教会は兄弟たちが会って和解するために家を提供する人のように対話のための場所を提供しました。しかし、教会は業界団体とかロビー団体など、利権や圧力団体の意向に沿って対話に参加する団体ではありません」

ベルゴリオはイタリアのジャーナリスト、ジャンニ・ヴァレンテにそう語っている。同時に、彼らの関与は司教たちの政府からの独立性を損なうことはなく、引き続き市民社会に代わって政府を批判した。「私たち司教は教会が世話をする貧しい人びとを生産する体制に飽き飽きしている。国の援助を必要とする人びとに届いているのは援助全体の四〇パーセントだけで、残りは汚職ゆえに途中でなくなってしまっている」と就任一か月後の大統領に手渡した文書でベルゴリオは申し入れた。

左翼のイデオロギーによる国の神格化の後、新自由主義による国の内臓摘出作業が続いていることをベルゴリオは非難した。危機から抜け出す唯一の道は下からの再建であった。彼はマンゾーニの『いいなづけ』から引用してヴァレンテにこう語った。

「私は奇跡を信じています。『うまくいった時に初めて、神が奇跡を起こしていたことがわかる』ですよ」[15]

その年、ベルゴリオはドゥアルデ大統領が参列した五月二五日の〈テ・デウム〉で、その奇跡について説明している。ルカ福音書のザアカイの物語を用いて、アルゼンチンは木によじ登ってイエスのことを見ようとしている背の低い不正な徴税人のようだと述べた〔ルカ福音書十九章〕。イエスは彼に気づき、木から下り、一緒に来るように招き入れ、盗んだものを返すようザアカイに約束させる。「アルゼンチンは正しい高さまで再び大きくなることができるだろうが、まずは木から下りる必要がある」と枢機卿は言った。

「立派な計画に基づいた事業であっても、基礎から作られ、基礎に支えられていなければ実現しません。個々人の利害を放棄し、すべての傲慢を克服する忍耐強い日々の仕事にまで身を低くすることでそれは実現されるのです」

徴税人には自分が変わることは求めず、他の人びとと同じようになること、つまり普通の、善良な市民になることを求めた。それは民衆《プエブロ》の一部となり、それに仕えることへの招待であった。

この物語の結末をよく考えてみましょう。法を受け入れ、見せかけやごまかしなしで兄弟姉妹とともに生き、自信をもって、自らの創意が育つのを待つ忍耐をもって、神の隣に座るザアカイは、人の話に耳を傾け、対話をすることができ、なにより譲り合い、喜んでものを分け合えるようになりました。歴史が私たちに語るのは、多くの民族が破滅からザアカイのように立ち上がり、卑しさを放棄してきたということです。私たちは時間と創造的な組織化の努力に余地を与えなければなりません。幻想と約束に対する不毛な要求に依存してはいけません。それよりも断固とした辛抱強い行動に力を注ぐのです。このように花を咲かせようとする希望をもつことができます。この希望は人を失望させません。それは私たちの心に神様が与えて下さった賜わり物だからです。[16]

ベルゴリオは国の浄化によって新しい民主的な政治と経済が生まれることを願った。それは人びとに根ざし、人びとに仕える政治、経済であり、市民社会の活気ある機関が国について説明ができる力をもつということであった。このときの〈テ・デウム〉をはじめとして、彼は好機をとらえてアルゼンチンの人びとに忍耐強く、作り上げていくということを訴え続けた。それは――〈世界代表司教会議〉で司教の役割を解説したように――人びとを見守り続け、神が働くための時間と場所を与えようとするかのようだった。しかし、過程の中で安易な道をとらせる多くの圧力と誘惑があった。彼が述べた「不毛な要求」とは、おそらく「ピケ抗議団《ピケテーロス》」に対する批判である。それはアルゼンチンの伝統的なやり方で国に対する怒りの要求をする社会的抗議の新しい形であった。

　枢機卿が恐れたのは国家中心の考えをもつポピュリストが人びとの怒りを利用して、アルゼンチン社会を分極化させるのではないかということであった。その恐れが十分に根拠のあるものであったことは直に明らかになった。アルゼンチン南部パタゴニアの石油が豊富なサンタクルス州の知事ネストル・キルチネルは全国レベルではほとんど知られていない人物であったが、地元では効果的な高支出型の行政手法で評判を得ていた。彼と彼の妻で魅力的な上院議員クリスティナ・フェルナンデスは一九七〇年代初期にはペロン党の革命主義的な左派として活動していた。モントネーロスとして活動はしていなかったにせよ、モントネーロスにはかなり近く、クーデター後、南部に下り、抵当差し押さえに特化した法律事務所を築き上げて成功し、政治の世界に入った。ネストルはリオ・ガジェゴス市長を経てサンタクルス知事になり、クリスティナは州議会議員であったが、その後、上院議員となる。

　ドゥアルデは目星をつけていた候補者の担ぎ出しに失敗し、メネムの三期目を目指しての大統領選立候補を懸念し、それを阻止するために、しぶしぶキルチネル支持を決めた。選挙は無名のキルチネルと信頼されていないメネムの決選投票になった。土壇場になってメネムが立候補を取り下げ、キルチネルは対立候補なしで当選したが、得票率はほんの二二パーセントで、そのほとんどがドゥアルデの支援によるものであった。経済はちょうど再び成長し始めていたが、二〇〇三年五月二五日の就任式の後、キルチネルの最初の任務は政治的な基盤を構築することであった。その〈テ・デウム〉の日、ベルゴリオは「いやしの和解だけが私たちを生活へと戻してくれる」と力説し、「不毛な内部的な議論から生じた遺恨、終わりのない衝突」に再び戻ることのないように警告した[17]。

キルチネルはそれに耳を傾けなかった。市民社会の組織からのおびただしい推薦を利用して、自分の基盤を築くために「アルゼンチンの対話」に目を向けるのではなく、自分の計画の基礎として敵味方を分ける論理と伝統的な「アメとムチ」に基づく国家財政の出動という一九七〇年代的レトリックをキルチネルは選んだ。市民社会から七か月におよぶ「対話」の成果として二冊の分厚い提案書を渡されたときも、大統領はそれに興味を示さなかった。「私たちはもてるものを提供しましたが、彼らはそれを拒否し、自分たちでつくる別の計画で支配すると言ったのです」とカサレット司教は振り返る。

その計画とは「民衆」を軍、農産物輸出業界、大工場など、独裁政権時代には「民衆」を抑圧することで政府と結託していたと非難される「諸団体」と争わせるという古き二者択一の政治を復活させることであった。キルチネルは「五月広場の母の息子」を自認し、政権につくや人権保護団体に政治的なポストを与え、彼らを喜ばせるために、アルフォンシンとメネムが制定した赦免法の適用を制限し、軍将校の再審を可能にした。政府の公式の立場を一九七〇年代に不届きな暴力が一度だけあったということにし、それは教会と寡頭政治の右派同盟に煽動された軍の暴力であったとした（ゲリラは「民衆」のために戦っていた）。それ以外の主張は信用できない「どちらがマシか」の議論として貶められた。

貿易が好調であることと結びついた高い経済成長率に支えられて、キルチネルはサンタクルス州で行った統治方式を国レベルで再現した。輸出で得た収入を運用資金に乏しい公共行政機関に投入して、その忠誠を得たのである。二〇〇五年の中間選挙では四〇パーセント以上の支持を得て、短期間で実体のある政治的な基盤をもつようになった。しかし、誇張表現を和らげて、全体を包み込むような政策を採用するのではなく、分極状態をさらに尖鋭化していく。もはやドゥアルデ前大統領あるいはその支持母体である正義党（ペロン党）にさえ依存することはなくなり、自らの派閥の世界観を共有する腹心に閣僚を限定するようになっていく。キルチネルは次の数年の間、オラシオ・ベルビッキのような忠節を示す政府支持派のジャーナリストの助けを借り、アメリカ、イギリス、世界銀行といった外国の利害と結びついている将軍、司教、銀行家、輸出業者など、国内外のはっきりと体制の敵と定義されるものへの攻撃をくり返すことによって支持を集めていく。

政権についた直後、大統領秘書官がベルゴリオ枢機卿に大統領との会談のために官邸に招待したいと呼びかけた。ベルゴリオは国と教会の関係がどう見えるかに敏感であったので、その申し出を断わったが、大統領が広場を横切って教区本部に来るのであれば歓迎するつもりであった。

「大統領が会いたいというなら、私の事務所に来ればいい。私が大統領に会いたいときには、こちらから執務室に出向くよ」

彼は教区のスタッフにそう説明したという。最終的には二〇〇三年八月、司教団の要請を受けて設定された会談のために、司教協議会の新議長となったロサリオ大司教エドゥアルド・ミラスとともに大統領官邸へ行き、大統領と枢機卿は面会した。しかし、キルチネルは同僚のペロン主義者フリオ・バルバロに「宗教的な感性はゼロ」と言われたように、自分がコントロールできない教会の言うことに耳を傾ける気は全くなかったことがすぐに明らかになった。

二〇〇四年五月、ベルゴリオは革命記念日の演説原稿の写しを大統領官邸へ送ると、政府関係者を通して「〈テ・デウム〉の目的は一八一〇年五月の革命に感謝の祈りを捧げることにある」という横柄な反応が返ってきた[18]。演説を阻止されたわけではなかったので、枢機卿として五回目のアルゼンチン革命記念日の挨拶はこれまでで最も力強く、最も熱のこもったものになった。それは用いた言葉においても一九七〇年代におけるイエズス会での講話や論文と非常に似たものであった。彼は「忠実な民」のために、観念論を振りかざすエリートとの戦いに戻ってきたのである。

福音朗読は故郷ナザレに戻ったイエスがユダヤ教会堂でイザヤ書の一節を朗読すると、驚きが起こり、やがてそれが怒りに変わって町から追い出されるというルカの物語であった〔ルカ福音書四章十六節以下〕。演説のタイトル「預言者は故郷では歓迎されない」もルカ福音書からとったものである。イエスに憤激した人は民衆の英知から切り離された自己充足、自己正当化のエリートであるとベルゴリオは仄めかし、イエスに石を投げつけようとするとき、彼ら自身の「弱い思考方法」と凡庸さが露わになるとした。さらに枢機卿は社会からの排除という考えを捉え直し、その原因は単に構造的な不公正だけではなく、敵と味方に社会を分けようとする派閥主義と不寛容な態度も社会からの排除という考えの原因となるが、それでも「人びとの魂」は欺瞞的で凡庸な戦略や、党派心ばかりのいざこざに取り込まれたりはせず、社会が直面している「大きな挑戦」に注目していると述べた。そして、民の間で語るキリストのイメージをもって、「イエスに石を投げ、町から彼を追い出したのは誰か」という進歩的なエリートたちには我慢ならないメッセージを問いかけて演説を締め括った。[19]ベルゴリオはイグナチオのように、聴く者たちを誰と自分を重ね合わせたいかを選ぶよう誘ったのである。

その日は熱があったというキルチネルはこの演説について、国の現実のある面をはっきりと述べたものだと思うと記者たちに語り、アルゼンチンは自らのアイデンティティを再発見し、「社会の包容力を回復することが基本的な任務」と述べた。[20]

＊＊＊＊

二〇〇四年のはじめ頃からベルゴリオはある司祭に薦められて、道教の道士でもある漢方医の治療を受けるようになった。その漢方医、劉明《リュウミン》が最初の診察で三階の事務所に行き、枢機卿の正面に座わると、ベルゴリオは彼を見つめたまま、何もしゃべらずにいた。

「その時、彼は私に思念を送っているのだと感じました。その後で、彼は健康の問題について語り始めました」

そのほんの一年前に中国の江蘇からやって来たばかりだった道士は当時の記憶を辿る。

この時、六〇代後半であった枢機卿はぼろぼろの胆嚢と糖尿病に加えて、心臓痛に苦しんでおり、医者には何種類かの錠剤を処方されていた。ベルゴリオは国難の中、驚異的な量の仕事をこなし、その代償として恒常的なストレスから来る動脈血栓症に罹っていた。血流をよくし、血栓の場所を動かすために定期的な鍼治療とマッサージをしたいと道士は言った。その間、錠剤の服用は止めなければならなかった。枢機卿はそれに同意した。

ベルゴリオが最初の鍼治療で服を脱いだとき、劉明は衝撃をうけた。

「服には穴があいていて、とても古くて、擦り切れていました。『こんな重要な人がどうしたらこんなに謙虚になれるのだろうか』と私は思いました」

その後、ベルゴリオは状態がよくなるまでの三年の間、週に二回、劉明の治療を受け、治った後、それは月に一度になった。枢機卿は彼のことを「中国の拷問人」と呼び、サンロレンソを応援するよう彼を説得し、彼の娘の名を提案し（その結果、その子はマリア・グアダルーペと名づけられた）、スペイン語の『易経』、聖書、『信じる理由』という題の本など何冊かの本を彼に贈呈した。劉明は雑談の中で、「体のうちには自力で自身を癒やす能力がある」、「西洋の医療は外側ばかり見て内部のことを考えていない」、「漢方なら一四〇年生きられる」と語り（ベルゴリオは笑って「私はそんなに長生きするのか」と尋ねたという）、道教のこと、神のことを語った。枢機卿はいつでも注意深く耳を傾けていた。劉明は彼の脈が出会った頃よりも力強くなっていることに驚いた。また、その霊性、エゴがないことに深い感銘を受けた。「(ベルゴリオは）外側のことには関心がなく、内側に関心をもっていた」と漢方医の道士はのちに語っている[21]。

それは当時、ヨハネ・パウロ二世が日々与えていた教訓であった。それまでの三年の間、彼の病状は確実に悪化していっていた。ピレネー山脈の麓にあるフランスのルルドの聖堂に行った二〇〇四年七月の最期の訪問までに、彼は人間が被る苦難の象徴となっていた。涎を垂らして、ぐったりと座り込み、体は震え、もはや自分の体を制御することができなくなっていた教皇は、車椅子から自らの教皇政治の中で最も重要な教訓を与えていた。そのすべてを語る出来事がルルドであった。有名な洞穴でロザリオの祈りを唱え終わったとき、障害をもった若い男性が祝福を受けるために前方へ連れてこられた。彼はうつむき、体は一方の方向にねじ曲がっている。二人は車椅子の上で同じように脆さをかかえた互いのことを無言で見つめた。祈りをはらんだ永遠のときが流れた[22]。

ベルゴリオが最初にヨハネ・パウロ二世に会ったのはヴォイティワ枢機卿選出の翌年、一九七九年にローマで教皇が先唱したロザリオの祈りにイエズス会の管区長として加わったときのことだった。そのときベルゴリオは二〇〇五年に教皇が死去した後に書き記しているように、ヨハネ・パウロ二世列聖のために集められている証拠の一部となる深い経験をしている。

　ある午後に教皇が先唱する聖なるロザリオの祈りに行った。教皇は私たちの前で跪いておられた。そこには非常にたくさんの人がいた。教皇の背中を見ながら、私は祈り始めた。私はひとりではなく、私とそこにいるすべての人が属す神の民のただ中で、我らの牧者によって導かれて祈っていた。

祈りの最中、私は教皇を見て、気が散ってしまった。（中略）そして、時間が消え始めた。私はヴァドヴィツェ出身の若き司祭、神学生、詩人、労働者、子どものことを想像し始めていた。それはまさに今そこにいるような姿でアベマリアの祈りをくり返し唱える姿であった。その証言に私は心を打たれた。教会を導くために選ばれたこの人は天にある聖母とともに踏みしめた道、その子ども時代に歩き始めた道のすべてを体現していると私は感じた。そして、グアダルーペの聖母が聖フアン・ディエゴに語った「恐れなくてもいいのです。私はあなたの母親ではありませんか」という言葉の重みを不意に理解した。私は教皇の人生の中に聖母マリアの存在を見出した。

彼の証言は記憶の中に埋没することはなかった。その時から毎日、私はロザリオの祈りの十五の神秘を唱え続けている。[23]

同じ証言の中には、一九九八年に大司教になった後に何度も教皇と「個人的な会合」をもち、ヨハネ・パウロ二世の「無尽蔵の記憶力」に深い感銘を受けたとも記されている。それによれば、「教皇は歴訪した場所、その際に出会った人や状況についてよく記憶しておられた。それは教皇がいつでも全体に注意を払っておられたことの証明」としている。また、教皇がどのように自分の気を楽にさせてくれたかを振り返っている。

「私は内気で遠慮してしまうことがあるので、一度ならず、聴衆に向けて話していた話題について彼に話し終わると、教皇の時間を無駄にしないようにその場を立ち去ろうとした。すると、私の腕をつかみ、『だめだ、だめだ、行ってはいけない』と言われて、私を再び座らせ、私たちは話を続けた」

ベルゴリオはバチカンの裁判所に対して、ヨハネ・パウロ二世が「堂々とすべての美徳のうちに生きた」ことに疑いをもっていないと述べている。[24]

二〇〇五年二月、ヨハネ・パウロ二世が人生の最後の段階を迎えていたとき、ベルゴリオ枢機卿はその数週間前に起こったブエノスアイレスのナイトクラブ火災の余波の中にあり、二〇〇人にも及ぶ死者を導き、一五〇〇人もの負傷者に近く寄り添っていた。彼はオンセにあるクラブ「レプブリカ・デ・クロマニヨン」に最初に駆けつけた人のうちのひとりであった。犠牲者の親戚たちに付き添い、病者の塗油の秘跡を授け、遺族とともに祈り、ショックと痛みのただ中に静かに、支えとなるべく立っていた。補佐司教のひとりホルヘ・ロサーノを負傷者や悲嘆に暮れる人びとに司牧的な支援をするチームの責任者として、毎月三〇日をこの悲劇を記憶する日としてミサを行うよう命じた。

明け方から夜遅くまで病院や遺体安置所にいた枢機卿の確固としているが、穏やかな存在感が町の心を勝ち得ていた。それは政治家たちの不在、人任せの態度を露わにするものでもあった。悲劇の原因が解明され、最低限の迂回路を設けた安全対策についての悲しい弁明が行われたとき、その理由は明らかになった。背後には市の高級官僚と警察が関与する横領、隠蔽、黙認といった腐敗の連鎖があったのである。

ロサーノ司教は振り返る。

「明らかになったのは顔をそむけたくなるような腐敗の連鎖でした。非常口の扉はただで入場できないように鎖と南京錠で閉じられ、事故当時には許可されている入場者数をはるかに超える数の人が中にいました。ベルゴリオ枢機卿がそのことで指摘したのは、ブエノスアイレスの社会が如何に若者たちのことを気にかけることなく、利益優先で若者たちの場所を組織しているかということ、コントロールすべき人が如何にしてコントロールしないことで金銭を得ていたかということでした」

強欲という祭壇に若者たちを犠牲に捧げたことに激怒した枢機卿は人びとの感情を言葉で表現した。彼は二〇〇五年一月三〇日に大聖堂で語る。

「私たちは力があるわけではなく、金持ちであるわけでもなく、重要であるわけでもない。しかし、苦しみに耐えている。（中略）言葉で表現できない苦しみに、家族すべてを覆い尽くす苦しみに」

そして、正義のために「この慎ましい人びとが無駄にされませんように」と祈った。

その年の暮れ、事故一周年の祈念ミサで行われた説教は彼の説教のうちで最もよく記憶されているもののうちのひとつである。何百もの悲しみに沈む遺族でいっぱいになった大聖堂は驚くべき感情の発露の中へと導かれた。穏やかに語る上ずった声によって、悲しみに暮れる母親という町のイメージ、取り乱し、痛みを忘れようと気に病んでいる場所という町のイメージが創り出された。

今日、私たちはここにいて、希望いっぱいでこの聖堂へやって来て、その希望をくじかれ、途中で遮られるという確信とともに戻っていったその母親の心の中に入っていこうとしています。その心に入っていくことはこの町の、ひとりの母親でもあるこの町の子どもたちのことを思い出させます。その子どもたちはその母によって心にとまり、その母は今日の第一聖書朗読のアブラハムの子らのように、それが自分の後を継ぐ子どもたちであるとわかっています。そして、もはや一緒にいないその子どもたちが私たちに与えてくれる遺産は非常にはっきりしています。「心を頑なにしてはいけない」ということです。ここにある彼らの写真、彼らの名前、この蝋燭が象徴する彼らの命が私たちに向かって、心を頑なにしてはいけないと叫んでいます。それは彼らが私たちに残した遺産です。彼らは私たちに「泣け」と語りかける遺産という子どもなのです。

取り乱した町よ、ばらばらに広がった町よ、自分勝手な町よ、泣いていいのです。あなたは涙によって浄くされる必要があります。ここで祈る私たちはこのメッセージをブエノスアイレスの兄弟姉妹に送ります。ともに泣きましょう。ブエノスアイレスで泣く必要があるのです。ここで泣きましょう。外で泣いてもいいのです。そして、それぞれの心に、この町の兄弟姉妹の心に主が触れてくださるように願いましょう。彼らもまた泣いているかもしれません。私たちの涙で私たちの上辺だけの浮ついた町が浄められるかもしれません。[25]

二月、ヨハネ・パウロ二世は深刻な呼吸困難に陥り、病院に救急搬送された。事態は深刻だったが、多くの人はこれまでもそうであったように、回復するだろうと思っていた。しかし、三月末、気管切開の後、終わりが近いという徴候が見られるようになる。ヨハネ・パウロ二世は使徒宮殿の住まいから復活祭の祝福を発しようとしたが、言葉が出なかった。彼は打ちのめされたように見えた。側近のひとりが窓のところから彼を移動させようとすると、それを教皇は押しのけた。一九七八年十月に選出された日に広場の人びとに向かって、枢機卿たちがローマの司教を捜して「遠い国」へ行ってしまったと語り、自分のイタリア語の間違いを直してほしいと頼んだときのように、もう少しそこにいて、人びとと交わりたかったのだ。そして、自分はもう話すことができないのだと説明するかのように喉に手をあて、宙に十字を切った。その後、彼はそこにしばらく留まり、広場を見つめた。その瞬間、群衆は教皇が別れを告げておられるのだと悟った。数千もの人が広場に立ち尽くし、人目もはばからずに泣き始めた。

ベルゴリオは四月四日の大聖堂でのミサで、欺かず、虚偽を述べず、人を騙すことのなかった完き完全の人に温かな悼辞を送った。その人は「毎朝の祈りに長い時間をかけ、自身が崇めるがゆえに自身を神の力によって形づくらせた一貫性、神の人としての一貫性をもって、人びとに接した人」であった。枢機卿は「自身を神の意思によって鑿《のみ》で彫らせるに任せていた」というはっとさせられるような言葉でヨハネ・パウロ二世は「首尾一貫した人」であったと述べた。

この首尾一貫した人は私たちを兄弟殺しの大虐殺から救ってくださった。この首尾一貫した人は優しさを信じていたので、腕の中に子どもを抱きしめることが好きであられた。この首尾一貫した人は一度ならずリソルジメント広場からホームレスの人びとを連れ出して、新しいスタートを切らせられた。この首尾一貫した人は自分を殺そうとした男と話すために、回復した後、牢獄を訪れる許可に求められた。この人は証人である。「この世紀が必要とするものは教師ではなく証人である」。あの方のこの言葉をもって、この話を終えることにしたい。受肉した言葉においてキリストは信仰の証人であられた。今日、私たちはヨハネ・パウロのうちに信仰の証人の模範を見る。そして、あの方がこのように一貫した生涯を終えられたことを感謝したい。あの方が質素に信仰の証人として人生を終えたことを感謝したい[26]。

＊＊＊＊

ベルゴリオはその後、それからの数週間の間、地球の転換点となったローマへと出発した。この期間に約四〇〇万人もの人がバチカンを訪れ、テベレ川からサンピエトロ広場までつづく人間の大洪水を生み出した。人びとは歌い、祈り、そして待った。弔意を表すために一昼夜、列に並ぶ人もいた。五つの大陸すべてから枢機卿や高位の聖職者が到着すると、彼らはまさにこの時に相応しく「死の門《ラ・ポルタ・デッラ・モルテ》」を通って聖堂へと入っていき、狭い大理石と石の通路から胸を打つ驚くべき場面を目の当たりにした。頭を赤い三つの枕の上に置き、足にはトレードマークであった濃赤色の靴を履いた教皇の縮んだ青白い遺骸は赤いビロードの安置台の上に載せられていた。その前に設えられた祈禱台の前に跪いた枢機卿たちは棺台の背後へと静かに移動しながら、悲しみ祈る人びとの穏やかな流れを見た。そこには現代社会においてこれまでに見られなかったような数の神の誠実な聖なる人びとが押し寄せていた。人びとは教皇の動かない遺骸に引き寄せられ、中央ヨーロッパの小さな町々からバスや格安航空会社の飛行機でやって来た。その古代から続く磁力について世界中のメディアが懸命に説明した。

この人びととの流れに畏怖を感じ、守るべき貴重な遺産を手渡されたことを意識しながら枢機卿たちは同僚たちとともに「シノドスの間」で毎日開かれる会議に加わった。投票権をもつ同僚たちの中でパウロ六世によって枢機卿の緋色の帽子を授けられたのは長老格のヨーゼフ・ラッツィンガーと、アメリカのウィリアム・ボームだけであった。この二人を除く枢機卿たちにとって、これは全くの新しい経験であった。つまり、遙か彼方の一九七八年以来、ローマ教皇は死んでおらず、新しい教皇が選ばれるということもなかったのである。

しかし、外部のメディアは理想的な次期教皇候補について、そのプロフィールを終わりなく描き出していたが、その間、「総会」と呼ばれる会議に参加していた枢機卿たちには、それと同じことをする機会はほとんどなかった。「空位期間《セデ・ヴァカンテ》」すなわち、教皇の死からその後継者選出までの期間は枢機卿たちが教皇庁を治めることになっており、退屈な場合もある一連の問題について議論し、決裁しなければならないのである。「総会」の最初の一週間は空位期間についての教会法にしたがって、慎重にひとつひとつのことを検討することでほぼ費やされた。その後、四月八日の葬儀に関する長い議論が続いた。それはテレビが普及して以来、最も多くの人が見る出来事になるかもしれないものであった。「九日間の祈り《ノヴェムディアレス》」と呼ばれる葬儀からコンクラーべまでの九日間の服喪期間の後、枢機卿たちはようやく教会とその将来の方向に必要なことを集中して議論できるようになる。

二〇〇三年の枢機卿会議で三一人の枢機卿が新たに加わり、投票権のある者は今や様々な国出身の一一五名となっており、それに加え、老齢のため投票に加わらない五〇名の枢機卿がいた。会議で誰が話していたのは各々のプロフィールが書かれた新聞の切り抜きをもっていたわずかな枢機卿だけであった。彼らの任務は自分たちの中から誰かひとりを選ぶことであったが、互いのことをほとんど知らなかったのである。

これらの会合でラッツィンガー枢機卿は見事に議長をつとめた。彼はバチカンの教義上のお目付け役であり、司教がバチカンを訪れる際には出迎えるのが役割の教理省の長官を二四年の間務めており、驚異的な記憶力をもっていた。彼は逆説的な存在だった。ローマ集権主義を正当化する神学者でありながら、教皇庁の枢機卿の中では最も強く司教協働を主張しており、訪れる司教たちからはその丁重さと配慮を称賛されていた。そうした資質が今、総会の場で遺憾なく発揮されていた。枢機卿たちは彼を知っており、彼は枢機卿たちを知っていた。彼は枢機卿たちを名で呼ぶことができ、たいていは相手の言語で話すことができた。コンクラーべの前の二週間の間、ばらばらになって方向を見失っていた集団を導いて、結びつけていたのは彼だったのである。

総会自体はヨハネ・パウロ二世の後継者を識別する討論の場としては問題があった。それぞれの話は冗長で漠然としていた。八〇歳を超えた枢機卿は投票できないが、ほぼ三〇年ぶりのコンクラーべのために自分たちがもつ英知をその場で共有しようとして、七分の制限時間をしばしばオーバーして話を続けた。それを〈世界代表司教会議〉とそっくりだと皮肉っぽく不平を言う枢機卿もいた。出席者のおそらく半分ほどはイタリア語を話せず、通訳設備は貧弱だった。また、枢機卿たちは葬儀後、メディアとのインタビューを自主規制していたため、メディアを通して互いについて学ぶこともあまりなかった。

実際には本当の議論は夕方、枢機卿たちが自国の寮や――教皇庁の官僚の場合――ローマの住まいなどで主催する控え目な夕食会で行われていた。そこでの議論はより親密で、率直なものであっただろう。具体的な候補者も挙げられていたかもしれない。たとえば、ウエストミンスターのマーフィー＝オコナー枢機卿は葬儀の後、イギリス寮でザンクト・ガレン・グループと彼らが招待した者のために夕食会を開いている。それでも、大部分の枢機卿、特にアジア、アフリカの枢機卿はそうした集まりのことは知らず、次期教皇の識別には総会での情報だけが頼りであった。

改革派《リフォルミスティ》には明確な候補者がいなかった。マルティーニ枢機卿は八〇歳を超えていた。重いパーキンソン病に罹っており、歩くときには杖をついていたが、いずれにせよ彼自身が自身のことを除外していた。改革派はコンクラーベ前の会議の中で浮上する候補に左右されていた。それが運命的なことであったのは後に明らかになる。それとは対照的に、教皇庁の枢機卿団は当面、ラッツィンガー枢機卿を前面に出していた。たとえ最後のコンクラーベを記憶している者がほとんどいなかったとしても、教皇庁の官僚たちはコンクラーベがどのように動くかを知っていた。重要なのは最初の勢いであり、票は開始早々に新鮮な印象を強く示した人物へと移動していく。彼らはコンクラーベ前の数日間に精力的に動き、最初の投票でラッツィンガーはまずまずの票を得ることができた。

イギリス系、ドイツ語圏系の枢機卿たちの中ではウィーン大司教クリストフ・シェーンボルン枢機卿がラッツィンガー擁立を推し進め、ラテンアメリカ系の教皇庁付きの枢機卿アルフォンソ・ロペス・トルヒージョとホルヘ・メディナ・エステベスはローマに到着するスペイン語やポルトガル語を話す枢機卿をひきとめ、話に引き込んでいた。あるブラジル人の枢機卿が後に匿名で「オ・グローボ」紙に話したところによると、スーツケースを置いて間もなく、二人のラテンアメリカ系の教皇庁の官僚に会合と夕食に招待されたという。

「会話の中で明らかになったのは、彼らがラッツィンガー擁立を考えており、ラッツィンガーもそれを了承しているということだった」

保守派《リゴリスティ》はラッツィンガーが高くそびえる優れた神学者であり、ヨハネ・パウロ二世の遺徳を継げる唯一の人物であり、教皇庁での経験はそこでのさまざまな問題に対処できることを示していると説得力をもって主張したのである。[27]

コンクラーベに向けた準備期間中、イタリアの新聞はラッツィンガーがだいたい四〇票を期待できるだろうと主張していた。その他にも潜在的教皇候補《パパビーレ》の名が長々と挙げられていたが、次の教皇はラテンアメリカ出身というのが予測の中心であった。ベルゴリオも候補者リストに含まれていたが、リポーターの大部分はメディア受けするホンジュラスのテグシガルパ大司教オスカル・ロドリゲス・マラディアガや、経歴がよいフランシスコ会士のサンパウロ大司教クラウジオ・ウンメスに注目していた。しかし、推測は推測に過ぎなかった。ラッツィンガーを支持するロペス・トルヒージョとメディナ・エステベスは別として、ラテンアメリカの枢機卿たちはまとまろうとはしていなかったし、組織化されてもいなかった。その最たる存在がベルゴリオであった。夕食会への招待はすべて断り、インタビューも受けず、いつものように、静かにスクロファ通りに宿をとり、夕食は他の枢機卿たちとではなく友人たちとともにしていた。

彼はマルコ神父を伴っており、代わりにインタビューを断わってもらい、ブエノスアイレスでの出来事から生じていた話に対処していた。そうした話の中にはローマにいるベルゴリオを狙ったものもあった。コンクラーベの三日前、人権擁護派の弁護士がヨリオとヤリクスの拉致にベルゴリオが共謀していたとして、ブエノスアイレスの裁判所に訴えを起こしたのである。マルコが報道関係者に「前からある中傷」と語ったこの訴訟は法的に何の進展も見せなかったが、ニュース記事にはなり、それは当然のことながら、ベルゴリオが教皇になれば、暴き立てられる過去があるという印象を投票直前に生み出した。

この訴訟はその年の二月にオラシオ・ベルビツキが出版した『沈黙』という本での主張に基づいていた。元モントネーロのベルビツキはキルチネル大統領の親しい協力者になっていた。この本は「汚い戦争」に教会が共謀していたという嫌疑について書かれたものであったが、その中の一章でヨリオとヤリクスに対するベルゴリオの行動に関して、かつてのエミリオ・ミニョーネによる主張を支持する新しい証言があると主張していた。

この本の中でベルビッキ自身はベルゴリオに対して偏見はもっていないが、彼が属す人権擁護団体「法律研究センター」（CELS）の創設者ミニョーネとアリシア・オリベイラが大司教の「汚い戦争」の記録を問題としており、一九九九年のベルゴリオとのインタビューから、取りあげる価値のある出来事の解釈が見出されたと述べている。しかし、その後、枢機卿の証言を疑わせるに至る新しい証言を偶然見つけたという。それについて述べる前にベルビッキは以前からの主張をくり返した。そこにはヨリオとヤリクスをスラムから追い出そうとしたことでベルゴリオを非難する匿名のイエズス会士の主張も含まれていた。その主張は「彼らが（スラムから撤退することを）拒否すると、ベルゴリオは彼らはもはや自分の庇護下にはないと軍に知らせ、そのひと突きと合図をもって彼らを逮捕させた」というものだった（ベルビッキはその匿名のイエズス会士がファン・ルイス・モヤーノであるとはこの時点ではまだ明かしておらず、モヤーノが知っているという出来事が起こった当時、彼がペルーにいたことにも触れていない）。

ついに示されたベルビッキの動かぬ証拠とは、アルゼンチンに戻りたかったフランシスコ・ヤリクスに代わってパスポートを申請したことに関してベルゴリオと話したことのある入国管理局の職員が一九七九年に残した覚え書きであった。その覚え書きによれば、ベルゴリオがその職員にヤリクスはゲリラと接触した容疑で逮捕されたことがあると話したことでパスポートの発行を拒否されたことになっていた。ベルビッキはこれによってベルゴリオが二つの顔をもつことが明らかになったと誇らしげに断言した。一方で誰かを助けながら、裏ではその人に害をなしており、ヨリオとヤリクスについても同じような振る舞いをしたのであり、また、その事実からミニョーネの解釈が真実であることはそのくり返しであったことによって示される。これをもってベルゴリオは非難されるべきとベルビッツキは主張したのである。しかし、ベルビッツキはヤリクスの代わりにパスポート申請したのがベルゴリオ自身であったこと、また、申請に際してベルゴリオはヤリクスの逮捕については何も言っておらず、手紙を宛てた職員にヤリクスがなぜそのように急いで国を離れたのかと尋ねられたことにも触れていない。ベルゴリオはヤリクスのゲリラとの関与の嫌疑が事実ではなかったことを強調しながら、その理由を述べなければならなかったが、ヤリクスはゲリラとは全く何の関係もないと付け加えた。しかし、その職員はベルゴリオが話したその部分を覚え書きから省いていたのだった。[28]

ベルビッツキの主張はまとめられ、コンクラーベの前日に匿名の差出人からの手紙としてローマにいたスペイン語を話す枢機卿たちに送られた。

この不正工作では未だ不明なままの点が二つある。ひとつは誰が背後にいたのかということである。アルゼンチンの報道関係者はフランシスコ教皇選出の後、ローマのバチカン情報筋の話を引用し、キルチネル政権が仕掛けた罠であったと主張した。アルゼンチンの駐バチカン大使フアン・パブロ・カフィエロがある親しい枢機卿と協同して、この工作を組織したというのだ（カフィエロはこれを強く否定した）。もうひとつの問題はそれがいかなる影響を及ぼしたのかである。枢機卿たちはコンクラーベに影響を及ぼそうとする部外者、特に政治的な利害をもつ者を嫌う。また、そうした告発は（枢機卿たちがそれを通して徹底的に情報を集める時間があったとしても）恐怖よりもむしろ共感を呼び起こしていたのではないかと考えられる。ある上級のアメリカ人枢機卿が二〇一三年に語ったところによれば、「（二〇〇五年の時点で）皆、その主張について知っていたが、それが事実ではないということも知っていた」という。[29]

四月十七日日曜日の夕方、枢機卿たちはバチカンの新しいゲストハウス、サンタマルタ館に移

2005年4月のコンクラーベで、初めてシスティーナ礼拝堂に入るベルゴリオ枢機卿。当時、ウェストミンスター大司教だったマーフィー＝オコナー枢機卿も左端に写っている。

動し、翌朝にはサンピエトロ大聖堂での「ローマ司教選出のため《プロ・エリゲンド・パパ》」の特別なミサに共同司式者として参加した。その十八日の午後、一一五名の枢機卿たちはシスティーナ礼拝堂に入場した。ベルゴリオがそこを見たのはこのときが生まれて初めてだった。枢機卿たちが手順に従い、選挙の詳細を外部に明らかにしないという宣誓をすると、扉が閉じられ、巨大な錠で鍵が掛けられた。「コンクラーベ」という名は「鍵をもって」という意味の「クム・キアーベ」という語に由来する。第一回投票は午後五時半に行われた。その二四時間後、翌日午後の最初の投票であった第四回投票でヨーゼフ・ラッツィンガーが選ばれ、ベネディクト十六世となった。

＊＊＊＊

守秘義務の誓いにもかかわらず、得票数も歴史的な記録の一部と考えた枢機卿がつけた日記から、このときの票の動向が知られるようになった。その報告は二〇〇五年九月に出されたイタリアの外交問題雑誌の論文の基礎となったが、矛盾したところはなく、「ジョゼ・ダ・クルス・ポリカルポ枢機卿が葉巻を吸うためにサンタマルタ館から出てきた」などの細かな描写もあり、大部分のバチカン解説者たちによって真正なものと認められている。[30]

月曜夕方の最初の投票でラッツィンガーは四七票を得た。ベルゴリオが一〇票、マルティーニが九票でそれに続いた。その他にもソダーノが四票、ロドリゲス・デ・マラディアガが三票、そして、その匿名のブラジル人枢機卿によれば、ウンメスにも何票か入った。しかし、本当に思いもかけないことだったのは、（教皇庁詰めを除く）ラテンアメリカ在住の枢機卿十八人のうちの半分以上がベルゴリオを支持し、その他は大部分がロドリゲスとウンメスに票を投じたということだった。

改革派は票読みをした。司牧重視のラテンアメリカの大司教であり、マルティーニ同様、イエズス会士で、司教協働については改革派と意見を同じくするベルゴリオに、ロドリゲスとウンメスへの票とマルティーニへの票が加われば、一騎打ちとなり、真の選択が行われることになる。

彼らはサンタマルタ館に戻ると、工作を始めた。日記の記者はドイツ司教協議会議長のカール・レーマンとブリュッセル大司教ゴッドフリード・ダンニールスを「米国とラテンアメリカの大枢機卿団に、二、三の教皇庁詰めの枢機卿が加わった集団のリーダー」として描いている。夕食をとりながら活発な対話が交わされ、通路や続き間でも小さな会合が開かれていた。改革派の戦略は、司教団体制の強化を支持し、司牧を重視する教会を望む欧米の改革派をラテンアメリカ票と連携させることで、ベルゴリオへの支持を少なくとも三九票まで広げることであった。そうすれば、ラッツィンガーは選出に必要とされる全体の三分の二にあたる七七票に届かない。ラッツィンガーへの票がベルゴリオに移ることもあれば、票が割れて別の候補が現れることもある。ヨハネ・パウロ二世を選出した一九七八年の二回目のコンクラーベがそうであった。

翌日の午前中に二回投票があった。一回目にラッツィンガー票は六五票にまで増え、ベルゴリオへの支持は三五票に伸びた。残りの十五票は他の候補に散った（ソダーノは四票のままだったが、マルティーニ、ロドリゲス、ウンメスの票はベルゴリオに流れた）。二回目の投票で改革派は目標を達成する。ラッツィンガーは七二票を得て、必要な三分の二にあと五票まで迫ったが、ベルゴリオ票は四〇に達したのである。つまり、アルゼンチンの枢機卿への支持が動かないことを前提にすると、ラッツィンガーはどうやっても選ばれることはないということであった。両陣営とも興奮状態でサンタマルタ館に戻っていった。

この段階でベルゴリオがいきなり電源プラグを引き抜いた。昼食をまたいで起こったことについて匿名の日記には記されていない。個々に説得して回ったのか、広く告知を出したのかはっきりしていないが、ベルゴリオが「ほとんど涙を流さんばかりに」ラッツィンガーに投票するよう枢機卿たちに懇願していたと別の情報源が伝えている。[31]そして、その日の午後の最初の投票でベルゴリオの票は二六に減り、ラッツィンガーが八四票を得て選出された。

ベルゴリオはなぜ取り乱したのだろうか。日記の記者によれば、彼は「どうかそれを私になさらないで」と嘆願するかのようにミケランジェロの「最後の審判」をじっと見上げ、苦悶の表情を顔に浮かべつつ、投票に向かっていたという。しかし、コンクラーベの後、もし教皇に選ばれていたら、どんな名にしたかとある枢機卿に尋ねられると、彼は答えをためらわなかった。

「『よき教皇』（ヨハネ二三世のこと）に従って、ヨハネですね。あの方には大きな影響を受けているんです」

ベルゴリオはサンピエトロ大聖堂の首席司祭フランチェスコ・マルキサーノにそう語った。[32]名前と計画の両方を考えていたのだとすれば、自信のなさや心配が取り乱した理由ではなかったことになる。それでも、彼は取り乱したのだ。その後、マルコ神父に会ったときには「この火曜日の朝ほど、祈りを必要としたことはこれまでになかった」と話し、ブエノスアイレスに戻ってからは、ある友人に「彼らが私にしたことは考えられないようなことだ」と語っている。

ある伝記作家はベルゴリオが身を引いたのはコンクラーベが長引けば教会が分裂していることを示すことになるので、それを避けるためだったのではないかと仄めかしている。しかし、それはベルゴリオがなぜ動揺したのかを説明していない。評論家ジョージ・ヴァイゲルの考えでは、進歩派に〝利用〟されたことを怒っていたのではないかという。彼らはベルゴリオのことを読み誤っており、ベルゴリオは「親ラッツィンガー連合に属しており」、「推定される自分への支持に疑いなく愕然としていたのだ」と主張している。[33] これはある真実を含んでいる。改革派はベルゴリオの同意を求めていなかったというミスを犯していたのである。しかし、この推論の前提には間違いがある。ベルゴリオはもともと将来のベネディクト十六世を高く評価しており、また、好ましく思い、教皇になるべきだと思っていたが、何かのグループや連合、特に保守派《リゴリスティ》のグループには属していなかった。同時に、改革派はベルゴリオが改革と司教団体制を望んでいるということを知っていたが、彼はザンクト・ガレン・グループのメンバーのような形でグループには属していなかったのである。

まさに問題は党派があるということそのものであった。ベルゴリオを動揺させたのは、人びとが一九七〇年代のようにイデオロギー上のブロックに分かれ、自分が分極化を運命づける分裂の焦点となっていたからであった。この分裂を克服することが自分のライフワークの大きな部分を占めているという意味で、全く心理的なレベルにおいて彼を動揺させたのである。しかし、さらにもっとありそうなことは、彼がそこに悪しき霊の存在を識別していたということであろう。コンクラーベは統一と合意の方向へと聖霊によって導かれなければならない。ベルゴリオは二〇〇五年のコンクラーベを逆の方向に進んでいるものと見ていた。二〇〇六年一月にイグナチオに従った黙想を共にしたスペイン人の司教たちに彼はこう語っている。

「悪しき霊は常に分裂しており、イエスを分断する。それゆえ、統一は拒否される」[34]

これがその時に起こっていたことを止めた理由、止めなければならなかった理由であった。そして、取り乱した理由でもあった。それは彼自身のためではなく、教会のためであった。彼はシスティーナ礼拝堂の中に蛇の尾をちらりと見ていたのである。

また、彼は自分には準備ができていないとも思っていた。さらに重要なのはラテンアメリカに準備ができていなかったということである。友人であるウルグアイの哲学者アルベルト・メトール・フェレはヨハネ・パウロ二世の死の数日後にインタビューで同じようなことを語っている。ヨーロッパ以外では最も古い教会があるラテンアメリカは「反映させる教会」から普遍教会にやがて活力を与える「源泉の教会」へと変化しつつあった。しかし、その過程は一九八〇年代と九〇年代には停止あるいは逆行してさえいる。サントドミンゴでの惨劇から十三年が経っており、南米大陸の司教たちがラテンアメリカ・カリブ司教協議会の総会を通してまとまらない限り、いかなる教皇がラテンアメリカから選ばれようと、その出身国におけるヨーロッパの教会を映したものにすぎなくなるであろう。

メトール・フェレはこのとき、必要とされているのは過渡的なヨーロッパ出身の教皇の時代であり、ラッツィンガー枢機卿が「当時、教皇に最も適していた」と確信していた[35]。この点においてフェレとベルゴリオの両方を知るウルグアイ人グスマン・カリキリは「二人の意見は一致していた」と言う。彼は当時、バチカンの信徒評議会に属していた。フランシスコ教皇となった後、ベルゴリオはリオから戻る飛行機の中で記者たちに「ラッツィンガー枢機卿が教皇に選ばれたとき、とても嬉しかったよ」と語っている。

このことはベルゴリオがその年の後半、某枢機卿の秘密の日誌が公表された直後にローマに戻ったとき、反ラッツィンガー陣営の一員、あるいは当て馬という自分の姿になぜ動揺したのかを説明している。「彼に票を投じた人の中には彼を対抗馬と見ていた人もいたかもしれないが、彼自身は決してラッツィンガーに代わるものとして見られたくはなかったんです。断じて違います」

ベルゴリオがローマに到着してすぐに会ったカリキリは言う。ベルゴリオはその「無分別」が間違った構図を生み出したとして、「当惑し、少し傷ついた」と記者たちに語るほどに腹を立てていた。コンクラーベに関するこうした逸話と事実が示すことは決定をしていたのがそうした人びとであったということを示唆していると彼は言ったが、その一方で、「私たちは皆、自分たちはヨハネ・パウロ二世の適切な後継者を選ぶに際して神の摂理に仕える道具にすぎないという意識であった。それが起こったことのすべて」とも述べている[36]。

ベルゴリオはその年の十月、ベネディクト十六世の下での最初の〈世界代表司教会議《シノドス》〉である「聖体に関する〈世界代表司教会議〉」に出席するために再びローマにやってきた。この〈世界代表司教会議〉では開放性の拡大と誠実な議論を歓迎する徴候が示されていた。会議を取り仕切ってきた事務局長のショッテ枢機卿がその少し前に亡くなっていたことも大きかっただろう。司教たちの演説では、西洋世界におけるカトリックの聖体拝領に二回目の結婚（市民婚）をした人が加わることを認めるかどうかという問題が重大な話題となっていた。ニュージーランド代表のひとりはそれを「物質的な飢え」と比較される「聖体の飢え」と表現した。しかし、司教団体制の場合と同じように、再婚した人の聖体拝領という問題は既存の〈世界代表司教会議〉の構造にはあまりに大きな問題であった。それゆえ、単に現状を再確認するだけに止まり、多くの司教にフラストレーションが残された。報道関係者にリークされたところによると、二五〇人の司教のうち、五〇人が「第四〇提案」に賛成しなかったとされる。この提案は結婚は無効にできず、「客観的な状況から当事者が同居生活に戻らない」とされるなら、その関係を「誠実な友人関係」に変形させることで、聖体拝領を受けることができるとするものであった。その後、カスパー枢機卿とロペス・トルヒージョ枢機卿がメディアの中で意見をぶつけ合い、カスパー枢機卿は問題が解決されたわけではないと主張し、トルヒージョ枢機卿は「議論はなかったし、議論の余地もない」と力説した[37]。

ベルゴリオはこの神経に触る問題について演説はせず、聖体拝領と聖母マリア、「忠実な民」の繋がりについて黙想していた。彼はこの時、この問題は司教団体制の改革の一部として、もっと強い力をもつ全く別の〈世界代表司教会議〉で徹底した対応が必要であるという結論に達していた。そして、教皇となった後、この結論に従って行動を起こすことになる。

〈世界代表司教会議〉が結論に達する直前に、ベルゴリオは代表たちの投票により八〇票という最高得票数で〈世界代表司教会議〉の結論の展開を監督する評議会の議長に選出された。翌月、アルゼンチンに戻ると、今度はアルゼンチンの司教協議会の議長に選ばれた。

二〇〇五年は投票が多かったが、その結果のすべてが歓迎されるものであったわけではなかった。

＊＊＊＊

二〇〇六年一月、ベルゴリオはスペインの司教たちのためにイグナチオに従った黙想会を行った。イエズス会と距離をとり始めてから、ほぼ十五年が経っていたが、イエズス会の霊的指導者としての感覚は失っていなかった。黙想指導の材料として自らの古い黙想体験と著述の他、好んでいる教会文書であるパウロ六世の『福音宣教』だけでなく、スペインの位階理解では議論になることの多い人物であるマルティーニ枢機卿の言葉も引用した。しかし、その黙想指導を特に豊かなものにしていたのは、聖イグナチオの識別の規則を大司教区の運営の経験に適用したことであった。この黙想会は現代の教会がもつ膨大な範囲におよぶ光と影の問題に取り組むもので、ベルゴリオのビジョンが厖大な深みをもつものであることを示していた。

教会が宗教行為への敵対的な状況と急速な凋落で攻囲されていると感じられるヨーロッパ諸国の司教に向けて話すときには、成功と失敗、発展と退潮で信仰を見ることのないようにと警告した。そう見ることで、より深い何かを失うことになる。この惨めさの思考法においては「信仰の弱まり、ミサの出席者数の減少を苦々しく見つめ、今日のことを古きよき日々と比較することになる」として、以下のように続けた。

> キリスト教徒の生活が偶像の誘惑の力、人を不信、絶望、道徳的、肉体的な自殺に導こうとするサタンとの継続的な戦いであることを私たちは忘れています。キリスト教徒の行く道は旅程の長さだけでなく、その戦いの大きさ、直面する困難、克服した障害、撃退すべき攻撃の激しさによっても測られるということを私たちは忘れています。
>
> 今日の信仰について冷静な評価が難しいのはこのためです。社会学的統計では十分ではないのです。キリスト教徒の数、実践している人の数などを数えても、それは十分ではありません。キリスト教徒が福音に従い、信じて、行動し続けるために日々戦っていること、時にはそれが劇的な戦いであることも考えに入れなければならないのです。[38]

二〇〇六年のベルゴリオはますます大胆になり、その黙想会でもくり返し話した〈パレーシア〉すなわち「使徒的勇気（大胆さ）」を示すようになっていた。スペインでの黙想会の後、〈世界代表司教会議〉後の会合のためにローマに戻った彼はアルゼンチンの教会をソダーノ―カセッリ連合から解放する提案のためにベネディクト教皇に会った。二〇〇三年にソダーノの指名で保守派のアドリアーノ・ベルナルディーニがアルゼンチン教皇使節に任命されて以来、その締めつけはきつくなっていたのである。バチカンの情報源に基づいた報道によると、新任の司教選出に際してはアルゼンチンの司教たちの意見は何年かの間、無視され続けていたという。カセッリとアグエルは保守的な司教を好んだが、アルゼンチンの司教協議会はそうではなかった。ベルゴリオはブエノスアイレスに戻ると、「聖霊は教会の事情を政治的に解釈する人のうちには宿らない」と述べて、何か衝突があったのではないかと示唆する意見をさっさと片づけ、教皇庁ではなく、教皇のことを熱心に話した。ローマではベルゴリオが推す司教候補の任命阻止は続いていたが、数か月後、ベネディクト十六世がソダーノを国務長官から外し、問題の一部は解決された。

ブエノスアイレスに話を移せば、ベルゴリオとキルチネルは相変わらず、互いに距離を保ったまま踊り続けていた。大統領はヨハネ・パウロ二世の葬儀への出席を避け、ドゥアルデとメネムを派遣したが、ベネディクト十六世の就任式には出席した。このときは教皇庁の大使が枢機卿と大統領を予め一緒にローマに連れて行こうとしたが、双方がその必要はないとした。しかし、四月に一九七六年の大虐殺で殺されたパロッティ会の神父たちの追悼ミサが殺された教会で行われたときには、キルチネルが政治的に利用できる宗教関連のイベントであったので、両者の間に短い間の雪解けがあった。

大統領が来るかどうかは不確かで、結局遅れて到着したのだが、ベルゴリオは聖パトリシオ小教区の階段のところで待つことを強く主張していた。大統領が到着すると、両者は握手を交わし、一緒に中

2006年5月25日、ネストル・キルチネル大統領とクリスティナ・フェルナンデス・デ・キルチネル大 統領夫人を大聖堂での〈テ・デウム〉に迎えるベルゴリオ枢機卿。演説の中で非難されたことで、キルチネル大統領はこの後、数年間〈テ・デウム〉をブエノスアイレス以外で開くようになった。

へ入った。キルチネルは「主の祈り」を唱えた。このミサを組織した聖エジディオ共同体のマルコ・ガジョによれば、それはほんの短い瞬間だったが、「何か他のことも可能であることを示していた」。キルチネルは会場を後にするとき、教会との関係がこれまで悪かったことはないと報道陣に述べた。それを信じる者はいなかった。彼が枢機卿と同じ場所にいたということそのものがニュースだったのである。[39]

この前年に大聖堂で行われた五月二五日の〈テ・デウム〉は大統領が軍のチャプレンを一方的に解任するという緊張状態の中、出席することを拒否したが、キルチネルは二〇〇六年にはこの国家的な式典のために大聖堂に戻ってきた。ベルゴリオ枢機卿は予め大統領官邸に草稿を送付しなかった演説の中で、山上の垂訓についての説教をした。「憎悪と不変の衝突に立ち向かう者は幸いである。帝国に人質として残されるような混沌と無秩序を私たちは望んでいない」——これはキルチネルの反帝国主義的な話法の御株を奪うことを狙った投げ矢であると広く報道された。もっと技巧に富み、どっしりと構えていられる政治家であれば、それを自分に有利なものにできただろう。しかし、それでは国家ではないところに霊的な権威を認めることになる。キルチネルは腹を立て——この後、二度と大聖堂には入らなかった——自身を弱く見せることになった。それによって逆説的ではあるが、ベルゴリオを力あるものに見せることになったのである。[40]

その年の後半、プエルト・イグアスの隠退司教がキルチネルの仲間であるミシオネス州知事の多選を阻止するために知事選挙に立候補したことで、国と教会の関係は再び冷却化した。六〇パーセントの票を獲得したスペイン生まれのその司教ホアキン・ピーニャはこのことをミシオネス州の人びとにとっての正義の問題、つまり地方の問題と考えていたが、キルチネルは教会の政府に対する反抗と見た。ベルゴリオは司教協議会の議長であり、その司教もイエズス会士であったことから、キルチネルは枢機卿が選挙運動を組織化していたとして「野党の霊的指導者」と呼んで公的に非難した。このフレーズは後によく知られるようになった。

枢機卿はいつものように直接の衝突を避け、静観していたが、一週間後、その年は二〇〇万もの人が参加したルーハンの国民聖堂への大巡礼で説教し、民衆から距離をとって対立を煽動するエリート層を非難した。彼は聖母マリアに向かい、「不和の父」である悪魔から解放され、兄弟と姉妹として生きられるようにと祈った。報道陣は執拗に広報担当のマルコを呼び出し、キルチネルに向けた言葉であったのかを質した。ベルゴリオは「すべての人に向けたと言いなさい」とマルコに言っていたというが、この言葉には説得力がなかった。そして、マルコは個人的な意見として、人を名指しで非難することは大統領に相応しいものではないという見解を出すことを認めた。キルチネルはその後の騒動の中で、国民のために正義を追求することが不和の種を蒔くことであるというなら不和の種を蒔いたことになると述べ、反聖職者的な時代遅れの辛辣な言い回しで、「悪魔《サタン》は誰のところにもやって来る。ズボンをはく人のところにも、法衣《スターン》を着る人のところにも」と付け加えた。[41]

キルチネルは自ら賞賛するキューバとベネズエラの体制をきっかけに、ベルゴリオを政府の敵というだけでなく、国家の敵として扱い始めた（彼の考え方の中にはその区別はほとんどなかった）。当時、枢機卿に会いに行ったある年配のカトリック信徒は彼の事務所でクラシック音楽のラジオ局が話を妨げるほどではないが、ＢＧＭというには大きな音量でかかっているのに驚いた。そのことについて尋ねると、ベルゴリオは窓のところに彼を連れて行き、屋根にアンテナのついたトラックが道に停まっているのを指差した。国の情報機関（ＳＩＤＥ）が高感度マイクを事務所の窓に向けて、室内の会話を盗聴しているという。しかし、トラックの中の技師は自分がしていることに良心の呵責を感じていると告白しにやって来たので、ベルゴリオは問題はないと言った。その男に仕事を失わせたくないので、盗聴を続けることに同意したが、五月広場の向こうでキルチネルの配下が彼の話を聞くのを妨げる程度の音量で音楽をかけることになったのだった。

＊＊＊＊

目を閉じて跪いた枢機卿が下げた頭に牧師たちが手を置いている写真がラ・ナシオン紙に掲載されたとき、衝撃が走り、伝統主義的なカトリック信徒の中には彼を「背教者」と宣言する者も出た。このベルゴリオの大胆な動きは二〇〇六年六月、ブエノスアイレスのあるスタジアムに数千人が集まったカリスマ的な祈りの中での出来事だった。六〇代後半となった彼は、聖霊に満たされた賛美、異言、初期の教会のような奇跡や驚異への期待をともなうカリスマ的な霊性にますます理解を示すようになり、その

2006年、教会一致の集会で、福音派の牧師たちの祈りを受け入れているベルゴリオ枢機卿の写真がラ・ナシオン紙に掲載されると、伝統的なカトリック信徒のグループは枢機卿が「棄教」したと宣言した。写真左に修道士の装いで写っているのは、教皇説教師ラニエロ・カンタラメッサ神父。

内面的な生活に重大な変化が現れていた。

大司教となった当初から、クアラチーノ以来の人脈や、宗教間の対話に関わっていたマルコ神父に助けられて、ベルゴリオはよく知られているプロテスタント教派や正教会、ユダヤ教やイスラム教の指導者たちと強い絆を結んできた。そうした関係は、二〇〇〇年のラッツィンガー枢機卿がカトリック以外のキリスト教徒を非難した文書『主イエス《ドミヌス・イエスス》』と、反ユダヤ的と受けとめられたメル・ギブソンの二〇〇四年の映画『パッション』の間の時期に見られた様々な危機の時期に作り上げられたものであった。そうした対話はなによりも二〇〇一年から二〇〇二年の経済危機において、会合を開き、宣言が出され、共通の問題に取り組むためにいっしょに働くと誓い合うという成果をもたらした。その結果、二〇〇五年までにブエノスアイレスはラテンアメリカ、あるいはもしかしたら世界でも珍しく、宗教間あるいはキリスト教の宗派間の対話が盛んに行われる場所となった。その中心にあったのがベルゴリオの友好関係であった。ブエノスアイレスの聖エジディオ共同体の代表マルコ・ガジョは司教協議会が主催した二〇〇四年の宗教間対話集会において、「ベルゴリオは様々な宗教の指導者と最も気軽に接していた。本当にみんな彼の知り合いだった」と振り返っている。

歴史的によく知られている教派との関係は良好だったが、当時はまだ福音派とのつながりはほとんどなかった。第二バチカン公会議以前、カトリック教会は福音派を異端と見なしており、公会議後は別の仲間としていた。しかし、一九八〇年代から一九九〇年代にはラテンアメリカで教勢を拡大したので、ペンテコステ派はカトリックの文書で侮蔑的に「カルト」と記されるようになる。ベルゴリオは司教になる前には彼らとの繋がりがなく、クアラチーノから受け継いだ関係もなかった。それが変わったのは彼がカトリックの聖霊運動を知るようになってからのことだった。

いわゆる「カリスマ刷新」は一九六〇年代後半にカトリック教会においてカトリック信徒が聖霊による祈りを行ったことに始まり、その後、教会は聖霊において新しい洗礼へと呼び出されているという確信をもつようになった人びとの運動である。公式にはカリスマ刷新のカトリック信徒の数は一億二〇〇〇万人、世界のカトリック人口の二〇から二五パーセントとされている。

カリスマ刷新運動ではペンテコステ派と似た霊的なスタイルの礼拝を行い、それに秘跡をともなう正統的なカトリック信仰とその実践が組み合わされている。イエズス会の管区長であったときのベルゴリオは当時の他の教会指導者と同じようにこの現象に対処する時間がなく、一九七〇年代には「聖霊に憑かれていると主張している」として批判している。[42] 彼も後任の管区長アンドレス・スウィンネンもカリスマ刷新運動をアルゼンチンにもちこんだイエズス会士アルベルト・イバーニェス・パディージャとの接触を禁じていた。しかし、二〇一三年、フランシスコ教皇となった後、リオデジャネイロから戻る飛行機の中で説明したように、以前はカリスマ刷新運動については「神聖な典礼をサンバの学校と混同したもの」と考えていたが、後に「よく知るようになってからは、よいことをしていると思い、それに加わった」のである。

一九九九年、ブエノスアイレスで年に一度のカトリック信徒のためのミサを始めたとき、回心が起こった。後にベルゴリオの親しい協力者となったカリスマ刷新運動のブエノスアイレスの指導者のひとりは「彼はあのとき、カリスマ刷新に神聖で深遠なものを見たのです」と振り返る。「彼はそのとき、『祭壇に近づいて賛美を聞いたとき、私は心がいっぱいになるように感じた』と言っていました。深い祈りの人である彼はそれが聖霊であるとわかったのです」。聖体とカリスを掲げたとき、十五秒間、異言を語ることを許可するかと尋ねられた彼はそれに同意した。

二〇〇〇年以来、ベルゴリオはカトリックのカリスマ刷新運動の毎年の養成学校で講話をするようになった。そこで彼は教会の刷新について考えを発展させていった。一般信徒は福音を説くことを責務と自認する必要があり、教会は町に出なければならない、うちに留まっているより、外に出て、傷つき、泥にまみれた方がよいといった考えである。「フランシスコ教皇が今、言っていることはすべて、カリスマ刷新の講話で話されていたこと」とその協力者は言う。

ブエノスアイレスの福音派牧師ホルヘ・イミティアンとカトリックのカリスマ刷新の指導者マッテオ・カリシの間にイタリアで生まれた友情関係から、ユニークな教会一致の運動が四人の福音派の牧師と四人のカトリックの一般信徒によってアルゼンチンで始まった。「聖霊において刷新された福音主義とカトリック信徒の交流」（CRECES）と名づけられたその運動は、二〇〇三年に祈りと賛美を行う集会として始まり、聖霊の新しい発露の講話の中、急速に拡大していった。ベルゴリオ枢機卿は二〇〇四年と二〇〇五年に、その集会に控えめに、深く関わることなく出席した（「他の人たちと一緒にそこにいるだけにする」と主催者に語っている）。しかし、カトリック信徒と福音主義者の間にマテ茶の魔法瓶とヒョウタンをもって座り、聖霊を求める様子、純度が高い「賛美」の音楽、異言で歌うときの最初の動き、人びとが互いについて、聖霊がもつ治療力を信じて祈る様子を観察した。

二〇〇六年六月、CRECESがローマ教皇の公式説教師で、カリスマ刷新の修道士であるラニエロ・カンタラメッサをブエノスアイレスで説教をするために招待したとき、ベルゴリオは七〇〇〇人を収容できるルナ・パーク・スタジアムを手配した。驚いたことに、その日、会場を満員にした聴衆は福音主義者よりカトリック信徒の方が多かった。この規模での教会一致の集会は世界初であった。

賛美を先導したのは福音派のメキシコ人音楽家マルコス・ウィットであった。そして、カンタラメッサとともに、イミティアンを含む四人のCRECESの牧師がそこにいた。枢機卿はいつものように朝を過ごし、他の人びとと一緒に席についた。ある時点で、ウィット牧師が誰でもそばにいる人の手をとって、その人のために祈るよう人びとに呼びかけた。ベルゴリオは写真家エンリケ・カンガスに手を取られ、四二歳の福音派の男性の猛烈な祈りにとらわれた。枢機卿の頭はその男の肩にもたれ掛かっていた。その男性エドガルド・ブレソベックは後に、その人が誰であるかを知らなかったと言い、後ろの人に言われて、その司祭がブエノスアイレス大司教であったと知ったのだと語った。

午後、話をするよう招かれると、ベルゴリオはまず説教師たちに自分のために祈ってほしいと頼み、頭を垂れると、説教師たちは彼の頭に手を置いた。牧師の祈りはカリスマ運動のスタイルで、長く、饒舌で、切迫したものであった。アルゼンチンで預言者的な声を育ててくれたことを神に感謝し、枢機卿が知恵と指導力の賜物をもって祝福されるようにと求めた。

「主よ、キリストの兄弟として、相違や障壁なしに、私たちは彼をナザレのイエスの名において祝福し、あなたの僕に及ぼされている悪の力すべてが無効とされるようお願いします」

ノルベルト・サラッコ牧師がそう唱えると、スタジアムに万雷の拍手が起こり、牧師の祈りは最高潮に達して終わった。

「主よ、あなたの聖霊と力で彼を満たしてください。イエスの名において」

ベルゴリオはマイクをとると、それまでの自分を捨てることなく、ともに共通の道を歩くことができる「和解を経た多様性」の美しさについて語り、続いて、風と抱擁と傷という三つのテーマをめぐる説教をした。しかし、その説教に現れた情熱、切迫感、明瞭さ、力強さは今までに見られない熱をもっていたことは、いつもの彼を知る者には特に驚くべきことであった。さらには広げた腕を振り、よく知られた復興運動《リヴァイヴァル》のスタイルで手を天に向けて突き上げた。

枢機卿は燃えていた。

「あれが転換点でした」

イミティアン牧師の娘で、ベルゴリオの伝記を書いたジャーナリストのエバンへリーナ・イミティアンは言う。

「あれから前よりもかなり自由に感じるようになったんです。重要だったのは枢機卿が聖霊に対して開かれていたことです。あのお歳で新しい経験に身を委ねていたんです」

その後、ベルゴリオはCRECESの会合にはただ出席するだけではなく、舞台に上がり、その日一日を祈りと賛美で過ごした。十二年の間、枢機卿を追いかけたフリーの写真家エンリケ・カンガスは「私が撮った彼の最高の笑顔は、ほとんど唯一の笑顔ですが、CRECESで撮ったものです」と述べている。

次の驚きはルナ・パークでの集まりの直後のことだった。ベルゴリオはその牧師たちを知らなかったのだが、イミティアンに彼らと定期的に祈りたいと言ったのである。「それで、私たちは二〇〇六年から月に一度会うようになった」と牧師たちは当時を振り返る。

「ベルゴリオ枢機卿は燃えている」2006年のCRECES集会で説教。

私たち四人は、五人の時もありましたが、一時間半の集まりをもつようになりました。近況について少し話してから、この国と社会のためにともに祈りました。聖書については話しませんでした。ほとんどただ祈っていただけでした。その祈りは自発的なもので、福音主義のやり方なんですが、彼も同じようにしました。非常に率直でわかりやすい祈りでした。最初の日から彼は（形式張った二人称の）「ウステード」ではなく、（友人同士が用いる）「ボス」を用いることを求めていました。また、「大司教」や「枢機卿」のことは忘れてほしい、私たちは兄弟であるか、そうではないかなのだと言いたかったようでした。彼が控え目で、素朴な人だということがわかりました。人びとの傍にいる祈りの人ですよ。

イミティアン、サラッコ、カルロス・ムライダ、アンヘル・ネグロ、のちには「未来の幻」教会のオマール・カブレラらの牧師たちが交替で会合を主催し、ベルゴリオは常にバスと地下鉄でやって来た。牧師たちはその集まりをマタイ福音書十八章のイエスの言葉の成就と見ていた。そこにはイエスの名において二、三人の人が集まると、イエスもその場にいると書かれている。この場合、同じ聖霊によって結びつき、ともに集い、祈っていたのは、五〇〇年にわたってライバル関係にある二つ、あるいは三つの教派、伝統的組織であった。

二〇〇九年のある会合の後、イミティアンは枢機卿にカトリック教会が新しい福音宣教について話しているが、カトリックの司祭はその九五パーセントが復活のキリストを個人的に経験していないことについて、自分たちは心配していると話した。

「ホルへ（ベルゴリオ）は『私もそう思う。どうしたらいいだろうか』と言いました」

牧師たちが提案したのは、彼らが回心について説教をする聖職者のための黙想会を行うことだった。

「私たちは彼に『私たちが牧師たちを連れてきて、君が司祭たちを連れてくるんだ』と言いました。彼はそれに同意して、スケジュール帳を引っぱり出してきて『いつにしようか』と尋ねました」

その集まりは二〇一〇年、司教の黙想の家で開かれた。牧師たちが一日半、約一〇〇人の聖職者に向けて説教をした。それは二〇一二年にもう一度開かれ、この時にはカンタラメッサ神父がルナ・パークに戻った後、牧師たちに加わった。カトリックにも福音派にも反対する人びとはいた。カトリックの司教の中にはそれを好まない人もおり、牧師たちは一部の福音主義者に困難を強いられた。しかし、司祭たちはそれを好んでいた。そして、イエス・キリスト以外の人に目覚めた人は誰もいなかった。ベルゴリオにとって、それは「和解を経た多様性」に他ならなかった。

ローマ教皇の説教師は圧倒されていた。カトリック信徒と福音主義者の間の霊的な最前線で過ごした数年間を通して、彼はそのようなものを見たことがなかった。カンタラメッサ神父は二〇一二年にルナ・パークに戻ると、何千もの人びとに向かって、「何がブエノスアイレスで起こっているのか全教会

ベルゴリオ枢機卿はブエノスアイレスの地下鉄「サブテ」を普通に使っていた。そのA線は本拠のある五月広場と子供時代を過ごしたフローレス地区を繋いでいる。

が非常に注意深く見守っている」と述べた。[43]

＊＊＊＊

二〇〇五年のコンクラーベ後のベルゴリオの大胆さはラテンアメリカの教会が再び統合を目指し、〈大いなる祖国《パトリア・グランデ》〉となり、世界教会の源になる歴史的な遍歴を再開していたという感覚から生まれたものでもあった。

ヨハネ・パウロ二世の死からほんの数日後、ベルゴリオはバチカンにいる友人、グスマン・カリキリの本の序言を書き終えた。その本『ラテンアメリカに賭ける』は南米大陸の歴史的な運命と挑戦について書かれたもので、ベルゴリオの序言は〔ラテンアメリカの〕「施政方針演説」のようにも読める。

「今は教育者と建設者の時である。これからの二〇年、ラテンアメリカは二一世紀において形をとりつつある大きな戦いにおいて重要な役割を担うだろう」

枢機卿はそう宣言し、とりわけ、「統合への道、南米の連合とラテンアメリカという〝大いなる祖国〟

の構築への道を進む時である」と書いた。この道は大きな挑戦との直面を意味する。地球上で最も酷い社会不平等のいくつかを打ち破る継続可能な経済発展の新しいモデルを作り、公共の利益に仕えるために政治と国家を改革するという挑戦である。しかし、これらのうち、人びとの「教育、結集、参与という大きな責務」、すなわち、「カトリック信徒とラテンアメリカの自意識」を利用した「組織化された社会」なしになし得るものはひとつもない。

この大胆な未来への扉が連帯、自由、希望のエネルギーを解放する新しい福音宣教であった。その扉を閉じることは時代錯誤のイデオロギーへの回帰、「個人主義的な急進自由主義」と「大量消費快楽主義」という頽廃的な文化への逆行であった。

ベルゴリオは二種類の「弱い思想」にある危うさを見ていた。ひとつは個々のアイデンティティを破壊するグローバリゼーションの帝国主義的変形であった（「真の」グローバリゼーションの正しいイメージは球体ではなく多面体であると彼は考えている。そこでは、それぞれの文化は自身のアイデンティティを維持しながら、共通の利益において結びつく）。もうひとつは戦闘的な世俗主義に基づく「青くさい進歩至上主義」と彼が呼んでいたもので、その例として、アルゼンチンの「キルチネル主義」だけでなく、ベネズエラの「チャベス主義」のことを念頭に置いている。それは単なる国家中心主義のイデオロギーをもつ新しい帝国主義に過ぎなかった。こうした歪みはともに、福音を説くエネルギーを蝕む恐れがあり、終わりのない破壊的なサイクルにラテンアメリカを陥れるものであった[44]。

今や、その福音宣教の歴史的な務めのためにラテンアメリカの教会を備えさせる必要があった。コンクラーベから一か月後、ベルゴリオはラテンアメリカ・カリブ司教協議会創設五〇周年を祝うため、ペルーのリマにいた。今こそ世界のカトリック信徒の半数がいる大陸が「普遍教会に奉仕」し、聖霊によってこの国々の民に降り注がれる賜物を分け合う時であるとし、「それがラテンアメリカがこの五回目の会議で引き受けなければならない預言者的な重大事」と彼は語りかけた。[45] 神学者のカルロス・ガジ神父が会議の打ち合せに向かう途中で何か強調したい点はあるかと尋ねると、ベルゴリオは「キリストと貧しい人びと」と答えたという。ガジはそれがあまり明確ではないと思い、他に何かないかともう二回尋ねたが、「彼の答えは三度とも同じ。『キリストと貧しい人びと』だった」。

一九九二年以来の大陸規模の集まりは、開催までにヨハネ・パウロ二世の最晩年の終わりのない難題に次々と見舞われたが、それも一つひとつ解決されていった。ヨハネ・パウロ二世時代の国務長官ソダーノ枢機卿および彼とともにサントドミンゴでのラテンアメリカ・カリブ司教協議会を強引に押し進めたラテンアメリカ系の教皇庁官僚たちは、総会をもう一度開くという考えに反対し、その代わりにローマで特別な〈世界代表司教会議〉を開くべきと論じた。ラテンアメリカ・カリブ司教協議会を地域の教会に声を上げさせる機会とするのではなく、事務局に押し込めるという彼らの戦略であった。しかし、ベネディクト十六世はその意見に与しなかった。選出後、教皇は四人のラテンアメリカの枢機卿と会合をもっている。ラテンアメリカ・カリブ司教協議会の新議長となったチリのサンティアゴのフランシスコ・エラスリス、協議会本部があるコロンビアのボゴタ大司教ペドロ・ルビアーノ・サエンス、バチカンの長官に任命されたばかりであったブラジルのクラウジオ・ウンメス、そして、ブエノスアイレスのベルゴリオの四人である。その会合で、第五回総会はラテンアメリカ大陸のブラジル、アパレシーダの聖堂で二〇〇七年五月に開催することが同意された。

ラテンアメリカは教会の源泉となりつつあると確信し、ベルゴリオに多大な影響を与えていた夢想家アルベルト・メトール・フェレは病が重く、アパレシーダ会議には出席できないまま、その二年後に亡くなった。しかし、生涯の終わりに約束の地をネボ山からちらりと見たモーセのように、このウルグアイ人の預言者はそれが起こったことを生きて知っていた。その知的な遺言とも言える『二一世紀のラテンアメリカ』が出版されると、ベルゴリオはそれを多くの友人たちに配ったが、その中でフェレは一九八〇年代におけるベネディクト十六世のラテンアメリカの教会への関わりが教導権に忠実なラテンアメリカのカトリック思想の新しい春をもたらすと予測していた[46]。それは実質的にアパレシーダのことであった。

ベネディクト十六世がラテンアメリカは普遍教会の源泉となるという見方をメトール・フェレと共有していたことは今や明らかであるようだ。カリキリによると、ラテンアメリカ・カリブ司教協議会総会の開会のためにサンパウロからアパレシーダに向かう飛行機の中で、ベネディクト十六世は「ここでカトリック教会の未来の少なくとも一部、しかし、根本的な部分が決定されることになるに違いない。私は以前から常にはっきりとそう思っていた」と言ったという[47]。

それは一九八〇年代から九〇年代にかけてラッツィンガー枢機卿としてバチカンの集権主義に神学上の正当性を与えていたベネディクト十六世が今やラテンアメリカ・カリブ司教協議会に第五回総会の全くの自由な準備をローマからの干渉なしで、支持と祝福をもって許可したという外見上の逆説を説明するものでもある。パウロ六世の時（一九六八年）、メデジンで起こったことのようだった。「解放の神学」の草分けであるペルーの神学者グスタボ・グティエレスは後に「アパレシーダ会議が行われたのはほとんどラッツィンガーのおかげだ」と述べている[48]。

その集まりが出した素晴らしい最終文書を編集したベルゴリオ枢機卿は、この会議をベネディクト十六世が開始の合図をした「ラテンアメリカの教会の教導権という芝居の一幕目」と表現した。「教皇はラテンアメリカの問題に一般的な意義を与え、それをそのまま見えるようにして、『次はあなたたちですよ』と言ったのである」と後にその年のことを振り返っている[49]。ベネディクト教皇はこのラテンアメリカの教会に教導権、教える権威を十分に認めている。なぜなら、それは教皇との対話において実行されたもの、つまり「教皇《ペトロ》とともに、教皇《ペトロ》のもとで」行われたことだったからである。ラテンアメリカ・カリブ司教協議会議長のエラスリス枢機卿は「承認を得るために結論を提出したが、司教の教導権と教皇の教導権が混同されることのないように、これを承認しないことにすると教皇は言われた」と振り返る。教皇は後にしばしばそれを引用することによって文書に対する賛辞を示した。エラスリス枢機卿はアパレシーダについて「教皇との交わりの美しい経験」であったとしている。

ラテンアメリカの司教二〇〇人が集まった三週間にわたる会議は、サンパウロの北東一六〇キロ、世界最大級の聖堂の隣にある聖母マリア大聖堂で開催された。サンピエトロ大聖堂よりは小さいが、四万五〇〇〇人収容でき、年に一二〇〇万の訪問客がある聖堂には、すべての騒ぎの源である聖母マリアの小さな黒い木像が置かれている。一七一七年、近くのグアラティンゲタ出身の三人の漁師の網にマリア像がかかり、それに豊漁を祈願するようになったのが始まりである。聖母マリアに帰された奇跡は漁師と奴隷の威厳を高めたが、彼女の聖堂に集まり続けるのはとりわけ貧しい人びとである。

神の誠実な聖なる人びとという変わらない背景はベネディクト十六世が開会の辞でカトリック教会の「貴重な宝」、ラテンアメリカの民を「豊富で深い民衆の信仰心」と呼んだ名残りであった。ベルゴリオが後に語ったところによれば、この文書は「司教たちの労苦と、聖母マリアの母としての庇護の下にある巡礼者の素朴な信仰の間にある相互作用から生まれた」。民衆の信仰心というテーマはこの会議にアルゼンチン派遣団が送られた結果、この文書の重要なテーマとなった。

アパレシーダ会議はローマでの〈世界代表司教会議〉がどうあるべきなのかということを垣間見させた。予め作られた文書をもとに作業するのではなく、それぞれの国のその時の文化と傾向を検分することから始めて、それが議論される具体的な問題の中に織り込まれていく。それはボトムアップの議論であり、〈世界代表司教会議〉のようなトップダウンではなかった。成功の鍵は異なる国の司教協議会の間に友好的な関係と、会議の二人の指導者、ラテンアメリカ・カリブ司教協議会の議長エラスリス枢機卿と文書起草委員長ベルゴリオ枢機卿の親密な関係であった。神学の専門家十一人のうちのひとりとしてローマから派遣されてきたオプス・デイのアルゼンチン人司祭マリアーノ・ファシオ神父は会議における司教協働に心打たれたという。

「視点の違いがあるので、意見の相違があるのは正しいことで、普通のことですが、そこには基礎的な統一感があった。サントドミンゴ会議に出席した人たちは、今回のアパレシーダ会議での様変わりは信じられないほどだと言っていました」

バチカンの代表は温かく迎えられ、完全に自由な発言をしていた。しかし、主役はラテンアメリカ・カリブ司教協議会だったのである。

まずアルゼンチン司教協議会の議長として発言したベルゴリオは、以前社会から取り残されているとか圧迫されているとか言われていた人は今や、市場経済からは余分な存在とされ、必要とされておらず、「取り残された人びと」と呼ばれていると語った。そして、この考えを「使い捨て文化」と呼び、貧しい人びと、年配者、子ども、胎児、移民——こうした人びとは今、旧式の道具のように不要品にされていると訴えた。ベネディクト十六世が帰国の途についた後、聖堂での大規模なミサの中で行われたこの説教において、彼はもうひとつの印象的な比喩を用いた。それは「実存的な周縁」（las periferias existenciales）という言葉で、少なくとも公の場で用いたのはこれが初めてであった。アパレシーダに来ていたほとんどすべての司教は、周縁部が常に押し寄せる移住者で溢れている町に住んでおり、この言葉は多くの人の琴線に触れた。それはスラム街のことだけでなく、脆弱で壊れやすい世界、苦難と渇望と貧困の中にありながら、喜びと希望もある場所のことを示していた。そここそが現代のラテンアメリカにおいてキリストが御自ら姿を表すことを選んだ場所であった。

派遣代表者たちが圧倒的な多数をもってベルゴリオを最終文書の作成責任者に選出したのは、この趣勢を識別し、それに新鮮で、はっとさせる言い回しを与えることのできるこの特殊な才能ゆえであった。それは多数の分科会からの意見や提案を抽出して、まとめ上げ、その上で文書として作成されるときの修正、調整への承認を確保しておかなければならないという壮大な務めであった。ブエノスアイレスのカトリック大学副学長ビクトール・マヌエル・フェルナンデス神父は「アパレシーダでの彼の働きは驚くべきものだった。全体の合意をとりつけ、好ましい雰囲気を生み出して、信頼を滲み込ませる彼の能力を見せつけられた」と語った。[50] また、ファシオは「彼は極端なまでに目立たず、真の効率をもって行動していた。誰とでも話し、常に会って話すことができ、異なる意見をもつ人たちの間に合意を作り上げ、冷静さを決して失わず、夜遅くまで懸命に働いていた。そして、常に微笑んでいた」と振り返る。会議の閉幕時に人びとが立ち上がって拍手をしたのはこの素晴らしい働きぶりに対してであった。ベルゴリオはアパレシーダ文書をラテンアメリカ教会の導き手としたのである。

しかし、全体として見ると、彼は外の世界に対してはほとんど見えない存在であり続けていた。他の司教と歩きながらメディアをうまく避けて話し込んでいるのが目にされるくらいであった。ある記者は「背が高く、痩せていて、真剣な表情の人――報道関係者のインタビューに応えることをいつも拒否する」と不平を述べている。そこでこの記者はこのアルゼンチン人枢機卿のことを記事に書くために、この会議で彼に初めて会った中米の会議参加者に尋ねたのだった。「彼は非常に寡黙で、尋ねられた時だけに意見を述べる。非常に謙虚な人だ。しかし、非常に知的だ。彼は聖なる人だよ」とその派遣委員は語った。[51]

フェルナンデスはもうひとりのアルゼンチンの神学者カルロス・ガジ神父とともに、ベルゴリオの最終草稿作業を手伝った。二人にはアルゼンチンの「民衆の神学」が徹底して滲み込んでいた。ガジはその先駆者ルシオ・ヘラの門弟である。ベルゴリオは最終文書が民衆の信仰心の重要性を高めるようなものになることに熱意を注ぎ、文書の中でもそうした部分が最も美しく印象的になるような草稿を書くことを二人の神学者に求めた。

たとえ文書が全体の合意の果実であろうと――すべての段落が派遣団の投票にかけられる――民衆の信仰心に対するアルゼンチン人による強調は計画されたこととは異なる方向に文書をもっていっているということが彼らにはわかっていた。そのときのことをガジは「ベルゴリオが複雑な状況の中、フェルナンデスに『この文書が酷いものになれば、私たちは非難されるだろう。ここでは三人のアルゼンチン人が作業しているんだから』と言った」と振り返る。しかし、彼らはやり遂げた。エラスリス枢機卿は文書のその部分が非常にアルゼンチン的なものだとしたが（「アルゼンチンがどれほど民衆の信仰心を評価しているかを印象づけられた」）、派遣委員たちは感謝していると述べた。

「文章が民衆の信仰心について述べた最高のものであることは容易にわかる。アルゼンチンの三人がそれを深く考えたことを私たちは讃えたのだ」

ベルゴリオがアパレシーダで成し遂げたその他のことは目には見えにくいが、やはり大きな影響力を及ぼすものであった。

起草の当初、派遣委員の多くは文書を「見て、判断して、行動する」という伝統的な方法を用いた現状の分析から始めたいと考えていた。ベルゴリオはその方法に問題があるとは考えていなかったが、その前にどのように現実を見るのかを述べる序章をつけたかった。「父なる神からイエス・キリストを通して、聖霊に油を注がれることによって受け取った愛」（アパレシーダ文書十四番）に主として動かされた宣教の弟子として、この文書をどう見るべきなのか。議論といくらかの緊張関係が生じたが、ベルゴリオの見解は貫かれた。[52] 二〇一三年七月にフランシスコ教皇としてブラジルを再び訪れたとき、彼はラテンアメリカ・カリブ司教協議会の指導者たちに「福音そのもの、教会そのものから離れて、福音を解釈しようとする誘惑が最初から教会に存在していた」と話した。また、アパレシーダ会議を例に挙げて以下のように述べている。

「ある時、その誘惑を感じた。……全く『人間味なく』、遠まきにして、関わりを断つという、あり得ないような『見方』を選ぶという誘惑……。私たちはものを『見る』とき、どういう方向から視線を向けるかに常に影響される。……問題は『現実を知るために、どのようにその現実を見るか』ということだ。アパレシーダ文書はそれに対して『弟子としての目で見よ』と答えている」

これはベルゴリオが一九七〇年代に進歩的なイエズス会士たちとしていた議論と同じであった。社会の問題を見るために科学的な分析を用いると主張する際に、彼らは信仰の目を捨てていた。それゆえ、彼らは信仰を単なる道具に変えるというイデオロギーに抗しきれなかった。それがマルクス主義的な解放の神学の過ちであった。

アパレシーダ文書は二〇年の間ラテンアメリカ神学の炎を担い、自由主義とマルクス主義という思想上の落し穴から解放の神学の洞察を守り続けたアルゼンチンの教会に与えられた報酬であった。文書を請け負ったベルゴリオのアルゼンチン人チームがその文書において誇るべき地位を与えられたのは、貧しい人びととその文化に近く寄り添うこと――「忠実な人びと」を中心とする解釈学――があればこそであった。その結果、アパレシーダ文書は確実に一九六八年のメデジン文書よりも広い範囲にラテンアメリカの教会の富を発散させ、そこに何十回と用いられている「貧しい人の優先」という大きな洞察に血肉を与えることができたのである。

アパレシーダは新しい成熟、来たるべき地域の教会の時代、メトール・フェレの「源泉としての教会」を表現したものであった。その展望と活力、貧しい人びととの熱烈な支持とその宣教の霊性、信仰の新しい春の誕生という大胆な宣言において、アパレシーダ文書は今やラテンアメリカにおける福音宣教の大きな新しい努力の鍵を握るプログラムとなった。これに匹敵するものをもっている地域は世界中のどこにもなかった。ただ明らかなことは、この時、普遍教会のためのプログラムが創られたということであった。

その時に必要とされたのは唯ひとつ。ますます疲弊し荒廃したカトリック信仰の中心地に周縁地域から炎をもたらすラテンアメリカ出身のローマ教皇であった。

第8章 他の人のための人 2008-2012

MAN FOR OTHERS

ベルゴリオ枢機卿の批判者を見つけたければ、リバダビア通りの北、「北地区《バリオ・ノルテ》」へ行くとよい。それはひとつの地区ではなく、ラプラタ川の堤に接する多くの地区からなっている。ラ・レコレータ地区、パレルモ地区、ベルグラーノ地区、オリボス地区といった街区にはリベルタドール、サンタフェ、コルドバなどの大きな通りがレティーロ駅を中心に車輪のスポークのように放射状に延び、競馬クラブ、空港、競馬場、博物館、アート・ギャラリー、大使館が並ぶ。通り沿いには建物の表側に大理石が張られたアパートが並び、工芸品の市場や有機パスタを売る店を眺めて回ることができる。驚くほど豪華な大邸宅や高層建築物もあるが、この界隈は総じて中産階級にとってのヨーロッパの都会生活と新世界における野心が交差するアルゼンチンの挫折した運命を垣間見させる場所でもある。人びとはブエノスアイレスの中でも特にこの地区に住みたいと思い、住んだからにはなんとしてでもここから離れないでいられるようにしたいと思っている。

北地区に住むカトリック信徒にとって、フランシスコ教皇はひとつの驚きであった。なぜなら、彼らはベルゴリオ枢機卿のことをほとんど知らなかったからである。彼が序文を書いた本が発売されても、出版発表などの催しに彼はいないも同然であった。教区の催し物や夕食会には滅多に来ないことで不平を言われ、来たとしても、夜九時を過ぎると「頭が働かない」と言って、早々にいなくなってしまう。「そこを快適と感じていなかったせいかどうかはわからないが、優先事項ではなかったでしょうね」

最近サン・イシドロを引退したホルヘ・カサレット司教は言う。それは単に北地区という地域に限ったことではなかった。教会の社会教説をビジネスの世界と繋ぐために長年働いてきた年上の司祭によれば、ベルゴリオは「カトリックの中流の世界、ビジネスの世界、銀行業務、芸術、大学といったことには全く関心を示さなかった」という。

これは司牧上の軽視ということではなかった。北地区には司教がおり、宣教のための人員に不足はなかったし、社会的逆差別というわけでもなかった。ベルゴリオ枢機卿は富裕層、権力者、研究者などを含め、あらゆる背景の人びとと関係をもっていた。ただ自分の机と大聖堂から離れている時間が長く、町のより貧しい地区で時間を過ごす方を選んだということなのだ。この選択は十三年間にわたって一貫していたが、いわゆる「年長の息子」問題を枢機卿に生じさせていた。福音書の「放蕩息子のたとえ話」では、放縦な弟が帰宅し、寛大で甘い父の愛情のこもった抱擁を受けていると、その役立たずの弟が遺産を呑み潰している間、ずっと畑で働いていた実直な兄がそれを恨みに感じて激怒する。父が年下の息子のことばかりになっているのは、上の息子より下の息子の方を愛しているからではなく、その放蕩の下の息子の方がより彼を必要としており、父の愛を受けるために改悛によって開いた心をもっていたからであった。このたとえ話は神の分け隔てない〈いつくしみ〉を伝える象徴的な福音書の物語である。それは司教が真剣に貧しい人を優先している司教区で起こっていることでもあるだろう。

北地区のリベラルなカトリック信徒の中には、ちょうど一九八〇年代におけるアルゼンチン管区のイエズス会の知識人と同じように、ベルゴリオの民衆の信仰心の受け入れ具合について不平を述べる人びとが目立つ。貧しい人びとは大司教によって甘やかされることなく、その前近代的な信仰心から離れるべきだということを彼らは前提としていた。このグループに属す司祭は「結び目を解く聖母《マリア・デサタヌードス》マリア」の人気に「祈りでぎっしりの町にもうひとつ祈るものをもち込むことにどんな意味があるのか」と苛立ちを隠さない。彼はベルゴリオの下で「民衆の信心が敬虔の模範になってしまった」ことが不満なのである。彼らの話に耳を傾け、この話題を展開させれば、要理教育と秘跡の理解を向上させるための呼びかけということになるので、「年上の息子」の言うことを聞かないでいるわけにはいかない。一方では、毎週ミサに出席し、規則と典礼の細目に従って祈りを捧げる誠実なカトリック信徒がおり、もう一方には、それほどミサに行くようではないが、それでもルーハンの国民聖堂への巡礼には大勢で出席し、しばしば酔っている人びともいるということである。

北地区では別の異議を唱えるグループもあった。それはベルゴリオ枢機卿の統治スタイルが共和主義的というより人格主義的であること、また、ベルゴリオの民衆という考えは政治的なことを神学的なことと混同させかねないという反ペロン派からの反対であった。左派の知識人はヨリオとヤリクスの事件ゆえに彼を疑いの目で見ていたし、右派の知識人は彼が道徳的なことより社会的なことにコメントする時間があまりに長いと考えていた。典礼の伝統を重んじる人びとは彼が昔ながらのミサを行わないようにしているのだと言い、進歩派は彼がバチカンに反対しないと訴える。要するに、北地区には多くの批評家がおり、考えを互いに共有し合っていることに満足している。その後で、フランシスコ教皇はなんと素晴らしい教皇かと付け加え、取材したことを書くなら、匿名にしてくれと頼むのである。

北地区のカトリック信徒もベルゴリオについて他の人びとと同じようなイメージをテレビから受けており、よそよそしくて気難しい人と見ていた。彼らがくり返したのは「変身」に類する言葉だった。アルゼンチンで笑わなかった枢機卿がローマの喜びに溢れたカリスマ的な教皇と同じ人物とはどうしても思えない。彼の変身はまさに奇跡と彼らは言うのである。北地区に住むドキュメンタリー作品の製作者ファン・マルティン・エズラティも、かつてはそういう見方をしていたという。しかし、教皇になる前のフランシスコ教皇についての記録映画を製作するために保管されていた記録映像でスラムでのベルゴリオや、聖カエタノなどの聖堂祝日でのベルゴリオを見るうち、自分が知っているると思っていたのとは違う人物をそこに見て、ショックを受けた。その顔は今のローマ教皇のように輝いていたのである。

第二一地区で司祭三人のチームで活動しているローレンソ・〝トト〟・デ・ベディア神父はベルゴリオが南の地区を優先するのは彼が「メデジンの申し子」だからだという。

「メデジンは貧しい人びとのためのあの方を育てた教会、貧しい者の教会なんです」

トト神父が働くカアクペの聖母マリア小教区から見るブエノスアイレスは非常に異なっている。そこには四万五〇〇〇の人が約〇・七一平方キロの地区にひしめき合い、野生児たちと野良犬の間をジグザグに歩かなければならない埃まみれの狭い通りを挟んでレンガと波状のブリキ板で作られた家が詰め込まれている。つなぎの作業着を着た男たちがドリルとハンマーを使い、刺青に鼻ピアスの十代の子どもが通りの角などにもたれ掛かり、絶え間なく吠えかかる犬に、叫び声や、泣き声、それに大型ラジカセの重低音が重なる。ここに暮らす人びとは背が低く、肌の色も濃い。大部分はパラグアイ人で、グアラニ語を話す。彼らが話すスペイン語にはブエノスアイレスで話されるポルテーニョの陽気で快活な調子はない。そして、彼らは「ホルへ神父」（ベルゴリオ）の物語を熱心に語り合うのである。

第二一地区では町の南部の他のスラムや労働者階級の小教区と同じように、物語はまさに北地区での決まり文句とは正反対である。ここではベルゴリオとフランシスコ教皇は同一の人物であり、現在、水曜日のサンピエトロ広場にいるようにして、この地区にいたのだと人びとは言う。ホルヘ神父《パードレ・ホルヘ》は少なくとも月に一度はやってきて、講話や黙想会を行い、告解を聴き、ときには単に通りを散歩して、雑談を交わすだけのときもあった。誰かの家に招き入れられて、マテ茶を飲みながら子どもたちの様子を尋ねたりすることもあったという。カアクペ教区周辺の息が詰まるような細い通りで暮らすほぼすべての人が自分の携帯電話に保存してある写真でそれが本当のことであることを証明できる。ホルヘ神父は大きい祝祭のときにはいつでもやってきたという。最後はローマに旅立ち、戻って来なくなる直前の二〇一二年十二月のカアクペの聖母マリアの祭りであった。その祝日には「チョクロ」という茹でたトウモロコシと「チパス」というチーズの味の柔らかいボール状のパンを配る役をしていたという。

ベルゴリオは当初から新しい地区で週末ごとに時間を過ごすことを選び、こうした周辺部に焦点を合わせる決心をしていた。キルチネル夫妻は怒りつつ反上流階級のレトリックを用いているが、彼らの政策は一貫して都会に住む中産階級に向けたもので、貧しい人びとのための政策ではない。スラムの住宅に住む人の割合は経済が再び上向いた二〇〇四年の一〇パーセントから、司教たちがスラムの子どもたちの十一パーセントが飢餓状態にあると推計した二〇一〇年には十七パーセントにまで上がった。しかし、周辺に暮らす人びとには、入院患者や刑務所の受刑者、麻薬常用者、体の不自由な人など、苦難にある人、社会的な影響を受けやすい人のことも含まれる。ベルゴリオはルーハンの聖母マリア、聖カエタノ、聖パンタレオン、「奇跡のおメダイ」などの祭日には聖人の聖堂で夜通し告解を聞き、告解室にいない時には群衆の中で二、三時間過ごし、人びとの話を聞き、人びとを抱きしめた。彼が行くところには司祭たちが従った。最も若く最も有能な聖職者たちの中にはスラム地区や病院、刑務所での奉仕に送り込まれ、また聖堂で群衆に仕える仕事を与えられる者もいた。

ベルゴリオは町での宣教を周縁から始めた。ベルゴリオにスラム司祭団の代理区長に任命されたグスタボ・カラーラ神父は言う。

「この考えは教会がなによりも貧しい人びとの間にあり、そこからすべての人に手を差し伸べるということです。経済学の言うトリクルダウン理論効果とは全く逆です。滴り落ちてくることなど決してないんです。貧しい人びとのこと、貧しい人びとだけが問題ではないのです。貧しい人たちから残りの人たちに広がっていきます」

スラムの代理区はスラムでの司牧活動を教区の公的な構造の中に取り込むために二〇〇九年八月に創設された。その最初のとりまとめ役を担ったペペ・ディ・パオラ神父は「ベルゴリオにとって、ブエノスアイレスの中心は権力者たちが住む五月広場ではなく、町の周縁だった」と語る。

ラテンアメリカでは多数を占める貧しい人びとは少数派の中産階級と違って信仰の中に生きている。宗教的な表現をするのは週のうちの一瞬ではなく、週を通してのことである。聖なることが生活の一部となっている。それが富と権力ではなく、超越的な価値のまわりで作り上げられた文化へと高められていくのだとカラーラは言う。それゆえ、ともに働く二二人のスラムの司祭たちはスラム地区において与える以上のものを受けとっていると確信できるのである。また、それが祈りと行列、聖堂の祭りと奉納物、また、「九日間の祈り《ノヴェナス》」やロザリオなど民衆の信仰心の形に対して司祭たちが敬意をもつ理由でもある。アパレシーダ文書もこうしたものは貧しい人びとが神に遭遇し、極めて重要な決定をし、また改心をする場であると非常に力をこめて記している。カラーラはベルゴリオの弟子のひとりで、賢く思慮深い司祭だが、すべての人の信仰には純化が必要であることを認めながら、それに判断を下すことには慎重である。つまり、日曜日のミサに毎週来ているわけではない人も祝祭の日には毎回来るからである。

街角の説教者ベルゴリオ

「結局、信仰を測ることができるのは神のみということなのです」

　ベルゴリオが祝祭日にスラムに行き、北地区のカクテルパーティに行かないのは、その祝祭日に貧しい人びとが自分自身ではなくキリストを賛美しているからではないかとカラーラは考えている。

「祝祭日には聖母マリア、キリストを記念するミサがあり、食事があり、ダンスがあります。普段とは別の側面があるのです。祝祭日は人びとがキリストと聖母マリアをお祝いするためにあるのです。彼らは宗教的なものに結びついていますが、それは人間の深い次元において繫がっているのです」

　トト神父もこれに同意している。

「この貧しい地区で人びとは他では失われてしまった価値観の中で暮らしています。人びとは互いに知り合いで、隣人は非常に大切な存在です。生活の基礎をもち、生き残るためには、他の人を頼りにしなければなりません。それがよくも悪くも強い共同体意識を生みます。前の日にナイフをもって喧嘩した相手でも、その人の母親が病気であれば、徹夜でいっしょに過ごすのです。そういう濃密な関係の中で生きているのです」

　ベルゴリオは町全体がこの連帯から学んでほしいと思っていた。二〇一〇年のカリタスでの黙想会では、スラムは高層アパートに住んでいる人たちにどうしたら友愛の絆を作り出せるのかを教えてくれると語っている。二〇一二年の年末には第二一地区のコミュニティ・ラジオでのファン・イサスメンディ神父とのインタビューで、その地区ではいつでも二つのことに心を打たれていたとして、次のように述べる。

ひとつは連帯がもつ大きな意味です。誰かにひどくうんざりしているとかそういうことはあると思いますが、必要があれば、それを即座に連帯が感じられるようにしてくれるのです。連帯を知るということはよいものです。連帯があるところには利己的な考えはあまり見られません。もうひとつは、信仰があることです。聖母マリアへの信仰、聖人への信仰、イエス様への信仰がここにはある。私は本当に心を打たれました。この地区ひとつだけではなく、スラムすべてが信仰の地区なんです。そうなのです。イエス様は謙遜があるところには信仰がより入りやすいといつでもはっきりとおっしゃっていました。「小さな子どものようになれないなら、神の国には入れない」とイエス様はおっしゃっています。「心が純粋でなければ、心が貧しくなければ、御国に入ることは難しい」ともおっしゃっています。慎ましい暮らしをし、尊厳を与えてくれる仕事をもって生きているとき、信仰はより多くの根を得るのです。連帯と信仰――この二つがいつも私の心を打つのです。それが両方あれば、どうなるでしょうか。賛美する力となります。この地区で人びとが祝い、祝祭を行うなんてすばらしいことです。それは喜びです。それは信仰と連帯があるということなのです。それの両方があるとき、喜びが得られるのです。

＊＊＊＊

二〇〇九年八月に新しくスラム司祭の代理区を創設することをベルゴリオに確信させたのは、その二、三か月前に麻薬の密売人たちがペペ神父を殺害すると予告したことであった。

密売人たちはその年の三月、麻薬解禁に関する議会での議論に対してスラムの司祭たちが出した宣言を快く思っていなかった。司祭たちはスラムでは罰せられることなく麻薬が売買されており、事実上、合法となっており、不安定な人びとの生活をむちゃくちゃにしていると言ったのだ。麻薬と関連する暴力と犯罪はスラムに根があり、町に影響を及ぼしているというメディアの憶測にも司祭たちは不服であった。実際には麻薬とそれにともなうことすべてはスラムの外から来ており、麻薬密売人は北地区に住むスーツを着て、高級車を乗り回す人たちのために働いていると司祭たちは指摘していた。司祭は「パーコ」というクラック・コカインがもたらす症状と、若者たちの愛され、認められたいという熱望が利用され、麻薬中毒と暴力団への隷属へと陥らせていく悪魔的なやり方について、詳細に示し続けていた。そして最後に、その根にある問題に着手するための多くの実際的な方策を提言していた。[2]

その文書は新聞の見出しとなるようなニュースとなり、メディアに何日もその議論を続けさせることになった。ペペ神父は第二一地区のトト神父の前任者であった。ベルゴリオの支持を受けて一九九七年にスラム地区にカアクペの聖母マリア像を連れてきた若い髭面の司祭は、その後十三年にわたるその教区活動の立案者であった。その活動によって、十五の聖堂、高校、職業学校、老人介護施設、様々な炊き出し施設、麻薬防止プログラム、回復センター、回復中の中毒者が生活するための二つの農場、子どものためのデイケア・センター、地域新聞とラジオ局が生み出された。スラム司祭の指導者として、また、イエスのような髭を生やした風貌のよさをもつペペ神父は必然的に麻薬に関するメディアのインタビューの中心となった。

四月のある晩、ペペ神父が自転車で小教区に戻ってくると、スーツを着た男性が物陰から出てきて、

「出て行け」と言ったのが最初の警告であった。

「もしこれがニュースになったら、面倒なことになるぞ。お前は目をつけられているからな」

その男はペペ神父に言った。

その翌日、司祭のミーティングの間に携帯電話に強迫メールが入ったので、ミーティングの後、ペペ神父はベルゴリオを傍に呼んで「私を殺すと言ってきました。脅しではないと思います」と伝えた。枢機卿はしばらく黙っていた。そして、「まず冷静に。私たちは福音に従って行動しているのだから」と言ってから、こう続けた。

「誰かが死ななければならないのであれば、それは私であるべきだ。君ではなく、私を連れて行くよう神に頼んでみるよ」

マフィアは陰のようにまとわりついてくるので、世間の注目を浴びていることが最大の防御となることで意見は一致していた。次の日、枢機卿は学校の新学期を祝うミサを執り行っていたときには、報道陣がそばにおり、司祭のひとりが「暗闇の商人」によって脅かされていると二〇〇〇人の教師と五〇〇〇人の学生に向かって話しているのを記録していた。説教ではその内容が詳しく語られた。

「リアチュエーロ沿いに下ったところにある第二一地区の司祭が最近、若い麻薬中毒者を助けるために三つの施設を作りました。麻薬密売人にはこれが気に入らなかった。苛立ちを募らせた者がその司祭を殺すと脅してきました」

そして、こう付け加えた。

「どのような結末になるのか、わからない」

この話はその日の晩のニュースの中心になった。翌日、ブエノスアイレスにいる三五六人の司祭が「スラムの司祭《クラス・ビジェロス》」を支持し、脅迫を非難する宣言文に署名した。ペペ神父は記者会見を続け、無数のインタビューを受けた後、地区に戻ると、彼を支持するデモが行われていた。彼が群衆とともに歩いていると、人びとは家から出てきてそれに加わり、テレビには最高の映像を提供することになった。その次の日にはベルゴリオがいつものように第二一地区に出かけていき、ペペ神父とともに通りを歩き、人びとと挨拶を交わし、マテ茶の容器とビスケットを手に時間を過ごした。メッセージははっきりしていた。羊飼いはその会衆とともにあり、会衆のために死ぬ準備ができているということだった。話は次の日も続いた。カアクペ小教区の聖母マリア聖堂あたりの通りに何千もの人が集まり、ペペ神父のための合唱が行われたのである。ここまでの話は世界中に伝えられた。その後の数か月の間にベルゴリオはスラム司祭のための代理区を創設し、その長にペペ神父を指名した。その司教代理が公共機関との窓口となり、改善のための交渉が行われた。このようにメディアと通して、スラムにおける国の存在がどれほど小さいかがさらけ出されたのであった。[3]

　スラム街の暮らしに深く埋め込まれた教会は今やその公的な擁護団体になった。次の年、アルゼンチンでは独立二〇〇年の祝賀行事が始まった。スペインからの独立の六年間の過程は一八一〇年五月二五日の市役所宣言に始まり、一八一六年七月九日のトゥクマンでの独立宣言で終結した。スラム司祭たちの司教代理はスラムの居住者を物としてでなく、歴史上の主体として認めるよう町に求めた。いわゆる「下層民《バホ・プエブロ》」は国の誕生に至る変化の触媒であったにもかかわらず、町にはその名がつけられた通りもない。歴史はブエノスアイレスのスラム地区を尊重すべきであると訴えたのである。

　私有財産制を強く信奉する者はスラム街の住人は所有者がいない土地を不法占有していると主張し、政府の官僚はスラム街のことは高所から事情を判断して「解決」すべき問題と見ていた。それに対してこの文書は反論し、スラム街の住人はそれ自身の習慣と慣習をもつ町に住むグループとして見るべきであり、その声を聞き、対話をしなければならないと提案した。独立を祝う六年間の間、司祭たちはス

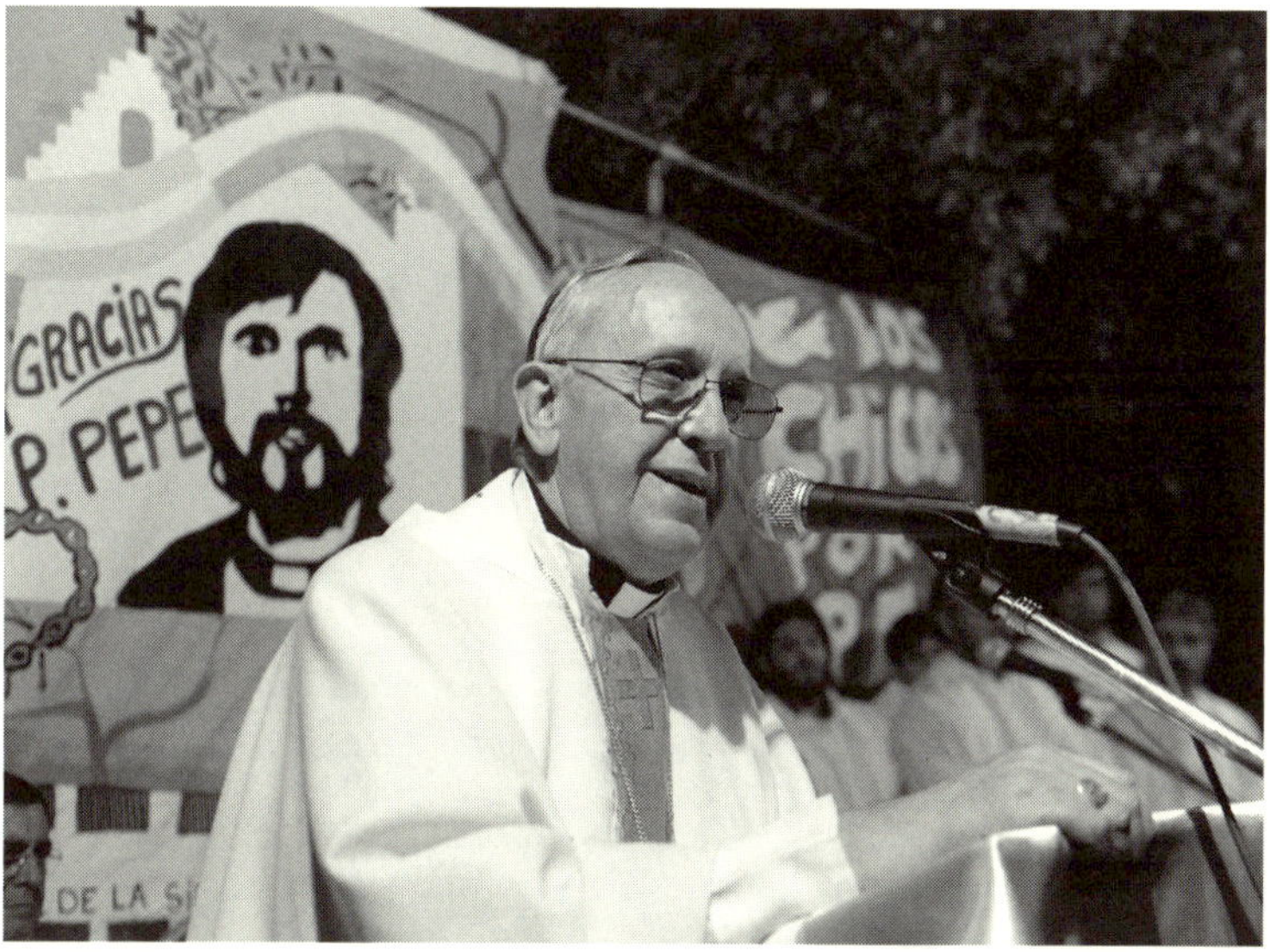

2010年12月、「二一地区」でのミサの後、14年間スラムに奉仕し、麻薬の売人からの脅しを耐え抜いたペペ・ディ・パオロ神父に感謝を述べるベルゴリオ

ラム街は新しい社会的な合意のもとに町の中に統合されるべきであり、スラムの住人たちの声は市民の声として聞くべきであると主張し続けた。スラム地区には若さがあり、エネルギーがあり、高い出生率と移民が自分の子どもに託す野心があった。それはアルゼンチンの夢が始まるところであり、スラム街を受け入れるとき、国は未来をもつことになると彼らは訴えたのである。[4]

＊＊＊＊

アパレシーダで得た正義の新しい秩序を目指す使命に力づけられたベルゴリオはアルゼンチン独立二〇〇年祭を国に新たな誕生をもたらす新しい「国の計画」実現の機会と見た。アルゼンチン人が一致できる中核的価値観、政権が変わっても変わることのない根本原理に関する合意ができさえすれば、公共の生活を変えることができる。その合意を中心にして、貧困を根絶し、取り残された人びとを包み込んでいく関与の仕方は、公共の利益に基づく政治と経済の力によって推し進められる。ベルゴリオが議長を務めるアルゼンチン司教協議会によってこうした考えが提案され、「正義と連帯の二〇〇年祭に向けて」と呼ばれる野心的な文書が二〇〇八年十二月に出された。[5]

この文書の背後にある深い思想はベルゴリオがグスマン・カリキリのまた別の本のために書いた序言に見ることができる。そこでベルゴリオはラテンアメリカがエリート集団の空想的で血肉をともなわない自由への思想のために払い続けている犠牲を強調し、その思想は「民衆」の生きる現実と中核的価値観には無関心であると述べている。これは新しい考えではなかった。彼は一九七〇年代にほぼ同じことを書いていた。しかし、時代は変わった。今、「民衆」をためらわせているのは、もはや救世主的なマルクス主義のイデオロギーでなく、「有神論的グノーシス主義」と彼が呼ぶ新しい現実離れした思想であった。それはカトリック教会の言葉では「教会のない神、キリストのいない教会、人びとともにいないキリスト」と言われる。このエリートが吹きつける「スプレー式の有神論」に対して、ベルゴリオは「カトリックの具現性」というものを設定した。それはラテンアメリカの人びとの歴史と文化の中心にあるものであった。その意味ははっきりしていた。ラテンアメリカにおける「国家計画」は「カトリックの具現性」に根差していていないと効力を発揮しないということである。

彼は国と国家と「祖国」を区別した。国は地理的な領域、国家は組織としての作業場、そして「祖国」は世代から世代へと受け継がれる過去からの遺産である。国の境界は変わることがあり、国家の形が変わることもある。しかし、祖国は「その基礎的なあり方が保持されなければ、死滅してしまう。……それを拡大することはできるが、混ぜ物をして薄めることはできない」[6]。これはアルゼンチンの司教たちが出した「二〇〇年祭文書」の背後にある重要な概念である。国のDNAに深く埋め込まれているキリスト教の価値観、国家としてのアルゼンチンよりも古い根本的なあり方を新しい国の計画を構成する基礎としたのである。

二〇〇年祭文書はアルゼンチンの中核にある構造的欠陥を識別していた。すなわち、経済成長にもかかわらず頑固なまでに高い失業率、根深い公共機関での腐敗、政治的な恩顧主義、麻薬とギャンブルの急増、生活と家族に対する敬意の欠如、そしてもちろん、「使い捨てにされる人びと」の増加である。新しい国の計画は二〇〇二年の危機で生じた対話と連帯から学び、ともにアルゼンチンの欠陥に取り組むために、市民社会のエネルギーを動員し、公共の生活を新しくしようという呼びかけであった。それを助けるものとして、この文書には国の機関とその民主主義を強化するための提言をリストアップしていた。

大統領官邸はいつも通り、興味を示していなかった。ネストル・キルチネルが引退した後、二〇〇七年十二月に大統領に選ばれた妻のクリスティーナ・キルチネルは夫と同じように、教会が政治家に何かを教えるという可能性を理念的に受けつけなかった。彼女は司教たちと定期的な会合をもち、その意見を聞くことに同意し、全体的に見れば、緊張関係は夫ネストルの時よりは緩和された。しかし、政策と政治手法は相変わらずで、「敵か味方か」という対立のレトリックを用い、教会が社会病理にエックス線を当てて示すたび、いつでも公に怒号を浴びせ、司教たちが貧困について声を上げれば、「汚い戦争」のときの「共謀」についての講釈が展開された。しかし、二〇〇八年に壊滅的にエスカレートする恐れがあった農業部門と政府の間の紛争をベルゴリオがうまく調停したときのように、別の可能性が垣間見えることもあった。その年の後半、枢機卿からのルーハン大聖堂でのミサへの招待をクリスティーナは受け入れた。しかし、イデオロギー的フィルターによって教会のことを退歩的な団体と見ており、その教会から国を守ろうとするのにあまりに忙しく、国の構造を修復するために司教たちとともに働くなどということを考える暇はなかった。

ベルゴリオは経済成長している時期に貧しい人が増え続け、彼らのために教会が慈善の供給を拡大する必要があるという状況に腹を立て、圧力をかけ続けた。しかし、政府を非難しないように気を配っていた。たとえば、二〇〇九年八月、毎年行われる聖カエタノのミサでは、「町では毎日、居場所のない人びと、うまくやっていけない人びと、余計な人びと、見捨てられた人びとがまるでその実存をゴミ収集車の中に投げ棄てられるかのような状況が目にされている」と大声で語り、アルゼンチンが貧しい人びとへの責任を果たせていない「恥ずべき」様を非難した。しかし、彼は「その非難を皆で負う」として、すべての人が批判されるべきであることをはっきりさせた。そして、必要とされる資金が貧しい人びとに届かない理由のひとつに、浮わついた消費至上主義を挙げ、マタイによる福音書二五章でイエスが最後の審判について語った言葉を使って、次のように言った。

「私の許から去るがいい。私が空腹だったときに、政府を非難するのに忙しくて、私に食べるものを何も与えなかったのだから[7]」

＊＊＊＊

しかし、ある問題については政府との直接の衝突は避けられなかった。二〇一〇年、政府はスペインの社会主義政権がその五年前にとった手段に刺激されて、同性婚を認める議案を提出したのである。この時、大統領はすでにクリスティーナ・キルチネルになっていたが、議案を主導したのは下院議員となっていたネストル・キルチネル前大統領であった。彼はそれまでに同性愛者の権利や同性愛者に全く関心を示していなかったが、この政策はキルチネルの分極的対立戦略の完璧な突破口だったのだ。同性婚を少数派市民の権利とすることによって、結婚の伝統的理解を擁護する者を平等に反する者とし、その道徳を国の法よりも上に置こうとしているとして教会を陥れることができる。それは彼が好む戦いであった。敵を混乱に放り込んでキルチネル派の政治基盤に力を与えるのである。

ベルゴリオは同性愛者を多く知っており、精神的には彼らの多くとともにあった。彼らが自分の家族から拒絶されているということ、同性愛者であると指摘されて、糾弾される恐怖の中で生きることがどのようなものであるかをベルゴリオは知っていた。そして、カトリックの同性愛者運動の活動家で、かつては神学の教授であったマルセロ・マルケスに対して、同性愛の権利ならびに同性愛者のカップルによる市民婚の法律上の認知を支持すると語った。[8] しかし、法律において結婚を再定義する試みには全く反対だった。枢機卿に近い協力者は「彼は誰かの尊厳を傷つけたり、排除する力を強めたりすることなく結婚制度を守りたかったのだ」と言う。

「彼は法によって表される同性愛者とその人権については可能な限り広い法律上の包摂を支持したが、男女間の結婚が唯一のものであるという点は子どものために妥協を望まなかった」

ベルゴリオはブエノスアイレスだけに適用される二〇〇二年の市民婚法には強く異議を唱えなかった。その法律は二年以上同居している二人の人にその性別、性的好みとは無関係に市民としての権利を与えるとするものだった。これについては全く市民の法律上の取り決めであり、結婚には影響を与えないものと彼は見なしたのである。それはある種の特権を付与するものだったが、養子権、自動的な相続権を与えるものではなかった。それでもベルゴリオはこの法律の制定を阻止できなかったとしてローマから批判された。この翌年、バチカンは同性婚に対する法律上の承認に「明確できっぱりとした反対」を打ち出す義務を司教と政治家に負わせる文書を出した。[9]

また、ベルゴリオは法律における結婚の理解を徐々に蝕もうとする試みには素早く反応していた。二〇〇九年、ブエノスアイレス市長マウリシオ・マクリ〔二〇一五年一二月、大統領に就任〕に宛てて、ある裁判官が「法に反して」同性のカップルの「結婚」を認めようとしたことを市長がすぐに取り消さなかったことに対して強い調子の手紙を書いた。司教としての十八年間のうちで彼が公然と名を挙げて公務員を非難したのはこれが初めてのことだった[10]。

二〇〇七年からベルゴリオの広報担当であったフェデリコ・ワルスは二〇一〇年四月の初めに、枢機卿は男女間の結婚を支持している現行法に断固として賛成であり、同性の「結婚」は不可能という立場であると説明した。しかし、それは結婚制度が損なわれない限りにおいて、市民婚の概念を修正、拡大することを妨げるものではないということであった。数週間後、アルゼンチンの司教一〇〇人が集まった正式な司教協議会で、議長であるベルゴリオはこの見解を好ましく、また戦略的に賢いものとして採用するよう訴えた。そして、同性愛者の市民としての権利を前進させる別の提案をすることなく、ただ法案に反対することはキルチネルの思うつぼであり、同性婚を認める法律が実現に近づいてしまうと警告した。

まさにその通りになった。

この会議の票決では六〇対四〇という僅差ではあったが、ベルゴリオがアルゼンチンの司教協議会の議長であった六年のうちで唯一、彼の意見が否決された。保守派はラプラタ大司教ヘクトル・アグエルに率いられていたが、それが依拠していたのは単純に、いかなる形であれ同性婚の法律上の承認を禁じた二〇〇三年のバチカンの文書であった。その文書が同性に限らず、すべての同棲しているカップルに権利を与えた市民婚法に適用されるのかどうかははっきりしていなかった。しかし、今やベネディクト十六世となった人が署名した文書であったので、アグエルにしてみれば、いかなる市民婚への支持もローマ教皇の望むところに対しており、文書が「深刻に不当な法律」と呼んでいるものに形式上、協力することになると主張することは容易だった。このバチカンの文書はザンクト・ガレン・グループの枢機卿たちがローマの越権と長く批判してきたものの典型的な例であった。その文書に書かれた詳細な規範がもつ力が各地の司教たちの手を縛り、より大きな善を守る戦いを敢行する余地を奪っていたのである。

同意された司教協議会の宣言は市民婚には言及せず、男性と女性の補完的な性的関心に根差した結婚を力強く擁護し、その基本的な財産が教育に重要な働きをする社会と子どもたちに活力を与えるとしていた。司教たちはこうした考え方が差別的だという考えには与せず、同性婚法は法律上、結婚を単なる協力関係に縮小することになり、将来の世代の目に結婚は意味のないものと映るようになると論じた。[11]

五月五日、法案は一二六対一一〇の僅差で下院を通過し、結婚は子どもを養子にする完全な権利をともなう二人の人の間の協力関係と再定義された。つづいて法案は上院に送られたが、七二人の上院議員の大部分、特に内陸部選出の議員からの強硬な反対に遭った。七月中旬の上院での議論を控えた時期に、ベルゴリオは司教区を動員し、カトリック信徒に自分たちの意見を表明するよう訴え、七月八日にすべての教会で司教協議会の声明を読み上げるよう要請した。

しかし、その日、ベルゴリオが二週間前にブエノスアイレスのカルメル会修道会の四つの修道院に送付していた個人的な手紙の内容がリークされた。どのようにして、またなぜそれがリークされたのかはわかっていない。その劇的な言い回しは間違いなく新聞の大見出しになり、公的な声明に影を落とすものであった。修道女たちへのこの手紙は逆効果の「危険な戦術」と言われた。[12] しかし、それは戦術などではなかった。政治的な戦略や教会内部の戦略とは少しも関係なく、公表されることを目的としたものではなかった。ベルゴリオはカルメル会修道会の聖人、リジューの聖テレーズに強い信心があり、それゆえブエノスアイレスのカルメル会修道会の修道女たちとは近い関係にあった。彼女たちの祈りの力を非常に信頼していたので、以前から特に圧力をかけられているときなどに、必要な意向が得られるよう彼女たちに祈りを求める手紙を送っていた。このときも例外ではなかった。

「あの手紙によって、彼は自分の心のうちにあることを霊的な人びとが用いる言葉で、親しい仲間であり、仲裁者である人たちと共有したんです」

ベルゴリオの近い協力者はそう語っている。

枢機卿は同性婚法制の危うい点として、どちらかの性の親を奪われた子どもにもたらされる深刻な脅威があるとカルメル会の修道女たちに話していた。それは「神の法への正面攻撃」であった。単に政治的な争いではなく「神の子らを混乱させ、欺こうとする嘘つきの父親による提案」であるとした。そして、聖霊が「よい意志をもつ者さえも混乱させ、欺かせる法律を支持する一連の詭弁から私たちを保護してくれるよう」修道女たちに祈りを求めたのである。ヒステリー、分裂、混乱、妬みといういつも通りの隠し切れない徴をともなった蛇の尾を彼はそこに見つけていた。手紙の終わりに記されていたように、それは「神の戦い」であった。

彼の霊的な著述を知っている人にとって、これは上質のベルゴリオであった。それはイエズス会士とのやりとりで用いる言葉であり、観想や黙想会、霊的指導では普通に用いられる言い回しであった。彼は政治的な戦いの背後に、もうひとつの霊的な争いを見ていた。その戦いにおいては、競争意識に駆り立てられ、それを煽っている悪魔（結婚の資格なしとされたことを不意に恨みに感じるようになった同性愛者）がいつものように、光の天使（平等、正義、市民の権利といったよいものすべて）を装って現れ、善意をもった人びとを欺くのだ。

法案の中心には虚偽があった。そこでは同性婚は現実には異性婚を解体しながら、それとは別に、あるいはそれと相並んでいるかのように主張されている。同性愛者に結婚を認めることは結婚という神から与えられた古くからの自然な制度が神の計画の反映としてきたこと、すなわち、男女が結び合い、永続性と性的な排他性をもつ関係にある自然の両親が子どもをもうけ、育てるということを無にすることになる。ベルゴリオが公式の、公にした書簡において記したように、結婚を男女間のものと認めた法は差別をしてこなかったが、適切に区別してきた。それは男女の絆が子どもが父親と母親を必要とするように人間の現実の中核であったから適切なのである。結婚を何か別のものにしようとすることは「本当に深刻な人類学的な後退」であった。[13]

霊的識別という文脈を外され、必要な説明なしに読まれれば、修道女たちへの手紙は焼夷弾のようなものであった。それはキルチネル派の憤激を招き、教会では多くの人がその言い回しを嘆き、相当な不快感を生じさせた。司教たちは同性愛者の社会的な包摂を進めるというベルゴリオの提案を拒否していたので、キルチネルには巨大な攻撃目標が与えられることになった。キルチネルが勝ち誇って、今やアルゼンチンは「そうした反啓蒙主義的で差別的な見解とはきっぱりと決別する時が来た」と宣言すると、政府の資金で活動する「五月広場の母親たち」は忠実に、教会の独裁政権との共謀関係がこの問題を議論する「道徳的な権威を欠く」ことに繋がったのだと宣言した。中国訪問中だったクリスティーナ・キルチネルは法案への敵対的雰囲気に大統領として遺憾の意を表明するポーズをとり、「私たちがすべきことは現実をありのままに見ること」であるのに、その「平等な結婚」を「宗教的な道徳」の問題と見ることは恥ずべきことであると述べた。

今やすべての視線は上院に向けられた。七月十五日、カトリックと福音派が野外デモを行っていたとき、上院議員は三つのグループに分かれていた。結婚を性的に中立なものとして再定義する政府案を支持するグループ、それに反対するグループ、そして、フランス式の連帯市民（養子を迎える権利も含む）を提案するグループの三つであった。反キルチネル派でサンルイス選出の連邦ペロン党上院議員リリアーナ・ネグレ・デ・アロンソはベルゴリオの支援の下、政府案を拒否すべく、第二、第三のグループ間で子どもを養子にする権利なしの拡張された市民婚を代案とすることを仲介した。「ベルゴリオ枢機卿が代案の必要を理解し、私たちを応援してくれていたという事実は大きな安心感となっていた」とカトリックの組織オプス・デイのメンバーであるネグレは振り返る。

「非常に骨を折って、私たちは（同性愛者の）実際的な利益となる市民婚法案の合意を達成し、結婚法を無傷のまま変えずにおくことができました。あの時、私は多くの人にアドバイスを求めましたが、特に枢機卿です。あの方は私を家に呼んで『あなたは正しい道を進んでいる』と言ってくださいました」

議論が進むと、ネグレ案は上院ではっきりとした多数の支持を得た。しかし、その後、二〇時間以上にわたって、キルチネル派の上院議員たちはリークされた枢機卿の手紙をもち出して、狂信的な反聖職主義のやり方で猛烈な、侮蔑に満ちた攻撃をくり広げた。「開会中の二四時間の間に枢機卿について聞いたことをくり返すことはできない」とネグレはふり返る。彼女自身もヒトラーがユダヤ人にしたことを同性愛者にしようとしているナチ党員だと言いがかりをつけられ、涙がこぼれたという。議論終了後、上院議長は政府支持派の指導者からの圧力の下、妥協案を独断で無効にし、上院議員たちに政府案への賛否のみを問う採決を強いた。混乱と怒号の中、多くの上院議員が政府の横暴に抗議して議場から退席し、法案はわずか六票で可決された。

「見たか、ベルゴリオ」

キルチネル派のリーダーが得意になって叫んだのをネグレは記憶している。

「まるで議論はすべて枢機卿との間のことであったかのようでした」[14]

＊＊＊＊

その三か月後、ネストル・キルチネルが六〇歳で死去した。心臓疾患でその年に二度入院しており、ベルゴリオは病者の塗油を行うために司祭を派遣したが、クリスティーナに断わられた。しかし、サンタクルスにあるパタゴニアでの家で心臓発作を起こしたことは大きく報じられた。通夜は大統領官邸で行われ、その後、葬儀が南の故郷に戻って行われた。ニュースが伝えられたその日に、ベルゴリオは大聖堂で死者のためのミサを行った。キルチネルが教会に対してしてきたこと、特にベルゴリオにしてきたことを考えれば、彼の説教は寛大さの手本であろう。

「今ここで私たちはネストルのために祈ります。彼は神の御手に受け入れられ、その生きた時代において人びとに選ばれました」

キルチネルの論法はベルゴリオが「青くさい進歩至上主義」と呼んだことを例証するものであった。それは独裁政権に対する報復と、ゲリラ活動の政治的、道徳的な弁明に基づくもので、その中で、「人民」――実際には若い都会の進歩主義者――は実質のない敵に立ち向かわされた。教会、軍、クラリン紙やラ・ナシオン紙のような高級新聞、外国の銀行、農産物輸出業者、アメリカ合衆国、イギリスなど、その敵を列挙すれば長いリストになった。

それまでの七年間における政府の重要な同盟者は、血と共感で前世代のゲリラ活動と繋がる人権保護団体であった。政府は告発にもち込むための「汚い戦争」に関する調査と審理の資金として、そうした団体の多くに膨大な金額を投入していた。二〇一〇年までに一〇〇〇件近い告発が行われ、そのうちの何百件かは懲役刑に至った。ベルゴリオは常にいかなる情報提供の要請にも応じ、教会文書の閲覧を許可し、真相を究明しようとしている行方不明者の親族の必要に応じて意見を述べていた。彼は多くの人がまだ自分の親族に何が起こったのかについてわかっていないとして、「彼らは肉の肉を失い、親類のことを思って泣く場所さえない」とユダヤ教のラビ、スコルカ師に話した。しかし、〈いやし〉と和解の時が来なければならない。「憎しみは何も解決しない」と彼は語った。[15]

国からの膨大な資金をもとに行われた人権保護団体の活動も行方不明者についての新しい情報にはほとんど繋がらなかった。「失踪者」の最終的な数は実際のところ、一九八〇年代にサーバト委員会が見積もった数よりも少なく、アルゼンチン人が一九七〇年代と折り合いをつけることは様々な点においてさらに難しくなっていた。ゲリラの役割を七〇年代と折り合いをつけるための方程式の中に組み込もうとする試みはいかなるものであれ公的には侮蔑の嵐に見舞われ、公式見解においては、武装勢力と暗殺部隊だけが悪と見なされた。この単純化された二元論は懲罰的な態度を煽ることになった。当時の責任者たちが重大な不正の代価をまだ払っていないこと――アルフォンシンとメネムによる恩赦は絶えず痛烈に非難された――を確信していた人権保護団体はさらに多くの告発をすべく実情調査の審理で証人たちの証言を使った。二〇一〇年十一月、海軍の拷問施設ＥＳＭＡについての壮大な長期調査の一部として行われたヨリオとヤリクスの事件への証言のために枢機卿が召喚された背景にはこうした事情があったのである。

その二か月前、イエズス会士拉致のときに下フローレス地区のスラム街にいたカテキストが、この事件はベルゴリオがそこでの宣教の許可を取り消したことで無防備となったために起きたのであり、そうなったのはベルゴリオが貧しい人びとのために働くことに反対していたからだと主張した。これはベルビツキの事実無根の物語のときのように疑わしいものに聞こえたが、調査を主導した弁護士ルイス・サモラはそれを問題視するつもりはなかった。彼はトロツキー主義の政治家で、人権擁護団体の「社会・法律研究センター」でベルビツキの長年の同僚であった。あるテレビ番組で述べたように、彼が出発点とした前提は「教会が独裁政権と共謀しており、その抑圧装置の一部を形成したという議論の余地のない事実」であった。[16]枢機卿を糾弾できる証言に飛びついたサモラは、二日間にわたる審問でベルビツキの告発を証明し、枢機卿を訴追するための何かを引き出そうと決意していた。

アルゼンチンの法律では上級の公的な立場にある人物は審理の場を自分で選ぶことが許されている。サモラが自分を犯罪者として告発する場であるかのように審理を行おうとしていることに気づいたベルゴリオは審理の場に裁判所ではなく大司教区の本部を選んだ（ワルスは「彼らは枢機卿を見世物にしようとしていましたが、そうはさせなかった」と語った）。ベルゴリオは審理の前には緊張していたが、職員にはいつものようにするように指示し、「彼らはみんなのところに来るんではなくて、私のところに来るんだよ」と言ったという。ジャーナリストのセルヒオ・ルービンとフランチェスカ・アンブロジェッティによる一冊の本になるほどの長さのベルゴリオのインタビュー（『イエズス会士』）はその年、審理の時にはすでに発表されていた。そこで彼は人前で初めて「汚い戦争」について話し、彼が逃亡を手伝った人びとのことに漠然と触れた。ワルスはそうした人たちに連絡をとれば、ジャーナリストに自分たちの物語を話すだろうと考えたが、枢機卿は「その人たちがそうしたいなら、自身のことを明らかにするのを選べるのは彼ら自身だけだ」と言って、それを許可しなかった。そして、「気楽にいこう、フェデリコ。そろそろ時間だ」と彼は言った。

審理の後、サモラはベルゴリオが話をはぐらかすばかりだとして、何かを隠していると主張しようとし、「非常に控え目な証言だった」とテレビのリポーターに話した。

「彼は三日後に、司祭たちがどこに勾留されているのかを知りましたが、どのように知ったのか尋ねても、曖昧に応じるだけで、相手の名は言わないのです。名前を言うときは、その人は死んでいて、召喚できない場合だけなんです[17]」

記録されていたビデオと筆記録は異なる物語を語っている。攻撃的な尋問が行われる中――裁判官は何度も枢機卿は裁判にかけられているわけではないとサモラに注意している――、ベルゴリオは四時間にわたって、その出来事と背景に関する詳細な情報を進んで与えている。それはベルビッキによる話を無効なものとするのに十分すぎるほどの内容だった。イエズス会士の名を言わなかったのは政府の審問マシンから彼らの身を守るためであった。また、ヨリオとヤリクスだけでなく他の人についてはいかなる批判もすることはなかった。彼は決して自己弁明をしようとしたのではなく、事実に固執し、何があったかを理解できるようなしっかりした背景のある情報を供給したのである。それはサモラを苛立たせた優れた手腕であった。

枢機卿は翌年にも一九七七年に助けを求めてやってきた女性について、ある司教に彼女のことを照会したという証拠を提供した。五月広場の「祖母」たちとベルビッキであれば、それを聞いて、勾留されていた母親たちが生んだ赤ん坊を計画的に連れ出していたことを知ったのは一九八〇年代になってからだと証言したのは偽りだったと主張したかもしれない。ベルビッキは「知らなかったわけはない」と言っていた。しかし、これは「汚い戦争」の中でも最も汚い部分に属す秘密のひとつであった。当時、噂はあったが、彼が何か具体的なことを知っていたとしたら、それは驚くべきことであっただろう。[18]

アルゼンチンの人権保護団体の象徴的存在である「五月広場の母たち」は、海外での評判は損なわれていなかったが、国内での信頼度は長い年月の間にひどく損われていた。財政上のスキャンダルや内紛のくり返しに加え、指導者のへーべー・デ・ボナフィーニは厳格に人工妊娠中絶を支持し、反聖職者の立場をとっていた。また、世界貿易センターへの攻撃や、スペインのＥＴＡ（「バスク自由と祖国」）、コロンビア革命軍ＦＡＲＣといった武装勢力が関与した残虐行為に拍手を送るなど、彼女のテロリストへの共感の表明はしばしばキルチネル派さえ咳き込ませるほどであった。ベルゴリオにとって自分を「裏切り者」と呼び、共謀して拷問に関わっていた「右翼の教会」（「民衆の教会」ではなく）の代表と呼んで非難の言葉を投げつけてくるグループと関係を結ぶのは容易なことではなかった。しかし、彼はそうした攻撃には決して反応しなかった。ルービンとアンブロジェッティとのインタビューでは、「ボナフィーニの誇張は役に立たなかったということに同意するか」と尋ねられても、母親たちの痛みに重点を置いて、次のように答えている。

「必死になって自分の子どもを捜し、公の機関には冷淡に扱われ、自尊心を傷つけられ、あちこちにたらい回しにされ続けた女性たちのことを思うと、彼女たちがどんな気持ちでいたかを理解することなど、私たちにできるでしょうか」

天井桟敷からの政治的な眺めはともかくとして、枢機卿は多くの人権保護活動家や行方不明者の親族と舞台裏で会っていた。会いたいと求めてきた人とは誰とでも会い、会った人は確実に彼に好意をもち、情報の追求において常に助けになってくれると感じていた。また、ベルゴリオにしても親しい人を「汚い戦争」で亡くしていたのだから、人びとも同じ気持ちでベルゴリオに会っていたはずなのである。

二〇一一年の年末における大統領選では、ネストルの死に対する同情の波がクリスティーナ・キルチネルの再選を確実なものにしていた。彼女の政府はそれ自身が作り出した物語の中に閉じこもり、ますます権威主義的になっていた。しかし、政府の狭い世界の外では、アカプート神父の社会司牧局が長い年月をかけ分裂を越えて、政治家、産業界、労働組合の指導者の間に厖大なネットワークを築き上げていた。二〇〇二年の「対話」のように、その目的はアルゼンチンの公共の生活を作り直すことであり、新しい世代の指導者を育成することであった。それはベルゴリオにとっての大きなテーマである奉仕としての政治、貧しい人の優先、「出会いの文化」、連帯と公共の利益とも関連している。

一〇年以上の月日をかけてベルゴリオとアカプートが築き上げた「社会司牧の日」は前代未聞の現象である。すべての政党、主要な利害団体から国レヴェルの指導者が討論に参加し、国が直面する課題と優先事項について議論する会合を教会が年に一度開催するのである。その目標はそれぞれが代表する利害が全体の中でどのように見えているのかという理解を形成することであり、他の利害を代表している人も共通の人間性をもつ人であると知ることであった。

「政治家やビジネスリーダーの背後に皆さんと同じひとりの人間がいること、その人も病気を患っていたり、問題を抱えていたり、自分の存在に疑いをもっていたりするひとりの人間であるということを目にした瞬間、皆さんがそこに見出すのはその人自身であって、その人の特徴ではないのです。そこに辿り着くことができたとき、人びとが互いに歩み寄ることのできる関係が生み出されます」

アカプート神父はそう説明している。

「社会司牧の日」はベルゴリオがアルゼンチンの政治世界が絶えず悩まされてきた罪である個人化された党派心を乗り越え、キルチネル時代が終わるまでその果実は収穫されないとしても、その政治文化を実際に構築しようとする試みであり、今でもそうあり続けている。[19]

＊＊＊＊

ベルゴリオ枢機卿は様々な分野にまたがる人間関係を築き上げる達人であった。その関係の多くは深い友情関係に発展していった。バチカンの諸宗教対話評議会の議長でフランス人のジャン＝ルイ・タウラン枢機卿は「アルゼンチン方式の宗教間対話は世界でも独特なもの」と指摘している。ベルゴリオの支援の下、二〇〇五年に宗教間対話の機関を設立したギジェルモ・マルコ神父によれば、その対話の特別な点は、神学上の合意より友好関係に依拠していることだという。対話は各宗教の機関や代表との間で行われるのでなく、異なる信仰または宗派の指導者の間の友好関係を通して行われる。また、その指導者が自分たちのアイデンティティについて妥協することなく、互いの関心事を引き受けるのだという。「アルゼンチン方式」にはある意味で二〇〇一年から二〇〇二年の経済危機から生まれたという側面があった。当時、人びとは国の機関への信頼を失い、当座の必要を実際的に満たすために結集する必要を感じ、宗教指導者に目を向けたのである。

多くの注目すべき関係が結ばれたが、その中で三つ、イスラム教、ユダヤ教、イギリス系の福音派との関係が突出していた。

今では一〇〇万人あまりのアルゼンチンのアラブ人は一九二〇年代にシリアとレバノンからやって来たが、その大部分は（メネム元大統領のように）キリスト教徒である。しかし、オマール・アブードはコーランを初めてスペイン語に訳したアルゼンチン人のイスラム教徒のシェイクを祖父にもつ。アルゼンチンのイスラム人口（スンニ派、シーア派、アラウィー派）は三〇万くらいだと彼は言う。アルゼンチンの国勢調査は非キリスト教徒を宗教別に分類していないので、厳密な数を知るのは難しい[20]。実際のイスラム教徒はもう少し少ないだろう。ブエノスアイレスにモスクは三つしかないのだ。ニューヨークにおける九月十一日の攻撃がスポットライトを当てるまではアルゼンチンのイスラム教徒は静かな統合された住民であったが、それまでアルゼンチン共和国のイスラム・センターで働いていたアブードはそれ以降、メディアでイスラム教のイデオロギーによって急進化したテロリストと普通の信心深いイスラム教徒の違いを説明するようになった。

マルコ神父との交流の後、二〇〇四年五月に枢機卿がイスラム・センターを初めて訪れる。一九三一年の創立以来、大司教は言うまでもなく、キリスト教の司教がそこを訪問したことはなかった。「慈悲深き方、神に感謝します。友愛からのもてなし、ここで見出したアルゼンチンへの愛国精神、そして、わたしたちの祖国の歴史的な価値への関与の証しに」

ベルゴリオはゲスト帳にそう記帳した。イスラム・センターの理事長アデル・マデはこの時から一年後に亡くなるまで定期的に枢機卿と会合をもつようになった。そして、枢機卿はこの長老の通夜の祈りのために二〇〇五年八月にセンターを再び訪れた。その頃までには、海外における緊張がアルゼンチンでの宗教間の関係に影響を及ぼすことを許さないという合意をもって宗教間対話の機関が設立されていた。その翌年九月、ベネディクト十六世のレーゲンスブルク演説が文脈を無視した引用によってイスラム世界全体の怒りを引き起したが、アルゼンチンではそれがイスラム・カトリック間の摩擦を生じさせないということである（一方で、マルコは個人的な意見として教皇の演説を嘆いたことが枢機卿の意見として報じられてしまったため、枢機卿のスポークスマンを辞めることになった）。

「ベルゴリオはわたしたちに対話とは何かを教えてくれました。彼は少数派を対話のテーブルにつかせ、先例のない市民としての場所を創り出してくれたんです」

マデの後を継いでセンターの責任者となったアブードはそう振り返る。ベルゴリオはたとえば、毎年の〈テ・デウム〉にアブードら他の宗教指導者を名誉ある場に迎え、共有されるべき宣言と誓約をともにすることで、社会問題に対して諸宗教がともに声を上げる形を整えた。

明晰なシリア人の末裔、四七歳のアブードはベルゴリオと親しくなり、大司教区本部にも定期的に訪れ、コーヒーを飲み、アルファホレス〔クッキーの一種〕をつまみ、サッカーや政治、文学、音楽、オペラについてベルゴリオと語り合った（「彼を通してワグナーのパルジファルをどう鑑賞すればいいかを学んだ」という）。アブードは枢機卿にイスラム教について説明したが、枢機卿はすでによく知っていることがわかった。ベルゴリオはキリスト教とイスラム教に類似した点があることを示す本を彼に進呈し、また、自説の市民四原則、すなわち全体は部分よりも重要であり、一致は対立に優り、現実は観念に優り、時間は空間に優るという原則の重要性を教えた。アブードはこれをイスラム的な概念に置き換えて、常に用いている。

「イスラム教徒がカトリックの牧者から学ぶことになるとは思いもしませんでした。私は彼の言葉を通してイスラムの〈いつくしみ〉の力を学んだんです」

アブードは首を振りながら、その驚きを表した。彼らの議論は神の属性にも及んでいた。イスラムでは神の唯一性が主張されるのに対して、カトリックでは三つの位格がひとつである神として理解される。それをアブードは「それもまた奇跡であるイスラム的イエスというビジョン」と呼んだ。しかし、最も豊かな議論は神の特質である〈いつくしみ〉という共通の基礎に関することであった。

「人の靴を履いてみることでその人への見方をよい方向に変えていくのが〈いつくしみ〉という行為がもつ教訓のすべてだということをベルゴリオから学びました」

アブードはそう振り返り、ベルゴリオの驚くべき霊的な深みを称賛した。それは生涯にわたる厳格さと祈りがもたらしたものだろうと彼は言い、物質的なものに「全く愛着をもっていない」ことも称賛した。そして、アブードは付け加えた。

「つまり、私は彼のことが大好きだということなんです」

もうひとりベルゴリオのことが大好きだという人物がユダヤ教のラビ、アブラハム・スコルカ師である。

ベルゴリオの父マリオは息子に「いかにユダヤ人が何世紀にもわたって、教会によるものも含めて迫害を受けていたかを知っておかなければならないし、また、イエスがユダヤ人であることを知っておかなければならない」とよく話していた。ベルゴリオは成長した後、フローレス地区で多くの「ルソス」〔東欧出身のユダヤ人〕と知り合った。この語は愛着を感じさせる言葉であった。アルゼンチンにいるユダヤ人の大部分は東欧系のアシュケナージで、一八八〇年代以後に船でやって来た。当時、ブエノスアイレスはニューヨークの受け入れ割り当てがいっぱいになったときの第二の選択肢であった。スコルカの祖父母はポーランド系で、一九二〇年代にやって来た。家ではイディッシュ語で話をしていたという。

現在、アルゼンチンには二〇万ほどのユダヤ人がいるが、以前よりは少なくなった。二〇〇一年から二〇〇二年の経済破綻の時、イスラエルへの移住が増えたためである。それでも、アルゼンチンはラテンアメリカで最も大きく、最も重要な離散ユダヤ人社会がある国であり続けており、ブエノスアイレスには一ダースを超えるユダヤ教会堂といくつかの重大な機関がある。一九三〇年代から四〇年代において、国家主義的なカトリックの知識人層が反ユダヤの主張をし、一九七〇年代の独裁政権の間にも軍事政権の上層で再び反ユダヤの主張が現れたが、全体としてみるとユダヤ人は問題なくアルゼンチン社会に溶け込んでいた。しかし、一九九〇年代前半、国外から来たイスラム過激派が「アルゼンチン・イスラエル親善協会」（AMIA）を車で爆破したとき、中東紛争がブエノスアイレスに押し寄せた。この時は八五人の人が亡くなったが、その二年前にはイスラエル大使館が攻撃され、二九人の人が亡くなっている。これらの攻撃はユダヤ人たちに傷跡を残した。ブネイ・ティクバにあるスコルカの会堂はベルグラーノ地区の静かな通りの奥まったところにあるが、窓に格子が嵌り、常駐の警備員がいる。しかし、ラビ・スコルカは本当の安全とは錠をかけた扉に取り囲まれて暮らすことではないと常に信じてきた。そして、一九九〇年代半ばにキリスト教の司祭、地域のイスラム指導者との関係を築き始めたのである。彼はまた、ベルゴリオが講読するラ・ナシオン紙にユダヤ教の話題についての記事を定期的に掲載していた。

ベルゴリオはクアラチーノ枢機卿からユダヤ人社会との強い関係を受け継いだ。クアラチーノ枢機卿はユダヤ人大虐殺から救い出された文書を含むガラスの壁画を大聖堂に設置するという前例のないことを行った。ベルゴリオは大司教になるとすぐに、その壁画に一九九二年と一九九四年の攻撃を記念するものを含むものに拡大し、「ショア」（ユダヤ人迫害）の犠牲者を記念するミサを大聖堂で司式した。

その後、彼は何年かかけてブエノスアイレスでユダヤ人とカトリックの関係を全く新しいレベルに引き上げた。まず、ナチスによるユダヤ人迫害、「水晶の夜《クリスタルナハト》」の記憶を新たにする行事に毎年参加し、一度ならず大聖堂でもそれを主催し、一九三〇年代にそれを傍観し、ユダヤ人大虐殺が起こるのを許してしまった人びとの代わりにゆるしを請うた。また、教区の学校と神学校で「ショア」について教えることを決め、二〇一二年にはエルサレムのホロコースト博物館「ヤド・ヴァシェム」に三人の養成中の司祭を派遣した。年に一度開かれるアルゼンチン・イスラエル親善協会爆破の犠牲者を追悼するユダヤ人社会の集会にはカトリック教会の代表として補佐司教を出席させ、二〇一〇年七月には自ら出席し、壁画の前で祈り、攻撃は「神の選ばれた民がその歴史の中で被ったもうひとつの悲しみと迫害の連鎖」であったとジャーナリストたちに話している[21]。

ベルゴリオはユダヤ教の指導者たちとも強い関係を築き上げている。なかでも、マルコ神父とオマール・アブードとともに「宗教間の機関」（Interreligious Institute）を構成しているラビ、ダニエル・ゴールドマン師と、アルゼンチンのユダヤ教首位会堂のラビで、中道右派の政治家でもあるセルヒオ・バーグマン師が挙げられる。バーグマンとベルゴリオは長年、政治を再生するために共有されるべき市民の美徳を作成することに取り組んでいた。枢機卿は二〇〇八年に出版された市民権に関するバーグマンの著書に序言を書き、バーグマンはベルゴリオのことを自分の「ラビ」〔「教師」の意もある〕であるとし、カトリック教会だけなく、すべてのアルゼンチン人の霊的指導者であり、すべての人が自分のアイデンティティを犠牲にすることなしに参加できる市民の場を創出しようとしている人と表現した[22]。ラテンアメリカ・ユダヤ人会議の執行責任者クラウディオ・エーペルマンとアルゼンチン・イスラエル連盟代表団（DAIA）のアルベルト・ジメルマンも友人であり、ベルゴリオはクリスマスイブにユダヤ教の食物規定に沿った食事に彼らを招待している。

六三歳のスコルカはブエノスアイレスのラテンアメリカのラビ教義学校の校長であったが、かつては友人ホルへと同様、化学の学生であった。彼らが親しくなったのは二〇〇四年九月にスコルカ師がユダヤの新年の前の日に行われる悔い改めの式「セリホート」にベルゴリオを招待したことがきっかけだった。彼らはそこでともに祈り、パンを割いた。その後、スコルカはよく枢機卿の事務所を訪れるようになり、互いに贔屓のサッカーチームが落ち目であることをからかい合い（スコルカはリーベル・プレートのサポーター）、多くの計画についての取り組みを始めた。ベルゴリオはスコルカの本のまえがきを書き、のちには二〇一〇年にセルヒオ・ルービンとフランチェスカ・アンブロジェッティがまとめたロング・インタビュー『イエズス会士』が出るときには同じようにまえがきを書くようラビに頼んだ〔邦訳『教皇フランシスコとの対話』新教出版社刊〕。その姿勢が深くスコルカの心に触れた（スコルカは「『どういうことだ。私に頼むというのか。私はラビだぞ。ユダヤ人だぞ』と思った」と語っている）。

二〇一〇年、スコルカとベルゴリオは一年の間、あるジャーナリストを交えて月ごとに会い、安楽死、離婚、妊娠中絶、グローバル化、貧困、結婚、ホロコーストといった道徳、倫理に関する話題について議論し、そのジャーナリストがそれを編集し、一冊の本として二〇一一年に出版している〔邦訳『天と地の上で―教皇とラビの対話』ミルトス刊〕。スコルカはこの本の序文に「対話というものはその最も深い意味において、自分の魂を相手の魂に近づけ、その内面を明らかにし、照らし出すものだ」と書いている。この議論に参加した三人はラビ、枢機卿、ジャーナリストともに、その年に愛する者を失っている。枢機卿は弟アルベルトを六月に亡くし、ラビは義母を失った。スコルカは枢機卿の弟の通夜の席で、どうして自分に本の序文を書くよう頼んだのかとベルゴリオに尋ねた（スコルカは「心の奥底にあることについて私たちは話していました。通夜の席ではそういうことを話すものではないですか」とその時のことを振り返った）。

「彼は考えることもなく『心からそう思ったからだよ』と答えました。圧倒されましたよ」

二〇一〇年十月、ベルゴリオとスコルカは大司教区のテレビ局「カナル21」で、ある珍しい鼎談の番組を始めた。司会はプロテスタントの神学者マルセロ・フィゲロアで、これが三一回にわたる月に一度の一時間番組となっていく。それぞれの回では連帯、性、権威、幸福といった社会的なテーマが取り上げられ、出演者三人が共有し、ともに深く知っている聖書を中心に議論は進められた。[23] その二年後はカトリック教会とユダヤ教の関係を変えた第二バチカン公会議の文書『キリスト教以外の諸宗教に対する教会の態度についての宣言』が発布されてから五〇年目にあたり、ベルゴリオはブエノスアイレスのカトリック大学からスコルカに名誉博士号を贈った。これはアルゼンチンでは前例のない出来事である。

二人の間には心からの愛情がある。スコルカが言うには、ベルゴリオは「気さくな仲間《アミーゴ・カンペチャーノ》」、心の友である。それでも二人の関係には真剣さもある。それは彼らがスペイン語の二人称に親しさを表す「トゥ」ではなく、形式張った「ウステード」を用いていることに現れている。「これは大きな愛情をともなった絶対的な敬意の枠組みを示している」とスコルカは言う。こうした言葉上のニュアンスは当事者でなければ理解し難いものだが、ラビによれば、お互いを当然の存在としない、お互いの伝統に従うということであるという。冗談と愛情の下には真摯な目的が横たわっている。「集まったときにはいつでも自分に問いかける。『どうすれば、この世界にもう少し霊性があるようにすることができるだろうか』。相手にも問いかける。『次はどんな計画を行うのか』『私たちの次の使命は何なのか』」。二人はユダヤというものがキリスト教にとって何を意味するのか、またキリスト教というものがユダヤにとって何を意味するのか、そのより深い理解を生み出そうとしている。ユダヤ教徒が——現代のカトリック教会でよく言われるように——信仰の上でキリスト教徒の「兄」であるとすれば、その「兄弟関係」はどのようなものになり得るのか、また、なるべきなのか。ベルゴリオがイエスは貧しい人、周縁に追いやられた人の中に自らを見出していたという点を考えの中心としていることは「イスラエルの預言者と律法《トーラー》を思い起こさせる。それが自分とベルゴリオという二人のアルゼンチン人を共通の基盤の上に立たせている」とスコルカは言う。

「彼は私たちがその信仰の根本のところにいると感じさせるんですよ」

ベルゴリオは枢機卿としてイエズス会の最良の伝統の中で、対立するアイデンティティの緊張の中で暮らし、同じような綱渡りをしている人を助けるという使命をもつ最前線の人であり続けていた。トニー・パーマーもそうした人のうちのひとりだった。彼はイギリス生まれの南アフリカ人で、聖公会福音派の司教であった。トニーはケープタウンでイタリア人のエミリアーナと出会って、結婚し、そこに暮らし、仕事をした。その時には二人とも福音派に属しており、トニーが説教師であった。二〇〇四年に彼らは南アフリカを離れ、イタリアに移った。トニーはカトリックにおけるカリスマ刷新運動のイタリアでの指導者マッテオ・カリシとともに働き始めた。このカリシとアルゼンチンの牧師ホルヘ・イミティアンの友好関係がブエノスアイレスのルナ・パーク集会に繋がっていく。パーマーとカリシは共通の信仰によって諸教派（聖公会系が二つと正教会系がひとつ）の一致を促進する団体を作った。聖霊が将来の一致に向けてキリスト教の伝統を引き寄せるという考えであった。

カリスマ刷新運動を通して、エミニアーナはカトリック教会と和解し、トニーは福音派監督教会（CEEC）に受け入れられた。この組織はプロテスタントと聖公会の指導者によって一九九〇年代に設立された団体で、やはり諸教派の収斂を目的としていた（さらに複雑なことに、このCEECは聖公会ではあるが、カンタベリー大主教を長とする聖公会には属さない）。二〇〇五年、CEECを通してトニーは司祭となり、二〇一〇年には司教に叙階された。

司祭となって一年後、パーマーはカトリックと福音派の合同を使命とするカリシの団体とともにブエノスアイレスに来た。その団体のうちの五人が話を聞きたいというベルゴリオ枢機卿の求めに応じた。

枢機卿が特に関心をもったのは教派間で結婚したパーマーの話だった。結婚生活は多様性によって補完し合い、とてもうまくいっていたが、ひとつ問題があった。パーマーは言う。

「私は家族をカトリック教会に連れて行ったとき、聖体拝領に加われなくなったと枢機卿に話しました。日曜日の朝、私は会衆席に留まっていなければならない。子どもたちが聖体拝領から戻ってくると、こう言いました。『おとうさん、どうして家族を隔てる教会に入ることにしたの』」

このとき、ベルゴリオは「心が張り裂けたようになり、目には涙が溢れていました」とパーマーは振り返った。その場を離れた後、ベルゴリオはパーマーを傍に呼び、自分のところに来て、一緒に結婚についての秘跡を学ぶつもりはないかと尋ねた。パーマーはそれに同意し、この後、数年間にわたって若者とともに働くためにブエノスアイレスに来た時にはベルゴリオを訪れ、ブエノスアイレスにいない間は電子メールと電話で連絡をとり続けていた（二人は常にイタリア語で話し、パーマーは枢機卿を「パードレ・マリオ」と呼んでいた）。

二人はパーマーが最初にもち出した問題、つまりミサにおいてカトリックではないキリスト教徒は聖体拝領に与れないという問題について深い対話をした。パーマーは聖体拝領は組織の統一を示すものではなく、キリストにおける一致を表すものであること、こうしたカトリック教会の規則は祭壇がローマのものであってキリストのものではないと主張していることになる、これは冒瀆ともいえるものだと情熱的に論じた。

「私は枢機卿にプロテスタントの神学を説いたわけではありません。全く完全なカトリックの秘跡理解を述べたのです」

パーマーはそう力説する。枢機卿は教会の規則について弁明しようとはせず、パーマーの秘跡に関する神学を認め、深く共感して、ただ忍耐強くあるようにとパーマーを説得しようとしていたという。

「私を落ちつかせて、反逆者ではなく、改革者にしようとしていました」

二〇〇九年、ベネディクト十六世が聖公会の信徒がカトリック教会に加わるために「属人区《オーディナリエート》」として知られるようになる新しい教会法上の構造を創り出したとき、ベルゴリオは聖公会のグレゴリー・ヴェナブルズ主教に電話をかけた。彼はカンタベリー総主教との交わりのうちにある聖公会のコーノ・スール首席主教でブエノスアイレスに拠点を置いていた〔コーノ・スールは「南米大陸の南半分」の意味〕。朝食をとりながら「(ベルゴリオは)属人区は全く不要なもので、教会は聖公会の信徒として私たちを必要としていると非常にはっきり言った」という。[24] これはベルゴリオからパーマーへのメッセージでもあった。パーマーは属人区が自分のためになるのかどうか疑問に思っていた。

「私たちは橋を架ける役を担う必要があると彼は言いました。この手段をとれば、私がどちらかを選んだことになり、橋を架ける役から降りることになるという助言でした」

パーマーによれば、ベルゴリオは自分が聖公会に留まるべきと信じていたという。それは「統一という使命のため」であった。そして、ベルゴリオ自身、その「統一という使命のため」カトリックであることを「投げ出していた」。パーマーは枢機卿に会うときには「聖公会の一員としてではなく、彼の霊的な息子として」会っていたという。

パーマーは当時、カトリック教会の中でベルゴリオの重要性が高まっていたことの意味をあまり理解していなかったが、枢機卿の生活においてキリストが中心にあることに畏敬の念を抱いていた。

「彼は福音を血肉としていました。最も深いレベルで秘跡の中に生き、福音に身を任せていました」

パーマーはベルゴリオの謙遜とわかりやすさは見せかけだと言う。

「彼の話はきちんと聞かないと、言おうとしていることの深みを聞きとることができません。話すときに感情を使わないいんです。この点で彼は全くストイックで、要点を強調しているのかもしれませんが、それに気づかないいんです。だから、しっかりと聞かなければならないんです。穏やかに、耳を傾けなければなりません」

＊＊＊＊

枢機卿大司教としての最後の数年間となったこの時期、ベルゴリオにはスラム街の中で教会を築き上げ、そこから福音を説くこと、また、信仰生活と政治の境界を越えた深い絆を育てることに加えて、もうひとつ、第三の使命があった。それはギャンブル、人身売買、売春、労働搾取というブエノスアイレスの裏の世界を支配するマフィアへの抗議をしていく使命であった。司教たちの二〇〇〇年祭文書は腐敗と、ギリギリの生活をしている労働者、特に不法入国の移住者の搾取にスポットライトをあてているが、それと同時に、ギャンブルと麻薬、その後の中毒と暴力が爆発的に増加していることへの注意を喚起している。そのすべてが二〇〇二年から二〇〇三年の国の崩壊の後にはびこるようになり、市や連邦政府のわずかな高級官僚だけでなく、警察、裁判官、公共の官吏を堕落させていた。

合法的なギャンブルの増加は国家と市場が馴れ合う兆しであった。民間の企業が政党への寄付と不当な手数料と引きかえに、ますます多くの営業認可を与えられたので、ギャンブルはほとんどすべての街角で行われ、船上カジノ、宝くじ、ビンゴ・ホール、ゲーム・パーラーが開業していた。それは貧困地域などにギャンブル依存症と家庭崩壊を蔓延させることになった。特にネストル・キルチネルとビジネス上の同盟関係にあり、ブエノスアイレス市長であるマウリシオ・マクリの率いる企業が他のすべての企業を支配しており、その企業に莫大な利益がもたらされるだけでなく、連邦政府と市の政府の両方に数百万ドル単位の歳入を生み出していた。

二〇〇八年、ベルゴリオはこの結びつきに異議を唱え始める。その年、プエルト・マデロに浮ぶ船上カジノの労働者のストライキがあり、（性的搾取を含む）けばけばしい労働環境の改善要求に対し、会社側は参加者を解雇するに至る。解雇された労働者は枢機卿の執筆活動と公的な場での発言による支援を受け、五月広場で抗議の路上生活を始める。これによって、ギャンブルの認可と政府との繋がりについてメディアが疑問の声を上げるようになっていった。十二月、表立っての抗議行動、教会からの活発な声明の発信、ベルゴリオに近い政治家による議会工作によって、マクリはビンゴとスロットマシンの一連の新しい認可を差し止め、枢機卿は大きな勝利を収めた。

少なくともこの場合、教会は財政的な利益よりも公共の利益を上に置くことを国に納得させた。ベルゴリオはさらに圧力をかけ続ける。二〇一〇年十二月に司教たちと出した文書では、ギャンブルが麻薬、武器の密売人、人身売買業者を使った（不正）資金洗浄と密接に繋がっていると指摘し、それを「わずかな人たちの利益のために、多くの人、特に最も貧しい人たちに害を与えながら、莫大な額の金を動かす商売」と表現した。ギャンブル依存症が貧困家庭にもたらす多くの深刻な結果をリストアップした後、国に対し、この業界を制御、管理することを呼びかけ、二〇一一年の復活祭《イースター》への準備期間において国民への啓発運動の先頭に立った。[25]

二〇〇一年以後の危機的状況の中で最も哀れなイメージは「カルトネーロス」の出現だった。上半身裸の男たち、主に少年たちがリサイクル可能な売れるものを求めて夜のブエノスアイレスでゴミを捜すのだ。町に三〇〇〇〇人余いたカルトネーロスは弁護士ファン・グラボイスの支援の下、「放逐された労働者のための運動」（ＭＴＥ）を形成した。彼はベルゴリオの一九七〇年代における古き仲間グアルディアのメンバーの息子であった。枢機卿は当初からＭＴＥの働きを応援し、彼らが拠点としていたウーサイ広場に姿を現し、戦略と計画を練るのを手伝った。また、グラボイスが逮捕されり、襲撃されたときには、彼を助ける方策を見つけるようにと呼びかけた。彼はカルトネーロスを支援し、彼らを結婚させ、その子どもたちに洗礼を授け、彼らのチャプレンとなり、友人になったのである。運動の指導者のひとりセルヒオ・サンチェスはベルゴリオを評して「闘争が最も困難であったときに、我らの側についてくれていた唯一の人」と語った。

織物労働者と密な連携の下で活動していたＭＴＥは「アラメーダ」という人身売買反対運動を展開し、労働搾取の工場と売春宿を逃れた労働者に新生活と庇護を提供した。人目につかない織物工場が脚光を浴びたのは二〇〇六年、カバジート地区にある工場のひとつで起こった火災で、人身売買で売られて来た六人のボリビア人が焼死したときだった。そのうちの四人が工場で働く母親が気を散らさないように二階の部屋に閉じ込められていた子どもであった。不法入国の女性移住者は一時間一ドルという奴隷のような条件で、一日一八時間働き、ミシンの傍で眠り、食事をしていた。身分証明書は雇主に取り上げられていた。こうした工場で働く人はこの年には少なくとも二〇〇〇人はいたと算定する報告もある。警察は賄賂をもらって見て見ぬ振りをしていた。所持金も身分証明書もない女性たちは週に一度、雇主が外出を許可してもどこにも行くところがなかった。[26]

「アラメーダ」の話が広まると、女性たちが助けを求めに来るようになった。「アラメーダ」の議長、愛敬のある元教師グスタボ・ベラは彼女たちの話をつなぎ合わせて、マフィアの活動の構図を捉えることができた。多くの人間と利害が麻薬とギャンブルのそれと共通していたのである。そのネットワークは連邦警察と市政府の上層部にも広がっていた。ベラが女性たちを連れて、彼女たちの証言を報告すると、暴力団からの脅しが届くようになった。賄賂を受け取っている警察は頼りにならないので、グラボイスの提言にしたがって、ベラは枢機卿に会いに行く。ベラはチェ・ゲバラを信奉する左翼で無神論者であったが、野に放たれた資本主義が人びとを商品として扱うようになっているのをベルゴリオが公然と非難しているのを読んで深い感銘を受けていた。二〇〇八年八月末、ベラが大司教本部に枢機卿の助けを求める手紙を預けると、その一時間後に秘書から電話があり、部屋まで来るように言われた。ベラはベルゴリオに会うと、彼が話をすぐさま把握したことに驚かされた。

その一週間後、枢機卿がラ・ボカの港湾地区にある移民の聖マリア聖堂で執り行ったミサには「アラメーダ」とMTEが動員したカルトネーロス、人身売買されてきた縫い子たち、元売春婦が参加していた。枢機卿は彼らに語りかけた。「学校で教わったこと、一八一三年憲法がアルゼンチンにおける奴隷制度を廃止したことは嘘であり、今ブエノスアイレスにはあの時よりも多くの奴隷がいるとわかった」。数日前の晩、平らにされたボール箱をいっぱいに載せたカートが通りに沿って引かれているのを彼は見た。それを牽く馬を探したが、牽いていたのは十二歳にもならないような二人の子どもだった。彼は続けて言った。

「市の法律ではかなり昔に動物で荷車を牽く輸送は禁じられています。しかし、これはどうしたことだろうか。子どもは馬よりも価値がないというのでしょうか[27]」

この年以降、このミサは憲法広場で毎年七月に開かれる年に一度のイベントとなった。何万ものカルトネーロスや、売られてきて搾取的環境で働かされている労働者、売春婦、移住労働者が集まる。五年以上にわたってベルゴリオはこのイベントを隠された人びとを表に出すことに用いていた。このミサは対《つい》になる二つの機能をもっていた。人身売買の犠牲者たちに教会は彼らの味方であり、解放のために働いていることを示して彼らを勇気づけ、希望を与えることと、それを通して、この悪質な業界から利益を得たり、見て見ぬ振りをしたりしている人びとに異議を申し立てることである。

ベルゴリオは土曜日にはよく地下鉄に乗って「アラメーダ」の拠点があるアベジャネダ公園に行き、マテ茶を飲みながら、スタッフ、ボランティア、脱出者、無神論者、不可知論者、左派、カトリック信徒という幅広い人びとと雑談を交わしていた。人びとは彼を「ホルヘ」と呼び、いつでも彼と話ができた。ある時にはある織物工場から救い出された縫い子の三人の娘に洗礼を授けたこともある。無神論者とユダヤ人が代父母として参加した。ベルゴリオはベラたち指導者がいつ、どのようにして公の告発をすべきかという戦略的な決断を下すときはその手助けをし、新生活を始めようと格闘している女性たちを元気づけた。彼が応援していた五年の間に「アラメーダ」は労働法と安全基準に違反している隠れ工場に関する八五件の事例を成功裡に裁判所にもち込み、三〇〇〇人以上の労働者を解放した。[28]

人身売買で売られてきた女性たちの多くは売春婦をさせられていた。自由を得るために闘ってきたので、彼女たちとそれを助ける人びとは自分たちが売春の仲介者と汚職警官に狙われていることに気づいていた。ベルゴリオはペペ神父のときのように、関与している女性たちを公に支持し、公開性という盾を提供した。その一方で、安全になるまで修道院や黙想の家に彼女らを匿った。そのようにして枢機卿は多くの売春婦に会い、避難場所と新しい生活を始める場所を見つけるための支援をした。それはちょうど聖イグナチオ・ロヨラとその初期からの仲間たちがローマでしたことと同じであった。[29] ベルゴリオは彼女たちの物語を語る公の擁護者となった。二〇一〇年七月の憲法広場での説教では次のように話している。

一昨晩、ある貧しい少女が働かされていた売春宿から病院に担ぎ込まれました。意志を破壊するために、彼女は酒を飲まされ、麻薬を注射され、昏睡状態に陥ったのです。これがマフィアのしていることです。彼らは血まみれの金を手にした優雅な紳士、現代の奴隷商人です。その組織は若者を腐敗させ、その意志を台無しにし、麻薬で破壊して搾取することを目的としています。それをしているのは重要で影響力のある紳士たちです。彼らは決して顔を見せず、自分のしたことを認めたりはしません。賄賂《コイマ》というブエノスアイレスの偉大なる解決法があるからです。……道のそばで貧しい人が打ち据えられているのを避けるために、道の向こう側に渡らないようにしましょう。それよりも、立ち上がって、奴隷制度と腐敗の中心がどこであるのか、それが隠れ工場、売春宿、キャバレー、麻薬が売られている場所、血を搾り取る者たち、兄弟姉妹を犠牲に捧げる現代の祭壇であるということを指摘しなければならないのです。

ベラは枢機卿が人身売買された女性たちのために八〇以上の面会をしていたと推計している。枢機卿はそのたびに、その女性がどんな支援を受けているのか、仕事と働く場所はあるかをベラに尋ねた。答えを聞いても決してメモはとらず、ただ「よろしい《ブエノ》」と言うだけだったという。ベラは最初、それが何を意味するかわからなかったが、二、三日すると、労働組合の指導者やビジネスマン、あるいは修道女、枢機卿の友人から女性たちへの仕事と避難場所を申し出る電話がかかってきた。「ホルへは常にそれぞれのケース、それぞれの名前、それぞれの経緯を記憶していた」。そして、彼女たちがどのようにしているか教えてほしいとベラに頼んでいた。

ベラによると、女性たちは「全く安心しきった状態で」枢機卿との面会の場から出てきて、これほど深く話を聞いてもらったことはない、これほどの愛をもって見つめてもらったことはないと言っていたという。枢機卿が出てくると、その目はいつでも涙のために赤くなっていた。

「彼女たちのうちにキリストの傷が見える」

枢機卿はベラにそう言ったことがあるという。

＊＊＊＊

カトリック系週刊誌『クリテリオ』の編集長ホセ・マリア・ポアリエによれば、枢機卿の事務所は「控え目すぎて、不便だった。ドアを開けたら、閉めるために椅子を動かし、閉めたらイスを元の場所に戻さなければならなかった」という[30]。大司教になった当初の一九九八年と比べても、教区優先、貧しい人の優先、厳格と謙遜はほとんど同じままであった。とりわけ変わらないのが朝四時を少しまわれば起床して祈ることだ。この時間は知性が研ぎ澄まされて、心が開かれており、彼が最も重要な決定をする時間であった。

ともに働いたことのある人によれば、「彼は本当にすべてを神の意思に照らして見ることによって決定を下している」という。夜明けの識別が彼に決心をさせるが、祈りの中で体験したことが再考に繋がることもある。たとえば、彼は助祭について本能的に反対の立場をとっており、聖職者の役をする一般信徒と見ていたが、その役割の訓練を受けた三人の助祭にこう語っている。「私は助祭を本当に好まない。しかし、きのうの夜、マリア様が現れて、ブエノスアイレスのために三人の助祭をお求めになられた[31]」

同僚の司教たちはベルゴリオの仕事の許容量に驚嘆していた。「祈る時間と人と会っている時間の他はいつも働いていた」とホルヘ・カサレット司教は言う。ベルゴリオは一九九〇年代に聖母マリアと約束をして、テレビを見るのを止めており、映画館や劇場にも決して行かなかった。サンタフェ大司教ホセ・マリア・アランセードが一月の休暇には何をしているかと尋ねると、彼は教区本部にとどまって、寛いだ気分で祈りを捧げ、古典を読み直していると答えた。しかし、広報担当のフェデリコ・ワルスによれば、枢機卿は休み期間には主にスラム街におり、週末には聖堂などでひとりの牧者として仕えていたという。

「枢機卿が寛いでいるのを見たのはそこでだけです。普通の人たちといることが彼に元気を与えるんです」

また、何かを書いている時間も多かった。手紙を書くときには一九八六年にドイツで安売りで買った一行だけのメモリーがあるオリベッティーの電子タイプライターを使っていたが、それ以外はすべて手書きである。

「ベルゴリオは文章がうまいし、書くことが好きなんです。それに、文体がいいんだ」

アパレシーダ文書をともに作成したカルロス・ガジ神父は言う。

「納得がいくまで、修正して、文章を練るのが好きなんですよ」

二〇〇五年と二〇〇六年にクラレチアン出版が彼の細心の注意をもって作り上げた説教と演説を集めた多くの本を出し、二〇一一年と二〇一二年にはそれよりも多くの本が出た。そこには多くの雑誌論文、本への序言も収録されている。

ベルゴリオが古典に親しんでいることが彼の「素晴らしいスペイン語の文体と散文の美しさ」の理由だとアランセード大司教は信じている。すべてのよい物書きがそうあろうとしているように、ベルゴリオも在り来たりなフレーズを避ける。以前に言われた表現であることに気づけば、それを言わないことにするか新しい表現を見つけようとする。それはつまり、彼がカトリックの司教には珍しく、教会の変わらない教えをニュースのように聞こえるようにしているということであった。その能力には彼の率直さに由来する部分もある。彼は人びとにとって重要なことを直観し、それについて話す。また、それは彼の言葉のわかりやすさがもたらす結果でもある。味のある言葉でありながら、身近な言い回しが用いられているのだ。しかし、それは自然に生み出されたものではない。彼は複雑で重層的な考えをもち、それをわかりやすく表現するために文章に取り組む必要があった。メッセージを簡素化し、そこにはっとさせるような比喩を添えて文章に活力を与えているのである。[32]

ベルゴリオは報道関係者には寡黙なままで、インタビューはほとんど受けず、他の司教をメディアに紹介する役割に満足していた。しかし、信頼するジャーナリストには非公式に話をしていた。雑誌『クラリン』のセルヒオ・ルービンや、フランチェスカ・アンブロジェッティ、シルビーナ・プレマト、ラ・ナシオン紙のカルロス・パニとマリアーノ・デ・ベディア、ローマではジャンニ・ヴァレンテとエリザベッタ・ピケがそうした記者たちであった。彼らにあれこれ話をし、時には彼の意見が「枢機卿に近い情報源」からのものであることが示唆された。ベルゴリオはテレビを見ることはなくなっていたが、教区のテレビ局「カナル21」の創設を後押ししていた。また、自分自身ではどのようにツイッターやフェイスブックなどのソーシャル・メディアを使うのか全くわかっていなかったが――彼はコンピュータも携帯電話も使わない――、そうした新しい技術を教会から遠く離れたところにいる人たちと接触する手段と考え、それについて知るためにワルスに講座を受けさせていた。二〇一二年にはローマでジャーナリストのアンドレア・トルニエッリに「デジタル・メディア、インターネット、ショートメッセージを用いて、遠く離れている人たちと接する試みをしている」と述べている。[33] そのうち、ワルスがウェブサイトに枢機卿の説教を載せるときにはいつでも「あの一四〇文字のにも忘れずに」と言うようになった。

彼は断固として司教協働の立場をとる協調的な指導者になっていた。すべて自分が任命した六人の補佐司教と二週間おきに会い、集団で広大な司教区を管理していた。ホルヘ・ロサーノ司教は次のように当時を振り返る。

　彼はわれわれの話をよく聞き、それぞれが責任をもっていることに対して敬意を払いますが、それでも彼が大司教であることに変わりはないんです。たとえば、司祭の配置替えをするときには、そ私たちは司教区として動きます。全員が集まって、どの小教区が司祭を必要としているか、どんな変更が必要かを話し合いますが、何か微妙な問題が絡んでいる場合には、まず枢機卿がその問題に関わっている司教と直接話をします。テーブルを囲む全員が自分の意見を述べると、彼が「よろしい。そのことについては少し考えてから、お知らせします」と言います。二、三日後、状況に最も近く関わる司教が最終決定の前に呼び出され、彼が同意するかどうかを確認し、同意が得られれば、彼が下した決定が全員に伝えられます。補佐司教との間には司教協働と交わりという点で非常に建設的な関係がありました。

全体の合意を作り上げるときに彼が用いた狡猾な手法については多くの話がある。補佐司教のひとりが黙想の家で終日行われた企画会議が午前中の議論で行き詰まってしまったときのことを語ってくれた。昼食時になって枢機卿はその司教に「少し議会に陳情をしなくてはいけない。決めるのはその後にしよう」と言って、リンゴをひとつもって自分の部屋に入ってしまったが、実は通常の四五分間の昼寝をとって、黙想するためだった。他の者たちがワインを飲みながら昼食をとり、眠たげに雑談をしていると、朝の牧草地のような爽やかさで枢機卿が再び現れる。そこで一人ひとりを傍に呼んで、問題について話をする。出席者がくたびれて再び集まる頃には、解決法は明らかになっており、全員がそれを支持していたという[34]。

イエズス会士たちと同じように、多くの人が彼は不可解であると言う。カサレット司教はベルゴリオの人柄について「魔術的とも言える」と語っている。人びとに対する温かみや愛情にもかかわらず、彼はその本能が人に気づかれずにそこから離れていってしまう内向的な人で、本当に得意とするのは一対一の関係である。「彼が生み出す顔をつきあわせる関係のネットワークは全くの無敵だ。個人的な関係を生み出すときの彼は本当に素晴らしい」とセルヒオ・ルービンは言う。

カサレット司教はベルゴリオの友人というわけではないが、良好な関係をもっている。彼が語るところによれば、ベルゴリオは「並外れて知恵があり、上辺からは見えないことを見ることのできる人のひとり」であり、極めてよく情報に通じ、まさにすべてについて考えた上での意見をもっているとされる。彼はその知識で人びとを当惑させていた。

「適当なことを言っていては満足させることはできないんです。あの方はすべてを見届けますから。『万事うまくいっています。うちの小教区は大丈夫です』などとは言えません。すぐに鋭い質問が来るんです。しかも、何が起こっているか完璧にご存じなのがこちらに火を見るよりも明らかにわかるんですから。あの方をやり過ごすことはできないんです。やり過ごそうとすれば、認めてもらえません」

第二一地区のファン・イサスメンディ神父はそう振り返る。雑誌『クリテリオ』の編集長ポアリエは二〇〇五年の後半に英語の新聞のためにベルゴリオについての紹介を「ベルゴリオ枢機卿は何を考えているか。それは誰にもわからない」という一文で書き始めていた。すると、しばらくしてから、ある本の出版記念会でベルゴリオがポアリエのところにやってきて「私が何を考えているかは誰にもわからないんだって？」と笑いながら言ったという。[35]

ポアリエはその記事でベルゴリオは「最高のチェス・プレーヤーと互角に戦える」と書いた。それは多くの人が彼について用いる比喩である。アパレシーダ会議に枢機卿とともに参加していたオプス・デイのアルゼンチン代表マリアーノ・ファシオ神父は「時々、自分がチェス盤の上の駒で、彼の頭の中でゲームが進められているように感じるようなことがあるかもしれない」と述べている。マルコ神父も同じ喩えをしている。

「彼は寡黙なチェス・プレーヤーです。駒を動かしては、何手も先を読んでいる。いつ止まり、いつ行動を起こすべきかがわかっているんです。どんなルールがあるのかは決してわかりません。教えてくれませんから」

　また、ポアリエはさらにこう言っている。

「自分がどういう立場に立ち、何をしたいと考え、どこに向かっているかがわかっている人には信任を与えている。はっきりとそうは言っていないとしても」

　このようにトランプの手札を誰にも見えないように胸元に引き寄せたままでゲームをしている点では一九七〇年代と同じままの指導者であったが、もうひとつの別の点でもそうであった。

「彼は誰の話にも耳を傾け、誰とでも対話をし、そうやって決定の見極めを行います。しかし、決定がなされたら、それで終わりです。すべての人がそれを支持し、従うことが期待される」

　ワルスはそう語る。彼と働いたことのある人は彼の鋼のような芯の強さを証言している。行動方針がいったん決まれば、何にも影響されず、圧力にも屈せず、気が散ることもない。彼は聖イグナチオの「今していることをなせ《アジェ・クオード・アジス》」という命令を心の奥の深いところにまで受け入れているのである。ラビ・スコルカは彼のことを「ブルドーザーだ」と言う。「何かを決定するとき、それですべてを後ろに追いやる。道がズドンと開ければ、それで終わりだ。あとは前に掘り進むだけ。岩は傍に蹴散らしていく」。

　この集中力と粘り強さが並外れた思慮深さと感性をもつひとりの人の中に共存している。感謝の気持ちを伝える小さい手書きのメモ、不意にかかってくる誕生日祝いの電話（「パードレ・ベルゴリオです」と言ってかけてくる）、思いやりと共感がこめられた丁寧な表現といった多くの人が好むベルゴリオ枢機卿についての逸話は彼のこうした性格を物語るものである。彼は最も小さな身ぶりの中に大きい地平を見続けている。今では世界中が知っているが、ベルゴリオは毎月の終わりに五月広場を横切り、新聞スタンドのオーナー、ダニエル・デル・レグノのところに、毎日配達されてくるラ・ナシオン紙を束ねている輪ゴムをまとめて返しに行っていた。ダニエルがその必要はないと言っても、「これも君の作品の一部だ」と枢機卿は言った[36]。

セルヒオ・ルービンとともにインタビュー集『イエズス会士』をまとめたフランチェスカ・アンブロジェッティは、もしひとつだけベルゴリオの人柄について強調するとすれば、「他の人のことを気にかけていること、人の話をよく聞くこと、他の人が必要とすることに敏感であること」だろうと語る。彼について語るほとんどすべての人が相手にとって重要なことが何なのかを覚えている驚異的な記憶力――ノートと日誌に助けを借りているが――のことに触れようとする。ラ・ナシオン紙で宗教欄のコラムを執筆するホルへ・ルイロンはかつて、「病気の検査を受けるから祈っていてほしい」とベルゴリオに頼んだことがあった。検査の結果は何事もなく、ルイロンはそのことをすぐに忘れてしまった。三か月後、彼に出会った枢機卿はこう尋ねたという。

「君のために祈るのはもう止めてもよさそうだね[37]」

＊＊＊＊

ベルゴリオはすべての司教が直面する信じがたい緊張感の中で生きてきた。それは市民社会における主要な機関の有能な指導者であると同時に、助力を求めるすべての人に対して思いやりを示す牧者であり続けることである。もしベルゴリオがそれに最も成功した人に近づいているとすれば、それは彼が「ターザンごっこ」をする誘惑と戦ってきたからであろう。この表現は『イエズス会士』の中で用いているものだが、全権をもつ重職者として行動しながら、他の人の中にキリストを見るという彼に要求されている役割を綱渡り的にこなすということである。

この点に関する失敗について、彼は教会のチャリティー団体カリタスのために二〇一〇年に行った黙想会でひとつの例を挙げ、それには長く悩まされていたと語った。彼が子どものころ、コンセプシオン・マリア・ミヌートという女性が週に二日、朝に母親の手伝いをしに家に来ていたという。シチリア出身の彼女は何人か子どもがいる未亡人で、よく働き、ベルゴリオ家では非常に愛されていた。その後、子どもたちが家を離れ、彼女も別の働き口を得、それ以後、ベルゴリオは彼女のことを聞くこともなくなった。数十年過ぎた一九八〇年頃のこと、彼がマクシモ神学院の院長であったとき、彼女が玄関に会いに来ていると聞かされた。ベルゴリオは非常に忙しく、翌日にもう一度来てほしいと伝言した。しかし、彼女はもう来なかった。

数週間後、彼は猛烈な自責の念に囚われ、彼女のために祈り始めた。二五年以上を経てもその思いは消えることはなかったが、部下の司祭が偶然、タクシー運転手をしていたその女性の息子と出会ったことで彼はようやく彼女を探し出すことができた。二〇〇六年、九〇代になったコンセプシオンは娘とともに枢機卿に会いに来た。

「あの日は人生の中で一番幸せな日だった」

ベルゴリオは振り返る。彼女はあの日、イタリアへ戻ることになったので、別れの挨拶にマクシモ神学院に来たのだと彼は知らされた。しかし、うまくいかずにイタリアから戻ってきたのだという。

「あのね、ホルヒート、私はもうすぐ死ぬだろうから、これをあなたにあげたかったの」

そう言うと、彼女は聖なるおメダイのネックレスを手渡した。ベルゴリオは今日でもそれを身につけている。その後、彼女が亡くなるまで、彼らはしばしば会って、話をした。

「私はとても祝福されていると感じました。わけもわからずに何かをし、それを神さまがわからせてくれるというのは驚くべきことです。最終的に私は何十年もの祈りの後、それを正す機会を得ることができました。彼女が与えてくれたものはそれほど大きなことでした」

枢機卿はカリタスの人びとにそう語った[38]。

『イエズス会士』の中には、補佐司教であったとき、修道女との黙想会に出かけるために電車に合わせて大聖堂を出ると、ある青年が告解を求めてきた話が語られている。ベルゴリオは当番の司祭が午後に来るのを待つようその青年に言って、その場を離れたが、そのことを深く恥じ入り、その人の告解を聞くために引き返した。再び出かけると、電車には間に合って、黙想会も時間通りに行えたのだった。黙想会の後、自分自身のための告解に行った。そうしなければ、次の日にミサを行えないと思ったからだった。アンブロジェッティは彼が告解したのは、自分の使命をほんの短い時間、忘れたからだろうと語っている[39]。

その使命とは、元イエズス会総長アルペ神父が語った有名な言葉、「他の人のための人」であることだ。枢機卿として大聖堂で過ごした最後の数年間、ベルゴリオは国のアイコン、象徴であり、同胞愛に生きる人生の具現であった。彼に個人的に会った話や、その寛大さを示す話は、そのほとんどがローマ教皇に選ばれた後に知られるようになったものだが、数え切れない。

ポアリエはひとつ、注目すべきものだが、異例なことではない話を思い出してくれた。枢機卿が五月広場で野宿をして抗議をするひとりの共産主義者と知り合いになり、彼には妻や子どももといっしょに暮らす家を借りる金がないと知ったという話である。ポアリエはその話を次のように語った。

「ベルゴリオはこの件に興味をもって、その男に『君のことを助けてあげられると思う。三年分の家賃を肩代りしよう。しかし、その三年の間に高校を卒業し、仕事を見つけ、子どもたちを学校に通わせると約束しなさい。これは取引だよ』と言った。その後、どうやら彼は週末ごとにその男に電話をかけ、子どもたちが学校でどうしているか、彼がどのようにしているか、約束が果たせそうかどうかを尋ねていたらしい。最終的に、その男は高校を卒業して、仕事を得て、家賃を払えるようになったそうだ」

七五歳のベルゴリオは多くの霊性を備えた人であった。その霊性の核は常にイグナチオに従ったものであった。〈霊操〉と聖書の観想的な読み方――聖書に登場する人物をあたかも自分自身として観想すること――が彼の説教、黙想会、そしてもちろん「究明」を含む毎日の祈りを育ててきたのである。しかし、すべての聖職者が唱えなければならない詩編唱和と聖書朗読からなる聖務日課と毎日のミサに基づいた教区司祭としての霊性も体に滲み込んでいた。彼は毎日お告げの祈りを唱え、ロザリオの祈りを十五連唱え、一日の終わりには聖体の前で一時間、座って祈る（カトリックではこれを「聖体礼拝」という）。同時に、彼は二〇世紀における教会の「新しい教会」運動に影響を受け、それを心に抱き続けている。その運動は主にカトリックの一般信徒による多様なグループからなり、カリスマを中心とし、宣教に焦点を合わせている。修道会や教区の司教からは疑いの目を向けられることが多いが、ベルゴリオはそれを「教会の中の新しい命の奇跡」と称賛していた。[40]

カリスマ刷新運動の他に、近い関係にあったのはアルゼンチンにあるイタリア発祥の三つの運動であった。ひとつは「聖エジディオ共同体」で、貧しい人びとのための教会というヴィジョン、宗教間の対話、正義についての考えはベルゴリオのものと共通していた。二つ目は「フォコラーレ運動」で、その教会一致への呼びかけは「出会いの文化」との共通点が多い。もうひとつが「コムニオーネ・エ・リベラツィオーネ」で、その創始者ルイージ・ジュッサーニの著作をベルゴリオは高く評価している。また、二〇世紀に現れたもうひとつの重要なカトリック運動「オプス・デイ」の創設者ホセマリア・エスクリバーのためにも祈りを捧げており、二〇〇三年七月にはローマにあるその墓前で三〇分以上にわたって感謝を捧げる時を過ごしている。[41]

ベルゴリオが天からの助けを求めたのは信頼を寄せる三人の聖人であった。礼拝堂にはルーハンの聖母マリア像があり、部屋には眠る聖ヨセフ像、本棚にはリジューの聖テレーズの写真が立てかけられていた。圧力をかけられていたり、心配ごとがあるときには、彼は特に「サンタ・テレシータ」（聖テレーズはスペイン語ではそう呼ばれる）により頼んでいた。このカルメル会修道会のフランス人修道女が『ある魂の物語』で約束したように天から働きかけているのだと信じているのである（彼女は一八九七年にちょうど二四歳で亡くなったが、死後に発表された霊的な自叙伝を通して世界的に有名になった）。ローマに行くとき、彼はバチカンの近くにある「ラ・ヌンシアティーナ」というフランシスコ会の小さな教会に必ず立ち寄り、そこにある聖テレーズの像の前で祈ることにしていた。

「問題があるときにはサンタ・テレシータに尋ねる。解決してもらうためではなくて、その問題を彼女の手に一度預けて、私がそれを受け入れるのを助けてもらうんだ。その徴はたいてい白い薔薇で受けとる」

ベルゴリオはルービンとアンブロジェッティにこう語っている。また、ステファーニア・ファラスカはローマでベルゴリオから聞いた話を教えてくれた。

「ある複雑な問題について重大な決断をしなければならなかった時、彼は聖テレーズにそれを委ねました。しばらくすると、見知らぬ女性が聖具室の入口に三本の白い薔薇を置いていったそうです[42]」

ブエノスアイレスで彼とともに働いた人たちによれば、そういうことはしばしば起こったという。ベルゴリオはしばしば机の上や、知らない人が彼のために扉のところに置いた白い薔薇を見つけ、「サンタ・テレシータがいらした。わかりました」と言っていたというのだ。匿名の薔薇の提供者は彼が教区本部を離れているときでも彼を探し出す。ベルゴリオの近くで働いていた人によれば、ある時、枢機卿と一緒にブエノスアイレス郊外の教会で会合に出席していたが、ひとりの女性が教会の扉のところに素晴らしい白い薔薇の大きな花束をもって現れた。「マリア様にですか」と尋ねると、その女性は「枢機卿様に」と言って、その場を立ち去り、消えてしまったという。

フェデリコ・ワルスの白い薔薇の物語はさらに劇的である。枢機卿の広報担当である彼は八月七日の聖カエタノ聖堂の祭りに毎年同伴していた。大きな屋外ミサが行われ、仕事と失業についての説教の後、三時間もの長い間、沿道で待つ神の誠実な聖なる人びとと挨拶を交わすために一〇ブロック行進するという身体的に厳しい祭りである。ベルゴリオはいつもそれを楽しみにしたが、二〇一〇年八月七日の朝は湿度が高く、霜が降りた。ワルスを乗せるために友人が運転する車でやって来た枢機卿は調子が悪いように見えた。足がひどく痛んで一晩中眠れず、鎮痛薬を飲んだが、どれも効果がなかったという。しかし、彼は「サンタ・テレシータに祈った。御心ならば治してくださるだろう」と言うだけだった。

しかし、ミサの後、痛みはさらにひどくなり、枢機卿はひどく足を引きずっていた。何千人もの人びとが沿道に並ぶ中、枢機卿は握手したり、言葉をやりとりしたりして、一〇ブロックを歩き始めたが、彼の顔には痛みがまとわりついている。ワルスは続けるのは無理だと確信した。二つ目のブロックが始まるところで、枢機卿はワルスに「次の角に車を待たせておくように」と頼んだ。ワルスは運転手に伝言してから、戻って彼に付き添った。

私たちが二つ目の角に着くと、背の高い逞しい男性が現れました。歳は四〇歳くらいでしょう。本当に背が高い人でした。枢機卿も長身ですが、その彼が見上げなければならなかったほどです。その人はナポレオンのように腕をレインコートの内側に差し込んで、枢機卿の前から一歩退いて、非常に機敏な動作で白い薔薇を一本取り出し、枢機卿に差し出しました。枢機卿はその薔薇を受け取り、彼を見て、彼を祝福し、ひと言も発しませんでした。その人はただそこに立っていました。

そこで私が枢機卿を車へ案内しようとすると、彼が言うのです。

「いや、いや、そうじゃない。これは私が待っていたメッセージだ。もう大丈夫」

彼は私に薔薇を渡し、私がその人を見上げると、彼は去っていきました。枢機卿は「サンタ・テレシータがいらしたのだ。車にはベレス・サッカー場で待つように言ってください。私は最後まで大丈夫だ」と言いました。枢機卿は歩き続け、元気に一〇ブロックを歩き切りました。その日、足はもう全く痛まなかったようです。

＊＊＊＊

二〇一一年九月、ベルゴリオは六年の任期を終えて、アルゼンチン司教協議会議長を辞し、盟友であるサンタフェのアランセード大司教にその後を任せた。二か月後、七五歳になった彼は教会法が司教に義務づけていることに従い、ローマ教皇に大司教の辞任を申し出た。この辞表は「今後のために」提出されるもので、将来において健康状態などの重大な事態で即時の受理が必要とならない限り、教皇がこれを執行することはない。しかし、彼は二〇一二年後半には自分の後任が発表され、二〇一三年のはじめにはその人物が着座する可能性もあると考えていたかもしれない。ローマのお馴染みのグループがアルゼンチンの首席司教にラプラタのエクトル・アグエル司教をつかせようとする圧力をかけていることは知っていたし、その計画にはベルゴリオをバチカンの省庁の長官に任命してアルゼンチンから隔離することも含まれているだろうと思っていた。これは彼が恐れる事態であり（ワルスには「バチカン捕囚だ」と冗談を言っていた）、それでそれに抵抗することにしたのだ。噂があれこれ飛び交い始めたとき、ワルスがからかって、すでに何かに任命されていて、それを隠しているのではないかと言うと、ベルゴリオはこう答えたという。

「気は確かかい。私はローマに引かれていったりはしないよ。私がブエノスアイレスに骨を埋めるつもりなのは君も知っているだろう」

彼はフローレス地区のコンダルコ通りにある隠退聖職者のための住居の一階に部屋を確保していた。そこで何をするつもりかと尋ねられると「終わらせていない博士論文を書き上げ、その家で他の司祭たちと共に過ごし、もちろん、フローレス地区で働くよ」と彼は答えた。そして、質問を先取りして「神がどんな役割を用意しておられるかはわからないがね」と付け加えた[43]。

二〇一一年の後半、彼は説教と演説の選集を以前出版したブエノスアイレスのクラレチアン出版の出版責任者とコンタクトをとった。引退に備えてこれまでに書いたものを分類したので、それが出版に値するものか評価してほしいとその責任者グスタボ・ララサーバル神父に頼むためだ。その翌年にかけて、クラレチアン出版は彼の要求に達した一連の著述の選集と、主にイエズス会時代のものからなる黙想四八編を収めた『開かれた気持ち、信仰の心』を出版した。それは彼の生涯の英知と洞察をまとめたものと言える。成熟したベルゴリオは依然として鋭い霊性の識別者であり、偽りと誤った方向を露わにさせる人、火を灯し、外へと送り出すことのできる黙想指導の達人であり続けていた。しかし、今や若い頃のベルゴリオには不足していた熱のこもった優しさがあった。たとえば、アダムとエバの楽園追放について、ある黙想では放蕩息子のたとえ話にそれをなぞらえ、詩に近いものにまで到達させている。

家から遠く離れてさまよい歩いているときでも、その子は父の家にいた頃の心をかき乱す記憶を身体の芯に感じていた。流れ者ではあっても、その子は方向を感じとる才能に恵まれ、その才能に従い、本当の自分に再び出会おうと捜し求めていた。彼は問いかける場所を見つけ、向かうべき方向へと歩みを変えようとしていた。心の中にある導きの星がどこから来たのか、またどこに自分を導こうとしているのかはわからなかったが、その大切さはわかった。つまり、彼は祈ったのだ。家に戻れるよう祈ったのだ。すべての肉なる者は自身の行く道に従う。生きていることの意味がぴったりと嵌るのはまさに祈りの中だけなのだ。われわれの心が「どこから」来ているのか、それが「どこへ」向かって進んでいるのか、そして、今どこに立っているのかがはっきりとわかるのは祈りの中だけなのだ。[44]

黙想録のうちの最後の何編かは、人間の失敗を通して示される神の力の勝利に関するもので、ベルゴリオがなぜ貧しい人びとの近くいる必要があると考えているのかがそれまでになくはっきりと示されている。

「われわれカトリック教会のエリートは幸いについて述べた山上の説教の要点を捉え損なっている。イエスはそこでまさに私たちが失敗を経験するときのことを言っているのだ。……イエスは主として慎ましやかな人びとの経験する失敗について話している。それはこのメッセージがそうした人たちに向けられているからだ。しかし、私たち特権的なエリートが同じメッセージを聞くとき、失敗という考えを軽蔑し、憤慨する」[45]

彼は七五歳だったが、その半分の歳の者よりも情熱的に働いていた。しかし、二〇一二年、彼が運命を待っていたとき、人びとは彼が今までにない疲れのようなものを示すようになっていることに気づいた。彼の話を聞くとき、身を乗り出さなければ話が聞こえないことがあった。大聖堂はいずれにしても音響効果に難点があり、彼が言っていることを理解するのは時に大きな負担であった。彼の重荷になっていたのは一九八〇年代に経験したものと同じく、神の業が無になっているのに自分が無力であることだった。アパレシーダ文書の展望に沿った大司教区の改革は進行中で、その実現には少なくとももうひと世代を要するだろう。しかも、それはいとも簡単に逆行してしまう可能性もある。ワルスはその時点で成し遂げられていないという感覚のために彼が疲れているのだと考えていた。

「彼にはアパレシーダ文書から始める教会のためのはっきりしたプログラムがありましたが、全教会の改善なくしてそれを実現はできなかったということでしょう」

　アパレシーダ会議でベルゴリオを神学面で補佐したアルゼンチン・カトリック大学（UCA）の学長ビクトール・マヌエル・フェルナンデス大司教はこの頃の会合で、ベルゴリオの引退を見越して、アルゼンチン人の司教たちが「教皇庁の代理人たち」（教皇使節のことではないと彼は明言している）とともにベルゴリオのことを気にせずに非難するような雰囲気があったことを記憶している。

「敬虔な信徒への要求が小さいこと、聖職者のあり方についてもっと明確なものにしようとしていないこと、性道徳などの問題に関して十分に説いていないことで彼を非難していました」

　フェルナンデスは彼らが継承問題は自分たちの思いのままと自信をもっていると思った。

　ベルゴリオは二〇〇八年にカナダで国際聖体大会が行われたとき、当時ケベック大司教だったマーク・ウェレット枢機卿との友好関係から講演招聘を受けた。これはその頃、ローマとアパレシーダ以外でブエノスアイレスから離れていた唯一の時間であった。ウェレットが二〇一〇年に〈世界代表司教会議〉の議長になると、ベルゴリオが推す司教候補がついに受け入れられるようになった。二〇一二年におけるアルゼンチンでの報道には、ベルゴリオとアルゼンチン司教協議会が周知させた〈テルナ〉に関して三人の大司教の名が報じられているが、そこにアグエルは入っていない[46]。

　しかし、ローマにおいて保守的な反ベルゴリオ派は強い力を保っており、たえずアルゼンチンの保守派を支援していた。それゆえ、たとえば、公式にフェルナンデスをカトリック大学の学長として宣誓させるまでに枢機卿は十八か月という時間をかけなければならなかった。アルゼンチンの保守的なグループが学長の正統性に疑問符をつけたからであった。ベルゴリオがフェルナンデスのためにローマの要求に対応するよう話をまとめても、学長就任は引き続き拒絶された。任命の日程が変更された後、フェルナンデスはローマに赴き、彼の任命の記録はないと告げられ、続いて改めて任命が試みられ、それが沈黙のうちに了承された。ベルゴリオはフェルナンデスに我慢するように言っていたが、激怒していたのは枢機卿自身だった。この傲慢が地域の教会に仕えるのではなく、抑圧する教皇庁の徴候であった。[47]

この時、バチカンは崩壊寸前だった。二〇一二年二月、二二人の新しい枢機卿（そのほとんどが教皇庁の官僚であった）を任命するためにベルゴリオがローマを訪れたとき、主なニュース項目は「バチリークス」として知られるようになるバチカン・スキャンダルの話題でいっぱいだった。それは一月のイタリアのテレビ・ドキュメンタリー番組の放映から始まり、五月にはベネディクト十六世の執事パオロ・カブリエーレが教皇の机にあった文書の写しを公表したことでさらに深刻化した。ボルジア家のような党派心と権力闘争によって引き裂かれたバチカンの頂点に無力に座っている役に立たない教皇といった姿を想像させるイメージは言うまでもなく、漏洩というセンセーショナルな事実そのものがその内容に影を落としていた。手紙が示していたのは、スキャンダルまみれのバチカン銀行をはじめとする教皇庁の改革と腐敗の一掃というベネディクト十六世が試みてきたと信じられていたことの多くが、国務長官タルシジオ・ベルトーネだけでなく、バチカン内の強力な党派によって絶え間なく妨害されていたということであった。また、書簡はますます遠くにあって近づきがたくなっていた統治者ベネディクト十六世が自分の鼻先で行われていることについて知らされず、暗闇の中に置かれるようになっていく過程で欲求不満を募らせていたことを明らかにしていた。カブリエーレはそうした不満から行動していたのだ。その目的はローマ教皇を害することでなく、警鐘を鳴らし、何が起こっているのかを世界に知らせることであった。カブリエーレの向こうみずな行動の背後にある欲求不満は広く共有されていた。[48]

ローマにはひとつの時代が終わりに近づいているという感覚があった。教皇庁に派遣されていた外交官たちは一七九七年のヴェネチア共和国崩壊直前の最後の大使たちに自分たちを重ね合わせていた。ベルゴリオはその様を見ていたかもしれないが、何も表には出さなかった。バチカン詰めの記者アンドレア・トルニエッリとのインタビューで「教会は自分の母であり、その過ちは母親の過ちと見なければならないが、その欠点よりも自分にしてくれたよいこと、美しいことを思い起こすことの方を選ぶ」と述べている。バチカンの教皇庁について尋ねられても同じような態度をとり、誤りはあったが、そこで働く大部分の人は善良で尊いという認識を示した。彼は霊的世俗性と虚栄心には非難の声を上げたが、彼がバチカンには改革、あるいはそのように見えるものが必要と考えていたと示すものはそのインタビューの受け答えの中に見ることはできない。何かあるとすれば、スキャンダルと中傷ばかりに焦点を合わせているとメディアを非難したことだが、それはやり過ぎであった。不都合なことが露見したときにはそれがどんなものであってもそれを伝えてきた者を非難するバチカンの古き衛兵のひとりのように彼を見せていた。[49]

二〇一二年二月のベネディクト十六世による枢機卿たちに向けた演説には、彼の気持ちの中に辞任の考えがあったことを示唆するものはなにもない。教皇は「私が絶えず神の民に適切な教義の証しを示し、聖なる教会を確固とした謙虚な手で導くことができるように」祈ってほしいと枢機卿たちに求めている。しかし、翌月、メキシコとキューバへの短期間の訪問の終わりに、続けることができないと思うようになった。メキシコのグアナファアト州レオンの大聖堂で階段に躓き、その夜、ホテルの洗面所へ行く途中、間違って洗面台に頭をぶつけてしまったのだ。傷口は深くなかったし、カロッタで隠れたので、それに気づいた者はほとんどいなかった。しかし、こうした転倒をした年配の人によく起こるように、彼は自分の脆さを急に感じるようになった。[50]

ベネディクト十六世が身を引くことを考え始めたのはバチカン・スキャンダルのためではなく――それは彼にはトラウマになったではあろうが――、このためであった。彼は最も近い数名の相談相手以外にこの秘密が洩れないようにし――当時の穴だらけの教皇庁の状態からすれば、それは簡単な芸当ではなかったが――、辞任の日を二〇一三年二月二八日とし、その二週間前に発表することに同意した。その日付であれば、新教皇が二〇一三年の復活祭のタイミングで就任でき、続けて七月のリオデジャネイロでのワールド・ユース・デイを率いる準備をするだけの時間を与えることができる。ベネディクト十六世がアパレシーダで示したラテンアメリカの教会への信頼を考えれば、年老いたドイツ人教皇の心に訴える何かがあり、メキシコで足をふらつかせ、この先のブラジルでのことを考え、六〇〇年ぶりに辞任する教皇になる決心をし、ことによるとアルゼンチンの枢機卿が後継者に選ばれることまで推測していたかもしれない。振り返ってみれば、活発なラテンアメリカの教会を前に進ませ、疲弊したヨーロッパの教会は後ろに下がるという構図をその決断の中に見ないでいることの方が難しい。

「疲れている」という言葉はまさに、その年の八月三一日に八五歳で亡くなった二〇世紀のカトリック信仰のうちに高く聳えるもうひとりの人物、カルロ・マリア・マルティーニ枢機卿がヨーロッパの教会について用いた言葉だった。その死の二、三週間前、彼は死後に刊行することと指定して、長年ともに働いてきたイエズス会士のインタビューに答えた。亡くなってから葬儀までの間に発表されたそのインタビューは多くのニュースの見出しを飾ることになった。マルティーニは次のように述べている。

教会は疲れている。幸せなヨーロッパと米国において。欧米の文化は歳を重ね、教会は大きく、宗教施設に人はいない。教会の官僚主義的な装置は大きくなるばかりで、儀式と祭服はもったいぶったものに見える。そのようなものが私たちの今日の現実を本当に表しているのだろうか。幸せが私たちに重くのしかかる。私たちはそこに、イエスから弟子になるよう呼びかけられたとき、悲しんで去っていった裕福な青年のようになった自分を見出している。すべてを後に残すことが容易ではないことはわかる。少なくとも私たちはロメロ司教やエルサルバドルのイエズス会殉教者のように、自由に隣人たちのそばにいる人たちを見てきた。私たちの中に私たちを奮い立たせる理想的なヒーローはいるだろうか。……愛の炎を再び燃え立たせるために灰の中から残り火を取り出すことができるだろうか。……私は教皇と司教たちに欧米の外から十二人、最も貧しい人びとの近くにいて、若者たちに囲まれ、新しいことを試す人たちを探し、彼らを指導的な地位につけることを提案する。私たちに必要なのは情熱に燃える人に匹敵するようなものであり、それによってその精神を至るところに広げることができる。[51]

知性のあるイタリアの枢機卿たちはマルティーニが言わんとしていることを入念に理論化した古臭い表現で説明しようと努力していたが、そうでない者はその耳障りな言葉を老人の戯言《たわごと》として退けた。しかし、カトリック教会の思慮に富んだ信徒はすべて、光と影を識別する成熟した目をもって、真実を恐れずに表明したものとしてこれを見た。貧しい南半球の教会に強い印象を与える活力と預言者的な力があるのに対して、北半球の裕福な教会では何かが死んでしまっているということであった。[52]

マルティーニが見定めた教会の疲労の兆しのひとつは、秘跡が〈いやし〉の手段ではなく、加入への障害になっているということであった。

「人生という旅路の中で人びとが時に陥る弱さにおいて、秘跡は規律上の道具ではなく、助けである。私たちは新しい力を必要としている人に秘跡をもたらすのではなかったのか」

マルティーニはそう語っている。

このインタビューが公にされてからほんの二日後、ベルゴリオが婚外子への洗礼を拒否した司祭たちを厳しく糾弾したのは出来すぎの偶然であった。彼はその態度を「偽善的なファリサイ主義」と呼んだ。彼は中絶の圧力を受け入れなかった女性の姿を描き出した。それは「捨て去ることもできた命をこの世にもたらし」、「小教区から小教区へと子どもに洗礼を授けてくれる人を探す」女性の姿だった。そして、そのような女性を拒否するのは「現代の偽善者、教会を〝聖職者の独占物〟にする者、神の民を救済から遠ざけている者」のすることとした。ベルゴリオは赤ん坊に洗礼を授けることは、その子がどんなに経緯で生まれてきたとしても、人命尊重に属することと見ていたのである。[53]

マルティーニはそのインタビューでイエズス会の神学者カール・ラーナーからイメージを借りて、聖霊の火をどのようにして燃え立たせるのかを語っている。

「今日、教会では残り火の上にとても多くの灰が覆い被さっているのを見て、私はしばしば無力感に苛まれる。どうすれば残り火を灰の中からとりだし、愛の炎を再び燃やすことができるだろうか」

数週間後、ベルゴリオもカリタスの黙想会で同じフレーズを用い、「(教会は)信仰の残り火、希望の残り火、愛の残り火を見つけなければならない」と述べている。灰を冷たいままにしているのは、彼が「幻滅の教会」と呼ぶものである。恐れと霊的世俗性で自己充足している教会はイエスを聖具室に縛りつけ、外に出られなくしているというのだ。この教会は聖霊が弛《たゆ》まなく他の人のことを気にかける神の誠実な聖なる人びとにもたらす「魅力」から遠く離れているとし、「その魅力は聖パウロの話された言葉へのあまりに深いため息とともに聖霊が私たちの心の中で語り、私たちのために祈るときに与えられる」と彼は述べた。[54]

ベルゴリオはその黙想会で数日前にローマで終わった〈世界代表司教会議〉について話している。

そこでの議題は「新しい福音宣教」であった。この概念はラテンアメリカで最初に明確に述べられ、一九八〇年代にヨハネ・パウロ二世によって明瞭に表現されたが、ベネディクト十六世の下ではヨーロッパを世俗主義から救い出すという意味で用いられることがますます多くなっていた。この概念を発展させるためにバチカンに新しく「新福音化推進評議会」が創設され、この時の〈世界代表司教会議〉はそれを実現するために、その評議会に考えと戦略を与えるものであった。

アパレシーダ会議でベルゴリオの神学上の補佐をしたカルロス・ガジ神父は二〇一二年前半にはローマで教鞭をとっていたが、この時の〈世界代表司教会議〉のために準備された文書を見て驚いた。主要な話題がヨーロッパにおける信仰の危機となっていたのである。ベルゴリオに連絡をとると、彼は新しい福音宣教が五つの大陸すべてに関わるもので、ヨーロッパだけの問題ではないことを主催者にはっきりさせるようにと訴えた。評議会はそれを確認したが、教皇庁幹部の枢機卿たちのコメントは「ヨーロッパの信仰の危機が唯一、真に重要な問題であり、ヨーロッパの教会にとってよいこと、あるいは悪いことが、そのまま世界の普遍教会にとってよいこと、あるいは悪いことなのであり、ヨーロッパにおける新しい福音宣教のための戦略が他のどの地域の教会でもうまく作用する」というヨーロッパ中心の前提を反映したもののままだった。「問題は相対主義と世俗主義」とした原因分析も、「新しい教会運動をモデルとして現代の西洋文化に係わる創造的な戦略が必要」という対策も、周縁に焦点を合わせた宣教的教会というアパレシーダ文書の展望からは程遠かった。ガジ神父は教皇庁がベネディクト以後の普遍教会にこうしたヨーロッパ中心のやり方を計画しているという懸念を実感した。[55]

ラテンアメリカの司教たちは二〇一二年七月、コロンビアのボゴタでラテンアメリカ・カリブ司教協議会の会合を開いて情報の調整をし、十月に世界中から四九人の枢機卿、七一人の大司教、一二七人の司教が参加して〈世界代表司教会議〉が始まった直後に、再びローマで会合を開いた。その三週間の間、ラテンアメリカの司教による演説のほとんどすべてにおいて、アパレシーダ文書と周縁を指向する福音宣教のことが言及された。彼らの言葉とその希望に満ち、精力的で、司牧的な展望は〈世界代表司教会議〉に参加していた途上国の司教たち、特にアジアの司教たちの琴線に触れた。彼らは厳しい迫害や難問に直面することが多いにもかかわらず、希望と喜び、聖霊の果実について語っていた。それとは対照的に、欧米の司教たちは減少する教会員のこと、ますます教会に敵対的になっている文化における教会と信教の自由に対する脅威に関心を集中させていた。そうした演説が続けば、気分は落ち込んでいく。シドニーのジョージ・ペル枢機卿が「熱意と活力に欠けている」と言ったのが印象的だったが、ニューヨークのティモシー・ドーラン枢機卿は「（世俗主義のことを）愚痴を言ったり、逃げ出したりするのではなく、それとうまく関わるにはどうしたらいいかを考えるべきだろう」とがっかりした様子で記者たちに語っていた。それでも、〈世界代表司教会議〉の運営においては相変わらず、そうした関わりを困難にしている教会の規範について検討するような機会は一切なかった[56]。

〈世界代表司教会議〉のアルゼンチン代表団の一員であったガジ神父は後にバチカン放送で、会議で最も印象深かった貢献は貧しい国々の教会からのものであったと述べ、それを「風は南から吹いていた」と表現した。

ベルゴリオ枢機卿もブエノスアイレスに戻ってから、それを確認した。〈世界代表司教会議〉にはアルベルト・メトール・フェレが予見していたことが現れていた。ヨーロッパはもはや教会の源泉ではなかった。イグナチオの言葉で表現するなら、ヨーロッパの教会は「荒《すさ》み」の中にあった。あまりに内向きになり、過度に影の部分に焦点をあてて、周りから来る脅威に過剰に恐れを感じているのだ。アジアや中東の司教たちは自分たちの世話する群れが基本的な自由を奪われ、殺されたり、爆弾で攻撃されたりしているが、それでも希望と喜びを見出そうとしている。それとは対照的に、実際には誰も迫害を受けていない（ヨーロッパの）教会の司教たちが、キリスト教が絶滅してしまうかのように嘆いているのはどういうことなのであろうか。

ベルゴリオは裕福な世界の教会が自らの衰退の理由を教会自体ではなく、文化の中に見て非難しているのを見た。しかし、第一の障害は現代の文化でなく、もはや福音を説いていない教会であった。教会は命の水を淀ませていた。それは気楽で、世俗的で、自己充足の「幻滅」であった。彼はカリタスの黙想会参加者に「（問題は）イエスを聖具室に縛りつけていること」だと語り、イエスが戸口に立って呼びかけるヨハネの黙示録の一節を引用して、この話はイエスが中に入れてくれといってノックをしているという話ではなく、内側に閉じ込められているイエスが外に出してくれと言っている話であると思うようになったと述べた〔ヨハネ黙示録三章二〇節〕。

CONCLAVE

第9章 コンクラーベ

2013

ニュース編集室でバチカンのビデオ・リンクをじっと見ていたジョバンナ・キルリはローマ教皇がまじめな調子でさり気なく述べていることを難なく把握できるだけのラテン語力をもっていた。

イングラウェスケンテ　アエタテ　ノン　イアム　アプタス　エッセ　アド　ムヌス
ペトリヌム　アエクェ　アドミニストランドゥム

教皇はそれが起こる日は二月二八日だとも言っていた。しかし、公式に確認をとることなくこの話をニュースとして流していいのだろうか。彼女はバチカンの広報局長フェデリコ・ロンバルディ神父に電話をかけたが、メッセージを残した後、待つ必要はないと決断した。いずれにしても彼女は自身の耳でローマ教皇の言葉を聞いたのだ。彼女はこの話を口述し、編集者に電話をした。「びっくりしたわ……」と話し始めた彼女を遮ったのは携帯電話にかけてきたロンバルディ神父であった。彼は言った。「正しく理解していらっしゃいますよ。教皇は退位します」

キルリの特ダネは通信回線を通して、あっという間に広がり、メディアを津波のように覆った。

「私は机に突っ伏して、泣いていました」

彼女はそのときのことをそう思い返している。

二〇一三年二月十一日はバチカンでは休日であった。一九二九年のこの日、教皇領接収をめぐるイタリアと教皇庁の間の五九年にわたる睨み合いがようやく解決されたことを記念する日である。ベネディクト十六世はローマに居住する枢機卿だけで小さな枢機卿会議を開き、公式に新しく三人の人を聖人とすることを驚きのないものとして発表した。この枢機卿会議に出席していた教皇庁国務省のスコットランド人職員、レオ・クッシュユリー大司教によれば、ベネディクト教皇は疲れているように見えたが、それ以外は健康と思っていたので、なにが起ころうとしているのか全くわからなかったという。

アンジェロ・アマート枢機卿が列聖される三人の福者の名を読み上げると、ベネディクト教皇は秘書のゲオルク・ゲンスヴァイン大司教を傍近くに従えて話し始め、そして、いつものように用意された文書を読んだ。クシュユリーも教皇が「高齢のため、もはや体力が使徒ペトロの神秘を十分に実行するには適していないと確信するに至った」と言っているのを理解するのに十分なラテン語力をもっていた。そして、その意味を理解するにつれて、胃がひっくり返るような感じがした。ローマ教皇の自発的な退位という、この六〇〇年の間、起こったことがないことが目の前で起ころうとしているのだ。

目の前がスローモーションになったようだった。驚きを表す漫画のような身ぶりで、テレビのカメラマン助手が口を手でふさぎ、私の隣に座っていた聖下《モンシニョール》は静かにすすり泣きを始め、ゲンスヴァイン大司教は肩を落としているようだった。枢機卿たちはたった今話されたことをきちんと理解できているかを確認するかのように身を前に乗り出し、私自身は自分の口が開きっぱなしになっていないかどうかを確認していた。その後には沈黙があるばかりだった。[2]

ブエノスアイレスではその決断についてベルゴリオ枢機卿が神の現存を前に慎重に考え抜かれた「革命的な業」として称賛していた。彼はベネディクト十六世の退位が効力を発揮する前日の二月二七日に機中泊でローマに着陸する便を手配し、それまでの二週間をその後の三週間の不在に対応する手配に追われて過ごした。バチカンからはファーストクラスの航空券が送られてきたが、それをエコノミーと交換し、長旅で座骨神経痛に煩わされることになるので、足許が広い非常口近くの席を頼んだ。コンクラーベの日程は枢機卿たちが会合を始めるまで決定できなかったが、三月中旬あたりが予想され、その二、三日後に新しいローマ教皇の着座ミサが行われることになる。帰り便は三月二三日にした。それで帰国すれば、説教の準備をしていた月末の復活祭《イースター》のミサに間に合うだろう。典礼のうちのいくつかでは福音派とユダヤ教の友人たちに話をしてもらうよう頼んでいた。また、五月広場の反対側にあるキオスクのオーナー、ダニエル・デル・レグノに二〇日ほどで戻るからラ・ナシオン紙の配達はしばらくの間、止めるようにと言っている。

今回はマルコ神父と一緒だった二〇〇五年とはちがって、ベルゴリオひとりでの移動だった。フィウミチーノ空港では到着する枢機卿たちを迎えるリムジンが待ち構えていたが、回転台から小さなスーツケースを拾い上げると、いつものように電車でテルミニ駅まで行き、そこからスクロ

「委譲」ベネディクト 16 世とともに。2013 年 2 月 28 日、教皇位からの歴史的な退位が発効となり、ローマの大司教座は「空位」となった。2012 年 3 月にメキシコで退位の決断を発表したベネディクト教皇はラテンアメリカを普遍教会の新しい源泉と見ていた。

ァ通り行のバスに乗り、一泊食事つき八五ユーロの聖職者用宿舎「ドムス・インテルナチオナリス・パウルス六世」にチェックインした。かつてはイエズス会の大学であった十七世紀の石造りの宮殿で彼が荷を解いたとき、テベレ川の反対側ではベネディクト十六世が最後の一般謁見を行っており、サンピエトロ広場にいる数万の人びとに向けて、自分の決断が自らにもたらした気持ちの平安について語り、教皇であった八年間、時代の流れは荒く、「主は眠っているかのようだった」時代がどのような時であったのかを語った。

その後の中途半端で奇妙な日々の間、メディアはベネディクト教皇時代の浮き沈みについてふり返り、誰がこの教会の難局の舵をとることになるのかを展望していた。終身で許可を受けた数十人のバチカン専門のジャーナリストである「バチカニスタ」たちの意見は、明白な有力候補はなく、次期教皇の予測はつかないという点で一致していた。この尋常ではない職務に対応できる枢機卿として、三人か四人の名を挙げる者もいれば、一〇人以上の名を挙げる者まで様々であった。わけ知り顔の者はベルゴリオがキングメーカーになると指摘し、その尊敬されるベテランとしての意見がラテンアメリカの同輩たちに影響を与えるとしていたが、ベルゴリオの名を候補として挙げる者はいなかった。しかし、彼が教皇候補探知レーダーにかからなかったのはその年齢のためでもあった。大部分の枢機卿が次のローマ教皇は六〇代後半から七〇代前半であるべきだろうと言っていたからである。また、ベルゴリオがあまりローマにいたことがなく、いる時でも目に見えないような存在であったので、彼のことを知っている人があまりいなかったということも大きかった。六五か国から四〇〇〇人もの報道陣が押し寄せたが、ブエノスアイレスの大司教については彼が厳格な人で、インタビューを受けないということ以上のことを言える人はほぼいなかったのである。バチカニスタたちは彼が二〇〇五年には有力候補であったことを知っていたが、時機は過ぎたと思っていた。また、コンクラーベで次点になったことのある者が次のコンクラーベで教皇に選ばれた例はこれまでになかった。このようにして、ベルゴリオのことについて多くを耳にする人はいるはずもなかったのである。

＊＊＊＊

二月二八日の晩、バチカン宮殿を後にし、カステル・ガンドルフの教皇の住まいに移っていくベネディクト十六世の痛切なドラマはバチカンのテレビ・センターのレンズを通して語られた。テレビ・センターの責任者に就任したばかりだった映画学を専門とするミラノ・カトリック大学の元教授ダリオ・ヴィガノは、素晴らしく哀愁に満ちた演出を行った。教皇を乗せた白いヘリコプターはバチカン宮殿の上方に上昇すると、ローマ上空を横切って飛び去る前に、サンピエトロ大聖堂のドームの上を二度、旋回し、その陰は陽の光を浴びた町の記念碑の上をすべって行った。その映像はヘリコプターから吊され、バチカン宮殿へと運搬されるイエス像が町の家々をその陰によって祝福しているように見える有名なフェデリコ・フェリーニの映画『甘い生活』[3]の冒頭シーンへのオマージュであった。ヴィガノもこれを「教皇の祝福の旅」にしたかったのである。

教会は今や教皇がいない「使徒座空位」となり、枢機卿団により治められる状態になっていた。枢機卿団は三月四日から作業員たちがコンクラーベに備えてシスティーナ礼拝堂に仮の床と補強資材を設置する中、「シノドスの間」で毎日開かれる総会の会合を始めた。大部分の枢機卿はメディアの群れを逃れるためにリムジンで現れたが、ベルゴリオは毎日、誰にも気づかれずに黒いレインコートを着てバチカンへ歩いてやってきた。

最後の枢機卿が到着すると、総勢は一五一人となった。このうち、一一五人が八〇歳以下で、投票権をもつ。二〇〇五年のときと同じ数であった。しかし、このコンクラーベはいくつかの極めて重要な点において前回とは異なっていた。葬儀の手配に関する時間のかかる議論がなかったことと、首席司祭アンジェロ・ソダーノ枢機卿と侍従長タルシジオ・ベルトーネ枢機卿がバチカン・スキャンダルとあまりに深く関わっていたため、教皇候補とはなっていなかったという点である。また、今回はベネディクト十六世が在位中の八年の間に五回の枢機卿会議を開き、毎回その前に一日かけた会議も開いていたので、枢機卿同士が互いをよく知っていた。

総会は密室の中で行われていたが、ロンバルディ神父が毎日状況を説明し、教皇庁立北米大学（ＮＡＣ）で米国の枢機卿たちが記者会見を開き、イタリア語新聞に雇われた通訳たちからのリークもあって、会議ではバチカンの腐敗と機能不全が枢機卿たちの演説に共通する論旨であったことが広く知られていた。その腐敗を調査すべく数か月前にベネディクト教皇によって任命された三人の枢機卿は、次の教皇の机の上に置かれることになるであろう三〇〇頁に及ぶ機密報告書の概要を同僚たちに説明することになっていた。

アメリカの枢機卿たちはその数か月前から内部報告を受けていたという恩恵に与っていたので、特に機能不全のことを話題にしたがっていた。ワシントンＤＣの教皇使節カルロ・マリア・ヴィガノ大司教（バチカン・テレビの責任者の親族ではない）は何百万ユーロも要する契約にまつわる腐敗を見つけたあと、国務長官が彼をローマから追い出すために二〇一一年十月に現在のポストに移動させられたとベネディクト十六世に通告していた。ヴィガノから知らされたことに大きな衝撃を受けたアメリカの枢機卿たち――アメリカの教会はドイツの教会と並んで、重要なバチカンへの資金提供者である――は次の教皇は大掃除を行う人物であるべきだという決意を固めていた。ニューヨーク大司教ティモシー・ドーラン枢機卿は自身のコンクラーベ回顧録に「教会を機能させるための重大な改革を主導する教皇の選出を世界が待っているということはわかっていた」と記している。[4]

教皇庁の機能不全は財政的な腐敗だけではなかった。狭量な党派心にまつわるものもあった。イタリア人も英語の「ロビー」という語を使っているが、様々な後援ネットワークによって、ある人は能力以上に昇進し、適切な資格をもった人が冷遇され、追い払われる。いわゆる同性愛者のロビー団体もそうしたもののひとつだった。一群の一般信徒や一部の司祭がその利害を守り、増進するために、脅迫をしたり、ポストで人を操ったりしていたのである。教皇庁で働く四〇〇〇人の一般信徒と一〇〇〇人の司祭は大部分は有能にして善良で、多くは非常に献身的だが、権利付与の文化があり、その中で中級レベルの官僚は終身雇用となるポストを期待して闘っている。そこでは能力よりも誰を知っているかが重要なのである。必要とされたのはそうした文化全体の変更、新しい奉仕の精神であり、それが次の教皇に課せられた使命であった。

多く語られたのは統治組織の改革についてであった。必要とされる教皇は接しやすく、情報に通じていて、行動する自由がある教皇とされ、ローマと各地の教会の間には流れるように連絡が行き渡ることが必要とされた。司教協働は「こうした議論の中で変わらないテーマ」であったとロンバルディ神父は三月九日に記者たちに話している。ボストン大司教ショーン・オマリー枢機卿によれば、「劇的な変更が起こり、より大きな司教協働をともなう新しい教皇庁に向けた筋道ができあがることを皆が全く確信していた」。[5]二〇〇〇年代前半のザンクト・ガレン・グループによる分析が今や「本日の特別料理」として俎上に載せられているのだ。バチカンの機能不全が福音宣教にとっての重大な障害となっており、ローマへの集権主義と説明責任の欠如が機能不全の主たる原因であることは誰もが同意するところであった。〈世界代表司教会議〉の改革をすれば、本当の変革を成し遂げることができるという人もいれば、宗教事業協会（ＩＯＲ）、すなわち、いわゆる「バチカン銀行」とそれを改革しようとしたエットーレ・ゴッティ・テデスキ総裁の不可解な解任について議論しようとする者もいたが、すべての人が同意したのは教皇庁がそれ自体のために生きるのではなく、各地域の教会に仕える必要があるということであった。普遍教会を治めるという務めはひとりの人が担うにはあまりに大きいので、次の教皇にはローマの外側からそれを助ける「枢機卿評議会が必要」と提案する枢機卿が少なくともひとりはいた。

この話題を最も雄弁に論じたのは、ミラノでマルティーニ枢機卿の補佐司教を務めたバチカンの教会法学者フランチェスコ・ココパルメリオ枢機卿であった。彼は教皇庁改革、各省の長官と教皇の間、また各地域の司教区とローマの間の接触を確実なものとする必要性について論じた。バチカンの内部崩壊は保守派さえ改革派に変えていた。たとえば、精力的に活動していた保守派のシドニー大司教ジョージ・ペル枢機卿は適切な専門知識のない人が教皇庁で登用され、秘密とされるべき情報が恒常的にメディアに漏洩しているのを知ってショックを受け、総会では教皇庁改革と教皇がローマの外に意見を求める必要性を最も強力に支持するようになった。現状を擁護していたのは実際のところ、自分たちだけがバチカンの不調の手当をする資格があると確信している教皇庁本部の枢機卿たちだけであった。[6]

通常であれば、コンクラーベは教皇庁の官僚たちがイタリア教区の枢機卿の助けを借りて前もって縫い上げておくものであったが、今回は針と糸が彼らの手からすべり落ちていた。教皇庁の官僚たちはベルトーネ派とソダーノ派に分裂していたものの、優秀だが毒気の強いミラノ大司教アンジェロ・スコーラ枢機卿の選出を阻止しようとしていた。スコーラ枢機卿はイタリアの外ではベネディクト十六世の当然の後継者と目されていたが、国内では主要な司教区の上層部から反対されていた。スコーラに対抗する勢力を組織する試みは権勢を振るった元国務長官で今や枢機卿団の首席司祭となったアンジェロ・ソダーノの周辺に集まった教皇庁の官僚たちから発せられていた。ソダーノは投票権のある年齢を超えていたが、教皇庁本部におけるキングメーカーの地位は保っていた。そのグループの計画は元バチカン官僚で御しやすいブラジルのサンパウロ大司教オジロ・シェーラー枢機卿の擁立であった。教皇となったシェーラーがアルゼンチン人の教皇庁本部官僚で、かつてソダーノの右腕であったレオナルド・サンドリを国務長官に任命すれば、以前の状態を維持できる。支配のために外部の者を連れてくることによって、内部に力を回復することができると彼らは信じていた。しかし、この計画は総会が始まりもしないうちに報道関係者に洩れ、反イタリア的な気分が枢機卿たちの間で全般に感じられるようになり、それがイタリア人にも広まって、力を失った。[7]

時機を捉えて主導権を握ったのは二〇〇五年の時にベルゴリオを推したヨーロッパの改革派であった。そのうちの何人かはコーマック・マーフィー＝オコナー枢機卿のようにコンクラーベで投票する資格のある年齢を超えていたが、教皇空位となったときにちょうど八〇歳になる直前であったヴァルター・カスパーや、ゴッドフリード・ダンニールス、カール・レーマンは有権者であった。コンクラーベの規則に従い、ベルゴリオに候補となる意志があるかを尋ねることはなかったが、今回は選出されれば、この教会の危機に拒否するのは難しいと彼らは考えていた（コンクラーベの前夜、マーフィー＝オコナーが冗談めかして、「（今度は出番なのだから）慎重に願うよ」と警告すると、「わかっています《カピスコ》」と答えたという）。その後、改革派の面々は仕事に取りかかり、枢機卿たちの夕食会を渡り歩き、教皇が辞任できるのであれば、もはや七六歳という年齢は障害ではないと訴え、自分たちの候補を宣伝して回った。二〇〇五年の経験からコンクラーベの力学を理解していたので、最初に強い主張を展開する候補に票が流れることはわかっていた。目標は最初の投票で少なくとも二五票をベルゴリオに確保することであった。ある古参のイタリア人枢機卿がコンクラーベの始まる前に、彼らが何票を当てにできるかを記録している。

チーム・ベルゴリオはラテンアメリカの枢機卿たちから大量の十九票という力強い支持を当てにする

ことができた。アパレシーダ会議以来、このアルゼンチンの枢機卿を自分たちのリーダーと見なしていたのだ。しかし、有権者の半数以上を占めるヨーロッパからの確実な票が必要であった。自分たちと同じく改革派に属すドイツ、フランス、東欧の枢機卿のほか、ベルゴリオによる二〇〇六年の黙想会を好ましいものとして記憶しているスペインの枢機卿たちの票も当てにできた。ローマのサンタ・マリア・マッジョーレ大聖堂主席司祭のスペイン人枢機卿サントス・アブリル・イ・カステーリョはかつてラテンアメリカの国で教皇使節であったことがあり、イベリア半島ブロックの中で活発にベルゴリオ支持の選挙運動を行っていた。ヨーロッパ勢では、二〇〇五年にはラッツィンガー支持の中心人物のひとりであったウィーン大司教クリストフ・ショーンボーン枢機卿、パリのアンドレ・ヴァントロワ枢機卿の支持をとりつけた。両者ともそれ以前は違っていたのかもしれないが、コンクラーベに入るとベルゴリオ支持に回った。

　アフリカには十一人、アジアには十人の枢機卿がいた。歴史的に英語を話す国の枢機卿では、英国のマーフィー＝オコナー枢機卿の動向が英語圏の票の行方の鍵を握っていた。アフリカのキングメーカー、コンゴのキンシャサのローラン・モンセングオ・パシーニャ枢機卿がある段階でベルゴリオに接触をもち、肺の状態について尋ねてきた。ベルゴリオは一九五〇年代に手術を受けて以来、ちゃんと機能していると答えている[8]。

　米国十一名、カナダ三名からなる北米の枢機卿はヨーロッパとラテンアメリカ以外では最も大きなグループで、選挙で勝つには決定的に重要だった。彼らがベルゴリオのことを考慮し始めたのは三月五日のこと、会議の二日目が終わり、ウエストミンスター大司教マーフィー＝オコナーとシドニー大司教ペル枢機卿を招いて教皇庁立北米大学（ＮＡＣ）の赤の間で開かれた大きな夕食でのことであった。

「アメリカの枢機卿たちは誰に投票すべきかで意見が分かれていた」

マーフィー＝オコナーはそう振り返る。キングメーカーのシカゴ大司教フランシス・ジョージはスコーラにするか、また別に手腕を期待されている有力候補、カナダ司教協議会の議長マーク・ウェレット枢機卿にするか考えていた。その晩、マーフィー＝オコナーがベルゴリオの名をリングに投げ入れたが、その時にはそれに火がつくことはなかった。二〇一二年にブエノスアイレスで一緒に時を過ごし、アルゼンチンのミサ・クリオラのCDをベルゴリオからもらっていたボストンのオマリー枢機卿は「支持」グループと見なされていたが、他のアメリカ人枢機卿にとって、ベルゴリオは未知数であった。特にジョージ枢機卿はベルゴリオの年齢のことを気にかけ、「問題は『彼はまだ元気なのか』ということだ」とその点を疑問視していた。[9]

翌三月六日水曜日、オマリー枢機卿とガルヴェストン・ヒューストンのダニエル・ディ・ナルド枢機卿は北米大学での会見で、枢機卿たちはまだコンクラーベの日程を決める準備ができておらず、教会が何を必要とし、誰を必要としていたのかを識別するためにもう少し時間が必要であると記者たちに述べた。その後、彼らの会見はコンクラーベが終わるまで開かれなかった。その日の午後の会議で、議論をもっと非公開のものにするために、米国の枢機卿団は日ごとの会見をやめることに同意したが、彼らは激怒していた。自分たちは議論の守秘性を実直に守っており、地球規模でメディアの注目を集めることは自国のカトリック信徒だけでなく、より広くアメリカ社会に福音を説く天与の機会と見ていたからである。しかし、ニューヨークのドーラン枢機卿をはじめとする多くの枢機卿が言ったように、教皇庁の官僚によってイタリア人の枢機卿（あるいは通訳者たち）の無分別の罪が自分たちに着せられていると感じていたのだった。

会見の禁止によって、イタリアのバチカニスタに流れる総会からのリーク——有料で部分的な情報——がコンクラーベを控えたメディアの議論を支配するようになった。それが教皇庁内部とイタリア内部の緊張関係の重要性を誇張する増幅器となった。今やコンクラーベ前の予測についてはイタリアのメディアに頼らざるを得なくなった国際メディアは、さまざまなイタリア系、バチカン系の派閥間の複雑怪奇な争いが展開されていると報じていた。こうした事情や、ベルゴリオ選出の動きは探知されないよう慎重に進められていたこともあって、総会の週に動き始めたベルゴリオの先導車はメディアには気づかれず、その日までバチカニスタの多くはベルゴリオを推す組織的な運動はないと信じていたのだ。そして、これが初めてのことではないが、かのアルゼンチン人は夜明けにパンパからギャロップする馬で躍り込んでくるガウチョのように、どこからともなく現れてくることになったのである。[10]

＊＊＊＊

ベルゴリオは世代にひとりとも言えるような、カリスマ的指導者タイプの政治的な才能と荒れ野の聖者といった預言者的な神聖さというあまり見られない二つの性格を合わせもつ人物と言える。三月七日の朝、彼が総会で話すために立ち上がったとき、その二つの性格が作用していた。端的だが力強い演説の中で、彼は教会の今ある姿を切り取り、それをどう分析し、どう立て直すかを提案した。

話していたのはほぼ三分半程度で、この週の演説で割り当ての五分を使わなかった枢機卿は彼だけであった。スペイン語で三六三語はリンカーンのゲティスバーグ演説の二七一語と大して変らない長さであり、また、そのわかりやすさと味のある文章の質でもそれに匹敵する。ベルゴリオの発言は聞く者たちに自分たちが何のためにここにいるのかを思い出させたが、より大きな意味においては、自分たちが何者であるのかを思い起こさせるものであった。そこでは新しい物語が生み出されていた。あるいは、忘れ去られていたものが救い出されたというべきか。このベルゴリオの行動への呼びかけはその週に果てしなく続けられた理論づけや分析という霧の中で、野原の向こうの修道院から聞こえる呼び戻しの鐘の音のように明快に力強く鳴り響いた。

ハバナのハイメ・オルテガ枢機卿が後でベルゴリオに内容の写しを求めなかったら、教皇のこの〝ゲティスバーグ〟演説は記録に残らなかったかもしれない。演説に草稿はなかったが――イタリア語のメモを見ながら話していた――、終わってから万年筆でスペイン語に書き起こし、翌朝オルテガに渡したのだった。フランシスコ教皇が選ばれた後、オルテガはそれをPDFファイルにしてハバナ教区のウェブサイトにアップロードし、それが世界に知られることになった。[11]

「セ・イソ・レフェレンシア・ア・ラ・エバンヘリサシオン……」

このベルゴリオの演説は「話すべきことは福音宣教である」で始まり、「それは教会の存在理由である。パウロ六世は『福音を説くことの甘く慰めのある喜び』について話された。私たちを内側から突き動かすのはイエス・キリストご自身である」と続く。さらに、福音を説くことについては次のように述べる。

> それは教会においてはそこから外へと出て行く「パレーシア」（使徒としての大胆さ）を意味する。教会はそれ自体から出て、周縁へと向かうことを求められている。それは地理的にというだけでなく、実存的な意味での周縁、罪の不可解、苦難、不公平、宗教の軽視と欠如といった周縁、思想の周縁、あらゆる種類の惨めさという周縁に向かえということでもある。

それを行わないとき、教会は「自分のことばかり話をする病んだ状態になる。腰が曲がったままになった女性（ルカ福音書十三章十一節）のことが思い浮かぶ」とベルゴリオは警告した。そして、教会が間違った方向へ進んでしまったことについての分析として、ほんの二か月前にブエノスアイレスでのカリタスの黙想会で述べた考えを展開した。

時とともに教会という組織に現れてきた悪は自己指示性、つまりある種の神学上の自己陶酔にその根をもつ。イエスはヨハネの黙示録の中で「私は戸口におり、呼びかけている」と言う。そして、テクストには彼が戸口の外に立ち、中に入ろうとして戸を叩いているとはっきりと記されている。しかし、私はときどき考える。イエスは内側から戸を叩き、外に出してくれと言っているのだと。自己のことばかり話す自己指示的な教会はイエス・キリストを自身のために保とうとし、彼を外に出そうとしない。

このあと、教会がそれに気づかないまま自分のことばかりになり、教会自体が光をもつと信じるようになるとき、「月の神秘《ミステリウム・ルネ》」であることはなくなるとベルゴリオは続けた。この言葉は初期教会の教父たちが用いたもので、月には輝きが乏しいが、それ自体の光が不足していても夜には太陽の光を反射して明るく輝くように、教会にはキリストを反射することにしか役割はないのだということを表現している。そうであることをやめ、それ自体の光で生きていこうとすれば、それは「霊的世俗性」に陥ることになる。それは神学者アンリ・ド・リュバクが「教会に起こり得る最悪の悪」としたものであった。

さらにベルゴリオは教会が向き合うべき選択肢を絞り込んでいく。ひとつは教会がそれ自体から外に出て福音を説く教会、神の言葉に献身的に耳を傾け、熱心にそれを宣べ伝えていく教会であり、もうひとつは「教会における、教会の、教会のための世俗の教会」である。これは「魂の救いのために最大限の変化と改革が引き起こされなければ実現できないもの」であると彼は言い、次のように締め括った。

次のローマ教皇はどうあるべきか。その人はイエス・キリストの観想を通して、イエス・キリストへの崇拝から、教会がそれ自体から実存的な周縁へと出ていくことを助ける人でなければならない。教会が「福音を説くことの甘く慰めのある喜び」によって生きる実り多い母親であることを助ける人でなければならない。

拍手はその場に認められた行いではなかったが、その後に続いた静寂はむしろ拍手よりも大きなものを意味していた。マーフィー゠オコナー枢機卿は「周囲の人の顔を見回した。多くの人が彼の言ったことに心を動かされていた」とそのときのことを振り返る。ショーンボーン枢機卿は近くにいる人に向かい、「これこそ私たちに必要なこと」と言い、オルテガ枢機卿は「威厳があり、啓発的で、献身的。そして、真実」と形容した。ジョージ枢機卿はマーフィー゠オコナー枢機卿に「今、はっきりとわかった」と言った。ジョージ枢機卿は人びとがベルゴリオについて言っていたことの意味をこの時、理解したのである。ベルゴリオは枢機卿たちに進むべき道を示した。それは教皇庁から腐敗を除き、統治組織を改善することに留まらない。もっと深い改革を行うということ、教会にその本来の目的とその命の源を思い出させるものであった。その日の午後、枢機卿たちは採決によりコンクラーベを次の火曜日、三月一二日から始めることを決定した。シノドスの間を出たとき、ジョージ枢機卿が記者たちに向かって発した晴れ晴れとした言葉がすべてを語っていた。

「準備はできた」

週末の間、ベルゴリオは見えなくなる外套を身に纏った。最有力候補のスコーラ、シェーラー、ウェレットの各枢機卿が自分名義の教会でメディアに囲まれて日曜のミサを執り行う間、ベルゴリオは聖ロベルト・ベラルミーノ教会からは遠く離れ、二〇〇四年に亡くなった古い友人であるアルゼンチンの元教皇使節ウバルド・カラブレイジ大司教の九二歳になる妹と静かに昼食をともにすることを選んだ。

彼はこの時までには自分が有力な候補であることを自覚し、その重みを感じていた。ナヴォーナ広場でカナダ人の司祭でテレビ製作者のトム・ロシカ神父に出会うと、ベルゴリオは相手の手を握り、祈っていてほしいと頼んでいる。「緊張していますか」とロシカが尋ねると、「少しね」と彼は答えた。

しかし、その晩、古い友人でカトリックのジャーナリスト、ジャンニ・ヴァレンテとステファーニア・ファラスカが宿泊していたドムスに立ち寄ると、彼は穏やかでリラックスしていた。

「赤ん坊みたいに眠っているよ」

ベルゴリオは彼らにそう話した[12]。

思慮深いベルゴリオ枢機卿はコンクラーベに先立つ2013年3月の枢機卿会議にやってきた。その短いけれども力強い演説は多くの枢機卿に新教皇はすでに選ばれていると確信させた。

翌朝、三月一二日火曜日、枢機卿たちは一二〇の部屋を備えたバチカンのサンタマルタ館へ移り、その日の午後のコンクラーベ開始に備えた。携帯電話とラップトップ・コンピュータは取り上げられ、カバンにはエックス線がかけられた。窓にはシャッターが下ろされ、通信機器の信号は妨害電波により遮断された。

ベルゴリオの部屋二〇七号室からホールを挟んで向かいの部屋はカスパー枢機卿の部屋だった。〈いつくしみ〉について論じた自分の最新の神学書『いつくしみ』のスペイン語訳が最近できあがり、それを受け取ったところだった彼は、それを二冊もってきており、そのうちの一冊をベルゴリオに進呈した。ベルゴリオは本のタイトルを見て言った。

「ああ、〈いつくしみ〉ですか。これこそ我らの神の名です」

ベルゴリオが部屋に戻ると、ベッドの上に白い薔薇の花が置かれていた。[13]

＊＊＊＊

翌日、サンピエトロ大聖堂での教皇選出のためのミサの後、一一五名の枢機卿たちは昼食と昼休みのためにサンタマルタ館に戻った。午後には厳粛な誓いとともにシスティーナ礼拝堂に入ることになる。そして、扉が閉められ、待ち受ける外の世界からは遮断され、最初の投票が始まるのである。

緊迫した状況ではあるが、コンクラーベは黙想会のような静寂の中、厳かに進む。枢機卿たちはまるで典礼にでも出席するかのように聖歌隊のような服装をしている。投票は「吟味」と呼ばれ、非常に重々しい。のろのろと投票する者はないが、すぐに終わるわけでもない。テーブルが長く四列、礼拝堂の両側に二列ずつに並べられ、それが互いに向き合っている。出席者は一人ひとり、席次にしたがって投票へと向かう。枢機卿たちはそれぞれ、祭壇の前に跪き、ミケランジェロの「最後の審判」を見上げ、キリストを証人とし、審判者として、自分の票は神の御前で、自分が選ばれるべきと信ずる人に対して投じられると宣言する。立ち上がると、折りたたまれた投票用紙——そこには「エリゴ・イン・スンムム・ポンティフィケム」(「私は最高司教として〇〇を選択する」)と予め書かれており、空欄にそれぞれが選ぶ名前を書く――を祭壇の上にある「パテナ」と呼ばれる銀の板の上に置き、それを巨大な銀の杯に向けて傾けて投票し、席に戻る。これが一一五回くり返される。予め有権者の中から籤引きで選ばれた三人の検査人がその杯をとり、名前を読み上げながら、票数が数えられる。音響設備はよくない。このときのコンクラーベでは検査人が声の通るメキシコ人の枢機卿に協力を求め、枢機卿たちが投票した名前がくり返された。

ある候補が三分の二の票を得るための交渉と議論はサンタマルタ館に戻ってから行われる。二〇〇五年の場合とは異なり、投票結果が記された「秘密の日誌」を提供する枢機卿はおらず、バチカニスタたちはコンクラーベ後の投票者たちの発言の断片をつなぎ合わせて票数を得るしかなかった。それぞれの集計にはかなりの幅があった。ベルゴリオの支持者たちが最初の投票で目標とした二五票は難なく達成されていたが、それが上位の得票であったのかどうかは不明である。イタリアのメディアはスコーラ、シェーラー、ウェレットも相応の票をとっていたと推計した。しかし、すべての予測推計で一致していたのは、その翌日、アルゼンチン人候補が戦線の前方に踊り出て、午前中の二度目の投票、すなわち、このコンクラーベの第三回目の投票で五〇票以上の得票に到達していたということだった。

この時点で、ベルゴリオ以外に可能性を残していたのはスコーラだけだった。サンタマルタ館での昼食は緊迫していた。オマリー枢機卿はベルゴリオの隣に座っていたが、ベルゴリオは憂鬱そうな顔でほとんど何も食べていなかった。後にオマリー枢機卿は「彼は起こっていることに押し潰されそうになっているように見えた」と語っている。この昼食時に何が起こっていたかはともかくとして――スコーラ枢機卿が二〇〇五年のアルゼンチン人の顰《ひそ》みに倣い、自分の支持者たちにベルゴリオへの支持を呼びかけたという話もある――、ベルゴリオが必要とされる七七票に近づいたのはその水曜日午後の最初の投票、つまり第四回投票でのことである。その日の午後、ドーラン枢機卿は「注目すべき落ち着きと静穏がベルゴリオ枢機卿のまわりにあった。……彼は明らかに、これが神の意思であると感じていたのだ」と語った。[14]

この後、思いがけないことが起こった。投票用紙が枢機卿の数よりも一枚多いことに検査人が気づいたことで、午後の二回目の投票、コンクラーベ第五回投票が無効になったのだ。問題となったのは名を書いた投票用紙に誤ってくっついていた白紙の投票用紙であった。それが結果に影響を及ぼすはずもなかったが、規則がはっきりと示す通り、枢機卿たちはもう一度投票をしなければならなかった。投票用紙などは午前中あるいは午後の投票が終わるまで燃やされないので、その時、外部でわかっていたことは午後に二度投票が行われたはずだということと、午後六時ごろには黒か白の煙が見えるはずだということがすべてであった。そして、それが遅れているということは病気などの緊急事態か煙発生装置の不具合か、何らかの問題が発生しているということであった。[15]

システィーナ礼拝堂の入口側の隅には枢機卿たちが世界に対して投票の結果を知らせる唯一の手段、低予算のＳＦ映画〔「Ｄｒフーｉｎ怪人ダレク」〕に出てくる地球外生物ダレクのような形をした二基の巨大な青銅色のストーブが置かれている。

右側のストーブは開票検査が終わった投票用紙を燃やすために使われるが、一九三九年に最初に使われて以来、その後の五回のコンクラーベで用いられている。教皇が選ばれなかったことを示すときには、かつては係員が煙を黒くするために湿った藁を燃えている投票用紙の後に投入することになっていたが、それには危険がともなっていた。ヨハネ二三世が選ばれた一九五八年のコンクラーベでは最初の煙が誤って白くなるという事件があった（藁が乾いていた。第二の煙を出すまで、「たった二回の投票で教皇が選出された」というニュースが広まった）。その後、特別な粉を加え、白黒をはっきりさせるようにしたが、ヨハネ・パウロ一世と二世が選ばれた一九七八年の二度のコンクラーベでも問題は解決されていなかった。一度ならず、群衆が煙を白だと思い込み、広場にイライラを募らせることになった。そして、その年の一方のコンクラーベでは、下降気流が起こって礼拝堂に煙が逆流し、枢機卿たちを咳き込ませて苦しめることになった。

二〇〇五年にはストーブが二三〇枚の投票用紙とその他の投票に関する書類をすべて焼き捨てられるほど大きくなかったため、四月十九日の午前中に黒い煙が二筋流れてしまった。その後、一回の投票でベネディクト十六世が選ばれたので問題にはならず、書類上の不備とはならなかった。しかし、その時もしばらく白か黒かはっきりしない灰色の煙であったため、確証をもてる人はいなかった（サンピエトロ大聖堂の鐘による選出の確認を待つように言われていたが、その鐘も権限と電話の歪んだ混乱のため、一〇分以上鳴らされなかった）[16]。

こうしたことは二〇一三年には起こり得なかった。煙を出すことを唯一の目的とした補助のストーブが導入されたからである。その傍らには「フーモ・ネロ」（黒煙）と書かれたカートリッジの箱がいくつかあり、「フーモ・ビアンコ」（白煙）と書かれた箱はひとつだけ置かれている。火曜日の夕方と水曜日の昼食時に、炸裂するカートリッジから出る黒煙は補助ストーブから礼拝堂の壁にボルト留めされた熱く細い管に吸い込まれ、アーチ状の天井を抜け、地球の半分の人が注視しているタイル張りの屋根の上の小さなブリキ製のパイプから吐き出された。煙は多く、まるまる七分間、出続けた。その凄まじさはいつ消防車の悲しげなサイレンが聞こえてきてもおかしくないほどであった。

世界じゅうのメディアの目がその煙突に釘づけになっていた水曜日の夕方、不確かさから来る緊張はテレビ中継にとっては都合がよかった。広場を見渡す中継デッキの上で解説者は選出の遅れについて説明を試み、司会者は期待を高めるために歴史を生み出しつつある時に中断を入れないように話のスピー

システィーナ礼拝堂で新教皇に選出される。友人であるクラウジオ・ウンメス枢機卿（写真一番右）はベルゴリオに「貧しい人々のことを忘れるな」と伝えた。

ドを遅くしていた。コンクラーベは中世の制度であったが、二四時間ニュースが伝えられる現代に適したものにもなり得た。地球規模の組織で新しいリーダーがこのように発表されるものが他にあるだろうか。煙の信号によって、その知らせはすべての人、王侯貴族から貧乏人まで、まさに同じ瞬間に伝えられるのである。

建物の中でベルゴリオは「担当司教区の変更」と後に表現したことへの覚悟を決め、平穏な気持ちでいた。

「私は心配症で、すぐ不安になる質ですが、あの時は安心していました。これは神がなさっていることだと確信できていたんです」

後にラテンアメリカの修道会のメンバーたちにそう語っている。[17]

開票検査人が「エミネンティッシモ・ベルゴリオ」と七七回目に唱えたとき、一座から一斉に喘ぎ声が起こった。それはしぼんでいくボールから空気が一気に漏れ出るかのような緊張からの解放の瞬間であった。枢機卿たちは立ち上がり、拍手を送った。

「涙を湛えていない目はそこにはなかったと思う」

ドーラン枢機卿はそう振り返る。アッシジの聖フランチェスコが創始した修道会のメンバーであるブラジル人枢機卿クラウジオ・ウンメスがベルゴリオを抱きしめ、キスをし、「貧しい人たちのことを忘れるな」と言ったのはまさにこの時のことであった。

枢機卿たちは再び座についた。ベルゴリオに結果を受け入れるかを尋ねるのは一一五票すべてが読み上げられてからだった。それにはまだ数分あった。

〈貧しい人たちのことを忘れるな〉

「貧しい人たち《ポベリ》」という言葉が黙想の経文のようにベルゴリオの心の中でくり返された。それは貧しき者、平和の人、生き物を愛し、世話をする人、アッシジのフランチェスコその人の名が心の中に立ち上がってくるまで続いた。

票の読み上げが終わった。彼は九五票以上を得ていた。ジョヴァンニ・バッティスタ・レ枢機卿が彼のところにやって来て、「最高司教とされた正規の選挙を受け入れるか」と尋ねた。ホルヘ・ベルゴリオが達者なラテン語で「受け入れる《アセプト》」と答え、「私は罪人ではあるけれども」と続けたのは午後七時五分のことであった。

罪人であるが、呼ばれている――。彼はもう一度、善き王の招きを耳にし、〈霊操〉の中で聖イグナチオが「我らの主なる神がそのように動かし、引き寄せるとき、疑うことなく、また疑えるはずもなく、聖パウロ、聖マタイが主なるキリストに従ったときのように、敬虔なる魂は示されたことに従う」と記しているような選択をした。彼がその招きに最初に「はい」と答えたのは半世紀以上前の聖マタイの祝日にフローレス地区の聖ヨセフ聖堂の木造の告解室でのことだった。その「はい」以来、このときまで、彼の人生の旅路はある糸によって結びつけられ、その結び目は大きな優しい力によって解かれたのだ。

＊＊＊＊

「汝、如何なる名を名乗るや」

レ枢機卿は尋ねた。

「我、フランシスコと名乗らん」

ベルゴリオはきっぱりと言い、「アッシジの聖フランチェスコを記念して」と続けた。枢機卿たちは驚き、そして、再び割れんばかりの拍手が起こった。

フランシスコ教皇は付属の「涙の間」で白い法衣とサッシュを身につけ、自分の古い黒い靴と銀の佩用十字架はそのまま付け続けることを選んだ。礼拝堂の入口が開かれ、随員たちが中に入り、投票用紙をストーブにくべ、「白煙《フーモ・ビアンコ》」のカートリッジが挿入された。白い煙がシスティーナ礼拝堂の煙突から雨が降る夜の闇に噴き出ると、広場からどよめきが起こった。すぐに大聖堂の大きな鐘が揺れ始め、群衆の歓呼とともに喜びの鐘の音がゴオンゴオンと鳴り響いた。

フランシスコ教皇が白い法衣姿で礼拝堂に戻ると、枢機卿たちは再び拍手を送った。座って枢機卿たちの挨拶を受けるために飾り立てられた椅子がもちこまれたが、枢機卿たちは一人ひとり彼を抱きしめにやってきたので、新教皇はずっと立ったままであった。その後、雨の中、外で待っている群衆のことに気づき、バルコニーの方へ向かった。

その途中で、彼は霊の妨げを感じたという。「私は大きな不安に取りつかれた」と後に語っている。

ウンメス枢機卿とローマ教区代理アゴスティーノ・ヴァッリーニ枢機卿を両側につき従えたフランシスコ教皇はベネディクト教皇が改革した教皇選挙規則に従い、パウロ聖堂に入って、後ろの席で跪いた。彼はかつてある黙想会で、使命への恐れは「よき霊からの徴」と話している。

選ばれているとわかっているとき、私たちは自分にかかる重さがあまりに大きいと感じ、場合によってはそれが恐れになり、あるいはパニックにもなることもある。それは十字架の始まりである。それと同時に、まさにその呼び出しによって心に燃える炎とともに、「ついて来なさい」と招いている神、主に深く引き寄せられているように感じる。[18]

世界が息をひそめる中、パウロ聖堂でフランシスコ教皇は静寂の中に身を置いた。その新しい人生が始まる前の控えの間で、自分のものではない力が注ぎ込まれるような時を彼は過ごした。ついに乱れた心は取り払われ、彼は喜びと平安に満たされた。

「私は大いなる光で満たされた。それはほんの一瞬のことだったが、私には非常に長く感じられた」

彼は後にそう振り返っている。

聖イグナチオは〈霊操〉第二週の識別の規則に「予めの原因もなく魂に慰めを与えることができるのは、われらの主、神だけである。なぜなら、魂に入り、魂を離れ、その魂のすべてを神の愛へと引いていく運動を起こすのは創造主の特権だからである」。

バチカン・テレビのディレクター、ダリオ・ヴィガノ神父は後世のためにすべてを４Ｋの高解像度で撮らせていたが、中継車に送られてきた映像を見て、次のように記している。

教皇はヴァッリーニ枢機卿とタウラン（原文のまま）枢機卿に伴われ、浮かない顔でシスティーナ礼拝堂を横切っている。浮かない顔で、まるで巨大な荷物を担っているかのようにして、枢機卿たちと挨拶を交わすこともない。彼らはパウロ聖堂に入って、玉座の準備をしたが、教皇は王座に座らない。枢機卿たちを強いて最後列の席にまで連れて行くと、自分の両側に座らせ、黙って祈り始めた。しばらくして、教皇は立ち上がった。ふり返って、王の間《サラ・レギア》へ出て行くと、その瞬間、彼は別人となる。その人は微笑んでいる。この選択した重荷に身を委ねるかのように微笑んでいる。まるで神が親し気に「心配はいらない。私はあなたとともにいる」と語りかけているかのようだ。その人はもはやうつむいてはいない。その顔はもはや下に向けられてはいない。これは自分がすべきことを見据え、それを自分に求める人の姿だ。

フランシスコ教皇はその後、多くの人にこの記述のことを確認し、ある枢機卿には「心のうちに平和と自由が訪れ、それは決して私から離れることはないという強烈な感覚」を感じていたと語っている。また別の枢機卿には「聖霊が私を変えたのだと信じている」と語っている。[19]

＊＊＊

フランシスコ教皇の時代は「こんばんは《ボナセーラ》」の挨拶から始まった。午後八時二二分、フランシスコ教皇はサンピエトロ大聖堂のロッジア・バルコニーにウンメス枢機卿とヴァッリーニ枢機卿を従え、眼下で雨に濡れそぼる二〇万人の人びとの前に立ち、テレビを見つめる何百万もの人の前に姿を現した。広場の遠いところでは携帯電話やタブレット端末のフラッシュが暗がりの中に星のように煌めいていた。フランシスコ教皇ははにかみながら、流暢なイタリア語でしっかりとマイクに向かって話した。教皇は「同僚の枢機卿たちはローマの司教を見つけるために地球の果てまでやって来ました」と冗談を交えつつ、「私たちの名誉教皇ベネディクト十六世」のために祈ることを求め、「主の祈り」「アベマリアの祈り」「栄唱」を暗唱し、世界がそれに続いた。その後、彼は次のように話した。

「さあ今、私たちにこの旅を始めさせてください。司教の方々、そして、皆さん。すべての教会を愛において統べるローマの教会のこの旅路を。これは兄弟姉妹の旅路、愛の旅路、私たちの間の信頼の旅路です」

普遍教会と地域の教会の関係を表現する「愛において統べる」という有名な古い句〔一世紀末から二世紀初頭の教会教父アンティオケアのイグナチウスの言葉〕に気づいたものはほとんどおらず、いたとしてもその意図を理解するものはほぼいなかった。自分は司教団体制を実現することに向けて教皇としての仕事をするという信号をそこから発していた。「大いなる改革」はこのとき宣言されたのである。

しかし、あの晩のことでほとんどの人が覚えているのは、その次に語られた言葉だ。教皇は「司教のための民の祝福、私のためのみなさんの祈り」を求めた。教皇が頭を低くし、その貴い謙遜の姿勢をとると、張り詰めた沈黙がその後に続いた。相互性を求めたこの感動的な意思表示において、長く続く絆が形成された。新しいローマ教皇はローマの町と世界《ウルビ・エト・オルビ》に祝福を与える前に、神の誠実な聖なる人びとの自分への祝福を求めたのである。

彼はサンタマルタ館に戻るとき、教皇専用のリムジンを断わり、枢機卿たちと同じバスに乗った。夕食の時には「神があなたがたのしたことをおゆるしくださいますように」と枢機卿たちに言い、ドーラン枢機卿によれば、それは「満場を唸らせた」という。翌日、教皇職に就いて最初の日、教皇はバチカン警察の車でローマを横切り、午前八時少し過ぎにサンタ・マリア・マッジョーレ大聖堂に到着した。

その聖堂には聖ルカによって描かれたとされるローマ人の守護者《サルス・ポプリ・ロマーニ》、聖母マリアの絵が掛けられていた。教皇はそこに花束を捧げてから、聖イグナチオ・ロヨラが一五三八年に初めてミサを執り行った聖堂で時を過ごした。その後、十六世紀の教皇で、そのドミニコ会員としての習慣が白い法衣を着るローマ教皇の伝統になったとされる聖ピウス五世の墓で祈った。バチカンに戻る途中、スクローファ通りの宿に立ち寄り、自分のスーツケースを引き上げた。彼は持ち物の荷造りをするために自ら部屋に上がっていった。そして、宿代を支払って、宿のスタッフを驚かせ、ローマ教皇として模範を示さなければならないと彼らに話した。

その日の午後、教皇は教皇選挙の有権者であった枢機卿たちとミサを執り行ったが、コンクラーベの期間と同じように枢機卿たちとともに祝福の間で祭服を着けようとしたことで周囲を驚かせた。進行役が彼の回りに集まり、教皇として最初のミサで何をいつすべきかを説明したが、それをはねのけてこう言った。

「大丈夫。私のことは心配ありませんよ。私も五〇年ミサを行ってきました。でも、そばにはいてください。必要になることもあるかもしれませんから」

ミサの中で教皇は普通、椅子に座って説教するのだが、フランシスコ教皇は教区司祭がするように説教壇に立って説教をした。また、用意された文章を読んで聞かせるのではなく、申し分のないイタリア語で自然発生的に七分から八分間、いつものように要点を三つに絞って話をした。この時は歩くこと、築き上げること、告白することの重要性が要点であった。

「私たちは歩きたいだけ歩くことができます。多くのものを築き上げることができます。しかし、イエス・キリストを告白しなければ、ものごとはうまくいきません。NGOの慈善団体になることはできますが、それは主の花嫁、教会ではありません」

また、一九七〇年代にグアルディア・デ・イエッロの友人たちと読んだフランスの急進的な改宗者レオン・ブロワの「主に祈らない者は悪魔に祈っている」という言葉を引用した。

　その晩、彼は教皇公邸管理室長ゲオルク・ゲンスヴァイン大司教とともにベネディクト教皇の退任以来、封鎖されていた公邸に入った。ゲンスヴァインが灯りのスイッチを探り当てたとき、フランシスコ教皇は自分が見ているのは金メッキをした鳥籠だということに気づいた。大理石の床が張られた洞穴のような部屋に重々しい調度品が置かれ、それが次々に続き、永遠に続くかのようだった。その荒涼とした感覚に気づいた彼は、そこには孤独と隔離しかないと思い、瞬時に、この公邸は謁見のときにだけ使うことにし、サンタマルタ館を引き続き住居とすることに決めた。

　そして、彼は電話をかけた。まず、ブエノスアイレスの歯科医にかけて予約を取り消した。次に、新聞を配達してくれていたダニエル・デル・レグノにかけて、「本当にホルヘ・ベルゴリオだよ。ローマから電話しています」と話し、長年のサービスに対して感謝を述べた。そして、兄弟の中で唯ひとり存命しているマリア・エレーナに。

「兄は『こういうことになったよ。引き受けたよ』と言いました。私が『でも、元気なの？　どんな気分？』と言うと、兄は死ぬほど笑い転げて『元気だよ。リラックスしてる』と答えました。私が『テレビにはほんとうに立派に映っているわ。輝いているわ。抱きしめてあげられたらいいのに』と言うと、『抱き合っているよ。私たちはいっしょにいるんだ。君は心の中のとても近いところにいるよ』と兄は言いました。兄弟で話したことを説明するのは簡単じゃありませんよ。しかも、兄はローマ教皇なんですから」

　マリア・エレーナは笑いと涙を交えながら、その時のことを振り返った。

「本当に複雑な感じです《エス・ムイ・コンプリカード》」

その数か月後の七月、英国とウェールズの司教たちが謁見に来た。その中にマーフィー＝オコナー枢機卿を見つけると、教皇は満面の笑みを浮かべた。

「あなたの責任だよ。なんてことをしてくれたんだ」

そう言って、はじけるように笑った。[20]

エピローグ 大いなる改革

EPILOGUE: THE GREAT REFORM

フランシスコ教皇が選出された日の二回目の投票が終わった後、昼食のために枢機卿たちをシスティーナ礼拝堂からサンタマルタ館まで運ぶバスの中、ハバナの大司教とブエノスアイレスの大司教は隣同士に座っていた。外には冷たい雨が降っていた。ハバナのオルテガ枢機卿がベルゴリオ枢機卿の方を向いて、言った。

「ホルヘ、今日の午後、君はローマ教皇はなる。だから、君とラテンアメリカについて話さなくてはならないね」

「ああ、オムレツが裏返されなければ、そうだろうね」

ベルゴリオは同意し、「いつがいいか」と尋ねた。

「今すぐ。昼食まで四〇分ある」

オルテガは答えた。

ベルゴリオの五階の小さな部屋と違って、運よくオルテガは階下の続き間をあてがわれていた。彼らはその部屋で一九六〇年代に若い司祭であった時以来のラテンアメリカの大きな変動と、目の前に横たわる新しい始まりについて議論した。その当時を振り返れば、教会の文書には巨大な社会的不平等と南米大陸におけるアメリカ合衆国への文化的、政治的依存が語られていた。不平等は残ったが、ラテンアメリカは成長した。しかし、大陸における政治はベルゴリオが「青くさい進歩至上主義」と呼んだものに支配され続けていた。地域の政治を分裂させたのは米国とキューバの睨み合いであった。ラテンアメリカは国家社会主義か生きるか死ぬかの個人主義のどちらを押し潰すのかという食指の動かない選択肢をいつでも示されていたのである。必要だったのは社会的キリスト教人道主義が滲み込んだ新しい指導力であった。「教会は決して単なる傍観者ではいられない。教会はその対話の過程とともに歩まなければならない」とベルゴリオは言った[1]。

フランシスコ教皇が後に「大きな光」と表現したパウロ六世は、対話を「愛の新しい名前」と呼んだ。対話は聖霊に新しい活動の場を創造することであった。それはキリストが世界を変えるために教会に与えた手段であった。

対話とは、直接、人間的に、謙虚に話をするということである。それは手を差し伸べるということであって、教え諭すことではない。それは探求者と批判者に繋がることであり、居住者をただ確認するということではない。羊の匂いがする牧者たちが世界中から駆けつけ、黒いスモークガラスの車の中にいる過去の正統という見張りを吹き飛ばしたとき、第二バチカン公会議のように、教会文化に重大な変動がもたらされることになる。

＊＊＊＊

フランシスコ教皇が白い法衣でバルコニーに現れたその瞬間、二〇一〇年の同性婚法制で彼を擁護したために攻撃に晒された上院議員リリアーナ・ネグレ・デ・アロンソは議会での演説中に激しく振動を始めた携帯電話を腹立たしげに手探りで探していた。側近のひとりがｉＰａｄで輝きを放つフランシスコ教皇を彼女に見せた。サンルイス選出の上院議員は声を震わせ、演説を中断した。

「私の心は誇りでいっぱいになっています。アルゼンチンの仲間が聖ペトロを継ぐ者となりました」

ネグレはやっとの思いで言葉を継いだ。[2]

ベルゴリオの友人でベルビッキの告発では常に彼を支持してきた人権派の判事アリシア・オリベイラはカフェのテレビでベルゴリオ選出を知り、突然泣き出した。

「奥さん、どうしました？」

近くのテーブルの男性が尋ねた。

「彼は、あのベルゴリオはそんな悪い男でしたか？」

彼女はすすり泣きながらこう説明した。

「彼は友人なんです。もう二度と彼に会えないんだと思って……」

実際には、彼女はほんの数日後に教皇と面会することになる。アルゼンチン政府と新しいローマ教皇の間の和解の道具にされたのだ。

ヨハネ・パウロ二世選出後のポーランドの将軍たちの冷酷な反応と同様、クリスティーナ・キルチネル大統領の当初の反応は冷淡で形式的な祝賀メッセージであった。エクアドル大統領ラファエル・コレアが彼女に祝意を伝える電話をかけてきたときには、ベルゴリオを政府に敵対する「汚い右翼《ファチョ》」呼ばわりしていた。しかし、唖然と絶叫の新聞の見出しが陶酔感と驚きの波でその日のアルゼンチンを覆い尽くすと、彼女は持ち前の政治感覚を取り戻し、ギアを逆に入れ換えた。オリベイラは呼び出され、フランシスコ教皇に連絡をとって招待を仲介するよう頼まれ、大統領に同行してローマを訪れることになったのである。ベルビッキとその告発はその後、すぐに消えていった。[3]

フランシスコ教皇は三月十九日の就任式前日にクリスティーナ・キルチネルを昼食に招待した。大統領は伝統的にアルゼンチンの国外在住者が使うマテ茶セット、容器と金属製のストロー、二〇〇年祭記念の魔法瓶、さらに砂糖ひと包みを贈り物として渡すと、教皇は「私は砂糖なしで飲むんですよ《ロ・トモ・アマルゴ》」と微笑みながら言った。

大統領はその後、記者団に「ローマ教皇にキスされたのは私が初めてだ」と語った。しかし、彼女が最後にはならなかった。ローマ教皇は決してキスをしたりされたりしないという伝統をフランシスコ教皇は捨て去ったのである。

翌朝、非常に早い時間に、ブエノスアイレスの五月広場にある大聖堂の外で徹夜していた群衆は突然、拡声器を通して教皇からの電話の声を聞いた。非常に親しく優しい言い回しで、まるで家族に語りかけるようにして、「老いも若きも互いにいたわり合い、自分たちのまわりの世界を気にかけるように」とその声は言っていた。

「互いにやり合うんじゃないぜ《ノ・レ・サクエン・エル・クエロ・ア・ナディエ》」

教皇は古いガウチョの表現を用いて言った。アルゼンチン人の言葉で語りかけただけではなく、その方言や抑揚も用いて語りかけていた。彼は今や別の人に変わった。しかし、まだブエノスアイレス生まれの大司教でもあったのだ。

「新しいやり方に慣れていかなければなりません」

ロンバルディ神父は新教皇の自由なやり方に適応しようとしていたローマのジャーナリストたちに注意を促した。編み上げ靴の警官の背筋を凍らせるような簡素な白い服で教皇として最初のミサを小さなバチカンの聖アンナ教会で執り行った後、教皇はやって来る会衆一人ひとりと挨拶を交わした。メディアはそれを見て、「世界教区の司祭」と綽名をつけた。この威厳なく自ら下に降りていくやり方は君主としての教皇制を解体すると考える人もいた。エンツォ・ビアンキ修道院長もそうした人のうちのひとりだが、フランシスコ教皇のことは是認した。彼は日刊紙「ラ・スタンパ」に「〈フランシスコ教皇は〉人になった教皇」と書いている。[4]

　フランシスコ教皇は神の御旨において特別に定める「〈いつくしみ〉のとき」を発表したあとのミサと日曜日のお告げの祈りも効果的に利用した。「〈いつくしみ〉は主の最も大きなメッセージ」と使徒宮殿のバルコニーから広場の群衆に語りかけた。彼にはくり返し何度も伝えるべき「神は赦すことに決して飽きることはない」というはっきりとした喜びに満ちたメッセージがあるのだ。そして、ユーモアと逸話を交え、売上に貢献しようというわけではないと言いながら、コンクラーベの間に読んだカスパー枢機卿の『いつくしみ』という本を推薦した。

　就任ミサは聖ヨセフの祭日である三月十九日に行われ、一三二か国の代表と多くの宗教指導者、そして二〇万の群衆がそれに出席した。宗教指導者の中にはコンスタンディヌーポリ総主教ヴァルソロメオス一世が含まれていた。正教会のコンスタンチノープル総主教がローマ教皇の就任式に出席するのは十一世紀の教会大分裂以来初めてのことである。彼はフランシスコ教皇が「〝愛において統べる〟ローマの司教」と自らを呼んだことに惹かれていた。枢機卿になった二〇〇一年と同じように、母国には（今回は教皇使節を通して）ミサに出席するために飛行機代を使って無駄にするより、貧しい人にお金を与えるようにとメッセージを送っていた。しかし、彼自身が招待した客の中には、「カルトネーロス」の指導者セルヒオ・サンチェスがいた。

　フランシスコ教皇の話のテーマは聖ヨセフの保護する優しい指導者像であった。

「真の力とは奉仕である」ということを決して忘れないようにしましょう。そして、教皇もまた、力を行使するときには十字架の上に輝く頂点がある奉仕にさらによく加わらなければならないことを決して忘れないようにしましょう。教皇も聖ヨセフを特徴づける粗末で具体的で誠実な奉仕に影響されなければならないのです。聖ヨセフのように、神の民すべてを守るために腕を広げ、優しい愛情をもって人類全体、特に最も貧しい人びと、最も弱い人びと、最も重要ではないと見なされている人びとをその腕に包み込んで守らなければなりません。マタイ福音書は最後の審判の箇所で、空腹な人、喉が渇いている人、寄留している人、服を着ていない人、病気の人、牢獄にいる人を挙げ、こうした人びとを愛をもって受け入れなければならないとしています〔マタイ福音書二五章三一—四六節〕。愛をもって仕える人だけが人を守ることができるのです。

ホルヘ・ベルゴリオのことをブエノスアイレスの補佐司教であった時から知っていたウィーンのクリストフ・ショーンボーン枢機卿はこの説教の間じゅう泣いていた。

「ティム、教皇はイエス様のように話しておられる」

彼はティモシー・ドーラン枢機卿にささやくと、ニューヨーク大司教は答えた。

「クリス、それは教皇の仕事のひとつなんだよ」

ミサの後、フランシスコ教皇は屋根のない白いＳＵＶ車で広場の群衆の間を走り、アッシジの聖フランチェスコに神が示した言葉「わが教会を修繕せよ」と書かれた横断幕の前を通りすぎるときには、同意を示して親指を立てるという教皇らしからぬ仕草をして見せた。ラテンアメリカ諸国の国旗がヨーロッパ諸国の国旗を数で凌いだのは初めてのことだった。教会は新しい源に到着したのである。

フランシスコ教皇は広場に集まった人びととキスをし、抱き合い、握手を交わして非常に長い時間を過ごした。マテ茶を差し出されれば、それをするために立ち止まるというように、こうしたことが水曜日の謁見の伝統になっていった。彼はもうひとつの習慣を始めた。ひどい障害をもった人がいれば、乗り物から降り、深い優しさをもって、その人を抱きしめに行くようになったのだ。病に罹った人と障害をもった人に重点を置き、また、群衆と交わす冗談を交えた広場での毎週のこの時間は、大改革の重要なポイントであった。それは聖職者重視の傷、その最悪の形において性的虐待を容認し、隠蔽した傷をいやす時間であった。

数日前、メディアとの謁見の終わりに、フランシスコ教皇は通常の使徒としての祝福を記者たちに与えなかった。その多くがカトリック教徒ではなく、信徒でさえなかったからだ。

「私はみなさん一人ひとりの良心に敬意をもちながら、しかし、みなさんもやはり神の子であるという認識において、みなさん一人ひとりに静寂において心からの祝福を与えます」

教皇はそう語りかけた。

記者たちはその姿勢の寛大さに心打たれた。就任ミサが終わり、彼らは荷作りして、国に帰っていく。しかし、バチカンの機能不全の話に首を横に振りながらローマに到着した者が多かっただけに、この二週間の間にそのローマで起こったことにどんなに驚いたかを吐露する者もいた。陸に上がっていた船が今や再び波をかき分けて進んでおり、それはどこからともなく吹いてきた新鮮な強い風によって引き起こされたことだったのだ。

彼らはそこに驚異を見ていた。組織上の失敗という長い夜が最も暗くなったと思われたときであればこそ、それは起こったとも言える。ホルヘ・ベルゴリオが二〇年前、コルドバ時代の悲しみの中で書いたように、「それは遺骸ではあるが、神性がその中に隠されており、それが復活するのだ。……神の改革はまさに、すべての希望に反することを希望すること以外に解決方法がないところで行われる」[6]。

「マルティーニ枢機卿は評議会と〈世界代表司教会議〉を話題の中心に話していたとき、その方向へ進むのがどれほど困難で時間がかかるかわかっていた」

二〇一三年十月、フランシスコ教皇はそう述べて、マルティーニが夢見ていた「教会会議」的な教会へと「緩やかに、しかし、断固として、そして、粘り強く」進んでいくという決意を表明した。[7]使徒的勧告『福音の喜び』には司教協議会（ラテンアメリカ・カリブ司教協議会とヨーロッパ司教協議会など、国の枠を越えた司教たちの団体を含む）に「真の教義上の権限」を与え、初期の教会における普遍教会と地方教会のバランスの回復を目指すというフランシスコ教皇の意向がはっきりと示されている。この改革はバチカンが一九九二年にラテンアメリカ・カリブ司教協議会を押し潰したようなことは決してくり返されることはなく、将来においてアパレシーダ会議のような活動が他の大陸でも花開くということを意味するものでなければならないのである。

司教団体制についての著作がある前サンフランシスコ大司教ジョン・R・クイン枢機卿は、二〇一二年四月にローマでベルゴリオに会ったとき、自分が本に記したことが実現されることを祈っていると語った。そのベルゴリオが今や教皇であり、自分たちで司教を任命し、司牧上、典礼上の問題を自分たちで決定する自治管区という未来の実現をクインのように想像できるようになったのだ。そして、それはフランシスコ教皇が『福音の喜び』の中で述べた「健全な脱集権化」に繋がる。[8]

選出後、ひと月と経たないうちに、フランシスコ教皇はローマ教皇庁を改革するために、世界の各地から選んだ八人（後に九人）の枢機卿からなる「枢機卿評議会」を創設した。これはこの何百年のうちで、教会統治組織の中でも最も重大な活動のひとつであろう。次官となった枢機卿はイタリア人だが、そのほか、二月に一度ローマに集まる枢機卿はインド、ドイツ、コンゴ、アメリカ合衆国、オーストラリア、ホンジュラスの出身である〔九人目のメンバーは国務長官でイタリア人〕。その多くは国を越えた司教協議会の議長あるいは前議長でもあるので、ローマのことを各地域の教会に説明することができる。フランシスコ教皇はスパダーロとのインタビューにおいて、この「C９」とも呼ばれる「枢機卿評議会」のことを「部外者の顧問団」と言っている。マルティーニ枢機卿の二〇一二年の霊的な遺言の中では、イエズス会士である元ミラノ大司教は教会における実質的な責任を負うものとして「境界線の外にいる十二人」という同じような表現を用いている。フランシスコ教皇は枢機卿評議会を統治機構改革の鍵を握るものと見ており、これを「ただのトップダウンではなく、横の力も働く組織をもった教会の始まり」としている[9]。

一方、枢機卿団そのものには普遍教会の統治組織の中で、宗教改革時代以前の元老院と類似した役割が想定されている。二〇一四年二月と二〇一五年二月にそれぞれ二日にわたって開かれた枢機卿会議でフランシスコ教皇が枢機卿たちに討議するよう求めたのは、第一に、再婚した者の秘跡への参加を許可するかどうか、第二に教皇庁の構造改革という大きな問題であった。また、二〇一五年には枢機卿たちはこれまで自分たちがローマで聞くとは思っていなかったこと、すなわち、バチカンの財政状態の詳細な内訳を扱うことになった。

この二つの枢機卿会議でフランシスコ教皇が任命した新しい枢機卿は彼が枢機卿団に望む将来の方向性を明らかにしている。教皇庁本部の枢機卿の数を減らし、貧しい国々の存在感を拡大することによってヨーロッパ中心のアンバランスを是正したのである。二〇一五年に新しく枢機卿として緋色の帽子を被ることになった人の多くはトンガやミャンマーなど遠く離れた貧しい国の出身であった。「真の改革ではすべて周縁が中心を形づくっている」というコンガールの金言が実現したことになる。フランシスコ教皇は奉仕と謙遜という教会の教えを悟らせるために枢機卿会議を用いてきた。二〇一四年には枢機卿たちに自分のことを教会の中の君侯と考えるのを止め、「陰謀、ゴシップ、派閥の形成、依怙贔屓《えこひいき》、縁故採用」だけでなく、「競争心、嫉妬心、党派心」といった「世俗的な意識」を避けるよう促した。二〇一五年には、枢機卿であるということは「確かに栄誉あることだが、敬われることではない」と枢機卿たちに語っている。

　司教団体制の第三の手段は〈世界代表司教会議《シノドス》〉の新しい形という最も実現が難しいものである。フランシスコ教皇は〈世界代表司教会議〉をバチカンが予想できる範囲にコントロールされる会合から、普遍教会による統治の強力な手段に作り換え、地方教会における司牧上の現実が教義と規律の問題に影響をもたらすような形にしようとしている。教皇がこの改革の責任者に任命したロレンツォ・バルディッセーリ枢機卿は二〇一三年六月、教皇が求めているのは「活発で、恒久的な〈世界代表司教会議〉であり、体系化された有機的な組織というのではなく、中央と周縁の間で浸透膜のように作用するもの」であると述べている。二〇一四年四月一日付のバルディッセーリへの教皇の書簡では、初期教会の公会議のように本当の意味で審議する力をもち、教皇庁の外にあって、その上位に位置し、教皇にだけでなく司教全体に対しても説明責任がある組織とされており、ここに教皇が改革された〈世界代表司教会議〉に求めているものが透けて見える。[10]

＊＊＊＊

　二〇一三年十月はじめ、バルディッセーリの会議の二日間の会合に書類カバンと弁当箱を手にフランシスコ教皇が姿を現すと、〈世界代表司教会議〉が取り組むべき課題は二〇〇五年の〈世界代表司教会議〉を悩ませた問題を含め、非常に広い範囲にわたる結婚と家族に関する厄介な司牧上の問題、つまり離婚した人、再婚した人の秘跡への参加に関することであると発表された。この新たな〈世界代表司教会議〉は広く議論を起こすために、まず二〇一四年二月に地方教会への諮問と枢機卿会議が開かれ、それに続いて、何百人もの司教代表と信徒ではない一般の専門家を招待した二つの集会が行われるというこれまでとは全く異なる手法を用いることになる。二つの〈世界代表司教会議〉は一年という間隔をあけて開かれた。一回目の二〇一四年十月の〈世界代表司教会議〉は問題を見定めるために開かれ、一年後の二〇一五年十月、二回目の〈世界代表司教会議〉で具体的な提案についての採決が行われる。

この〈世界代表司教会議〉におけるフランシスコ教皇の狙いは、秘跡あるいは結婚の不変性に関する教会の長年の教義を変えることにあるのではなく、しばしば悲劇的な個人的状況のために教会生活から遠ざけられている人たちを復帰させる道を模索することにあった。教皇は多くの人、特に学生時代からの旧友オスカル・クレスポに、離婚女性の教会生活への再統合が自分の教皇職における一番の優先事項だと語っている。しかし、ヴァルター・カスパーによれば、教皇は解決法を見つけさせるというより、「聖霊が教会に何を語るのかを聞きたいのだ[11]」。

この〈世界代表司教会議〉の背後にある大きな構図は西洋文化において結婚の意味が急激に失われていることである。悲劇的なことに、教会は男女のペアに結婚の意味を教えるという文化にあまりにも長く依存し続けてきた。そして、教会が結婚するカップルに求めた心構えはそれに十分に見合うものではなくなってきている。その結果、教会での結婚は急激に減少した。フランシスコ教皇の母国アルゼンチンでは結婚の秘跡をする割合はかつて八〇パーセントを超えていたのが、このほんの二〇年の間に五〇パーセントを割り込むようになっている。米国では、カトリック教会での結婚は一九七〇年代に比べると、六〇パーセント以上落ち込んでおり、二〇〇三年から二〇一三年の間に、カトリックの信徒数は三〇〇万人増加しているにもかかわらず、結婚は二四万二〇〇〇組から十六万四〇〇〇組に減少していている。カトリック信徒が増えていることも資料からははっきりしている。最近では西側諸国で平均三分の一の離婚率、ベルギー、ポルトガル、スペインなどのカトリック国は世界で最も離婚率が高い国となっている。

カトリックの信徒は何十年もの間、その意味をきちんと把握せずに結婚してきたので、ほどんどとは言わないまでも、多くの結婚が教会の理解においては無効なものになる可能性がある。フランシスコ教皇自身が二〇一三年七月にリオデジャネイロに向かう特別機の中で「ほぼ半分」が無効になるかもしれないと示唆している。しかし、教会の裁判所は個別の具体的なケースを調べる作業にはほぼ不適格である。その作業は時間がかかり、厄介で、費用もかかると考えられている。結婚取り消しの制度が整備され、用いやすいものになっている米国のような国でさえ、離婚数の増大にもかかわらず、結婚の取り消しを求めているカトリック信徒の数は著しく減少している。アルゼンチンでの制度適用は年に一五〇件から二〇〇件のあたりで前後しており、年に離婚する何万ものカトリック信徒（名目上であれ、実質的であれ）からすれば、ほんのわずかな割合だが、米国で二〇〇三年には七万件を超えていた適用件数は二〇一三年には二万五〇〇〇件にまで減少している。

フランシスコ教皇の見方では、この事態に対して教会に求められている対応は結婚への心構えと支援を改善することだけではなく、いま教会から遠ざけられている人たちに責任をもつということであった。それは最も教会による〈いやし〉や応援を必要とする人たち、つまり婚姻関係の崩壊に苦しんでいる人の視点からこの問題を見るということである。教皇は二〇一五年二月の会合で枢機卿たちに「考え方、信仰のもち方には二つある。救われている人たちを失うことを恐れるという考え方と、失われた人たちを救いたいという考え方だ」と語っている。

フランシスコ教皇は電話や個人的な手紙のやり取りの中で、窮状にある人びとに人目を避けるような振る舞いをしないよう励まし、場合によっては直接、聖体拝領やゆるしの秘跡を受ける許可を与えてきた。こうしたことは個人的な交流なので、バチカンはそれを是認することはないが、フランシスコ教皇はこの話が「変化が近づいている。それと同時に、みんなもその変化の中に包まれていると考えるべきだ」というはっきりとしたメッセージを送ることになるのはわかっていた。

新しい〈世界代表司教会議〉を精巧に作り上げるにあたって、フランシスコ教皇は国を越えた司教団体制の組織の中で最も古く、最もよく組織されているラテンアメリカ・カリブ司教協議会での経験を利用している。新しい〈世界代表司教会議〉はなにかひとつの文書から始められるのではなく、草の根の現実を検証することから始まり、全く自由な議論が呼びかけられ、時間をかけて全体の合意が形成される。アパレシーダ会議のベルゴリオの神学上の補佐役を務めたビクトール・フェルナンデス大司教は、この〈世界代表司教会議〉が最終的に具体的な結果や何か大きな新機軸を生み出さなかったとしても、教皇を心配させることは何もないとジャーナリストたちに語った。

「『時間は場所よりも重要であり、重要なことはゆっくりとやって来る。重要なのは決定を強いることではなく、過程を始めること』というのが教皇の常に変わらぬ信念です。それから、『それが正しい時に善き実りをもたらす』とも信じておられますよ」

フランシスコ教皇はここにグアルディーニとメーラーを通して長年深く研究し、一九八〇年代に始めて仕上げることのできなかった「聖霊がどのようにキリスト教の団体の中で作用するのか」という博士号取得論文のテーマを活用していた。あの時に戻れば、イエズス会管区の乱流の中、彼は教会で自由に表明され、適切に伝えられる異なる見解がどのようにすれば初期教会における公会議のように、聖霊に新しい創造的な解決をもたらす余地を与えるのかについて考え始めていた。しかし、収斂への道が破壊されることもあれば、見解が全体との調和から外れ、対抗する組織が生み出され、競争、衝突、分裂が生じたときには、意見の相違を相手への否定に変えてしまいたくなる誘惑もある。

フランシスコ教皇は二〇一四年十月五日に開かれた〈世界代表司教会議〉の前晩の祈りで、激しい意見の対立はあったが、大きな成果もあった初期教会の公会議に言及しながら、「神の声に耳を傾け、耳を傾ける賜物、神の呼びかける意志を呼吸と同じようなものにすること」を祈り求め、参加者には「今回の議論に耳を貸し、今日の人びとの〝匂い〟を嗅ぎわけ、その喜びと希望、悲しみと苦悩を自らに滲み込ませること」を勧めている。

翌日、教皇は〈世界代表司教会議〉の参加者に向けて、大胆に話し、謙虚に聞くようにと短く語った後、一貫して静かにその会議に出席していた。毎日、早く会場をやって来て、代表たちを出迎え、コーヒーを片手に雑談を交わす。具体的な問題についてだけでなく、会議の手順についても緊張関係と意見の相違があった。保守派の枢機卿たちはメディアを使って、公然と自分たちの幻滅を表明していた。それでも、小グループでの議論から最終的にまとめられた文書は広く全体の合意を反映し、二〇一五年十月のまとめの〈世界代表司教会議〉での議論を形成するものとなっていった。同性愛と再婚者の秘跡への参加の問題に関する三つの段落については通常の三分の二の同意を得ることはできなかったが、フランシスコ教皇は動じることなく、それを投票数の集計とともに公表するように命じ、次のように述べた。「私たちは開放性への道を踏み出しました。私たちが何をしているのか皆さんに知っていただきたいのです」

この時、このイエズス会の黙想指導の達人は、教義上の厳格さからであれ、世界に受容されることを願う気持ちからであれ、この緊張状態から解放されたいと願う「誘惑」に警戒しながら、それまでの二週間における光と影、霊の動きを見極めていた。彼は人びとに懸念には及ばないと語り、そこに「論争する教会」しか見ない人は「神の意思、キリストの福音、教会の伝統を教会が支持していることの保証人」である「教皇のもとで、教皇とともに」会議が行われたということを知る必要があると述べた。

　二〇一四年十二月にはラ・ナシオン紙に対して、この過程への満足を表明し、この〈世界代表司教会議〉で生み出されたことが「聖霊が働く保護された範囲」と語った。[12]いかに激しい意見の相違があったにせよ、彼はそこには教会の真正の識別の過程があったと見ていた。それはコンガールが言う意味における真の改革の姿、すなわち、中心教義に根差し、神の誠実な聖なる人びとから重荷を取り除くことを目指す牧会上の改革であった。

　自身が第二バチカン公会議に出席していた前任の四人の教皇とは違って、フランシスコ教皇はそれが終わったときにはまだ神学生であった。

「フランシスコ教皇は第二バチカン公会議を解釈して時間を無駄にしたくないのだ。ご自分の責務はその実行と考えておられる」

　アルゼンチンの神学者で、教皇との近い関係を保つカルロス・ガジ神父は言う。[13]

　フランシスコ教皇による改革された新しい〈世界代表司教会議〉は、第二バチカン公会議がもっていたダイナミズムを永続的に根づかせようとしている。つまり、司牧にしっかりと繋がる教義を求めていくことなのだ。この〈世界代表司教会議〉は恒久的な改革の装置なのである。改革とは「キリストのかたち《フォルマ・クリスティ》」を回復すること、教会がキリストをもっとはっきりと示すようになることである。フランシスコ教皇にとっての恒久的な改革とは、教会ではなくキリストが中心にあることを確実なものとすることなのである。そして、それは神の〈いつくしみ〉をカトリック教会の全面に押し広げて示すことにも繋がっている。

＊＊＊＊

ブエノスアイレスの人びとはベルゴリオ枢機卿がクリスマスに「これぞ神。神とは優しさ」と唱えながら、まぐさ桶から幼子イエスを抱き上げて会衆に見せる様を思い起こす。

フランシスコ教皇は教会と世界にその教訓を与えている。ラテン語で「いつくしみ深い」を意味する「ミセリコルス」は「コルス」すなわち「心」と「ミセリ」すなわち「貧しい人びと」という語からなる。「貧しい人びと」とは苦難を受けている人、罪人、つまり、救いを切望している人びとである。全能万能の創造者、神が個々の人間の苦悩を気にかけ、その傷口に包帯をまき、何度でもその罪を赦すという考えは「通常の人間の経験と能力を上回る」ものであり、「人間の想像力と思考力を越えている」とカスパー枢機卿は記している。

教会が神の第一の属性として〈いつくしみ〉を適切な形で見直し始めたのはほんのここ数十年のことで、フランシスコ教皇は（十六世紀の宗教改革以来）「神の正義」が過度に強調されてきたと周辺に語ってきた。教皇はカスパー枢機卿と同じように、「神が異質な存在となり、多くの人にとって結局のところ無関係なものとされるようになった理由は、人の苦難に反応しない神を教会が宣言してきたことにある」と確信しており、「サマリア人のような教会」という語を福音宣教の鍵とし、〈いつくしみ〉の回復を図っている。[14]

それゆえ、彼は飽くことなく教会はその〈いつくしみ〉をもたらすようにと呼びかける。神を〈いつくしみ《ミゼリコルディア》〉として経験することは神の生活を始め、イエスによる啓示を把握することである。〈いつくしみ〉という語は『福音の喜び』では三二回用いられており、二〇一五年の四旬節のメッセージでも言われているように、それによって教区と共同体が「無関心の海の中のいつくしみの島」となるよう呼びかけている。

マルタ島に拠点を置く裕福なカトリックの夫婦、クリストファーとレジーナのカトランボーネ夫妻は二〇一二年に貸し切りのヨットでランペドゥーサ島への船旅をしていたとき、海に冬物のコートが浮んでいるのを見て、その呼びかけを文字通りに受けとめた。贅沢な港町が多い地中海に隠されている現実にショックを受け、また選出直後にランペドゥーサ島を訪れたフランシスコ教皇の影響を受けた彼らは、四二メートル長の元トロール船フェニックス号を買い取り、それに救命ボートを搭載し、移住者のボートを見つけるために最先端の無人機ドローンを装備して、さらに救助船と診療所をそれに組み合わせた。彼らは何週間も海上で過ごし、何百人もの北アフリカからの移住者を冷たい海から救い出し、彼らの体を洗い、手当をし、衣服を与え、命を救ってからイタリア海軍に引き渡した。「沖合移民救助ステーション」（ＭＯＡＳ／Migrant Offshore Aid Station）と名づけられた彼らの活動はフランシスコ教皇が呼びかける回心、方向転換のシンボルとなり得るものである。それは命を救うだけでなく、移民という悲劇に対する新しい態度の手本となるもの、つまり共感に始まる態度を示している。

これは様々な点で直観に反する呼びかけである。相対主義と宗教的な無関心に特徴づけられる社会において、世界が必要としているのは本当に、裁いたり、批判したりすることなのだろうか。しかし、フランシスコ教皇はこうした反応を誘惑と見ている。教会の務めは戻ってくる道を開けておくことであり、障壁を高くすることではない。教皇は三月十七日の説教の中でこう問いかけている。

「人が怪我したとき、イエス様はどうするでしょうか。怪我をしたことを叱るでしょうか。そんなことはありません。イエス様はやってきて、肩に負ぶってくれるでしょう。それが〈いつくしみ〉です。神が人びとを叱るときには何と言うでしょうか。『私が望むのは〈いつくしみ〉であって、献げ物ではない』と言うのです」

フランシスコ教皇による「いつくしみの時《カイロス》」の宣言は、技術と富によって急速に変わっていく世界ではとりわけ、神ではなく人間が至上の存在であるという幻想が起こりやすいという確信から生じたものである。〈いつくしみ〉は西洋世界における自主性への強迫観念に対するよい解毒剤である。それは人間自身の力ではなく神や他のものを希望の根拠とするからである。裕福で教育を受けた人よりも貧しい人びとの方がフランシスコ教皇を理解するのが早いのはこのためである。また、教皇への反対勢力が特定の物語に投資をしているエリートたちから出ているのも同じ理由である。

　フランシスコ教皇は二〇一六年を〈いつくしみ〉をテーマに掲げた特別聖年とすると宣言し、ベネディクト十六世が新設した「新しい福音宣教」のための司教評議会（「新福音化推進評議会」）にそれを委ねた。言い換えれば、〈いつくしみ〉は二〇一二年の〈世界代表司教会議〉が問うた「世俗化された社会にいかにして福音のメッセージを伝え直すか」という問いに対するフランシスコ教皇の答えなのである。教皇は司教評議会に向けて、〈いつくしみ〉は「現代人の危機」への反応であると語っている。

　教皇は二〇一五年四月に発布された一万語からなる大勅書「いつくしみの御顔《ミゼルコルディエ・ヴルトゥス》」〔『イエス・キリスト、父のいつくしみのみ顔――いつくしみの特別聖年公布の大勅書』カトリック中央協議会〕の中でこの考えを発展させている。この文書では彼が一九七〇年代にイエズス会と進歩的なカトリック信徒たちと「正義だけに焦点を合わせようとする誘惑」に警戒しながら行った議論が取り上げられている。正義は「第一の、必然で不可欠な一歩」とそこには記されているが、教会はさらに進んで、「神の〈いつくしみ〉、福音の鼓動がそれ自体としてそれぞれの人の気持ちと心の中に滲み込んでいくように告げ知らせていかなければならない」としている。教皇は切迫した勢いのある言葉で、教会の信頼性そのもの――この語は文書の中で三度用いられている――がいつくしみ深く共感に満ちた愛をただの言葉としてではなく、何より意思と行動においてどのくらい示すことができるかにかかっていると記している。

　教皇が訪問先で刑務所、麻薬中毒治療センター、老人ホーム、障害者の施設といった「痛みの場所」を訪れたいと常に求めているのはこうした理由からである。教皇はそうした場所で神は苦しんでいる人を中心に置いていることを示そうとしている。小教区を訪問するときも回り道をしてスラム街に行くのも同じ理由である。毎週水曜のサンピエトロ広場での一般謁見で非常に長い時間、群衆の間で過ごすのも同じ理由である。そこで行われる伝統的な十五分の教皇の挨拶は今では行動と振る舞いによって示される広い意味での要理教育の一部となっている。

　無原罪神学院時代の生徒で、教皇の古くからの友人であるホルヘ・ミリアに二〇一四年五月に会った時、教皇はこう語っている。

「人びとが私の電池を充電してくれるんだよ。パパモビルから降りて行って、どうやってここまで来たのだろうと思うようなひどい状態の人を抱きしめると、その人は幸せになる。みんなが彼に手を差し伸べるようになるからだ。でも、私の回りにカメラがびっしり並んでいることを忘れることは決してないよ。この抱擁が何倍にもなって、同じような状況にある数え切れないほどの人が目にするんだ。その人たちはまるで自分が抱きしめられているかのように思いながらテレビを見る」

　彼にはこれが自分を攻撃を受けやすくしているのだということがわかっている。

「いいのを一枚撮って終わらせてくれるとありがたいがね」

　教皇はミリアにはそう語ったが、それが自分が教皇として回復しようとしているメッセージの中心であることもわかっている[15]。

＊＊＊

〈いつくしみ〉を神の真の顔として回復することは「外を向いた教会」というフランシスコ教皇の宣教上の展望の鍵を握っている。神は愛であるという最も重要な宣言に焦点を合わせた教会を目指しているのである。バチカンは時に傲慢で、自己指示的、倫理至上の道徳主義になることがあり、この展望とは反対のメッセージを発することがあるので、世を照らす灯台よりも要塞を設置するために構築された時代遅れの構造を近代化することが優先される。フランシスコ教皇は二〇一五年三月、メキシコのテレビ局「テレビーザ」の番組で、バチカンのことを「ヨーロッパ最後の宮廷」と呼びつつ、「教会の奉仕、司教の奉仕が行われる作業集団」に変わらなければならないと語っている。

世界最古の地球規模の組織をオーバーホールするのをマッキンゼー、KPMG、アーンスト&ヤングといった世界屈指の経営コンサルティング会社が援助したという話をするのであれば、選出直後にサンタマルタ館で開かれたフランシスコ教皇と七人の財界人の間の会合から始めるのがいいだろう。出席者には資産運用会社インベスコ・アセット・マネジメント社の元社長ジャンバティスト・デ・フランシュ、シンガポールの元外務大臣ジョージ・ヨー、ドイツの大手保険会社エルゴ社の上級役員ヨッヒェン・メッセマーも含まれていた。

フランシスコ教皇は教会の霊的なメッセージが信頼されるようになるには、バチカンの財政も信頼できるものになっていなければならないと彼らに話した。また、今日では厳しい規則と協約、完全な透明性、堅実な財務運営が必要とされており、貧しい人びとを助けるための資金をより多く捻出するために出費を削減する必要があると述べた。また、「行政部門が膨れ上がっているのは不健全」と語り、「あなたがたは専門家だ。あなたがたを信用しています。これらの問題の解決策ができるだけ早く欲しい」と続けた。[16]

ジョセフ・F・X・ザーラというマルタの銀行家が中心になっている「教皇庁経済行政構造機構」(COSEA)という集団がある。そこに参加する上級の経営者たちは自分たちの奉仕に対価を要求することなく、十か月以上にわたって定期的な会合をもち、三つの中核的な原則によって治められるバチカンの財政管理の改革案をまとめ上げた。その三原則とは、現代の国際的な財政基準を採用すべきこと、財政における方針と手順の透明性を確保し、四大監査事務所による会計監査をうけた年次財政報告を出すこと、権限を複数に分け、それぞれを上級の国際的な一般信徒の専門家が管理することの三つである。

二〇一四年二月にローマ入りしたあるベテランの解説者は、バチカンの事務所に国際的なコンサルタント会社や会計事務所が飛び回っているのを見て、「委員会、評議会、枢機卿会議という組織構造の事実上の行き詰まり」と解説した。同月、バチカンは財政を監督する財務事務局長官にオーストラリアのジョージ・ペル枢機卿が就くことを発表した。同枢機卿はザーラを長とし、一般信徒の専門家からなる新設の財務評議会に説明する責任を負うことになった。[17]

二〇一四年七月、直言型のペル枢機卿はいわゆるバチカン銀行を対象にした一連の改革を発表し、その投資明細を解体して、支援や融資を宗教関連の組織だけに限定することを表明した。バチカン銀行、すなわち「宗教事業協会」（ＩＯＲ）はすでにその貸借対照表を縮小させており、新しい標準に合わない約三〇〇〇の口座が閉じられた。このような手段を通してフランシスコ教皇はバチカン史上、類のない財政上の予防装置の制度を導入し、隠し口座や制御不能な経費設定を整理し、バチカンの財政一般に対するイタリアの影響を減らし、一般信徒の専門家を適材適所、誰と知り合いかではなく、何を知っているのかで採用している。

財政の改革は総じて技術的な問題なので非常に早く進んでいるが、Ｃ９枢機卿評議会に任せられているバチカンの官僚機構の再設計は教会論や神学の議論が多く生じるため、そういうわけにはいかない。

Ｃ９枢機卿評議会の任務はバチカンの九つの省（法律を制定する強力な力をもつ）、十二の評議会、七つの委員会（ともに主として助言的な役割をもつ）、三つの裁判所という大きくなりすぎて、しばしば重なり合う複雑な管轄権を簡素化することにある。フランシスコ教皇は協働性を高め、重複をなくし、ひとつの組織としての各部門の長と規則的に会うことが容易になるようにしようとしている。しかし、狙いはバチカン職員の質を上げ、教皇庁で働く一般信徒、特に女性の数を改善することにもある。新しく信徒省、「正義と愛」省といった二つの省が設置され、既存の評議会がそこに吸収されることになりそうだ。その他にいくつかの省が廃止されるか、合併される。この新設される省は神の聖なる誠実な人びとが司教や聖職者と同じくらい重要であり、正義と慈愛はローマ教皇の使命の中心にあるという強い信号を送っていると言える。

動きはゆっくりとしている。新しい憲章の制定は二〇一七年まではかかるだろうし、どの部門を廃止あるいは合併するかを決定するまでにはまだ長い道のりがあるだろう。さらに時間がかかる任務はバチカンの文化を変えることである。教皇庁内部のポストのほとんどはその存続が未確定のままで、教皇は特別手当と六五歳以下の司祭の尊称「モンシニョール」を廃止した。また、二〇一四年二月からバチカンの各部門の長は人員の新規採用、賃上げをせず、支出の削減と予算不足を補う緊急措置として時間外に働くことも止めるように命じられている。それと同時に、フランシスコ教皇は教皇庁で働く者すべてに黙想会への参加を義務づけ、その他にも四〇〇〇人ほどのスタッフを養成し支援する方法を模索している。教皇は立身出世主義や縁故採用と闘いながら、その気風を変える決意をしており、バチカンが教会全体の宣教の手本となることを望んでいる。

フランシスコ教皇は近代以降のローマ教皇で最も身近な教皇となった。昼食時にはたいていサンタマルタ館の食堂におり、そこには専用のテーブルが確保されてはいるが、ビュッフェスタイルの料理に他の人と同じように教皇が盆をもって列に並んでいる姿に訪問客は呆気にとられることになる。サンタマルタ館からやって来ると、訪問客個人に挨拶し、エレベータに一緒に乗ることにも人びとは衝撃を受け

2014年7月25日、フランシスコ教皇は食堂でバチカンの職員たちを驚かせた。従業員とともに列に並んで、パスタと白身の魚と焼きトマトの昼食を受け取った。レジで順番を待つ彼にレジ係は代金を請求する勇気が出なかった。

る（周囲を安心させるために「噛みついたりしないよ」と言ったりする）。ローマ教皇の傍に行くことはもはや、宮廷の奥の奥で交渉を重ねるようなものではなくなっている。教皇の二人の個人秘書に直接電話したり、電子メールを送ったりすることもできるし、伝言は通常素早く伝達される。この二人の秘書はアルゼンチン人の神父ファビアン・ペダッチオとエジプト人のヨアニス・ラハジ・ガイドだが、これまでのローマ教皇たちに仕えていたような影響力をもった仲介者ではなく、控え目に手助けをするだけである。フランシスコ教皇は今後も自分の周辺に別の宮廷が形成されることを許さないだろうし、自身で日誌や予定表をつけ続けるだろう。

その結果、教皇は最近、別の意味で近寄りがたくなっている。教皇との謁見はもはやバチカンの政治力あるブローカーの取り引き材料とはならなくなり、大司教たちは裕福な献金者のために教皇との謁見を手配する手段がわからないと不満を表明するようになっているのである。

フランシスコ教皇はかつてバチカンの機関が扱っていたものを自分の回りの近い仲間内で手中に収めることになったため、古いルートが使えなくなり、大きな恨みを買うようになっているのだ。教会を越えて並外れた人気のフランシスコ教皇だが、それとは対照的にバチカン内部には相当な不満がある。古き衛兵は力を失い、かつて力をもっていた官僚は蚊帳の外に置かれているように感じており、フランシスコ教皇がいなくなった後も長くここを取り仕切るのは自分たちだと力説しながら、以前と同じように物事を行うことで抵抗している。

〝大改革〟はようやく二年になろうというところで、変革に対する組織からの抵抗運動だけでなく、フランシスコ教皇の改革によって利益を損なわれた既得権者の側からの反対にも直面している。かつてマキャベッリが言ったように、「改革者は古い秩序から利益を得ている者すべてを敵とし、新しい秩序から利益を得る者からは消極的な支持しか得られない」ので「物事に新しい秩序を導入すること」ほど難しいものはない。ローマにはフランシスコ教皇のことを「イエズス会的試み」と呼び、教皇は代替わりするが、教皇庁は常にそこにあるということを思い出させようとする者もいる。自分には幹部官僚を遠ざける余裕がないということを知っているフランシスコ教皇はゆっくりと活動を進め、敵を安心させるような戦略的な人事を行いながら、重要な地位に人を配している。

ローマの外では、敵対は厳格主義者たちの根深い警戒心を反映している。フランシスコ教皇による〈いつくしみ〉の強調は「カトリック信徒の一部にパニックをもたらした。それは仰天させられるような確実性の欠如への恐れだ」と雑誌『チヴィルタ・カトリカ』の編集長で、イエズス会士のアントニオ・スパダーロは言う。[18] そして、世界規模で見れば、カトリック教会は無関心であり、フランシスコ教皇の努力にもかかわらず、〈いつくしみ〉を宣教の焦点とするのが使命であるということに納得が得られているわけではない。フランシスコ教皇がどこに真の敵がいると見ているかは、『福音の喜び』での批判の中で「司牧における無気力」と「キリスト教徒を博物館の中のミイラにする〝墓の心理学〟」と言っていることに、ある意味、明らかになっている。かつてベルゴリオが抽象的な観念論に対する警告として、実験室のイメージを展開したように、ここではフランシスコ教皇は聖霊における暮らしに抵抗する教会への警告として博物館のイメージを用いた。二〇一五年四月二八日の説教では「使徒としての大胆さ《パレーシア》をキリスト教徒の命で記憶の博物館を建てるために用いるのではなく、命をもたらすために用いる」よう呼びかけた。

＊＊＊＊

それはベルゴリオの逆説とも言うべきものだ。司教団体制を指向し、一般の人びとにも近い教皇は横暴ともとられかねないやり方で絶対的な権限を行使している。その統治体制は個人的な関係を非常に重視し、制度を迂回し、緊密な人間関係に依拠し、文書よりも人を通して動き、密な指揮権が保持されている。そこには、その指導力が多くの人を敵対と団結に向かわせる煽動的なイエズス会管区長の姿が依然、垣間見えないこともない。

しかし、彼はすでにかなり以前にあの頃の教訓から学んでいる。彼の統治体制が司教団体制であるのは、それが相談の枠組みを広げ、異なる視点を包含し、とりわけその中枢が周縁部に対して開かれているからなのである。彼はこれまでどの教皇もしなかったやり方で、キリスト教徒の意見が一致する場所は墓場だけだと言いながら、活発かつ実直な意見の対立を奨励している。しかし、これは彼が決定権を誰かと共有しているということではない。フランシスコ教皇は多くの点で、ピウス九世以来の非常に集権的なローマ教皇である。

思いもよらぬ時に突然、世界についての自らの決断を明らかにするまで、手もちのカードを胸近くに隠して思案しながら他の人に見せることのない、かつてのイエズス会士ベルゴリオの姿がそこに見てとれる。彼は権力というものを理解しており、既存の手段や相談者、伝統やしきたりを迂回するためにしばしばそれを使う。そして、命令が実行されれば、たとえ自ら大切にしているものを犠牲にしようとも、それを重視するのである。

教皇はその最も忠実な支持者さえもが当惑しているのを尻目に、チリにおいてファン・バロス司教を軍付きの職から南部の小さな司教区オソルノに再任命する決定を下した。バロスは二〇一一年に教皇庁によって祈りと悔い改めの生活を宣告された悪名高い性的虐待者フェルナンド・カラディーマ神父との関係がその犠牲者たちによって公然と叫ばれている。バロスは若い司祭であったときにカラディーマの一派に属しており、虐待を目撃していたが、後に当時の枢機卿大司教の秘書となったときにそれを隠蔽したとして告発された。

バロスはその主張を認めていないが、任命はまだ生々しい傷口に塩を擦り込むことになったので、その任命に反対したのはカラディーマ事件の犠牲者だけではなかった。チリの上級の司教たちはオソルノの司祭、一般信徒とともに、その指名に強く反対した。サンティアゴのリカルド・エッサティ枢機卿大司教は二〇一四年十月の〈世界代表司教会議〉の間に任命の過程がさらに進んでいると聞き、フランシスコ教皇に会い、チリの教会にとって重大なことであることを詳細に説明し、任命をやめるよう通告した。その後、さらに司教たちとの会合があり、司教区からは多くの聖職者、一〇〇〇人を超える一般信徒からの抗議の手紙がローマに届けられた。そうした中で二〇一五年三月に就任ミサが開かれたが、チリにいる五〇人の司教のうち、出席したのはわずか十二人であった。オソルノの大聖堂ではぎょっとさせられる場面が展開されていた。バロスが大聖堂に入り、その座に就こうとしたとき、数百もの黒装束の抗議者がバロスを押しのけて、やじりまくった。結局、ミサは中断がくり返され、予定を短縮されて打ち切られた。

この指名を進める決定はチリの教会を当惑させ、フランシスコ教皇が優先する犠牲者の声を聞き、地方教会の要望を尊重するという二つの優先事項と矛盾するように見えた。チリの人びとはフランシスコ教皇が決定を支持していることを認めたがらず、司教や教皇使節たちがローマ教皇に情報がわたらないようにしているのだと非難した。しかし、真相は全く異なっていた。フランシスコ教皇はすべての情報を受けとっており、これを公正の問題と見ていた。バロスはカラディーマの事件が明るみに出たとき、すでに司教であったが、市民法の点からも教会法の点からも無実であったのだ。

バロスの指名はフランシスコ教皇が勝ちを収めるために自分の立場に影響を与えるかどうかを重視して決定を下す政治家ではなく、自分の人気や信頼性がどうなろうと、また、未成年者を守るという自身の使命に関わる虐待被害者がいたとしても、神の意思を識別し、それを実現するローマ教皇であるということを思い出させる。[19]

バロスの事例においてフランシスコ教皇はバチカン司教省が下した決定を支持していたが、他の場合にはバチカンの番人たちを避けたり無視したりして、追いすがる官僚たちを尻目に個人で主導権をとっている。そのひとつの例が米国の福音派の指導者たちに古い友人であるペンテコステ派の福音主義者トニー・パーマー司教を通して接近したことである。パーマーと初めて会ったのはブエノスアイレスであった。

二〇一四年一月、パーマーはサンタマルタ館でフランシスコ教皇に会い、いつも「マリオ神父《パードレ・マリオ》」と呼んでいる旧知の友人に、翌週にテキサスで何百人もの大教会の牧師や福音派の指導者たちの前で演説をすることになっていると話した。教皇はｉｐｈｏｎｅで自分からのメッセージを録画することを提案

2014年7月に悲劇的な事故で亡くなったトニー・パーマー司教と。

した。緑のフェルトが張られた椅子にポインセチアの鉢植を背景に座るフランシスコ教皇は粒子の粗い画面の中で、キリスト教徒の分裂状態の終焉と、すでに始まっている「教会一致の奇跡」を切望していると語った。パーマーがこのメッセージをフォートワースで公開すると、その動画はネットを通じて広まり、パーマーのもとには世界中の福音派の指導者から協力を申し出るメッセージが殺到した。

二〇一四年六月、パーマーは最大で八億のキリスト教徒を代表する福音派の主要な指導者をつれてフランシスコ教皇と面会した。それは共に祈り、食卓を共にし、多くの笑いに溢れた陽気な会合の始まりであった。教皇は彼らについて、洗礼では共通していること、聖霊に対して開かれていることでは十分であるとし、カトリック教会と福音派の関係には新しい時代が始まっており、共に行動し、それを証言するために神学者たちの説明を待つことはないと語った（参加者のひとりによれば、教皇は「福音主義者をカトリックに改宗させることに関心はない。それぞれの人がそれぞれの共同体の中でイエスを見出してほしい」と言っていたとされる）。バチカンのキリスト教一致推進評議会はこれらの会合について知らされてはいたが、参加はしていない。これは一九六〇年代以来、世界教会一致運動を支配してきた種類の神学的、あるいは制度的な対話では全くなく、フランシスコ教皇が個人的な友好関係を通してよく行っている対話なのである。

彼の教区である英国のバースでカトリック司教の葬礼に従った埋葬が行われればと願った。トニーの妻

二〇一四年七月、悲劇的なことにトニー・パーマーが交通事故で亡くなった後、フランシスコ教皇は彼の教区である英国のバースでカトリック司教の葬礼に従った埋葬が行われればと願った。トニーの妻エミリアーナに宛てたフランシスコ教皇からのメッセージには、彼とその親友とは「しばしば同じ霊において祈り」、パーマーは愛において自らの一生をキリスト教の一致という大義に捧げ、その働きが新しい可能性を開いたと書かれていた。

エミリアーナは今、ローマ教皇と福音派の指導者が署名する「宣教の一致における信仰の共同声明」を将来において提案することへの支持を集める活動をしている。この声明は相違はあっても世界中でともに行動し、ともに祈ることを奨励しており、キリスト教徒に新しい時代を開くことになるだろう。

非常に異例な動きとして、フランシスコ教皇はパーマーの「箱舟共同体」の後援者となることに同意した。彼はエミリアーナと彼女の子どもたちに近い存在でありつづけ、定期的に彼らに会い、彼らの喪失を通して、トニーの死が生まれつつあるより大きな何かの一部であると確信しつつ、彼らを応援している。

＊＊＊＊

教皇はテレビや新聞での率直な座談形式のインタビューを受けるかどうかについては、もっと独断で判断を下しており、たいていの場合、それを最後に知るのはバチカンの広報担当者ということになっている。そうしたインタビューでは誤解や誤報に事欠かない。教皇についての報道には革命がもたらさ

れ、はっとさせるような比喩、俗な挿話、教皇らしからぬ率直さが記者たちをとらえ、ニュースの見出しを支配している。

インタビューはより広い意味での「常態への革命」に含まれる。玉座に座って、準備された文章を読むことで、教皇は遠くにいる変化のない存在であることを示すよりも、世話係から解放された教皇の自由なやりとりの方が聖霊に導かれた教会の活力を伝えることになる。対話によって普通の人間の言葉で心と心で話すことができる。

神の愛を「第一の」宣言として強調するカリスマ的で、宣教的《ケリュグマ》なフランシスコ教皇のスタイルはそれに対する批判者には自分たちが長い間戦ってきた世俗文化へと至る大きな洞穴であるよう見える。「相対主義という敵意によって誘発される真理の強調は、救済への唯一の道としてのアイデンティティの再確認に繋がってきた。今、フランシスコ教皇は愛の普遍の真理を回復しているが、彼が信仰の真理を危機にさらしていると思っている人も多い」

フランシスコ教皇への対立姿勢を強めているアルゼンチン人のロベルト・ボスカ教授はそう記している。[20]

こうした疑いの気持ちから保守的な人びとは報道されるフランシスコ教皇の言葉を額面通りに受け取るようになっている。こうしたことはベネディクト十六世の時には決してなかった。マニラから戻る飛行機の中で教皇が子どもは三人がよいという勧めと共に「よいカトリック信徒であるために、ウサギのように繁殖する必要はない」と述べたと広く報道されたことで、保守派はこの言葉に危惧を感じた。

フランシスコ教皇は結婚生活における避妊具の使用に反対した聖なる教皇パウロ六世の回勅〈フマネ・ヴィーテ〉について、北半球の「イデオロギーによる植民地化」から貧しい国々の家族を預言者的に擁護するものだと語っていた。その上で、教皇は発展の「問題」は世界にあまりに多く貧しい人がいるということであるという新マルサス学派の優生学的前提への抵抗として、避妊の禁止を再確認した上で、教会の教えの中に親が責任をもって自然な産児制限の方法を用いることを決めるよう呼びかけていることも思い起こさせた。そして、スペインとイタリアのように子どもを三人以下にすると人口減少になると指摘し、そうすれば状況が適切になると述べたのだった。しかし、教皇が大家族を承認しなかったという架空のフレーズを用いる誘惑にニュース編集室は抵抗できなかったのである。

＊＊＊＊

　フランシスコ教皇は使い古された抽象的なフレーズを引用するより、よい教師がするように、鮮烈に、わかりやすく教義を伝えようとしていた。「アイリッシュ・タイムズ」紙のローマ特派員パディ・アグニューは「（教皇は）実際には、基本的に非常に伝統的な、時代遅れのカトリック信仰を教えている」と指摘しているし、ニューヨークタイムズ紙のロス・ドゥザットも「伝統の範囲内での革新」と述べている。しかし、ある種、教義を現代化する者として描き出そうとするメディアにおけるフランシスコ教皇像は、そうした描写を額面通りにとろうとしたがる保守派によって補強されている。

「この教皇が言ったこと、したことが教義のうちのいかなる細かな点も変えることがないとしても、彼らは最悪の事態を想像する」

「パテオス」〔無教派・無党派を標榜する電子メディア〕のエリザベス・スカリアは書いている。また、ジョン・アレンは「（一部のカトリック信徒にとって）ローマ教皇が攻撃されていることほど快適なことはなく、世界が拍手を送っていることほど警戒を要することはない」と指摘している[21]。

　しかし、フランシスコ教皇は教皇の教えの権威を損なうどころか、再びそれを世界の舞台の中心に置いている。その代価は誤った解釈がされるということである。ニュースの見出しとして取り上げられれば、その記事には翼が生えて、後で説明しても取り返しがつかないほど遠くまで飛んでいってしまう。しかし、全体としてのメッセージは伝わっていく。二〇一五年一月、教皇はフィリピンで最近まで不可能と考えられていたことを行うことに成功した。欧米のメディアがいる中で性と家族に関する議論を行ったのである。彼は結婚を再定義しようとする試みに反対し、子どもが父親と母親に対してもっている権利を率直に認める発言をして教会の教えを力強く再確認しただけでなく、欧米における物語に問題を突きつけ、興味をもたざるを得ないような形でそれを行ったのである。結婚を再定義する試みは「創造における神の計画を損なう恐れがある強力な勢力」に由来するものとし、世界中の貧しい人びとに代わって、性差《ジェンダー》にまつわるイデオロギーや貧富の差、消費至上主義が引き起こす「イデオロギーによる植民地化」に抗議を行ったのである。

フランシスコ教皇はローマ教皇の伝達手段を思想から行動に変えた。聖イグナチオ・ロヨラが言ったように、「愛は言葉よりも行為においてより多く示される」。そうした世界の中でフランシスコ教皇の率直さと自発性がその信頼性の保証書となり、それによって教皇のほとんどすべての言動がメディアにとっての金鉱となった。計算尽くでどっちつかずの灰色の言葉と非情なメッセージが決まりごとになっている世界の中で、フランシスコ教皇は〝政治的な正しさ〟を全く気にかけることなく、鮮やかな色で絵を描いている。フランシスコ教皇にとっては攻撃を避けるよりも真実を語ることの方が重要なのである。この点においては、いつものように、彼が手本としているのはイエスその人である。

就任二年で歴史上、どのローマ教皇よりも多くインタビューを受けているにもかかわらず（枢機卿時代の報道担当だったフェデリコ・ワルスは〔教皇就任を境にした変わりように〕「もう殺してやりたいほどですよ」と笑いとばした）、フランシスコ教皇は本来、おしゃべりではない。しかし、かつての不可解なイエズス会の管区長、無口な枢機卿は、最近の歴代ローマ教皇の中でも最もおしゃべりな教皇になった。それは彼が現代の文化が対話に意欲的な人しか信頼しないということを知っているからである。記者たちが何でも聞きたいことを尋ねることができ、また教皇自身も自分で説明することができる座談形式でのインタビューがそうした対話の象徴である。二〇一四年六月末、ローマの日刊紙「イル・メサジェロ」のある女性記者が批判をしてもいいかと尋ねた。教皇が「もちろん」と答えると、彼女は「教皇が女性のことを語るとき、それはいつでも母親、妻としての女性で、国や大企業の指導者としての女性ではないのは、女性について感覚的に鈍感だからではないか」と迫った。教皇は自らを弁護しようとはせず、問題の核心は理解しているとして、女性についての新しい神学が作られようとしていると語った。

今や、バチカンのジャーナリストは忙しい。公表を禁じられた説教と声明から慎重に言葉を選んで記事を書いていればいい時代は過ぎ去った。教皇が予め用意された原稿から離れ、その日の朝の祈りの中で得たことを力説するために何を言い、何をするかを捉え損ねないよう、あらゆる行事が緊張したものになっている。

大胆さ《パレーシア》と預言者的な率直さは二〇〇五年から二〇〇六年にかけてカリスマ的霊性に開眼したあとに教皇の中に見られるようになってきたものであり、二〇一三年三月の選出のときに枢機卿たちを納得させた有名な短い発言の中で呼びかけたことでもある。それはまた、二〇一四年十月に〈世界代表司教会議〉に集まった司教たちに呼びかけたことでもあり、また臨時の枢機卿会議でローマに集まった枢機卿たちに力説したことでもある。「大胆さ」ゆえに教皇は話すことを止めず、人を怒らせ、誤解され続ける。それは聖霊がそれを要求していると彼が信じているからである。

フランシスコ教皇は当代随一の人気者となっており、地球規模での道徳的な信頼性と共感の象徴であり、聖歌隊席を越えて、現代の街路へと声を届かせる力をもった稀有な存在である。就任して一年が過ぎるまでに『ローリングストーン』、『エスクワイア』、『ヴァニティフェア』、『フォーチュン』といった名だたる雑誌の表紙を飾ったが、注目されるのは同性愛者の雑誌『アドヴォケート』でも表紙となったことであろう。非常に人気のあったヨハネ・パウロ二世も就任十六年まで与えられなかったタイム誌の「マン・オブ・ザ・イヤー」という栄誉にも二〇一四年にすでに浴している。エコノミスト誌は、ハーバード・ビジネス・スクールでは死にかけている組織に新しい命を吹き込む「黒字転換のCEO」の例として、IBMのルイス・ガースナー、アップルのスティーブ・ジョブズと並んでフランシスコ教皇のことを学ぶべきだとし、教皇のことを「ほぼ一年でローマ・カトリックというブランドを世界規模で再生させた男」と呼んだ[22]。

二年目の終わりまでに、ローマにおいては不平と左右両派から率直な敵の出現はあったが、米国のカトリック一般信徒の間では非常に高い人気を保ったままで、共和党支持者、民主党支持者でともに約九〇パーセントの支持を得ている。これは退位直前のベネディクト十六世の七六パーセントに比べてもかなり高い。また、いわゆるリベラル系のメディアから称賛を受けているにもかかわらず、〝自称保守派〟の間でも九四パーセントが支持しており、「穏健派／リベラル」での八七パーセントさえも凌ぐ高い人気を保っている[23]。

カトリック信徒ではない人びとの間でも、フランシスコ教皇への支持は高い。米国ではベネディクト教皇への支持が半分以下であったのに比べて、六二パーセントが支持している。二〇一五年四月の段階で、九言語でツイッターのアカウントを開設し、フォロワーは二〇〇〇万人を超えている。世界的な指導者についてのある研究によれば、フランシスコ教皇はこれまででリツイートされる件数が最も多く（スペイン語のアカウントからのツイートは平均九九二九回リツイートされている）、ツイッターでは最も影響力をもっている世界的な指導者で、他を大きく引き離していると結論づけている。コンピュータやスマートフォンを使わない七八歳の男性が達成した注目すべき快挙というべきであろう。[24]

フランシスコ教皇は教会の中核的教義をひとつとして変えることなく――もとよりローマ教皇はそれを勝手に変えることはできない――選出前には考えられなかったことを成し遂げてきた。それは現代の西洋文化の心に語りかけることである。タイム誌の記事は上辺では議論を闘わせつつ、最終的には彼を広報の達人と結論している。

しかし、フランシスコ教皇に世界を惹きつけられているのは、フィナンシャル・タイムズ紙が「（教皇は）世界的リーダーたちが対抗できないほどの誠実さと確実性をもっている」と指摘したように、まさに逆のことゆえなのである。[25]世界を魅了しているのは――就任ミサでのショーンボーン枢機卿ほど明らかにそれを表現する人はほぼいないが――フランシスコ教皇の行動と言葉と身ぶりが西洋文化の中に、おぼろげで意識されないことが多いけれども、かつて愛し、その後、失ってしまったある人物についての強烈な記憶を思い出させたからなのである。ワシントン・ポスト紙のエリザベス・テネティはこのことに関するコラムをウィットに富んだ見出しをつけて書いている。

「イエス様を愛するなら、フランシスコ教皇のように？」[26]

＊＊＊＊

バルセロナの新聞「ラ・バンガルディア」の記者が二〇一四年六月にフランシスコ教皇のことを「革命的」と書いた。教皇はその考えを退けなかったが、最も大いなる革命とは「根本に迫ること」であり、真の変化はアイデンティティを強めるものであって、アイデンティティを取り替えることではないと述べた。根本に迫ろうとする者は急進派《ラディカル》なのである（ラテン語のラディカリスは「根を形成すること」

という意味〔日本語では「過激派」とも訳される〕）。フランシスコ教皇の急進思想は福音と神秘主義的な祈りの中にどっぷりと浸かった人生の後に得られたイエスとの尋常ならざる一体感から生まれた。その一体感が彼を単純化と集中へと導き、〈キリストのかたち《フォルマ・クリスティ》〉の回復に繋がっていく。

もしかしたら、彼が達成した最大のことは現代社会において教会にとってのジレンマの中心を把握し、それを動かしたことなのかもしれない。世俗主義と組織への敵意の時代において、キリスト教徒は身を守ろうとして跳ね橋を上げて身を潜め、同じことを信じる者だけを受け入れる傾向にある。この誘惑を知るフランシスコ教皇は別の道をとった。教会を外に向けて開き、真実を求め、そこに属したいと思っていながら、組織体に敵意をもっている人たちに向かって両手を広げ、心を開いたのである。聖イグナチオはこうした手法を〈アジェレ・コントラ〉〔「逆のことをせよ」〕と呼んだ。

聖職者重視と組織の傲慢によって疎外されている洗礼を受けたキリスト教徒たちは、教会に敵対しているのではなく、教会に変わってほしいと願っているのだとフランシスコ教皇は理解している。また、教会という機関の中にいる人だけでなく、そうした人たちの利益も代表しているのがローマ教皇だということも理解している。それは教会の指導者の地位にある人の多くに見られる自己陶酔あるいは腐敗を率直に認めたことによって得られた理解であった。組織防衛よりも改革を体現することによって、教会を現代社会から隔てている越え難い溝を横断したのである。

二〇一五年六月に出された四万語からなる力強い回勅〈ラウダート・シ――私たちの共通の家に対する責任〉は環境問題を痛烈に非難するものであり、フランシスコ教皇の最も大きな遺産となるべきものであろう。地球という惑星へのダメージと貧しい人びとの窮境を結びつけ、差し迫った災害を避けるために裕福な者たちに生活を大きく変えることを呼びかけることで、教皇は気候の変化を主要な道徳の問題に変えた。それは霊的なことと政治的なことを混ぜ合わせるベルゴリオ流の最たるものであり、恐れずに科学に干渉し、正気とは思えないほど多くの消費なしでは土台を支えられない経済成長のモデルを批判し、森林伐採だけでなく妊娠中絶についても気にかけるように環境保護主義者に訴えかけている。グアルディーニとスーフィー教の詩人からの引用を多く用いながら、人間が失った神と地球との関係を回復する「統合的エコロジー」の可能性を呼びかけたこの文書の根源性、詩的な美しさ、神学的な深みは、驚きをもって教会と世界を捉えた。回勅〈ラウダート・シ〉はカトリック教会の社会教説の金字塔となり得るものであり、一八九一年のレオ十三世による〈レールム・ノヴァルム〉以来、最も重要なものと言えるかもしれない。

フランシスコ教皇は人身売買、武器取引、死刑、核兵器、環境破壊に反対する声の重要な発信源となっている。マフィアを痛烈に非難して破門を宣告し、トルコによるアルメニアのキリスト教徒大虐殺を大量虐殺と決めつける。そして、廃物回収、縫製、果物摘みなどで公認されない形で働く世界経済の底辺に置かれている人びとの権利を認めさせる運動の事実上の世界的指導者である。彼らの権利を認めることを要求する「民衆の運動」の世界大会が二〇一四年十月に開かれ、教皇はそこで「正規に月給で働いている人もそうした制度の外で働いている人も、すべての労働者には適切な報酬を与えられ、社会保障に加入し、年金をもらう権利がなければならない。……今日、私は私の声をあなたの声に合わせ、闘いの中にあるあなたたちを支えたい」と訴えた。

教皇は労働者が価値をもち、価値を生み出すと信じており、現在の制度は労働者を市場において何かを生み出していくパートナーとは認識せず、生産における一要因としか見ていないと考えている。彼がイタリアの町を訪問すると、いつでも消防士のヘルメットや木製のスプーンなど、自分たちが生業としているものを見せようとする人びとがついてくる。市井の人びととの温かく、親しみのこもった直接の関わり方は政治家たちが夢にも思わないような類のものである。故郷にいるかのように彼のまわりに自然と集まってくる移民やホームレス、あるいは労働者たちのただ中にいるフランシスコ教皇の姿は、サンミゲルの人びとに囲まれたイエズス会の学院長、ブエノスアイレスのスラム街に立つ枢機卿のようだ。フランシスコ教皇は排除されている人びとを熱心に擁護するカトリックの新しい大衆主義を作りつつある。

アルゼンチン時代から共産主義と協調主義《コーポラティズム》に欠陥があることが彼にはわかっていた。また、政治家がどのように国から掠め取って私腹を肥しているのかも知っていた。しかし、英国労働党の貴族院議員モーリス・グラスマンが二〇一五年初頭にカトリックの社会思想について講演するためにバチカンでの会議に招待されたときに気づいたように、教皇は市場における干渉に抵抗する富裕層に疑いを抱いている。グラスマン卿は地方銀行、職業経済、美徳への動機づけ、企業管理における労働力の表現について話したとき、出席していた一部のアメリカ人から相当な敵意を向けられ、共産主義者呼ばわりされた。グラスマンはその時のことを次のように振り返っている。

「それは全く心地よくないことでしたが、フランシスコ教皇がそれを遮って質問したんです。彼は私に質問していた人のうちのひとりに――質問者は複数いました――『あなたはどう考えているんですか。銀行が破産すれば、世界の終わりだというなら、労働者が飢えるのが払わなければならない代価だというんですか』と訊きました。この時点から私の状況はよくなりましたよ」[27]

＊＊＊＊

フランシスコ教皇は教会を再び世界という舞台の中心に立たせている。各国のバチカン大使たちは経歴の静かな結末としてローマに派遣されてきたはずが、教皇庁の大胆不敵な外交新時代の中心に立たされている。

教皇は常に信仰第一でものごとを始める。超越者に対して開かれていることだけが新しい世界秩序をもたらすと信じているのである。五〇年にわたって霊を識別してきた彼は悪魔を神話や神学上の命題としてではなく、この世界における日常の現実として見る。それは富や権力、誇りを通して誘惑を仕掛け、無垢な者に激しい憎悪を浴びせかけてくる。

「一度ならず、和平寸前にまで至っていましたが、さまざまな手段を使って邪な者がそれを妨げることに成功してしまいました」

教皇は二〇一四年六月八日、平和を祈願するためにバチカンにやってきたイスラエルのシモン・ペレス大統領とパレスティナ自治政府のマフムド・アッバス大統領にそう話した。

悪魔が平和を妨害するのと同じように、フランシスコ教皇は祈りが新しい可能性を開き、最もきつく結ばれた結び目さえ解きほぐすと信じている。それゆえ、彼は二〇一三年九月八日、サンピエトロ広場で聖母マリアの聖画像の前に跪き、シリアのために三時間にわたる祝日前夜の平和の祈りを行ったのである。この祈りには何万もの人びとが加わり、残酷で胸を引き裂かれるようなシリアでの虐殺の事態に終わりがもたらされるようにと神に請い願った。その晩の祈りは特にリジューの聖テレーズに向けられたものが多かった。翌日の日曜日に、教皇がバチカンの庭園を散歩していると、ひとりの庭師がやってきて白い薔薇を手渡した。さらにその翌日、シリアの化学兵器の備蓄を破壊するロシア大統領の計画が米国の示唆していた爆撃の機先を制した。

二〇一四年五月、フランシスコ教皇はブエノスアイレスからユダヤ教徒とイスラム教徒の友人アブラハム・スコルカとオマール・アブードを連れて中東へと向かった。エルサレムの西壁の前で互いに抱き合うと、三人の目からは止めどなく涙が流れた。それは三か国を訪問し、十五回の演説、数え切れな

旧友オマル・アブード、ラビ・アブラハム・スコルカとともにエルサレムで。

いほどの会合をもつという異例な密度をもった旅の終わりに、長年の望みを成就させた出来事であった。

　ベツレヘムではパレスチナ人を囲いの中に入れ、土地の併合を強固にする高さ八メートル近い分離壁のところで立ち止まり、五分間の沈黙の祈りを捧げて世界を驚かせた。まぐさ桶の広場でのミサの終わりには突然、イスラエルとパレスチナの大統領を祈りと対話のためにバチカンで会うよう招待した。国際的な交渉努力は何か月にもわたって不調であったにもかかわらず、一時間のうちに双方がそれを受け入れた。祈りのサミットは即座に明白な影響力を発揮することはなかったが、フランシスコ教皇はそれが煙と爆弾でどこだかわからなくなっていた扉を開けたのだとのちに語った。

　こうした〝職人芸〟の外交については、教皇自らサンピエトロ広場での謁見で「平和は工業製品ではなく、職人の忍耐の賜物」と述べているが、二〇一四年のクリスマス直前にはそれが米国とキューバの国交回復という驚くべきニュースによって劇的に結実した。世界で最も困難な膠着状態のひとつに終焉をもたらした一年にわたる経緯の詳細が明かされる中で、フランシスコ教皇とその配下の外交官が極めて重要な役割を果たしていたことがその後、明らかになっていった。[28]

共産主義以後のキューバについては、一九九八年のヨハネ・パウロ二世の訪問の後に当時、大司教になったばかりだったベルゴリオがまとめた本に、島に深く根差したキリスト教人道主義の文化を熟考する展望が記されている。キューバにおける変化が教会を仲介にしてなされたことは、キューバの将来にとって、また、三〇年前にベルゴリオの周辺にいた〝大いなる祖国〟の知識人たちがかつて夢見たラテンアメリカの新しい時代にとっても重要なことである。フランシスコ教皇は二〇一五年九月のキューバへの三日間の訪問を皮切りに、ヨハネ・パウロ二世が東ヨーロッパのためにしたことをラテンアメリカのために達成することになるかもしれない。

＊＊＊＊

しかし、フランシスコ教皇は自分の在位期間は長くないと直観している。二〇一四年八月に韓国から戻る飛行機の中で記者たちに「おそらく二、三年だろう」と話している。また、二〇一五年三月にもメキシコのテレビ局「テレビーザ」のバレンティナ・アラスラキに「主が私をここに置かれたのは短い間のことだと感じています。それ以上はないよ」と語っている。

彼は二〇一八年までの五年の在位を前提に活動しており、それまでに自分の心のうちにあることを仕上げたいと望んでいる。その後になって、その時までに暗殺者の凶弾か過労のために亡くなるようなことがなければ、辞任を考えるだろう（「主が私に望んでおられることを私はする」とラ・バンガルディア紙に語っている）。ブエノスアイレスにいる彼と親しい人びとは、あり得ないことだとは思いながらも、もし辞任したら、彼は愛する町に戻り、かねてからの計画通り、フローレス地区の隠退聖職者のための家に住み、名誉教皇としてではなく、ただの牧者として生きていくと信じている。それ以外のために、アルゼンチンのパスポートを更新する理由があるだろうか。

彼はローマ教皇としてよい時間を過ごしているが、ピザを食べに外出できる暮らしを懐かしんではいる。座骨神経痛の症状はしばしば悪くなり、ブエノスアイレスのときのように通りを歩き回ることがもはやできないので、体重が増えてしまった。医者にはパスタを食べるのを減らすように言われ、バチカンの庭園での散歩を増やすようにしている。午後の昼寝のこともしばしば懐かしみ、風邪をひくことも多く、胸部感染症の患者でもある。そして、疲労がひどい頭痛の種となっている。しかし、年齢にしては、彼に要求されていることに対して驚かされるような影響が出ることはほとんどない。何より驚くべきなのは、彼が嬉々として精力的であり続けているということである。

彼に近い人たちはベネディクト十六世が亡くなるまで辞任してはいけないと言う。ローマ教皇がローマ教皇の葬儀を行う初めてのケースになるからだ。カトリック保守派の心強い父親役であるベネディクト名誉教皇は時代の終焉を識別し、新しい人を育て、フランシスコ教皇の時代を実現させた偉大な存在である。二人の折り合いはよい。名誉教皇は時に読書とピアノ演奏の手を止め、アドバイスが干渉にならないか心配しながら、フランシスコ教皇に短い手紙で意見を送っている。フランシスコ教皇はアルゼンチン人が年長者を愛情こめて呼ぶときのように、彼を「ご老体《エル・ビエホ》」と呼び、記者たちには祖父が近くにいるような気分だと語っている。

教皇は小さなスーツケースを携えて、「戻ってくる」と約束してブエノスアイレスを出てきた。彼は戻らなかったが、アルゼンチンの人びとは今や、自分たちの枢機卿であったときの彼よりもローマ教皇としての彼のことをはるかによく知るようになった。地元の町ではスラム街のポスターから彼の幸せに輝いて微笑みかける顔をどこででも見ることができるが、ローマでは彼に会うのを待っているアルゼンチン人の流れが絶えることはない。彼は国の宝であり、ブエノスアイレス市が計画した三時間で町を巡る「教皇ツアー」の主人公である。ブエノスアイレス市は巡礼の目的地として町を宣伝している。

　そのツアーバスは教皇が神からの召命を初めて聞いた告解室のある聖堂からスタートする。その生涯はその周辺で築き上げられてきたのである。その後、フローレス地区で両親が住んでいた細長い家《カサ・チョリソ》の上に建てられた近代的な家に入り、〈いつくしみ〉を教えられた修道院、化学を勉強した高等学校、コンダルコ通りの隠退聖職者の家、肺の一部を切除した神学校などが続く。そして、最後に司教区本部と大聖堂がある五月広場では、彼に新聞を配達していたキオスクと散髪に行っていた床屋を見ることができる。ツアーの途中で、バスはサン・ホセ・デル・タラルの労働者階級の小教区に立ち寄る。そこでは人びとが一日を通して、ぽつりぽつりと聖堂に入り、「結び目を解く聖母マリア《マリア・デサタヌードス》」の絵に触れ、祈りを捧げて頭《こうべ》をたれる。人びとは悩みや不安をわかち合い、予期せぬ賜物に感謝を捧げる。その向かいには「フランシスコの守護者たち」と題された絵が掛けられている。それは小教区のメンバーによる絵で、笑顔のフランシスコ教皇の両脇で二人の聖母マリアが結び目を解いている。

　教皇は二〇一六年に祖国を訪問することになっており、アルゼンチンの「汚い戦争」についてバチカンに保管されている文書の公開を約束している。しかし、彼が焦点を会わせているのは今や、別のどこかだ。宣教地は地球なのだ。それでも変わらないこともある。生涯を通して続けているように毎日、夜が明ける頃に起き、サンタマルタ館の聖堂で七時のミサを執り行う。それぞれの日は新しいことを連れてやってくる。聖霊が活動の余地を与えられているときにはそうでなければならないのだ。

　彼の周辺にいる人たちにとって、それは大変なことだ。

「少しだけ難しいことがあるとすれば、教皇様の行動には予測しがたいことがあることでしょうか」

　ドイツ人のゲオルク・ゲンスヴァイン教皇公邸管理部室長はそれを認め、「最後の瞬間の驚きには事欠きませんよ」と語った。

「教会が生きているのであれば、常に驚かせていなければなりません」

フランシスコ教皇は二〇一四年のペンテコステの日曜日にサンピエトロ広場で数千人の人を前にそう語り、いたずらっぽい笑顔を見せた。

「教会に驚かせる力がないということは、教会が弱っており、病気にかかって、死にかけているということです。すぐに病院に連れて行かなければ」

「教会が生きているのであれば、常におどろかせていなければならない」
サンピエトロ広場での一般謁見で（2013年11月20日）

謝辞

大西洋の両側で多くの人が本書を育ててくれた。

アルゼンチンでは、多くの賢く、人脈豊富な友人を得るという幸運に恵まれた。とくに、今はボストン・グローブ紙のローマ駐在記者となったイネス・サン＝マルティンにはインタビューを文字に起こす作業に何週間も関わり、限りない支援と意見を提供してくれたことに対して感謝したい。フアン・パブロ・カナタはロベルト・ボスカ、フェデリコ・ワルスと同様、信頼できる友人であり、いつでもドアを開けて迎え入れてくれた。雑誌『クリテリオ』の役員会に属していることを私は誇りに思っているが、故郷から遠く離れたアウェイにいる私にホームを提供してくれた。その編集長であり、古くからの友人であるホセ・マリア・ポアリエとはそのユーモア、洞察、交流関係、物語を共有させてもらった。カルロス・ガジ神父には一度ならずお会いして、「民衆の神学」の理解を助けていただいた。イエズス会のイグナチオ・ペレス・デル・ビソ神父、アルフォンソ・ゴメス神父、フェルナンド・セルヴェーラ神父、フアン・カルロ・スカンノーネ神父、レオナルド・ナルディン神父、ラファエル・ベラスコ神父には文書資料、インタビューなどについて、さらに説明をしていただいた。また、アルゼンチンに着いたその日のうちに私を二十一地区に連れて行ってくれた写真家のエンリケ・カンガス、宗教間対話の問題について説明してくれた聖エジディオ共同体のマルコ・ガジョ、貧しい人の世界について様々な貴重な洞察を示してくれたカクタスのダニエル・ガスマン、福音派との架け橋となってくれたエバンヘリーナ・イミティアン、様々な援助をしてくれた「サルタ・エンド・アナ」のホルヘ・ミリアとサンタフェのワルター・アルボルノスにも感謝しなければならない。様々な資料や統計数値を提供してくれたことでは、CONICET図書館とイエズス会本部に、古い論文の発掘に関してはエル・リトラルのグスタボ・ビットーリに、また、未刊行の回想録を使わせてくれたホルヘ・ゴンサレス・マメントに、写真のことではアンドレス・エステバン・バヨに感謝したい。

フランシスコ教皇がリオ・デ・ジャネイロを訪れ、故郷アルゼンチンにおけるイエズス会のドアを開いたときには、旧友のエイナルド・ビンゲマーが宿を提供してくれた。チリのサンティアゴでは「ボセス・カトリカス」のソフィア・ウルフと雑誌『メンサヘ』のイエズス会のアントニオ・デルファウ神父がファン・バルデス神父と並んで、親切に助けてくれた。

こうした人すべて、また、名を出すことを望まなかった人に熱い感謝の気持ちと抱擁《アブラソ》を贈りたい。

ローマで受けた厚意については、辛抱強い支援と貴重な助言を与えてくれた友人であるイエズス会士ミハエル・チェルニー神父、ベルゴリオ神父についての話を聞かせてくれたマリア・リア・ツェルヴィーニョ、イエズス会本部のことについての確認を助けてくれたパオロ・ラダリ、バチカン報道局のフェデリコ・ロンダルディ神父とスタッフ、「ソルト・エンド・ライト」のローマス・ロシカ、マルコ・カロッジオとサンタ・クローチェ共同体、そして、最後にバチカン国務省秘書室のグレク・ブルケに大きな感謝《グラツィエ》の気持ちを。バチカンのニュース収集や分析に関わる疲れ知らずの人たち、とくにジョン・アレン、シンディー・ウッデン、フランク・ロカ、フィリプ・プレルラ、ニコーレ・ウィンフィールド、アンドレア・トルニエッリ、ロバート・ミッケンス、ジェラード・オコンネル、アレサンドロ・スペシアアーレは、私がローマにいる時にはいつでも内容を明確にさせるための手伝いをしてくれた。

ニューヨークでは、不屈の精神をもつ私の代理人ビル・バリーがヘンリー・ホルト社からの出版に道を開いてくれた。ホルト社では発行人スティーヴ・ルービン、編集長セレナ・ジョーンズが物書きにとっては夢のようなチームで対処してくれた。ワシントンではジョージ・ワイゲル、カスリン・ロペス、ポール・エリーに心からの感謝を贈りたい。

そして、イングランドについて。最大の感謝はオックスフォードのカンピオン・ホールの館長、ジェームズ・ハンヴェイ神父に。その意見、賢明なる導き、厚意、そして、図書館を利用させてくれたことに対して。オックスフォードのボドリアン図書館とラテンアメリカ・センターのスタッフにも感謝したい。また、私の不在期間に仕事が増えてしまった「カトリック・ヴォイシーズ」の同僚たちと役員会のメンバー、とくにジャック・ヴァレーロ、カスリーン・グリフィン、アイリン・コール、クリストファー・モーガン、イサベル・エリントンには特別な感謝を。しかし、最も大きな助けとなっていたのは妻のリンダである。私が必要とするようなものを愛情込めてすべてそろえてくれて、明け方には私を寝床から起き上らせて〆切を守らせ、脱稿するや、苛酷なダイエットを私に課したのは彼女である。これほど長い間アルゼンチン人の教皇が生活の中に入り込んでいたが、そのことに彼女も犬たちも一度として不満を漏らすことはなかった。

最後に、最大限の感謝を込めて、机の上で常に私と共にいてくれたリジューの聖テレーズとマリア・デサタヌードスに、その私だけが知る彼女たちからの特別な助けに「メルシー・ボクー」と「ムーチシマス・グラシアス」を。

二〇一四年七月　イングランド、オックスフォードシャーにて

オースティン・アイヴァリー

訳者あとがき

キリスト教には教会暦というものがあり、その新年は一月一日に始まるのではなく、待降節、アドベントと呼ばれる期間から始まる。この期間の始まる日は年によって違うが、十一月末から十二月の始め、最近では家のまわりを飾る電飾や商業施設のクリスマスツリーが点灯される日として日本の風物詩の中に溶け込んでいる。待降節はその名の通り、クリスマスにおいて祝われる救世主の降誕を待つ一か月の期間である。クリスマスに先立って光を灯すのは、いわゆる「東方の三博士」が救い主の誕生を告げる星を見たことと関係している。その宗教性はほとんど意識されないまま、この日を境にクリスマスの電飾を楽しむ家々の庭に灯りが溢れる。

フランシスコ教皇が二〇一六年の開催を予め宣言していた「いつくしみの特別聖年」が西暦の新年ではなく、二〇一五年十二月八日に開始されたのはこうした教会暦に合わせてのことである。十五世紀以来、二十五年に一度「ゆるしの大聖年」が開催されてきた。最後の大聖年は新しい世紀に入った二〇〇〇年に行われたが、今回は「大聖年」ではなく「特別聖年」と呼ばれる。この「聖年」という行事はプロテスタントの諸教派では共有されていない。多くのことをカトリック教会から継承しているプロテスタント諸教派がこの「聖年」を継承していないのは「聖年」がもつ「ゆるし」の機能が十六世紀における教会分裂の理由のひとつだったからであろう。ここでは「ゆるし」を含めた「いつくしみ」をキーワードに翻訳作業の中で感じた一断面を振り返ることにしたい。

あまりに多くのことをフランシスコ教皇という存在に読み込むことは適切ではないのかも知れない。しかし、この斬新な教皇との関連で様々なことを歴史的な視点から語ってみたくなるというのが本書を訳しながら感じていたことであった。伝記、評伝というものはその人物を中心とすべきものだが、特にフランシスコ教皇の場合、単なる個人の生涯とその業績という視点だけではなく、その大きな歴史的な意義にも注目すべきであろう。そう思わせるような構成と筆致で評伝を書いたことは著者アイヴァリーの功績と言える。この点で本書は教皇個人を焦点としている他の評伝と明らかに一線を画しており、すでに邦訳も多く出版されている説教集、講演集をさらに一歩進めて多面的に理解するための手掛かりを多く示すものとなっている。

マルティン・ルターが宗教改革の発端とされる『九十五か条の論題』を張り出した一五一七年から来年二〇一七年でちょうど五〇〇年になる。宗教改革時代におけるカトリック教会の内部で盛んに改革活動を展開したのは創設されたばかりのイエズス会であった。フランシスコ教皇はイエズス会士として初めて教皇となったわけだが、カトリック教会はプロテスタント勢力の批判はあっても「聖年」を止めることはなかった。問題は免罪符を売ったことであり、ゆるしそのものではなかったからであろう。しかし、それ以降、カルヴァン主義などに結実する「倫理的な厳しさ」を求めるキリスト教が「いつくしみ」よりも強調されるようになった。カルヴァン主義に似た思想はカトリックの本流であるアウグスティヌスの思想の中に歴然と潜んでおり、ゆるしと倫理はキリスト教の基本要素である。フランシスコ教皇は「正義」に偏りすぎた教会に「いつくしみ」の強調を求める。また、教皇権の是非と富の不当な集積がプロテスタンティズムにおけるカトリック批判の要点であるなら、再合同の必要はないとしても、キリスト教内部の和解（一致）を「いつくしみ」においてさらに進める時期にきているのではないかというメッセージを聖年の開催によって教皇は発信しているとも考えられるだろう。

　カルヴァン主義についていえば、その禁欲主義が結果的に資本主義的な経済活動を発展させることになったとマックス・ウェーバーが指摘している。それをさらに追求していったのが現代における市場経済至上主義であり、それが弱者切り捨て、使い捨てに繋がる。市場経済を批判するのは共産主義者とする短絡はもう止めるべきで、事態はそのような机上の議論をしていられるほど余裕のあるものではないというのが教皇の主張である。市場原理が標榜するトリクルダウン理論は富裕層から滴り落ちる滴による一般層、底辺層の経済的底上げを目指しているとされるが、その滴は今のところ、滴り落ちたことはなく、落ちてきたとしてもそのわずかな滴を受け取る層が急速に拡大するという事態になっている。しかし、「それなら、社会主義革命だ」というオール・オア・ナッシングの選択肢を示すことの不毛を教皇はアルゼンチンの歴史の中で身をもって経験してきた。権力闘争をしている場合ではない。今、優先されるべきなのは、市場原理という正義の追求ではなく、弱っている人びとへのいつくしみだと教皇は言うのである。一八九二年のレオ十三世による社会教説以来、カトリックは公式にはそうした立場を取り続けており、それはポーランド出身のヨハネ・パウロ二世によって一九九一年に確認されている。問題は教会としてそれをどう実行するのかにあった。

　「無私の奉仕」という宗教者に求められがちな物語だけでフランシスコ教皇を語れない理由はこのあたりにある。筆者が大学の学部で学んでいた頃は南米の「解放の神学」は共産主義的と断罪され、挫折した後の時期で、この思想は途絶してしまったものと教えられた。話は当時注目されていた韓国の「民衆《ミンジュン》の神学」に繋がっていったが、この翻訳作業を通して、アルゼンチンでは解放の神学の流れが「民衆《プエブロ》の神学」と形を変えて脈々と受け継がれていたと知った。本書で繰り返されているように、ポイントは「民衆のため」という上からの目線か、「民衆とともに」という下からの目線かという姿勢の違いにある。しかし、フランシスコ教皇が背景とするアルゼンチン、南米の「民衆の神学」は単なる社会奉仕に留まらず、次の「教会の源泉」になるという将来に向けたヴィジョンを伴っている。こうしたことのすべては第二バチカン公会議を出発点としていることは改めて確認しておきたい。フランシスコ教皇が第二バチカン公会議の時期を神学生として過ごし、公会議以後に司祭に叙階された初めての教皇であるということは「南米初」「イエズス会士として初」という形容以上の意味をもっており、本書全体がその意味を説明するものとさえ言えるだろう。三世紀のカルタゴ司教キプリアヌスによる「教会の外に救いなし」という原則を直接引き継いだアウグスティヌス以来のカトリックの伝統に正面から向き合うという方向性を明確に示した第二バチカン公会議がフランシスコ教皇選出の背後にあることはもっと強調されてよい。しかし、それは公会議の結論が本格的に実行に移されるまでに五〇年もの歳月を要したということでもある。

「社会的なことに執着しすぎる」という「ベルゴリオ批判」に見られるように、宗教者は社会的、政治的には中立であるべきという意見は根強い。しかし、現代において、「中立は幻想」と多くの人が思っている。それでも中立が好まれるのはある種の誤解、思い込みがあるからであろう。そもそも中立であることそのものに絶対的な価値があるわけではない。中立の状態とは思考停止、判断停止である。ひどくすれば、無関心に繋がる。中立とは自分の意見に説得力をもたせるための手段であり、逆説的だが、中立を装うことも政治的な行為ということになる。いずれにしても、教皇の「教会は外に出よ」という呼びかけの背後にはそうした考えがあるだろう。

最後に、「正義」と「いつくしみ」の並行関係を宗教史的な視点から眺めてみることにしたい。筆者は普段、聖書とその周辺の歴史に関する翻訳に携わることが多い。聖書、神学、キリスト教はもちろん分野として遠いわけではないが、研究領域としてはさほど密接な関係にあるわけではなく、特に聖書学と教会論、宣教論は近い関係にあるとは言い難い。その点でいえば、最大教派のカトリック教会の中心人物の評伝に関わるということは非常に貴重な経験であった。「正義」と「いつくしみ」の並置が単純化に過ぎる感は否めないが、ユダヤ、キリスト教の歴史の中で「いつくしみ」が強調されるのは危機の時代が多い。教会組織の腐敗や機能不全に対して、下からの改革、弱者へのいつくしみをもって向き合ったのは修道会や在野の信仰運動であった。それは当時のヨーロッパ社会全体に影響を及ぼすようなものであったはずである。十六世紀の宗教改革期以降のイエズス会はもとより、十二世紀のヴァルド派の運動、十三世紀のフランシスコ会などの托鉢修道会にそれを見ることができよう（「ゆるしの大聖年」の伝統が始まるのも一三〇〇年）。修道会そのものが機能不全に陥れば、新たな修道会ができるか内部からの改革が行われるが、その際にはやはり制度改革の断行よりも「いつくしみ」が先行していた（コンガールによる「変革」の力学が思い出される）。その点で言えば、フランシスコ教皇の改革は歴史のくり返しという面をもつ。その活動が行き過ぎと判断されると組織としてのバランス機能が作用し、弾圧にまで発展することもあることは本書でも語られている。要はどちらに強調を置くかということになるが、今回、改革の行方が特に注目されるのは、最大最強の修道会であるイエズス会出身の教皇が直接の担い手となるためである。

修道会の「いつくしみ」の背後にはイエズス会の〈霊操〉に代表される霊性の訓練がある。その訓練の後に得られるはずの神の内懐に抱かれる法悦の感覚が他者への「いつくしみ」、その具体的活動としての弱者優先に繋がる。そこに作用する神秘性の一端は本書では「聖テレーズの白薔薇」のエピソードによって示されている。神秘主義の伝統は六世紀後半のベネディクトゥスや東方教会の修道会を経て、福音書のイエスにおける神との出会いの場面、さらにユダヤ教の黙示文学（旧約偽典を含む）へと遡る。その先にあるのは預言者エレミヤ、第二イザヤにおける決定的な転換点である。それは国の消滅、共同体の解体という民族の危機、バビロン捕囚への応答であった。自分たちの力ではどうにもならない圧倒的な力の前に曝され、その中で個人への「いつくしみ」が「正義」に基づく統治原理にとって代わった。言ってみれば、この時「いつくしみ」と「正義」の逆転によって「アブラハムの宗教」とまとめて呼ばれるユダヤ教、キリスト教、イスラム教の唯一神教の基礎が確立されたのである。この「二重性」は前十四世紀カナン神話の「エル神」と「バアル神」の二重性にまで遡る可能性もあるが、決定的な逆転が生じたのはバビロン捕囚の時が初めてであり、これ以降、この逆転の可能性を常に秘める黙示思想という神秘主義を内包しながら、「アブラハムの宗教」の歴史は展開していった。キリスト教の三位一体論、イスラム教における神の属性論はこの二重性からの展開と見ることもできる。また、誤解を恐れずに言えば、パレスティナのイスラム原理主義組織ハマスの闘争理論と社会福祉活動にも繋がる（彼らのテロ行為を認めるわけではない。その組織原理がこの伝統に立ったものであるということである。しかし、いわゆる「イスラム国」は原理主義活動とは言い難い）。

フランシスコ教皇の選出はこの「二重性」を再び逆転させようとする出来事となった。教皇は圧倒的な経済格差の中で喘ぐ南米アルゼンチンの人びととの交流の経験から弱者優先を説く。今日、経済をはじめとして、あらゆることにおける格差が世界中で広がっている。今は「いつくしみ」の時だ。その確信が教皇を突き動かしている。

本書は Austen Ivereigh, *The Great Reformer: Francis and the Making of a Radical Pope*, Picador/Henry Holt: New York, 2015 の全訳である。初版は二〇一四年に出され、当初はその初版をもとに翻訳を進めていたが、作業も終盤に入ろうとしていた二〇一五年秋、フランシスコ教皇のキューバ訪問がニュースを賑わせていた頃、就任から二年の軌跡を踏まえてエピローグがほぼ丸ごと書き換えられた改訂版が出た。エピローグ以外のわずかな変更箇所を含め、本書はこの改訂版の訳ということになる。また、著者とのやり取りから、さらに何点かの改訂版以降の修正箇所が判明し、それも反映されている。翻訳過程で一番の苦労は固有名であった。人名はイタリア語なのかスペイン語なのかが特に悩ましかった。カトリック関連の用語については聖イグナチオ教会の英隆一朗神父にチェックしていただき、イエズス会のこと、また霊性について、こちらの到らないところを大いに補っていただいた。ここに記して感謝の意を表したい。一般的な訳のない固有名については先行の邦訳書に揃えるようにしたが、必ずしもすべてではない。しかし、混乱を生じさせるほどの差はないだろうと思う。原書には非常に細かな索引が付けられているが、紙幅の関係もあり、割愛した。

明石書店社長森本直樹氏には本書を翻訳する機会を与えてくれたことに大いに感謝しなければならない。正直なところ、この機会がなければ隅々までこの本を読むことはなかった。本書に一年前に出会い、ほぼ丸一年の翻訳作業の中で多くの発見があった。長い間、漠然と抱いてきた素朴な疑問にようやく自分なりの結論が出せそうな予感がすることもたびたびであった。すっかり忘れていた個人的な思い出に出くわしたことも一度や二度ではなかった。これも偏《ひとえ》に同氏のお蔭である。また、文章上の細かな点を丁寧に指摘してくれた同書店編集部柴村登治氏にも感謝したい。一語の言葉に様々な面があることを改めて思い出させてくれた。こう振り返ってみると、これほどの大きな喜びと感謝のうちにこの翻訳を終えられたことに今さらながら少し驚いている。

二〇一六年一月

訳　者

New York Times, Time magazine, USA Today, Atlantic Monthly, Christian Science Monitor, New York Review of Books; イギリス *Guardian, Times, Financial Times, Economist; Daily Telegraph;* アルゼンチン *La Nacion, Clarin, Página 12;* スペイン *La Vanguardia, La Razón, ABC;* イタリア *La Repubblica, La Stampa, Corriere della Sera, Il Messagero.*〔通信社〕Reuters, Associated Press, Agence France Presse.

ベルゴリオの本棚

神学／霊性

Congar, *Yves. Vraie et Fausse Réforme dans l'Eglise*, Paris: Éditions du Cerf, 1950; *True and False Reform in the Church,* trans. Paul Philibert OP, Collegeville, MD: Liturgi.cal Press, 2011.

De Lubac, Henri. *Méditation sur l'Eglise,* Paris: Aubier, 2nd ed., 1953, trans. *The Splendor of the Church,* London: Sheed & Ward, 1956.

Gennari, Gianni. Teresa di Lisieux. *Il Fascino della Santità. I Segreti di una "Dottrina" Ritrovata,* Turin: Lindau, 2012.

Guardini, Romano. *Der Gegensatz,* Mainz: Matthias-Grünewald, 1925; *The Lord,* London, New York: Longmans, Green, 1956; *The End of the Modern World,* New York: Sheed & Ward, 1956.

Kasper, Walter. *Leadership in the Church,* New York: Crossroad, 2003; Mercy: T*he Essence of the Gospel and the Key to Christian Life,* City: Paulist Press, 2014.

Martini, Cardinal Carlo Maria, with Georg Sporschill, *Night Conversations with Cardinal Martini: The Relevance of the Church for Tomorrow,* Mahwah, NJ: Paulist Press, 2013.

Quinn, John R. *The Reform of the Papacy: The Costly Call to Christian Unity,* New York: Crossroad 1999.

Nguyen, Cardinal Van Thuan. *Five Loaves and Two Fish,* City: Publisher, 1969.

Thérèse of the Child Jesus, Saint Thérèse of Lisieux, *Story of a Soul,* City: Publisher, 1925.

文学

Benson, Robert Hugh. *The Lord of the World,* 1907.

Borges, Jorge Luis. *El Martín Fierro,* 1953; *El Aleph,* 1949; *Ficciones,* 1951.

Dostoyevsky, Fyodor. *The Brothers Karamazov,* 1880.〔『カラマーゾフの兄弟』〕

Hernández, José. *Martín Fierro,* 1879.

Manzoni, Alessandro. *I Promessi Sposi,* 1827, trans. *The Betrothed,* many editions.〔『いいなづけ』〕

Marechal, Leopoldo. *Adán Buenosayres,* 1948.

詩

ヘルダリン、リルケ、ホプキンス（Friedrich Hölderlin, Rainer María Rilke, Gerard Manley Hopkins）

Sudamericana, 2005)、もう1冊、マルクス主義的に包括的に実証しようとした試みもある(*Doble Juego: La Argentina Católica y Militar*, Buenos Aires: Editorial Sudamericana, 2006)。ウォルナトの著書は「ヨリオ－ヤリクス論争」には有用な書である(Olga Wornat, *Nuestra Santa Madre: Historia Pública y Privada de la Iglesia Católica Argentina,* Barcelona: Ediciones B, 2002)。また、フランシスコ・ヤリクスが彼らの誘拐と拷問についてふり返っている(Francisco Jalics, *El Camino de la Contemplación*, Buenos Aires: Paulinas, 2006)。ヨリオの27頁に及ぶイエズス会本部への手紙はブエノスアイレスのＣＯＮＩＣＥＴの図書館に所蔵されている。

管区長時代にベルゴリオが独裁政権から救い出した人たちの話をまとめた本がある。元はイタリア語で刊行され、スペイン語に訳されている(Nello Scavo, *La Lista de Bergoglio: Los Salvados por Francisco durante la Dictadura*, Madrid: Ed Claretiana, 2013)。「汚い戦争」時代のベルゴリオによる回想は『イエズス会士』の中に見られるだけでなく、ＥＳＭＡの審問での証言をオンラインでも見ることができる(“Bergoglio Declara ante el TOF” www.abuelas.org.ar)。1980年代アルゼンチンをよく写し取っている著作として下記の本を挙げておく。Jimmy Burns, *The Land That Lost Its Heroes: How Argentina Lost the Falklands War,* London: Bloomsbury, 1987.

1990年代から2000年代

この時代のアルゼンチンについての分析では以下の3書を挙げておく。Luis Alberto Romero, *A History of Argentina in the Twentieth Century*, University Park: Pennsylvania State University Press, 2002; idem, *La Larga Crisis Argentina: Del Siglo XX al Siglo XXI,* Buenos Aires: Siglo 21, 2013; Jill Hedges, *Argentina: A Modern History,* London: IB Tauris, 2011.

スラムの司祭たちとペペ神父の伝記については下記の2冊が詳しい。Silvina Premat, *Curas Villeros: de Mugica al Padre Pepe,* Buenos Aires: Random House Mondadori, 2012; idem, *Pepe: El Cura de la Villa*, Buenos Aires: Sudamericana, 2013.

ヨハネ・パウロ2世と2005年のコンクラーベについてはGeorge Weigel, *Witness to Hope: The Biogra.phy of Pope John Paul II,* London: HarperCollins, 2001; John Cornwell, *The Pope in Winter: The Dark Face of John Paul II's Papacy,* London: Viking, 2005; John L. Allen, *The Rise of Benedict XVI: The Inside Story of How the Pope Was Elected,* London: Penguin, 2005参照。コンクラーベ一般についてはFrancis A. Burkle-Young, *Passing the Keys: Modern Cardinals, Conclaves and the Election of the Next Pope,* New York: Madison Books 1999参照。

7章から8章に述べたメトール・フェレとラテンアメリカの教会の将来についてはAlberto Methol Ferré and Alver Metalli, *El Papa y el Filósofo*, Buenos Aires: Editorial Biblios, 2013; Guzman Carriquiry Lecour, *Una Apuesta por Amrica Latina,* Buenos Aires: Sudamericana, 2005; *En Camino Hacia La V Conferencia de la Iglesia Latinoamericana: Memoria de los 50 años del CELAM,* Buenos Aires: Claretiana, 2006; *El Bicentenario de la Independencia de Los Pa.ses Latinoamericanos*, Madrid: Encuentro, 2011〔ベルゴリオによる序文つき〕参照。

また、「ラ・ナシオン」「クラリン」「パジーナ12」各紙に残る資料は7章、8章の記述に欠くことのできないものであった。

2013年のコンクラーベとフランシス教皇就任後について

背景についてはMassimo Franco, *La Crisi dell'Impero Vaticano,* Rome: Mondadori, 2013; Various, *Benedict XVI: The Resignation of a Pope,* Rome: La Stampa, 2013; Andrea Tornielli, *Francis: Pope of a New World*, San Francisco: Ignatius Press, 2013参照。

下記の新聞、雑誌などにおける情報と分析は欠くべからざるものであった。〔専門誌〕Catholic News Service, Religion News Service, Vatican Radio, La Stampa's *Vatican Insider, National Catholic Reporter, National Catholic Register, America.*〔雑誌〕*Our Sunday Visitor, The Tablet, Catholic Herald, La Croix, Criterio,* Terre d'America, Religión Digital, National Review Online, *First Things,* Aleteia, LifeSite News, Zenit, ABC Religion & Ethics, Salt & Light TV, EWTN, Rome Reports.〔ブログ〕John Thavis, Sandro Magister (Chiesa), Catholic Voices Comment.〔新聞〕アメリカ *Boston Globe, Washington Post, in South America*, New York: Seabury Press, 1976; Magnus Mörner, ed., *The Expulsion of the Jesuits from Latin America*, New York: Knopf, 1965.

反ベルゴリオの事例については Jeffrey Klaiber, *The Jesuits in Latin America, 1549-2000: 450 Years of Inculturation, Defense of Human Rights, and Prophetic Witness,* St. Louis, MO: Institute of Jesuit Sources, 2009 参照。1974 年のイエズス会総会については Peter Hebblethwaite, *Paul VI: The First Modern Pope*, New York: HarperCollins, 1993 下記参照。聖ファベルについては Mary Purcell, *The Quiet Companion*, Chicago: Loyola Press, 1970 参照。

1960 年以前のアルゼンチンの歴史

前半の章については、拙著から多く引用している（Ivereigh, *Catholicism and Politics in Argentina, 1810-1960*, Basingstoke: Palgrave Macmillan, 1995; Ivereigh, ed., *The Politics of Religion in an Age of Revival*, London: ILAS, 2000）。アルゼンチンの教会史では Roberto Di Stefano and Loris Zanatta, *Historia de la Iglesia Argentina,* Buenos Aires: Sudamericana, 2009 が必携書。教会と国家の関係については M. A. Burdick, *For God and the Fatherland: Religion and Politics in Argentina*, Albany: State University of New York, 1995; G. T. Farrell, *Iglesia y Pueblo en la Argentina: Cien años de pastoral, 1860-1974*, Buenos Aires: Patria Grande, 1976; Lila Caimari, *Perón y la Iglesia Católica: Religión, Estado y Sociedad en la Argentina, 1943-1955*, Buenos Aires: Ariel, 1995 参照。

19 世紀のアルゼンチンについてはジョン・リンチ教授の優れた著作がある。John Lynch, *Argentine Dictator: Juan Manuel de Rosas, 1829-1852*, Oxford, UK: Clarendon Press; New York: Oxford University Press, 1981; *Massacre in the Pampas, 1872: Britain and Argentina in the Age of Migration*, Norman: University of Oklahoma Press, 1998.

20 世紀のアルゼンチン史については José Luis Romero, *Breve Historia de la Argentina,* Buenos Aires: Editorial Huemel, 1978; Tulio Halperín Donghi, *Argentina en el Callejón*, Montevideo: ARCA, 1964; Daniel James, *Resistance and Integration: Peronism and the Argentine Working Class, 1946-1976*, Cambridge; New York: Cambridge University Press 1988 などが特に挙げられる。

1970 年代から 1980 年代

この時代については以下の 3 書が必須である。Donald C. Hodges, *Argentina's "Dirty War": An Intellectual Biography*, Austin: University of Texas Press, 1991; Richard Gillespie, *Soldiers of Perón – Argentina's Montoneros,* Oxford, UK: Clarendon Press; New York: Oxford University Press, 1982; María José Moyano, *Argentina's Lost Patrol: Armed Struggle, 1969-1979,* New Haven, CT: Yale University Press, 1995.

カトリックの若者が暴力の行使へと繋がっていった経緯については以下の 2 書を参照のこと。Gustavo Morello, *Cristianismo y Revolución: Los Orígenes Intelectuales de la Guerrilla Argentina*, Córdoba: EDUCC, 2003; Carlos Mugica, *Peronismo y Cristianismo*, 1973. また、「第三世界司祭運動」には大量のオンライン・アーカイブがあり、オックスフォードのラテンアメリカセンターの図書館でイエズス会の神学雑誌『ストロマータ』の 1970 年代前半の号にアクセスすることができた。

1970 年代における教会と「汚い戦争」については Martín Obregón, *Entre la Cruz y la Espada: La Iglesia Cateólica durante los Primeros Años del "Proceso,"* Buenos Aires: Universidad Nacional de Quilmes, 2005 が独裁政権時代初期における教会と国家の関係について実際の資料を基にバランスのとれた分析を行っている。

ミニョーネの本は英訳も出ている（Emilio Mignone, *Iglesia y Dictadura*, Buenos Aires: Ediciones del Pensamiento Nacional, 1986; idem, *Witness to the Truth: The Complicity of Church and Dictatorship in Argentina, 1976-1983,* Maryknoll, NY: Orbis Books, 1988）。ミニョーネのバランスのとれた見解とその著書については娘婿マリオ・カリルが本を出している（Mario Carril, *La Vida de Emilio Mignone: Justicia, Catolicismo y Derechos Humanos*, Buenos Aires: Emec., 2011）。

ベルビツキの『沈黙』はミニョーネの申し立てを実証しようとするものだが（Horacio Verbitsky, *El Silencio: de Pablo VI a Bergoglio: Las Relaciones Secretas de la Iglesia con ESMA*, Buenos Aires:

の挑戦――闇から光へ』春秋社〕、カンブロネロとエスカレーラによるものの4冊であろう（Andrea Tornielli, *Francis: Pope of a New World*, San Francisco: Ignatius Press, 2013; The Staff of the Wall Street Journal, *Pope Francis: From the End of the Earth to Rome*, New York: HarperCollins, 2013; Paul Vallely, *Pope Francis: Untying the Knots*, London; New York: Bloomsbury, 2013; Marcelo Lopez Cambronero and Feliciana Merino Escalera, *Francisco: El Papa Manso,* Buenos Aires: Planeta, 2013）。

回想録

ベルゴリオとイエズス会の神学生時代を共にしたホルヘ・ゴンサレス・マメント（通称ゴマ）が自身のイエズス会士時代について2冊の回想録を書いている（うち1冊は未刊。Jorge González Mament, *Jesuitas Éramos Los de Antes: Impresiones de un Novicio de los Años '50*, Buenos Aires: Ed. Dunken, 2012; *Bergoglio y Yo: Vidas Casi Paralelas,* 2013）。教え子のホルヘ・ミラによる回想録にはベルゴリオによる序言がつけられ（Jorge Milia, *De la Edad Feliz*, Salta: Ed. Maktub, 2006）、イタリア語版も出されている（Maestro Francesco: *Gli Allievi del Papa Ricordano Il Loro Professore,* Milan: Mon.dadori, 2014）。選出されたコンクラーベの回想はドーラン枢機卿のものがある（Cardinal Timothy M. Dolan, P*raying in Rome: Reflections on the Conclave and Electing Pope Francis,* New York: Image Books, 2013）。

その他

ローニーはフランシスコ教皇の指導力をイエズス会でも養成と霊性に結びつけている（Chris Lowney, *Pope Francis: Why He Leads the Way He Leads,* Chicago: Loyola Press, 2013）。モイニハンは教皇就任直後のことを記している（Robert Moynihan, *Pray for Me: The Life and Spiritual Vision of Pope Francis*, New York: Random House, 2013）。リカルディはフランシスコ教皇の選出とその歴史的な異議についての分析を行っている（Andrea Riccardi, *La Sorpresa di Papa Francesco: Crisi e Futuro della Chiesa,* Milan: Mondadori, 2013）。ファシオの本は教皇の最も重要な思想について紹介を行っている（Mariano Fazio, P*ope Francis: Keys to His Thought,* New York: Scepter, 2013）。

下記の4つのドキュメンタリー番組にも多くの貴重なインタビューが収録されている（Juan Martín Ezratty, dir., *Francis: The People's Pope*, Rome Reports, 2013; Music Brokers, dir., *Pope Francis: A Pope for Everyone*, 2013; Knights of Columbus, *Francis: The Pope from the New World*, 2014; Salt & Light TV, *The Francis Effect*, 2014）。

背景資料

イエズス会

聖イグナチオ『霊操』についてはアイヴァンの訳を用いた（Michael Ivens, SJ, *The Spiritual Exercises of Saint Ignatius of Loyola*, Leominster, UK: Gracewing, 2004〔邦訳は岩波文庫版、新生社刊の2つがある〕）。

イエズス会についての入門書としては James Martin, SJ, *The Jesuit Guide to (Almost) Everything: A Spirituality for Real Life*, New York: HarperCollins, 2010 が挙げられる。その他、イグナチオ・ロヨラの伝記などは以下のとおり。Philip Caraman, *Ignatius Loyola*, New York: Collins, 1990; Jean Lacouture, *Jesuits: A Multibiography,* Washington, DC: Counterpoint, 1995; Malachi Martin, *The Jesuits,* New York: Simon & Schuster, 1998; Alain Woodrow, *The Jesuits: A Story of Power,* London; New York: Geoffrey Chapman 1995.

18世紀アルゼンチンのイエズス会の歴史については、以下のものをはじめとしてギジェルモ・フルロングの著作を多く利用した。Guillermo Furlong, SJ, *Los Jesuitas y la Cultura Rioplatense*, Buenos Aires: Ed. Huarpes, 1946; idem, *Nacimiento y Desarrollo de la Filosofía en el Río de la Plata*, Buenos Aires: Ed. Kraft, 1952. その他に下記の研究も参考にした。William Bangert, *A History of the Society of Jesus*, St. Louis, MO: Institute of Jesuit Sources, 1986; Philip Caraman, *The Lost Paradise*: *The Jesuit Republic*

使徒的勧告としては『福音の喜び』(*Evangelii Gaudium*, November 2013〔邦訳はカトリック中央協議会刊〕)がある。また、サンタマルタ館での説教はバチカン放送によって書き起こされて出版されている(*Papa Francesco, La Verità è un Incontro*, Rome: Libreria Editrice Vaticana, 2014)。

インタビュー

〈教皇就任以前〉

教皇就任以前のインタビューとしては1冊の本になった『イエズス会士』(第8章参照)が今でも最も包括的なものである(Sergio Rubin and Francesca Ambrogetti, *El Jesuita*, Barcelona: Vergara, Grupo Zeta, 2010)〔邦訳アンブロジェッティ／ルービン『教皇フランシスコとの対話』新教出版社刊〕。2001年に枢機卿になる以前にはインタビューを受けていない。2008年9月のラジオ・マリアのインタビューを別にすれば、2010年以前にはローマでだけインタビューを受けている。そのうち、2001年2月18日の「ラ・ナシオン」とのインタビューの他、30 Giorniでジャンニ・ヴァレンテから受けたインタビューが本にまとめられている(*Francesco: Un Papa dalla Fine del Mondo,* Bologna: EMI, 2013)。2011年にはＡＩＣＡ(Agencia Informativa Católica Argentina)、2012年には2月にVatican Insiderのアンドレア・トルニエッリ、11月にカトリック系のテレビネットＥＷＴＮ(スペイン語)で、12月には「二一地区」のコミュニティ・ラジオ(La 96 Voz de Caacupé)のインタビューを受けている。

〈就任後〉

教皇就任後の最も重要なインタビューはアントニオ・スパダーロ神父が「チビルタ・カトリカ」のために行ったもので(第5章参照)、雑誌「アメリカ」に掲載され(“A Big Heart Open to God” 2013年9月30日)、増補版が本として出版されている(A. Spadaro, *My Door Is Always Open: A Conversation on Faith, Hope and the Church in a Time of Change*, New York: HarperOne, 2013)。スパダーロ神父はフランシスコ教皇と敬虔な信徒たちとのやり取りを記録しており、「チビルタ・カトリカ」のウェブサイトで公開されている(“Wake Up the World” 2013年11月。その他、ブラジルのテレビ・グローボ(2013年7月28日)、「ラ・スタンパ」(同年12月14日)、コリエレ・デラ・セラ―ラ・ナシオン(2014年3月5日)、ラ・バングアルディア(同年6月12日)、イル・メッサジェロ(同年6月29日)などのインタビューがある。また、厳密にはインタビューとは言えないが、エウジェニオ・スカルファリが教皇との面会に基づいて教皇に語らせている記事がラ・レプブリカに2度、掲載されている(2013年10月1日、2014年7月13日)。海外歴訪からの帰国に際して、それぞれリオ・デ・ジャネイロ(2013年7月28日)、テル・アヴィヴ(2014年5月27日)、ソウル(2014年8月18日)からの帰国途中の専用機内で長い記者会見が行われている。

ベルゴリオ／フランシスコ教皇に関する出版物

伝記

アルゼンチンのジャーナリストによる伝記本がすでに5冊出されている。最初の2冊は選出から数週間のうちに出された「ラ・ナシオン」の記者マリアーノ・デ・ベディアによるものと、エバンヘリナ・イミティアンによるものである(Mariano de Vedia, F*rancisco: El Papa del Pueblo,* Buenos Aires: Planeta, 2013; Evangelina Himitian, *Francisco: El Papa de la Gente,* Buenos Aires: Aguilar, 2013)。その後、1年のうちにクラリンの記者マルセロ・ララクイのものとラ・ナシオンのローマ特派員エリサベッタ・ピケによるものが出された(Marcelo Larraquy, *Recen por Él,* Buenos Aires: Sudamericana, 2013; Elisabetta Piqué, F*rancisco: Vida y Revolución,* Buenos Aires: El Ateneo, 2013)。2014年になってからはアルマンド・ルベン・プエンテによる伝記が出されている(Armando Rubin Puente, *La Vida Oculta de Bergoglio*, Madrid: Libros Libres, 2014)。アルゼンチン以外で出された伝記本として特筆すべきなのはトルニエッリによるもの、ウォールストリート・ジャーナルのスタッフによるもの、ポール・バレリーによるもの〔『教皇フランシスコ

第６章から第９章およびエピローグ

インタビューに応じてくれた方々は以下のとおり。枢機卿ではフランシスコ・エリスリス名誉枢機卿（サンティアゴ、チリ）、コルマック・マーフィー＝オコナー名誉枢機卿（ウエストミンスター）、アウグスティン修道会ではホルヘ・カサレット名誉司教（サンイシドロ）、ホルヘ・ロザーノ司教（グアレグアイチ）、ブエノスアイレスの聖職者ではカルロス・アカプート、ギレルモ・マルコ、カルロス・ガジ、フェルナンド・ジャンネッティ、ガブリエル・マロネッティ、マリアーノ・ファシオ、ロレンソ・「トト」・デ・ベディア、グスタボ・カラーラ。一般信徒でベルゴリオと共に働いていた人では、フェデリコ・ワルス、ロベルト・ダ・ブスティ、ダニエル・ガスマン、ローマではグスマン・カリキリ教授。ジャーナリストでは、ホセ・マリア・ポアリエ、セルヒオ・ルービン、マリアーノ・デ・ベディア、エバンヘリーナ・イミティアン、ホセ・イグナシオ・ロペス、エンリケ・カンガス。学者ではフォルトゥナート・マリマシ、ロベルト・ボスカ。カトリック以外の人では、ホルヘ・イミティアン牧師、マルコ・ガッジョ、オマール・アブード、ラビ・アブラハム・スコルカ師、トニー・パーマー主教、リカルド・エリアス。リリアナ・ネグレ上院議員はメールで質問に答えてくれた。

ベルゴリオ／フランシスコ教皇による著述

自著

イエズス会士時代の著述は主として、アルゼンチンの２つの雑誌 *Boletin de Espiritualidad* および *Stromata* で行っている。論文や演説、観想は下記３書にまとめられている。*Meditaciones para Religiosos*, Buenos Aires: Ediciones Diego de Torres, 1982; *Reflexiones Espirituales sobre la Vida Apostólica,* Buenos Aires: Ediciones Diego de Torres, 1987; *Reflexiones en Esperanza,* Buenos Aires: Ediciones Universidad del Salvador, 1992.

コルドバ時代にはサレジオ会の歴史研究者カエタノ・ブルーノ神父に子ども時代のことを２通の長い手紙に書いている（1990 年 10 月 20 日および同年 12 月 20 日付）。それ以前にも召命について同神父に手紙を書いている（1986 年 5 月 18 日付）。いずれもインターネットで見ることができる。

第６章の協働大司教時代には、ヨハネ・パウロ２世のキューバ訪問の報告書がある。*Diálogos entre Juan Pablo II y Fidel Castro,* Buenos Aires: Editorial de Ciencia y Cultura, 1998. 第７章の 2006 年に行ったスペインの司教たちのための黙想は英訳されている。 *In Him Alone Is Our Hope*, San Francisco: Ignatius Press, 2013.

1998 年以降、著述は主に説教である。1999 年から 2013 年のものはブエノスアイレスの大司教区のウェブサイトで入手可能だが、その他の手紙や演説などは AICA.org.ar で入手可能。ブエノスアイレスの雑誌クラレティアナは多くの選集を出版しており、2006 年から 2012 年の教師たちへの話（*Educar: Testimonio de la Verdad,* 2013）、カテキスト、巡礼者へのメッセージ（*¡Salgan a Buscar Corazones!* Buenos Aires: Ed. Claretiana 2013）、〈テ・デウム〉の演説（*La Patria Es un Don, la Nación una Tarea,* Buenos Aires: Ed. Claretiana 2013）などをまとめている。また、ボナルドの優れた選集もある（Virginia Bonard, *Nuestra Fe es Revolucionaria*, Buenos Aires: Planeta, 2013）。

ラビ・アブラハム・スコルカ師とは１冊の対談本を出版している（*Sobre el Cielo y la Tierra,* Buenos Aires: Editorial Sudamericana, 2011; trans. On Heaven and Earth, London: Bloomsbury, 2013〔邦訳『天と地の上で　教皇とラビの対話』ミルトス刊〕）。スコルカ師とはマルセロ・フィゲロア牧師とともにもう一冊本を出版している（*Biblia, Diálogo Vigente: la Fe en Tiempos Modernos,* Buenos Aires: Planeta, 2013）。また、他の人の本の序文を多数書いている。

教皇としては説教や著述などの選集が次々と出版されている。特に挙げるべきなのは下記の２冊であろう。*Open Mind, Faithful Heart: Reflections on Following Jesus,* trans. Joseph V. Owens, New York: Crossroad, 2013; *A Church of Mercy*, London: Darton, Longman & Todd, 2014.

資 料

本書の資料は下記4つのグループからなる。

(一) インタビュー。2013年10月から11月にアルゼンチンとチリで、2014年2月と4月にローマで筆者が行った。
(二) ホルヘ・マリオ・ベルゴリオ自身の著述、発言。
(三) ベルゴリオまたアルゼンチン、イエズス会、ローマ・カトリック教会についての既存の書籍、文書。
(四) 報道された記事。主としてアルゼンチン、イタリア、フランス、スペイン、イギリス、アメリカでのもの。

インタビュー

第1章から第5章

生い立ちや家族の背景などについての記憶は主として教皇選出後にアルゼンチンのメディアでなされたインタビューに取材したが、ブエノスアイレス・フロレス地区のいつくしみの修道女会の修道女たちからは直接、話を聞いた。

イエズス会時代(1960年－1992年)についてはベルゴリオをよく知るイエズス会士たちから貴重な話を聞いた。アルゼンチンではイグナシオ・ペレス・デル・ビソ、イグナシオ・ガルシア＝マタ、フアン・カルロス・スカンノーネ、エンリケ・ファッブリ、フェルナンド・セルベーラ、アンヘル・ロッシ、アルフォンソ・ゴメス、アンドレス・スウィンネン、ラファエル・ベラスコ、レオナルド・ナルディン、チリではフアン・バルデス、フェルナンド・モンテス、ローマではギレルモ・オルティス、ミゲル・ヤニェス。以下の神学生時代の同窓生からも話を聞いた。アルゼンチン人ではホルヘ・ゴンザレス・マネント、チリ人ではラウル・ベルガーラ、フアン・エドゥアルド・ガルシア・ウイドブロ、ウルグアイ人ではフランシスコ・ロペス。

カナダのビル・ライアン神父、チリのフアン・オチャガビア神父(ともにイエズス会士)はメールと電話で質問に答えてくれた。また、第1章から5章についてはペロン党の政治家フリオ・バルバロ、無原罪学院のカルロス・パウリ教授、サンタフェ教区のミゲル・デ・ラ・チヴィータ神父、イギリスの児童虐待被害者慈善協会(ＮＡＰＡＣ)の創設者で代表のピーター・ソーンダースともインタビューを行っている。

イエズス会士のインタビューについては本文中にも示した通り、下記の書籍をはじめ、以降に示す書籍からの引用もある。Jesuits in Alejandro Bermúdez, ed., trans., *Pope Francis: Our Brother, Our Friend,* San Francisco: Ignatius Press, 2013; Chris Lowney, *Pope Francis: Why He Leads the Way He Leads,* Chicago: Loyola Press, 2013.

また、以下のイエズス会士の方々にはイエズス会のことや、複雑な問題についてのことで助けていただいたが、結論や誤解についてはすべて筆者の責任である。マイケル・チェルニー(ローマ)、ビル・ライアン(カナダ)、ジャック・オキャラハン(米国)、ジェームズ・ハンヴェイ(イギリス)。

with Elisabetta Piqué, *La Nación*, December 7, 2014.

13. 2015年4月6日、ブエノスアイレスのカトリック・ボイスの事務所でガシ神父から直接取材。
14. Walter Kasper, *Mercy: The Essence of the Gospel and the Key to Christian Life* (Mahwah, NJ: Paulist Press, New York, 2013), ch. 1.
15. 2015年4月24日、アルゼンチンのサルタにてインタビューした。
16. 詳細は下記参照。Shawn Tully, "This Pope Means Business," *Fortune,* August 14, 2014.
17. John Thavis, "Decision time on Vatican reforms?" www.johnthavis. com, February 18, 2014.
18. "Pope Francis and Reform: How far can he go?" *America*, April 21, 2015.
19. バロスの任命については筆者は2015年4月、チリのサンティアゴで多くのインタビューを行った。"Biógrafo del Papa, Austen Ivereigh, desglosa el caso Barros," *La Segunda*, April 17, 2015.
20. Roberto Bosca, "La beligerante resistencia al papa," *La Nación*, November 10, 2014.
21. Paddy Agnew, "There are Vatican whispers that maybe the pope talks too freely," *Irish Times,* January 21, 2015; Ross Douthat, "Liberal Catholics in the Age of Francis," *New York Times,* December 2, 2013; Elizabeth Scalia, "Amid Storms and Wars, the Daily Outrage that is Pope Francis," *Patheos*, January 28, 2015; John Allen, "Pope Francis and the ambivalence of popularity," *Crux*, March 29, 2015.
22. *Vanity Fair* Italian edition, July 17, 2013; Economist, April 19, 2014; *Prospect,* April 23, 2014; Time, December 11, 2013; *The New Yorker,* December 23/30, 2013; *The Advocate,* December 2013; *Financial Times*, December 29, 2013; *Guardian*, November 17, 2013.
23. 数値は『会衆席フォーラム』(Paw Forum)の要約より。John Allen, "Here are five Francis forecasts for Año Tres," *Crux*, March 13, 2015.
24. 数値は以下より。the annual Twiplomacy survey, "The Twiplomacy Top Twenty Twitterati," www.twiplomacy.com, April 28, 2015.
25. "The Remarkable Figure of Pope Francis," *Financial Times*, December 29, 2013. Tim Stanley, "Time Magazine's Man of the Year Is Pope Francis. Alas, It's Not the Real Pope Francis," *Daily Telegraph,* December 12, 2013.
26. Elizabeth Tenety, "Like Francis? You'll love Jesus," *Washington Post*, December 11, 2013.
27. Maurice Glasman, "Beloved of the people: how the Pope has again become a leader for our times," *New Statesman*, April 2, 2015.
28. James Politi, "How Pope Francis helped melt the US-Cuba freeze," *Financial Times*, December 19, 2014.

ウンメスで、ヴィガノがインタビューでロシカに語ったヴァッリーニとタウランではない。フランシスコ教皇は2013年12月14日の「ラ・スタンパ」のインタビューで、「入場の 前に、パウロ聖堂でヴァッリーニ枢機卿とウンメス枢機卿と一緒に数分間、跪いて祈った」と振り返っている。この点、ロシカ神父は確認のメールを筆者に送ってくれた。教皇の心配と「大いなる光」の記憶は2013年10月1日における「ラ・レプブリカ」のエウジェニオ・スカルファリとのインタビューとも一致する。このインタビューは記録されていないので、スカルファリは記憶からやり取りを再現しており、多くの詳細に問題がある。しかし、フランシスコ教皇が 表現した経験は彼がよく話すことのひとつである。例えば、イネス・サン・マルティンとのインタビューなど。Errázuriz, "Confidant Calls Pope Francis a Changed Man," *Boston Globe*, July 4, 2014.

20. マーフィー＝オコナーの話は2013年9月13日の「カトリック・ヘラルド」紙とのインタビューより。マリアア・エレーナとダニエル・デル・レグノの話はエズラティのドキュメンタリー番組から。Juan Martín Ezratty, *Francis: The People's Pope* (2013).

エピローグ

1. オルテガ枢機卿はこの会話のことをあるインタビューで語っている。Yarelis Rico Hernández, "No hay nada más interesante que ser párroco," in *Palabra Nueva* (Havana), March 30, 2015.
2. ユーチューブのビデオより。上院議員はその日のことを下記書籍で語っている。Alejandro Bermúdez (ed., trans.), *Pope Francis: Our Brother, Our Friend* (San Francisco: Ignatius Press, 2013).
3. Mariano de Vedia, *En el Nombre del Papa: La Iglesia y el gobierno argentino. Los años en que Jorge Bergoglio fue un enemigo* (Buenos Aires: Planeta, 2015). キルチネルとコルレアの会話は下記書籍より。Laura Di Marco, *Cristina Fernández: La Verdadera Historia* (Buenos Aires: Sudamericana, 2014).
4. Enzo Bianchi, "Il Pontefice che si é Fatto Uomo," *La Stampa*, March 17, 2013; Austen Ivereigh, "Pope Francis Takes Fresh Approach to Papacy," *Our Sunday Visitor Newsweekly*, March 31, 2013; Philip Pulella (Reuters), "By-the-book Vatican Braces for Unscripted Papacy," March 14, 2013.
5. Timothy Dolan, *Praying in Rome: Reflections on the Conclave and Electing Pope Francis* (New York: Image Books, 2013).
6. Jorge Bergoglio, "En Él Solo Poner la Esperanza," in *Reflexiones en Esperanza* (Buenos Aires: Ediciones Universidada del Salvador, 1992). その日、筆者はＢＢＣやスカイＴＶなどのプロデューサーや特派員と多くの会話を交わした。
7. フランシスコ教皇のインタビュー。*La Repubblica*, October 1, 2013.
8. Archbishop John R. Quinn, *Ever Ancient, Ever New: Structures of Communion in the Church* (New York: Paulist Press, 2013). クインはミズーリ州セントルイスでベルゴリオが司祭たちにこのことを語っていたのを2014年6月25日に振り返っている。 Thomas Fox, "Quinn to Priest Group," *National Catholic Reporter*, July 7, 2014. クインは筆者とのやり取りの中で、ベルゴリオとの会話はこの報告の中でフォックスが言っているコンクラー べの前夜ではなく、2012年のことだったと明言している。
9. 2013年12月14日の「ラ・スタンパ」のインタビュー。もとのスパダーロとのイタリア語でのインタビューで「Ｃ９」のことを「部外者の顧問団」(questo gruppo consultivo outsider) と呼んでいる。マルティーニは2012年に「境界線の外から12人の人を責任ある地位につける」と語った。
10. "Letter of Pope Francis to Card. Lorenzo Baldisseri ... ," April 1, 2014; Ladislas Orsy, SJ, "Francis's New Order," *The Tablet*, June 19, 2014; Yves Congar, *True and False Reform in the Church*, trans. Paul Philibert OP (Collegeville, MD: Liturgical Press, 2011), 262.
11. Walter Kasper, *Pope Francis's Revolution of Tenderness and Love: Theological and Pastoral Perspectives* (Mahwah, NJ: Paulist Press, 2015), ch. 6.
12. "El sínodo sobre la familia: 'Los divorciados vueltos a casar parecen excomulgados,'" Francis interview

クシュリーは現在、エディンバラとセント・アンドリューの大司教。

3. ヴィガノ神父のトマス・ロシカ神父とのインタビューは 2013 年 10 月 4 日に「ソルト・エンド・ライト」テレビで 放映された。
4. Dolan, *Praying in Rome: Reflections on the Conclave and Electing Pope Francis.*
5. オマリー枢機卿のトマス・ロシカ神父とのインタビューは 2013 年 10 月 4 日に「ソルト・エンド・ライト」テレビで 放映された。
6. 2013 年 5 月にシドニーに滞在していたとき、この話題について、ペル枢機卿と話す機会があった。下記の記事も参照。"Cardinal Pell Hopes for a Pope Who Knows How to Govern," *Vatican Insider*, March 4, 2013. ココパルメリオ枢機卿については下記参照。Andrea Tornielli, "Curia Is in the Firing Line," *Vatican Insider*, March 6, 2013.
7. 教皇庁の戦略は 2013 年 3 月 2 日に「バチカン・インサ イダー」の記事で暴露された。"A Ticket to Vote for the First Latin-American Pope," *Vatican Insider*, March 2, 2013.「反イタリア的」気分については、ペルーのフアン・ルイス・チプリ アーニ枢機卿が「バチカン・インサイダー」のインタビュー で語っている。"Papa Francisco: Un Místico con Capacidad de Gobierno," *Vatican Insider*, March 27, 2013.
8. この逸話はコンクラーベ関連の筋からも、フランシスコ教皇の友人たちからも聞かれる話だが、匿名が条件の情報である。サントス・アブリル・イ・カステーリョの役割については下記参照。Giacamo Galeazzi, "Operación Santa María Mayor," *Vatican Insider,* March 15, 2013.
9. 夕食会での話は下記書籍より。The staff of the Wall Street Journal, *Pope Francis: From the End of the Earth to Rome* (New York: HarperCollins, 2013), ch. 8. また、コーマック・マー フィー＝オコナーのインタビューも参照。"When Pope Francis First Stepped... ," *The Catholic Herald,* September 13, 2013.
10. 有力なバチカン解説者であるアンドレア・トルニエッリはコンクラーベでベルゴリオを推す「事前の組織的な運動」はなかったとしているが、ひとつはあったことになる。Andrea Tornielli, *Francis: Pope of a New World* (San Francisco: Ignatius Press, 2013), ch. 3.
11. "Cardenal Ortega Revela Palabras del Cardenal Bergoglio," www. palabranueva.net (March 25, 2013).
12. この話はヴァレンテがトルニエッリに語っている。Andrea Tornielli, *Francis: Pope of a New World.*
13. カスパー枢機卿は 2014 年 5 月のニューヨーク滞在中にこの話を語っている。David Gibson, "Cardinal Kasper Is the Pope's Theologian," *National Catholic Reporter*, June 6-19, 2014. 薔薇の話はフランシスコ教皇が友人のひとりに語ったもの。
14. ＡＰ通信の報道とドーラン枢機卿の回顧録参照。 Associated Press report, "So What Really Happened Inside the Papal Conclave?" March 14, 2013; Dolan memoir, *Praying* in Rome.
15. 無効になった第五回投票については下記参照。Piqué, *Francisco: Vida y Revolución*, ch. 3. コンクラーベ後の数日の間に投票について説明をしているのは「ラ・スタンパ」のアンドレア・トルニエッリ、「イル・ソーレ」のカルロ・マッロー ニ、「サクロ・イ・プロファーノ」のアンドレス・ベルトラー モ、「レリジョン・ニュース・サーヴィス」のデイヴィッド・ギブソン、「バチカン・インサイダー」のジャコモ・ガレアッツィである。
16. コンクラーベの歴史については下記参照。Francis Burkle-Young, *Passing the Keys* (Lanham: Madison Books, 2001). 2005年の煙にまつわるドラマについては下記参照。John L. Allen, *The Rise of Benedict XVI* (New York: Doubleday, 2005); John Thavis, *The Vatican Diaries* (London: Penguin 2013), ch. 1.
17. "Papa Francisco Dialoga como un Hermano más con la CLAR." 当初、チリのウェブサイトに掲載されていたが、後に削除され た。*Reflexión y Liberación* (June 26, 2013).
18. "Cross and Mission," in Bergoglio, *Open Mind, Faithful Heart*, ch. 8.
19. ヴィガノ神父のトマス・ロシカ神父とのインタビューは 2013 年 10 月 4 日に「ソルト・エンド・ライト」テレビで 放映された。実際には付き従った枢機卿はヴァッリーニと

37. Jorge Rouillón, "Mis Días con Bergoglio," *Diario Los Andes*, May 12, 2013.
38. DVD Caritas Argentina (Buenos Aires), Retiro Anual 2010.
39. アンブロジェッティ／ルビン『イエズス会士』〔『教皇フランシスコとの対話』〕第六章。アンブロジェッティの推測はエズラティのドキュメンタリー番組で語られている。Juan Martín Ezratty, *Francis: The People's Pope* (2013).
40. 下記のエッセイ参照。Bergoglio, "For Man," in Elisa Buzzi (ed.), *A Generative Thought: An Introduction to the Works of Luigi Giussani* (Montreal: McGill–Queen's University Press, 2003).
41. ベルゴリオはジュッサーニの２冊の著書の出版発表会で「私の司祭としての人生に、この本と論文を通して、この方が私にしてくれた善きこと」を称賛した。Silvina Premat, "The Attraction of the Cardinal," in *Traces*, July 2001. エスクリバーの墓前での祈りについては、オプス・デイの司教、ハビエル・エチェバリーアが下記に収録されているインタビューで語っている。José Beltrán, "El Papa Sentirá la Fuerza y la Compañía Espiritual de Benedicto XVI," *La Razón*, March 24, 2013.
42. アンブロジェッティ／ルビン『イエズス会士』〔『教皇フラ ンシスコとの対話』〕第十二章。Stefania Falasca, "Una Rosa Bianca da Santa Teresa," *Avvenire*, March 24, 2013. ベルゴリオはファラスカに、祈りを聞き届けた徴として聖テレーズに花を求める伝統は 1925 年にイエズス会のプティガン神父が始めたものだと語っている。
43. "Bergoglio, el Cardenal que Marcó una Época y Será Difícil de Reemplazar," *Perfil*, August 7, 2012.
44. "Homeward Bound," in Bergoglio, *Open Mind, Faithful Heart.*
45. "The Failure of Jesus," in Bergoglio, *Open Mind, Faithful Heart.*
46. "Bergoglio Comenzó a Negociar en el Vaticano el Nombre de Su Sucesor," *Tiempo Argentino*, February 25, 2012.
47. フェルナンデスは自分に対する扱いについて、下記で詳細を語っている。"Bergoglio, a Secas," *Vida Pastoral* (June 2013).
48. 「バチリークス」についての最もよくその概要を示したものひとつに下記の記事が挙げられる。Jason Horowitz, "Pope Benedict XVI's Leaked Documents Show Fractured Vatican Full of Rivalries," *Washington Post*, February 16, 2013.
49. Massimo Franco, *The Crisis in the Vatican Empire* (Milan: Mondadori, 2013); Tornielli, "Careerism and Vanity: Sins of the Church."
50. 洗面所での転倒の件はベネディクト教皇の辞任後、ラ・スタンパ紙に報じられた。この報道と旅行後の辞任の決断についてはその後、バチカンの新聞および報道官によっても確認されている。Andrea Tornielli, "El Papa Decidió Renunciar Después de una Caída en León, México," *Vatican Insider*, February 14, 2013.
51. "L'Ultima Intervista," *Corriere della Sera*, September 1, 2012. 翻訳 は筆者による。
52. アンドレア・トルニエッリはこのジャンフランコ・ラヴァーシ枢機卿とアンゲロ・スコーラ枢機卿によるインタビューについて自著の中で論じている。Andrea Tornielli, *Carlo Maria Martini: Il Profeta del Dialogo* (Milan: Ed. Piemme, 2012), ch. 18.
53. "Bergoglio les Exigió a los Curas que Bauticen a Hijos de Madres Solteras," *Clarín*, September 4, 2012.
54. Jorge Mario Bergoglio, second reflection at Caritas retreat, on DVD, November 3, 2012.
55. Carlos Galli, "Una Nueva Hora de la Iglesia Latinoamericana, y el Ícono Pastoral de Francisco," *Vida Nueva* (Spanish edition), no. 2864, 2013, 23-30; (Cono Sur edition) no. 24, 2013, 8-13.
56. Austen Ivereigh, "Synod of Bishops Ends with Far-reaching Goals," *Our Sunday Visitor*, October 31, 2012.

第９章

1. ＡＮＳＡのジョヴァンナ・キルリとのインタビューについては下記参照。*Benedict XVI: The Resignation of a Pope* (Turin: Ed La Stampa, 2013).
2. Archbishop Leo Cushley, "A Monsignor Sobbed, Then Silence Fell," *Catholic Herald*, February 7, 2014.

Bermúdez, *Pope Francis: Our Brother, Our Friend*; "El Papa Francisco Nunca Impuls. 'Uniones Civiles,'" ACI/EWTN Noticias, April 24, 2013.

15. 『天と地の上で』 第二五章参照。
16. ルイス・サモラは下記のテレビ番組に出演した。その様子はユー・チューブでも見ることができる。"Palabras Más, Palabras Menos," March 19, 2013.
17. "Luis Zamora Declaración de Bergoglio," Canal de Política Provincia, November 9, 2010, on YouTube.
18. 質問とベルゴリオの書面での返答は「五月広場の祖母たち」のウェブサイトに掲載されている。www.abuelas.org.uk.
19. 筆者は2013年の「社会司牧の日」に参加した。参加者には工業協会の会長や、労働組合の指導者、農業連合の会長、また、キルチネル派ではないペロン主義政党や非ペロン主義の政党の指導者も普通に参加していた。この会合の働きを十分に表現したものとしては2007年にまとめられた文書で、アルゼンチンの政治生活「再創設」の憲章と言えるようなものになっている。Pastoral Social de la Arquidiócesis de Buenos Aires, "Hacia una Cultura de Encuentro: La Política, Mediadora del Bien Común," September 15, 2007.
20. Fortunato Mallimaci, *Atlas de las Creencias Religiosas en la Argentina* (Buenos Aires: Editorial Biblos, 2013).
21. Marco Gallo, "El Papa Francisco y la Shoá," in the magazine of the Buenos Aires Shoah Museum, *Nuestra Memoria* 19, no. 37 (May 2013).
22. Sergio Bergman, *Un Evangelio Según Francisco: Maestro, Líder y Estadista* (Buenos Aires: Ediciones B, 2013).
23. 下記のタイトルで本として出版された。*Biblia, Diálogo Vigente* (Buenos Aires: Planeta, 2013).
24. ヴェナブルズ主教のコメントはフランシスコ教皇の選出後、同主教の同意なしに英国国教会のウェブサイトで公開されたが、内容について同主教は確認している。英国国教会の要求に応える形で創設された「属人区」によって、英国国教会の司祭はその会衆とともに、その主要な典礼と習慣を守りつつ、カトリック信徒になることが可能になった。
25. Comisión Permanente del Episcopado Argentino, "El Juego se Torna Peligroso," December 20, 2010.
26. "Informe sobre Talleres Clandestinos en la Ciudad de Buenos Aires," August 29, 2006. 下院議員エリサ・カリオおよびそのウェブサ イトより許可を得て掲載。
27. Homily, "Misa por las Víctimas de la Trata y Tráfico de Personas," September 23, 2011.
28. Puente, *La Vida Oculta de Bergoglio,* 289-300.
29. 聖イグナチオは1540年代に売春宿から逃げてきた女性のための施設をローマにつくり、「カサ・サンタ・マルタ」と名づけた。フランシスコ教皇が今、住まいとしているバチカンの宿舎「サンタマルタ館」と同じ名前である。
30. In Bermúdez, *Pope Francis: Our Brother, Our Friend.*
31. この話は下記書籍で彼らのうちのひとりによって語られている。Piqué, F*rancisco: Vida y Revolución,* ch 11. 助祭は独身を貫くかもしれないし、結婚するかもしれない聖職者であり、洗礼式、結婚式、葬式を執り行うことができ、説教などでミサの手助けもできる。しかし、司祭ではない。
32. アランセードは下記書籍の序文を書いている。Jorge Mario Bergoglio, *Open Mind, Faithful Heart.* ベルゴリオは2011年 のアルゼンチン・カトリック情報部（ＡＩＣＡ）のインタビューで愛用のタイプライターについて語っている。
33. Andrea Tornielli, "Careerism and Vanity: Sins of the Church," *Vatican Insider*, February 24, 2012.
34. 教区で当時働いていたマリア・リア・セルビーニョから直接聞いた話である。
35. ポアリエが書いた記事は次のとおり。"Quiet Thunder in Argentina,"*Catholic Herald,* October 7, 2005. イサスメンディの話は次の記事で引用されている。Allen, "Pope Francis Gets His Oxygen from the Slums."
36. ダニエルはフアン・マルティン・エズラティのドキュメンタリー番組でこの話を語っている。Ezratty, *Francis: The People's Pope* (2013).

48. グティエレスは現・教理省長官ゲルハルト・ミュラー枢機卿との共著の冒頭にそう書いている。Joshua McElwee, "With Vatican Doctrinal Czar, Liberation Theology Pioneer Reflects on Troubles," *National Catholic Reporter,* February 28, 2014.
49. インタビュー。Stefania Falasca, "What I Would Have Said at the Consistory," *30 Days,* no. 11 (November 2007).
50. インタビュー。*Clarín,* October 27, 2013.
51. *The Tablet,* June 2, 2007.
52. この議論については当時ブラジルのペトロポリスの司祭であったフィリポ・サントロが報告している。Sandro Magister, "When Bergoglio Defeated the Liberation Theologians," *Chiesa blog,* October 1, 2013.

第8章

1. ペペ神父については次の書籍を参照。Bermúdez (ed., trans.), *Pope Francis: Our Brother, Our Friend.*
2. Equipo de Sacerdotes para las Villas de Emergencia, Ciudad Autónoma de Buenos Aires, "La Droga en las Villas: Despenalizada de Hecho," March 25, 2009.
3. Silvina Premat, *Curas Villeros: de Mugica al Padre Pepe* (Buenos Aires: Editorial Sudamericana, 2010); Premat, *Pepe: El Cura de la Villa* (Buenos Aires: Sudamericana, 2013).
4. Equipo de Sacerdotes para las Villas de Emergencia, Ciudad Autónoma de Buenos Aires, "Celebrar el Bicentenario en la Ciudad de Buenos Aires, 2010-2016," May 11, 2010.
5. Conferencia Episcopal Argentina, "Hacia un Bicentenario en Justicia y Solidaridad, 2010-2016," December 2008.
6. Jorge Mario Bergoglio, *Prologue to Guzmán Carriquiry, El Bicentenario de la Independencia de los Países Latinoamericanos* (Madrid: Encuentro, 2011).
7. "Hace Años que No Se Ocupan de la Gente," *La Nación,* August 8, 2009.
8. 「ゲイの活動家『フランシス教皇は同性愛の市民婚を支持している』と語る」という2013年3月20日のCNNの見出しは誤解を生じさせる。当時、ベルゴリオ枢機卿は同性愛者にも法的な権利と特権が認められる市民婚を支持したのであり、同性愛者の市民婚を支持したというわけではない。
9. バチカン教理省 "Considerations Regarding Proposals to Give Legal Recognition to Unions Between Homosexual Persons," March 28, 2003.「ローマからの反対」の声は2013年8月にラジオのインタビューに答えたエステバン・カセッリによってあげられ、ベルゴリオが一年前のブエノスアイレスの立法措置を非難していないことへの驚きを表明した。しかし、カセッリがソダーノ枢機卿やサンドリ枢機卿と近いことを考えれば、その批判の出所を見紛う者はいない。Sergio Rubín, "Una Ofensiva Dentro de la Iglesia," *Clarín,* August 10, 2003.
10. 『天と地の上で』第十六章参照。
11. Declaración de la Asamblea Plenaria del Episcopado Argentino, "Sobre el Bien Inalterable del Matrimonio y de la Familia," April 20, 2010. この会議におけるベルゴリオの立場はその数か月後に下記で明らかにされ、その後、様々な形で確認されている。Sergio Rubín in "La Iglesia Puso Todo en Juego," *Clarín* (July 14, 2010).
12. バレリー『教皇フランシスコの挑戦』〔第4章注5参照〕。バレリーはベルゴリオがローマに向けて「自分は必要とされていることをしていると示すために」書いた手紙のコピーをとっておくのが「戦略」であったとマルコ神父が推測していることを引用している。この当時、マルコはベルゴリオのスタッフではなく、近くで働いていたわけでもないので、彼の解釈はスタッフや近くで働いていた人とは矛盾する。
13. 2010年7月5日付で、ベルゴリオがアルゼンチン司教協議会の教理部門の責任者フスト・カルバヤレスに宛てた手紙。
14. ネーグレ上院議員の話は下記より。また、同議員との電子メールでのやり取りによる。

Médico Chino del Papa," Religión Digital website, August 21, 2003.

22. Austen Ivereigh, "Pope in Lourdes Speaks of 'The End of My Pilgrimage,'" *The Tablet*, August 21, 2004.
23. Jorge Mario Bergoglio, "La Presencia de Maria en la Vida del Papa," *30 Giorni*, special edition dedicated to John Paul II, no. 4 (April 2005).
24. Bergoglio 2005 testimony: Stefania Falasca, "Bergoglio: 'Io, Testimone di Virtù Eroiche di Wojtyla,'" *Avvenire*, April 17, 2014.
25. "Homilía del Arzobispo de Buenos Aires, en Ocasión de la Misa por el Primer Aniversario de la Tragedia de Cromagnon" (December 30, 2005).
26. "Juan Pablo II Fue Simplemente un Coherente," homily (April 4, 2005).
27. Gerson Camarotti, "Cartas Quase Marcadas no Vaticano," *O Globo*, December 25, 2005.
28. Verbitsky, *El Silencio*, 51-61, 101-15. ベルゴリオの説明はアンブ ロジェッティ／ルビン『イエズス会士』〔『教皇フランシスコ との対話』〕第十四章参照。
29. 2013年のコンクラーベの後、シカゴのフランシス・ジョージ枢機卿がフィウミチーノ空港で筆者に語った。疑惑とその否定はそれぞれ下記を参照。Román Lejtman, "Exclusivo: Por Qué Fracasó un Informe Secreto K para Bloquear la Elección de Bergoglio,"*El Cronista*, March 28, 2013; Elisabetta Piqué, "Cafiero Negó que Haya Emitido un Dossier Contra Bergoglio," *La Nación*, March 20, 2013.
30. Lucio Brunelli, "Cosi Eleggemmo Papa Ratzinger," *Limes*, September 23, 2005.
31. Marco Tosatti, "Ecco Come Andò Davvero il Conclave del 2005," *Vatican Insider*, October 3, 2013.
32. マルキサーノは下記でこのことを語っている。Gianluca Barile, *Diario di un Papista* (Tavagnacco: Ed. Segno, 2013).
33. Piqué, Francisco: *Vida y Revolución*, 144; George Weigel, "The First American Pope," *National Review Online*, March 14, 2013.
34. 2つの旗についての黙想は下記書籍で訳出された黙想会から。 In Him Alone Is Our Hope (San Francisco: Ignatius Press, 2013), ch. 7.
35. メトール・フェレとのインタビュー。Carmen Maria Ramos, "No Es Tiempo de un Papa Latinoamericano," *La Nación*, April 6, 2005.
36. イタリアの雑誌『リンディペンデンテ』でのコメントが次の書籍に掲載された。*Catholic World News*, October 13, 2005: "Argentine Cardinal Refuses to Discuss Conclave Support."
37. Robert Mickens, "Rome Synod: The Inside Story," *The Tablet*, October 29, 2005; and "Curial Cardinals at Odds over Remarried Divorcees," *The Tablet*, November 5, 2005. "Debate la Iglesia la Comunión a los Divorciados Vueltos a Casar," *La Nación*, October 6, 2005.
38. この黙想会の内容は英訳出版されている。*In Him Alone Is Our Hope* (San Francisco: Ignatius Press, 2013).
39. "Kirchner y Bergoglio, Juntos en una Misa de Homenaje a Sacerdotes Palotinos," *Clarín*, April 11, 2006.
40. "En el Tedéum, Bergoglio Criticó la Manipulación y la Prepotencia," *Clarín*, May 26, 2006. Te Deum address, May 25, 2006: "Las Bienaventuranzas," in Bergoglio, *La Patria es un Don*, 97-108.
41. "Bergoglio y los Kirchner: Seis Años de una Relación Gélida," *La Nación*, November 8, 2011; "Guillermo Marcó ya no Será Vocero del Cardenal Bergoglio," *La Nación*, December 14, 2006.
42. Bergoglio, "Sentido Eclesial," in *Meditaciones para Religiosos.*
43. 2012年のＣＲＥＣＥＳの会合が終わった後のカンタラメッサ神父の記者会見より。www.infocreces.com.ar.
44. ベルゴリオの序文は2005年4月4日付になっている。 Guzman Carriquiry, *Una Apuesta Por Amrica Latina* (Buenos Aires: Sudamericana, 2005).
45. 下記書籍の序文より。Carriquiry, *En Camino Hacia La V Conferencia de la Iglesia Latinoamericana: Memoria de los 50 años del CELAM.*
46. Alberto Methol Ferre, *La Amrica Latina del Siglo XXI* (Buenos Aires: Edhasa, 2006).
47. Guzman Carriquiry, "La Revolución de la Gracia," *Tierras de América* website, February 18, 2014.

第7章

1. Rembert Weakland, "Images of the Church from 'Perfect Society' to 'God's People on Pilgrimage,'" in Austen Ivereigh (ed.), *Unfinished Journey: The Church 40 Years after Vatican II* (New York: Continuum, 2003), 78-90; Ladislas Orsy, SJ, "The Church of the Third Millennium: An Exercise in Theological and Canonical Imagination: In Praise of Communio," *Studia Canonica* 38 (2004): 5-36; John R. Quinn, *The Reform of the Papacy: The Costly Call to Christian Unity* (New York: Crossroad, 1999).
2. Congregation for the Doctrine of the Faith, "Letter to the Bishops of the Catholic Church on Some Aspects of the Church Understood as Communion" (May 28, 1992) at www.vatican.va.
3. ヨハネ・パウロ二世は1995年の回勅〈ウト・ウヌム・シント〉で「その使命の重要なことについては放棄せずに、新しい状況に対処できるように首位権を行使する新しい方法」を見つけることに助けを求めた。
4. Quinn, *The Reform of the Papacy.* カスパーの論文は最初にドイツ語で出され(Stimmen der Zeit 219 [December 2000])、のちに英語に訳された（"The Universal Church and the Local Church: A Friendly Rejoinder" in Walter Kasper, *Leadership in the Church* [New York: Crossroad, 2003]）。ラッツィンガー枢機卿は2000年12月22日付のフランクフルト・アルゲマイネ 紙で応答し、普遍教会は地方教会よりも優位にあると論じた。
5. ソダーノとマシエルの金銭的な関係についてはジェイソン・ベリーによる2010年の調査記事に詳しい("How Fr. Maciel Built His Empire," *National Catholic Reporter,* April 12, 1990)。ジョン・コーンウェルの著作はヨハネ・パウロ二世の最晩年にいて記している。John Cornwell, *The Pontiff in Winter: Triumph and Conflict in the Reign of John Paul II* (New York: Doubleday, 2004).
6. Austen Ivereigh, "Streams of Scarlet as Pope Appoints New Cardinals," *The Tablet*, February 24, 2001.
7. "Bergoglio: El País Debe Apelar a Sus Reservas Morales," *La Nación*, February 18, 2001.
8. ロバート・ミッケンズの報告を参照。Robert Mickens, "Extraordinary Rome Meeting Brings Ordinary Results," *The Tablet*, May 26, 2001; "Cardinals Press for More Sharing in Church Government," *The Tablet,* June 2, 2001.
9. 2001年10月2日、スペイン語での談話（筆者による訳）。
10. ロバート・ミッケンズによる〈世界代表司教会議〉の報告参 照。Robert Mickens, "Synod of Bishops to Meet Without Benefit of Reforms," *The Tablet,* June 9, 2001; "Bishops in a Think Tank," *The Tablet,* October 13, 2001. 筆者はこの記者会見に出席した。
11. Timothy M. Dolan, *Praying in Rome: Reflections on the Conclave and Electing Pope Francis* (New York: Image Books, 2013).
12. Sandro Magister, *L'Espresso*, no. 49 (November 28-December 5, 2002), translation "Jorge Mario Bergoglio, Profession: Servant of the Servants of God" at www.chiesa.espresso.repubblica.it.
13. Eduardo Duhalde, "Aquel Hombre Que Estuvo en las Horas Más Difíciles," *La Nación*, March 18, 2013.
14. Austen Ivereigh, "Argentina's New Riches," *The Tablet*, February 15, 2003. この記事には筆者が2002年の終わりにブエノス アイレスに滞在した時のことが書かれている。
15. Gianni Valente, 2002 interview in *30 Giorni*, republished in Valente, *Francesco: Un Papa Dalla Fine del Mondo* (Bologna: EMI, 2013).
16. Te Deum address, May 25, 2002: "La Historia del Publica no Zaqueo," in Bergoglio, *La Patria Es un Don, La Nación una Tarea* (Buenos Aires: Ed Claretiana, 2013), 57-66.
17. Te Deum address, May 25, 2003: "La Narración del Buen Samaritano," in Bergoglio, *La Patria Es un Don*, 69-79.
18. 連絡をとった者へのインタビューが次の書籍にある。 Larraquy in *Recen por Él.*
19. Te Deum address, May 25, 2004: "Jesús en la Sinagoga de Nazaret: Nadie Es profeta en Su Tierra," in Bergoglio, *La Patria Es un Don*, 81-93.
20. "Bergoglio Tiró Palos, Pero en Gobierno los Esquivaron," *Página* 12, May 26, 2004.
21. "Francisco Va a Vivir Hasta los 140 Años, Dice Su Médico Chino," Revista *Perfil*, October 30, 2013; "El

Abraham Skorka, *Sobre el Cielo y la Tierra* (Buenos Aires: Editorial Sudamericana, 2010), ch. 9.『天と地の上で』第九章。

9. 「マリア・デサタヌードス」に関する話は以下に詳しい。Carmelo López-Arias, "La Devoción Personal del Papa," *Religión en Libertad website* (June 23, 2013); Himitian, *Francisco: El Papa de la Gente*, ch. 6; Puente, *La Vida Oculta de Bergoglio*, 122-23.
10. Vallely, *Pope Francis: Untying the Knots,* 102.〔邦訳 第4章注5参照〕
11. Bartolomé de Vedia, "Bergoglio Será el Sucesor de Quarracino," *La Nación*, June 4, 1997.
12. Sergio Rubín, "La Iglesia que Busca Menem," *Clarín*, June 22, 1997.
13. "Una Multitud Oró ante San Cayetano," *La Nación*, August 8, 1997.
14. John Allen, "Pope Francis Gets His Oxygen from the Slums," *National Catholic Reporter*, April 7, 2013.
15. この話は2003年にマドリード、2005年にボゴタでラテンアメリカ・カリブ司教協議会の職員に行ったインタビューで匿名を条件に提供されたものである。
16. Alberto Methol Ferré and Alver Metalli, *El Papa y el Filósofo* (Buenos Aires: Editorial Biblos, 2013).
17. キューバ訪問については以下を参照。George Weigel, *Witness to Hope* (New York: Cliff Street Books, 1999), 790-92.
18. Grupo de Reflexión "Centesimus Annus," *Diálogos entre Juan Pablo II y Fidel Castro* (Buenos Aires: Editorial de Ciencia y Cultura, 1998). ベルゴリオは表紙に「コーディネーター」として名を挙げられている。
19. テージョ神父の話は下記のチリの雑誌記事より。"El Papa Villero," *Qué Pasa,* February 20, 2014.
20. Henri de Lubac, *The Splendor of the Church* (San Francisco: Ignatius Press, 1986).
21. "Obispos Argentinos Piden que no Se Utilice a la Iglesia con Fines Polticos," Noticias Eclesiales, August 5, 1998; Carlos Pagni, "De Pronto, Todo Ha Cambiado," *La Nación*, March 18, 2013.
22. Jorge Mario Bergoglio, "Fervor Apostólico," in *Cuadernos de Pastores*, Año 5, no. 15 (September 1999). www.cuadernospastores.org.ar.
23. Jorge Mario Bergoglio, *Corrupción y Pecado. Algunas Reflexiones en Torno al Tema de la Corrupción* (Buenos Aires: Ed. Claretiana, 2013).
24. 「トルッソ－ＢＣＰ事件」については、下記の書籍や報道記 事を参照。最近の調査の動きについては事件にかかわって いる弁護士から概要を聞いた。Wornat, Nuestra Santa Madre, 225-73; Larraquy, *Recen por Él*, 175-79; Puente, *La Vida Oculta de Bergoglio*, 267-68.
25. "Palermo, Escenario de la Fe," *La Nación*, October 13, 1998.
26. José María Poirier, "Quiet Thunder in Argentina," *Catholic Herald*, October 7, 2005.
27. "Bergoglio Rescata la Mirada de los Niños," *La Nación*, December 17, 1999.
28. ベルビツキの本にはベルゴリオとのインタビューへの言及があり、そこからの引用もある。Horacio Verbitsky, *El Silencio*, 2nd ed. (Buenos Aires: Sudamericana, 2005).
29. Margaret Hebblethwaite, "The Pope Francis I Know," Guardian Comment Is Free website, March 14, 2013.
30. "Te Deum, 25 de Mayo de 1999," in Bergoglio, *La Patria es un Don, La Nación una Tarea. Refundar con Esperanza Nuestros Vínculos Sociales* (Buenos Aires: Ed. Claretiana, 2013).
31. "Te Deum, 25 de Mayo de 2000," in ibid.
32. Commission Sociale de l'Episcopat Français, *Réhabiliter la Politique* (February 1999), at www.cef.fr. アカプート神父によれば、ベルゴリオはこの文書をよく知っていた。『福音の喜び』第205番に附された注に見えるし、「ラ・ヴァンガルディア」との2014年6月12日のインタビューでも「美しい文章」と 言っている。〔フランス司教協議会・社会司教委員会宣言「政 治の回復」(1999年2月17日)〕
33. "Ibarra, el Agnóstico, Coincidió con Bergoglio, el Arzobispo," *Página 12*, December 2, 2000.

November 2013, at www.laciviltacattolica.it.
35. Jeffrey L. Klaiber, *The Jesuits in Latin America, 1549-2000* (St. Louis, MO: Institute of Jesuit Sources, 2009).
36. ミニョーネの伝記が娘婿によって書かれている。Mario del Carril, *La Vida de Emilio Mignone* (Buenos Aires: Emec., 2011). また、子息であるフェルナンド・ミニョーネ神父と 2014 年 6 月にカナダのヴァンクーヴァーで会い、有益な会話を交わ すことができたことにも感謝したい。
37. 飛行機に手を振る話はアンブロジェッティ／ルビン『イエズス会士』〔『教皇フランシスコとの対話』〕の十二章に見える。
38. Bergoglio, "Proyección Cultural y Evangelizadora de los Mártires Rioplatenses," in *Reflexiones en Esperanza*.
39. これはベルゴリオが 2005 年の列聖審査の時にローマの教区裁判所で明かしたヨハネ・パウロ二世との思い出のひとつである。Stefania Falasca, "Bergoglio: 'Io, Testimone di Virtù Eroiche di Wojtyla,'" *Avvenire*, April 17, 2014.
40. Jorge Mario Bergoglio, "Necesidad de una Antropología Política: Un Problema Pastoral," in *Reflexiones en Esperanza*.
41. Bergoglio, "Proyección Cultural y Evangelizadora de los Mártires Rioplatenses," in *Reflexiones en Esperanza*.
42. 1990 年から 2000 年の間に 64 名が加入し、92 名が 退会した。それに比べて、1975 年から 1898 年の間には 333 名が加入し、67 名が退会している。統計資料はアルゼンチンの管区本部から提供を受けた。
43. "Entrevista al P. Alvaro Restrepo S.J. sobre el Papa Francisco" Religión Digital, March 18, 2013.
44. Puente, *La Vida Oculta de Bergoglio,* 228; Wornat, Nuestra Santa Madre, 301. カランサの話は下記に書かれている。Bermúdez (ed., trans.), *Pope Francis: Our Brother, Our Friend*.
45. 『霊操』317 ～ 327 番。
46. Piqué, *Francisco: Vida y Revolución*, 135.
47. 『霊操』第三週 195 番。
48. Bergoglio, "Silencio y Palabra," in *Reflexiones en Esperanza*.
49. 2006 年にモジャーノが死去すると、ベルビツキはそれまで「匿名のイエズス会士」としていた人物が彼であることを明らかにした。2014 年のベルゴリオ研究では彼のことを「重要な情報源」と呼んでいる。 Klaiber, *The Jesuits in Latin America*.
50. Bergoglio, "En Él Solo Poner la Esperanza," in *Reflexiones en Esperanza*.

第6章

1. Tim Worstall, "In Which a Good Catholic Boy Starts Shouting at the Pope," *Forbes* website (November 26, 2013).
2. 『福音の喜び』第 97 番。
3. Bergoglio, "Nuestra Carne en Oración," in *Reflexiones en Esperanza*.
4. アンブロジェッティ／ルビン『イエズス会士』〔『教皇フランシスコとの対話』〕第十二章。
5. この話は下記の本に書かれている。Marcelo Larraquy, *Recen por Él* (Buenos Aires: Sudamericana, 2013), 167-68. また、ガルシア＝マタ神父にも確認をとった。
6. Quoted in Piqué, *Francisco: Vida y Revolución*, 115-16.
7. スパダーロ神父とのインタビューで司教時代のやり取りに触 れている。その時、彼は同性愛を認めるかどうかと尋ねられ、「神はゲイの人を見て、その人の存在を愛情をもって認めると思いますか、それとも、激しい非難をもってその人を拒絶すると思いますか」と答えたという。
8. この話は 2011 年のラビ・スコルカとの対話の中で語られている。Jorge Bergoglio and

こで引用した三つの説教のうちの二つは 2008 年 4 月 2 日と 2012 年 4 月 4 日に行われた従軍者と家族のための年に一度のミサでのものである。島に向かう遺族たちのためのミサは 2009 年 10 月 2 日に行われた。

10. Patricio Downes, "Recordaron a Bergoglio en la Parroquia que Él Fundó y Dirigió en los 80,"*Clarín*, March 23, 2014.
11. この学生エルナン・パレデスの記録は以下に引用されている。 Lowney, *Pope Francis: Why He Leads the Way He Leads*, 57.
12. Bergoglio, "El Reino de Cristo," in *Meditaciones para Religiosos.*
13. スパダーロによれば、この句のラテン語 non coerceria maximo, contineri tamen a minimo, divinum est は「聖イグナチオ・ロヨラに敬意を表して匿名のイエズス会士が書いた長い文学的墓碑の一部」とされる（*My Door Is Always Open*）。この金言はベルゴリオの初期の論文 "Conducir en lo Grande y lo Pequeño,"（*Meditaciones para Religiosos* 所収）で引用されている。
14. Bergoglio, "Magnanimidad y Mezquindad," in *Reflexiones Espirituales sobre la Vida Apostólica.* アンティーコの発言は以下で引用されている。Hugo Alconada Mon, "Soy Bergoglio, Cura," *La Nación*, March 17, 2013.
15. Lowney, *Pope Francis: Why He Leads the Way He Leads*, 63.
16. Sister Maria Soledad Albisú, CJ, "He Taught Me That Love Shows Itself...," *The Tablet*, March 23, 2013.
17. Bergoglio, "Examen," in *Reflexiones Espirituales.*
18. Father Renzo De Luca, SJ, interview with *Osservatore Romano*, October 26, 2013.
19. Bergoglio, "El Magis y el Movimiento de Espíritus," in *Reflexiones Espirituales.*
20. Bermúdez (ed., trans.), P*ope Francis: Our Brother, Our Friend.*
21. Bergoglio, "La Encarnación y el Nacimiento," in *Meditaciones para Religiosos.*
22. Virginia Carreño, "Los Milagros del Padre Bergoglio," *El Litoral*, December 19, 1985.
23. 「あるべき主義 (Habríaqueísmo」はベルゴリオによる造語。 英語を話すイエズス会士は「あるべきことの難しさ」を語る ことで知られている。
24. Bergoglio, "Criterios de Acción Apostólica," *Boletín de Espiritualidad*, no. 64 (January 1980), and in *Reflexiones Espirituales.*
25. 2002 年のジャンニ・ヴァレンテによるインタビュー。 Gianni Valente, "El Imperialismo Internacional del Dinero," in Gianni Valente, *Francesco: Un Papa dalla Fine del Mondo* (Bologna: EMI, 2013).
26. 最初の文書は 1984 年 8 月に「解放の神学のある側面についての指針」(Instruction on Certain Aspects of the Theology of Liberation）として、第二の文書は 1986 年 3 月に「キリスト教徒の自由と解放についての指針」（Instruction on Christian Freedom and Liberation）として出された。 www.vatican.va 参照。
27. 学会の紀要は雑誌『ストロマータ』で刊行されている。*Stromata* 41 (July- December 1985).
28. この話は以下で語られている。Evangelina Himitian, *Francisco: El Papa de la Gente* (Buenos Aires: Aguilar, 2013). このレシピは 低炭水化物ダイエットのためのものとは考えられない。
29. Lowney, *Pope Francis: Why He Leads the Way He Leads.*
30. "Reunión de los Provinciales Jesuitas de América Latina con el P. General, Pedro Arrupe, Río de Janeiro, Casa da Gávea" (May 6-14, 1968).
31. キャンベル＝ジョンストンのコメントは下記参照。Vallely, *Pope Francis: Untying the Knots.*
32. 「同紙を放置することは軍事政権にとっては計算された賭けであった 」。Jimmy Burns, *The Land That Lost Its Heroes: The Falklands, the Post-war, and Alfonsín* (London: Bloomsbury, 1987), 99. 同紙の発行部数は少なく、読者のイギリス系アルゼンチン人は独裁政権に忠実であった。
33. José Maria Poirier, "El Caso del Jesuita Risueño," *La Nación*, May 24, 2013.
34. フランシスコ教皇はこの手紙のことについて、他宗教の指導者たちとの会合で話している。 Antonio Spadaro, "Wake Up the World: Conversation with Pope Francis on the Religious Life,"

Desaparecidos y Saben que Es Falso," *La Nación*, September 20, 2013.
7. Jorge Rouillón, "Histórico Pedido de Perdón de la Iglesia Argentina," *La Nación*, September 9, 2000.
8. 2010 年の司法審理での記録より。"Bergoglio Declara ante el TOF," at www.abuelas.org.ar.
9. "Argentina Military Officers Convicted of Bishop's Murder," BBC News, July 5, 2014.
10. Nello Scavo, *La Lista de Bergoglio: Los Salvados por Francisco durante la Dictadura* (Madrid: Editorial Claretiana, 2013).
11. Bergoglio, "El reino de Cristo," in *Meditaciones para Religiosos.*
12. Bergoglio, "El espíritu del mundo," in *Meditaciones para Religiosos.*
13. Bergoglio, "Una institución que vive su carisma," "Formación permanente y reconciliación," (1980). 前者に 1974 年の最初の講話で語られた三つの原則が収録され、四つ目は後者に収録されている。ともに、下記書籍所収。*Meditaciones para Religiosos.*
14. Bergoglio, "Formación permanente y reconciliación," in *Meditaciones para Religiosos.*
15. Scavo, *La Lista de Bergoglio*, 103-112.
16. Scavo, *La Lista de Bergoglio,* 47-53; Puente, *La Vida Oculta de Bergoglio*, 173-74.
17. Olga Wornat, *Nuestra Santa Madre: Historia Pública y Privada de la Iglesia Católica Argentina* (Barcelona: Ediciones B, 2002).
18. Ana Delicado, "Mi Hermano Fue un Canje entre la Iglesia y la Dictadura," *El Público*, March 19, 2013.
19. Emilio Mignone, *Iglesia y Dictadura* (Buenos Aires: Ediciones del Pensamiento Nacional, 1986). Also Mario del Carril, *La Vida de Emilio Mignone* (Buenos Aires: Emecé, 2011).
20. Vallely, *Pope Francis: Untying the Knots,* 73. バレリーはベル ゴリオが「四人の司祭がスラムでの活動を放棄したと語った」と主張している〔邦訳 注 5 参照〕。

第5章

1. "Visita a Papa Francesco il 17 Marzo 2013," *Servizio Digitale d'Informazione SJ*, vol. 17, no. 7 (March 20, 2013).
2. Adolfo Nicolas, SJ, "With Pope Francis at the Beginning of His Pontificate," Letter "To the Whole Society"(March 24, 2013).
3. Adolfo Nicolas, SJ, "A Toda la Compañía"(July 31, 2013). フランシスコ教皇は 3 月 14 日付のニコラスの手紙に 3 月 16 日に返信を出している。
4. スパダーロはこのインタビューの拡大版を英語で出版してい る。Spadaro, *My Door Is Always Open: A Conversation on Faith, Hope and the Church in a Time of Change* (New York: HarperOne, 2013).
5. 下記の書評でも同様の見方がされている。Francis J. Manion, "Echoes from the Pages of a Book: Reading Francis Through Manzoni," *New Oxford Review* 81, no. 2 (March 2014). マーティン神父は 2014 年にソルト・エンド・ライト・テレビのドキュメンタリー番組「フランシスコ教皇現象」でもコメント している。
6. "Francis: The Gospel Is Not Proclaimed with Inquisitorial Beatings but Gently," *Vatican Insider* (January 3, 2014).
7. これは 2013 年 10 月から 11 月にアルゼンチンでイエズス会士たちのインタビューをした時に筆者自身で目にしたことである。「バチカン市国サンタマルタ館 F 号室」と差出人住所が書かれた封筒を誇らしげに見せてくれた会士もいた。また、彼に対する最も厳しい批判者であった会士のひとりは、今はマクシモ神学院内のケア・ホームで暮らしているが、目に涙を浮かべながら、教皇からの手紙を見せてくれたし、それを受け取った時にどんなに心を動かされたかを語ってくれた会士もいた。
8. "Juan Carlos Parodi: El Papa Me Dijo que le Salvé la Vida," *La Nación*, May 21, 2014.
9. ベルゴリオ枢機卿は南大西洋作戦域（ＴＯＡＳ）に関する文 書とともに、そこで活動していた人びとを全面的な従軍者と認めない理由はないと記した手紙を 2010 年 4 月 16 日に ホルヘ・チェバリエル准将に送っている。筆者は 2008 年 に五月広場にテントを張って抗議活動を始めたＴＯＡＳの従軍者たちからベルゴリオの手紙の写しをもらった。こ

15. Ernesto López Rosas, "Valores Cristianos del Peronismo," *Revista* CIAS, no. 234 (August 1975): 7-30.
16. ダマスコ大佐と「国民の手本」については下記参照。Puente, *La Vida Oculta de Bergoglio.*
17. Orlando Yorio, "Reflexión crítica desde la teología," *Stromata*, Año XXIX (January-June 1973), no. 1/2, 131-39.
18. Ｐ・バレリーやＥ・ピケといった伝記作家たちがアルペ神父の訪問を 1973 年ではなく、1974 年 8 月としている のは、間違いなくベルゴリオ枢機卿が 2010 年の司法審理で、誤ってその日時を言ったためである。アンヘレッツリの死を記念する 2006 年の説教ではベルゴリオは正しく 1973 年 8 月と正しい日時で述べており、これはローマのイエズス会本部でも確認されている。
19. Jorge Mario Bergoglio, "Apertura de la Congregación Provincial XIV (18/2/74)," in *Meditaciones para Religiosos.*
20. Lowney, *Pope Francis: Why He Leads the Way He Leads*, 114.
21. 志願者数の統計資料はブエノスアイレスの管区本部から提供されたものに基づく。ベルゴリオは助修士の召命を確保する努力についての詳細を 1986年5月 18 日付のカエタノ・ブルーノ神父への手紙に書いている。
22. Bergoglio, "¿Qué Son los Jesuitas?" in *Reflexiones Espirituales sobre la Vida Apostólica.*
23. "Discorso del Santo Padre Paolo VI in ocasione della XXXII Congregazione Generale della Compagnia di Gesù," December 3, 1974, at www.vatican.va.
24. Bergoglio, "Una Institución que Vive su Carisma," in *Meditaciones para Religiosos.*
25. Guzmán Carriquiry, *En Camino Hacia la V Conferencia de la Iglesia Latinoamericana* (Buenos Aires: Ed. Claretiana, 2006).
26. 2008 年 9 月 9 日から 11 日にクラ・ブロチェーロ地区で開かれた全国聖職者会議後のラジオ・マリアとのインタビューで。

第4章

1. John Heilprin and Nicole Winfield, "Vatican has defrocked 848 priests for abuse charges since 2004," Associated Press, May 6, 2014.
2. Austen Ivereigh, "The UN and the Vatican: Understanding What Went Wrong," CV Comment, February 8, 2014.
3. Inés San Martín, "Pope Francis Meets Sex Abuse Victims, Vows Zero Tolerance," *Boston Globe,* July 7, 2014; Michael Kelly, "Irish Abuse Victim Who Met with Pope Calls It a 'Huge Vindication,'" Catholic News Service, July 7, 2014. ピーター・ソーンダースには筆者が直接インタビューをしている。また、下記のインタビュー記事も参照。Inés San Martín, "Abuse Victim Calls Meeting Pope Francis a Life-changing Experience," *Boston Globe,* July 7, 2014.
4. Horacio Verbitsky, "El Ersatz," *Página* 12 (March 14, 2013). ガーディアン紙で再掲載されたのは下記の記事。 Hugh O'Shaughnessy, "The Sins of the Argentinean Church," *Guardian* Comment Is Free website (January 4, 2011).
5. これがバレリーの著作のテーマである。Paul Vallely, *Pope Francis: Untying the Knots* (London; New York: Bloomsbury, 2013).〔邦訳 ポール・バレリー『教皇フランシスコの挑戦――闇から光へ』春秋社、2014 年〕
6. コレラは 2013 年末時点の政府発表の数字である。1984 年に発表された最初の調査委員会（ＣＯＮＡＤＥＰ）の調査では行方不明者は 8961 名であったが、そのうちの多くは国外に逃れていたことがのちに判明した。ネストル・キルチネル政権下の 2003 年から 07 年に調査は再開され、この時、処刑された犠牲者の人数が加算された。「行方不明者三万人」という数字は 1970 年代後半の人権擁護団体の雑な推論に基づいたメディアによる作り話である。1969 年から 1983 年の間、意図的にゲリラ たちは 800 人の人を殺害し、1748 人を誘拐した。ＣＯＮＡＤＥＰの報告書『もう二度と（ヌンカ・マス)』は www.desaparecidos.org で閲覧可能。最新の数値は下記参照。Ceferino Reato, "Hablan de 30.000

principios.

15. Jorge González Manent, *Jesuitas Éramos Los de Antes: Impresiones de un Novicio de Los Años '50* (Buenos Aires: Ed. Dunken, 2012).
16. 文字どおりには「小父（おじ）さん」。ラテンアメリカ諸国では神父を親しみをこめてそう呼ぶ。この時のホルへのような修練生は司祭に叙階されていないが、地元の人にはそうした区別はなかった。
17. この手紙は下記に収録されている。Mariano de Vedia, *Francisco, el Papa del Pueblo* (Buenos Aires: Pla.neta, 2013). 英訳は筆者による。
18. Armando Rubín Puente, *La Vida Oculta de Bergoglio* (Madrid: Libros Libres, 2014), 145.
19. Alejandro Bermúdez (ed., trans.), *Pope Francis: Our Brother, Our Friend* (San Francisco: Ignatius Press, 2013).
20. Morris West, *Eminence* (Boston: Houghton Mifflin Harcourt, 1998).
21. もしこの時の録音テープが残っていたとしたら、フランシスコ教皇となる人の最初のラジオ・インタビューということになる。
22. プフィルター兄弟、カランサ神父の話については下記参照。 Elisabetta Piqué, *Francisco: Vida y Revolución* (Buenos Aires: El Ateneo, 2013), 70-71; Bermúdez (ed., trans.), *Pope Francis: Our Brother, Our Friend.*
23. Chris Lowney, *Pope Francis: Why He Leads the Way He Leads* (Chicago: Loyola Press, 2013), 42.
24. J. Milia, *De la Edad Feliz* (Salta: Ed. Maktub, 2006); idem., *Maestro Francesco: Gli Allievi del Papa Ricordano il Loro Profesore* (Milan: Mondadori, 2014). 後者はイタリア語での改訂版。

第3章

1. John Allen, "On Pope Francis's First Year," Radio Boston, March 25, 2014.
2. G. K. Chesterton, *St. Francis of Assisi* (New York: George H. Doran, 1924).
3. 2010 年の司法審理での記録より。"Bergoglio Declara ante el TOF," at www.abuelas.org.ar.
4. Carlos Mugica, *Peronismo y Cristianismo* (Buenos Aires: Editorial Merlin, 1973).
5. "Documento de Carlos Paz," July 1971, in MSTM archive at Catholic University of Córdoba and online.
6. Gustavo Morello, *Cristianismo y Revolución: Los Orígenes Intelectuales de la Guerrilla Argentina* (Cordoba: EDUCC, 2003); Richard Gillespie, *Soldiers of Perón–Argentina's Montoneros* (Oxford, UK: Clarendon Press; New York: Oxford University Press, 1982); María José Moyano, *Argentina's Lost Patrol: Armed Struggle, 1969-1979* (New Haven, CT: Yale University Press, 1995).
7. 下記書籍での引用。Sergio Rubín and Francesca Ambrogetti, *El Jesuita* (Barcelona: Vergara, Grupo Zeta, 2010).〔邦訳アンブロジェッティ／ルビン『教皇フランシスコとの対話』新教出版社刊。以下、本文中では原題の『イエズス会士』を用いる〕
8. "Credo de Jorge Mario Bergoglio, Papa Francisco," www.revistaecclesia.com, September 18, 2013.
9. Orlando Yorio, Letter to Father Moura, November 24, 1977.
10. Lowney, *Pope Francis: Why He Leads the Way He Leads*, 120.
11. この二人のイエズス会士がこの時、偶然そこに居合わせていた可能性について指摘してくれたのはポール・エリーである。
12. Jorge Mario Bergoglio, "Una Institución que Vive su Carisma: Apertura de la Congregación provincial XV (August 2, 1978)," in *Meditaciones para Religiosos*.
13. Lucio Gera, "Cultura y dependencia, a la luz de la reflexión teoleógica," *Stromata*, Año XXX (January-June 1974), no. 1/2.
14. Juan Carlos Scannone, "Theology, Popular Culture and Discernment," in Rosino Gibellini (ed.), *Frontiers of Theology in Latin America*, trans. John Drury (Maryknoll, NY: Orbis Books, 1979); "Aportaciones a la teología latinoamericana," *Vida Nueva* (Cono Sur edition), Part I, Año 2, no. 21 (November 3-16, 2013) and Part II, Año 2, no. 22 (November 17-23, 2013).

注

第1章

1. 「ベルゴリオ流」(ベルゴリスモ)という語はベルゴリオの友人で元生徒のジャーナリスト、ホルヘ・ミリアが自分のウェブサイト「テッレ・ダメリカ」(アメリカの地)で作った言葉。例えば、下記のページなど参照。"La Jerga de Francisco/8: 'Misericordiando.' Diálogo con el Papa sobre un Gerundio Curioso," www.terredamerica.com (November 20, 2013).
2. John Lynch, *Massacre in the Pampas, 1872: Britain and Argentina in the Age of Migration* (Norman: University of Oklahoma Press, 1998), 108. また、下記も参照。Austen Ivereigh, "The Shape of the State: Liberals and Catholics in the Dispute over Law 1420 of 1884 in Argentina," in Austen Ivereigh (ed.), *The Politics of Religion in an Age of Revival* (London: Institute of Latin American Studies, 2000).

第2章

1. Viktor Frankl, *Man's Search for Meaning* (Boston: Beacon Press, 1959).
2. イエズス会については下記書籍が最良の概説書。James Martin, SJ, *The Jesuit Guide to (Almost) Everything: A Spirituality for Real Life* (New York: HarperCollins, 2010).
3. Jorge Bergoglio (Pope Francis), *Open Mind, Faithful Heart: Reflections on Following Jesus, trans. Joseph V. Owen* (New York: Crossroad, 2013), 113. スペイン語初出は下記。*Meditaciones para Religiosos* (Buenos Aires: Ediciones Diego de Torres, 1982).
4. Philip Caraman, SJ, *Ignatius Loyola* (San Francisco: Harper & Row, 1990), ch. 17.
5. リオ・デ・ラ・プラタ副王領時代のイエズス会士の活動については、特に下記参照。Guillermo Fúrlong Cardiff, SJ, *Los Jesuitas y la Cultura Rioplatense* (Buenos Aires: Editorial Huarpes, 1946); Roberto di Stefano, *Historia de la Iglesia Argentina* (Buenos Aires: Sudamericana, 2009); Jean Lacoutoure, *Jesuits: A Multibiography* (Berkeley, CA: Counterpoint, 1995). また、拙著でも様々な資料への参照がある。Austen Ivereigh, *Catholicism and Politics in Argentina, 1810-1960* (Basingstoke, UK: Macmillan; New York: St. Martin's Press, 1993).
6. ディエゴ神父の手紙の中にも「周縁」(ペリフェリア)という語が用いられている。フランシスコ教皇は2013年11月、様々な修道会の修道士たちに「歴史における大きな変化はものごとを中心からではなく、周縁から見たときに生じるものだ。私はそう確信している」と述べている。
7. William Bangert, *A History of the Society of Jesus* (St. Louis, MO: Institute of Jesuit Sources, 1986).
8. Jorge Mario Bergoglio, "¿Qué Son los Jesuitas? Origen, Espiritualidad, Características Propias," in *Reflexiones en Esperanza* (Buenos Aires: Ediciones Universidad del Salvador, 1992).
9. Jorge Mario Bergoglio, "Historia y Presencia de la Compañía de Jesús en Nuestra Tierra," in *Reflexiones Espirituales sobre la Vida Apostólica* (Buenos Aires: Ediciones Diego de Torres, 1987).
10. ベルゴリオ選出した2013年のコンクラーベの投票の後、「クレメンス一五世を名乗れば、この悪名高い決定への仕返しになる」と機知に富んだことを言った枢機卿がいた。追放については下記書籍参照。Magnus Mörner (ed.), *The Expulsion of the Jesuits from Latin America* (New York: Knopf, 1965).
11. Jorge Mario Bergoglio, "Proyección Cultural y Evangelizadora de los Mártires Rioplatenses," Speech at Colegio del Salvador, May 27, 1988, in *Reflexiones en Esperanza.*
12. Jorge Mario Bergoglio, "The Faith That Frees Us," in *Open Mind, Faithful Heart,* 28.
13. Pope Francis, Meeting with the Coordinating Committee of CELAM, July 28, 2013.
14. Jorge Mario Bergoglio, "Principios," Universidad del Salvador, August 27, 1974, at www.usal.edu.ar/

第9章
524頁 OSSERVATORE ROMANO
537頁 CNS
542頁 OSSERVATORE ROMANO

エピローグ
573頁 OSSERVATORE ROMANO
578頁 EMILIANA PALMER
590頁 AFP
595頁 CNS PHOTOGRAPH/PAUL HARING

使用した写真

第1章
21 頁 ANSA/CORBIS/BERGOGLIO FAMILY PHOTO
30 頁 GETTY/BERGOGLIO FAMILY PHOTO
31 頁 AP/BERGOGLIO FAMILY PHOTO
33 頁 AP/BERGOGLIO FAMILY PHOTO
42 頁 G. PIKO/ARGENPRESS
51 頁 GETTY/BERGOGLIO FAMILY PHOTO
74 頁 GETTY/BERGOGLIO FAMILY PHOTOGRAPH

第2章
116 頁 JORGE GONZA MANENT
130 頁 COLEGIO DE LA INMACULADA CONCEPTION
134 頁 COLEGIO DE LA INMACULADA CONCEPTION

第3章
152 頁 GETTY

第4章
203 頁 PETER SAUNDERS

第5章
264 頁 INFOSJ-CURIA

第7章
394 頁 OSSERVATORE ROMANO
425 頁 GETTY
434 頁 GETTY
437 頁 DIARIO LA NACION/MARIANA ARAUJO
442 頁 ENRIQUE CANGAS
444 頁 GETTY

第8章
460 頁 ENRIQUE CANGAS
465 頁 MARCELO GENLOTE/ARCHIVO CLARIN

訳者紹介

宮崎修二（みやざき しゅうじ）

1964年東京生まれ。立教大学大学院博士後期課程中退。テル・アヴィヴ大学（イスラエル）留学。イスラエル考古学、旧約聖書学専攻。現在、立教大学、跡見学園女子大学兼任講師ほか。『日本版インタープリテイション』翻訳監修責任など翻訳、編集業にも携わる。

著者紹介

オースティン・アイヴァリー（Austen Ivereigh）

イギリス人作家、ジャーナリスト。宗教・政治評論家。オックスフォード大博士。イエズス会誌「アメリカ」のレギュラー寄稿者。カトリック評論家としてイギリスのメディア（特に BBC、スカイ、ITV、アルジャジーラ）で広く知られている。

カバー写真 Franco Origlia/ ゲッティ イメージズ

教皇フランシスコ　キリストとともに燃えて

偉大なる改革者の人と思想

二〇一六年二月二九日　初版第一刷発行

著　者――オースティン・アイヴァリー
訳　者――宮崎修二
発行者――石井昭男
発行所――株式会社 明石書店
一〇一-〇〇二一　東京都千代田区外神田六-九-五
電　話　〇三-五八一八-一一七一
ＦＡＸ　〇三-五八一八-一一七四
振　替　〇〇一〇〇-七-二四五〇五
http://www.akashi.co.jp

装　幀――上野かおる
印　刷――モリモト印刷株式会社
製　本――モリモト印刷株式会社

（定価はカバーに表示してあります）
ISBN 978-4-7503-4297-9